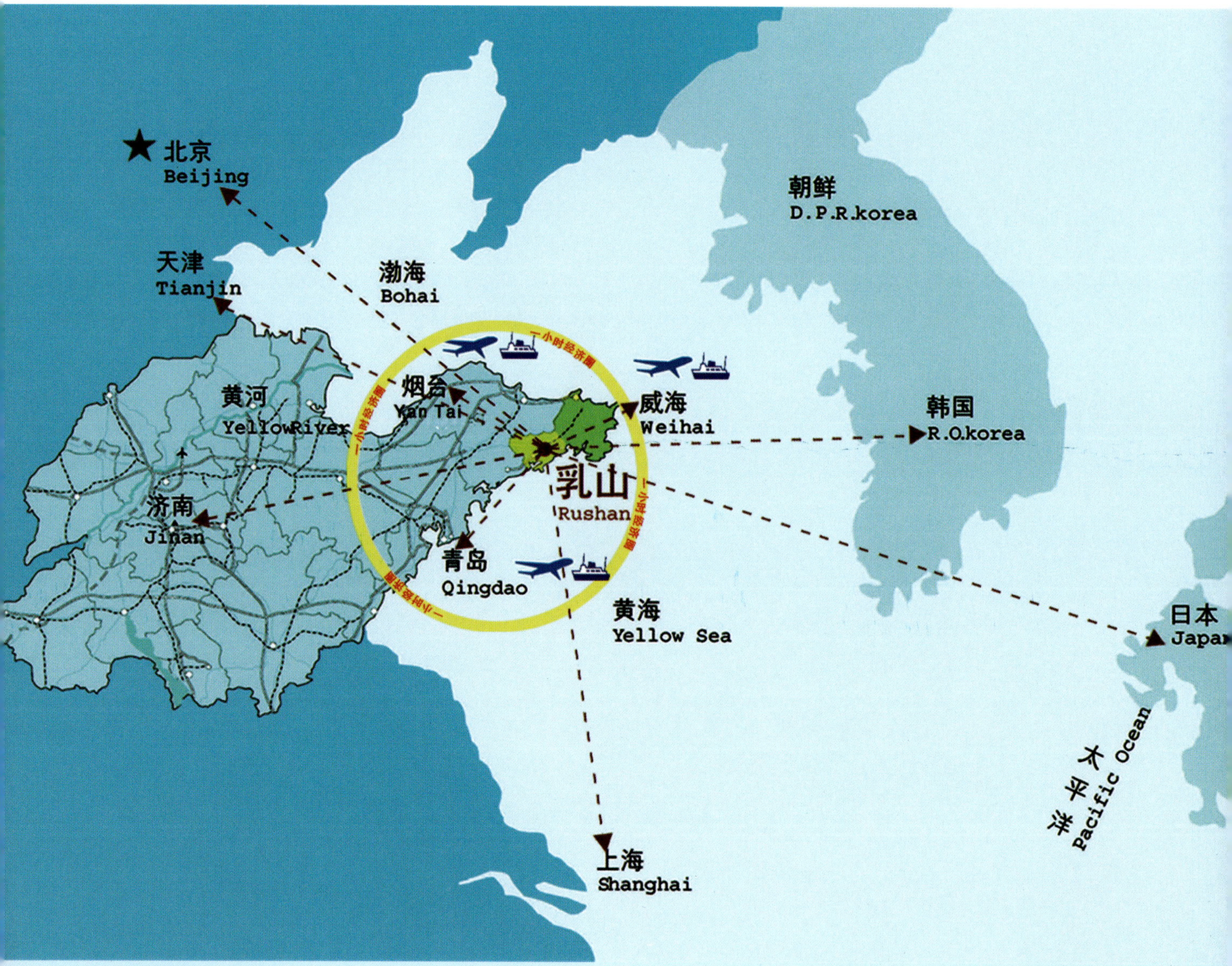
北京
Beijing
天津
Tianjin
渤海
Bohai
朝鲜
D.P.R.korea
黄河
YellowRiver
烟台
Yan Tai
威海
Weihai
韩国
R.O.korea
乳山
Rushan
济南
Jinan
青岛
Qingdao
一小时经济圈
黄海
Yellow Sea
日本
Japa
太平洋
Pacific Ocean
上海
Shanghai

乳山市地理位置图

乳山年鉴

RUSHAN YEARBOOK

2015 第十七卷

中共乳山市委乳山市人民政府　主办
乳山市党史市志办公室　编

方志出版社
Publishing House of Local Records

图书在版编目（CIP）数据

乳山年鉴. 2015 / 乳山市党史市志办公室编. --
北京 : 方志出版社, 2015.12
ISBN 978-7-5144-1916-0

Ⅰ. ①乳… Ⅱ. ①乳… Ⅲ. ①乳山市－2015－年鉴
Ⅳ. ①Z525.24

中国版本图书馆CIP数据核字(2015)第320223号

乳山年鉴（2015）

编　　者：乳山市党史市志办公室
责任编辑：李静　顾洁
出 版 人：冀祥德
出 版 者：方志出版社
地　址　北京市朝阳区潘家园东里9号（国家方志馆4层）
邮　编　100021
网　址　http://www.fzph.org
发　　行：方志出版社发行中心
电　话　(010) 67110500
经　　销：各地新华书店
印　　刷：山东麦德森文化传媒有限公司
开　　本：889×1194　1/16
印　　张：22.5
字　　数：729千字
版　　次：2015年12月第1版　2015年12月第1次印刷
印　　数：0001～2000册
ISBN 978-7-5144-1916-0　定价：300.00元

《乳山年鉴》编纂委员会

名誉主任 高书良

主　　任 周　兵

副 主 任 毕兴全　张　平

委　　员 刘建忠　于　海　王世建　刘国贤　薛连文　王　刚
耿仁书　宋福臣　焉　涛　刘培根　卢志强　姜炳旭
姜国臻　隋岩波　宋清林　马洪强　刘志勇　李学兵
江文强　李宏飞　王　萍　宫在津　林　兵　冯夕永
李　超　马　祝　焉　强　徐华伟

《乳山年鉴》（2015年）

主　　审 毕兴全　张　平

副 主 审 刘建忠　于　海

主　　编 徐华伟

副 主 编 王　浩　陈宗坚

编辑校对 刘万波　于　晓　吕素坡

英文翻译 许天虎

彩页编辑 徐华伟　王　浩　沙丽莉

版式设计 孙中开　沙丽莉

摄　　影 高淑新　辛　戈　朱剑宇等

编　　务 王家洲

大乳山 远眺

大乳山之春

大乳山之夏

大乳山之秋

大乳山之冬

数字乳山

面积：1665平方公里

常住人口：56.17万人

海岸线：199.27公里

地区生产总值：441.59亿元

固定资产投资：421.9亿元

外贸进出口总值：7.06亿美元

接待国内外游客：813.3万人次

社会消费品零售总额：193.05亿元

公共财政预算收入：27.66亿元

城乡居民各项储蓄存款余额：216.81亿元

城镇居民人均可支配收入：28085元

农民人均纯收入：14821元

居民恩格尔系数：39.8%

城市供水总量：1516万吨

全社会用电总量：11.07亿千瓦时

固定电话用户数：10.1万部

移动电话用户数：47.76万部

宽带网用户：8.04万户

全市建成区绿化覆盖率：45.46%

滨海乳山

是一座生态型花园式滨海旅游城市，地处山东半岛黄金南海岸，获“齐鲁十大魅力海岸”“天下第一滩”等美誉，成为全国渔业基层推广体系示范县。

齐鲁十大魅力海岸　侯贺良摄

三观亭

仙人桥

4月23日，渔业消防

夫凤摄

渔港之晨　高淑新摄

旭日晨光　　高淑新摄

威海澳华新能源有限公司生产线

威海百德信新材料有限公司（美国独资）

活力乳山

是全国科技进步先进市、全国科普示范市，是山东半岛蓝色经济核心区、中韩合作先行——与100多个国家和地区开展经贸往来。

12月7日，威海智创科技企业孵化园　杨正摄

华隆（乳山）食品工业有限公司（中国香港投资）

2014年8月1日，国投中鲁乳山工业园开园（中日合资）

① 6月9日，市委书记高书良（右二）会见美国OSI集团首席执行官谢尔顿·拉文一行

② 11月20日，市长隋建波（右）接见韩国河南市市长李教范一行

③ 12月12日，首届中国（乳山）海洋食品电子商务发展高峰论坛暨淘宝·特色中国·山东馆乳山基地成立

④ 9月25日，“全国知名企业乳山行”经济合作交流会

⑤ 8月14日，力久特种电机股份有限公司在全国新三板上市

⑥ 乳山港

⑦ 美国投资福喜（威海）农牧发展有限公司生产线

摄影：王英男　辛戈

首届中国（乳山）海洋食品电子商务发展高峰论坛
暨淘宝·特色中国·山东馆乳山基地成立
机遇·挑战·创新
热烈祝贺
金牌股份、力久电机、焕鑫股份
隆重挂牌

省级经济开发区

魅力乳山

是中国优秀旅游城市、中国十佳休闲旅游名市、山东最具竞争力旅游十强县（市）。拥有大乳山滨海旅游度假区、银滩旅游度假区等10大景区。

岠嵎山太平湖景区

2014年8月，福如东海文化园被确定为威海市重点文化企业

石佛山休闲观光景区

圣水宫道教休闲养生度假区

多福山国际养生旅游度假区

大乳山景区一角

① 8月28日，山东省委副书记王军民（右二）到乳山市调研重点项目建设和农村环境整治工作　王英男摄

② 7月22日，山东省副省长孙绍骋（左二）到乳山市调研养生养老服务业发展情况　辛戈摄

④ 4月26日，农业部副部长于康震（右三）到乳山市调研畜牧业发展情况　王英男摄

⑤ 8月14日，省市联合督导组组长葛为砚（中）到乳山市调研党的群众路线教育实践活动开展情况　辛戈摄

9月15日，乳山市民服务中心投入运行　辛戈摄

幸福乳山

是中国最具幸福感县级城市，成为集自然文化福地、旅游休闲福地、投资创业福地、和谐人居福地于一体的幸福之城。

③ 3月6日，山东省副省长邓向阳（左二）在威海市委书记孙述涛（右一）陪同下到乳山市调研安全生产工作
王英男摄

⑥ 9月30日，威海市市长张惠（右二）到乳山市调研“三秋”生产和现代农业　王英男摄

3月8日，乳山市党的群众路线教育实践活动动员大会召开　王英男摄

乳山市人民医院　高淑新摄

11月21

快乐山里人　　高淑新

徐家镇闻涛社区服务中心

大常委会第一副主任马泽（中）带队调研民生工程

11月12日，乳山市政协主席兰胜强（左四）带队调研城市供暖工作

乳山市老年养护中心　　民政局提供

大乳山景区东方欢乐节

11月12日，乳山市新热电厂建设现场　　仝庆凤摄

西泓于家村村民健身广场

生态乳山

是国家生态市、国家园林城市、国家环境保护模范城市，森林覆盖率32%，年空气质量优良天数300多天，属偏海洋型的温带季风气候。

大乳山之晨

宜居乳山

是中国长寿之乡、国家出口农产品质量安全示范区、全国绿色食品原料标准化生产基地，地处北纬37度最适人类居住的城市之一，四季分明，气候温和，是著名的养生福地。

振华购物中心

滨海新区一角

滨海新区居住区一角

乳山城区一角　侯贺良摄

Muli dajiang chaye
乳山
nbao
乡 养生福地
乳山三宝—大姜、牡蛎、茶叶

水果之乡盛产苹果、草莓、大樱桃、蓝莓

5月23日，“乳山三宝”参加第五届威海国际食品博览会

母爱文化广场

文化乳山

是全国文化先进县，全国义务教育发展基本均衡县，公共文化体系健全，群众文化活跃，非物质文化遗产丰富，“文化活市”战略持续推进。

8月8日，银滩首届太极文化养生节活动　高淑新摄

小汤温泉度假区

大乳山景区百岁老人宣传长廊

5月10日，首届中国国际健康幸福大会在乳山市召开 辛戈摄

月，乳山市春节联欢晚会拍摄现场

7月10日，山东省第三届老年健康与长寿理论研讨会

2014年，天润温泉度假村项目施工现场

国家级国防教育示范基地　冯德英文学馆

7月20日，马石山烈士陵园改陈布展工程

马石山区风光　辛戈摄

仁爱乳山

是中国爱心城市、全国首届安全诚信城市，忠爱仁孝、明礼仁义，厚德仁民、诚信仁智的精神品质，孕育出马石山英雄群体、胶东乳娘、“三花”故事。

4月3日，市委副书记毕兴全（前排中）带队参观国防教育基地　王英男摄

济南军区总医院旧址——乳山市小管村

胶东育儿所孩子宋玉芳（右二）乳山寻母　孔俊娟摄

据胶东育儿所故事创编的现代吕剧《乳娘》排演

1月17日，市委书记高书良走访慰问困难党员　王英男摄

造血干细胞捐献者马世勇、孙海宸载誉归来

7月25日，消

巾帼志愿者与敬老院老

4月4日，邵本道同志先进事迹报告会举行

]暴雨受困村民 王英男摄

12月11日，全国老干部先进集体授牌仪式

编 辑 说 明

一、《乳山年鉴》以国务院《地方志工作条例》和《山东省地方史志工作条例》为依据，贯彻《全国地方志事业发展规划纲要（2015～2020年）》和《山东省地方史志事业发展规划纲要（2016～2020年）》要求，坚持存真求实、质量第一的原则。

二、《乳山年鉴》是中共乳山市委、乳山市人民政府主办，乳山市党史市志办公室主持编纂的综合性资料年刊。旨在浓缩记载乳山市改革开放、经济建设、社会事业的发展和演进，反映社会主义现代化建设进程中的新成就、新经验、新举措和遇到的新问题，所载资料全面、系统、翔实、准确，为各级领导科学决策提供市情依据，为各行各业提供信息服务，是国内外各界人士了解、认识乳山的窗口。本年鉴入选“中国年鉴资源全文数据库核心年鉴”。

三、《乳山年鉴（2015）》采用分类编辑法，主体内容分为类目、分目、条目三个层次，少数条目下设子目。全书72.9万字，设23个类目：特载、大事记、乳山概况、党政群团、法治·武装、经济管理与监督、农业、海洋与渔业、工业、旅游业、商贸服务业、个体与民营经济、城乡建设·环境保护、交通·邮政·通信、财税·金融·保险、教育、科技·卫生、文化·体育·新闻、社会生活、人物、镇与街道、附录、索引。

四、本卷年鉴为总第17卷，内容记述时间除特载、乳山概况、党政群团、人物中有关资料略有上溯或下延，其余均截至2014年12月底。稿件主要由市直各部门、单位、镇（街道）及驻乳单位提供，均经各供稿单位主要领导审签。反映全市国民经济和社会发展情况的数据，以乳山市统计局公报资料为准；各项事业中具体数字由各部门（单位）提供，使用时已注明出处。

五、本卷年鉴图文并茂，全彩印刷；彩页图片142幅，集中展示2014年度乳山新成就、新面貌；随文图片184幅，反映各项事业的亮点；编制图表57个。自本卷起，版式改为大16开规格，同步推出电子版（光盘）。

六、本卷年鉴检索方法有目录和索引两种，分设在卷首和卷尾。目录有中、英文两种，中文目录编排到条目，英文目录编排到分目；索引主要采取主题分析法制作，并按主题词首字汉语拼音字母顺序排列。

七、《乳山年鉴》编辑部坚持以“存史资政、服务社会”为宗旨，以“集权威性、存史性、信息性为一体，全面展现乳山市市情”为目标，努力提高年鉴质量。本卷年鉴的编辑、出版得到全市各有关部门、单位的大力支持和协助，在此表示诚挚谢意。

特　载

大事记

乳山概况

党政群团

法治·武装

经济管理与监督

农　业

海洋与渔业

工 业

旅游业

商贸·服务业

个体与民营经济

城乡建设·环境保护

交通·邮政·通信

财税·金融·保险

教　育

科技·卫生

文化·体育·新闻

社会生活

人　物

镇与街道

附 录

索 引

Contents

Ocean and Fishery

Industry

Tourism

Trade and Service Industry

Individual and Private Economy

Urban-rural Construction and Environmental Construction

Transportation, Postal Service and Communication

Taxation, Finance and Insurance

Education

S&T, Health

Culture, Sports and Journalism

Social Life

Figures

Towns and Streets

Annexes

Index

大乳山滨海旅游度假区 (高淑新摄)

在全市经济工作暨履行机关岗位目标责任制总结表彰会议上的讲话(摘要)

中共乳山市委书记 高书良

(2015 年 2 月 26 日)

2014 年是乳山经济社会发展不平凡的一年,在宏观经济下行压力持续加大、矛盾风险明显增多的严峻形势下,全市广大机关干部和企业经营者也是蛮拼的,经济社会保持平稳健康发展的良好态势,各项工作取得新成绩、实现新突破。全年完成地区生产总值 441.6 亿元,增长 9.7%;固定资产投资 421.9 亿元,增长 15%;公共财政预算收入 27.7 亿元,增长 13%;实际利用内资增长 15.3%;外贸进出口总值增长 11.1%;社会消费品零售总额增长 12.8%;农民人均纯收入增长 10.8%;在岗职工平均工资增长 10.1%。特别是引进各类项目 107 个,开工投资 3000 万元以上项目 59 个,其中过亿元项目 29 个,新投产项目 27 个。正确对待成绩,要正确看待荣誉,正确对待差距,进一步解放思想,振奋精神,改革创新,加压奋进,推动各项工作不断跃上新台阶。2015 年是全面完成“十二五”规划的收官之年,是全面推进依法治国的开局之年,是全面深化改革的关键之年,也是适应新常态、推动新发展的重要一年。市委、市政府总的要求是,站在新起点、迎接新挑战,适应新常态、推动新发展,实现新突破、展示新作为。具体来说要做到“七个适应、九个有”。

“七个适应”

一要适应经济发展新常态,大力推进发展方式模式转变。2013 年以来,中央根据国内外经济发展形势,高瞻远瞩、审时度势,作出中国经济发展进入“新常态”的战略判断。经济发展新常态的主要特征是:发展速度换档回落,从过去 30 年的 10%左右的高速增长转为 7%左右的中高速增长;经济结构优化升级,重点向绿色、环保、安全、节能方向发展,大力发展低碳经济;发展动力实现转换,从过去以投资、出口和资本扩张的粗放式发展模式向以消费拉动、创新驱动的集约型发展模式转变。经济发展新常态既是前所未有的挑战,也是千载难逢的机遇。要正确认识和主动适应新常态,积极作为,加快经济的全面转型升级。一要转变思想观念。进入经济发展新常态,全国增长速度回调,乳山是不是也要跟着回调?这种理解是片面的,经济增长预期下调不是一刀切。习近平总书记明确强调,不能认为 7%左右是全国所有地区的唯一标尺,在有质量、有效益的前提下,有条件的地方要发展得快一些,特别是视察山东时提出了“山东要走在前列”的目标定位。相对其他地方,乳山市既没有高消耗、高污染的产业,也没有很突出的产能过剩问题,而且面临保工资、保民生、保投入的压力,发展速度不仅不能降,还要适当提高,做到有效益的速度能搞多快就搞多快,有质量的发展能搞多好就搞多好,不断提升工作标准、提升精神境界,以时不我待、只争朝夕的精神,在各项工作中争上游、争先进。二要转变发展方式。国务院要求各级全面清理规范赋予企业和项目的土地、税费等优惠政策,不得自行制定税收等优惠政策,不得对企业减免或缓征行政事业性收费等费用。这条“红线”决不能触碰。要研究转变发展模式,采取增加基础设施配套、支持创新平台建设、设立产业基金和投资引导基金等形式来支持企业发展,吸引外来投资,达到政府有收益、企业快发展双赢效果。三要转变融资模式。传统的政府融资模式受到限制越来越多,自身没有足够积累,银行贷款政策越收越紧,政府不能为企业融资提供担保,必须研究新方法解决融资问题,采取市场化融资,通过 PPP、风险投资、产业基金等形式,实现融资模式转变。四要转变招商方式。改变大呼隆式招商模式，积极借鉴先进地区孵化器招商模式，采取“孵化器+创业苗圃+产业基地”形式，形成从项目初选到产业化孵化的服务链，在不同发展阶段为企业提供不同孵化服务模式，降低创业门槛，吸引风险投资，把孵化企业“扶上马、送一程”，为企业成长壮大创造条件。

二要适应“产业结构三年大突破”新要求，大力推进“产业强市、工业带动”战略。2013年威海市提出“三年突破乳山产业结构”要求，这是对乳山发展的新要求，也是解决乳山经济发展“短板”问题的总抓手。乳山发展面临的最大问题就是产业结构不合理，特别是工业带动能力不强。要改变这一状况，根本的是要靠招商。经济发展新常态不是不要招商引资，没有项目的产业结构调整只能是一句空话。围绕工业现状、农业资源、海洋优势等研究我市产业发展问题，推动三次产业协调发展、同步突破，大力培育海洋食品、海洋生物、海洋医药、海洋保健等产业，研究发展电子商务、互联网经济、信息产业、高铁经济、时空经济等新型业态，多引进高质量、高效益、可持续、绿色环保低碳的好项目，引导企业加强前瞻性研究，搞好战略规划，抢占发展先机。市场经济的主体是民营企业，必须大力发展民营经济。大力实施大众创业、万众创新工程，加大创新创业力度，做好调查研究，重点研究相关扶持政策、体制机制、营商环境、发展措施等方面工作，实打实地推进全民创业，切实增加经济总量。

三要适应依法治国新形势，大力推进社会治理创新。十八届四中全会作出依法治国重大战略部署，这是党治国理政方式和思路的重大调整。必须转变工作思路和工作方法，不断提高运用法治思维深化改革、推动发展、化解矛盾、维护稳定的能力。加大普法力度，创新形式，大力弘扬法治精神，努力营造学法守法用法的良好氛围。加大依法治理力度，严格规范税收征管、环境保护、矿产资源开发等管理工作，推进依法治市工作扎实开展。切实抓好依法治理工作，打击违法行为，引导群众合法表达诉求，维护良好信访秩序，促进社会公平正义和平安稳定。

四要适应全面深化改革新潮流，大力推进重点领域改革。十八届三中全会作出了全面深化改革的决定。要正确处理顶层设计与摸着石头过河的关系，不等不靠，加大改革力度，坚持问题导向，什么问题突出就解决什么问题，以机制倒逼推动改革，释放经济社会发展活力。深化行政审批制度改革，进一步精简审批事项，能取消的坚决取消，能简化的坚决简化，能下放的坚决下放，研究制定政府部门负面清单、权力清单、责任清单“三张清单”，厘清部门职责关系和权力范围，把属于市场的权力还给市场，真正让企业做到“法无禁止皆可为”，让部门做到“法无授权不可为、法定职责必须为”。要加大城投、热力、水务等国有企业改革力度，抓好教育卫生部门去行政化改革，稳步实施“事改企”，稳妥推进司法体制改革，加快中介服务机构改革，扶持社会化中介机构，切实斩断部门与企业之间的利益链条，形成公平有序的竞争环境。

五要适应人民群众对美好生活新期待，大力改善民生和服务。新形势下，群众对党委、政府的期望值越来越高，要赢得广大人民群众的支持，就要努力把好事实事办到群众的心坎上。对2014年确定的便民利民实事，要进一步量化、细化，落实责任，加快实施，争取早见成效。在民生诉求征集处理上，2013年新组建市委群工部，整合政务热线、网络媒体资源，开通“6512345”市民热线，启动乳山民情网，累计汇集办理群众诉求3.8万多个，群众答复满意率达到99.04%。但也存在着一些问题，市长信箱分离出来之后，相关工作衔接不到位，导致部分民生诉求回复不及时、答复不认真，必须认真研究解决。各镇区和相关单位不仅仅局限于要把市里布置、财政投入的民生实事办好，要坚持问题导向，深入了解群众的所需、所想、所盼，解决好群众关心的热点难点问题，做到让群众满意。

六要适应党要管党、从严治党新态势，全面加强和改进党的建设。党的十八大召开之后，习近平总书记提出了全面建设小康社会、全面深化改革、全面推进依法治国、全面从严治党“四个全面”战略部署，其中“全面从严治党”是实施“四个全面”重要保证。中央出台八项规定、反“四风”、治理“庸懒散”、打“虎”捕“蝇”、立规矩等一系列措施，无不表明中央从严治党的决心。坚持从党的思想、组织、制度、作风等方面入手，全面加强党的建设，提高党建工作水平，夯实党的执政基础。在思想建设上，研究抓好党性教育，从市委常委带头，每季度组织一次专题学习，各镇区、部门每月组织一次集体学习，重点学习理想信念、党性锻炼等方面内容，筑牢思想防线，坚定共产党人的理想信念，补好精神之钙。在组织建设上，严格落实管党责任，镇区党(工)委书记要对区域内党建工作负总责，部门、单位党委(党组)要对党员干部管理负总责，每年组织召开一次党建工作述职评议会议，努力营造一心一意谋发展、聚精会神抓党建的良好局面。在制度建设上，把制度落实在平常、执行在经常、体现在日常，落实好“三会一课”、重大事项报告、民主生活会、谈心谈话等制度，保持从严治党经常性、制度化，争做立规矩、懂规矩、守规矩的表率。在作风建设上，落实好中央八项规定精神，治理“庸懒散”行为，加大对为官不为、办事“中梗阻”现象查处力度，通过绩效考核、民主评议、明察暗访等途径发现干部懒政行为，加大追责问责力度，真正让勤政廉政成为“新常态”。在干部队伍建设上，树立鼓励干事创业正确导向，进一步改进干部考核机制和方法，及时将想干事、能干事、干成事的廉洁干净干部选拔上来，推动各项事业更好发展。

七要适应城市化发展新方向，大

力推进市域一体化、全域城市化。针对新常态下经济一体化发展新形势，一方面，抢抓中韩自贸区谈判全部完成有利契机，抓紧研究对韩合作有关事宜，加快打造中韩经济合作示范区，做活“借韩兴乳”文章；另一方面，推进城市基础设施向农村延伸，按照“北部突破”要求，开通北部镇天然气管线，加强城乡道路改造建设，加快推进文莱高速、跨海大桥建设，争取乳山港一类口岸开放，启动镇改街工作，增设街道办事处，抓好农村社区建设，为市域一体化、全域城市化搭建发展载体。

“九个有”

一要有站在局部、胸怀全局的意识。不谋全局者不足以谋一域。一个区域的发展，不仅需要着眼全局来谋划，也需要在全局中找准自己的位置、履行好自己的职责。领导干部想干成事必须要有全局观念，自觉把分管工作、部门工作纳入全市大局来考虑，围绕大局来谋划，这不仅是领导干部应有的工作作风，也是领导干部应有的政治觉悟。各级各部门都要站在全市角度，站在市委书记、市长的角度，来研究谋划各自工作，不论是想问题、办事情，还是定思路、作决策，都要以大局为重，在事关大局和自身利益问题上，必须坚持局部服从全局，眼前利益服从长远利益。特别是对市里提出的“产业强市、工业带动”“全域城市化”“借韩兴乳”以及省里提出的“海上粮仓”建设等发展战略，市级领导和责任部门牵头研究抓好落实，相关部门积极配合，推动全市工作统筹协调发展。

二要有走在前列、勇争一流的胆识。习近平总书记在山东视察时提出山东要在推动科学发展、全面建成小康社会历史进程中走到前列，在全国发展大局中走在前列。这既是对山东省的要求，更是对威海、对乳山的要求，我们要认真研究怎样争先、怎样走在前列的问题。现实中，确实有些部门自甘平庸落后，认为乳山的基础差、底子薄，无论讲基础还是论条件，都没法与兄弟县市区比，认为在威海出再大的劲、费再大的事，也拿不了第一，甚至对一些荣誉不敢争取，害怕争不上有责任，工作中习惯于降低标准，不思进取。因此，全市各级要进一步树立锐意进取、敢争第一的意识，敢于与强的赛、快的比、好的争，确保各项预定目标顺利实现。重点开展好四项活动：一是深入开展“五城联创”活动。以争创全国文明城市、国家卫生城市、国家健康城市、国家食品安全城市、全国智慧城市试点等为目标，把争创工作作为争先创优、提升发展层次的要求，进一步坚定信心，落实职责分工，扎实推进创建工作，本着“谁牵头谁负责到底”原则，全国文明城市争创工作由王建华同志牵头，全国智慧城市试点工作由隋同朋同志牵头，国家卫生城市、健康城市争创工作由陈卫萍同志牵头，国家食品安全城市争创工作由孙军同志牵头，市里将成立创城指挥部，由隋建波同志任总指挥，毕兴全同志任常务副总指挥，下设综合协调办公室，从市纪委、“两办”、组织部等相关部门抽调骨干人员，统一调度协调创建工作中出现的问题，抓好创城工作任务落实和监督检查考核，确保创建工作一举成功。二是开展争先创优活动。市公安局被评为2014年度“全省优秀公安局”，是第5次获得这一殊荣。事实证明，事在人为，一些工作只要积极争取就可能成功，否则将一无所获。各级各部门要按照在“全省争进位、威海争先进”的要求，坚持“总体工作争一流，单项工作创特色”，破除唯条件论，紧盯国家、省、威海评比表彰，千方百计争取荣誉称号，全面提升各项工作水平。三是开展升级进位活动。各镇区、部门要在威海市范围内选择学习赶超对象，按照对标比学赶超活动要求，坚持高点定位，逐项制定学赶措施，每年争取进位1～2个名次，其中滨海新区要积极争创国家级旅游度假区，经济开发区要力争3年内跻身省级开发区30强，马石山烈士陵园要争创全国爱国主义教育基地。四是开展争创名品名牌活动。相关部门要认真研究上级有关政策，积极帮助引导企业争取更多的省级、国家级名品名牌，推动企业转型升级，进一步增强市场竞争力。

三要有为官一任、造福一方的雄心。为官一任就要造福一方，这是组织的重托，也是人民的期望。2014年经济开发区在威海市考核中被评为先进省级园区，靠的就是发展一方的责任心和决心。午极镇靠着一种不服输的精神，党政主要负责人员带头研究产业结构调整，立足资源区位狠抓招商引资，成为全市完成财政收入指标的4个镇之一。而有些部门工作成绩平平，年复一年，涛声依旧，工作一直没有起色。要认真反思，在任要干什么，身后要留下什么，深刻查找工作的不足和差距，通过持之以恒的艰苦努力，逐渐改变镇区部门面貌，开创发展新局面。为进一步激发各级干事创业激情，市里将调整督查考核工作机制，将考核结果与干部使用挂钩，把“管人”与“管事”结合起来，真正做到“以实干论英雄、凭政绩用干部”。

四要有敢于担当、勇于负责的勇气。习近平总书记多次强调，干部就要有担当，有多大担当才能干多大事业，尽多大责任才会有多大成就，没有担当的干部是永远干不好工作的。2013年以来，各级各部门强化责任意识，认真履职，矛盾面前敢抓敢管，难题面前敢于开拓，风险面前敢于负责，提高了社会管理成效，促进了社会和谐稳定。市行政执法局这次被评为先进单位，其主要原因是2013年全市开展27项“社会管理规范年”行动，很多是该局牵头实施的，这些工作不少是问题矛盾较多、不好干、又得罪人的工作，但他们不怕苦、不怵难，敢于负责，依法依规开展工作，解决了多年城市管理中的一些顽疾，赢得了社会的理解和支持。反观一些社会治理工作开展的不理想，究其原因是有的部门不敢担当，怕承担责任，工作能推就推，能拖就拖，相互之间“踢皮球”。一些信访案件长期得不到解决，同一个案件不同领导多次接访,敷衍了事,最终成为信访积案。为进一步强化干部的担当意识,要重点做好以下几方面工作:一是加大对重点工作的追责问责力度。对重点工程、重点项目、重点工作推进不力的,要及时启动问责程序,层层追究责任,切实做到问题出在哪里、责任就追究到哪里,推动各项工作真正落到实处。二是组织“两代表一委员”进行问询质询。结合开展镇级党代会年会制试点等工作,充分发挥党代表和人大代表、政协委员监督作用,通过集中评议形式,定期召开党代表会议和人大常委会议,对部门履责情况进行评析,对履行责任不到位、群众反响比较强烈的工作进行质询。三是加强“一岗双责”责任追究。对镇区、部门在履行“一岗双责”党风廉政建设责任制工作中出现问题的,不仅要追究当事人的责任,也要严肃追究“一把手”的责任;市级领导班子成员分管部门出现问题的,分管市级领导要向市委、市政府写出检查,承担连带责任。四是实行信访问题首问负责制。坚持“谁接访、谁处理、谁稳控”的原则,由首次接访的市级领导负责研究处理好所接信访案件,认真调查,妥善处置,一抓到底,促进问题从根本上解决。

五要有大胆创新、敢于突破的精神。创新是民族的灵魂,也是工作的动力。2014年以来,各级各部门把改革创新作为推动发展的根本动力,作为破解难题的重要抓手,不断创新思路、创新模式、创新机制,促进各项工作上档升级。在金融创新上,引进1亿元的阿甘担保公司,成立6家民间资本管理公司,增设5家银行分支机构,启动7家企业的挂牌工作,当前已成功挂牌3家,2014年乳山市又被省政府确定为金融创新试点市,能取得这样的成绩与市金融办的扎实工作是分不开的,他们尽管人员不多,但推进改革力度很大,不断创新思路方法,为区域发展创造了良好金融环境。在机制创新上,市人社局积极创新社会保险工作,弥补资金缺口,实现保险事业的可持续发展;推行服务管办分离机制,全面实施告知制度,强化监督制约,方便群众办事。市委群工部积极创新服务群众工作,规范严格群众诉求受理分办落实、答复反馈、台账管理、督导考核、分析研判相结合的工作机制,打造24小时不下班的政府,乳山市民热线被评为威海市机关作风建设年活动“十佳”示范岗位。在企业创新上,力久电机不断加大研发力度,参与国家电机目录标准制定,掌握行业“话语权”,收购国内电机行业领军企业北京毕捷电机,扩大市场占有率,2014年纳税翻了一番。新的一年,各镇各部门要坚持问题导向,围绕全市的发展、改革、建设,立足镇域实际和部门职能,从各自的难点问题和群众反映强烈的问题入手,研究确定1～2项创新亮点工作,经市级包镇和分管领导审核把关后,汇总提交市委常委会研究,并在相关媒体公开承诺,接受社会监督,努力培育喊得响、叫得硬的创新亮点工作。

六要有攻坚克难、百折不挠的斗志。做事没有一帆风顺的,成败的关键在于敢不敢克服困难、突破难关,愚公移山靠的是生命不息、战斗不止的奋斗精神;张海迪身残志坚,为中国残疾事业发展作出突出贡献,靠的也是这种攻坚克难的奋斗精神。一些企业之所以能发展起来,比如昊安金科、黄海汽配等靠的就是困难面前不低头,咬紧牙关渡难关,夯实企业发展基础。新的一年,全市上下要进一步强化攻坚克难的精神,敢于向顽症痼疾“亮剑”,对海岸带综合整治、矿产资源规范管理等尚未完成的社会治理行动,相关牵头领导和部门要继续加大力度,强化措施,加强督导,确保尽快完成;对规范民间信贷、整治官办中介和“红顶企业”、税收综合整治等工作,要抓紧研究方案,及早实施,早见成效。

七要有感恩之心和执政为民的情怀。羊有跪乳之恩,人要有感恩之心。要感恩组织的培养,感恩百姓的宽容,也要感恩企业经营者为社会创造的财富。所有机关干部都要强化百姓利益至上、企业发展至上的理念,尽职履责,做好本职工作,树立为民情怀,努力把百姓的事办好,特别是要真心为企业服务,支持企业发展,帮助企业解决发展难题,不人为设置障碍,不给企业添乱,创造宽松的发展环境。

八要有纪律观念和规矩意识。没有规矩不成方圆。机关事业单位要带头讲规矩、守纪律、树形象。严守政治纪律,自觉与上保持高度一致,决不允许对上级方针政策说三道四,更不允许顶风而上,该办的不办,不该办的乱办,努力维护上级权威。在十八届中央纪委五次全会上,习近平总书记在讲话中十几次提到“规矩”,明确党员干部应该遵守哪些规矩,哪些事情不能做,哪些话不能说,这不仅仅是对干部的约束,更是对干部的保护。当干部就要懂规矩、守纪律,从严要求自己,严格遵守值班、请销假等各项制度,该请示的请示,该报告的报告,认真如实填写上报个人重大事项,决不允许漏报、瞒报、虚报,对个人住房、投资、婚姻、配偶子女从业等情况,发生变化时要随时报告,把领导干部置于组织和社会监督之下,保证干部按规矩办事,切实增强广大机关干部遵规守纪意识。

九要有驾驭复杂局面、应对挑战的能力。当今世界是信息爆炸的时代,知识更新速度非常快,新问题、新矛盾不断涌现,领导干部要有应对复杂局面、处理复杂问题的能力。特别是在经济发展新常态下,全市各级要主动适应形势发展变化,不断学习新知识、熟悉新事物、增强新本领。新的一年,要把加强机关学习贯穿工作始终。学政策,善于在政策中发现机遇,创造性地落实好上级政策,发挥政策的最大效应;学产业,不断丰富产业、项目、招商等方面知识,熟悉掌握新的招商方式和手段,更好地促进招商引资和项目建设;学法律,增强法治思维,提高依法办事的能力;学经营,提升经营管理水平,实现企业稳步健康发展;学方法,学习借鉴先进地区、先进单位的经验做法,调整完善工作思路,更好地推动各项工作开展。

在乳山市党的群众路线教育实践活动总结大会上的讲话

中共乳山市委书记 高书良

（2014年10月18日）

今天这次会议，主要是学习贯彻习近平总书记在中央党的群众路线教育实践活动总结大会上的讲话精神，对全市教育实践活动进行总结，研究部署加强党的作风建设和从严治党工作，进一步巩固和拓展教育实践活动成果。大家要认真学习，抓好贯彻落实。下面，主要讲四个方面的问题。

一、全市教育实践活动深入扎实开展，取得明显成效

按照中央和省委、威海市委的统一部署，乳山市教育实践活动从2014年3月正式启动，当前已基本结束。教育实践活动中，省市赴乳山联合督导组组长、省环保厅副厅长葛为砚同志多次到镇村企业深入指导，对每个环节严格把关、言传身教；威海市委常委、纪委书记董天祥同志也多次到乳山参加指导市镇民主生活会和基层组织生活会，严谨务实的作风为党员干部树立了榜样。在威海市委和省市赴乳山联合督导组的领导和指导下，市委高度重视，从严标准，严格督导，扎实深入推进活动开展。全市各级党组织和党员干部主动参与，规范程序，广大人民群众热情支持，全市教育实践活动进展有序、扎实深入，达到上级要求，取得明显成效。回顾整个教育实践活动，主要有以下五方面收获：

一是党员干部深受教育，进一步增强群众观念和服务意识。采取集中研学、专题导学、典型促学、现场教学、基层体验学等形式，实现党员干部学习教育全覆盖，达到学习时间、学习质量“双保证”的效果。市级领导班子成员和各镇（街道）、部门主要负责人为基层上党课289次，培训党员干部4万多人次。通过学习教育，全市党员干部受到一次深刻的思想政治洗礼，思想上补了课、精神上补了钙、行动上提了神，党性得到锻炼，进一步增强党员干部的群众观念，形成一心为民、务实办事的浓厚氛围。市镇两级所有干部与群众长期结对联系，开展常态化联系服务群众工作，干部对农村和社区居民的走访实现不漏户、全覆盖，11名常委和1375名部门干部到社区认领1450个公益岗位，主动为社区服务。

二是有效纠正“四风”问题，推动党风政风社会风气转变。活动中，紧紧扭住“四风”问题不放松，多措并举，深入查摆，既把问题找准、找全，又把根源剖深析透。全市112个单位查找出“四风”问题9860条，其中市委常委班子及成员237条。在查摆问题基础上，坚持边查边改，解决一些多年想解决而没能解决好的问题，全市以市委、市政府名义召开的会议、下发的文件简报同比分别下降34%、42.3%，取消和合并检查评比活动35个，精简审批事项49项，简化办事流程194个，“三公”经费支出压缩了26%，腾退清理超标办公用房1.2万平方米，公开查处违规违纪现象58起。在此基础上，围绕加强常委会自身建设，建立完善加强学习、调查研究、谈心谈话、改进文风、规范议事、信访包案等方面制度规定；围绕加强干部队伍作风建设，建立完善干部选拔任用、公务接待、“三公”经费公开、责任追究等11方面30多项制度，更好地扎牢制度“笼子”，促进作风转变。通过出重拳、用重典，有效推动干部作风转变，带动社会风气整体好转。

三是严肃党内政治生活，进一步弘扬批评与自我批评的优良传统。各级各部门都把召开高质量的专题民主生活会和基层组织生活会，作为党内生活的一次生动实践，在开展批评与自我批评上动真格、树新风。从市级领导班子带头，各级党员干部按照“四个必谈”和“五个谈透”要求，开诚布公谈心谈话，推心置腹交换意见，自己动手撰写、反复修改对照检查材料，做到自我批评有深度、见人见事见思想，批评同志有辣味、真刀真枪见筋骨，全市各级班子提出自我批评意见2.2万条、互相批评意见1.8万条，共征求对市委常委班子的意见建议259条，对常委个人的意见436条。通过认真开展谈心谈话、反复撰写对照检查材料、严肃进行批评与自我批评，既动真碰硬、揭短亮丑，又相互提醒、真诚帮助，红了脸，出了汗，加了油，鼓了劲，使党内优良传统得到弘扬和回归，党员干部思想灵魂受到震撼和洗礼。大家普遍反映，这次民主生活会和基层组织生活会是多年来触动最深、效果最好的一次，收到实实在在的警示教育效果。

四是解决大批民生诉求，提高群众满意度。各级各部门坚持把群众满意作为教育实践活动的重要评判标准，紧盯热点难点问题，顺应群众所需所盼，着力解决好群众最关心、最直接、最现实的利益问题，让群众得到实惠。为解决好服务群众“最后一公里”的问题，新组建市委群众工作部，将涉及多个部门的群众工作事项进行集中整合，建设市民服务中心，实现“进一个门、办所有事”，设立民生热线、民情网等群众工作平台，提高做群众工作的能力，树立为民、务实、清廉的形象。2014年，全市共受理收集群众反映问题18600多个，诉求处理满意度达到99.07%。扎实开展“社会管理规范年”活动，实施海岸带整治、露天烧烤整治、户外广告整治、交通拥堵治理、街头摊点管理、采砂采矿治理、社区物业提升、扬尘治理、农村公共资源发包等20多项整治行动，同时，着力推进10大类80项便民利民实事，让群众看到变化、见到实效，收到良好社会反响。

五是加强基层组织建设，夯实党的执政基础。市委以开展教育实践活动为契机，着眼抓基层、打基础，集中整顿软弱涣散基层党组织48个，及时化解矛盾隐患，提前做好农村“两委”换届准备工作，为农村发展稳定奠定了基础。以实现联系服务群众制度化、常态化为目标，建立完善党员干部直接联系群众、党员责任区、IC卡党员证、党员现实表现鉴定、民主评议党员等23项制度规定，全市各级党组织共修订各类制度1320多项，新制定各类制度1670项，废止制度320项。结合召开基层组织生活会，全面做好民主评议党员工作，巩固扩大党员纯洁性教育活动成果，从发挥先锋模范作用、遵守党的纪律情况等5个方面狠抓党员评议和现实表现鉴定工作，全市1338个基层党组织全部开展了民主评议，党员参会率达到98%。

二、这次教育实践活动为我们今后开展集中教育活动提供了重要启示

这次教育实践活动能够取得这些成绩，归功于党中央和上级党委的正确领导，归功于省市联合督导组的严督善导，归功于全市各级党组织和广大党员干部的共同努力，也为今后开展类似活动积累了新的经验。主要有五点启示。

一是必须突出问题导向，坚持聚焦重点、集中用力。教育实践活动的主要任务是聚焦作风建设，着力解决群众反映强烈的“四风”积弊。这次活动中，我们坚持聚焦“四风”、问题导向的原则，把反“四风”、转作风作为突破口，抓住要害、以点带面，对查摆出的政绩观不端正、公务接待浪费等共性问题，开展专项整治、统筹解决；对活动推进中发现的一些变形变异的“四风”问题，做到高度警惕、露头就打；对吃拿卡要、公车私用、“庸懒散”等顶风违纪现象，保持高压态势，严肃追究责任。加强作风建设必须强化问题意识，一项一项地查、一风一风地整，才能抓一件成一件，整一件见效一件。

二是必须突出思想教育，坚持理论武装、知行合一。活动中，坚持把学习教育贯穿始终，通过集中学习与讨论交流相结合，典型教育与现场教育相结合，真正做到入脑入心、触及灵魂，破除思想障碍，提高党员干部认识问题、解决问题的能力。同时，把解决思想问题作为开展教育的先导，针对基层党员队伍实际，采取上门送学、骨干帮学、错时补学等形式，深入开展思想教育活动，解决思想认识总开关的问题，保证上下统一、步调一致。只有思想统一、知行合一，行动才能自觉，作风建设才能抓得实、做得深。

三是必须突出领导带头，坚持以上率下、传递压力。上级怎么做、领导怎么做，各级都在看。领导干部不仅是领导者，更是参与者，不仅是指挥员，更是战斗员，要求别人做的事情，自己首先要带头做、做得好，这样才有影响力和号召力。自我市教育实践活动动员会召开以来，市级领导班子成员从自身做起，带头深入基层、带头把自己摆进去、带头开展批评、带头剖析问题、带头整改落实，全程参与所联系指导和分管单位的相关活动，为活动开展做出了表率，兑现了当初许下的承诺。各单位“一把手”强化“第一责任人”职责，既当好活动参与者，又当好活动的组织者、推进者、监督者，形成一级带着一级干的良好格局。

四是必须突出从严从实，坚持严字当头、真督实导。开展教育实践活动，有什么样的标准就有什么样的质量，有什么样的要求就有什么样的效果。这次活动按照“照镜子、正衣冠、洗洗澡、治治病”的总要求，从一开始就坚持严的标准、严的要求、严的措施，全程贯彻整风精神，讲原则不讲关系、讲规矩不讲面子、讲公心不讲私心，采取单位自审、督导组复审、三方联审、市级领导终审“四审”方式，严把材料审核关；落实专题民主生活会“五个不开会”要求，严把会议质量关；结合现场督导、定期“回头看”，严把方法步骤关；通过定期考核排名、约谈后进等形式，严把活动评价关。省市联合督导组严格把关定向，有效传导压力、增添动力，为活动高标准开局、高质量推进、高效能落实提供了有力保障。实践证明，只有充分发挥“钉钉子”和“认真”精神，严要求、动真格，既注重激发党员干部的内生动力，又压实转作风的外在压力，才能达到预期目的。

五是必须突出群众参与，坚持依靠群众、开门教育。干部作风好不好，活动效果如何，感受最真切、最有发言权的是广大群众。从活动一开始，我们就坚持“开门搞活动”，把群众参与作为重要前提，把群众满意作为根本标准，牢固树立群众观点，聚集外力推动，请群众参与、请群众监督、请群众评判。事实证明，只有坚持从群众中来、到群众中去，真正把群众的意愿和智慧转化为改进作风的动力，活动才能不虚不空不偏、不走过场。

在肯定成绩的同时也要看到，与中央的要求和群众的期待相比，我们还存在一些差距和不足。主要表现在：一是“四风”问题持久顽固，不可能一朝一夕解决，以往的一些“四风”问题看起来有所收敛，很大程度上是各级的高压态势所致，仅仅停留在“不敢”上，“不想”的自觉尚未完全形成，有的甚至异化成新的“四风”问题，一段时间后作风问题有“反弹”和“变异”的风险。二是整改问题不够彻底，一些深层次的问题还没有从根本上解决。比如，我们开展的27项专项整治行动中，有些工作进展较慢，迟迟打不开局面；个别单位对群众反映问题回应不够、解决不力。比如，在上半年“听民声”收集的群众诉求中，当前仍有一些群众不满意事项。三是个别基层党组织、机关干部、流动党员等对活动存有抵触情绪，搞软对抗，不愿改变以往的“清闲”状态。比如，我市开展的在职党员干部进社区活动，有些干部存在不满情绪，参与社区活动流于形式、走过场，受教育、转作风的成效打了折扣，等等。

三、坚持从严治党，切实加强和改进党的建设

这次教育实践活动是落实党要管党、从严治党要求的有效探索，是加强和改进党的建设的重要实践，为加强党的作风建设提供了具体的、可操作的抓手，今后的党内监督管理工作只会加强不会削弱，只能越来越严格不会放松。正如习近平总书记在中央教育实践活动总结大会上指出的："从严是我们做好一切工作的重要保障。我们共产党人最讲认真，讲认真就是要严字当头，做事不能应付，做人不能对付，而是要把讲认真贯彻到一切工作中去，作风建设如此，党的建设如此，党和国家的一切工作都是如此"。因此，要认真学习领会习总书记重要讲话精神，从事关党和国家生死存亡的高度充分认识从严治党重要性，切实增强政治意识、大局意识和忧患意识，牢记政治责任，强化使命担当，坚定不移地把党要管党、从严治党各项任务承担好、贯彻好、落实好。

*一要严格落实管党责任。*从严治党，必须要增强管党意识、落实管党责任。落实从严治党任务，责任在各级党组织，关键在党委、党支部书记，抓手在落实责任。每个党组织负责人都要牢固树立"抓发展必须抓党建，抓党建也是抓发展"和"不抓党建是失职，抓不好党建是不称职"的责任意识，切实履行好"第一责任人"的职责，形成抓书记、书记抓和一级抓一级、层层抓落实的党建工作格局。要克服"抓党建是虚功、抓党建没有用"的错误认识，把党建工作作为根本职责，把抓好党建作为最大的政绩，坚持党建工作与经济工作一起谋划、一起部署、一起考核，切实做到"两手抓、两手硬"。要严格落实党建工作责任制，继续坚持基层党建工作述职评议等好的做法，加强和改进对党建工作的考核办法，加大考核权重，把党建工作作为评价一个镇区和部门工作好坏的重要标准，调动各级抓党建的积极性。要建立完善党建工作任务分解落实机制，按照"一岗双责"要求，与经济工作一样确定和落实年度党建工作任务，使党建工作项目化、具体化，明确目标要求、由谁来抓、抓到什么程度，按照从严从实要求把党建任务落实好。

*二要严明党的各项纪律。*没有规矩不成方圆。严格执行纪律是党的优良传统，也是从严治党的基本要求。严明纪律首先要严明政治纪律，这是政治原则和方向，是政令畅通的保证，任何基层组织和党员干部都要在思想上、政治上、行动上与中央保持高度一致，在大是大非问题上保持清醒的头脑和坚定的立场，决不允许"上有政策、下有对策"，决不允许有令不行、有禁不止。要严明组织纪律，严格落实下级服从上级、个人服从组织的纪律要求，严格执行组织作出的决定，服从组织的领导，听从组织的指挥，一切工作按程序办事，任何人不得以任何借口置身于组织之外，更不允许凌驾于组织之上。要坚持有纪必执、执纪必严、违纪必究，纪律面前人人平等、没有特权，严厉查处违反纪律的现象，坚决曝光一批违反纪律的典型，增强纪律的严肃性和震慑力。党委和党组是执行纪律的主体，书记是第一责任人，要认真落实党委的主体责任和书记的第一责任，坚决做到敢抓敢管、敢督敢查，对发现的违纪问题坚定不移地进行查处，该给纪律处分的要给纪律处分，该进行组织处理的要进行组织处理。纪检机关要履行好监督职责，敢于"唱黑脸""当包公"，抓好对纪律执行情况的日常监督检查，采取不同形式、通过不同渠道及时发现、纠正问题，对发现违纪现象要依法问责、一追到底，决不姑息迁就。要畅通群众监督渠道，采取公开举报电话、明查暗访等形式，让党员干部时刻处于监督之下，让纪律成为规范党员干部行为"高压线"。

*三要严肃党内政治生活。*党内政治生活是教育管理党员的抓手，是加强党性锻炼的平台，更是从严治党的基础。实践证明，加强党内政治生活，有利于强化党员干部的集体主义意识和大局观念，有利于维护班子团结、增强战斗力，有利于改进干部作风、增强党的威信。要严格按照党章过好党内政治生活，坚持和发扬党的优良传统，提高党内政治生活的严肃性、原则性，充分发挥党内政治生活在教育党员、改造党员方面的作用，营造风正、心齐、劲足的良好氛围。要用好民主集中制这个党内根本组织制度，正确处理民主与集中的关系，按照民主集中制要求处理好组织与个人、集体领导与个人负责的关系，形成思想上沟通、工作上配合、行动上一致的局面。要用好批评与自我批评这个武器，认真总结这次教育实践活动中的好经验、好做法，对今后召开的民主生活会都要按照这次的标准进行，让敢于批评和自我批评成为一种习惯、一种自觉、一种责任，让这个武器越用越灵、越用越有效。实践证明，只要同志们出于公心、实事求是，有话讲在当面、问题摆在桌面，会上会下一致、人前人后相同，批评与自我批评这个武器就一定能够用活用好，就一定能够达到帮助同志、修正错误、统一思想、增进团结的目的。要把党内政治生活制度落实在平常、执行在经常、体现在日常，落实好"三会一课"、组织生活会、民主评议、谈心谈话等制度，保持党内生活的经常性、制度化，发挥党内政治生活在促进团结、弘扬正气、构建和谐等方面的积极作用。要针对党员队伍的新情况和经济社会发展的新形势，不断创新党内生活形式，丰富政治生活内容，让党内政治生活更加贴近党员、贴近实际、贴近工作，增强党内活动的吸引力，提高政治生活的感染力。

*四要从严加强干部管理。*政治路线确定以后，干部就是决定因素，从严治党的关键在于从严管理干部。要以严的标准选拔干部，坚持重绩重德的选人标准，大力倡树凭实绩用干部、以政绩论英雄的用人导向，注重从工作一线发现干部、锻炼干部、选拔干部，

让想干事、能干事、会干事、干成事的干部有机会、有舞台。要坚持用好的作风来选作风好的干部，完善日常跟踪考察机制，落实干部推荐责任倒查追究制度，坚决克服“带病提拔”的现象，营造良好的选人用人风气。要用严的措施管理干部，坚持用制度管事、靠制度管人，完善干部审计、日常考核、组织约谈、诫勉谈话、监督查处等各项制度，做到讲原则不讲关系，发现问题该提醒的提醒、该教育的教育、该处理的处理，让干部感到身边有戒尺、时时有监督，始终保持对纪律和制度的敬畏。要把各单位“一把手”作为干部管理的重点，从约束和规范用人、行财、管物“三权”入手加强监管，健全权力运行机制，规范重大决策、干部使用、项目安排等事项，为全市党员干部做表率、带好头。要用严的监督约束干部，充分运用组织监督、社会监督、纪律监督、舆论监督等多种手段，强化对干部权力的监督，通过党务政务公开、民主评议、质询听证、满意度测评等形式，强化干部行为的约束，让干部真正感觉到“为官不易”，自觉做到严以修身、严以用权、严以律己，主动践行谋事要实、创业要实、做人要实“三严三实”。

四、坚持抓常、抓细、抓长，不断巩固教育实践活动成果

教育实践活动有期限，而作风建设是长期的，活动的收尾并不是作风建设的收场，贯彻群众路线没有休止符，作风建设永远在路上。开展群众路线教育实践活动，党和人民期望很高，要取得理想效果，关键是要抓好成果转化，把活动成果转化为全面深化改革的生动实践，转化为干事创业的强大动力，转化为服务民生的具体行动，转化为强基固本的持久效力。

*一要善始善终地抓好整改落实。*按照教育实践活动安排，各级领导班子制定了教育实践活动“两方案一计划”，领导干部列出了个人整改问题清单，当前大多还是停留在计划方案的制订上，一些前期确定的整改事项没有完全落实到位，很多制度还没有建立完善。下步要加大整改落实力度，对查摆出的问题，严格按照整改方案、专项整治方案要求抓好落实，实行销号管理，建立整改台账，解决一个，销号一个。对精简会议文件、清理办公用房、规范达标评比等已经整改的问题，要组织“回头看”，修订完善相关制度，巩固整治成效，防止问题反弹，对整改不到位、群众不满意的，要及时“回炉”、补课。对正在进行的整治行动，要抓紧抓实，加强督导，保证按期完成。对新发现的问题，要及时补充列入整改台账，明确责任人、时限、目标和要求，及时跟进予以解决，确保取得实效，取信于民。特别是要把整改过程中形成的一些好做法、好经验用制度的形式固定下来，建立科学管用的制度体系，用制度来约束行为、推动落实。

*二要集中力量狠抓专项整治。*专项整治任务是事关群众切身利益、群众反映最突出的问题，这些问题解决好了，党风政风就会有一个大的改观。对群众反映强烈的突出问题，要加大整治力度，集中时间、集中力量、集中攻坚，特别是整改方案中确定的42项重点整治任务和向群众承诺的27项专项治理行动，相关市级领导和有关责任部门要按照时限要求，一项一项抓好落实，确保已采取的措施、形成的机制扎根落地、见到实效。要加强整改落实情况的监督检查，市委常委会将定期听取专项整治推进情况，督促整改措施落实到位，确保整改工作取得实效。要强化正风肃纪，对侵害群众利益的行为，要发现一起、查处一起，对整改不力、效果不明显的，要批评教育、限期整改、严肃追责。

*三要坚持不懈地转变工作作风。*作风问题的顽固性和反复性决定了作风建设的长期性和艰巨性。作风建设是攻坚战，也是持久战。要从市级领导干部带头狠抓落实，对招商引资、项目建设、信访维稳等分包工作，真包实抓，切实担负起应尽的责任。镇区和部门要勇于担当，勇于直面问题，认真倾听群众呼声、深入了解群众期盼、虚心听取群众意见，及时改进作风，以扎实的工作回应群众的期待。要扎实开展好信访案件“百日清仓”活动，严格按照不限原调查结论、不限原处理意见、不限原来表态的“三不限”原则，由包案领导牵头，重新听取上访人申诉、重新调查了解、重新研究处理，加大对信访案件的跟踪落实，凡是应该解决的问题，要一抓到底，直到问题解决。要坚持党员干部常态化联系群众，结合民情走访，发挥群工部职能作用，进一步畅通民意表达渠道，促进党员干部俯身查民情、真诚听民声、倾心办民事，增进党群干群关系。

*四要深入扎实地推进各项工作。*开展教育实践活动，目的不在于“办活动”，而在转作风、办实事、促发展，运用活动成果努力推进各项工作落实。要突出抓好招商引资和项目建设，坚持主动走出去，加强项目跟踪，力促项目尽快签约开工建设，为乳山产业结构转型突破提供保证。要结合市民服务中心改造搬迁启用，进一步创新服务工作，探索推行行政审批负面清单，严厉查处乱收费、乱罚款等干扰企业发展的行为，多站在企业的角度思考问题，多在服务企业发展上下功夫，为项目建设、企业发展创造良好环境。要扎实推进农村改革、经济体制改革、社会治理改革等各项改革工作，保证各项改革有序推进，充分释放改革活力。要加快推进农村和城市社区“两委”换届工作，坚持统筹兼顾，科学安排，选好配强基层领导班子，增强基层组织的战斗力和凝聚力。要提前谋划2015年工作思路，对项目建设、外资、公路、交通、城建、民生及文化、卫生、旅游、农业、养生等产业发展，相关分管领导和部门要提前思索，积极谋划，确保明年各项工作开好局、起好步。

政府工作报告

——2015年2月14日在乳山市第十七届人民代表大会第四次会议上

乳山市人民政府市长 隋建波

一、2014年政府工作回顾

过去的一年，在市委的坚强领导下，全市上下认真贯彻落实中共的十八届三中、四中全会精神，按照威海市委、市政府“三年突破乳山产业结构”要求，突出主题主线，主动加压奋进，推动全市经济社会保持平稳健康发展，在全省县域科学发展综合排名中跃居前30名。全年完成地区生产总值441.6亿元，增长9.7%；固定资产投资421.9亿元，增长15%；公共财政预算收入27.7亿元，增长13%；实际利用内资110.8亿元，增长15.3%；实际到账外资7282万美元，外贸进出口总值7亿美元，增长11.1%；农民人均纯收入14821元，增长10.8%；城镇在岗职工平均工资36575元，增长10.1%。

一是全面实施转型升级，产业结构实现新优化。坚持产业强市、工业带动，积极培育装备制造、绿色食品、生物科技、节能环保、新材料、新能源六大百亿产业集群，着力打造经济开发区、滨海新区两大千亿级产业聚集区，规模以上工业增加值增长11.8%，工业用电量增长6.3%，工业“两税”收入增长15.7%，高新技术产业产值占比提高1个百分点。深化农产品质量安全管理，新增可追溯农产品基地8处、“三品一标”24个，新建、改扩建现代农业示范园102处，创建全国基层水产技术推广示范站和省级现代渔业示范区各1处，荣获“全国平安农机示范县”称号。积极推进旅游资源一体化改革，新增AAA级景区1个、省级农业旅游示范点4个、旅游特色村4个，银滩—大乳山海岸被评为“齐鲁美丽海岸”，银滩旅游度假区被评为全省首批20个“仙境海岸度假综合体产品”。大力弘扬“仁爱乳山”城市品牌，大乳山滨海旅游度假区获批省级文化产业园区，我市成功跻身“全国文化先进市”。加快养生养老产业发展，引进建设乳山老年人养护中心，打造一批高端养生养老示范社区，东方国际养生园荣获“全国智能化养老实验基地”，发展健康养生产业的经验做法得到省政府主要领导批示并在全省推广。积极培育电商经济，新建金谷之园电商产业园、智创电子商务基地等专业电商园区，进驻电商业户70多家，荣获“全省首批信息消费试点市”。

二是全面加强与外合作，项目建设实现新提升。牢固树立“以发展论英雄，以项目比高低”理念，转变招商思路，压实招商责任，优化园区布局，举全市之力抓招商，聚全部要素促项目。累计组织外出招商活动1421人次，引进各类项目107个，开工投资3000万元以上项目59个，其中过亿元项目29个，新投产项目27个。实施企业与外合作项目19个，带动77家企业完成技改财务支出28.5亿元，培育一批新的工业经济增长点。报批各类项目317个，争取无偿资金7.1亿元，其中获批蓝区项目数量和无偿资金总量居威海各区市首位。

三是全面推进市域一体，城乡统筹实现新变化。调整完善经济主体功能区，将全市划分为优化开发、重点开发和限制开发三种类型，将镇区确定为产城融合型、生态农业型、工业辅助型三个重点，实行差异化引导、考核、扶持，促进区域统筹协调发展。突出精品城市建设，实施总投资6.4亿元的59项城建重点工程，启动“智慧乳山”建设，智慧交通、智慧管线、智慧安控、智慧社会管理、智慧应急管理等平台建设扎实推进，提升城市精细化管理水平。加快推进滨海新区开发，投资11.7亿元实施道路桥涵、园林绿化、供水供气、生态修复等6大类重点工程，为新区大开发、大突破夯实基础。新增城市社区12个，实施50个农村新型社区规范化建设，实现医疗卫生、农资经营、休闲娱乐等服务全覆盖。

四是全面加大民生投入，人民生活实现新改善。年度投资25亿元，涵盖10大类、80项具体内容的便民利民实事工程全部完成，解决一批与群众生产生活息息相关的实际问题。开通市民热线，实现“一个号码对外、一个中心受理、全天候服务”；启动民情网，建立群众诉求分办落实和督导考核机制，对群众反映的3.8万个诉求进行答复处理，群众满意率达99.04%。采取市场化运作模式，实施城市公交基础设施改造升级工程，成功创建“全省城乡公交一体化示范县”。深入推进公立医院改革，在全国率先实现县域数字化预防接种门诊全覆盖，市人民医院成为全省首批跻身三级乙等综合医院的3家县级公立医院之一。扎实开展海岸带综合整治、露天烧烤治理、矿产资源规范管理、农村公共资源发包管理、城市交通拥堵治理等27项“社会管理规范年”活动，有12项行动已取得阶段性成果。

五是全面深化改革创新，发展活力实现新增强。全面启动经济体制、文化体制等六大领域改革，实施“三公”经费公开、农村“三项”改革等省级改革试点，累计推进改革事项144项。深化财政金融协同创新，大力推动“奖改投”，达成了3支产业基金和投资机构组建协议，新引进融资担保、资产管理公司2家，新增银行、小贷、保险机构4家，新设民间资本公司6家、金融仓储公司1家，7家企业启动挂牌工作，其中3家已完成挂牌，大乳山成功发行1.1亿元中小企业私募债。组建威海正洋海洋生物技术产业研究院，新增高新技术企业3家、省级创新平台3家，签订产学研合作协议53项；开工建设科技孵化器3家，其中威海智创科技孵化器已投入使用，入孵企业14家，荣获“山东省科学城市”称号。

六是全面优化发展环境，各项事业实现新进步。按照“照镜子、正衣冠、洗洗澡、治治病”的总要求，突出问题导向，聚焦“四风”表现，扎实开展群众路线教育实践活动，全市112个单位共查找“四风”问题9860条，对确定的42项重点整治任务全部建立整改台账，实行销号管理，解决一大批民生诉求。扎实开展“机关改革创新年”活动，实施目标承诺、亮点培育、问题导向整改等活动，14名市级领导和132名单位主要负责人员在新闻媒体公开承诺，127个单位共查找问题420多项。实施建设工程项目审批流程模块化再造和审批权相对集中改革，精简压缩行政审批事项81项，审批时限压缩一半以上；建成市民服务中心，打造了政务服务、企业服务、市民服务、群众工作、社会治理“五位一体”的综合服务平台，让群众“进一家门、办所有事”，当前共进驻审批服务单位46家，进驻事项255项，占全市审批服务事项98.8%。严格落实中央八项规定精神，强化“庸懒散”行为整治，对73人进行问责处理，“三公”经费支出压缩14.3%，取消合并检查考核和评比表彰活动35项。自觉接受人大法律监督、政协民主监督和群众社会监督，办理人大代表建议和政协委员提案84件，办复率100%。深入推进“六五”普法活动，跻身第二批“全省法治创建先进县”行列。加强安全生产管理，开展“平安行·你我他”行动，实施信访积案“百日清仓”活动，积案化解率在威海各区市最高。此外，民族宗教、妇女儿童、外事侨务、史志档案、气象防震、人民防空、双拥共建、老龄残疾人等各项社会事业也取得长足发展。

过去的一年，经济形势比预料的还要困难，各种挑战比预想的还要严峻，能够取得这样的成绩实属不易，各个方面都付出极为艰辛的努力。在此，我代表市政府，向在各条战线上辛勤工作、爱岗敬业的全市人民，向给予政府工作热情支持、依法监督的人大代表、政协委员，向为地方发展保驾护航、无私奉献的驻乳部队和武警官兵，向关心支持乳山发展的海内外朋友，表示衷心感谢并致以崇高敬意！

在肯定成绩的同时，也清醒地认识到与新常态要求比，与政府担负责任比，与群众对美好生活期盼比，经济社会发展中一些深层次矛盾和结构性问题仍然没有根本化解，政府工作还有不少差距和不足。突出表现为：工业带动作用不明显，高新技术产业产值占比较低，产业结构调整的任务仍然艰巨；产业领域的有效投资不足，要素投入结构还不能适应经济结构调整的需要；园区配套不完善，承载能力弱，难以满足大项目、好项目落地需要；创新驱动力不强，创新平台少、层次低，企业缺乏核心竞争力；金融服务实体经济的能力不强，企业“融资难”“融资贵”的问题仍然比较突出；市场主体不够活跃，全民创业氛围不够浓厚；中介机构管理不够规范，“中梗阻”“庸懒散”问题不同程度存在；公共资源管理、城市管理、生态保护、民生改善、安全生产等领域还有许多环节没有抓到位、管到底，许多问题急需解决，等等。对这些问题，市政府高度重视，认真整改，决不辜负全市人民的殷切期望。

二、2015年政府工作的总体要求和目标任务

2015年，是全面深化改革的关键之年，是全面推进依法治国开局之年，是全面完成“十二五”规划收官之年，更是乳山突破产业结构、实现赶超发展攻坚之年。中国进入经济发展新常态，发展内涵和条件正发生深刻变化。国内外经济形势依然错综复杂，“三期叠加”“四个转向”的阶段性特征带来新的困难和挑战，但经济发展总体向好的基本面没有改变，全市发展具备许多有利条件和积极因素。特别是中韩自贸区建设带来开放发展机遇，各级深化改革带来创新发展机遇，威海进入高铁时代带来了融合发展机遇，新型城市化带来统筹发展机遇，产业结构突破战略的实施带来转型发展机遇，生态环境优势带来可持续发展机遇。我们有基础、有条件通过创新发展理念和工作方式，再聚发展新活力，实现发展新突破。根据市委总体要求，政府工作的指导思想是：深入学习贯彻落实中共十八届三中、四中全会精神，坚持稳中求进工作总基调，主动适应经济发展新常态，以突破产业结构为目标，以创先争优为动力，坚持产业强市，突出项目建设，深化改革创新，统筹城乡发展，改善民生福祉，着力提高经济发展质量和效益，促进经济平稳健康发展和社会和谐稳定，加快建设现代化幸福乳山。主要预期目标为：地区生产总值增长9.5%，公共财政预算收入增长11.5%，固定资产投资增长16%，实际利用内资增长16%，实际到账外资增长10%，外贸进出口总值增长10%，社会消费品零售总额增长12.5%，城镇在岗职工平均工资和农民人均纯收入均增长10%，全面完成年度节能减排约束性目标。这些目标的确定，充分考虑了经济形势的严峻性、复杂性和多变性，考虑了乳山市发展的基础条件和产业现状，既积极稳妥，又留有余地，实际工作中将自我加压、奋力赶超，努力促进区域经济平稳较快发展。

（一）突出转型升级，着力实现产业结构大突破。坚定不移地实施“产业强市、工业带动”战略，推动更高层次的产业协调发展，为实现产业结构三年大突破目标积蓄能量。

一是全力以赴振兴工业。强化“突破产业必先振兴工业”理念，加快培育壮大装备制造、绿色食品、生物科技、节能环保、新材料、新能源六大产业集群，年内确保装备制造、绿色食品两大产业产值率先突破百亿元大关。强化“强工业必先强龙头”理念，实施好21个威海市级重点工业投资项目，完成30家以上企业主辅分离工作，推进市内企业协作发展，膨胀壮大福喜农牧、恒邦化工、正洋食品等一批龙头企业，年内新增规模以上企业20家，新增主营业务收入过亿元企业10家、过10亿元企业3家。强化“投产达产才是产能”理念，在实施“机器换人”工程、推进“智能工厂”建设基础上，解决好竣工项目设施配套、招工培训、生产融资等方面问题，年内争取新投产达产项目30个以上，真正把潜在的产能转变为显性的产值。

二是发展高效品牌农业。围绕苹果、花生、茶叶、蓝莓、大姜、肉鸡、牡蛎、葡萄等八大农业特色产业，调整农业结构2000公顷，新建和改造现代农业示范园50个。按照“纵向延伸拉长链条，横向融合块状突破”原则，引进培育一批“补链型”龙头项目，膨胀发展一批“复合型”农业园区，形成链条式发展、融合式提升的现代农业发展新格局。加大农资“一卡通”推广力度，加强“乳山三宝”推介，全面打造“乳山产”品牌，年内新增“三品一标”15个以上，新增可追溯基地5个，“三品一标”认证面积比率达到65%以上。制定加快现代海洋产业发展意见，以发展高效养殖增殖产业、建设现代渔业示范园区、培育远洋渔业产业为重点改造提升传统海洋产业，以做强渔业精深加工、开发海洋生物保健产品、培育海洋装备制造产业为重点加快壮大海洋新兴产业，以提升海洋文化旅游产业、完善港口物流、发展电子商务为重点积极培育海洋服务业，全面推进海洋一二三产业协同发展，增创海洋经济新优势，打造“海上粮仓”样板区。

三是繁荣提升现代服务业。推进文化旅游融合发展，坚持“政府引导、市场主导”的原则，探索成立旅游文化产业投资公司，拓展旅游文化项目融资渠道，保障旅游文化项目健康发展；充分挖掘乳山市文化内涵和特色，打造一批多功能、复合型旅游景区，丰富旅游内涵，提升文化影响；依托“仁爱乳山”品牌，吸引文化创意产业项目和团队入驻，创建省级重点文化产业园区、企业和项目，加快文化产业化进程。大力发展健康养生养老产业，实施好养生养老产业“五个一工程”，即组建养生养老产业研究会，编制健康养生产业发展规划，设立健康养生产业园区，争创“全国养生养老示范基地”，打响“养老之都、养生天堂”品牌，加快创树健康养生养老“乳山模式”。培育壮大电商经济，组建线上交易平台和跨境电子商务平台，推进金谷之园电商产业园二期、智创电子商务基地、恩源科技电商产业园建设，建好“淘宝特色中国”山东馆乳山基地，引导纺织服装、食品加工企业转型线上经营，实施“千农触网”工程，年内争取新增电商经营业户500户，转型线上经营企业30家，培训各类电商人才400人以上。

（二）突出招商引资，着力实现项目建设大突破。坚持不拼资源拼服务，不拼价格拼环境，变以优惠政策招商为建创业平台招商，打造吸引投资新“洼地”和项目建设新“高地”。

一是创新招商方式。强化孵化器招商，瞄准北京、上海、深圳等一线城市孵化器在孵和毕业项目，完善综合支持体系，引进一批科技含量高、发展潜力好的高新产业项目。强化企业合作招商，引导市内企业采取资产重组、参股兼并、产业协作等方式，挂强靠大，借力发展。强化产业基金招商，发挥产业发展引导基金作用，积极引进各类产业基金、投资基金和投资机构，做到引项目与引资本并重。强化电商经济招商，依托现有电商产业园区，加大与电商经营企业、经营业户和第三方代运营团队对接力度，推动传统产业转型，鼓励大众创新创业，培育更多市场主体，实现以线上虚拟经济交易带动线下实体经济发展。强化重点区域招商，抢抓中韩自贸区建设和威海进入高铁时代的机遇，加强与青烟潍等高铁沿线城市对接，搭建对韩合作“五大平台”，探讨设立中韩FTA专用工业园区，着力打造蓝黄“两区”建设先行区和中韩自贸区建设示范区。

二是加快项目建设。健全项目评审机制，引入专家参与项目评审，严把项目规划关、建设关、用地关，切实提高项目评审效率和评审质量。加大项目分包推进力度，定期筛选重点开工、签约和在建项目，逐一落实分包领导、责任单位，及时协调解决瓶颈问题，确保项目顺利推进，年内争取开工投资过亿元项目30个以上。提升园区配套水平，按照“产城融合、区镇联动、突出特色”原则，建立多元化园区建设投融资机制，坚持既重当前又重长远，既重地上又重地下，既重硬件又重软件，集中精力配套完善园区基础设施，争取3年内“三区十园”全部达到“七通一平”标准，为大项目好项目落户提供保障。

三是积极争资立项。紧盯国家政策导向，科学筛选论证项目，积极加强对接沟通，确保争取各类无偿资金7亿元以上。重点加大道路交通、棚户区改造、千亿斤粮食产能、蓝区人才支撑、蓝区专项和切块资金争取力度，提高项目对接成功率。围绕海岸带综合整治与生态修复、城镇建设与环境保护、健康养生与文化旅游等领域，整合资源，集中争资，确保争取到更多大项目、大政策、大资金。抓住各级启动“十三五”规划编制工作有利时机，做好事关乳山长远发展重大项目的编制、提报工作，争取更多项目列入省级以上“十三五”规划。

（三）突出改革引领，着力实现发展活力大突破。坚持以改革精神推动各项工作，在全面深化各领域改革的基础上，重点加大财税、农村、行政管理改革力度，最大限度激发发展活力，增强发展动力。

一是深化财税改革。健全全口径政府预算体系，构建政府财力综合运作机制，增强财政综合保障能力。设立预算稳定调节基金，探索推行中期财政规划管理，实现跨年度预算平衡。提高预算管理透明度，实现市级及区镇、部门“三公”经费预决算全面公开。大力压减投向一般竞争性领域资金，集中财力保障基本公共服务、民生、改革等重点支出。加强政府债务管理，积极争取并管好用好地方政府债券资金，健全债务风险预警及化解机制，确保债务风险指标在可控范围以内。

二是深化农村改革。扎实推进204个村农村土地承包经营权确权登记颁证工作，实现全市土地确权颁证工作全覆盖。积极推动土地向龙头企业、农民专业合作社集中连片流转，实现土地由“散户”经营向“大户”规模经营转变。稳妥推进农村集体经济产权制度改革，年内完成不少于30个村集体产权改革工作。稳步实施“新型农村合作金融试点”改革，有序发展农民信用互助社，规范发展农村合作金融组织，加大金融支持农村发展的力度。

三是深化行政管理改革。规范理顺城投集团、水务集团等企业管理职能和经营体制，促进市属国有企业健康发展。扎实开展中小学校长职级制改革试点，提高教育保障水平。探索公立医院法人治理结构、医院经营方式、聘用制度、人员编制管理等改革，促进医院健康发展。

（四）突出创新驱动，着力实现瓶颈化解大突破。始终把创新作为第一动力，以创新破解瓶颈制约，以创新推动转型发展。

一是推进科技创新。加快政校企协同联合创新，围绕硅胶、贝壳、云母等资源高值化利用，开展产业共性技术研究，延伸产业链条，孵化高新企业。全面加强与四川大学、中国海洋大学等高校合作，签订产学研协议50项。抓好公共创新平台建设，搭建好威海正洋海洋生物技术研究院等公共研发平台，建设好威海科大环保高分子材料检测检验中心、威海帕斯砜公司高分子新材料检测检验平台等公共检测平台，引进专业团队，完善平台功能，发挥创新引领和服务保障作用。抓好各类中小企业基地、大学生创业园建设，组建好海洋生物等产业孵化平台，形成“产业孵化器＋中小企业基地＋创业苗圃”产业培育体系，年内争取创建2家威海市级孵化器。积极扶持各类创新要素发展，年内争取申报发明专利增长10%，其中授权发明专利增长20%，新增高新技术企业3家、威海市科技型中小企业15家以上，创建省级研发平台3家、威海市级研发平台5家。

二是推进融资创新。探索组建金融投资公司，搭建政府资本运营平台，开展战略投资、资本运营和资产管理等业务，完善融资服务链条和招商引资激励机制，年内争取设立投资咨询、基金管理、融资登记、融资租赁等子公司各1家。设立1亿元的创业投资引导基金，引导市内孵化器设立天使投资、风险投资和科技成果转化子基金，年内争取基金数量达到3～5支，募集规模达到6～8亿元。加强与“新三板”及上海股交中心、齐鲁股交中心、蓝海股交中心和前海股交中心等区域资本市场的深层次合作，推动更多企业实现挂牌上市或私募融资，年内争取新增挂牌企业5家，实现融资1亿元以上。选择优秀网络应用机构合作建立金融智慧平台，实现本地项目网上推介、网上路演、网上募资，异地项目网上筛选、网上洽谈、网上跟踪；积极开展与国内知名商品交易市场的合作，探索建立优势产品交易市场及区域产权、股权交易市场。做好经营城市文章，探索推行PPP模式，引入社会资本参与基础设施建设，加快完善城市功能，提升城市发展水平。

三是推进人才创新。依托工程研究中心、重点实验室、科技孵化器、院士和博士后工作站等平台，采取聘请高级顾问或技术指导、联合高校建立试验基地等形式，引进高端和紧缺产业人才，建立高端人才兼职使用、紧缺人才联合培养机制。抓好“千人计划”、省“泰山学者”海外特聘专家、蓝色产业领军人才团队支撑计划等人才创新创业项目申报评选，打造聚才引才良好载体。创建高技能人才实训基地，开展突出贡献中青年专家、首席技师等评选活动，激发本土人才干事创业活力。实施“学子归巢”计划，开通人才服务热线，设立人才服务窗口，鼓励有条件的企业通过股权配发、改制合伙人、选聘职业经理人等措施，吸引各类优秀人才加盟，年内争取引进专兼职博士20人。

（五）突出市域一体，着力实现城乡统筹大突破。以“全域城市化、市域一体化”为方向，以创建全国文明城市、国家卫生城市、国家健康城市、国家智慧城市、国家食品安全城市、国家农产品质量安全县等“多城联创”为统领，统筹中心城区、滨海新区、城镇社区建设，推动资源向城市合理化流动、人口向城镇节点式集中、农村向社区综合性转变。

一是提升城市建设水平。投资10亿元实施文莱高速路基及构造物建设、环海路大修、G309国道路面中修、县乡道路改造、小青岛陆岛通航码头改造等重点工程，投资5.3亿元推进好供水管网改造、雨污分流、墙体节能和供热计量改造、城市路网建设等城建工程，提升城市配套水平。抓住国家鼓励棚户区改造机遇，加快推进城中村改造，提升城市宜居水平和整体形象。加大老旧小区“微循环”设施改造力度，年内争取完成5个以上小区的改造工程，3年内中心城区所有老旧小区达到物业接收标准。

二是加快全域城市化步伐。启动实施滨海新区“三年大提升”计划，抓好总投资9.4亿元的滨海新区能源路、联想路、黄河路等27条道路建设及海岸带综合整治、近海生态修复等重点工程，提升新区配套能力。抓好小城镇建设，积极推进镇区布局调整，对条件相对成熟的镇按照街道办事处体制运行，加快2处国家重点镇建设。按照“沿海社区城市化、内陆社区特色化”原则，对120个既有社区进行规范化提升，启动32个农村新型社区建设，提升社区服务质量，为农村群众就地城市化搭建载体。积极探索破解制约人口转移的户籍、就业、社会保障等方面问题，解决好“人”的突出问题，让农村群众“无顾虑”进城；学习借鉴外地经验，探索发行建设债券、吸引社会投资、农村宅基地抵押等新融资路径，解决好“钱”的突出问题，让农村群众“有保障”进城。

三是推进“多城联创”工作。积极创建“全国文明城市”，以《全国文明城市测评体系》《全国未成年人思想道德建设工作测评体系》为标准，推进好廉洁高效的政务环境、民主公正的法治环境、公平诚信的市场环境、健康向上的人文环境、有利于青少年健康成长的文化环境、舒适便利的生活环境、安全稳定的社会环境和可持续发展的生态环境等“八大环境”建设，力争在3年综合测评中取得好成绩，争取及早跻身“全国文明城市”行列。积极创建“国家卫生城市”，全面实施城市道路建设、大环境绿化、垃圾粪便处理、污水处理、公厕改造、城市窗口打造等“六大工程”，深入开展沿街建筑、环境卫生、占道经营、集贸摊点、交通秩序、六小行业、社区单位家庭卫生、广告招牌和乱贴乱画等“八项专项整治”，全面落实完善疾病预防控制网络、加强公共卫生监督、抓好健康教育、控烟等“四项措施”，年内争取完成“国家卫生城市”创建主要任务，压茬推进“国家健康城市”创建工作。积极创建“国家智慧城市”，严格执行智慧城市项目评审批复制度，从项目规划建设、财政资金审批等环节把好关口，最大限度减少“盲目投资、重复投资”；推进好智慧农业、智慧林业、智慧教育、智慧卫生、智慧城管、智慧应急、智慧管网等平台系统的规划建设和拓展延伸，尽快建成乳山社会综合管理信息系统，年内争取实现主要系统信息资源联网共享和综合应用；研究出台智慧产业培育政策，吸引社会组织或企业通过提供资金、技术、运营服务参与“智慧乳山”建设，扶持发展一批投资较大、技术领先、带动力强的智慧产业项目，为“智慧乳山”建设提供产业支撑。同时，一体抓好“国家食品安全城市”“国家农产品质量安全县”创建工作，全面提升乳山城市影响力。

四是保护生态环境。强化生态、生活、生产“三生”共融理念，健全生态建设与保护长效机制，持续改善环境质量，巩固生态环境比较优势。重点加强污染综合治理，深入开展大气污染防治行动，推进好新热电厂等重点排污企业脱硫脱硝和油气回收综合治理、城市禁燃区小锅炉拆除工程，清理整顿环保违规建设项目，确保年内完成“十二五”节能减排目标。加强资源节约利用，严格落实矿产资源开发联席审批制度，有序退出石材矿山开采，全面强化非煤矿山治理，严控花岗岩、河砂开采，规范矿产资源开采秩序；在抓好城乡建设用地增减挂钩和工矿废弃土地整理基础上，采取自主改造、依法转让、兼并重组、协商共建、协议置换、限期开发、有偿回收等方式，全面盘活低效闲置土地。加强生态环境建设，实施生态红线管理，建立生态补偿机制和生态环境损害责任追究制度，强化山体、湿地、水系、沙滩、海域保护，加快完善森林防火基础设施，完成绿化造林2266.67公顷、中幼林抚育2000公顷。加强市容市貌管理，在深入推进社会管理规范行动的基础上，开展店外洗车、小区种菜、住宅小区乱搭乱建等专项整治行动，实现社会规范管理常态化。

（六）突出以民为本，着力实现民生建设大突破。坚持把保障和改善民生放在更加突出的位置，抓好年度确定的10大类80多项便民利民实事，进一步提高群众幸福指数。

一是保基本。投资3.3亿元，扩大城乡居民养老保险、医疗保险覆盖面，实施好基本药物制度、基本公共卫生项目，加强医院信息化建设，配套完善城市社区医疗卫生服务设施。制定出台因大病、突发事件等急需“即时”救助家庭的救助办法，依托市老年人养护中心和康宁医院做好流浪乞讨、弃婴接收工作。调整五保供养等政策性救助标准，完善社会救助机制，健全助学、助残、助老、助医、助灾等社会保障救助体系。

二是提品质。实施部分学校体育设施升级、校舍改造、教育资源信息化工程，促进城乡教育优质发展。加大对“12349”居家养老服务中心等养老产品宣传力度，扩大政府购买服务范围，提升公众知晓度，在全社会营造社会化养老氛围。加快推进文博中心建设，优化提升90个农村文化大院，完善部分社区图书室，开展基层文艺培训和关爱扶持工程，让群众生活彰显文化气质。

三是解难点。投资1.1亿元，建设政府公租房276套，对200户城市低收入家庭进行廉租房货币补贴，进一步解决困难群众的住房难题。落实好鼓励全民创业、扶持小微企业政策，设立“威海市创业大学乳山分校”，鼓励企业设立大学生实训基地，扶持驻乳职校建设大学生创业园，提高学生本地就业率。实施好农民工职业技能提升、权益保障、公共服务3个3年行动计划，搭建好劳动力市场、网络招聘等对接平台，完善好劳动力资源和企业用工需求数据库，发挥好市镇村三级就业信息网络作用，年内转移农村劳动力5000人。

四是促和谐。扎实推进“双无”综治主题创建活动，实施好公共视频监控、海陆一体防控体系等工程，提升“平安乳山”智能化建设水平。以“阳光厨房”建设、编码标签追溯、企业信息化监管等工作为载体，探索构建从田间到生产、流通、餐桌“闭环式”监管体系，保障“舌尖”安全。认真落实安全生产管理制度，加强应急管理体系建设，深入开展安全生产隐患排查治理活动，切实抓好非煤矿山、道路交通、危化物品、森林防火、消防安全、学校安全等重点领域整治，确保全市安全生产形势持续稳定。加强法律援助、司法救助，完善人民调解与行政调解、司法调解衔接联动工作机制，提升基层化解矛盾纠纷能力。

三、大力推进依法行政，全面加强政府自身建设

依法全面履行政府职能，规范行政权力运行，加强政府自身建设，增强政府的公信力和执行力。

一是依法行政，优化环境。认真贯

彻落实市委依法治市的意见，坚持用法治思维和法律观念推进经济发展、加强社会管理、解决矛盾问题，确保在法治轨道上开展各项工作。制定负面清单、权力清单、责任清单“三张清单”，设置投资准入和市场准入“黑名单”，加大简政放权力度，理清部门职责关系和履职范围，真正做到“法无禁止皆可为、法无授权不可为、法定职责必须为”。健全政府信息公开制度，拓宽政务公开范围，加强政府网站建设，切实保障群众知情权、监督权。深化工商注册制度便利化改革，实施市场主体设立联审联批流程再造，组建网上中介服务超市、金融服务超市和科技服务中心，推进中介机构“脱钩”，完善企业综合服务平台，狠抓“中梗阻”问题治理，营造更加宽松营商环境。

二是提升标杆，创先争优。按照省和威海市“一个定位”“三个提升”要求，深入组织开展对标学习、比学赶超活动，市里继续以“学龙口赶莱西、学胶州赶蓬莱”为目标，学习强县的工作经验、方法和思路，努力在发展速度、经济总量上实现赶超，确保综合实力稳居全省县级第一方阵。引导区镇在威海市范围内选择比学对象，重点围绕财政收入、项目建设、外经外贸、特色产业、民生事业等方面确定2～3项学赶目标，量化赶超指标，明确赶超措施，力争尽快实现赶超。引导市直部门和驻乳单位瞄准省内、国内对标先进，围绕争资立项、工作创新、职能优化、工作绩效及队伍建设、机制建设等方面，力争实现2项以上具体赶超目标。

三是转变作风，狠抓落实。坚持以良好精神状态抓落实，引导政府系统始终保持积极进取、奋发有为精神风貌，敢闯敢试、敢抓敢管、敢于担当，用勇气破解困难，用锐气创先争优，努力开创工作新局面。坚持以强烈责任意识抓落实，理顺社会关注度高、群众反映强烈的市场监管、环境保护、食品安全、安全生产等重点领域职责关系，把该管的事情管住、管好、管到位，解决好“最先一公里”和“最后一公里”问题。坚持以敏锐反应能力抓落实，放宽眼界、超前谋划、深入思索，围绕重大改革事项、重大发展战略，搞好分析，制定对策，最大限度释放改革红利。坚持以创新思维抓落实，始终把创新作为政府工作的重中之重，围绕产业融合、招商引资、科技对接、多元融资多想办法、多找路子，以创新突破工作、创树经验、扬出名气。坚持以务实工作作风抓落实，构建大考核、大督查工作机制，加大效率督查问责力度，对市委、市政府阶段性重点工作、年度重点目标都任务倒排、时间倒逼、限时办结，形成立说立行、雷厉风行的良好风气。坚持以朴实为民情怀抓落实，始终把人民群众的利益放在第一位，多搞调研，多接地气，多征询群众意见建议，时刻关心群众冷暖，认真解决群众诉求，确保让群众满意。

四是强化监督，加强自律。坚决维护市委的权威，自觉接受人大法律监督、政协民主监督、媒体舆论监督和群众社会监督，确保出台每项政策都符合法律规定，推进每项工作都经得起历史的检验。坚持党风廉政建设与经济社会发展一起谋划、一起部署、一起考核，强化“一岗双责”，认真落实党风廉政建设责任制，严肃查处各类违纪违法案件，保持惩治腐败高压态势。深入落实中央“八项规定”和反“四风”精神，严格执行厉行节约反对浪费各项规定，深化公务用车制度改革，严控“三公”经费支出，推动作风建设常态化、长效化，以为民务实清廉的政府形象，赢得人民群众的信任和支持。

乳山市城区一角　　（王家洲摄）

1月

2日

乳山市经济工作会议召开。会议总结2013年经济工作,安排部署2014年经济工作目标任务。

7日

乳山市银滩附近海域（北纬36.8度,东经121.7度)发生4.3级地震,震源深度约7千米，乳山市及周边地区有震感。沿海114户312间房屋受损严重,无人员伤亡。

14日

在“第八届山东旅游年会颁奖典礼”活动中,大乳山滨海旅游度假区获“2013好客山东最佳主题旅游景区”称号，多福山国际养生旅游度假区获“2013好客山东最佳休闲旅游度假区”称号,小汤温泉度假村获“2013好客山东不得不去的温泉品牌”称号。

2月

8日

乳山市委、市政府召开全市经济工作暨履行机关岗位目标责任制总结表彰会议,回顾总结2013年度全市经济工作和市镇机关履行岗位目标责任制工作,表彰先进集体和先进个人,动员全市各级开展“机关改革创新年”“产业集群突破年”和“社会管理规范年”活动,进一步解放思想,凝心聚力,改革创新,真抓实干,推动各项工作再上新台阶。

10～12日

中国人民政治协商会议第九届乳山市委员会第三次会议召开。会议补选高波为第九届市政协副主席，通过市政协九届三次会议决议。

乳山市第十七届人民代表大会第三次会议召开。会议补选矫伟宏为市人大常委会副主任,通过关于《政府工作报告》《2014国民经济和社会发展计划》等6个决议。

25日

以山东省环境保护厅副厅长葛为砚为组长的省委和威海市委党的群众路线教育实践活动联合督导组进驻乳山市，听取乳山市党的群众路线教育实践活动准备情况汇报。

3月

5日

威海市委书记、市人大常委会主任孙述涛到乳山市调研党的群众路线教育实践活动开展情况，威海市委常委、秘书长王学文,乳山市委书记、市人大常委会主任高书良,市委副书记、市长隋建波等陪同调研。

6日

山东省副省长邓向阳到乳山市检查指导安全生产工作,威海市委书记、市人大常委会主任孙述涛，乳山市委书记、市人大常委会主任高书良等陪同调研。

乳山市妇女第十三次代表大会召开。会议通过《关于乳山市妇女第十三次代表大会工作报告的决议》。

8日

乳山市党的群众路线教育实践活动动员大会召开，标志着乳山市党的群众路线教育实践活动正式启动。

24日

乳山市海洋与渔业局、中国海洋大学培育的长牡蛎“海大1号”,被第五届全国水产原种和良种审定委员会审定为适宜推广的水产新品种。

4月

9日

山东省政府公布的2014年省重点建设项目名单中，乳山市威海广澳旅游投资有限公司福如东海文化园项目入列。这是乳山市服务业项目首次入选，也是威海市唯一入选的服务业项目。

11日

乳山市委书记、市人大常委会主任高书良带领有关部门主要负责人赴烟台市芝罘区,开展以“增进了解、加强交流、促进合作”为主题的经济合作交流活动。

26日

农业部副部长于康震到乳山市调研畜牧业发展情况。山东省畜牧兽医局局长冯继康和威海市委常委、常务副市长徐东升,乳山市委书记、市人大常委会主任高书良等陪同调研。

5月

6日

山东莒县考察团到乳山市考察学习现代农业发展经验。市政府副市长孙军陪同考察。

10日

首届中国国际健康幸福大会暨中房物产集团打造健康产业新概念新闻发布会，在大乳山滨海旅游度假区召开。大乳山滨海旅游度假区被授予“中华健康产业示范基地”称号。全国老龄办副主任朱勇，著名海洋专家、中国海洋财富研究院院长、中国老年学会常务副会长赵宝华，香港国际商会联合体主席陈功，中国文化复兴研究院院长李伯淳等在大会上致辞。山东省政协原副主席、省老年学会会长李德强、新华社北京分社副社长宗焕平、联合国世界文化艺术发展基金会主席奥黛丽·丁婷、中国王羲之书法艺术研究院名誉院长王裕民及海外华人华侨代表、书画艺术家、媒体记者等出席了会议。

17日

乳山市开展以“拥抱仁爱之城，畅想蓝色经济”为主题的经济合作交流活动，旨在促进乳山市与全国工商联执委企业、全国民营500强企业的交流合作，推动“产业集群突破年”活动深入开展。

29日

乳山市被山东省全民科学素质工作领导小组办公室命名为“山东省科学城市”，是全省第7个，也是该年度唯一获此殊荣的城市。

6月

10日

山东省海洋与渔业厅厅长王守信到乳山市调研蓝色经济区规划落实执行情况。市委副书记、市长隋建波等陪同调研。

23日

由中华民族和谐发展促进会、中华美食文化研究会、中国县域旅游联盟、中国县域旅游网、《环球游报》等机构联合主办的“一生非去不可的66个中国生态养生旅游目的地”推介活动中，“100佳”榜单揭晓，乳山市成为山东省入围的4个旅游目的地之一。

24日

全国免疫规划管理工作会议在乳山市召开，国家卫生和计划生育委员会疾控局副局长雷正龙出席会议。乳山市委副书记、市长隋建波，副市长陈卫萍出席会议并介绍乳山市在免疫规划管理工作方面取得经验成果，实现了县域数字化预防接种门诊“全覆盖”，整体工作走在全国县级前列。

7月

2～3日

山东省人大常委会副主任、省委赴威海市督导组组长贾万志带领省委督导组成员，到乳山市调研党的群众路线教育实践活动开展情况。威海市委副书记赵熙殿，乳山市委书记、市人大常委会主任高书良等陪同调研。

威海市政府公布的第四批非物质文化遗产名录，乳山市传统打击音乐“凤凰不断头”、传统技艺“乳山钩织”“葫芦烙画”制作技艺、“乳山粉条”制作技艺、“乳山平绣”5个非遗项目名列其中。

14日

乳山市政府新闻办公室在广电大厦举办首场新闻发布会，围绕市民关注的物业管理工作做出回应。

21日

住房和城乡建设部等7部委公布新一轮3675个全国重点镇名单，乳山市海阳所镇、白沙滩镇上榜。

22日

山东省副省长孙绍骋一行到乳山市实地调研养生养老服务业发展、房地产市场运营情况以及减灾防灾工作。威海市委书记、市人大常委会主任孙述涛，乳山市委书记、市人大常委会主任高书良等陪同调研。

23日

中国城市竞争力研究会发布“2014中国最具幸福感县级城市”排行榜，乳山市以91.55分位列第八。

8月

6日

乳山市在青岛举行世界园艺博览会“威海周”之乳山篇系列活动。

11日

烟台市牟平区区委书记、区长李爱杰带领党政考察团一行41人，到乳山市参观考察经济社会发展情况。乳山市委书记、市人大常委会主任高书良等会见并陪同考察。

22日

全国工商联副主席庄聪生到乳山市调研基层商会建设工作。威海市委常委、统战部部长李在武，乳山市委副书记毕兴全等陪同调研。

24日

国务院公布第一批80处国家级抗战纪念设施、遗址名录，乳山市马石山烈士陵园入列。

28日

山东省委副书记王军民到乳山市视察指导重点项目建设、农村环境整治和党的群众路线教育实践活动开展情况。威海市委副书记、市长张惠，乳山市委书记、市人大常委会主任高书良等陪同调研。

9月

1日

民政部公布第一批在抗日战争中顽强奋战、为国捐躯的300名著名抗日英烈和英雄群体名录，“马石山十勇士”入选。

3日

乳山市夏村镇邵家村老党员邵本道因向村集体捐献一生积蓄的无私壮举，获第二届“中华慈善突出贡献奖人物奖”，成为乳山市首个获中国慈善领域最高奖项的市民。

5 日

“首届乳山市十大民俗艺人和十大非遗传承人”评选活动揭晓，确定辛明路、刘方计、宫本森等人为十大民俗艺人，萧明魁、张连芝、孙华丰等人为十大非遗传承人。

10～13 日

乳山市委书记、市人大常委会主任高书良带领考察团赴青岛、潍坊、临沂等地考察学习文化旅游产业培育、项目建设、品牌打造等工作经验。

10 日

第七届“泰山文艺奖”揭晓，由乳山市吕剧团创作、排练的大型现代吕剧《乳娘》获戏剧类三等奖，这是乳山市首次获该奖项。

18 日

山东省卫生和计划生育委员会主任刘奇一行，到乳山市调研深化医药卫生体制改革工作。乳山市委书记、市人大常委会主任高书良等陪同调研。

24 日

农业部农产品质量安全监管局局长马爱国，到乳山市调研农产品质量安全管理工作。市委副书记、市长隋建波等陪同调研。

25 日

乳山市举行“全国知名企业乳山行”经济合作交流会，来自全国各地 70 位客商参会。

26 日

“我的中国梦·文艺走基层·书画乳山行”百位艺术家作品展启动仪式，在台依湖葡萄酒产业园举行。全国政协常委、中国文联副主席赵化勇，中国电视艺术家协会党组书记张显，威海市委常委李在武，著名表演艺术家唐国强以及应邀到乳山的艺术家代表，“全国知名企业乳山行”嘉宾，乳山市委书记、市人大常委会主任高书良等参加仪式。

26 日

山东省委组织部副部长、老干部局局长厉彦林到乳山市调研老干部工作。威海市委常委、组织部部长田治颖，乳山市委副书记毕兴全陪同调研。

10 月

8 日

乳山市石佛山“桃花景观”获农业部 2014 年“中国美丽田园”称号，成为全国 140 项农事景观之一。

15 日

乳山市委副书记毕兴全带领有关部门和镇区负责人、城市社区党支部书记，赴烟台市芝罘区考察学习推进城市社区建设、提升社会治理水平工作经验。

22 日

环境保护部公布一批“国家级生态镇”名单，乳山市诸往镇名列其中。

28 日

山东省旅游局、大众日报社主办的“‘全景五莲杯’发现山东最美村镇”评选活动结果揭晓，乳山市海阳所镇入选最美乡镇榜。

11 月

8 日

中国海洋大学、四川大学与乳山市正洋食品集团共建的乳山市首家研究院——威海正洋海洋生物技术研究院揭牌成立。

15 日

由第一财经发起并联合中央人民广播电台等全国 50 多家电台主办的“牵手·2014 中国最美村镇”大型活动中，围绕“人文环境、循环发展、健康美食、人物贡献、牵手共建”等五方面进行评选，乳山市海阳所镇获“健康美食”单项奖。

19～20 日

与乳山市缔结友好城市的韩国河南市市长李教范、议长金承龙、京畿道商工会议所联合会长白南红率领政府及企业访问团一行 26 人，到乳山市访问考察。乳山市委副书记、市长隋建波等会见并陪同考察。

20 日

由威海市农业局组织的“威海市首届十大名优农产品”评选结果揭晓，乳山市威茗牌绿茶、御姜堂牌大姜、垛山牌苹果入选。

25 日

中国社会科学院金融研究所国情调研乳山基地成立。

26 日

乳山市下初镇离退休干部党支部被中央组织部授予“全国离退休干部先进集体”称号。

30 日

央视中文国际频道《城市 1 对 1》栏目播出中国乳山市对话塞浦路斯帕福斯《爱之城》节目，对乳山市“仁爱文化”“乳山三宝”“长寿之乡”进行重点推介。

12 月

5 日

中国共产党乳山市第十三届委员会举行第五次全体会议，听取和讨论市委副书记、市长隋建波受市委常委会委托做的工作报告，审议通过《中共乳山市委关于贯彻落实党的十八届四中全会精神全面推进依法治市的意见》。

8 日

青海省海北州委副书记、州长万玛多杰带领党政考察团一行，到乳山市观摩考察现代农业发展情况。威海市委副书记赵熙殿，乳山市委副书记毕兴全等陪同调研。

9 日

位于乳山市金谷园市场的电子商务产业园正式开园运营。作为乳山首个电子商务产业园集聚了电子商务运营企业、电子商务服务企业、物流企业及电子商务人才培训机构等电商资源，为企业及创业者“触网”提供全方位服务，推动全市电子商务发展。

12 日

首届中国(乳山)海洋电子商务发展高峰论坛暨淘宝特色中国山东馆乳山基地成立仪式在乳山市举行。这是山东省首家县级市销售平台。

18 日

在全国文化工作表彰会议上，乳山市获“全国文化先进县”称号。

建 置 沿 革

【地理位置】 乳山市位于山东半岛东南部，地处北纬 36° 41′ 至 37° 08′，东经 121° 11′ 至 121° 51′。东邻文登市，西毗海阳市，北接烟台市牟平区，南濒黄海。东西最大横距 60 公里，南北最大纵距 48 公里，总面积 1665 平方公里。青威高速公路、烟海高速公路、G309 国道、S202 省道和济威铁路穿境而过。

链接:2014 年年底，威海市国土资源局组织航拍，2015 年 3 月公布数据。根据航拍数据，乳山市总面积更新为 1665 平方公里。

【建置隶属】 乳山历史悠久。据古文化遗址出土文物考证，早在新石器时代中期，境内就有人类聚居。夏时为东方嵎夷之地，商时属青州，春秋战国时期为齐国属地，秦时属齐郡腄县。汉高祖四年(公元前 203 年)，境内置育犁县。东汉建武五年(公元 29 年)，育犁县并入东牟县。此后，境域先后属文登县、观阳县、牟平县。清雍正十三年(1735 年)，境域分属海阳县、宁海州〔民国 3 年〕改称牟平县。民国 30 年(1941 年)2 月，划牟平县南部和海阳县东部建牟海县。民国 34 年(1945 年)1 月，牟海县更名乳山县(以乳山口南岸的大乳山而得名)，确定夏村为县城。1958 年 10 月，撤销乳山县，境域分别划归海阳县、文登县及烟台市。1961 年 10 月，恢复乳山县，隶属烟台专区。1983 年 11 月，改属烟台市（地级）。1987 年 6 月，威海市升为地级市，乳山县改属威海市(地级)。1993 年 7 月，乳山撤县设县级市。2001 年 4 月，经山东省政府批准，乳山市区划变更，撤销马石店镇、城北镇，将其行政区划分别并入崖子镇、夏村镇，在城市规划区内设立城区街道。至此，乳山市辖 14 个镇、1 个街道，601 个行政村。

（党史市志办）

地 理 环 境

【海岸海域】 乳山市海岸线西起乳山口，东至浪暖口，全长 199.27 公里。沿海有大小港湾 12 个，自西向东主要有乳山口湾、葫芦岛湾、大圈海湾、塔岛湾、白沙湾、白沙口湾、洋村口湾、浪暖口湾等；岛屿 13 个，自西向东主要有东小青岛、浦岛、险岛(杜家岛)、塔岛、竹岛、南黄岛、腰岛、宫家岛等，其中东小青岛、险岛(杜家岛)、南黄岛有居民居住。有岬角 9 处，较大岩礁 10 处。海岸类型以沙质岸为主，自西向东大体可分为 3 个岸带：乳山口内湾和杜家岛内湾至小泓为泥质带，潮间带 300～2000 米；浦岛至白沙口以西为岩岸，潮间带 100～500 米；白沙口以东，大部分为沙质岸，潮间带 300～1000 米。乳山近海潮汐属正规半日潮类型，乳山口湾年平均潮差变化范围为 237～250 厘米。

链接:2003 年，“中国近海海洋综合调查与评价专项”经国务院批准立项，国家海洋局采用世界先进仪器设备和新标准测量，2008 年完成，其中山东省海岸线数据经国土资源厅、海洋与渔业厅提请省政府批复。据批复意见，乳山市海岸线长度更新为 199.27 公里。

【地质地貌】 乳山市地处胶辽古隆起胶东隆起之牟平、文登隆起带西南部，境内地质构造格架主要为华夏系背向斜及华夏系、新华夏系一组断裂构造系列。岩浆岩除昆嵛山体广泛出露外，燕山中晚期岩浆岩极为发育，几乎遍布各镇(街道)，有呈岩基状大面积出露的花岗岩，也有呈脉状分布的基性和半酸性脉岩。

乳山属胶东低山丘陵区。北部和东、西两侧多低山，中、南部多丘陵，间有低山。地势呈簸箕状由北向南台阶式下降。境内山脉自西向东可分为 3 列，西列自垛山、马石山向南延伸至玉皇山；中列由双山、三佛山、寨山、多福山向南延伸于海阳所半岛的帽山、大乳山；东列为昆嵛山脉，由虎山、尼姑顶、黄道顶构成主峰，斜贯东北边境。海拔 400 米以上山峰 12 座，最高山峰垛山 612.6 米。乳山河和黄垒河两大河流向南分别流经两侧低山与中部丘陵之间入海，沿岸形成冲积小平原。南部沿海除丘陵外，有零星海积平原分布。境内山地平均海拔 300 米以上，面积占全市总面积的 22.4%；丘陵海拔 100～300 米，面积占全市总面积 50.3%；平原面积占全市总面积 27.3%。

（党史市志办）

【气候简况】 乳山市属偏海洋性的温带季风气候，四季变化和季风进退都较明显，与同纬度的内陆相比，具有气候温和、温差较小、雨水丰沛、光照充足、无霜期长的特点。同时，旱、涝、风、雹等气象灾害时有发生。

2014 年，平均气温 12.6 度，较上年偏高 0.8 度；年极端最低气温－11.0 度，出现在 1 月 13 日；年极端最高气温 35.5度，出现在 5 月 30 日；年日照总时数 2430 小时，较上年偏多 46.9 小时；年总降水量 629.7 毫米，较上年偏多 39.8 毫米；年平均气压 1011.7 百帕；全年无霜期 204 天；年最多风向北风，最大风速 10.9 米 / 秒；年平均相对湿度 70%。

全年气候特征：

冬季（2013 年 12 月～2014 年 2 月），平均气温 0 度，较历年偏高 0.5 度；日照时数 549.4 小时，较历年偏少 7.6 小时；降水量 9 毫米，较历年偏少 22.8 毫米。

春季（3～5 月），平均气温 12.7 度，较历年偏高 1.7 度；日照时数 753.4 小时，较历年偏多 48.1 小时；降水量 201.6 毫米，较历年偏多 62.5 毫米。

夏季（6～8 月），平均气温 23.6 度，较历年偏低 0.2 度；日照时数 594.6 小时，较历年偏少 17.7 小时；降水量 308.7 毫米，较历年偏少 156 毫米。

秋季（9～11 月），平均气温 14.4 度，较历年偏高 0.3 度；日照时数 551.7 小时，较历年偏少 73.4 小时；降水量 108.7 毫米，较历年偏少 23.1 毫米。

【环境质量】

2014 年，乳山市加大投入，强化监管，促使全市环境质量稳步提升。城市环境空气质量优于《环境空气质量标准》(GB3095－1996)二级标准，空气污染指数年均值 69，市区大气优良天数为 337 天。内近岸海域海水水质达到《海水水质标准》二类标准要求，达标率 100%。乳山河、黄垒河、白沙滩河、龙角山水库、台依水库水质等各监测指标年均值均达到相应的功能区标准要求，达标率 100%。其中，乳山河流域、龙角山水库水质均达到国家《地表水环境质量标准》(GB3838-2002)Ⅲ类标准，黄垒河达到《地表水环境质量标准》Ⅳ类标准。城市区域环境噪声等效声级昼间年均值为 58.7 分贝，夜间年均值为 34.9 分贝；交通干线噪声等效声级昼间年均值为 63.7 分贝，均达到相应环境噪声功能区标准要求。

（崔晓方）

1995～2014 年乳山市月份主要天气资料

表 1

月　份	平均气温（℃）	极端最高气温（℃）	极端最低气温（℃）	平均降水量（毫米）	平均日照（小时）
1	-2.1	13.3	-14.3	8.5	186.7
2	0.2	15.9	-14.1	10.6	181.6
3	5.0	23.6	-8.1	21.0	222.7
4	11.2	29.8	-2.3	44.6	230.1
5	17.4	35.5	3.5	64.5	251.6
6	21.7	37.5	11.4	77.6	208.7
7	24.9	37.1	16.2	199.3	170.1
8	25.1	35.7	11.5	207.1	199.4
9	20.9	37.1	8.0	72.4	211.1
10	14.7	29.3	-0.7	24.0	214.4
11	7.2	23.0	-6.1	23.7	184.6
12	0.4	17.1	-14.8	10.0	182.1

（王秀兰）

自然资源

【土地资源】 2014 年年底，全市土地总面积 16.65 万公顷，人均土地面积 0.29 公顷，农用地面积 13.62 万公顷，建设用地面积 1.97 万公顷，未利用地面积 1.06 万公顷，其中，耕地面积 5.85 万公顷，人均耕地面积 0.1 公顷；园地面积 1.03 万公顷，林地面积 3.52 万公顷，草地面积 0.55 万公顷。

境内土壤类型多样，有利于农、林、牧、渔全面发展。有 4 个土类、8 个亚类、75 个属类、153 个土种。棕壤分布最广，可利用面积 119487 公顷，分布在近山阶地、倾斜土地及山丘岭地上；潮土可利用面积 18520 公顷，分布于乳山河、黄垒河沿岸泊地及沿海各镇近海处；褐土可利用面积 33 公顷，分布于崖子镇田家村南的岭地上；盐土类总面积 212 公顷，分布于徐家、乳山口两镇近海处。

【水资源】 境内水资源主要由大气降水形成的地表径流和地下潜水组成。水资源的数量与时空分配都受降水的制约和影响。全市多年平均水资源总量 5.05 亿吨，地表水径流量 4.64 亿吨，地下水储量 1.49 亿吨。地表水工程总拦蓄量 2.24 亿吨，兴利水拦蓄量 1.27 亿吨。地表水水质大部分在 1～3 级内，为重碳酸盐类、钙组、镁组第一型水，呈中性或弱碱性(ph 值 7～8)，硬度为 4.2～8.4 德国度之间，皆适于饮用及农业灌溉。地下水储存形式大体为乳隙水、裂隙水、脉岩水，其化学性主要为重碳酸盐类水，其次是硫酸盐类水(主要分布于黄垒河流域之中、下游),矿化度均小于 1 克 / 升,属淡水。市区东北 25 公里处汤上村有温泉水自地下自然涌出,水温常年 57℃,矿化度 3.87 克 / 升,含有大量的阳离子、阴离子和硫化氢、二氧化碳等气体,已开发利用水疗治病。乳山市是水资源较贫乏地区,人均水资源占有量为全国人均量的 1/7, 合理利用和有效保护水资源是非常重要的工作。

境内河流属半岛边沿水系, 为季风区雨源型河流。河床比降大,源短流急,暴涨暴落,径流量受季节影响差异较大,枯水季节多断流。有大、小河流 393 条,其中,2.5 公里以上河流 71 条。乳山河为境内第一大河, 发源于马石山南麓垛鱼顶,全长 65 公里,流域面积 954.3 平方公里。黄垒河全长 69 公里,发源于牟平区曲家口,境内长 48.6 公里,流域面积 651.7 平方公里。大型水库龙角山水库总库容 1.11 亿立方米,其中,兴利库容 0.67 亿立方米,为乳山市最大淡水水源。

【生物资源】 境内有 15 米等深线以内浅海 66667 公顷, 可供开发养殖海产品滩涂 6667 公顷。浅海及海滩水产资源 100 多种,主要有:鲅鱼、海蜇、带鱼、鲐鱼、对虾、鹰爪虾、墨鱼、马面豚、牙鲆、鲈鱼、梭鱼、黄鱼、黄姑、梭子蟹、鲳鱼、贻贝、牡蛎、文蛤、泥蚶、蚬子、扇贝、缢蛏等。海岸带有海洋生物 412 种,其中,红藻、褐藻、绿藻类植物 91 种;软体、节肢、环节、棘皮、腔肠、海绵等类动物 321 种。潮间带生物量比较丰富, 平均总生物量 333.68 克 / 立方米,主要是藻类和软体动物。平均生物密度 1538.26 个 / 立方米,主要为软体动物和甲壳动物。

陆生野生哺乳动物主要有獾、刺猬、黄鼬、野兔、蝙蝠、仓鼠等。鸟类约 50 种,主要有喜鹊、麻雀、燕子、雉、乌鸦、啄木鸟等。野生植物 1000 余种,其中, 药材类 750 多种, 已收购利用的 167 种,特产药材主要有丹参、桔梗、黄芩、北沙参、黄芪、紫参等;经济树木类植物 59 科 246 种,其中,乔木 184 种,主要有松类、槐类、杨类、柳类树木及苹果、梨、桃、银杏、枣、板栗、柿子等果树;灌木 62 种,主要有紫穗槐等。

【矿产资源】 境内矿产资源丰富,矿种较多,已发现可利用矿藏 24 种。金属矿产主要有黄金、铁、铜、银等,非金属矿主要有花岗石、大理石、硫、石墨、磷、重晶石、石英、石灰岩、膨润土、钾长石、高岭土等,其中黄金年产量居全国县级前列, 花岗石储量 70 亿立方米。

【旅游资源】 乳山市依山傍海, 自然和人文景点众多,旅游资源丰富,拥有国家 AAAA 级景区银滩旅游度假区、大乳山滨海旅游度假区和国家 AAA 级景区岠嵎山国家森林公园、 福如东海文化园、 多福山国际养生旅游度假区、圣水宫道教养生休闲度假区、小汤温泉度假村、石佛山休闲观光景区。乳山市依据“一轴两带五区多节点”的旅游空间布局进行布局规划, 以银滩旅游度假区为龙头,大乳山、岠嵎山、多福山等休闲度假景区, 东方如意国际城、福如东海文化园等休闲运动景区,小青岛、南黄岛、宫家岛等海岛游等海上游乐景区,大陶家“渔家乐”、金牛谷生态园采摘等民俗体验景区,马石山、冯德英文学馆等红色文化景区错落分布,形成山海相连、多点布局、特色鲜明的旅游景观群。

(党史市志办)

人口·民族

【人口】 2014 年年底, 乳山市总人口 561741 人,比上年减少 1992 人,人口密度 337 人 / 平方公里。全年出生人口 4330 人,出生率 7.69‰;死亡人口 5236 人,死亡率 9.3‰,人口自然增长率 -1.61‰,自 1997 年以来连续 18 年人口负增长。城区人口 121178 人。办理户口迁入 1923 人, 户口迁出 2959 人。全市流动人口登记 161056 人。

乳山市是“全国长寿之乡”。2014 年,人口老龄化程度继续加深。至 2014 年年底, 全市有 60 岁以上老年人 139957 人, 占全市总人口的 26%,比上年增长 1.2 个百分点。其中,100 岁以上的老人 68 人。

【民族】 乳山市共有 27 个民族:汉族、佤族、拉祜族、朝鲜族、白族、傣族、彝族、满族、布朗族、纳西族、傈僳族、壮族、藏族、苗族、回族、哈尼族、蒙古族、土家族、布依族、怒族、普米族、水族、达斡尔族、哈萨克族、黎族、高山族、畲族。2014 年年底,汉族占全市总

垛山林场 (林业局提供)

人口99.33%，其他26个少数民族占总人口0.67%。

（王春晖　于志辉　宋礼夫　陈强）

国民经济和社会发展

【国民经济平稳增长】 全年完成地区生产总值441.59亿元，按可比价格计算，增长9.7%。其中，第一产业增加值38.28亿元，增长3.6%；第二产业增加值230.57亿元，增长10.43%；第三产业增加值172.74亿元，增长9.7%。三次产业比例调整为8.7:52.2:39.1。人均地区生产总值78472元，增长10.21%。全年完成固定资产投资421.9亿元，增长15%。全年完成进出口总额7.06亿美元，增长11.1%，其中，出口5.89亿美元，增长6.4%；进口1.17亿美元，增长43.3%。全年引进各类项目107个，其中开工项目80个，签约项目27个。全年实际利用内资110.8亿元，增长15.27%；实际到账外资7282万美元，下降19.1%。

【三次产业协调并进】 深化农产品质量安全管理，新增可追溯农产品基地8处，无公害农产品、绿色食品、有机农产品和农产品地理标志24个。农林牧渔业生产总体稳定，全年总产值83.8亿元。受降水偏少、气温偏高等因素影响，全年粮食总产量29.65万吨，减少1.4%。全年油料产量7.3万吨，减少0.5%；蔬菜产量37.23万吨，增长0.1%；水果产量46.45万吨，增长2.9%。全年肉类总产量8.36万吨，减少3%。全年水产品总产量40.61万吨，增长7.8%。

坚持工业强市、工业带动，培育装备制造、绿色食品、生物科技、节能环保、新材料、新能源六大产业集群，全年工业增加值190.92亿元，增长10.4%；规模以上工业增加值增长11.8%。建筑业快速发展，全年完成总产值55.42亿元，增长10.43%。

推进旅游资源一体化改革，银滩～大乳山海岸被评为“齐鲁美丽海岸”，银滩旅游度假区被评为全省首批20个“仙境海岸度假综合体产品”之一。全年实现旅游总收入48.01亿元，增长18%；接待中外游客813.3万人次，增长15%。加快养老养生产业发展，建设乳山市老年人养护中心，打造一批高端养生养老示范社区。培育电商经济，新建金谷之园电商产业园、智创电子商务基地等专业电商园区。全年房地产开发投资完成36.32亿元，下降52.46%。全年社会消费品零售总额193.05亿元，增长12.81%。

【财税金融稳健运行】 全市实现公共财政预算收入27.66亿元，增长13%。其中，税收收入23.49亿元，增长15.56%，非税收收入4.16亿元，增长0.03%。公共财政预算支出35.03亿元，增长6.39%。全市货币信贷运行总体平稳，各项存款小幅增长，各项贷款增长放缓。金融机构各项存款余额277.42亿元，较年初增加5.87亿元，增长2.16%；金融机构各项贷款余额178亿元，较年初减少1.24亿元，降低0.69%。保险业全年全市承保总额78.8亿元，保费收入15052万元，赔付支出4548万元。

【基础设施日益完善】 年末，建成区面积58.04平方公里，其中城区33.04平方公里，银滩25平方公里。道路面积599.62万平方米，增加23.82万平方米。全年总投资6764.3万元改造县乡路23.88公里，公路通车里程达到1776.15公里。突出精品城市建设，实施总投资6.4亿元的59项城建重点工程，启动“智慧乳山”建设。加快推进滨海新区开发，实施道路桥涵、园林绿化、供水供气、生态修复等6大类重点工程。开展城乡公交一体化改造，年末全市营运线路76条，公共汽车293辆，总长892公里。全年完成港口吞吐量122万吨，增长5.52%。建成区绿化覆盖面积1502公顷，增加178公顷，绿化覆盖率45.46%，人均公园绿地面积18.67平方米。全年供水总量1516万吨，集中供热面积422万平方米。建成区自来水用水普及率100%，燃气普及率100%，生活垃圾无害化处理率100%，污水处理率95.02%。全市实际用电量110653万千瓦时，增长4.93%，其中工业用电量61411万千瓦时，增长6.3%；城乡居民生活用电量24493万千瓦时，增长0.21%。

【社会事业协调发展】 全年取得重要科学技术成果12项，获得威海市以上科技进步奖7项；科研机构用于科技开发投入7035万元，增长8.9%；各类技术贸易机构16个；受理专利申请550件，专利授权230件，实施专利194件，实施率84.3%。优化办学条件，投资5000万元建设校舍设施，投资1100万元用于中小学信息化建设，12所中小学通过省级规范化学校验收。至年底，全市普通中小学在校学生3.17万人，有高等学校1所，中等专业学校1所，高级技工学校1所，普通高中6所，初中18所，小学18所（含九年一贯制小学15处）。文化出版广电事业协调发展，至年底，有艺术表演团体1个，文化馆1座，公共图书馆1座，馆藏图书20万册，档案馆1座，文学馆1座，文物管理机构1个，广播电台1座，电视台1座，电影放映单位3个，跻身“全国文化先进市”。推进公立医院改革，在全国率先实现县域数字化预防接种门诊全覆盖，市人民医院成为全省首批跻身三级乙等综合医院的3家县级公立医院之一。至年底，全市有各类医疗卫生机构30个，床位2135张，卫生专业技术人员2567人，其中医生1036人，护士1044人。全年完成邮电业务总量增长8.1%，至2014年年底，固定电话用户10.1万部，移动电话用户47.76万部，宽带上网用户8.04万户。有线电视安装23万户，其中，市区安装4.4万户，电视人口覆盖率100%。全年参加威海市级以上体育比赛获奖牌110枚，其中国家级金牌2枚，省级金牌14枚。

【居民生活水平提高】 全市城镇新增就业8297人，完成年度计划127.6%；新增农村劳动力转移就业4208人，完成年度计划104%。全市城镇在岗职工平均工资36575元，增长10.07%。农村居民人均纯收入14821元，比上年增长10.78%。到年末，共有1316家82339名职工、机关事业单位职工12600人参加基本养老保险，离退休职工41295人享受基本养老保险，全年为离退休职工发放离退休费10.8亿元。职工医疗保险参保人数120085万人，参保率95%；居民基本医疗保险参保人数397848人，参保率98%；城乡居民养老保险参保人数292287人，参保率99.42%。供养“五保”老人2669人，提高供养标准，全年发放五保供养资金1257.53万元，投入资金130万元为敬老院建设改造安保设施配套及医疗、燃煤补助。保障城市低保349人，农村低保11866人，全年发放保障金1713.23万元。开展“慈善助学”“关爱老年人”“情暖万家”“慈善大病救助”等救助活动，全年救助各类人员5万人次，救助支出1243万元。

（统计局）

精神文明建设

【社会主义核心价值观培育】 在主要街道、广场、建筑工地等场所，利用电子屏、宣传栏、建筑围挡设置“遵德守礼”“图说我们的价值观”“讲文明树新风”等主题公益广告5000处，打造主题社区和主题街200处。《乳山时讯》、乳山电视台、乳山宣传网等媒体经常性刊播公益广告。200家威海市级以上文明单位、80个新型农村社区开设道德讲堂，组织开展核心价值观宣讲1000场次。

【“四德”工程建设】 全市601个村“四德榜”和“赡养榜”覆盖率100%，上榜率80%，群众满意率95%。组织开展“第三届道德模范”评选活动，评选出道德模范12人，分别是：榜样人物邵本道、段云龙，助人为乐模范乳山市供电公司“善小”无偿献血爱心小分队、徐本江，见义勇为模范张进、刘健，诚实守信模范丛素娟、高进科，敬业奉献模范阚西忠、于龙云，孝老爱亲模范马绍刚、秦祥海。全年推荐“威海好人之星”90名，宋修海、王林、徐本江等10人入选威海好人榜。开展鲜花送文明活动，社会各界推荐典型657人，表彰文明之星115人。

【“六训”建设活动】 开展“政训、厂训、店训、校训、村训、家训”建设活动，全市157个党政部门、企业、商店、学校，260个村，9000个家庭参与。组织“说家训话家风”征文活动，全市中小学校师生、学生家长投稿400篇，评选优秀文章85篇。乳山“六训”典型做法被山东省委宣传部列入全省重点小微课题调研，入选山东省宣传思想文化工作优秀案例，被《人民日报》、新华网等30家媒体专题报道。

【群众性精神文明创建】 争创全国县级文明城市提名城市，参与威海市创建全国文明城市工作，收集、整理、上报资料7万份。在春节、清明、端午、抗战等节日期间开展“我们的节日”主题活动，3个被威海市委宣传部推荐为优秀案例。新增1个全国文明镇、2个省级文明镇、1个省级文明单位、1个省级文明社区、32个威海市级文明单位。志愿服务实现常态化，全市登记注册志愿者5万名，开展关爱空巢老人、留守儿童、环境整治、文化下乡等活动，并表彰优秀志愿服务组织和优秀志愿者。组织“节俭养德、全民节约”“文明餐桌”等“讲文明树新风”主题活动。在未成年人中开展“缅怀英烈、圆梦中华”、网上祭英烈、经典诵读等“我的中国梦”系列主题教育实践活动。

【乡村文明行动】 打造全市115个重点示范村，乳山口镇西王家庄村、冯家镇孔家村等8个村被列为省级“乡村文明家园”建设示范村，海阳所镇、夏村镇被列为威海市级文化特色示范镇，城区街道草埠村、夏村镇邵家村等24个村被列为威海市级文化特色示范村，乳山市获“全省乡村文明行动示范市”称号。

（迟诚勇　宋斌）

机构与领导人（截至2015年2月）

【中共乳山市委员会】

书　记　高书良

副书记　隋建波（2015年4月离任）

周兵（2015年4月任职）

毕兴全

常　委　高书良

隋建波（2015年4月离任）

周兵（2015年4月任职）

毕兴全

徐　明

丛龙海

谭磊（2015年2月离任）

李国徽

王星洵

邢海波

王建华

隋同朋

鲁向阳（2015年2月任职）

市委办公室（挂市委政策研究室牌子）

主　任　段　鹏

市委农村工作部（2014年10月由市委农村工作领导小组办公室更名，挂市新农村建设办公室牌子）

主　任　马　祝

市委政策研究室

主　任　于晓东

市委目标绩效考核管理办公室（2014年10月由市委督促检查工作办公室更名）

主　任　孙志浩

维护稳定工作办公室

主　任　孙明义

市委、市政府信访局（挂市社会矛盾调处中心牌子）

局　长　卢志强

社会矛盾调处中心
主　任　(缺)
对外联络办公室
主　任　(缺)
市委组织部
部　长　邢海波
常务副部长　刘建忠
市委非公有制经济组织和社会组织工作委员会(与市委组织部合署)
书　记　王世建
市委老干部局(市委离退休干部工作委员会与其合署)
局　长　李万册
市委宣传部
部　长　王建华(女)
市委统战部(挂市委台湾工作办公室牌子)
部　长　王星淘(兼)
常务副部长　刘建华
市委台湾工作办公室(挂市政府台湾事务办公室牌子)
主　任　王庆革
市委政法委员会
书　记　李国徽
常务副书记　倪宏伟
社会管理综合治理委员会办公室(与市委政法委员会合署)
主　任　倪宏伟(兼)
610办公室
主　任　李林玉
机构编制委员会办公室
主　任　于留洋
事业单位登记管理局
局　长　李吉岩
市委市直机关工作委员会
书　记　刘　利
市委群众工作部
部　长　毕兴全(兼)
常务副部长　唐克波

【乳山市人大常委会】

主　任　高书良(兼)
党组书记　高书良(兼)
马　泽
第一副主任　马　泽
副主任　赵钧波
于新建
高翠玲(女)
矫伟宏
办公室
主　任　陶　刚
内务司法工作委员会
主　任　王少华
人事代表工作室
主　任　高书鹏
财政经济工作委员会
主　任　(缺)
农业与农村工作委员会(与财政经济工作委员会合署)
主　任　高强斌
教科文卫工作委员会
主　任　林纪钦
城乡建设与环境资源保护工作委员会(与教科文卫工作委员会合署)
主　任　姜　山
民族宗教工作委员会(与教科卫工作委员会合署)
主　任　王壮然

【乳山市人民政府】

市　长　隋建波(2015年4月离任)
周　兵(2015年4月任职)
副市长　徐　明
王祥芹
陈卫萍(女)
隋同朋
战国生
孙　军
丁甫春
市政府办公室
主　任　张　平
市政府法制办公室(2014年12月由市政府法制局更名，为市政府办公室内设机构，挂政府行政复议办公室牌子)
局　长　(缺)
发展和改革局
局　长　耿仁书
物价局(2014年12月隶属发展和改革局，副科级规格)
局　长　李亚华
粮食局(2014年12月隶属发展和改革局，副科级规格)
局　长　秦宪臻
统计局(2014年12月隶属发展和改革局，暂按正科级运行)
局　长　宋清林
经济和信息化局(挂民营经济局、中小企业局牌子)
局　长　冯夕永
教育局
局　长　王海波(兼)
科学技术局
局　长　宋福臣
公安局
局　长　苏卫军
政　委　张书松
公安局交通警察大队(分局)
大队长(局长)　王　炜
教导员　孙贤义
公安局刑事侦查大队(挂市禁毒委员会办公室牌子)
大队长　(缺)
监察局(与市纪律检查委员会合署)
局　长　李云俊(兼)
民政局
局　长　姜炳旭
司法局(2014年12月由与市委政法委合署改为独立设置)
局　长　孙旭光
财政局
局　长　高　波
党组书记　刘培根
人力资源和社会保障局
局　长　孙保广
国土资源局
局　长　陈　明
住房和城乡建设局(2014年12月由城乡建设局更名，挂城市管理行政执法局牌子)
局　长　郭　祝
住房和城乡建设局滨海新区分局(2014年12月由城乡建设局滨海新区分局更名)
局　长　刘煜亭
城市管理行政执法局
局　长　刘志勇

交通运输局

局　长　马洪强

水利局

局　长　姜国臻

农业局

局　长　谭先志

林业局(2014年12月隶属农业局,暂按正科级运行)

局　长　隋岩波

海洋与渔业局

局　长　焉　涛

商务局(挂政府外事办公室牌子)

局　长　王　萍(女)

政府外事办公室

主　任　邵春光

文化广电新闻出版局

局　长　赵红日(女)

体育局(2014年12月由与文化广电新闻出版局合署改为隶属文化广电新闻出版局,暂按正科级运行)

局　长　邵培勇

卫生和计划生育局(2014年5月由卫生局、人口和计划生育局整合设立)

局　长　潘高峰(2014年8月任职)

党委书记　赵培森(2014年8月任职)

卫生局(2014年5月撤销)

局　长　赵培森

党委书记　孙庆飞

人口和计划生育局(2014年5月撤销)

局　长　潘高峰

审计局

局　长　刘洪超

环境保护局

局　长　蔡同波

安全生产监督管理局

局　长　李树谦

食品药品监督管理局(挂市食品安全委员会办公室牌子)

局　长　姜云志

工商行政管理局

局　长　刘本江

质量技术监督局

局　长　傅　利

【政协乳山市委员会】

主　席　兰胜强(2015年2月离任)

王祥芹(2015年2月任职)

副主席　李新权

丛宝云

王月珍

宫洪霞(女)

王海波

高　波

办公室

主　任　王　刚

三胞联谊委员会

主　任　李　杰

经济委员会

主　任　林　森

科教文史委员会

主　任　(缺)

提案法制委员会

主　任　丁玉晓

委员活动工作室

主　任　曹玉超

【中共乳山市纪律检查委员会】

书　记　丛龙海

副书记　李云俊

唐镜朋

邹　光

市纪委(监察局)派驻第一纪检组(监察室)

组长(主任)　于炳涛

市纪委(监察局)派驻第二纪检组(监察室)

组长(主任)　万　宏

市纪委(监察局)派驻第三纪检组(监察室)

组长(主任)　史　记

市纪委(监察局)派驻第四纪检组(监察室)

组长(主任)　(缺)

【市委、市政府派出机构】

滨海新区管理委员会

主　任　王祥芹(兼)

工委书记　王祥芹

工委副书记　姚　飞

副主任　姚　飞

李　栋

毕建武

郭朝飞(2015年1月免职)

经济开发区管理委员会

主　任　(缺)

工委书记　曲华良(2014年10月离任)

工委副书记　许　鹏

潘显臣

副主任　许　鹏

潘显臣

宋　强

刘　伟

张东健

政务服务中心管理办公室

主　任　于　军

【乳山市人民法院、人民检察院】

乳山市人民法院

院　长　陈天合

第一副院长　王永刚

乳山市人民检察院

检察长　毕新状

第一副检察长　孙建湖

反贪污贿赂局

局　长　(缺)

【乳山市人民武装部】

部　长　鲁向阳(2015年2月离任)

傅登锋(2015年2月任职)

政　委　谭　磊(2015年2月离任)

鲁向阳(2015年2月任职)

【人民团体】

总工会

主　席　曲华良

共青团乳山市委员会

书　记　马　成

妇女联合会

主　任　李淑波(女)

科学技术协会

主　任　冷书杰

工商业联合会

副会长、党组书记　高洪军

残疾人联合会
理事长　宋　英(女)
归国华侨联合会
主　席　(缺)
党组书记　刘　阳
侨务办公室(与归国华侨联合会合署)
主　任　刘　阳(兼)

【市属正科级以上事业单位】

威海机械工程高级技工学校
校　长　姜翠萍
党委书记　温训昌
副校长　姜成锁
　　　　王　涛
纪委书记　张立东(2014年10月离任)
广播电视大学
校　长　(缺)
职业技术教育中心(与广播电视大学合署)
校　长　(缺)
岠嵎山国家森林公园管理委员会
党委书记　孙旭光(2014年8月离任)
主　任　胡新会
副主任　于君义
　　　　于　刚
　　　　徐忠波(兼)
市委党校(挂社会主义学校、行政学校牌子)
校　长　高书良(兼)
常务副校长　孙保广(2014年10月离任)
　　　　张立东(2014年10月任职)
行政学校
校　长　高胜勇
农村党员干部现代远程教育管理中心(隶属市委组织部)
主　任　(缺)
老年大学(隶属市委老干部局)
校　长　张运海
精神文明建设委员会办公室(与市委宣传部合署)
主　任　鞠红燕
社会科学界联合会(与市委宣传部合署)
主　席　李　超
党史市志办公室
主　任　栾法龙
市报社
总编辑　薛连文
档案馆(挂档案局牌子)
馆　长　(缺)
档案局
局　长　徐和平
广播电视台
台　长　江文强
总编辑　姜　山
文化市场综合执法局(2014年12月隶属文化广电新闻出版局)
局　长　孙洪竹
机关事务管理局
局　长　林　洋
住房保障和房产管理局
局　长　孙英奇
贸易办公室(隶属商务局)
主　任　(缺)
经济合作局
局　长　李学兵
市政府驻济南办事处
主　任　(缺)
民族宗教事务管理局
局　长　杨　菁
城乡规划管理局
局　长　林　兵
城乡规划管理局滨海新区分局
局　长　杨　勇
城市规划设计院
院　长　曲灵军
畜牧兽医局(2014年12月隶属农业局)
局　长　刘玉刚
农业机械管理局(2014年12月隶属农业局)
局　长　宫在敏
老龄工作委员会办公室
主　任　杨晓辉
龙角山水库管理处
主　任　马长江
旅游局
局　长　江文强
金融工作办公室(挂地方金融监督管理局牌子)
主　任　冯　罡
人民防空办公室
主　任　姜福潭
红十字会办公室
主　任　王贵贤
国际大酒店
总经理　李　峰
经济开发投资公司
经　理　高强斌
国鑫资产经营管理有限公司
总经理　兰　东
党组书记　兰　东(2014年8月任职)
城市国有资产经营有限公司(与国鑫资产经营管理有限公司合署)
总经理　姜永红
工贸资产经营公司(机械工业集团总公司、建材工业集团总公司、商业集团总公司、物资集团总公司、对外贸易总公司与其合署)
经　理　孙国乐
党委书记　陶红梅(女,2014年8月离任)
　　　　孙国乐(2014年8月任职)
供销合作社联合社
理事会主任　隋浩杰
监事会主任　石仁玉
经济技术协作委员会(与供销合作社联合社合署)
主　任　隋浩杰(兼)
检验检测中心
主　任　(缺)
大乳山风景区管理委员会(与海阳所镇合署,隶属滨海新区管理委员会)
主　任　张本成(兼)
城区工业园管理委员会(与城区街道办事处合署)
主　任　王建国
威海纺织染整工业园管理委员会(与城区街道办事处合署)
主　任　王文水

台湾工业园管理委员会(挂新兴产业园管理委员会牌子,隶属滨海新区管理委员会)

主　任　王卓德

海湾新城开发建设办公室(隶属滨海新区管理委员会)

主　任　单志强

塔岛湾海洋生态国家级海洋特别保护区管理委员会(隶属滨海新区管理委员会)

主　任　单志强(兼)

大项目推进办公室(隶属政府办公室)

主　任　李宏飞

市政府调查研究室(2014年10月由市政府办公室挂牌机构改为正科级事业单位)

主　任　张新龙

蓝色经济区管理办公室(隶属发展和改革局)

主　任　(缺)

政府口岸办公室(隶属交通运输局)

主　任　马端波

港航管理局(隶属交通运输局)

局　长　张连涛

道路运输管理处(隶属交通运输局)

主　任　于　龙

交通战备办公室(隶属交通运输局)

主　任　(缺)

社区工作管理办公室(2014年10月设立,隶属民政局)

主　任　(缺)

农业综合开发办公室(隶属财政局)

主　任　李海波

农村综合改革办公室(隶属财政局)

主　任　秦利强

国有资产管理局

局　长　郑连臣

农产品质量安全区域化管理办公室(隶属农业局)

主　任　冷振腾

市政府驻韩国办事处(归口商务局管理)

主　任　(缺)

外商投资促进服务中心(隶属商务局)

主　任　侯常青

文学艺术界联合会(与文化广电新闻出版局合署)

主席　焉　光

经济责任审计办公室

主　任　姜爱丽

医疗保险事业处(隶属人力资源和社会保障局)

主　任　(缺)

第一中学(隶属教育局)

校　长　郭崇江

党支部书记　倪占良

金岭中学(隶属教育局)

校　长　王波彬

党支部书记　乔占刚

教学研究中心(隶属教育局)

主　任　于星华

人民医院(隶属卫生和计划生育局)

院　长　郤占波(2014年12月离任)

党总支书记　马锡卓

中医院(隶属卫生和计划生育局)

院　长　邵明磊

疾病预防控制中心(挂卫生检测检验中心牌子,隶属卫生和计划生育局)

主　任　姜泽春

【市属国有企业】

城建投资集团公司(归口财政局管理)

董事长　李　伟

总经理　姜朝晖

热力集团公司(归口住房和城乡建设局管理)

董事长　周范鹏

总经理　孙福东

水务集团公司(归口住房和城乡建设局管理)

董事长　徐武林

总经理　徐武林

【各镇、街道】

城区街道

工委书记　于　海

主　任　姜春龙

夏村镇

党委书记　宫在津

镇　长　王永照

乳山口镇(与经济开发区管理委员会合署)

党委书记　刘　伟

镇　长　赵永祥

海阳所镇

党委书记　张本成

镇　长　王雪光(女)

白沙滩镇

党委书记　毕建武

镇　长　于　伟

大孤山镇

党委书记　于荣恺

镇　长　王　庆

徐家镇

党委书记　于吉东

镇　长　孙厚强

南黄镇

党委书记　马　骏

镇　长　王　倩(女)

冯家镇

党委书记　赵　磊

镇　长　陈凤梅(女)

下初镇

党委书记　石　磊

镇　长　张伟峰

午极镇

党委书记　曹永刚

镇　长　宋海波

崖子镇

党委书记　刘　杰

镇　长　董　辉

诸往镇

党委书记　孙常学

镇　长　仇晓明

育黎镇

党委书记　许玉安

镇　长　田玉刚

乳山寨镇

党委书记　徐忠波

镇　长　于　龙(2014年4月离任)

【威海市以上驻乳山单位】

山东省乳山幼儿师范学校(威海

艺校）
校　长　陈福超
党委书记　徐　明（2014年12月离任）
车学辉（2014年12月任职）
党委副书记　陈福超
副校长　于　馗
马书强
乳山市国家税务局
局　长　毕建立
乳山市地方税务局
局　长　丛　宏(2014年3月离任)
乳山市气象局
局　长　毕　明
乳山市邮政局
局　长　刘浩杰
威海市乳山公路管理局
局　长　郭有辉
党委书记　王维国
山东移动通信有限公司乳山分公司
经　理　张东泉
中国联合网络通信有限公司乳山市分公司
经　理　王东平（2014年11月离任）
宋文杰(2014年11月任职）
中国电信集团北方电信有限公司乳山市公司
经　理　齐心锁（2014年7月离任）
孙文正（2014年7月任职）
山东广电网络威海有限公司乳山分公司
经　理　陶　龙
中国银行业监督管理委员会威海监管分局乳山办事处
主　任　（缺）
中国人民银行乳山市支行
行　长　高　伟
中国工商银行乳山市支行
行　长　宋　宁
中国农业银行股份有限公司乳山市支行
行　长　陶海华
中国银行股份有限公司乳山支行
行　长　于志强
中国农业发展银行乳山市支行
行　长　姜庶先（2014年9月离任）
梁军文（2014年9月任职）
中国建设银行股份有限公司乳山支行
行　长　徐　辉
乳山市农村信用合作联社
理事长　于　洋
主　任　郑　利
威海市商业银行乳山支行
行　长　孙京柱
中国邮政储蓄银行山东省乳山市支行
行　长　刘　利(2014年7月任职)
招商银行威海乳山支行
行　长　段爱军（2014年10月离任）
史国兴（2014年10月任职）
中国人民财产保险股份有限公司乳山支公司
经　理　于　杰
中国人寿保险股份有限公司乳山市支公司
经　理　于洪兵
中国太平洋财产保险股份有限公司乳山支公司
经　理　孙晨阳
中国太平洋人寿保险股份有限公司乳山支公司
经　理　肖　鹏
国网山东乳山市供电公司
总经理　李志泰
党委书记　于英海
中国石油化工股份有限公司山东威海乳山分公司
经　理　樊伟东
山东威海烟草有限公司乳山营销部（挂乳山市烟草专卖局牌子）
经理(局长）　陈　波
乳山盐业公司（挂乳山市盐务局牌子）
经理(局长）　席长伟
威海市住房公积金管理中心乳山分中心
主　任　孔　浩
乳山市新华书店
经　理　刘培高（2014年9月离任）
李阿青（2014年9月任职）
武警乳山市消防大队
教导员　陈　浩
大队长　林永桥
武警乳山市边防大队
大队长　辛德军（2014年3月离任）
陈树韬（2014年3月-10月任职）
贺业晓（2014年10月任职）
政　委　贺业晓（2014年10月离任）
王永春（2014年12月-2015年2月任职）
威海市国家安全局五支队
政　委　姜　文（兼任乳山基层工作处处长）

链接：各部门、单位行政负责人凡未特别注明者，均同时为党组织主要负责人。

（市委组织部干部科）

党政群团

责任编辑:吕素坡

中共乳山市委员会

【概况】 2014年，乳山市委贯彻落实中共十八大和十八届三中、四中全会精神，扎实开展党的群众路线教育实践活动，解放思想凝聚共识，深化改革释放活力，高点定位谋求突破，转变作风重抓落实，全市经济社会保持健康平稳发展态势。全年完成地区生产总值441.6亿元，增长9.7%；固定资产投资421.9亿元，增长15%；公共财政预算收入27.7亿元，增长13%；实际利用内资110.8亿元，增长15.3%；实际到账外资7282万美元，外贸进出口总值7亿美元，增长11.1%；农民人均纯收入14821元，增长10.8%；城镇在岗职工平均工资36575元，增长10.1%。

强化政治大局观念，始终与上级保持一致。坚持高标准、严要求，扎实开展党的群众路线教育实践活动，全市112个单位查找出“四风”问题9860条，其中市委常委班子及成员237条，对确定的42项重点整治任务和向群众承诺的27项专项治理行动建立整改台账，实行销号管理，解决一批民生诉求，使党员干部受教育，党风政风社会风气转变。推进经济、社会、民主法制等方面改革，实施“三公”经费公开、全国生态文明建设等6个省级以上改革试点，累计推进改革事项144项，完成75项。其中，在全省率先完成城乡公交一体化改造，创建全省“城乡公交一体化示范县”；率先完成公立医院改革，乳山市人民医院晋升为三级乙等医院。实施建设项目审批流程模块化再造和审批权相对集中改革，审批时限压缩一半以上。落实上级关于园区新建工业项目投资强度规定，提高项目容积率，加大园区闲置厂房盘活力度，促进土地集约节约利用。严把项目审核关，严控污染项目，发展循环经济，培育低碳产业，提高矿产资源利用率。执行房地产宏观调控政策，引导房地产企业转型升级，发展养老型、养生型房地产，推动健康养生产业发展。调整完善主体经济功能区划，将全市划分为优化开发、重点开发和限制开发三种类型，实行差异化引导、差异化考核、差异化扶持，推动重点区域优先发展，促进区域统筹协调发展。抢抓中韩自贸区建设机遇，规划建设中韩食品与生物科技产业园、中韩制造业工业团地、中韩海洋文化体验区等合作平台，打造中韩经济合作先行区，提升对外开放水平。

树立统筹发展意识，推进转调创。正确处理三次产业关系、经济与社会关系、发展与民生、环境关系，推动转方式、调结构、提质量，促进可持续发展。推进产业融合发展。按照威海市“三年突破乳山产业结构”要求，开展“产业集群突破年”活动，坚持集群化振兴工业，品牌化突破农业，精品化提升旅游，产业化繁荣文化，示范化发展养生，推动产业转型跨越，促进经济健康发展。重点培育装备制造、绿色食品、生物科技、节能环保、新材料、新能源6个产值过百亿元产业集群，打造经济开发区、滨海新区两大千亿级产业园区；深化农产品质量安全管理，新增标准化种植基地2处、可追溯农产品基地8处、绿色食品认证6个，在省内率先实现农资信息化监管；打造“仁爱乳山”城市品牌，推动旅游资源一体化改革，被山东省旅游局确定为全省26个旅游资源一体化改革试点市之一，新增AAA级景区1处；探索建立市、镇、村三级文化惠民网络化服务平台，马石山烈士陵园入选第一批80处国家抗战纪念设施、遗址名录，“马石山十勇士”入选第一批300名著名抗日英烈和英雄群体名录，获得“全国文化先进县”称号；打造高端养老养生示范社区，初步形成社区养生养老、居家养生养老、专业机构养老、医养结合养老、异地互动养老五种发展模式。推进城乡一体化发展。提升老城区功能设施，投资6.4亿元实施城建工程，涵盖城市设施改造、热源气源扩面、公园建设等59项工程；启动“智慧乳山”建设工程，建设智慧交通、智慧管线、智慧安控等平台，提升城市管理水平。推进滨海新区基础设施建设，投资11.7亿元实施道路桥涵、园林绿化等6大类重点工程，把海湾新城作为滨海新区基础设施建设核心，规划投资7.7亿元完善基础设施配套工程，构筑“三横两纵”路网框架。规范化建设50个农村新型社区，实现医疗卫生、农资运营、购物超市、文化娱乐等设施全覆盖，进一步完善农村社区服务功能。推进民生事业发展，规划实施总投资29.6亿元、年度投资25亿元10大类80项便民利民实事，是乳山市投入力度最大、民生项目最多的一年。重新调整规划城市社区，由21个增加到33个，方便群众办事。开展党员进社区活动，3700名机关企事业单位在职党员主动认领公益岗位4600个，参与社区服务活动8000次，为群众办实事好事1.1万件。推进生态文明建设，开展乡村文明建设行动，完成70个村农村环境综合整治任务，在477个已整治村建立连片管护长效机制，完善城乡一体化垃圾处理模式，在全省城乡环卫一体化农村群众满意度电话调查中列第36位。

深化改革创新，释放经济发展活力。在科技创新上，变财政资金扶持为设立产业基金扶持，集中扶持新材料、新能源、生物科技等新兴产业发展，签订产学研合作项目53个，与20家大专院校、科研院所新建立合作关系，新增高新技术企业3家、省级研发平台3家，获"山东省科学城市"称号。发挥政策及财政资金的引领、放大和补偿、激励作用，新成立民间资本管理公司6家，引进阿甘担保和民生银行、中信银行、信悦小贷等金融机构，组建泰中金融仓储公司，引进泰山保险公司，大乳山景区发行私募债融资1.1亿元，金牛谷景区获得威海市首笔林权质押贷款2100万元，3家企业挂牌融资。引导企业发挥自身优势与外合作，实施黄海汽配与烟台石钢、力久电机与北京毕捷电机、同仁食品与广西百洋集团、鑫山集团与青岛日吉等19个合作项目，带动全市77家企业完成技改支出28.5亿元。

突出招商引资和项目建设，夯实产业发展基础。树立"以发展论英雄、以项目比高低"理念，坚持人员编制、政策资金、考核机制、干部使用等向项目倾斜，调动积极性。转变招商思路，"走出去引"与"就地孵化"并重齐抓，把孵化器建设作为培育创新型企业和提高产业层次重要举措，加大扶持力度，全年开工科技孵化器3家，建成1家。压实招商责任，新调整确定24个重点产业招商部门和43个非重点产业招商部门，抓好项目实物投入量的考核，对前三季度没有招商引资项目和全年项目建设投入达不到考核标准镇、区和重点产业招商部门主要负责人实行离岗招商。服务项目建设，市级领导班子成员带头分包35个重点项目，每月召开一次产业招商调度会，推动项目快开快建快投产，开工投资3000万元以上项目58个，其中过亿元28个，新投产项目27个。新规划精细化工产业园、节能环保产业园、葡萄酒产业园，加大基础设施配套力度，完善载体服务功能，形成滨海新区、经济开发区、城区以及10个特色园区"三区十园"发展格局。

创新社会管理，提升群众满意度。市民服务中心建成，建立群众诉求受理分办落实、答复反馈、台账管理、督导考核、分析研判相结合的群众工作机制，累计征集汇总群众反映问题3.6万条，全部按要求答复处理，群众答复满意率99.04%。开展海岸带综合整治、露天烧烤治理、矿产资源规范管理、公共资源发包管理等27项"社会管理规范年"活动，评先选优规范管理、机动车"四非"治理、用人规范管理等行动基本完成，露天烧烤整治、矿产资源开采治理、社区物业提升等12项行动取得阶段性成果。推进社会管理信息平台建设，加强城乡社区网格化管理，提高社会治安管控能力，被山东省全民依法普法工作领导小组评为"全省法制创建先进市"。开展信访案件"百日清仓"活动，积案化解率在威海市最高，是威海市唯一没有发生到省进京集体上访的县市区。

落实党建主体责任，夯实执政基础。认真执行民主集中制，健全市委与人大、政府、政协班子沟通协调机制，重大决策事前征求意见，重大问题及时沟通，重要活动搞好衔接，重点工作配合协作，做到目标同向、思想同步、工作同心、事业同干。发挥市级领导班子成员带头示范作用，带头狠抓重点难点工作落实、参与招商引资和项目建设、化解重点信访案件。加强基层组织建设，整治软弱涣散班子62个，新成立"两新"组织24个，增加威海市"两新"组织党建示范点2个。开展农村和社区"两委"换届选举工作，做好专题调研、选前培训、财务审计等准备工作，严把程序，严肃风气，从严督导，保证换届质量。坚持在发展中发现干部、选拔干部，在基层一线锻炼干部、使用干部，建立完善以政绩评价干部的工作机制，变年终一次性考察为平时经常性考察，综合运用一线考察、约谈考察、个性化调查等方法科学考察评价干部，加强对重点部门、关键岗位干部日常了解，实行干部动态调整，增加选人用人准确度。整治用人上的不正之风，规范事业单位人员调配，按要求清理整顿超职数配备领导干部，做好离岗领导干部返岗工作，加强干部队伍建设。开展"机关改革创新年"活动，实施目标承诺、亮点培育、问题导向整改等活动，14名市级领导和132名单位主要负责同志在媒体上公开承诺，127个单位共查找问题420项，逐一制定整改措施。着力整治"庸懒散"，问责处理73人，推动机关作风转变。开展"三公"经费和公务接待经费公开试点，规范完善公车管理、工作日中午禁酒、婚嫁宴请申报、政府集中采购、接待费管理等制度，反对浪费、厉行节约做法得到山东省纪委肯定。落实党风廉政建设党委主体责任和纪委监督责任，从严管理，严格追责问责，给予党政纪处分76人，免职、诫勉谈话等处理30人。

【重要会议】

经济工作会议 于1月2日召开，市级领导班子全体成员，各镇（街道）、滨海新区、经济开发区和综合经济部门领导班子成员，其他市直部门、单位、驻乳机构党政主要负责人，企业主要负责人参加。会议回顾总结过去一年经济工作，研究部署2014年经济发展的目标任务，动员全市上下进一步认清形势，坚定信心，突出重点，狠抓落实，用工业理念谋划农业发展，用工业经济推动休闲度假经济，用工业发展带动城市化建设，提升产业对经济发展的支撑力，推动经济社会平稳较快发展。

经济工作暨履行机关岗位目标责任制总结表彰会议 于2月8日召开，市级领导班子全体成员，各镇、滨海新区、经济开发区、城区街道副科级以上领导干部，市直各部门、单位部分机关干部，威海市以上驻乳机构主要负责人，市属国有企业董事长、总经理，部分企业主要负责人参加。会议回顾总结2013年度全市经济工作和市镇机关履行岗位目标责任制情况，表彰先进集体和先进个人，动员全市各级以开展“机关改革创新年”“产业集群突破年”和“社会管理规范年”活动为抓手，进一步解放思想，凝心聚力，改革创新，真抓实干，推动各项工作再上新台阶。

农村工作会议 于3月7日召开，市级领导班子全体成员，各镇（街道）党（工）委书记、镇长（主任）、分管农业副镇长（副主任），市直各部门、单位，各驻乳机构、市属国有企业主要负责人，各农村社区党总支书记参加。会议传达贯彻威海市农村工作会议精神，回顾总结过去一年全市“三农”工作情况，分析面临的形势，研究部署2014年农村工作，并就联系服务群众工作做出具体安排。

党的群众路线教育实践活动动员大会 于3月8日召开，省市赴乳山市联合督导组组长，威海市委教育实践活动领导小组副组长，督导组副组长及督导组其他成员，乳山市市委委员、候补委员，现职县级领导干部，正县级老同志和近5年退出领导岗位的副县级老同志，各镇（街道）党政主要负责人，滨海新区、经济开发区主要负责人，市直各部门、单位和各驻乳机构、市属国有企业主要负责人，各企业、学校党委主要负责人参加。会议学习贯彻中央、省委和威海市委精神，对乳山市开展教育实践活动进行动员部署，动员全市各级注重实效，营造氛围，统筹兼顾，用教育实践活动激发的动力推动发展，用发展成果检验教育实践活动成效，确保教育实践活动扎实开展、取得预期效果。

思想宣传文化工作会议 于6月27日召开，市级领导班子全体成员，各镇（街道）、滨海新区、经济开发区、市直各部门、单位及驻乳机构主要负责人，各镇（街道）党（工）委副书记、分管宣传文化工作的党（工）委委员，新闻宣传文化系统中层以上干部参加。会议分析思想宣传文化工作面临的新形势，部署一个时期思想宣传文化工作主要任务，引导全市上下统一思想，形成合力，为现代化幸福乳山建设提供强大的精神动力、舆论支持和文化保障。

半年经济形势分析会议 于7月15日召开，市级领导班子全体成员，各镇（街道）党政主要负责人，滨海新区、经济开发区、市直各部门主要负责人，市属国有企业、各驻乳机构及部分企业负责人参加。会议分析总结上半年经济运行情况，查找工作中存在问题和不足，研究制订解决措施，安排部署下半年重点工作，动员全市上下认清形势，明确目标，创新方法，加压奋进，推动经济社会健康发展，确保完成全年各项目标任务。

党的群众路线教育实践活动总结大会 于10月18日召开，省市赴乳山市联合督导组组长，威海市委教育实践活动领导小组副组长，督导组副组长及督导组其他成员，乳山市级领导班子全体成员，滨海新区、经济开发区主要负责人，各镇（街道）党（工）委书记，市直各部门、单位主要负责人，各市属国有企业董事长、总经理，有关企业、学校和驻乳机构主要负责人，市委各督导组全体成员和市委教育实践活动办公室工作人员参加。会议总结全市党的群众路线教育实践活动，部署巩固和拓展教育实践活动成果、加强党的作风建设、落实从严治党责任。

村、社区“两委”换届选举工作会议 于10月18日召开，威海市村（社区）“两委”换届选举赴乳山督导组组长毕建康，乳山市领导高书良、毕兴全、邢海波等出席会议，市村、社区“两委”换届选举工作领导小组、办公室及督导组成员，各镇（街道）党（工）委书记、副书记、分管组织工作的党政班子成员参加。会议要求各级各部门把握换届选举面临新形势、新任务，统一思想、深化认识，坚持党的领导核心地位，推进基层民主政治建设，严格依法办事，推动换届选举工作有序进行。

“解放思想、加快发展”动员大会 于11月10日召开，市级领导班子全体成员，各镇（街道）党政主要负责人，市直各部门、单位主要负责人，滨海新区、经济开发区、发改局、经信局、科技局、财政局、国土局、建设局、农业局、海渔局、商务局、文广新局、环保局、工商局、旅游局、金融办、规划局、经合局全体班子成员，各市属国有企业董事长、总经理，各驻乳机构主要负责人，各重点企业、成长型工业企业主要负责人参加会议。会议分析和查找全市各级在思想观念方面存在突出问题，研究推进思想解放的方法措施和重点方向，部署安排有关重点工作思路和措施，引导全市上下解放思想，更新观念，高点定位，创新突破，在新一轮改革发展中实现新突破。

【重要决策和工作部署】

3月7日，乳山市委、市政府下发《关于支持社会主义新农村建设的若干政策意见》，制订2014年全市新农村建设工作目标和扶持政策，部署深化农村改革、加快现代农业发展、加快农村基础设施建设、促进农村事业发展等重点工作，确定按照逐步扩大公共财政覆盖农村范围、逐步提高财政支农支出占财政总支出比重、逐步实现财政支农投入“三个高于”要求，对新农村建设进行政策扶持。

3月8日，乳山市委、市政府下发《深入开展党的群众路线教育实践活动的实施意见》,确定要全面贯彻中共十八大、十八届三中全会和习近平总书记系列重要讲话精神,落实中央、省委和威海市委关于开展教育实践活动的指导思想、目标任务、方法步骤,中央八项规定和《党政机关厉行节约反对浪费条例》、省委实施办法等,突出作风建设,贯彻整风精神,坚持正面教育为主、教育与实践并重,坚决反对形式主义、官僚主义、享乐主义和奢靡之风,解决群众反映强烈的突出问题,提高做好新形势下群众工作的能力。

5月16日,乳山市委、市政府下发《乳山市鼓励经济发展的若干规定》,确定在全市按照纳税贡献、品牌创树、科技创新、金融增贷、金融机构增设、上市融资、内外资招商、对外经贸、跑上争资、旅游发展、创优服务等12项奖励内容,调动全市参与经济建设的积极性。

10月17日,乳山市委、市政府下发《关于做好村"两委"换届选举工作的实施意见》,确定要通过换届选举、推进基层服务型党组织建设,加强农村基层社会治理,巩固党在农村的执政基础,保证全市农村改革发展稳定。鼓励大学生村官等各类面向基层服务人员参选,压缩和精减"两委"成员职数,提高村党组织书记、村委会主任"一人兼"和村"两委"成员交叉任职比例,提倡妇女党员进入"两委"班子交叉任职,改善村"两委"班子年龄和文化结构。

11月17日,乳山市委、市政府下发《关于深入开展"仁爱乳山"宣传教育践行活动的实施意见》,确定以建设"仁爱乳山"城市名片为目标,坚持贴近群众、贴近实际、贴近生活的原则,与全国文化先进县创建、全国文明城市创建、和谐社区建设、企业文化建设、景区品牌提升相结合,开展理论研究、舆论引导、公益广告、文艺作品和对外形象"五大载体宣传",加快推进学习宣讲、"六训"创建、典型创树、道德讲堂、学校课堂、企业文化和设施载体"七大主题教育",实施志愿服务、诚信建设、专项整治、和谐社区创建、民情走访、关爱救助、乡村文明和旅游提升"八大活动实践",调动各行各业和广大群众参与"仁爱乳山"宣传教育践行活动积极性。

12月8日,乳山市委、市政府下发《关于贯彻落实中共十八届四中全会精神全面推进依法治市的意见》,确定要全面推进依法治市,加快法治乳山建设,全力打造高素质法治工作队伍,为依法治市提供组织和人才保障。加强依法监督,保证公正司法,增强全民法治观念,推进法治社会建设。加强和改进党的领导,凝聚法治乳山建设合力。

【市委办公室工作】 2014年,乳山市委办公室当好参谋助手,做好协调服务,加强督查考核,抓好决策落实,保持"文字材料出精品、督查考核重落实、机要保密零失误、行政接待依标准、农工维稳见实效、安全行车无事故"的工作目标,确保市委机关高效有序运转。

参谋辅政水平提升 围绕市委中心工作,按照"站高角度、当好参谋,主攻文字、当好秀才,突出信息、当好耳目"的要求,紧跟领导思路,提高决策服务水平、文字材料质量。围绕招商引资、项目建设、民生实事等重点工作和热点难点问题,深入基层掌握第一手资料,为领导科学决策提供方向性、前瞻性、借鉴性依据,就优化机关办公用房、规范"三公"经费管理、乳山籍大学生回乡就业等内容拟写《领导参阅》16期,领导批示5篇。强化精品意识和效率意识,提升文字质量,高质高效完成材料,全年拟写领导讲话等材料500篇、300万字,编发《乳办通报》《乳山调研》等15期,在威海市级以上刊物发表调研文章45篇,其中省级15篇。把握党委系统信息主渠道作用,加强对省委、威海市委信息报送和对下信息采集工作,全年累计采集信息568篇,被《威海信息》采用63篇,《山东信息》《每日专报》采用7条,信息工作列威海市第一位,获得"全省党委系统信息工作先进单位"称号。

督查考核方式优化 调整完善考核内容、方法,突出优化考核体系主线,本着与上衔接、科学可行原则,考虑镇级发展基础和部门业务特点,镇区分3组、市直部门分6组、驻乳山部门分3组、市属国有企业1组实行同类同考,使考核结果更科学。围绕中心工作构建考核框架,镇区增加项目投产情况、重点工作目标、农产品质量安全、乡村文明行动、群众工作5项指标,部门增加效能建设、群众工作2项指标,非重点产业招商部门增加招商引资指标,提高招商引资考核赋分权重,发挥考核激励导向作用。建立"两项机制",即联动化配合机制,实行领导领衔督、两办重点督、部门合力督,每项工作都定牵头市级领导、定责任单位、定完成时限、定工作要求,确保各项工作有人管、有人抓;刚性化落实机制,对市委书记办公会、常委会、专题会等研究确定的重要决策、重点工作,全程跟踪、定期督导、销号管理、动态检查,围绕五大产业发展、社会管理规范年20个专项行动落实情况,组织现场观摩和视察活动10次,拟发《督查通报》38期。发挥社会监督作用,采取召开会议集中评议、问卷调查综合评议、行风专项评议等形式,评议21个职能部门工作,责成满意度较低的6个单位向市委常委会汇报整改措施并向社会公开。

服务保障水平提高 超前介入、统筹协调重要会议、活动,合理安排、讲求时效,组织会议活动100场次。创新保密监督检查方式,变单纯依靠定期实地检查为网络在线监控检查与经常性实地检查相结合,加强全市互联网门户网站和机关事业单位办公计算机保密检查力度,及时消除泄密隐患。规范内部管理,完善值班、卫生、例会、车辆管理等工作规程,建立问责机制,明确责任分工,量化分解各科室、岗位的职责任务、目标要求,保持高效快速有序运转。

【组织工作】 截至2014年年底，全市有基层党委60个、党总支30个、党支部1511个。年内，全市各级党组织贯彻落实中共十八大及三中、四中全会精神，开展党的群众路线教育实践活动，立足于服务中心大局、践行群众路线、推动改革创新，坚持抓干部队伍建设、服务型党组织建设、产业发展急需人才队伍建设，提升组织工作科学化水平，为建设现代化幸福乳山提供坚强组织保证。

群众路线教育实践活动开展 把党的群众路线教育实践活动作为首要政治任务来抓，注重领导带头、群众参与，强化分类指导、严督实导，坚持上下联动、压茬推进。全市112个单位、近4万名党员以"为民务实清廉"为主题，聚焦解决"四风"问题，紧扣"学习教育、听取意见，查摆问题、开展批评，整改落实、建章立制"三个环节，采取集中学、专题学、典型学、现场学、体验学等方式抓实学习教育，采取入户走访、专题调研、民情平台、民意调查、研判梳理等方式开门听取意见，采取"一人讲、众人评、逐个进行"方式动真碰硬查摆问题，坚持即时改、统筹改、集中改、限期改，围绕基层党组织建设、机关作风建设、党员作用发挥健全机制，转变党员干部作风，增强为民服务意识，夯实党的执政基础。省市联合督导组和威海市委主要领导对乳山市教育实践活动给予充分肯定，活动经验被全省活动简报、新华社、《大众日报》、中央及省电视台推介。

组织建设全面提升 结合开展党的群众路线教育实践活动，推进抓基层、打基础工作，解决"有人干事""有钱办事"问题，进一步强基固本。完成农村、城市社区"两委"换届选举，选举前早谋划、早准备、早整顿，采取市级领导挂点联系、派驻工作组、选派"第一书记"等措施倒排查整顿61个农村后进班子，采取以会代训、模拟演练、现场观摩等形式培训镇村换届工作骨干，逐村制定换届方案，完善报名参选、候选人集体谈话等制度，推行全程记实制度，坚持依法民主选举，探索农村社区党组织换届新方式，并成立5个督导组，强化选举程序控制。指导健全组织、村民代表和民主管理制度，做好工作交接以及落选干部思想工作，加大新任干部培训力度，举办全市农村支部书记、村主任培训班。此次换届农村书记、主任"一人兼"比例75%，"两委"成员交叉任职比例67.5%。落实基层组织运转保障经费，在农村，制定落实《关于进一步提高村级组织财政保障水平的实施办法(试行)》，使村均财政补贴达到5万元，村党支部书记年均财政补贴达到8762元；在城市社区，采取街道自筹和市级财政拨付相结合方式，按每个社区每年20万元标准协调落实专项经费300万元；在非公企业，采取企业自筹、党费返还和列支、财政补助等方式，确保企业党组织工作经费落地。提升新领域党建工作，在城市社区，以"三有一化"(有人管事、有钱办事、有地议事、建立城市基层区域化党建工作格局)为重点，升级改造社区办公活动场所9处，健全社区组织架构，建立社区工作者队伍，完善共驻共建等工作机制；在新经济组织、新社会组织，推进"建组织、扩覆盖"行动，依托六大产业集群和重点成长型企业，新建24个"两新"组织(新经济组织、新社会组织)，新增威海市"两新"组织党建示范点2个，复核通过3个。

党员队伍从严管理 在严把党员入口基础上，探索建立以"一证、一平台、一年审、一活动"为核心的党员教育管理新模式，加强党员队伍纯洁性机制建设。推行IC卡党员证，为全市4万多名党员免费印制具有IC卡信息存储和读写功能的党员证，作为党员身份证明和信息登记凭证，党员需持证参加组织活动和党内生活，增强党员的荣誉感和归属感。开发党员信息管理系统，组建党员教育管理局域网，研发党员信息管理系统，将发展党员、日常管理、年审考核等关键环节纳入管理，实现党员网上年审、全程监控、信息查询、统计分析。实行党员资格年审制度，推行党员年审制度，规定时间内由党员本人持证申请，由所在党组织逐人年审。开展"工作在单位，活动在社区，奉献双岗位"为主要内容的在职党员社区报到活动，市级党员领导干部带头，3700名机关企事业单位在职党员主动认领公益岗位，该经验被山东省委、威海市委组织部门刊发、《大众日报》推介，威海市委组织部在乳山市召开现场会进行推广。

领导班子和干部队伍建设 加强领导班子分析研判。定期约谈，动态了解掌握领导班子运行情况和干部思想

9月5日，威海市党员队伍纯洁性机制建设工作会议在乳山市召开

（市委组织部提供）

工作情况;对关键岗位领导干部、新进领导班子成员有苗头性、倾向性和其他值得注意的问题领导干部重点约谈;定期研判班子、会诊干部,统筹考虑班子年龄、学历、素质、经历、专业、性格、性别等多种因素,为有针对性地选配干部提供准确信息。坚持以岗定人、以绩用人,激励干事、激发活力,合理流动、改善结构,从严管理、弘扬正气原则,对部分领导班子和领导干部进行合理调配,实现奖优罚劣、调优配强。年内,稳妥做好工商质监机构下放和卫生计生机构合并的领导班子调整、干部分流安置等工作,确保机构理顺变更过程中干部队伍稳定和工作顺利交接。注重后备干部培养,坚持在实践中锻炼培养干部,有计划地安排干部"上派下挂",从发改、科技、水利、环保等职能部门选派4名年轻干部赴省直相关部门挂职锻炼,分2批次选派4名后备干部到信访局挂职局长助理。健全后备干部队伍的管理机制,完善数据库,实行优进劣出动态管理,增强后备干部队伍活力。规范科级领导干部队伍职数配备、改非领导干部管理、驻乳单位和重点企业干部管理、机关事业单位调配管理以及党政领导干部在企业、行业协会商会类社会组织兼职及离退休干部在社团兼职等多项专项整治工作,提高干部工作规范化、制度化水平。改进干部考察考核方式,在经常性考察基础上,制定《关于实施一线考察干部的意见》,通过派员参加市里组织的各类综合性会议、专题会议,参与农村环境整治、招商引资、项目建设等重点观摩活动,实地察看各部门、单位重点工作推进情况,派出督导组参与重点难点工作现场督导检查等方式,直接考察班子和干部实际工作表现,实现干部考察全天候、常态化,同时在广大干部中树立注重基层、注重实绩导向。探索实施事业单位领导干部聘任制,制定《关于从广电、报社编外人员中聘任中层岗位的意见》,通过竞争上岗,15名编外人员聘任到中层领导岗位。

干部开放培训机制 按需培训,组织举办主体、专题班次培训16期,高端讲堂21期,专题讲座6期,开展"送教上门"活动90期,累计培训干部1.4万人次。加大"请进来、走出去"力度,组织80名党政干部及企业家分别赴厦门大学、浙江大学举办文化旅游和企业转型升级专题培训,邀请专家、教授到乳山授课27期,促使干部开阔思路、提升素质。组织干部业务内训、登台讲学,邀请市级领导和单位主要负责人带头授课领学,开展自主选学和在线学习活动。

产业人才引进培养 实施产业人才"倍增计划",对接威海人才特区建设,树立人才工作服务产业发展导向。围绕提供工业振兴"千百十"工程和产业集群突破的人才引领和支撑,定期组织企业人才项目调查,完善人才数据库。紧跟上级重大人才工程调整变化申报评选,全年新增"泰山学者海外特聘专家"、齐鲁文化之星等威海市级以上高层次人才12人。优化聚才用才环境,以新建孵化器、省市级研发平台为依托,配套落实人才服务政策,解决人才后顾之忧,全年为企业引进全兼职博士21人、全职硕士16人,与8名海外高层次人才达成合作意向并全职引进3名。落实《加强党管人才工作实施意见》,发挥人才工作领导小组成员单位作用,设立1000万元人才项目奖励基金,联系走访重点企业和高层次人才,创建人才工作示范点,发挥企业在引才、育才和用才上的主体作用,全年新增高技能人才994人,其中技师和高级技师105人。

链接:2014年,乳山市实施工业振兴"千百十"工程,用5年左右时间,培育壮大经济开发区、滨海新区两大千亿级产业聚集区,形成绿色食品产业、装备制造产业、生物科技产业、节能环保产业、新材料产业和新能源产业等六大百亿级产业集群,打造20个销售收入过十亿元龙头企业,构筑"重点园区支撑、优势产业聚集、骨干企业带动"的工业发展格局。

调研信息参谋服务 围绕重点工作及时完成总结思路、汇报发言、调研建议等综合性文字材料57篇,其中合作社党建工作经验被威海领导批示。向上级组织部门报送反映组织工作创新和亮点调研信息材料62篇,在精减简报的情况下被省市组织部门内刊采用14篇。"设立1000万元人才项目奖励基金""创新农村异地交叉审计方式""全面推行IC卡电子党员证"材料被《山东组工调研信息》采用;参与教育实践活动、农村(城市社区)"两委"换届等重大工作任务落实,编报活动简报23期,编发活动简报41期88篇文章,"乳山市全面核实党员情况夯实教育实践活动基础"被《山东教育实践活动简报》采用单条。加大外宣力度,组织在地市级以上报刊发稿26篇,其中省级以上报刊发稿20篇,被山东省委组织部表彰为"组工宣传工作先进单位"。应邀参加《领导科学报》社通讯员首届工作会议并作经验交流发言。做好网络舆情监控,撰写网评文章358篇,加精率30%。

远程教育工作拓展 推行《远程教育学用积分制(暂行)办法》,对基层党员学用情况进行积分考核、动态管理,该做法被《党员电教远程教育》杂志和山东省齐鲁先锋网络平台采用推广;在威海市率先开通"党员学习之友"手机微信学习平台,拓宽远程教育学习培训渠道;以农村新型社区和产业合作社为依托,创建威海市级产业示范站点5个,其中2个被评为威海市"十佳产业示范站点"。围绕全市重点工作摄制电视专题片13部、电视新闻20条,其中《咱们的第一书记》被选为山东省教育实践活动辅导教材,2部课件被山东卫视《齐鲁先锋》栏目采用播出,7部课件被威海市选入党建和组织工作电视片荟萃集,3部课件被威海市评为"十佳党员教育片"。编制《乳山党建》12期、《远教视窗》143期,播放课件300部。全年开展远教设备、网络

11月27日，乳山市中共十八届四中全会精神宣讲报告会举行
（市委宣传部提供）

检修和抽查2次，与镇、村签订《站点设备管理应用承诺书》，明确市、镇、村远教站点设备管理和使用职责。组织全市远教站点管理员开展冬季学用培训工作，提高管理员操作能力。征集党员群众学习需求134条，安排专家互动教学12期，组织专家开展“垄上行”活动，进村入户辅导教学50次，解决实际问题30个。

（王众）

【宣传工作】

理论教育加强 开展“一把手”领学活动，制定《中心组理论学习安排意见》及《中心组参阅资料汇编》，11名市委常委带头登台为机关干部授课。全市90个部门开展“登讲台、当讲师”活动。组织开展“下基层、搞调研”活动，评选出35篇有实践价值和指导意义调研报告并汇编成电子文集。开展理论大众化普及活动。在全市机关、企业、学校、农村、社区建立20个理论学习联系点；在《乳山时讯》开设专版，集中刊发13个典型经验。山东省委、威海市委宣传部观摩视察乳山市理论大众化普及情况，西馨苑社区被评为“全省理论大众化普及示范点”。开展“我的中国梦”和中共十八届四中全会宣传教育活动，组织全市“我的中国梦”演讲比赛，38个部门53名选手参加，推荐2名选手参加全省宣讲比赛，分获二、三等奖；组成“中国梦宣讲团”赴各镇巡回宣讲；邀请省、威海市专家为机关干部及供电公司进行宣讲。组建中共十八届四中全会精神宣讲团，赴全市15个镇（街道）、19个重点部门宣讲。

城市品牌创树 征求理论专家、文化名人意见，就“仁爱乳山”内涵、背景、依据进行阐述，提交市委书记办公会、市委常委会讨论。组织召开人大代表、政协委员、党代表、文化理论工作者代表座谈会，邀请省专家为全市机关干部作专题讲座，统一思想、凝聚共识。组织新闻媒体围绕“仁爱乳山”刊播4个座谈会专版、6篇评论员文章和9篇系列报道，对“仁爱乳山”进行连续性报道。组织设计制作“仁爱乳山”城市品牌徽标和公益广告宣传片，在城市公共场所和农村显要位置进行宣传；开展“仁爱乳山”摄影大赛，编写出版书籍《仁爱乳山》；召开“仁爱乳山”城市品牌建设新闻发布会，新华网、人民网、搜狐、网易等20家媒体参加；在母爱文化广场安装宣传栏。建立市级领导分包、方案严格审查、定期调度推进、严格督查考核四项工作机制，引导仁爱精神转化为各行各业实际行动，实现单位、家庭、社会全覆盖。

链接：2014年，乳山市委、市政府经过多方征求意见、反复研究讨论，提出了“仁爱乳山”城市品牌，这是对乳山地域文化的高度凝炼与概括，也是对母爱文化的深化与提升。“仁爱”是中华文化的人格理想和最高道德规范，与培育和践行社会主义核心价值观高度契合。乳山人具有忠爱仁孝的历史传统、明礼仁义的性格特点、厚德仁民的执政追求、诚信仁智的发展理念，“仁爱乳山”具有传统历史、文化特色、现实表现依据。乳山城市品牌提升一是形势所趋，原有的“母爱乳山”城市品牌由于其自身局限性，已不能完全统筹和引领乳山经济社会发展；二

11月17日，“仁爱乳山”专题报告会在乳山市中心会议室举行
（市委宣传部提供）

是发展所迫，乳山正处在产业转型、加快发展的关键时期，面临诸多困难和挑战，需要用更宽泛的“仁爱”理念谋划全局，统领经济发展；三是民生所求，群众对幸福指数要求越来越高，改善和发展民生事业的愿望更加强烈，这需要将“仁爱”理念贯穿于社会各项事业之中，推动幸福乳山建设；四是民风所向，人们的价值观呈现多元化趋势，这需要用“仁爱”价值观加强市民理想信念和思想道德教育，提升城市文明素质。

对外宣传提质　对接央视四套《城市1对1》、央视七套《乡村大世界》《乡土》栏目组，邀请其走进乳山制作专题节目，重点推介乳山“仁爱文化”“乳山三宝”“长寿之乡”等。做好重点选题宣传报道，围绕常态化联系群众、“六训”活动、“乳山三宝”、产业集群突破、健康养生产业发展等全市重点和亮点工作，在地级市以上重点媒体刊发新闻稿件290篇，其中《人民日报》6篇、《大众日报》54篇、《威海日报》一版头条15个、《威海日报》专版50个。制作新版《乳山市情宣传片》《乳山产业招商宣传页》《乳山“三宝”宣传页》，在招商引资、各类会展发放。

舆论引导加强　一是建立新闻发布机制。制定《乳山市新闻发布工作实施意见》，搭建新闻发布工作平台，策划选题，推进新闻发布工作规范化、常态化，年内围绕物业管理、城乡公交一体化、全市经济运行情况、市民服务中心启用等工作组织召开新闻发布会11场。二是组建网络新闻发言人队伍。将官方微博由16个重点部门向所有政府部门延伸，以“乳山发布”微博为引领，联动94个官方微博的政务微博矩阵，“乳山发布”微博发布信息3000条。三是开通“乳山发布”微信平台。打造今日关注、民生观察、直通乳山、生活百科等10个栏目，发布微刊200条。在大众网、清华大学新闻传播学院联合推出首期2015年山东政务微信影响力排行榜中，“乳山发布”位列第25位，在全省各级政府新闻办政务微信中排名第三、县区级位列第二。四是妥善处理网络舆情风险。全方位、即时化监控采集网络舆情，对一些影响面大、可能导致事件升级的网络舆情及时发现、及时上报、及时处理，全年编写《网络舆情动态》114期、《网络舆情专报》50期、《领导信箱和人民网舆情动态》225期、《领导信箱和人民网舆情专报》201期。

文化事业发展　制定《2014年乳山市文化体制改革工作要点和实施方案》，确立23项改革事项，每月调度推进。组织开展2014年春节联欢晚会、秧歌汇演、威海暨乳山“三下乡”集中启动仪式及“仁爱乳山、欢乐盛夏”消夏晚会、百场文艺演出进社区、“我要上春晚”乳山站海选等活动，丰富群众文化生活。出台《乳山市公共文化服务体系建设实施意见》，落实“文化惠民16件实事”，总投资1.4亿元以上，拨付文化馆、图书馆、美术馆“三馆”免费开放资金30万元，为文化馆、图书馆配备价值20万元的服务车，并将人、财、物向基层文化建设倾斜，投资75.6万元为镇综合文化站、部分社区和村配备电脑246台，为每个镇级综合文化站配套开放经费5万元，为每个农村社区设立1万元专项资金。设立文学艺术奖，首届评选收到各类参评作品124件，最终评出获奖作品31件。吕剧《乳娘》获得山东文艺精品工程奖和泰山文艺奖。排练反腐倡廉吕剧《使命》，在威海地区巡演。全市5件作品入选威海市文学艺术奖；2人获选齐鲁文化之星，总数4名。组织5家文化产业企业参加威海市文交会，友联画院山东基地、福如东海展览馆等文化产业项目开工，3家园区、14家企业入选威海市重点园区和企业，福如东海文化产业园入选第四批山东省重点文化产业园区。

（胡达伟）

【统战工作】　召开全市统战工作座谈会，组织全市各镇（街道）15名党委委员参加威海市统战委员培训班。组织专门人员对全市镇（街道）、市直部门统一战线成员进行集中调查统计。在各社区、园区做到“六个统一”：有固定统战工作办公室、有统战工作办公室牌匾、有专（兼）职统战工作人员、有统战对象档案、有统战制度刊板、有统战工作宣传展示阵地。打造健康型、服务型、美德型等各战工作特色社区18个，提升基层统战工作水平。

党外代表人士队伍建设　启动党外代表人士实践锻炼基地，加强党外干部及党外知识分子培养锻炼。向非公经济人士发布《关于在非公有制企

8月14日，山东省委统战部常务副部长孙传宏（前排左二）到乳山市调研

（市委统战部提供）

业党组织群众路线教育实践活动中开展“九个一”活动的通知》《深入开展非公经济人士理想信念教育实践活动的实施意见》,加强思想引导,组织培训1次,观摩重点企业2次,召开专题座谈会2次。面向统战成员及社会各界开展“仁爱乳山”征稿活动,围绕“仁爱乳山”主题建言献策,收到投稿30篇,激发党外人士凝聚合力、奉献乳山热情。

党外知识分子联谊会活动　从规范管理、提高素质、发挥作用、加强领导4个方面强化镇级分会工作,年内全市建成镇级分会15个,会员294名。创建乳山市党外知识分子联谊会活动中心,设学习交流区、成果展示区、文化创作区、健身娱乐区,为党外知识分子开展联谊交友、学术研讨、展示才艺创造条件。开展“同心服务”系列活动,组织市党外知识分子联谊会理事、农广校校长陈淑在静园社区举办下岗职工“创业”培训班;联合有关部门在怡园社区举办法律知识讲座,50名居民参加;邀请市果茶站专家到夏村镇小疃村果园传授技术。年内知联会会刊《银杏》出版2期。

统战信息网络建设　创建统战部网站,作为全市网络统战的主阵地,设立图片新闻、统战时讯、要闻、政策理论、党外知识分子、文苑等栏目,专人管理,及时更新。改版市党外知识分子联谊会网站,调整部分版面,突出“统一统线”栏目。在统战网和知联网设立统战工作专用信箱,公布市党外知识分子联谊会QQ群,在新浪网和腾讯网开通统战部官方微博、微信,发布各类博文60篇。

信息调研工作加强　报送各类调研及信息稿件40篇,其中被《山东统一战线》刊登1篇,被《山东统战简报》刊登3篇,被《威海统战》刊登18篇。联合有关部门调查乳山市果品产业,形成《关于加快乳山果品产业发展的调查与建议》的调研报告,为市委市政府决策提供依据。

(张庆)

【群众工作】

联系群众队伍扩大　在安排全市4500名干部职工与20万户群众长期联系服务基础上,将“两代表一委员”(党代表、人大代表、政协委员)和教育、卫生工作者纳入常态化联系服务群众工作范畴,全市2600名代表、委员和5900名教育、卫生工作者联系服务群众9.5万户。

群众工作智能化管理系统开发　在省内首创群众工作智能化管理系统,将群众工作应用于移动数据终端管理,为全市178个农村新型社区、69个城市社区网格每处配备一部移动数据终端,实现群众工作指导员定时定点进村、随时随地办公,及时了解群众诉求,把握群众工作动态。全年通过该系统汇集群众意见、诉求1986条。

群众诉求征集与督办　通过市民热线、民情网、领导信箱等途径“敞开门来问”,通过干部常态化联系群众、满意度调查、不满意事项征询等方式“走出门去问”,全年市民热线共受理群众诉求19385件,民情网受理2413件,领导信箱及人民网地方留言205件,民情集中走访收集5353件,“听民声”群众满意度调查收集747件,初步实现民意诉求表达畅通无阻。由民生服务中心对各条渠道汇集的民生诉求进行分类研究、交办处理,诉求办结后电话回访办理情况及群众满意度,对群众不满意的交由部门重新办理答复,群众满意率99.04%。定期汇总整理疑难问题,提交市委、市政府,由市级领导牵头召开联席会议,研究解决方案,跟踪督办落实。强化信息分析研判,实行每日专报、每周汇总、每月分析、每季研判,对阶段性群众诉求进行分析研判,提出合理化意见建议,使市委、市政府第一时间获得群众诉求信息,提升决策科学性和实效性。全年向市委、市政府上报专报251期,提出研判建议68条。其中,对供热、外墙保温、交通护栏建设、公交一体化改造等热点问题,及时与相关部门沟通衔接,进行专题调研分析,确定相应处置方案,并进入市委、市政府工作决策。

群众工作台账管理　年初,出台《群众工作和包村工作考核细则》,并分门别类建立考核台账。严格操作流程,严守时间节点,确保民生诉求事项及时有效办理。通过下发文件、电话催办、实地督查、智能系统搜索等多种督导方式,对工作开展情况进行督导落实。加大抽查检查力度,组织民情走访情况抽查、群众诉求办理情况抽查等一系列活动,全年抽查电话及诉求2万个次,并按照市委、市政府要求,对群众工作制度落实情况进行效能监察,对23名相关责任人给予相应处理,并在全市通报。

(市委群工部)

10月23日,乳山市群众工作联席会议在市民服务中心召开

(市委群工部提供)

【机构编制工作】

行政审批制度改革　4月，开展全市行政审批事项清理核查工作，在2012年市政府公布的行政审批事项目录基础上，逐项审核审批事项设立依据，并密切跟踪对接国务院、山东省和威海市取消和下放的行政审批事项，多次调整规范市级行政审批事项，6月12日，乳山市政府办公室制定《关于校对市级行政审批和监督服务事项目录的通知》。确认市级政府部门现行有效行政审批事项132项，其中行政许可113项，非行政许可19项；确认市级政府部门现行有效监督服务事项126项，其中不带许可审批性质行政确认登记7项，备案31项，年检3项，审查转报79项，收费6项；确认改变管理方式行政审批和监督服务事项65项；取消和下放行政审批和监督服务事项31项，承接上级下放事项20项。

市政府机构设置规范　完成食品药品监督管理局、工商行政管理局、质量监督管理局体制改革工作，把分散在食品药品、工商、质监等多个部门涉及食品安全监管职能机构进行整合，组建新的食品药品监督管理局，集中统一监管食品生产、流通和消费环节，解决以往多个部门职责交叉、存在监管真空漏洞，确保基层监管到位、责任落实到位。将市卫生局职责、市人口和计划生育局的计划生育管理和服务职责进行整合，组建市卫生和计划生育局，将拟订人口发展规划及人口政策职责划入市发展和改革局。12月26日召开乳山市政府职能转变和机构改革工作会议，按照山东省、威海市要求，乳山市设置政府工作部门24个。

机构编制管理　按照山东省编办统一部署，于6月30日印发机构和人员编制核查实施方案，对全市所有机关事业单位的职责运行、机构编制、实有人员、领导职数配备、编外用人等情况进行全面核查。共核查机关事业单位488个，其中，行政机构46个，事业机构446个；派出机构4个；街道、乡镇15个。核查编制总数11590名，其中，行政编制2011名；事业编制9436名；工勤编制121名；机关其他编制22名；核查实有在编人数11569人，其中，使用行政编制人员1828人，使用事业编制人员9463人，使用工勤编制人员254人，使用机关其他编制人员24人。核查编外人员1117人。根据山东省《关于严控机构编制确保财政供养人员只减不增的意见》精神，对全市机关事业单位人员编制进行精减压缩。行政编制：除民主党派机关，食品药品、安全生产、环境保护部门，政法机关和乡镇街道机关外，党委机关、人大机关、政协机关和政府办公室行政编制按5%比例精减压缩，其他机关行政编制按7%比例精减压缩编制，全市共精减压缩46名；事业编制：除镇（街道）事业单位和各级各类学校（不含成人院校和干部院校）、公办幼儿园、公立医院、食品药品、安全生产、环境保护、直接承担就业和社会保障社会福利职能的外，其他原则上按6%比例精减压缩编制，全市共精减压缩220名。

事业单位管理　推行事业单位分类管理，梳理分析事业单位职责任务基础上，5月底完成全市445个事业单位上报情况汇总，按照《事业单位分类指导目录》，经初步测算，全市共有公益一类事业单位367个、公益二类事业单位35个、公益三类事业单位26个、生产经营类事业单位10个、暂缓分类事业单位7个。开展年度报告和换发证书工作，2月24日至26日，分5期举办事业单位法人网上登记管理培训班，全市参加年度报告公开的262家事业单位法人，全部在省市规定时间内完成法人变更登记、年度报告公开及换发证工作。开展事业单位绩效考核，将全市事业单位分为政府直属事业单位，教育、卫生系统事业单位，农、林、牧、水、渔等系统事业单位，行政辅助类事业单位4类。科学设计考核指标，分为共性指标和个性指标两个大部分。制定考核办法，注重考核结果使用，特别是在经费奖励、干部任免等事项上加大研究，发挥绩效考核激励作用。开展事业单位法人信用等级评定，在教育、卫生系统51个事业单位进行评定，工作中及时掌握动态信用信息，做好社会评价调查，使评定公平公正。

（于洋）

【党校工作】

干部培训跟紧中心　以研究、讲解市委重要文件、领导讲话为重点，以培养胜任建设幸福乳山的干部、人才队伍为目标，加大培训力度，提高培训质量，全年累计培训6500人次。举办3个主体培训班次：中共十八届三中全会精神培训班、科级干部履职培训班、新录入公务员和事业单位培训班，培

7月3日，乳山市委党校教师为包扶村党员上党课　（市委党校提供）

训学员 697 人；举办 4 个专题培训班次：财政支农政策培训班、农村基层党组织、“两新”基层党组织及城市社区党组织书记培训班、城市管理行政执法业务培训班、全市政法系统领导干部培训班，培训学员 1622 人；配合市委组织部做好“送教上门”宣讲 58 场，受众 3000 人次；配合市纪委做好反腐倡廉宣讲活动 8 场，受众 1000 人次。

教学水平提升　加大师资队伍建设，把开展“青年教师培养导师制”活动确定为新学年亮点培育工作，开展以老带新、以新促老的传帮带机制和技能比武活动。根据干部培训变化趋势和客观要求，将全市科级干部履职培训班作为试点班，推行以需求调研为先导科学设置授课内容、以质量提升为核心创新培训方法、以学风建设为目标加强班级管理精品示范培训班。

党校科研升级　发挥党校作为市委市政府参谋助手作用，围绕工业振兴、旅游提升、服务民生等市委市政府工作中心和市域经济社会发展现状，有针对性地开展调研科研。打造特色专题 12 个，其中《关于产业集群化发展的研究——以乳山市为例》被列为山东省委党校年度重点课题；《以农村新型社区建设推进市域一体化的启示研究》《关于乳山市社会养老服务体系建设的探索》《乳山滨海新区实践对推进市城一体化的启示研究》3 个课题被立项为 2014 年威海市社科联重点课题；《生态环境建设与老年人慢性病的关系》《发展养生养老产业，促进健康长寿》2 个课题入选山东省第三届老年健康与长寿理论研讨会交流材料。开展“创一流党校”主题活动，举办乳山市委党校第二届优秀科研课题展评活动，累计完成党的群众路线教育实践活动理论研讨会学术论文 12 编，乳山市理论中心组读书会材料 2 篇，发表省、市级理论文章 8 篇。

信息化应用　充分发挥现有信息化资源优势，拓展校园网络功能，把党校网站打造成“展示形象的窗口，开展工作的平台，交流学习的渠道，管理服务的手段”，实现网络信息共享、办公自动化和党务校务公开，方便教职工网上学习、内部交流以及监督党校各项工作。健全完善适合党校教育培训的教学课程资源库，优化整合党校教学资源，实现最大程度的资源共享。最大化主体班次远程网使用率 70%以上，多媒体教学率 100%。

后勤管理网格化　进一步优化管理手段，明确分工，强化责任，严格考核，使“人人时时有责任、处处事事有人管”的网格化管理机制逐步成熟。修订《党校管理制度汇编》《党校职工考核规定》等规章制度，提高行政效能。探索行政后勤社会化管理规律，加强对酒店和物业公司的协调、指导和监督，在设备维护、安全卫生、食宿管理、物业管理等各方面制度不断完善、机制不断强化，提升后勤服务保障水平。

（杨绍平）

【机关党务工作】

机关组织建设　借鉴“网格化管理”经验，将班子成员每人党建联系点由 5 个增加到 7 个，要求班子成员每年到基层指导调研不少于 2 个月，撰写调研报告 1 篇。按照“公推直选”要求，对所有到届机关党支部进行换届选举，对因干部调整出现党支部成员缺额进行补选，年内完成 27 个党支部换届、补选工作。完成 2730 名党员的党员证信息采集录入工作，“七一”前夕向市直机关党员发放。举办 2 期机关党支部书记（委员）培训班，培训 106 人。做好发展党员工作，按照“控制总量、优化结构、提高质量、发挥作用”的要求，备案 81 名入党积极分子，发展新党员 26 名，办理党员转正 22 名；举办 1 期入党积极分子培训班，培训 72 人。强化党员党性教育，组织市直机关 10 个党委 44 名新党员在冯德英文学馆举行“市直机关庆祝建党 93 周年新党员入党集中宣誓仪式”。清明节期间组织市直机关党员 600 人开展“祭奠革命先烈、重温入党誓词”主题实践活动，在首个“国家公祭日”组织市直机关 300 名党员干部参加烈士公祭活动。“七一”前夕，走访慰问 3 名新中国成立前入党老党员，发放老党员生活补贴 4980 元。

机关文化建设　抓好全市机关集中学习，邀请专家、学者为机关干部举办“防震减灾知识”“全市信息工作和保密技术”“学习邵本道精神宣讲”“领导干部和政府机构如何用好微博”等专题知识讲座 7 次，培训机关党员干部 2731 人次。与市委组织部、宣传部联合，采取“一把手”讲党课、上门送学、名家讲学、在线学习、定期考学、自主选学等多种形式，开展灵活多样的干部教育培训活动。检查部门每周五集中学习情况，推动学习落实。编发《机关信息》6 期，推广基层党组织先进

6 月 27 日，乳山市直机关庆祝建党 93 周年入党宣誓仪式在冯德英文学馆举行

（机关工委提供）

5月18日，乳山市委书记高书良（背窗右三）到府苑社区座谈交流　　（辛戈摄）

典型和经验做法。会同市精神文明办公室、市机关事务管理局在市直机关开展“携手节能低碳、共建碧水蓝天”节能低碳主题宣传活动，在机关干部中倡导低碳节能、绿色生活方式，53家市直机关单位参与。组织市直机关篮球友谊赛，17个单位14支代表队参加。组织2014年市直机关拔河比赛，31支代表队参加。注重总结宣传，乳山市直机关工委举行中国共产党党员证颁发仪式被《威海日报》刊发，坚持“四个注重”提高发展党员质量被共产党员网、中国共产党新闻网等党建网站和省委省直机关工委《机关党建》刊发。

纪律作风督导　印发《关于进一步加强机关作风建设有关工作要求的通知》，对市直机关在岗值班、挂牌上岗、工作纪律及卫生清理等工作细节提出具体要求。加大对机关干部迟到、早退，工作时间上网聊天、玩游戏、购物，无故不坐班查处力度，全年进行集体活动签到10次，节假日值班抽查711次，通报值班违规现象12次16人，上班纪律和挂牌上岗工作抽查103次，卫生抽查7次。

服务渠道拓宽　组织开展机关党员“工作在单位、生活在社区、奉献双岗位”活动，市直机关1342名在职党员按照“八小时之内努力工作在单位、八小时之外无私奉献在社区”的要求，参与城市社区建设和社区党组织开展的公益活动，在16个社区报到登记，认领扶弱扶贫、敬老助残、救助贫困学生、法律咨询、党建工作指导、文体活动指导、社情民意收集等公益性岗位1351个，全年参加志愿服务2949人次，得到社区居民好评。开展“一岗双责，争当双强先锋”活动，将招商引资纳入党建工作总体布局，开展“我为招商找信息”等活动，发动部门党员干部全员参与招商。

机关群团工作　直属机关工会工作委员会开展困难帮扶活动，看望贫困职工32名，发放慰问金22500元，看望困难劳模2名，发放救助金6000元；完成2014年度困难职工统计工作；发动市直机关单位参与职工大病医疗互助补充保险工程，覆盖面100%。机关团工委开展创建青年文明号和青年志愿者活动，开展“青春同行·圆梦助学”活动，资助贫困学生14名；推荐威海市青年志愿者先进集体2个和先进个人5名；继续开展红色关爱活动，拉手关爱老干部老党员。机关妇女工作委员会深化“社会妈妈虹桥拉手”活动，新增拉手儿童9名；推荐省巾帼文明岗1个；推荐乳山市级“最美家庭”1个。

（张新政　孔晓辉）

【对台工作】

对台招商　赴“长三角”、“珠三角”等台商聚集地区开展招商活动，与厦门华侨工商业联合会、厦门台商协会会长、青岛台商协会会长等建立联系；参加鲁台经贸洽谈会，利用洽谈会平台结识台商。同时，赴真好集团、武汉重型机械厂、厦门鸿翔投资公司、厦门海巷新丽工业区达利光学眼镜公司等40家企业对接招商信息。建立台商信息库，通过重大节假日问候短信、微信等方式加强联络，增进信任和感情。做好深圳正威国际集团投资建设的山东邦威高新材料有限公司项目服务，完成注册工作，前期工作人员进驻办公，部分资金到位。围绕乳山市六大产业特点，编制《台湾地区部分上市、上

2月26日，台湾旅行商考察团到乳山市考察　　（辛戈摄）

柜企业名录》，为相关单位开展中国台湾地区产业招商提供指引。

台资企业大走访活动　每季度对全市台资企业走访一次，了解企业发展的基本情况和面临的具体问题，营造“亲商、安商”良好氛围。重点走访乳山顶点科技有限公司、欣业联等重点台资企业，有关单位反馈反映的问题。

对台交流　借助上级台办主管部门平台，推动两地间人员往来，7月初邀请中国台湾大学生中华文化研习营活动成员20人到大乳山滨海旅游度假区参观交流，向其介绍乳山市人文景观及经济社会发展情况。

对台服务　全年受理台胞、台属投诉4起，协调解决合理诉求3起，耐心解释不合理诉求，避免问题扩大化。在台属中广泛宣传“创业乳山·富民行动”小额担保贷款活动及出台的相关新政策，发放明白纸200份，引导帮助台属创业。

（张鹏）

【信访工作】

信访机制落实　健全信访信息预警机制。通过“大密度排查”，即经常性排查与集中排查相结合、属地管理与条块负责相结合、信息汇集与分析研判相结合，全面收集信访信息；通过“风险评估”研判，坚持“关口前移、重心下移、预防为主、标本兼治”原则，对事关人民群众切身利益的重大决策、政策，涉及较多群众切身利益的大项目建设以及重要改革等事项实施过程中可能出现的稳定风险进行先期预测和评估，从源头上预防和减少信访问题发生。建立常态化预警报告机制，建立部门、单位每天2次不稳定信息报送制度，确保及时掌控不稳定因素，抓牢工作主动权。健全领导接访、包案机制，建立市级领导干部接待群众来访首接负责制，市级领导接访情况每天汇总、定期通报，全年14位市级领导干部参加公开接访活动282次，接待群众来访501起，化解375起；市级领导干部包案3次，包处案件127个，化解88个，一批突出矛盾纠纷妥善化解。健全信访工作责任制和责任追究机制，制定印发《关于进一步健全完善信访工作责任制的意见》《乳山市信访工作责任追究办法》，细化、压实工作责任，构建统一指挥、协调联动、齐抓共管的信访工作新格局。

信访化解活动　一是进京“非访”集中治理活动。纳入全市“社会管理规范年”范围，开展为期半年集中化解2013年以来发生的进京非访案件专项行动，化解省级挂牌督导案件1个、上级交办案件7个、信访积案23个，有效疏导“非访”隐患6个。乳山市成为威海市唯一完成“非访”治理任务的市区。二是“百日清仓”集中化解活动。开展2轮活动，集中化解和疏导中央巡视组转交案件、重复信访案件等一批信访积案第一轮化解各类信访案件51个，化解率72.9%，处于威海市各市区第一位；第二轮化解信访积案14个，50个案件得到有效稳控。三是依法逐级走访宣传活动。自7月开始，市、镇、村三级联动走访宣传，印制发放明白纸5万余份，电视台、报纸等媒体分别制作专题片、开辟专栏，解析和宣传依法逐级走访的相关规定，引导群众学法、守法，依法、有序、逐级表达诉求。全市去威海到省进京上访总量同比下降36%，是威海市唯一没有到省集体上访的市区。

信访工作创新　一是“集体会诊”化解信访积案。市联席办组织责任单位及社会人士，对62个市级领导包案案件进行集体会诊活动33次，市级包案领导参与25次，甄别群众诉求，评判责任单位处理程序和意见，凡存在合理诉求的，督促责任单位尽快解决；凡处理程序不规范、结果不当的，责成责任单位及时纠正；凡属于不合理诉求的，组织力量进行疏导解释、法制教育，力促化解。二是依法处置与媒体曝光相结合。对17名进京“非访”人员进行训诫、9名多次进京“非访”人员依法行政拘留，并通过新闻媒体曝光，起到震慑和警示作用。三是印发《乳山市信访工作考核办法》，调整完善信访工作通报内容和形式，突出总量考评、重复率、越级率、办理率和群众满意率等内容，促进基层履职尽责。

（苏美）

【党史市志工作】

《乳山年鉴（2014卷）》编纂　组织5名编辑参与编纂，改进编辑流程，注重总结交流，严把政治关、事实关等关口，提高编纂质量。8月，《乳山年鉴（2014卷）》出版发行。该书是乳山市党史市志办公室连续出版第16部年鉴，共设23个栏目，65万字，图片120张。

《市情博览——走进乳山》编写　6月，《市情博览——走进乳山》出版发行。全书设置乳山概况、长寿之乡、名贵物产、镇区域情、重点产业、名胜古迹等栏目，共计36万字，收录图片120张，对乳山市情进行全方位解读。

红色文化建设　在马石山红色文化基地建设中，配合民政部门做好革命历史馆、十勇士纪念馆的资料征集、场馆设计、审核等工作，提供党史资料4.8万字、历史照片110幅。在专题片《红色的爱》拍摄中，配合乳山市委宣传部、乳山电视台做好前期资料收集和照片筛选，并参与节目录制、审核，于“七一”前完成拍摄。

《乳山名人》充实整理　广泛收集充实乳山籍在外处级（部队为团职）以上，或教授以上职称、博士以上学历，或在经济、科教文卫、工商企业等社会各界有成就、有影响人士，经过认真整理后汇编《乳山名人》，为市领导了解在乳山市外工作的乳山籍知名人士情况提供参考。

（王浩）

【档案工作】

举办照片展　国庆节前夕，乳山市档案局在市文化中心举办“岁月印记·乳山这座城”大型专题照片展，庆祝65周年和乳山市档案馆建馆30周年。展览设立城市记忆、百姓生活、风俗民情、红色年代等专栏，展示乳山翻天覆地变化，发挥档案资料教育功能。

征集利用档案 全年接收全市各单位归档文件2111件、电子文件2394件，收集现行文件资料62件、重大活动照片5000张并整理归档。接待社会各界档案利用者936人次，查阅档案1240余卷次。

基层档案工作 对乳山市公路局等20家单位新进档案员进行业务培训，指导乳山市城乡规划管理局等20个单位档案室建设。与乳山市工贸资产经营公司协作，规范破产企业档案工作。

（李剑波）

【老干部工作】 至2014年年底，全市有离休干部347人，其中抗日战争时期113人，解放战争时期234人；享受厅局级待遇3人，县处级待遇82人；行政机关107人，事业单位126人，企业单位114人。

老干部工作转型 一是建立完善老干部志愿服务组织。8月1日，召开乳山市老干部志愿者协会成立暨首届会员大会，理顺组建老年体协、夕阳红老干部艺术团等5支志愿者队伍。山东省及威海市委老干部局领导出席会议并致辞，山东省委组织部副部长、老干部局局长厉彦林题词“枫叶情”。年内，为基层送演出和技术服务30次，常年开展带头健身、卫生管护、校园瞭望、送文化下乡等服务活动。二是创新社区“以老助老”服务模式。摸底排查社区离休、空巢、高龄和病残、失能、生活困难等老年人，鼓励老干部与需要帮助老年人结对，开展邻里守望、生活照顾、精神关爱、维权调解等服务。在试点下初镇基础上，在乳山寨镇、徐家镇推广。三是在威海市率先完成关心下一代工作委员会办公室隶属关系调整。由共青团乳山市委理顺到乳山市委老干部局，同时增设股级内设机构，增加行政编制1名，配置预算经费，1名副局长兼任主任。9月23日，开展实地调研指导。10月28日，威海市新一届关工委领导班子成员到乳山市调研，参观市青少年国防教育基地、第二实验小学“校企联防”等6个关爱下一代工作典型现场。

老干部待遇落实 一是政治上关心。坚持重大事项向老干部通报、重大决策请老干部参谋、重大活动让老干部参与。年初，召开全市老干部情况通报会；组织担任过县处级以上实职的老干部参加全市春节晚会等重大活动；开展“为改革献计献策，做改革坚强后盾”主题实践活动；围绕学习贯彻习近平总书记系列讲话精神，举办老干部党支部书记培训班，确保老干部思想常新；组织老干部代表参加全省离退休干部先进事迹巡回报告会；将夏村镇邵家村老党员邵本道先进事迹首次搬上舞台，创作编排情景诗报告《爱的绽放》，在威海市老干部艺术节上获表演类一等奖和最佳创作奖；分批组织县处级老干部和城区离休干部、全市老干部党支部书记和各镇老干部代表观摩全市经济社会发展情况；在离退休干部党员中开展党的群众路线教育实践活动，引导其践行群众路线宣讲员、优良传统示范员和社情民意联络员。二是生活上照顾。春节前，为全市离休干部发放慰问品，为城区老干部供应物资，组织走访慰问担任实职县处级以上老干部及居住在烟台、威海等地老干部，听取意见和要求；开展“即时关爱”活动，及时为困难老干部送去党组织关怀；为全市66名困难离休干部遗属发放10万元救助金；向市政府提出减免43家困难企业所属81名离休人员医保金意见，确保老干部医药费及时报销；“七一”前组织384名离休干部和41名实职县处级退休干部健康查体，对部分行动不便老干部组织医务人员上门体检；9月20日举办老干部养生保健指导讲座；继续开展“向老干部承诺、为老干部办事、让老干部满意”活动，全市93个单位向老干部承诺办实事307件次。三是精神上关怀。以老年大学和老干部活动中心为平台，综合运用文化引领、典型示范、活动凝聚等方式，促进离退休干部思想常新、健康长寿、安享晚年。举办第七届全市老干部门球联赛、老年大学师生运动会和市老年大学迎国庆文艺汇演、首届花鸟画临摹作品、庆祝建军87周年文艺晚会老年大学专场演出等。发动离退休干部参加威海市委老干部局组织的“我与群众两三事”征文活动，获一等奖3篇、二等奖6篇、三等奖10篇、优秀奖6篇，每个奖项均是各区市中数量最多；在威海市老干部艺术节上，文艺类节目获一等奖1个、二等奖2个、三等奖2个，书画类作品获一等奖2个，二等奖7个；在全省“贯彻十八大、畅谈新变

9月26日，中共山东省委组织部副部长、老干部局局长厉彦林（右二）到乳山市调研老干部工作 （市委老干部局提供）

化”主题征文活动中，获一等奖 1 名、三等奖 3 名、优秀奖 5 名，位居威海市榜首。

老年大学招生 回应老同志对市老年大学位置和专业设置等情况的咨询和关切，创新老年大学招生办法，除利用社区“小喇叭”发送招生短信、向各社区及滨海新区外地到乳山市定居群众派发招生广告外，还利用消夏晚会集中发放招生简章，年内老年大学招生人数增加 20%。

（戴瑛玉）

乳山市人民代表大会

【概况】 乳山市第十七届人民代表大会代表总额 245 名，至乳山市十七届人大四次会议召开时，实有代表 245 名。乳山市人民代表大会常务委员会下设办公室、人事代表工作室、内务司法工作委员会、财政经济工作委员会、农业和农村工作委员会、教科文卫工作委员会、城乡建设与环境资源保护工作委员会、民族宗教工作委员会。2014 年，乳山市人大常委会紧紧围绕市委中心工作和市人代会确定的目标任务，履行法定职责，为促进经济持续健康发展和社会全面进步做出贡献。

【十七届人大四次会议】 于 2015 年 2 月 13～15 日在乳山市中心会议室召开，221 名人大代表出席，出席市政协九届三次会议全体委员以及不是市人大代表的市委常委、政府副市长、市直部门、人民团体、驻乳单位主要负责人，各镇镇长，城区街道办事处主任列席。会议听取审议《政府工作报告》《人大常委会工作报告》《法院工作报告》和《检察院工作报告》，审议市人民政府关于《乳山市 2014 年国民经济和社会发展计划执行情况及 2015 年计划安排意见（草案）的报告》和《乳山市 2014 年财政预算执行情况和 2015 年财政预算（草案）的报告》。会议批准上述报告，并分别做出相应决议。会议认为，过去一年，在市委坚强领导下，全市上下认真贯彻落实中共十八大和十八届三中、四中全会精神，按照威海市委、市政府“三年突破乳山产业结构”要求，突出主题主线，直面矛盾风险，主动加压奋进，实现经济社会平稳健康发展。提出新的一年政府工作总体要求和目标任务，体现中共十八大和十八届三中、四中全会精神，符合乳山实际，切实可行。会议对市政府过去一年工作和新一年工作任务安排表示满意。会议号召，全市人民要在市委坚强领导下，正确认识新常态，主动适应新常态，积极引领新常态，以更加坚定的信心、更加高昂的斗志、更加饱满的热情，创新实干，开拓进取，为加快建设现代化幸福乳山而努力奋斗。会议补选孙英奇、赵培森、倪宏伟为市十七届人大常委会委员。会议期间收到建议、意见和批评 36 件，由人大常委会人事代表室分理后转交市政府及有关部门研究处理。

【人大常委会会议】

十七届人大常委会第二十次会议 于 2014 年 3 月 28 日举行。会议听取并审议市政府关于贯彻实施《中华人民共和国城乡规划法》和《中华人民共和国食品安全法》情况报告；通过市十七届人大常委会第二十次会议审议意见；决定有关人事任命。

十七届人大常委会第二十一次会议 于 2014 年 4 月 16 日举行。会议新任命人民陪审员 45 名。

十七届人大常委会第二十二次会议 于 2014 年 5 月 23 日举行。会议听取并审议市政府关于《中华人民共和国义务教育法》、《中华人民共和国环境保护法》贯彻实施情况报告以及市发展和改革局、市国土资源局、市城乡规划局、市环境保护局、市城乡建设局关于“行政审批流程再造”工作改进情况报告；通过市十七届人大常委会第二十二次会议审议意见。

十七届人大常委会第二十三次会议 于 2014 年 8 月 7 日举行。会议听取并审议市政府《关于 2014 年上半年国民经济和社会发展计划执行情况的报告》《关于 2014 年上半年财政收支预算执行情况的报告》《关于 2013 年度本级财政预算执行和其他财政收支审计情况的报告》和《关于办理代表建议、批评和意见情况的报告》；通过市十七届人大常委会第二十三次会议审议意见和有关部门落实市十七届人大常委会第二十次会议审议意见情况的审查意见。

十七届人大常委会第二十四次会议 于 2014 年 9 月 26 日举行。会议听取并审议市卫生和计划生育局、市人力资源和社会保障局、市地方税务局、市供电公司工作报告，对其工作进行评议；通过市十七届人大常委会第二十四次会议评议意见和有关部门落实市人大常委会第二十二次会议审议意见情况的审查意见；决定有关人事任免。

十七届人大常委会第二十五次会议 于 2014 年 11 月 28 日举行。会议听取并审议市政府《关于“六五”普法依法治理工作情况的报告》和《关于县级公立医院综合改革试点工作情况的报告》；通过市十七届人大常委会第二十五次会议审议意见；决定有关人事任免。

十七届人大常委会第二十六次会议 于 2015 年 2 月 10 日举行。会议审议通过《市人大常委会 2015 年工作要点》和市人大常委会提交乳山市第十七届人民代表大会第四次会议审议的《工作报告》；确定市十七届人大四次会议有关事宜；接受王祥芹辞去威海市第十六届人民代表大会代表职务的请求和郤占波、高明勇、鲁孝明辞去乳山市第十七届人民代表大会常务委员会委员职务的请求；确认补选市十七届人大代表的代表资格；通报市人大常委会领导班子党的群众路线教育实践活动整改落实情况。

【常委会主要工作】

工作监督 听取审议计划执行、

财政预算执行情况报告和审计工作报告，针对新形势和新问题，围绕提升产业层次、推进项目建设、加快科技创新、保障民生建设、强化审计监督等提出具体建议。听取审议城乡规划法贯彻实施情况的报告，视察城市化建设情况；组织委员实地视察生态养生农业示范园、现代苹果示范园生产经营情况，提出加快特色农业规模化发展等建设性意见。听取审议《中华人民共和国义务教育法》《中华人民共和国食品安全法》贯彻实施情况和公立医院综合改革情况的报告，推动相关部门落实，保障教育均衡发展、群众餐桌安全和身体健康；督导10大类80项便民利民实事落实情况，推动按时完成。

执法监督　对《中华人民共和国安全生产法》《中华人民共和国森林法》贯彻实施情况进行执法检查，有针对性地提出建议和意见20条，市政府相关部门认真办理这些建议和意见，进一步加强执法队伍建设，推进管理机制创新，开展专项检查，取得成效。听取审议《“六五”普法依法治理工作报告》，提出牢固树立法治理念，突出工作重点，创新工作方法，坚持依法执政、依法行政共同推进，加快法治政府、法治社会一体建设的审议意见。视察督导法院、检察院、公安局的工作，要求认真落实视察建议，提升队伍素质，创新工作机制，规范办案程序和执法行为，提高业务水平和办案质量，维护司法公正。

工作评议　针对发展和改革局、城乡建设局、城乡规划管理局、环境保护局、国土资源局5个部门审批流程征询人大代表意见324条，助推行政审批流程再造，市委、市政府主要领导分别作出办理批示，5个部门有针对性地改进行政审批流程，优化经济发展软环境。组织193名人大代表对卫生和计划生育局、人力资源和社会保障局、地方税务局、供电公司4个部门的工作进行综合评价，提出意见建议226条，推动其转变作风、改进工作。

代表工作　邀请山东大学法学教授为150名人大代表授课，提升代表综合素质和履职能力。定期走访代表，通报全市经济社会发展情况，并定期为代表发放人大报刊及常委会会刊。重视人大代表活动小组建设，全年各代表小组组织调查、视察、观摩活动30次。开展代表联系服务身边群众活动，244名市级人大代表主动联系服务身边群众2600户。将代表提出的45件意见建议转交市政府办理，市委主要领导对建议办理时限、质量及答复工作提出要求，市政府认真研究，及时分解落实，教育卫生、农业农村、社会管理等方面建议办理取得成效。在媒体开设《代表风采》专栏，集中宣传报道8名优秀代表履行职务先进事迹。坚持年度评价制度，通报表扬工作突出的优秀小组、优秀代表和代表工作先进个人，激发代表主体活力和履职热情。

自身建设　强化中心大局观念，带头落实市委意图和决策部署，坚持党管干部和人大依法任免有机统一，依法任免国家机关工作人员25名。转变工作作风，全年深入基层调研12次，形成书面调查、视察报告9篇。修改完善廉政、考勤、联系群众等工作制度9项，使常委会工作进一步制度化、规范化。

（高书鹏　刘宝龙）

乳山市人民政府

【概况】　2014年，乳山市认真贯彻落实中共十八届三中、四中全会精神，按照威海市委、市政府“三年突破乳山产业结构”要求，突出主题主线，主动加压奋进，全市经济社会保持平稳健康发展，在全省县域科学发展综合排名中跃居前30名。全年完成地区生产总值441.59亿元，增长9.7%；固定资产投资421.9亿元，增长15%；公共财政预算收入27.66亿元，增长13%。

实施转型升级。坚持产业强市、工业带动，积极培育装备制造、绿色食品、生物科技、节能环保、新材料、新能源六大百亿产业集群，着力打造经济开发区、滨海新区两大千亿级产业聚集区，规模以上工业增加值增长11.8%，工业用电量增长6.3%，工业“两税”收入增长15.7%，高新技术产业产值占比提高1个百分点。深化农产品质量安全管理，新增可追溯农产品基地8处，无公害农产品、绿色食品、有机农产品和农产品地理标志24个，新建、改扩建现代农业示范园102处，创建全国基层水产技术推广示范站和省级现代渔业示范区各1处，获“全国平安农机示范县”称号。推进旅游资源一体化改革，新增AAA级景区1个、省级农业旅游示范点4个、旅游特色村4个，银滩～大乳山海岸被评为“齐鲁美丽海岸”，银滩旅游度假区被评为全省首批20个“仙境海岸度假综合体产品”。跻身“全国文化先进市”，大乳山滨海旅游度假区获批省级文化产业园区。加快养生养老产业发展，引进建设乳山市老年人养护中心，打造一批高端养生养老示范社区，东方国际养生园被授予“全国智能化养老实验基地”称号，乳山市发展健康养生产业做法得到山东省政府主要领导批示并在全省推广。培育电商经济，新建金谷之园电商产业园、智创电子商务基地等专业电商园区，进驻电商业户70家，乳山市被评为“全省首批信息消费试点市”。

加强与外合作。树立“以发展论英雄，以项目比高低”的理念，转变招商思路，压实招商责任，优化园区布局，举全市之力抓招商，聚全部要素促项目。累计组织外出招商活动1421人次，引进项目107个，开工投资3000万元以上项目59个，其中，过亿元项目29个，新投产项目27个。实施企业与外合作项目19个，带动77家企业完成技改财务支出28.5亿元，培育一批新工业经济增长点。报批各类项目317个，争取无偿资金7.1亿元，其中，获批蓝区项目数量和无偿资金总量居威海各区市首位。

推进市域一体。调整完善经济主

体功能区，将全市划分为优化开发、重点开发和限制开发三种类型，将镇区确定为产城融合型、生态农业型、工业辅助型三个重点，实行差异化引导、考核、扶持，促进区域统筹协调发展。突出精品城市建设，实施总投资6.4亿元59项城建重点工程，启动“智慧乳山”建设，提升智慧交通、智慧管线、智慧安控、智慧社会管理、智慧应急管理等平台，提高城市精细化管理水平。推进滨海新区开发，投资11.7亿元实施道路桥涵、园林绿化、供水供气、生态修复等6大类重点工程，为新区大开发、大突破夯实基础。新增城市社区12个，实施农村新型社区规范化建设50个，实现医疗卫生、农资经营、休闲娱乐等服务全覆盖。

加大民生投入。年度投资25亿元，涵盖10大类、80项具体内容的便民利民实事工程全部完成，一批与群众生产生活息息相关的实际问题得到解决。开通市民热线，实现“一个号码对外、一个中心受理、全天候服务”；启动民情网，建立群众诉求分办落实和督导考核机制，按要求答复处理群众反映的诉求3.8万个，群众满意率99.04%。采取市场化运作模式，实施城市公交基础设施改造升级工程，创建“全省城乡公交一体化示范县”。推进公立医院改革，在全国率先实现县域数字化预防接种门诊全覆盖，乳山市人民医院成为全省首批跻身三级乙等综合医院的3家县级公立医院之一。开展海岸带综合整治、露天烧烤治理、矿产资源规范管理、农村公共资源发包管理、城市交通拥堵治理等27项“社会管理规范年”活动，其中，12项取得阶段性成果。

深化改革创新。启动经济体制、文化体制等六大领域改革，实施“三公”经费公开、农村“三项”改革等省级改革试点，累计推进改革事项144项。深化财政金融协同创新，推动“奖改投”，达成3支产业基金和投资机构组建协议，新引进融资担保、资产管理公司2家，新增银行、小贷、保险机构4家，新设民间资本公司6家、金融仓储公司1家，7家企业启动挂牌工作，其中，3家完成挂牌，大乳山成功发行1.1亿元中小企业私募债。组建威海正洋海洋生物技术产业研究院，新增高新技术企业3家、省级创新平台3家，签订产学研合作协议53项；开工建设科技孵化器3家，其中，威海智创科技孵化器投入使用，入孵企业14家，乳山市获“山东省科学城市”称号。

优化发展环境。突出问题导向，聚焦“四风”表现，开展群众路线教育实践活动，全市112个单位共查找“四风”问题9860条，对确定的42项重点整治任务全部建立整改台账，实行销号管理，解决一大批民生诉求。开展“机关改革创新年”活动，实施目标承诺、亮点培育、问题导向整改等活动，14名市级领导和132名单位主要负责人员在新闻媒体公开承诺，127个单位共查找问题420项。实施建设工程项目审批流程模块化再造和审批权相对集中改革，精简压缩行政审批事项81项，审批时限压缩一半以上；建成市民服务中心，打造政务服务、企业服务、市民服务、群众工作、社会治理“五位一体”综合服务平台，让群众“进一家门、办所有事”，进驻审批服务单位46家，进驻事项255项，占全市审批服务事项的98.8%。严格落实中央八项规定精神，强化“庸懒散”行为整治，问责处理73人，“三公”经费支出压缩14.3%，取消合并检查考核和评比表彰活动35项。自觉接受人大法律监督、政协民主监督和群众社会监督，办理人大代表建议和政协委员提案84件，办复率100%。推进“六五”普法活动，跻身第二批“全省法治创建先进县”行列。加强安全生产管理，开展“平安行·你我他”行动。实施信访积案“百日清仓”活动，积案化解率在威海各区市最高。此外，民族宗教、妇女儿童、外事侨务、史志档案、气象防震、人民防空、双拥共建、老龄残疾人等各项社会事业也取得长足发展。

（张佰洋）

【重要会议】

市长办公会议

1月14日，市长隋建波2014年主持召开市长办公会议，听取并研究《乳山市城区露天烧烤规范整治工作实施方案》和《2013年度鼓励经济发展政策兑现意见》。

1月28日，市长隋建波主持召开市长办公会议，听取并研究《智慧乳山规划建设方案》《政府工作报告》《2014年度扶持和鼓励经济发展的若干政策修订意见》《市民服务中心筹建工作进展情况汇报》《关于进一步加强物业管理服务工作的意见》。

2月5日，市长隋建波主持召开市长办公会议，研究调整市政府领导成员工作分工，并就加强政府班子建设提出新要求。

3月1日，市长隋建波主持召开市长办公会议，听取并研究《2014年五大产业重点工作安排意见》《关于支持社会主义新农村建设的若干政策修订意见》《2014年全市农村环境综合整治工作实施意见》《乳山市部分重点企业名单安排意见》和有关工作人员任免事宜。

3月25日，市长隋建波主持召开市长办公会议，听取并研究《社会管理规范年活动配套实施方案》《关于统筹推进智慧乳山建设的实施意见》《关于参与中韩地方经济合作示范区建设的意见》《关于城区违规燃煤小锅炉专项整治工作方案》《2014年度廉租住房货币补贴实施意见》《关于加强工业企业融资担保扶持的意见》和有关工作人员任免事宜。

4月14日，市长隋建波主持召开市长办公会议，听取并研究《关于规范城市基础设施配套费征缴的意见》《关于进一步加强城市广场使用管理的意见》《关于开展城乡建设用地增减挂钩和工矿废弃地复垦调整利用工作的意见》《关于规范矿产资源开采管理的实施方案》《关于强化石材开采综合整治建立有序退出机制的意见》《关于提高乡镇机关事业单位工作人员津贴补贴的意见》《关于进一步鼓励创业促进就业的意见》，听取地震应急工作情况和城乡环卫一体化农村群众满意度电话调查通报整改情况汇报。

5月16日，市长隋建波主持召开市长办公会议，听取并研究乳山市城市地下管线管理办法、关于加快电子商务产业发展的意见、乳山市机关事业单位差旅费管理办法、乳山市机关事业单位培训费管理办法、乳山市机关事业单位外宾接待经费管理办法，听取全市安全生产工作情况汇报。

7月1日，市长隋建波主持召开市长办公会议，听取并研究《"食安乳山"品牌引领行动方案》《乳山市市区烟花爆竹燃放管理规定》《乳山市建设工程项目模块化审批流程试行方案》《市级行政审批和监督服务事项目录》，听取市民服务中心筹建工作进展情况汇报。

7月29日，市长隋建波主持召开市长办公会议，听取并研究《关于加强城乡生活垃圾一体化管理工作的补充意见》和《关于给予有关领导干部行政处分的意见》，听取国土资源综合审计、2014年建设用地指标有关情况汇报。

8月21日和29日，市长隋建波主持召开市长办公会议，听取并研究《关于推行公交卡乘车的实施意见》《关于规范调整乳山市机动车停放服务收费标准等事项的意见》和《2014年科技创新合作扶持基金使用意见》。

9月29日，市长隋建波主持召开市长办公会议，听取并研究《关于进一步加强安全生产考核工作的实施办法》和《乳山市"十三五"规划编制工作实施方案》。

11月17日，市长隋建波主持召开市长办公会议，听取并研究《2015年度拟实施便民利民实事安排意见》《2015年城建重点工程实施计划》《关于向农村原民办教师发放教龄补助有关情况》《关于进一步加强政府投资项目管理的意见》《政府向社会力量购买服务实施办法》和《市政府党组理论中心组学习制度》。

（于志伟）

【10类80项便民利民实事全部得到落实】

健康乳山建设工程 投资2339万元，实施国家基本药物制度改革，在全市所有医疗机构及镇村一体化管理的村卫生室实行"零差价"销售，同时统筹推进县级公立医院改革。深化慢性病综合防治工作，累计随访慢性病患者152687人次，持续改善群众身心健康。启动6个镇乙肝病毒感染者复查和分类随访工作，并完成易感染者3针次乙肝疫苗接种任务。在乳山市中医院建设ICU病房，并为乳山市人民医院、乳山市中医院各配备车载呼吸机一台，提升危重病人抢救能力。实施全市预婚青年免费婚前查体，提高出生人口素质，全年完成2800对。数字化改造夏村镇、大孤山镇、乳山口镇、徐家镇、育黎镇5处镇卫生院预防接种门诊。在城乡免费开展居民健康档案、慢性病管理等11大类基本公共卫生服务项目。完成1万名农村妇女"两癌"(宫颈癌、乳腺癌)筛查。继续做好城乡居民医疗保险工作，扩大保障覆盖面。实施"阳光厨房"工程，改造餐饮单位36家。

社会保障救助工程 实施残疾人救助保障活动，救助符合条件的残疾儿童、贫困精神病患者、重度残疾人及贫困白内障患者。扩大城乡居民养老保险覆盖面，进一步提高保障水平。完成企业职工能力提升培训、失业职工和农村劳动力技能提升和创业培训5250人次。救助困难职工730人。发放计划生育奖励扶助、计划生育困难家庭特别扶助等6项奖励补贴共计2814万元。实施"阳光培育"工程，推动人口素质提升项目向纵深方向发展。发放10046万元开展"五保"供养、城乡低保、孤残儿童保障、优待抚恤、应急救灾等多种社会救助活动。

安居工程 实施农村居住工程，新建农村安居住户2000户、回迁1000户，改造危房300户。实施供暖设施改造工程，热力集团增加热电厂供热能力，改造部分老旧管网，华地热力公司、银滩热力公司分别改造建设热源、部分供暖管网。实施供气设施改造工程，银滩燃气公司建成银滩门站，并在银滩敷设燃气管线15公里；北京燃气乳山分公司新建加气站1座，敷设燃气管线10公里，改造4个老旧小区共计3000户天然气管网。实施经济适用住房和廉租住房货币补贴，货币补贴城市低收入家庭200户，改建公租房15套。

教育设施建设工程 实施教育信息化建设，投资1000万元重点完成中小学计算机、多媒体补充更新及录播教室建设工程。投资6000万元完成冯家、南黄初中实验楼新建、下初初中旧楼改造、乳山寨初中附属工程建设，建设西苑学校二期工程，建设金岭中学、二实小、乳山口初中、白沙滩镇初中、西苑学校、海阳所学校6所学校塑胶运动场地，更新升降式学生课桌凳1万套。改善体校教育教学设施设备。建设威海艺术学校美术设计与制作实训楼。投资5000万元对马石山红色教育基地进行修缮改陈。

新农村建设工程 投资600万元在近海进行对虾、海蜇、梭子蟹等水产苗种增殖放流3.5亿尾(只)；完成中心渔港现有码头地坪整修1.2万平方米；对养殖、捕捞渔民进行生产技术和安全知识培训3000人次。在4个镇实施生态造林592公顷，完成12个林场森林抚育，并抚育以往造林。投资2000万元实施全国新增千亿斤粮食产能规划乳山市田间工程建设项目。投资100万元为专业化组织配备植保病虫害防控机械。建设现代苹果栽培示范园4处，改造郁闭园1处。完善农产品质量安全管理体系，加强产品质量抽样检测，完成定性检测(速测)样品2.5万个，定量检测样品1015个。投资860万元定额补贴农户购买农机。依托农业科技企业，申报实施多个科技成果推广项目，为相关单位落实上级扶持资金200万元。投资1394万元在白沙滩镇建设高标准农田667公顷。投资3385万元在徐家、大孤山、白沙滩镇建

设旱涝保收高标准农田 1.6 万公顷。投资 1500 万元实施乳山河入海口东岸至大乳山北侧防潮堤一期工程。在大孤山镇新建水厂 1 座，解决 22 个村、1.65 万人吃水问题。完成 3 个移民整体推进村及 15 个库区村水利设施配套和村内道路硬化等建设工程。投资 360 万元完善城乡垃圾一体化处理机制。结合新农村环境整治，投资 7613.6 万元实施涵盖卫生、救助、文化、科技等方面的一系列惠民工程。

便民服务设施建设工程　规划建设含博物馆、美术馆、文化广电新闻出版局办公区于一体、面积 1 万平方米的文博中心。建设政务服务、企业服务、市民服务、群众工作、社会治理“五位一体”的市民服务中心。投资 2000 万元建设、装修乳山市养护中心主体工程。投资 358.6 万元为安监、消防、林业部门配备各类应急器材及车辆。投资 150 万元建设乳山市民热线和民情网两大平台。投资 546 万元在银金大道、胜利街、世纪大道等主干道路中心设置隔离护栏。建设公共安全应急指挥中心业务技术用房及应急指挥系统；推行“平安乳山”公共安全视频监控全覆盖，实施一期工程，完成城区重点部位和场所监控探头安装。投资 35 万元改造龙山社区、府前社区。投资 10 万元建立科技业务服务平台，开通网上“科技超市”；在市区设立一处流动科技馆巡展厅。投资 20 万元扩建小候家集市。开展电动自行车实名登记服务，全年完成登记 8.6 万人次。

交通公路建设工程　投资 5000 万元改造冯乳线、神铁线、河夏线、夏乳线等县乡公路 21 公里，投资 300 万元在城区建设公交场站 2 处，投资 4800 万元整修 S202 省道乳山寨至海阳交界段路基小桥涵、路面，投资 2000 万元实施滨海路路基小桥涵工程，投资 2000 万元改造荣兰线段家大桥、仇家洼等 4 座桥梁。

基础设施建设工程　配套改造输变电设施，投资 1538 万元实施 110 千伏车道至下初输电工程，投资 3683 万元实施电网设备大修技改项目，投资 1245 万元实施 110 千伏东凿站、新港站 35 千伏配出工程，投资 7723 万元实施中低压农网改造升级项目，投资 1170 万元实施智能表推广应用和配套低压计量表箱改造工程。改建滨海新区内基础设施，整平钟山路、莲花山路及长江路两侧绿化带，洞庭湖路、环湖路、台湾路、武夷山路实施亮化改造、敷设电缆等工程，银金大道红枫湖路至崂山路安装球墨主管道 3800 米。沿海岸线自海阳所至洋村口桥拆除临时建筑物、构筑物，建设海岸带整治安置点，并修复已整治海岸带。完成经济开发区内刁堆河道护坡、院前村北河道疏浚、南唐家振华食品东道路拓宽、河道砌筑。在唐山路、松山路北段等道路、广场安装路灯，更换世纪大道路灯灯头、新华街庭院灯，湛江路、广州路等处安装路灯箱式变压器，城区工业园实施亮化。建设金牛山公园三期、金硝岭公园，升级改造河滨公园，实施育才街绿化、城市行道树栽植、城区绿化空地补植、草花摆放等工程。

城市道路建设工程　建设金硝岭市场南路、耿家河路西段。硬化改造或整修绿化深圳路、滨河南路、开发街、世纪大道北段、广州路东段、北环路东段道等，开展城区部分桥梁重建、公交停车港湾、过街天桥等工程，实施经济开发区内部分道路硬化、整修，建设三亚路、城南滨河路西段路基，硬化康择社区北路，改造海峰街、创业一路、择村通垃圾场路面等道路，硬化、绿化、亮化创业二路。实施滨海新区昆仑山路、环湖北路、太行山西路、联想路、海湾北路东段、能源路、能源路南拓、黄海路、昌盛路、寺山街道、黄浦江路与下河口桥等道路建设、硬化、改造工程。

环保节能建设工程　在城区、银滩、大乳山等重点区位安装噪声监测实时显示系统 10 处，在东方广场、母爱广场安装大气质量实时监测显示系统。铺设、疏通宁波路、营口路、大连路排水管网，实施市区至银滩输水主管网建设、城市工业污水处理厂升级改造、城市雨污分流建设、两河污水主管网清淤疏通整修、商业街老给水管网改造、城市供水主管网全面冲刷清洗等工程，建设银滩一、二污水处理厂区、管网建设等基础性工程。建设龙角山水库上游人工湿地，在水库西支、北支入口各建滞留塘一处，在河两岸植草绿化工程。新建动物无害化处理中心厂房，购置病死家畜无害化处理线、家禽无害化处理线及运输车辆。

（姜志强）

【政府办公室工作】　2014 年，乳山市政府办公室围绕市委、市政府中心工作，全体工作人员参与政务、办理事务、搞好服务，整体工作取得新突破。

文字参谋工作　定期组织学习，提升秘书班子文字水平，全年拟写领导讲话材料 160 篇、各类汇报材料 120 篇、会议纪要 12 期、会议纪录 14 期，下发各类文件 400 件，审阅各类稿件 800 篇。按照突出现实性、深刻性、指导性要求，深入基层调查研究，发掘有情况、有分析、有建议的信息，全年编印《政务信息》20 期，在威海市以上政府部门和刊物发表外宣调研文章 20 篇，威海市以上政务信息得分 471 分。围绕市政府中心工作，拓展调研领域，畅通信息渠道，提交高质量调研报告 10 篇，为领导科学决策提供依据。

应急处置和信息公开　突出抓好应急预案演练、应急网络构建、应急队伍建设、应急知识宣传，完善应急联动、示范带动、信息报告等机制，提高应急处置能力。围绕全市中心工作，针对公众关切，主动、及时、全面、准确地发布权威政府信息，增进公众对政府工作的了解和支持。

大项目建设推进　进一步完善项目集中评审、合同审查、调度通报、动态考核、履约验收等工作机制，抓住项目推进关键环节，周调度月通报，提高大项目网格化管理效能。全年组织集中评审项目 11 个，备案项目 29 个，拟定扶持政策和履约验收项目 9 个。

政务督查　坚持规范督查、重点

督查、全面督查、高效督查"四个督查"相结合，紧抓热点难点问题，保证实效。围绕区域发展和政府决策落实加大督查力度，重点督办全市经济工作会议、市长办公会议、市政府专题会议等重要会议确定事项贯彻落实情况，以及市政府出台的重要规范性文件执行情况，突出抓好市政府公开承诺的10类80项便民利民实事、重点项目及政府重点经济工作专项督查，明确办理时限，通过书面、电话、实地等形式强化跟踪督办力度，确保重点工作和重点事项完成，做到市政府部署工作"事事有答复、件件有回音"。全年开展专项督查30次，编发《政务督查》5期，累计督办领导批示件和政府决策事项1500项。同时，按要求办结省长及威海市长信箱办公室等部门转办群众来信200件，办理各级领导批示件1500件。

政府法制工作　全年审核印发《关于规范城市基础设施配套征缴的意见》《转发市城市管理行政执法局等部门关于进一步加强城市广场使用管理的意见的通知》等规范性文件8件。具体工作中，把好法律政策关，强化调查研究，将法律法规、上级政策规定与本地具体实际相结合，注意借鉴周边地区做法，使文件可操作性增强，质量和效能提高。加大行政复议法规宣传，细化立案受理、审查决定、档案管理等流程，创新审理模式，保证复议决定权威性、公正性。全年受理行政复议案件12件，涉及违章建筑拆除、道路交通违章、政府信息公开和海域使用权限等方面，均按程序结案。注重加强协调，强化督查，严格把关，提高代表建议和委员提案产办理水平，全年办理人大代表建议、批评和意见35件、政协委员提案49件，按期办复率100%。

（于志伟　宋志鹏　高德兴）

【外事工作】 根据各级加强因公出国管理规定，严格控制出国（境）团组数量，严格把关出国审批、护照办理、签证等环节，全年办理机关因公出国(境)团组5个、19人次。为企业负责人申办商务旅行卡2个，办理企业赴香港团组1个、1人次，随团团组1个、1人次。4月，与友好城市韩国河南市开展的为期一年的公务员交流工作完成。通过交流，提升两市友谊，增进国际友人对乳山市的了解。

（姜卓琳）

【侨务工作】

联谊关爱　通过贺年卡、电子邮箱、电话联系等形式，保持与海外重点侨胞紧密联系。完善由高科技人才和重点侨商组成的海外重点侨胞档案库，随侨情变化及时更新。春节、端午节、中秋节期间，走访慰问20名重点侨胞国内亲属和困难归侨侨眷。市侨办（联）机关干部分包归侨，定人定期逐一走访联系。成立一支由归侨侨眷、侨眷企业代表组成的志愿者队伍，全年组织志愿者走访慰问困难归侨侨眷活动30人次。筛选10名特困归侨侨眷进行救助，每人救助1000元。为全市男年满60周岁、女年满50周岁且无退休金的归侨发放生活困难补助，每人1800元。开展"创业乳山·富侨行动"活动，引导归侨侨眷自主创业、扩大就业，为1名侨眷办理10万元无息贷款手续。组织8家侨资企业互访，促进企业间交流合作。

招商引资　开展归侨侨眷"为乳山引资引智献计献策"活动，通过召开座谈会、发布倡议书，征集有价值信息5条。做好项目引进跟踪服务，加大对威海潮森建材公司服务力度，继续跟进威海市泰亨电机有限公司后续投资，对接设备购置、项目开业及扩建等事宜。跟踪有投资意向项目，推进红塔创投股份有限公司与正洋公司股权合作事宜。赴长沙、西安、济南、烟台等地开展招商活动，寻求招商合作信息。开展"侨商看乳山"活动，邀请4批15人次到乳山市考察。筛选50家全国知名侨资企业和10个海外有影响力的社团组织编印成册，为市领导和各镇区、产业招商部门提供资料。

创建宣传　通过印发宣传材料、制作宣传刊版等形式，宣传侨法知识，增强市民爱侨、护侨、为侨服务意识。"八一"前夕，组织侨界志愿者和部分侨资企业负责人深入军营开展侨法宣传。9月份侨法宣传月期间，开展侨法进社区活动。夏西侨务社区争创为全国社区侨务工作示范单位；依托富大社区新创建侨务示范社区1处。引导侨界群众参与社区环境整治、治安防范、关心下一代、邻里互助、慈善募捐等活动。在周郁文侨心小学开展"侨心杯"争做环保小卫士活动，引导学生爱护环境。

（姜新）

5月30日，乳山市侨界为引资引智献计策暨侨资企业观摩座谈会在佰德信公司举行　（侨办提供）

【机关事务管理与服务】

公共机构节能管理 2014年全国节能宣传周期间，开展“携手节能低碳，共建碧水蓝天”主题宣传活动和能源紧缺体验活动，协调电信部门连续7天发送节能公益短信1万条。投资55万元，维修机关办公区各办公楼消防设施及水电暖设施，更换节水型水龙头120个、节能感应开关65个、节能灯具460个。推荐乳山市中医院参加威海市级公共机构节能示范单位创建活动。

公务车辆管理 完善过户、顶账、处置未办手续及违规处置公务车辆档案。联合有关部门集中拍卖处置6辆超标车辆。协调公安局车辆管理部门建立联合审核机制，全年办理公务用车注册、转移手续34个，审批新购车辆2辆、报废9辆、过户23辆，新增车辆编制3个、核定19个。

机关财务管理 根据党政机关厉行节约反对浪费条例，加强代账机关单位行政经费预算管理和执行监督。做好大学生村官、遗属补助发放及外借款清欠回收工作。强化“三公”经费支出管理，严格落实国内公务接待公函、接待清单、差旅审批制度，全年退回不合规票据13笔，限期内全部整改完毕。严格办公用品采购管理，对机关办公用品超市常备的日常办公用品，由各单位报账员统一领用；确需外出采购的，须在正规发票后附办公用品采购明细，由主要负责人、经办人签字并加盖单位公章后予以报销。健全办公用品入库、发放、领用制度，集中统一采购、统一发放市直机关办公用品，每半年盘点1次，降低采购成本。

机关国有资产管理 清查党政机关、事业单位占有和使用资产，特别是房屋及建筑物、土地、车辆、设备和办公家具等固定资产，新增、报废固定资产按照程序及时登记入账。加强经营性房产监督、管理，规范租赁合同，保证国有资产保值、增值。

机关办公用房规范管理 抓好机关办公用房面积超标整治工作，与乳山市纪委联合实地督导检查20家机关事业单位领导干部办公用房情况，腾退办公用房1.1万平方米。调查摸底全市(医院、学校除外)90个市直机关事业单位及部分驻乳单位房产资源情况，健全房产档案。据统计，市直机关事业单位有房产71处，共计97幢，总建筑面积254391平方米，办公用房建筑面积137353平方米，使用面积96147平方米。规范机关房产出租出借管理，据统计，全市27个部门、单位出租出借房产154处，总建筑面积87305平方米，使用面积61927平方米。

机关办公区、生活区管理 加大硬件设施改造力度，改造机关办公楼卫生间，维修中心会议室前广场路面。抓好绿化苗木的日常管理，更新换代老化品种，补栽、补植树木、草坪，提高绿地覆盖率和绿化档次。经常检查水电、消防，消除隐患。发挥机关警务室安全保卫作用，加强机关办公区车辆进出及停放管理，做好日常巡查。

机关事业单位编外聘用人员管理 建立劳务派遣人员花名册及社会保险金缴纳明细台账，实行动态管理。办理新招聘人员入职手续27人次，辞职和辞退手续24人次，为21名干部身份派遣人员办理档案代理手续。补缴1～5月机关事业单位编外聘用人员社会保险金基数上调差额。1～10月，为366名机关事业单位编外聘用人员缴纳社会保险金348万元。

机关服务保障 做好重大会议、活动服务保障工作，做好会前准备、会中服务和会后清场，推行“星级服务”，全年完成市直机关日常会议服务198场次。监督机关食堂经营者，定期督导检查，严把原料采购、贮存、加工关，保证食品原材料质量安全。改革餐费补贴方式，杜绝餐卡外借及持多卡消费现象。做好市民服务中心食堂经营管理工作。指导机关幼儿园按照省级示范园标准创新办园理念，加强安保，强化幼儿饮食管理，促进家园共育，实现质量提升。

（姜琳）

政协乳山市委员会

【概况】 中国人民政府协商会议乳山市委员会第九届委员会于2012年2月换届产生。至2014年年底，有委员222名，常委32名。政协乳山市九届委员会下设办公室、委员活动工作室2个办事机构及三胞联谊委员会、经济委员会、科教文史委员会、提案法制委员会4个专门委员会。2014年，政协乳山市委员会围绕全市工作大局，履行政治协商、民主监督、参政议政职能，为建设幸福乳山做出贡献。

【政协第九届乳山市委员会第四次会议】

于2015年2月13～15日在乳山市中心会议室举行。会议审议通过乳山市政协主席兰胜强所作的政协第九届乳山市委员会常务委员会工作报告，审议通过政协第九届乳山市委员会常务委员会关于提案工作情况的报告(书面)，列席乳山市第十七届人民代表大会第四次会议，补选王祥芹为九届乳山市政协主席，增补邵春光、栾法龙、傅利为九届乳山市政协常务委员会委员，审议通过政协第九届乳山市委员会第四次会议决议。

【政协常务委员会会议】

九届十二次常委会议 于3月26日举行。会议听取乳山市安全生产监督管理局关于全市安全生产工作情况汇报，听取乳山市农业局关于全市农产品质量安全管理工作情况汇报，听取乳山市公安局关于全市社会治安管理工作情况汇报。

九届十三次常委会议 于7月4日举行。会议听取乳山市经济和信息化局关于全市工业经济运行情况汇报，听取乳山市商务局关于全市商务工作情况汇报，听取乳山市文化广电新闻出版局关于全市文化产业发展情况汇报。

九届十四次常委会议 于10月

16日举行。会议听取市政府关于市政协九届三次会议以来委员提案办理情况的通报，审议通过《乳山市政协提案工作条例》，听取乳山市经济合作局关于全市国内招商引资情况汇报，听取乳山市食品药品监督管理局关于全市食品药品安全监管工作情况汇报。

九届十五次常委会议　于2015年2月10日举行。会议审议通过关于召开市政协九届四次会议的决定；审议通过市政协九届四次会议议程（草案）和日程；讨论修改常委会工作报告，并推举报告人；讨论修改提案工作报告；协商通过不再担任委员和增补委员名单；审议通过市政协九届四次会议常务委员轮值名单；审议通过市政协九届四次会议秘书长、副秘书长名单；审议通过市政协九届四次会议小组划分和各组召集人名单。

九届十六次常委会议　于2015年2月14日举行。会议听取市委领导作的有关人事说明，审议通过有关人员辞职的申请，通过补选九届市政协主席、常务委员协商名单，审议通过大会选举办法(草案)，审议通过总监票人、监票人名单(草案)。

九届十七次常委会议　于2015年2月15日举行。会议听取大会秘书处关于市政协常委会工作报告、提案工作报告、大会决议(草案)和政府工作报告讨论情况汇报；听取大会秘书处关于有关人员辞职申请的审议情况；听取大会秘书处关于补选九届市政协主席、常务委员候选人协商名单，选举办法(草案)，总监票人、监票人名单(草案)讨论情况汇报，确定正式候选人；审议通过市政协九届四次会议决议(草案)；听取市政协提案委员会关于提案审查情况的汇报。

【政协常委会主要工作】

协商议政和民主监督　全年召开全委会议1次、常委会议6次、议政会议1次、主席会议8次。九届三次会议期间，组织委员通过小组讨论、提交提案等形式，就政府工作报告和其他有关报告开展协商，围绕转型升级、招商引资、教育文化、医疗卫生、社会保障等民生大计问题提出建设性意见建议，为市委、市政府决策提供参考。召开常委会议议政3次，其中九届十二次常委会议围绕安全生产、农产品质量安全管理、社会治安管理等工作，九届十三次常委会议围绕经济运行和文化产业发展等工作，九届十四次常委会议围绕招商引资和食品药品安全监管等工作，听取相关部门工作汇报，提出有价值意见和建议20条。9月召开政协委员议政会议，市领导高书良、隋建波、毕兴全以及19名市直相关部门主要负责人应邀参会。12名委员分别就企业转型升级、老企业扶持、食品安全、慢性病防治、劳动就业、土地流转、物业管理等中心和热点工作议政建言。市委书记高书良对委员议政发言给予高度评价，要求有关部门按期办理和答复，逐项制定落实意见，限时督办推进，及时反馈通报，确保委员意见和建议事事有回应、件件有落实。围绕企业科技创新、义务教育均衡发展、住房保障和房产物业管理、环境保护、农村社区养老、海岸带综合整治和露天烧烤规范管理、城乡社会保障并轨、城市供暖等方面开展专题视察活动8次，提出具体意见建议。

提案工作　通过公开征集提案线索、精心准备提案参考题目、加强重要提案办理协商等措施，激发政协委员和政协各参加单位运用提案履行职责积极性，提高提案质量。研究出台乳山市政协提案工作条例，提请市委以“两办”名义联合下发，规范提案征集、审查立案、协商交办、答复反馈、督办检查等工作，推动提案工作制度化、规范化、程序化建设。九届三次会议以来，共收到提案75件，立案49件，其中，公路、交通方面14件，市政管理方面13件，文教卫生方面6件，社会保障方面3件，水利、海渔、土地、旅游方面8件，工商、药监、质监方面5件，所有提案在8月底办理答复完毕，办复率100%，采纳率96%，采纳并解决45件，推动流动商贩管理、农村饮水安全、小区物业管理、市民交通出行等群众普遍关注问题解决。

委员活动　10月，开展“界别活动月”，发动27个界别活动组走乡村、入社区、进企业，听取群众呼声，回应百姓关切，开展服务活动18场次，走访企业42家，召开小型座谈会21次，向企业提出合理化建议57条，反映社情民意信息85条，慰问困难群众45人次。做好“仁爱乳山”城市品牌创树工作，召开仁爱乳山专题座谈会，政协委员充分讨论、踊跃建言。开展政协委员联系服务身边群众活动，联系群众3000户，形成联系群众工作网络，实现联系一个界别、团结一片群众的带动效果。开展爱心助学“微公益”等系列主题实践活动，全年捐款捐物53万元，资助贫困学生193名，帮助困难群众173名，为群众办实事好事200件，洽谈、引进项目34个，企业家委员新建扩建项目7个。聘请特邀社情民意信息员20名，在各界别组和乡镇政协工作室设立社情民意信息直报点，征集各类信息120条。创办《社情民意》专刊，全年向市委、市政府直报3期，向有关部门转送27期，向山东省、威海市政协转报6期，其中“加强城市公园绿地管理”“打击麦霸保护麦收秩序”等信息经市委、市政府领导批示，有关单位认真办理；“用身份证取代老年人优待证”“将企业退休职工独生子女父母奖励金纳入社保统筹”等信息被山东省政协采用，直报省委、省政府并转报全国政协。

自身建设　编辑出版《乳山政协》会刊4期；在《人民政协报》《联合日报》《春秋》等媒体发稿20篇，其中《乳山市政协铺下身子实打实履职》获山东省政协好新闻三等奖。配合省、威海市政协开展《天南地北山东人》和《山东抗战编年纪事》征编工作，收集整理冯德英、宫宝田等10名乳山籍知名人士事迹。挖掘胶东育儿所、马石山十勇士等7篇重点抗战史料。

（宫建波）

中共乳山市纪律检查委员会

【概况】 2014年，乳山市纪委、监察局以深化纪律体制改革为契机，聚焦中心任务，突出主业主责，扎实推进转职能、转方式、转作风，抓好执纪监督问责，全市党风廉政建设和反腐败工作取得新成效。7月，撤销行政效能监察室、综合室，设立党风政风监督室，增设纪检监察室1个。截至2014年年底，乳山市纪委共设立教育室、党风政风监督室、信访室、干部室、审理室、纪检监察一室、纪检监察二室、办公室8个室。至2014年年底，乳山市纪委机关、派驻组有干部39人。

【纪律检查】 全员参与信访办案工作，全年立案69起，给予党政纪处分76人。查处安全生产、信访维稳、护林防火、联系服务群众和政府投资项目招投标等方面作风漂浮、履职不到位等问题，纪律处分20人，免职、诫勉谈话等组织处理28人。为解决镇级纪委人手不足、办案能力不强问题，强化市纪委对办案工作领导，将15个镇(街道)纪委(纪工委)书记划分4个工作组，每组由市纪委1人牵头，对有关案件实行跨镇(街道)联合办理，全年组织办案7起，处理党员19人。调查群众反映信访案件20起，转立案7起，涉案人员11名，向司法机关移交3起9人，涉案金额240万元。

【效能监察】 设立"庸懒散"举报投诉电话，通过乳山电视台、《乳山时讯》向社会公布，设置提示牌119个。监督检查规范行政事业性收费落实情况，实行企业交费登记卡制度，会同物价部门不定期跟踪检查。每月随机抽取部分审批事项申请人，围绕审批部门服务态度、办事效率等情况进行电话回访。开展明察暗访，全年集中开展11次，检查部门、单位598个次，下发整改通知59份，责成相关单位对73人进行诫勉谈话和通报批评；回访办事群众1397人次，满意率99.49%。

【作风建设】 抓好日常管理，突出重要时间节点，通过在媒体公布举报电话、提醒单位主要负责人等形式，强化思想教育，促进中央八项规定和反"四风"要求落实。采取事先不通知、随机不确定、抓早抓小、边查边改的方式，对各级各部门纪律作风、服务质量等情况开展明查暗访。全年成立暗访组117个，开展暗访41次，暗访酒店、单位食堂347个次，生活小区20个次，旅游景点、酒店、农家乐等场所347个次，排查娱乐、餐饮、公墓停车场等场所车辆2000辆，检查公车定点停放5次。逐一调查核实明察暗访发现的群众投诉举报的以及有关部门移交的96起违规行为，给予纪律处分24人，约谈部门负责人51人次，纠正违规用车14辆。

8月1日，乳山市级党政领导班子成员向市纪委全委会述廉

（市纪委提供）

【权力监督】 制定落实党风廉政建设责任制实施细则，明确党委(党组)履行主体责任范围和内容。建立市级党政领导班子成员向市纪委全委会述廉制度，8月1日，14名市级领导接受市纪委委员现场评议。落实责任追究制度，对履职不力的2个单位4名领导干部进行诫勉谈话。

【推动"三转"】 按照中纪委转职能、转方式、转作风"三转"要求，将市纪委监察局参与的70个议事协调机构精简到14个，把不该管的工作交还给主责部门，改变纪检监察机关涉足一般行政部门事务、混同一线业务部门工作的情况。在保持机构、编制和人员数量不变情况下，将行政效能监察室、综合室整合为党风政风监督室，增设1个纪检监察室，聚焦执纪监督问责主业。

【警示教育】 会同宣传、文化部门组织排演的反腐题材吕剧《使命》，在威海市巡演。从查处的违纪案件中筛选出27起典型案件作为反面教材，开展案件专题剖析活动。组建廉政警示教育宣讲团，向109个单位巡回宣讲32场次，4000名党员干部受到警示教育。发挥"乳山清风"政务微博宣传带动作用，发布反腐倡廉消息1万条，听众1.2万人。对全市科级领导干部和重点基层站所主要负责人家属举办警示教育报告会，筑牢反腐倡廉思想防线。

（初金祥）

主要群众团体

【乳山市总工会】

职工工资集体协商　因企制宜，

分类指导，对于规模较大、经营正常、经济效益好的企业，要求通过协商签订工资集体合同，确保职工工资增长幅度与企业经济效益增幅一致；对于规模较小、生产经营较为困难企业，主要围绕职工工资保障、福利待遇发放等方面展开协商，建立完善职工工资保障机制；对于经营分散、职工人数较少中小企业，指导签订区域工资集体合同，维护职工合法权益。全市单独签订工资集体合同220份，涉及职工2.45万人；签订区域工资集体合同15份，涉及企业230家，职工1.78万人。

厂务公开现场观摩　结合贯彻实施山东省厂务公开条例，5月13日在市供电公司召开厂务公开民主管理工作现场观摩会，推广供电公司、正华建工、金洲集团等典型，发放宣传资料500份。11月，打造白沙滩建筑公司、菲格尔皮具公司等一批新示范点，组织40家重点企业现场学习观摩。

职工劳动竞赛　鼓励企业职工自主创新，建立10个职工技术创新工作室。指导开展"名师带高徒"活动，传授和学习技术"绝活"，师徒结对152对。建立职工技能培训基地，开展电工、焊工等工种培训3500人次。举办全市职工技能大赛，设车工、钳工、维修电工、电焊工等12个工种13个比试项目。

安全生产"百日行动"　开展以"查身边隐患、保职工安全、促企业发展"为主题群众性安全生产"百日行动"，建立领导班子成员联系镇(街道)和企业制度，每周督导企业排查隐患。印发企业、车间、班组排查记录簿2000册，各级工会干部督导排查126人次，排查消除安全隐患112项。

职工文体活动　开展"中国梦·劳动美·乳山颂"主题系列活动，在报纸、电视台开设"最美劳动者"专栏，宣传10名劳模代表、创业创新代表和一线职工代表典型；组织生活"中国梦·劳动美"全市职工文艺演出，来自全市17个单位200名演员参加；主办"中国梦·乳山颂"国画展，展出优秀作品45幅；组织基层工会开展"中国梦·劳动

8月11日，乳山市总工会到企业开展"夏送清凉"活动　（总工会提供）

美·我与改革创新"主题职工演讲活动，演讲113场次；购买图书3000册，赠送给金洲集团、恒邦化工、水务集团等单位，加强基层工会职工书屋建设；投入资金8万元，为劳动模范、基层工会赠阅《威海晚报》《山东工人报》《职工天地》等报刊。

职工心理咨询服务　3月成立职工心理咨询服务中心，内设职工心理咨询服务室，聘请2名专业心理咨询师为全市职工提供缓解工作压力、家庭矛盾、亲子教育等方面免费咨询服务。每周六全天候接待职工咨询，全年服务86人；设立服务热线电话及职工心灵驿站QQ群，全年服务270人；到基层举办心理知识讲座4次，通过QQ群发布心理健康小常识180条。

慰问帮扶　推进职工爱心医疗互助补充保险工程，年内，22516人参保，参保金额112.58万元。开展"春送岗位、夏送清凉、金秋助学、冬送温暖"活动，利用工会网站为下岗失业职工提供岗位需求信息376条；投入资金5万元，帮助600名高温作业职工防暑降温；资助困难大学生助学金1.2万元；春节期间发放送温暖资金60.7万元，走访慰问困难职工735名。启动新一轮领导干部与困难职工"一帮一"结对帮扶活动，全市144名领导干部参与，提供帮扶物资10万元。开展为单亲女职工子女"送教育"活动，向14名单亲女职工发放救助金共计7000元。开展"爱心献劳模"活动，年初慰问劳动模范20户，发放慰问金14.85万元，为全市200名市级以上劳动模范免费健康查体。

（侯永绪）

【共青团乳山市委】　全年新发展团员1261名，截至到2014年年底，共青团乳山市委辖基层团委45个，团员23996人。

青春导航行动　一是强化思想引领。通过开通微博、微信、QQ群等方式打造共青团全媒体平台，组建覆盖基层团组织270人网络宣传员队伍，开展"我为核心价值观代言""今天是七一""铭记历史、畅想青春"等网上主题活动，引领青年人树立正确思想。在全市18所小学开展"心系祖国、向国旗敬礼""我和国旗合个影"等教育活动，开展"社会主义核心价值观"征文大赛等活动，引导青少年了解社会主义核心价值观的内容和实质。二是培育典型。举办少先队辅导员培训班，邀请全国优秀少先队辅导员获得者侯桂智等授课。表彰少先队工作先进单位10个，优秀(十佳)大、中队辅导员60名，优秀(十佳)少先队员100名。三是举办实践活动。在学雷锋日、儿童节、中秋节、重阳节等节点集中开展志愿服务活动，组织青年志愿者开展法规宣

传、义诊活动、慰问老人、图书捐赠、爱心陪护活动等。年内，全市登记志愿者5万人，开展青年志愿服务活动40次。举办“相约春天、情定乳山”相亲大会，为300名单身青年搭建相识相知平台。举办“鲁酱情”五四青年集体婚礼，16对新人参加。开展“红领巾相约中国梦”庆祝少先队建队64周年活动，1600名少先队员参加。

青春建功行动　一是调动青年岗位建功热情。在企业开展“岗位能手”选树活动，10月中旬在金洲集团矿业有限公司和乳山市供电公司举办“青年技能竞赛”“岗位成才分享”等活动。在农村开展寻找乡村好青年活动，上报优秀乡村青年13名，午极镇张晓峰以其创业事迹当选山东省“乡村好青年”创富类第二名，系威海市唯一人选者。二是助力大学生暑期社会实践。配合齐鲁工业大学、山东师范大学、南京邮电大学等高校做好暑期大学生“三下乡”社会实践工作，支持4支社会实践队伍完成计划，参与实践师生46人。三是提升青年文明号品牌。围绕青年文明号20周年活动，组织50家青年文明号开展以“打团旗、唱团歌、戴团徽”为主要内容的“亮身份，展风采”活动。开展“青春同行·圆梦助学之青年文明号在行动”专题活动，动员青年文明号集体与50名困难学生“一对一”结对。同时，推报5个威海市级青年文明号集体，评选10个乳山市级青年文明号集体。

青春创业行动　一是调研掌握青年就业创业需求。到乡镇开展青年座谈会，全面了解乡镇创业青年思想动态和发展瓶颈，听取意见建议。10月23日，赴济南长清大学城开展“青年人回报桑梓”主题活动，鼓励将个人成才与家乡发展相融合。二是整合资源搭建青年就业创业平台。10月，组织8名创业大学生参加威海市青年创业大赛，获二等奖2个、三等奖4个；11月10日，联合人社部门在山东外事翻译职业学院举办2014青年专场招聘会，中国重汽集团、华隆食品、威海恒邦化工有限公司等市内外70家用人单位参加招聘，为2000名待就业青年提供就业岗位1200个。促成校企联姻、校企合作，全年新建青年就业创业见习基地2处，为500名学生提供创业见习实践机会。三是发挥优势提升青年就业创业水平。协助创业青年争取上级团组织“鲁青农信贷”“鲁青兴业贷”“青创贷”等小额贷款，全年争取青年创业贷款44笔1221.5万元。择优推选威海市“十大杰出青年企业家”和“创业之星”，提升创业青年品牌影响力。

青春同行行动　开展“青春同行·圆梦助学”行动，构建困难学生数据库，将全市40所中小学500名学生纳入帮扶群体之中，全年帮助青少年完成心愿45条，帮扶困难青少年200人，发放助学金17万元。为全市18所小学争取山东省青少年基金会捐赠图书2.4万册，在南黄小学建立金阳光爱心书屋，争取企业爱心图书2000册，丰富学生的精神生活。开展“青春同行·安全自护”行动，与公安、卫生等部门联合，利用开学第一周、暑期返校等节点，开展自救方法、消防知识、疾病预防等知识讲座17场次，惠及青少年2万人。协调教育部门开展“平安自护我能行”主题绘画比赛活动，强化青少年应对突发事件避险自救能力。开展“青春同行·阳光心灵”行动，邀请家庭教育专家马金民等举办心理健康培训和家庭教育讲座，为100名中小学班主任及400名家长提供青少年心理疏导正确方法。组织青年志愿者深入留守儿童、随迁子女等农民工子女群体，为其进行课业辅导、心灵陪护等志愿服务。

青春绿色行动　开展“青春绿色·我在行动”青年志愿环保活动，组织中小学生开展“文明餐桌”“绿色出行”等主题队会活动，发动青年志愿者在银滩、大乳山等风景区宣传环保，与山东师范大学社会实践队伍一起在银滩大拇指广场举办“全民节约、共同行动”宣誓活动，号召乳山市农村信用社合作联社团委带领团员青年利用周末时间在下初镇黄格庄村打造青年林，组织卫生、电业等单位的50名青年志愿者到冯家、白沙滩等镇捡拾垃圾。

（宋小纯）

11月10日，乳山市青年专场招聘会在山东外事翻译学院举办（团市委提供）

【乳山市妇女联合会】　3月6日召开乳山市妇女第十三次代表大会，选举产生妇联新一届领导班子。按照“一体规划”原则，在70处新成立农村新型社区成立社区妇联，配齐配强妇联干部。与电视台、报社联合开辟“巾帼风采”专栏，集中宣传5名优秀妇女代表事迹。与组织部门联合举办全市女干部培训班，培训全市副科级以上女干部、市直部门股级女干部、各镇妇联主席及市直妇委会主任500人，提高其修养和工作能力。向上级妇联争取资金等扶持政策，在徐家镇徐家社区规划建设1处省级妇女儿童家园。

助推经济发展　依托市妇女创业就业指导中心等载体开展技能培训，全年举办家政服务、育婴、月嫂、新型农民创业等培训11场次，受训妇女2900人次。根据各镇产业优势、区位特点和妇女发展需求，分批次组织600名妇女到远大可建、福喜、春江源食品等企业实地参观，缓解企业招工难和妇女就业难问题。通过发放明白纸、在网站开辟专栏、建立跟踪回访机制等举措，推荐上报小额担保贷款妇女11人，其中3人领取贷款。与人社部门联合举办"送岗位、促就业"女性专场招聘会，提供适合女性就业的岗位900个，116人达成就业意向。

参与文明创建　5月，召开"参与环境整治、提升美化效果"现场推进会，观摩崖子、乳山寨镇草花育苗及后期管护工作；6月，发动妇女移栽草花；在部分村成立巾帼保洁队。全市共栽植各类草花60万株，成立保洁队伍30支，参与妇女1100人。与乳山市文明办联合举办全市"新农村新生活"培训班，对400名妇女干部和骨干进行健康养生、妇女维权等培训。各镇妇联举办亲子教育、心理健康等培训30场次，受训妇女3500人次。壮大巾帼志愿者队伍，至2014年年底，成立巾帼志愿队伍52支，开展各类志愿服务活动7场次。邀请专业老师到各镇举办徒手舞、健身操巡回培训，全市成立巾帼文明队521支，参与妇女2万人次。

暖心工程实施　开展"社会妈妈"虹桥拉手活动，32名孤贫儿童得到救助。"六一"期间，市领导到一实小和白沙滩中心小学看望，送去价值5万元书籍和教学用品；社会各界开展形式多样的"送温暖"活动，为儿童捐款捐物折款20万元。开展贫困母亲救助活动，争取上级将乳山市列为乳腺癌省级新增项目县，与民政部门协调救助30名单亲贫困母亲，为4名"两癌"贫困妇女每人发放救助金1万元，为30名单亲贫困母亲每人发放救助金1000元。与卫生、财政部门联合启动农村妇女"两癌"免费检查项目，为2万名35～64岁农村妇女免费进行宫颈癌、乳腺癌筛查。开展"心系健康，温暖你我"关爱女性健康公益行动，推出妇女特殊病（乳腺癌、宫颈癌、卵巢癌、宫体癌）团体保险，全年16279名农村妇女参保，35名妇女因病领取39万元保障金。在15处农村新型社区成立"贴心娘家"服务站，构建以"一队一室一卡"为主要内容维权模式，组建"贴心娘家"服务队，设立知心·维权工作室，发放服务卡2000张，提供维权服务142人次。以"法律温暖，家庭幸福"为主题，举办法律培训10期，发放宣传资料5000份，提高妇女维权意识和自我保护能力。解答群众咨询40人次，接待来信到访12件，办结率100%。

（于丽丽）

3月6日，乳山市妇女第十三次代表大会在中心会议室举行　（妇联提供）

【乳山市科学技术协会】

科学城市创建　发挥科学城市创建领导小组办公室作用，协助召开调度会、总结会。5月，乳山市被命名"山东省科学城市"。在报社和电视台开展6期"科技引领发展"主题创建科学城市专题系列报道，并在电视台播出2期特别宣传节目，使群众了解科学城市创建。

科普设施完善　在中国知网为乳山市新型社区建设218个网络书屋，通过省科协授权在乳山市所有学校设立数字科技馆地方工作站，并利用数字科普播放终端、远程教育网平台，构筑以"网络互动交流"为特色，集远程互动教学、网络电视直播为一体的远程科普教育平台。

科普典型创树　2014年，申请花生协会成为全国基层科普行动计划奖补单位，打造多福山特色种植示范基地和西馨苑社区2个山东省基层科普行动计划先进集体。创建城区街道和府前社区2个全省"科学·关爱·和谐"示范乡镇（街道）、社区。培育农村专业技术协会联合会、食用菌协会、极北茶叶基地等威海市"科普惠农示范工程"先进单位和带头人7个；培育静园社区、松山社区2个威海市优秀科普示范社区；苹果协会科普惠农服务站获评威海市科普惠农服务站，冯德英文学馆获评威海市科普教育基地。

科普巡展活动　邀请"山东省流动科技馆"到乳山市巡展，在市区中心设立1处2000平方米的展厅，以"科学、体验、流动、共享"为主题，免费展出50件互动展品和100件平面科普知识展板，参观群众1.2万人次。邀请威海市地震馆到乳山市进行地震科普知识巡展，组织龙山、幸福等12个社区8000名居民集中参观，使群众了解地震知识。开展"科普惠民社区行动"，

1月17日，乳山市科协组织学生参观山东省流动科技馆乳山展厅（市科协提供）

邀请威海市科普大讲堂专家到社区开展科普讲座8期。

青少年科普教育　2月，与乳山市教育局联合在第二实验小学举办全市青少年科技辅导员骨干培训班，80名辅导员参加。3月，在乳山一中举办首届校园科技节，涵盖发明创新、创意设计、科学论文综合实践和DV作品和科技动漫等，参赛作品130件，获奖50件。5月，邀请中国社会科学院研究员张厚英在金岭中学为500名师生作“嫦娥探月、神舟华彩”科普报告。7月，组织中小学辅导员参加山东省模型、无线电科技竞赛基层辅导员培训班。11月，乳山一中14名学生参加在泰安举办的航模手掷、橡筋比赛，获得一等奖5个、二等奖4个、三等奖5个。

服务经济发展　与乳山市民族宗教事务管理局联合在众帮和圣山2个少数民族合作社举办苹果知识科普讲座；与乳山市农村信用合作联社联合举办茶叶、苹果、草莓、海产品养殖领域培训班4次，累计举办农业科技培训班124期，发放科普资料5万份。提升企业服务能力，指导乳山韩威生物科技公司和乳山华隆食品工业公司建设2处院士专家工作站。

（谭莎莎）

【乳山市残疾人联合会】

残疾人帮扶　提高重度残疾人居家托养补助标准至800元/年。为919名低保重度残疾人每人每月发放50元补助。摸底登记参加居民养老保险重度残疾人，为923人每人每年补贴150元，为422人落实重度残疾人提前5年发放养老金政策。协调乳山市民政局将224名城区重度残疾人居家服务纳入“12349”社区居家养老服务平台，并设立5处农村社区残疾人托养所，利用社区公共资源开展日间照料、康复服务活动。对2323名参加居民医疗保险重度残疾人每人每年补助80元，对447名生活不能自理一级智力、精神和重度肢体残疾人每人每月发放补贴至少60元。简化重度残疾人办理残疾证流程，定期组织办证人员和鉴定专家上门为瘫痪在床、行动不便的重度残疾人办理残疾人证。为符合条件的180名贫困精神病患者发放“一卡通”，提供就诊、服药免费服务，简化就医流程，缩短就医时间。

残疾人康复　筛查辅助器具需求，分别为10名、445名贫困肢体残疾人免费安装假肢和配发轮椅。实施“威高光明行动”和“山东省贫困白内障复明项目”免费复明手术，370名贫困白内障患者受益。做好残疾儿童调查，摸清底数，为28名0～9岁智力、肢体、听力语言等残疾儿童建立档案，量身提供康复服务。与乳山市财政局联合出台《2014年乳山市贫困重度残疾人无障碍智能化改造救助项目实施方案》，为24户残疾人家庭配备移动坐椅、坐便器、可视遥控门、自动晾衣架等个性化、智能化设施，提高残疾人家庭生活质量。依托农村新型社区建设，新建10处农村中心社区残疾人社区康复站。

残疾人就业　开展用人单位安排残疾人就业情况年审、统计工作，建立残疾人就业实名制登记，通过调查摸底核算出财政应代扣全额拨款单位保障金数，确保残疾人保障金征收。对接人社部门用工信息平台，定期发布信息，预留残疾人岗位，组织岗前、岗中和转岗订单式培训，同时在乡镇、村开展养殖、种植培训600人次，提高残疾人就业技能。实施“脱贫奔康”工程，筛选250户有劳动能力、有致富愿望残疾人，帮助其选择一个增加家庭收入的种养殖、手工业项目，给予每户不低于2000元生产性物资补助。

节日宣传活动　在爱耳日、爱眼日、特奥日等残疾人节日，组织残疾人协会开展活动，展现残疾人自强不息的精神面貌。残疾人志愿者队伍发展壮大，乳山热线、乳山车友会及来自社会各界助残志愿者举行“大手牵小手、幸福路上走”等助残活动。举办威海市第五个“全国肢残人活动日”现场会，在大乳山风景区举行“环境无障碍、方便你我他”乳山游活动，通过赠轮椅、自驾游、办讲座等形式，为残疾人搭建学习生活技能、开展社会交流以及获得就业渠道平台。

（宋晓波）

综 述

【概况】 2014年,乳山市政法综治部门贯彻上级政法工作会议精神,落实组织领导责任制,创新社会管理模式,强化社会治安管控,推进法治队伍建设,全面提升群众的安全感和满意度,为建设现代化幸福乳山创造和谐稳定的环境。年内,乳山市委政法委被省委政法委评为全省政法系统“人民满意政法单位”,是威海市唯一获此殊荣的县级政法委。

【综合治理工作落实】 印发《社会管理综合治理工作要点》,部署重点任务,与基层单位签订《社会管理综合治理和平安乳山建设》承诺责任书,明确工作责任。制定《关于推进社会治理重点工作的任务分工方案》,召开调度会议8次,研究深化“海陆一体”平安建设、做优社会管理服务平台、做实网格化社区管理模式、做细矛盾纠纷防范化解工作等重点任务,印发具体意见或实施方案,明确工作任务、责任和完成时限。出台2014年度综治和平安乳山建设工作检查考核办法,对综治考核内容、形式、结果运用作出明确规定。结合平时督导、工作台账、重点任务推进、领导责任制落实、社会管理创新等情况,对各镇(街道)、部门(单位)综治工作进行督导检查。组织专项督导考核组赴各单位实地检查验收,将社会管理综合治理工作纳入全市年度岗位目标责任制考核体系,对重视不够、措施不力、综治工作出现问题的单位实行罚分;对工作落实得力、创新成就突出的单位实行奖分,提高基层责任意识和工作积极性。

【信访稳定风险防范】 落实常态化“风险评估”研判机制,对稳定风险进行先期预测和评估,从源头预防和减少信访重大问题发生,掌握社会稳定工作主动权。开展信访积案“百日清仓”集中化解活动,对40个疑难复杂案件进行集体会诊,完成中央巡视组转交70件信访事项,32个领导包案案件化解率81.3%;年内,化解各类信访案件51个,化解率72.9%,位列威海市第一。上访总量比上年下降36%,在威海市唯一没有到省集体上访。按照“网上监控舆情,网下关注动态”思路,监控热点问题舆情评论,掌握倾向性苗头;发挥公安、宣传等部门及基层信息员作用,掌握动态性隐患。进行网上、网下信息比对、分析和预警,将不稳定因素纳入视线,制定工作预案,强化舆情发现和处置能力。

【社会矛盾纠纷化解率提高】 健全完善人民群众矛盾纠纷排查化解工作机制,构建市、镇(部门)、村(企业、社区)三级矛盾排查网络,形成全面排查和区域排查、定期排查和重点排查、一般排查和督导下访相结合的矛盾排查化解长效机制。加大人民调解奖励补偿力度,安排专项资金,奖励成功调解矛盾纠纷的人民调解员,调动人民调解员工作积极性,提高民间矛盾纠纷调处成功率,预防和减少刑事案件发生。年内,全市各级调解组织调解矛盾纠纷4694起,成功率99.9%。

【“海陆一体”平安建设】 以“海陆一体”平安建设和无命案镇(街道)、无刑事案件村居(社区)“双无”主题创建活动为载体,打防结合一体谋划、同步推进,保持对违法犯罪活动高压态势。全面推行警民联防、警灯闪烁巡逻等巡防模式,织密治安防控体系,增强人民群众安全感;推行视频监控全覆盖工程,增强社会治安动态管控能力,提升刑事打击和治安防范水平。2014年,全市“无命案镇(街道)”覆盖率80%,“无刑事案件村居(社区)”覆盖率63%,刑事案件比上年下降10.93%,治安案件下降17.66%。

【社会治理模式创新】 开发具有乳山特色的社会管理系统,实现重点区域和部位直观准确定位,动态化管理各类人员情况,精细化管控社会稳定事项,宏观分析研判法治稳定舆情,统一监控指挥社会治安重点部位,提升社会管理效能。2014年,乳山市城区治安防范2项工作经验被省综合治理委员会在全省推广;“海陆一体”平安建设等5项工作经验被威海市综合治理委员会刊发推广;威海市治安保险工作现场会在乳山市召开。

【社区网格化管理全覆盖】 统筹考虑自管小区、物业管小区、单位小区、城乡结合部、行政村等以及户籍人口、流动人口和管辖面积、治安状况等因素，按照"城市社区每200至400户、1000人左右，农村社区每100至200户、500人左右"的标准，将全市170个社区划分为1238个网格，并将辖区内的机关、企业、店铺、学校纳入网格化管理范畴，做到横向到边、纵向到底，不交叉重叠，不留空白区域，实现网格化管理全覆盖。组建全市网格员队伍，配备网格长247名、网格管理员1247名。制定网格管理员日常管理、信息收集、教育培训、考核奖惩等方面制度，推进网格化管理工作实体化、制度化、常态化运作。

【法治队伍主题教育活动】 一是抓好政法干警集中教育活动。将政法干警教育培训列入全市教育培训计划，年内对78名科级以上干警进行集中轮训；深入开展政法系统党的群众路线教育活动，提升社会满意度。二是开展平安建设"大课堂"进基层、政法部门科级干部联系基层、群众"不满意"事项征集活动。全年开展集中宣讲活动70次，工作经验被威海市综合治理委员会在全市推广；组织科级以上干部联系基层单位240个，采取电话沟通"一对一"、登门恳谈"面对面"、邀请观摩"肩并肩"等形式，听取意见建议，接受社会监督；围绕干警作风、公正执法、窗口服务、廉洁自律等内容，发送调查问卷880份，整治不满意事项14个。三是开展"百案评查、千案回访"活动，由市委政法委牵头组织，随机抽查100个案件卷宗，回访1000名案件当事人，通过电话回访、信函回访、与当事人面对面回访等方式，对办案质量、办案纪律、办案流程以及对案件办理情况进行综合评议，进一步提高执法规范化水平。

（王家美）

公安工作

【概况】 2014年，乳山市公安局立足"创建全国最平安县域、锻造人民最满意警局"目标，以"五大机制""七件实事"和"二十二项重点工作"为重点，做好打防管控工作，为全市经济社会发展和人民群众安居乐业创造良好治安环境，公安工作和队伍建设实现新跨越。年内，该局获山东省公安厅"全省优秀公安局"称号、威海市委市政府"全市人民满意政法单位"称号、乳山市委、市政府"2014年度履行机关岗位目标责任制先进单位"称号。

【刑事侦查】 年内，破获各类案件1659起，比上年上升13.2%，主要刑事案件破案率98.8%；3起命案全部告破，连续8年实现命案破案率100%，命案侦破工作考核居威海市前列。抓获刑事作案成员443人，刑拘401人，逮捕318人；摧毁犯罪团伙32个，抓获涉案成员143人，破获案件326起，其中打掉黑恶团伙5个，破案22起；破涉毒案件49起，抓获51人，缴获毒品340克；抓获网上逃犯228人。获威海"反侵财大会战"综合考评第一名。

【经济犯罪侦查工作专项行动】 以打击侵犯知识产权犯罪、打击假币犯罪、打击假发票犯罪、打击传销犯罪以及破案攻坚会战"五个专项行动"为主线，发挥经侦"打击、参谋、服务"三大职能，推进工作纵深发展，打击经济犯罪，维护社会稳定，确保全市市场经济秩序良好。全年破案21起，抓获犯罪嫌疑人34人、网上逃犯7人，受理案件涉案价值8000万元，追缴税款4240万元，挽回企业经济损失6704万元。收缴假币14万元，逮捕3人，取保候审1人，打击假币犯罪专项行动在威海市位居第一。加强公安经侦部门与企业的联系，建立情报信息互通网络，为企业提供法律服务和法律咨询，向企业发布经济犯罪预警通报，指导落实防范措施，提高金融部门防范金融犯罪的能力。

【治安管理】 以维护全市社会稳定为目标，完善治安管控措施，强化阵地控制。开展各项治安管理工作。年内，受理行政案件2050起，查处违法人员750人，其中，违反治安管理处罚法1981起，处罚687人。

电动车实名登记 开展电动车实名登记服务，投资40万元购买电动车登记打码设备23套，实名登记电动车8.5万辆，全市电动车被盗案件比上年下降24%。5月21日，威海市公安局

5月21日，威海市公安局电动车登记服务工作现场会在乳山市召开

（王春晖摄）

在乳山市召开电动车实名登记管理现场会，推广该经验。

【交通管理】 搭建以“平安行·你我他”行动为载体，建立“党政同责、一岗双责、齐抓共管”安全生产责任体系，在全市15个镇(街道)建立交通管理服务站，601个村配备交通安全协管员。开展全市道路安全隐患大排查整改活动，整改安全隐患224处。开展酒驾整治、“四非”(非法生产、拼装、改装、报废回收)机动车整治、“五项整治”(消防安全整治、道路交通安全隐患整治、危化品安全隐患整治、校车安全隐患整治、渣土车专项整治)系列行动36次，重拳打击严重交通违法行为，现场查处交通违法行为2.1万起，破获交通肇事逃逸案件19起。其中，查处酒驾602起、醉驾147起，人均查处数量居全省第一。配合智慧乳山建设行动，安装启用测速抓拍系统7处、电视监控56处、交通信号系统14套、电子警察1套；在胜利街、深圳路、北环路、世纪大道、商业街、银金大道等路段安装道路隔离护栏设施31.7千米，规范交通秩序，提高道路通行安全系数。核发机动车号牌7256辆，淘汰黄标车1983辆。2014年，发生道路交通事故1238起，死亡33人，伤793人，直接经济损失9.18万元，比上年同期分别下降0.16%、8.33%、0.63%、10.09%。

【威海市治安保卫工作现场推进会】 于10月15日在乳山市召开。坚持“高点定位、突出重点、整体推进、注重实效”工作思路，以“人防、物防、技防”建设为着力点，落实单位内部治安保卫措施，消除安全隐患，提高整体防范水平，构建党委政府主导、公安监督指导、主管部门监督管理、内部单位全面负责的单位内部保卫工作新格局。

【威海市公安监所管理工作现场推进会】 于7月23日在乳山市召开。乳山市围绕勤务模式科学化、执法行为规范化、管理方式精细化、监管手段信息化、设施保障标准化要求，加强硬件基础建设、民警队伍建设、监管机制建设和监管文化建设，规范监所安全管理工作，提升公安监管执法规范化水平。年内，看守所、拘留所均通过二级所等级达标验收。

【应急事件处置】 完成《乳山市处置恐怖事件工作预案》《乳山市公安局处置突发性事件、事故预案》等16项应急预案编修，实现防范与应急紧密对接，进一步提高公安机关应对和处置重大突发案(事)件的能力和水平。年内，先后举办反恐处突、灭火救援、地震逃生、反劫持等应急实战演练18场，达到检验应急工作预案、锤炼应急处置队伍，提高决策指挥、协同作战、综合保障能力目的。加强应急装备建设，应急处置突发物质保障能力进一步加强。6月20日，威海市公安局召开全市公安应急装备建设工作现场会，现场观摩乳山市应急储备库建设及应急装备物资储备情况，听取乳山市经验交流。

7月23日，威海市公安监所管理工作现场推进会在乳山市召开

(沙晓明摄)

【公安队伍建设】 结合党的群众路线教育实践活动，创新服务管理机制，出台《进一步加强和改进群众工作的意见》和《民生实事办理工作办法》，简化审批流程、规范证明材料出具，推行民生问题导向整改反馈、群众最不满意事项征询和季度评议等工作机制，整改反馈群众反映的具体问题240件，工作经验被威海市公安局、简报刊发。健全职业化警队管理模式，建立全局集中学习日、法制员专题学习、基层民警跟班学习等制度，编发《学习文摘》18期，举办集中辅导讲座6期，开展党员干部进社区、志愿服务等主题教育活动，解决好“我是谁、为了谁、依靠谁”问题。健全面向实战、注重实效的职业训练体系，加强实战训练，提高队伍战斗力；进行武装巡逻等16项“微培训”活动，开展依法使用武器警械专项训练培训班9期，全局民警参训率、达标率100%，受到省公安厅专项训练检查组肯定，在威海市公安局2次专项训练抽查考核中，均名列威海市第一。开展系列主题教育、警示教育、作风整顿活动，建立窗口服务“3+1”积分考核监督体系，打造忠诚可靠、清正廉洁群众“最满意”队伍。年内，胜利街派出所获“全省人民满意政法单位”称号，公安系统涌现出立二等功的特巡警一大队等80个(次)集体和立二等功的王欣林、赵松瑚、张辉等206名(次)个人。

(王春晖　沙晓明)

检察工作

7月7日，乳山市人民检察院在供电公司举行反腐倡廉宣讲活动　（张华超摄）

【概况】 2014年，乳山市人民检察院结合深入开展群众路线教育实践活动，深化司法体制改革，履行法律监督职责，强化过硬队伍建设，检察工作有序推进、稳步发展。年内，该院被威海市检察院授予“先进检察院”称号，派驻经济开发区检察室被山东省检察院评为“优秀派驻基层检察室”。

【职务犯罪查办】 2014年，乳山市检察院围绕社会广泛关注、群众反映强烈的突出问题，坚决惩治腐败行为。立案查处贪污贿赂案件15件19人，立案查处渎职犯罪案件4件5人，全部侦查终结并提起公诉，为国家挽回损失220万元。坚持“抓系统、系统抓”，加大对窝案、串案查处力度，全年查处涉农领域职务犯罪6人、国企管理人员职务犯罪5人、侵吞私分国有资产犯罪4人、医疗卫生领域贿赂犯罪3人，依法惩戒腐败分子，发挥震慑作用。

【刑事检察工作】 2014年，关注社会治安和公共安全领域新情况，依法批准逮捕犯罪嫌疑人293人、提起公诉667人。从快办理涉黑涉恶、寻衅滋事、聚众斗殴案件15件40人，推动治安形势持续稳定；依法办理贷款诈骗、合同诈骗、非法经营案件21件30人，维护公平有序市场环境；依法办理制售有毒有害食品、假冒伪劣药品等案件4件10人，保障人民群众健康安全。准确把握宽严相济的刑事司法政策，对犯罪情节轻微、社会危险性较小的作出不捕不诉处理27人、变更强制措施4人，依法快速办理轻微案件327件，减少社会对抗，彰显司法关怀。

【诉讼监督工作】 加大刑事诉讼监督力度，立案监督3人，追捕追诉10人；对犯罪事实不清、证据不足的，依法不批捕34人、不起诉9人；开展监管安全检查、社区矫正监督50次，防范超期羁押、监管事故、脱管漏管等问题。强化民事行政监督实效，办理民事申诉案件7件，建议提请抗诉1件，发出再审建议3份，均被法院采纳；开展诉讼违法调查3次，办理调解监督和执行监督案件3件；针对行政执法领域突出问题，办理行政执法监督案件7件，发出整改建议3份，对促进行政执法部门依法正确履职，起到推动作用。探索推行以检察宣告、公开审查、公开答复为主要内容的“阳光检察”运行模式，依法公开案件程序性信息350条，公开法律文书77份，对案件进行释法说理和公开答复50起，对案件进行公开宣告3起，公开审查2起，提高检察工作透明度和公信力。

11月21日，乳山市预防职务犯罪志愿者工作启动仪式在乳山市人民检察院举行　（张华超摄）

【威海市法制宣传教育示范基地创建】 与市纪委联合建立预防志愿者制度，选聘25名志愿者参与法制宣传、预防调查等工作，构筑专群结合的预防工作体系。运用警示教育基地、党校课堂、法制宣讲团等阵地，举办法制讲座40场，提供预防咨询25次，对单位进行警示教育50家。开展检察官联系重大项目活动，为重点民生工程提供行贿犯罪档案查询124次，监督公共资源招投标活动24次，维护政府投资安全。针对办案发现的惠民补贴发放、国有资产流失问题，开展调研、提出对策建议6份，惩治和预防职务犯罪年度报告被市领导批示，获评“全省检察机关优秀调研报告”。

【检察队伍建设】 立足检察职责，践行群众路线，查摆“四风”方面存的问题70个，建立完善效能督察、执法监督、检务管理等7项规章制度；开展民情走访、送法下乡、包村联户等活动，联系居民3000户，提供服务200次，解决困难40个，投入19万元帮扶6个村进行村容村貌整治，与20户困难家庭建立帮扶关系，捐款3万元。推进业务培训和岗位练兵，选派干警参加培训20次，组织专家讲座12次，提高检察人员法学理论和执法技能。完善内外监督机制，恪守中央八项规定和市委实施意见，开展“增强党性、严守纪律、廉洁从政”专项教育活动，执行执法档案、回访监督制度，开展执法行为、纪律作风等检务督察13次，检察工作社会满意度进一步提升。年内，有9个部门和23名干警受到市级以上表彰奖励，5名干警被评为省市检察机关业务专家和办案能手，3项创新成果被上级检察机关转发推广。

（张华超）

法 院 工 作

【概况】 2014年，乳山市人民法院坚持“努力让人民群众在每一个司法案件中感受到公平正义”的总目标，服务乳山发展大局，坚持公正司法，强化司法为民，提高司法公信力，各项工作取得新进展。全年审、执结案件5710件，标的额1.7亿元，获“省级节约型公共机构示范单位”和“威海市廉政文化示范点”称号，山东省高级人民法院党组书记、院长白泉民视察乳山市人民法院并给予肯定。

【刑事审判】 全年受理刑事案件507件645人，审结473件581人，刑事审判工作被山东省高级人民法院通报表扬。对于轻微刑事犯罪或具有初犯、偶犯、未成年犯罪，社会影响较小、悔罪态度较好、被害人谅解等情节的被告人，依法从宽处理，对357名被告人适用缓刑。加大司法领域人权保障力度，加强未成年人权益司法保护，坚持“教育为主、惩罚为辅”方针审理未成年案件，制定《未成年人心理干预机制实施办法》，设立专门心理咨询机构，配备2名心理咨询师，运用心理干预方法，全程对涉案未成年被告人进行心理关爱和疏导，帮助未成年被告人加强自我管理，矫正不良行为，提升未成年人刑事审判法律效果和社会效果。

6月3日，乳山市人民法院采用圆桌审判方式审理未成年犯罪案件　（蔡佳摄）

【民商事审判】 审结各类民商事案3691件，诉讼标的额1.23亿元。坚持“调解优先”理念，形成立案、审判、执行、信访各个环节全程调解，院长、庭长、承办人多层次全员调解工作格局，全院民商事诉讼调撤率77%。建立金融涉企案件绿色通道，妥善审结金融借款、企业债务类案件573件。妥善审结企业破产案件4家，涉及职工600人，盘活低效闲置资产1000万元，妥处历史债务6000万元，清偿破产企业拖欠职工款项2000万元，实现企业破产“零振荡”。完成光谷新力和哈尔滨阳光房地产的破产重组工作，推进欣业联科技园公司和欣业联建设公司的破产重组工作。

【行政审判】 审结行政诉讼案件45件，有效化解行政争议。坚持监督与支持并重，到市工商局、行政执法局等行政机关举行法制讲座、卷宗评查、座谈交流等6次，提出司法建议2条，推动行政机关提升依法行政水平。审查行政非诉案件47件，协同有关部门依法拆除银滩沿海违法建筑20处，全力支持乳山市海岸带综合整治工程推进。

【执行工作模式创新】 开通涉民生执行案件“绿色执行通道”，实行优先接待、优先立案、优先执行，做到快查、快控、快执、快结；利用报纸、网络等媒体向社会各界公布“失信被执行人名单”，采取“突击执行”“集中执行”等方式，加大民生案件专项集中执行力度。开展“转变执行作风、规范执行行为”专项活动，以堵塞执行机制管理漏洞为核心，严查严改消极执行、拖延执行等行为；打击规避、阻碍、抗拒执行行为，公布“失信被执行人名单”信息38条，依法拘留、罚款24人，以拒不执行判决裁定罪移送公安机关1人。全年受理执行案件1562件，执结1501件，执结标的额1.2亿元，执行标的到位率92.8%，无信访。

【涉法信访案件妥处】 坚持关口前移，对重信重访案件进行详细摸底，排查基层纠纷500起，对153起案件进行风险评估和预案处置，与地方党委政府协作，强化稳控措施。落实信访责任，逐案建立化解台账，院领导亲自包案、接访、协调解决问题，确保对象到人、任务到人、责任到人，化解中央政法委、最高人民法院交办的重点信访案件。全年接待来信到访116件次，初信初访化解率98%。建立视频接访系统，畅通合法合理诉求渠道，依法严肃处置无理违法闹访缠访行为，维护生效裁判权威。

【阳光司法工程推进】 推进审判流程公开、裁判文书公开、执行信息公开“三大平台”建设。运用审判管理软件，将纸质卷宗扫描形成电子卷宗5382本，方便当事人查阅；完善案件信息，录入完整率100%；建立科技法庭7处，科技法庭开庭审理案件全程同步录音录像，刻录光盘入卷归档；将所有应当上网公布的裁判文书在生效后7日内上网公布；建立执行信息公开平台，以短信方式定期向申请人反馈案件情况。年内，进行庭审直播2次，在中国裁判文书网上公布裁判文书1912篇，通过执行信息公开平台向当事人发送短信3234条；与《威海日报》《威海晚报》和乳山电视台合作，公开庭室职能、解读司法政策、回应群众关切；开展“法院开放日”活动，开通官方微博，将法院工作置于公众监督之下。

【司法为民实事兴办】 简化立案程序，实行“限时服务、首问必答”，对能当即办理的，在15分钟内完成立案手续。开通“农民工维权绿色通道”“军人维权窗口”，优化导诉立案、信访接待、诉前调解和判后答疑等多项服务。开展巡回审判，全年巡回审理案件588件，占基层法庭结案总数35%。加大司法救助力度，依法缓、减、免交诉讼费27.41万元，为经济困难16名当事人发放救助金13.1万元。开展“民情大走访”、包村帮扶和“一对一”帮扶工作，深入社区、校园、乡村进行法制宣传，走访农村社区群众4000户，向帮扶村投入扶持资金11.78万元，为困难群众捐助资金1.4万元，提高群众满意度。

【审判队伍建设】 调入、考录、公开招聘正式干警7人、司法辅助人员14人，充实审判力量；根据工作需要，调整工作岗位30人，激发队伍活力。组织法官参加上级法院培训49人次，开展庭审观摩、裁判文书评选、典型案例评析等岗位练兵活动，提高干警司法能力。深入开展党的群众路线教育实践活动，定期举办“院长党课日”，不定期邀请党校教师开设“专家党课”，加强理想信念教育和形势政策教育，提升干警党性修养。推行“四心工作法”，通过身边先进典型带动全院干警；开展“门难进、脸难看、话难听、事难办”专项治理，建立“民声通道”和网络举报违法违纪系统，把监督贯穿于工作各环节，延伸到八小时以外，形成干警“不愿为”“不敢为”“不能为”廉政工作局面。出台《关于加强与人大代表、政协委员常态化联系若干意见》，印制联系卡，开通专线电话，对全体人大代表、政协委员进行走访，邀请人大代表、政协委员视察法院、旁听庭审，将人大代表、政协委员联系工作纳入常态化、制度化轨道。落实人民陪审员“倍增计划”，完成45名人民陪审员增补工作，总数增至80名，与法官人数比例达到1.08∶1，普通程序案件参审率87.1%。组织争创“全国法院文化建设示范单位”，重新布局院办公楼和4处法庭文化设施，增强干警自豪感和荣誉感，营造和谐向上文化氛围。

（蔡佳）

司法行政工作

【概况】 2014年，乳山市司法局围绕“法治乳山”建设，利用法制教育资源，完善普法网络，搭建工作载体，普法依法治理工作深入推进。2014年，乳山市获“全省法制创建先进县（市、区）”称号”。

【普法教育宣传】 2014年，组织举办法律讲座20期，接受教育5000人次，利用媒体举办普法宣传节目10期，送法下乡10次，开展咨询100次，提高市民学法用法守法意识。在抓好普法宣传基础上，开展法治城市、民主法治示范村创建活动，从制度建设、规范管理、健全组织等方面指导开展依法治理工作，并以点带面，推进全市普法管理工作步入法制化轨道。年内，乳山市司法局被评为“全国‘六五’普法中期先进单位”，白沙滩镇唐曲洼村被评为“全省民主法治示范村”。

【公证业务拓展】 2014年，乳山市公

法治文化长廊　（司法局提供）

证处抓好公正质量和服务管理，严格执行规定程序，认真审查办理，开展“花钱买投诉”活动，杜绝发生错、假行为。拓宽服务领域，在办好传统类公正业务基础上，新开展按揭贷款、涉企服务、涉外等方面业务。至2014年年底，办理公证事项2915件，其中涉外公证2443件。

【律师职业管理】 乳山市有律师事务所5家，执业律师20人，市公证处有公证员3人。2014年，乳山市司法局以提高法律服务人员社会责任意识为切入点，采取以会代训形式，强化对法律服务人员的理想信念教育，查找在执业思想、服务能力、工作作风等方面存在的问题，强化执业管理，并结合执业资格年度审验，按照标准严格审查评分，将考评结果作为年度审验、评先选优的主要依据。引导法律服务人员参与矛盾纠纷化解、法律宣传、法律援助等公益事业。年内，法律服务人员参与法律宣传20次，办理法律援助案件85件，参与矛盾纠纷化解300件。

【法律援助扩面】 乳山市法律援助中心有工作人员3人（均为执业律师），辖设基层法律援助站19个。2014年，降低法律援助门槛，扩大受援范围，对老年人、残疾人、农民工等，凡出示有效证件，即可办理法律援助服务；将原来月收入低于450元予以办理法律援助，放宽到月收入低于600元；对农民工讨薪、老年人或者青少年请求赡养、抚养诉请的，均给予法律援助。成立法律援助志愿者队伍，组织基层司法所具有法律专业知识的人员参加法律援助志愿活动。开通法律服务热线，免费为人民群众提供法律咨询服务，解答当事人的法律疑难问题，使法律援助惠及更多群众。全年办理法律援助案件600件，减免代理费用10万元。

【基层调解组织建设】 结合农村基层组织换届工作，充实调整各镇（街道）、村人民调解组织人员，强化基层调解组织建设。督导各社区建立健全人民调解组织，配齐调解人员，全市组建、理顺镇村（社区）、企业调委会726个，配备基层人民调解员2256名。采取集中培训、全面轮训方式，培训基层调解员，提高人员素质和调解工作水平；督导基层调委会健全工作制度，规范工作程序，从文书格式、操作规范、工作流程及立卷归档等方面规范调解卷宗，强化人民调解工作规范化管理。理顺司法所管理体制，邀请法律专业人士授课，集中培训学习《中华人民共和国婚姻法》《中华人民共和国土地管理法》等法律4次，提高司法所工作人员的业务素质和水平。全年调解案件3000件，调解率100%。

【社区矫正工作】 利用社区矫正手机定位系统，实时跟踪监控社区服刑人员。全市286名社区矫正人员纳入定位系统，做到定位监管、警示告知、工作记载、网上办公等实质性监管帮教，定期对矫正人员进行集中教育。确保不脱管、漏管、上访、滋事等。规范社区矫正人员考勤制度，建立矫正人员脸谱识别系统，采用指纹脸谱系统进行实时登记，预防脱管漏管发生。同时指导各司法所规范社区矫正工作程序、档案管理，从制度上加强对社区矫正人员的矫正力度。

【安置帮教工作】 2014年，做好对刑释解教人员的衔接，利用安置帮教对象网络信息资源数据库系统，实现安置帮教工作信息化管理。实施分类管理，做到重点对象重点管理，确保安置、帮教责任落实。全年接收安置帮教对象300人，安置299人，全市安置帮教对象重新犯罪率稳定在2%以下。

（王涛）

人民武装

【概况】 2014年，乳山市人民武装部紧紧围绕新形势下强军目标，开拓创新谋发展、改进作用抓落实，完成以军事斗争准备为重点的各项工作任务，全市民兵预备役建设稳步发展。

【思想政治建设】 2013年，乳山市人民武装部学习贯彻抓好中共十八大、十八届三中、四中全会和全军政治工作会议精神，开展“牢记强军目标、献身强军实践”主题教育实践活动，增强民兵预备役人员理想信念和使命意识。筹划组织党的群众路线教育实践活动，学习《济南军区党委常委加强自身作风建设细则》《山东省军区党委常委改进工作作风规定》《威海军分区关于大力弘扬艰苦奋斗传统坚决纠治奢

4月6日，专职人民武装干部在武装部民兵训练基地开展自动步枪分解训练
（武装部提供）

侈浪费问题的有关规定》等文件，找准并整改党委班子和成员“四风”问题19个，促进党员干部作风转变和单位工作全面开展。开展第十四个“全民国防教育日”活动，以“关心国家安全，维护海洋权益”为主题，在市金牛山公园举办国防教育图展，制作宣传刊板28块，印刷传单5000份，上交知识竞赛试题3000份，被威海市国防教育办公室评为”优秀组织奖”。抓好新闻报道工作，以征兵宣传、民兵参建帮扶、党管武装工作为中心，在各级刊物刊上发稿件40篇。

【党管武装工作】 落实常委议军会、军事日活动、党管武装述职制度，党管武装工作进一步制度化、规范化。参加“争创全省双拥模范城七连冠”活动，推动形成拥军优属、拥政爱民浓厚氛围。年内，午极镇党委书记曹永刚、乳山口镇党委书记刘伟被威海市委、市政府和军分区表彰为“基层党管武装好书记”，海渔局、卫生和计划生育局被威海市国防动员委员会表彰为“支持关心国防建设新闻单位”。

【战备训练工作】 2014年，乳山市人民武装部加强国防后备力量建设，完成48个分队2897人的基干民兵编组任务。筹划开展民兵应急分队训练和处置突发事件工作，全年组织8个分队462名民兵训练，依托民兵训练基地组织基层武装部长集训1期，在军分区组织的基层武装部长比武考核中，获团体第2名；分批进行应急分队处突维稳、防火防汛等训练，综合拉动民兵应急连3次，提高民兵应急分队综合能力。开展“五项整治”(车辆事故预防、枪弹危险爆炸物品、演习训练活动、信息系统保密、机关工勤人员管理以及小散远单位）和“百日安全竞赛”活动，加强对人、车、枪、弹、密等重点目标管控，全年民兵实弹射击9次，动用枪支77次，消耗弹药7000发，无安全事故。

10月16日，消防大队在海上进行渔业消防救生演练 （仝庆凤摄）

【兵役登记和兵员征集】 做好兵役登记工作，全年完成登记2840人，登记率98%。按照“一季征兵，全年准备”的要求，组织体检和政审工作，完成272名新兵征集任务。其中，城镇59人，农村213人，本科文化程度34人，大专文化程度50人，其他文化程度188人。

【武装干部培养】 注重干部队伍的培养和锻炼，选派军事科参谋参加省军区参谋骨干集训，选派4名教练员参加省军区工兵专业集训，组织机关干部立足本职岗位实践锻炼。出台《专职人民武装干部考评细则》，对专武干部进行量化管理，采取参观见学、理论辅导、实际操作等形式集中培训，有针对性组织考核，考核结果作为年底评先重要依据，提高专职人民武装干部能力。

（隋书良）

人民武警

【武警部队乳山市消防大队】 2014年，乳山市武警部队消防大队以整治火灾隐患为重点，检查单位800家，整改隐患380处，下发责令改正通知书350份，对16家单位和个人进行行政处罚，罚款18.6万元。利用新一代3G移动网络技术建立新型消防监督检查系统，提高消防监督员工作效率，实现监督检查数据及时性和完整性，对火灾隐患进行实时跟踪监控。完成站前街消防站房产证、土地证办理工作，为威海地区首家完成“两证”办理工作的单位。加大消防资金投入，年内，申请政府购置540万元的消防器材和4辆消防车（2辆城市主战消防车、1辆重型泡沫消防车、1辆多功能抢险救援消防车)；投入20万元整修金岭中队执勤车库地面，修建羽毛球场和篮球场。

【武警部队乳山市边防大队】 2014年，武警部队乳山市边防大队以“爱民固边战略”和“海陆一体平安建设”为总揽，推动边防信息化、执法规范化、部队正规化建设，维护辖区和部队“两个稳定”，群众安全感和满意度进一步提升，获得省公安厅“先进基层党组织”称号、公安部边防局“爱民固边先进集体”称号。2014年，全力打造以“美丽海岛”和“美丽窗口”为核心的美丽系列品牌创建活动，以点带面，提升爱民固边成效及影响力；开展“三访四见”活动，走访群众5.8万户次、12.3万人次，收集群众意见建议205条，改进工作措施62项，兑现服务承诺45项；开展破案攻坚、“百城禁毒会战”等专项行动，破获案件302起，抓获违法犯罪嫌疑人154人，调解矛盾纠纷1125

起；组织集中清查20次，检查各类公共场所、特种行业952家(次)，摸排管控特殊船舶232条，查处违规船舶29条。年内，为群众做好事320件，帮扶辖区困难群众115人次，捐赠款物折款3万元。2个派出所获评武警总队“基层建设先进单位”称号，1个派出所记集体三等功，1人获评“全省优秀人民警察”称号，4人获评武警总队记三等功、“优秀共产党员”称号。

（王春晖　于志辉）

人民防空

【概况】 乳山市人民防空办公室（简称“人防办”）成立于2004年2月。2012年11月，经乳山市委、市政府批准，人防办独立开展工作，其主要职能为平时负责组织全市人民防空建设，战时组织开展城市人民防空袭斗争。

【人防宣传教育】 加强人防宣传教育基础建设，在市实验中学、向阳社区、供电公司分别建立人防宣传教育示范学校、示范社区和示范企业，设置人防宣传看板，配备防化服、担架等应急器材，为开展人防宣传教育提供基础保障。开展宣传教育活动，结合“5·12”防灾减灾宣传周和“5·24”警报试鸣活动开展人防宣传活动，在乳山市实验中学开设人防教育课程，宣传防空防灾基本知识；加大人防宣传力度，帮助市民了解人防工作内容、法律法规、政策措施。利用社会资源开展人防宣传，与乳山市振华商厦签订播放协议，利用大屏幕播放人防宣传片，普及人防知识。

【人防工程建设】 梳理乳山市人防行政权力事项，编制人防行政权力事项权力清单，向市民公开，打造阳光人防。前置人防审批，在项目规划阶段确定人防工程建设指标，做到人防意见与规划方案审批、建筑设计与人防设计同步进行，避免相互影响、反复修改问题。规范审批程序，细化审批流程，压缩办理时限，进驻市民服务中心提高服务质量和水平。创新人防专业队工程建设模式，利用社会资金，结合新建民用建筑建设人防医疗救护站及医疗救护专业队工程，填补乳山市人防医疗救护专业队工程空白，实现经济效益、社会效益和战备效益有机统一，完善人防工程防护体系。

【“两防一体”建设】 购置牵引式移动警报器1台，可在无外接电源的情况下发放各类警报信号，弥补乳山市固定警报器不足，提高全市防空警报网络的战时生存能力，实现警报信号无缝覆盖。5月24日，举行防空防灾警报试鸣，并结合警报试鸣，组织开展社区居民防空防灾应急疏散演练，各部门协调配合，各司其职，社区居民按照警报信号有序撤离，提高群众防空防灾意识和应急自救能力。拟定人防专业队伍工作方案，制定应急预案操作手册，修订《乳山市突发人防工程事故应急预案》并进行桌面推演。

（宋佩）

5月24日，人防办在东苑小区开展居民防空防灾应急疏散演练　（宋佩摄）

经济管理与监督

责任编辑:刘万波

发展与改革

【概况】 2014年,全市实现地区生产总值(GDP)441.59亿元,比上年增长9.7%。首获保障安居工程中央扶持、省级服务业发展引导资金,蓝区竞争类项目数量和资金列威海市各市区首位,通过创新项目审批模式,加强重点项目调度申报,推动县域科学发展在全省位次前移,实现全省综合排名提升9个名次,跃居全省前30名。

【争资立项迈上台阶】 2014年,全市纳入考核26个部门上报各类项目314个,争取无偿资金7.66亿元,扣除政策性因素,累计争取无偿资金7.12亿元。乳山市发展和改革局跑上争资8049万元,其中,保障性安居工程5个项目1次通过专家评审,为1222户争取中央扶持资金1310万元,乳山市首次在该专项上获得中央扶持;蓝区竞争类项目数量和争资额度实现突破,2个项目争取资金2100万元,另外5个项目获省蓝区切块类资金扶持1300万元,项目数量、资金在威海各市区最多;省、市两级服务业争资实现新突破,福如东海文化园展览馆项目通过省级审定,实现乳山市省级服务业发展引导资金零突破,全市争取资金200万元,同比净增130万元。

【重点项目调度申报】 对包括省、市级项目在内的106个重点项目,从项目开工即深入现场拍照留影,建立图文并茂的项目档案,准确掌握项目进展动态,"实现每月一调度、每季一通报、半年一考核",省级重点项目推进顺利,19个项目列入威海市重点,22个项目列入蓝区建设重点。福如东海文化园项目跻身2014年省级重点项目,实现乳山市省级重点服务业项目"零"的突破。威海市海洋贝类即食食品加工关键技术工程实验室和威海市果蔬精深加工工程研究中心成功获批;昊安金科省级工程研究中心成功通过省级验收,是乳山市第一家正式通过验收的省级工程研究中心。温喜生物创业人才项目入围"全省蓝色领军人才团队支撑计划",入选"威海蓝色领军人才团队支撑计划"并获资金支持。为福喜农牧和六合饲料公司争取玉米进口配额14400吨,节省资金1000万元。规范滨海新区、经济开发区专项资金使用,推动项目建设,8个项目全部按要求建设投产,通过各级验收检查。

【项目审批模式创新】 将行政审批事项全部纳入政务服务大厅集中受理,推行"服务前置、容缺受理、并联审批、即时办结"新模式,使审批服务由多头受理向集中受理、串联审批向联审联批、限时办结向即时办结转变。项目审批只审查项目外部条件,不代替企业决策,彻底为企业"松绑";将分别审批的招标方案核准、节能评估文件、社会稳定风险评估与项目核准合并审批;对原有、拟增加的如水土保持方案、水资源论证、抗震设防审查意见等前置

8月6日,山东省发改委副主任雷曜(左三)到乳山市调研省级重点项目
(发改局提供)

昊安金科生产车间（发展和改革局提供）

要件改为后置抄送，简化审批环节，加快项目推进，为企业减负。公开权力清单，确认现行有效的行政许可3项、非行政许可1项、行政处罚2项、行政监督1项、其他权利14项，并将设立依据、申请条件、审批程序、承诺时限、收费标准以及需提交的申请材料目录、格式文本、示范文本等全部向社会公开，让群众参与事中、事后监督。年内，审批项目108个，核准招标方案34个、办理节能登记108个，即时办结率、群众满意率100%。

【政府投资项目管理】 起草完成《乳山市人民政府关于进一步规范政府投资项目管理的意见》，提高政府投资效率，规范政府投资行为，防范政府投资风险。制定政府投资制度10项，规范决策程序、行政审批程序、资金管理程序，并调查2014年以前政府投资项目，完善2014年项目，对2015年项目全部纳入数据库，逐步使政府投资管理进入制度化、规范化、科学化轨道。

【重大决策谋划论证】 实施主体功能区划调整，起草完成《乳山市主体功能区调整实施意见》，经市委、市政府审议通过，成为全市重大战略规划。推进产业结构3年突破，与威海市发改委衔接沟通，对未来3年乳山市的经济发展指标、产业结构调整和重点扶持政策逐条分析、反复论证，争取上级政策支持，印发威海市《关于推动乳山产业结构三年突破的意见》，成为威海市4大重点战略之一。

【经济动态监测分析】 与统计局等18个部门联合建立宏观经济运行数据定期报送制度，通过经济运行要素统计数据共享、要素趋势性分析互通，逐月向市领导提供全市经济运行情况分析报告，使宏观经济运行分析质量更高、时效更强，全年下发产业政策目录、政府投资目录，编发发展和改革专报18期、信息28期，4次获领导批示，为部门和企业提供及时有效的政策解读，提高立项争资与产业投资的针对性、科学性。围绕加快服务业发展、国内核电重启、能源热点问题分析、城际铁路建设、超临界机组、海上竖轴风电、蓄能电池产业、渔港建设项目等重大项目进行论证，形成30个专题汇报，推动相关工作开展，为领导决策提供参谋依据。

【“十三五”规划编制工作启动】 汇总整理各镇（区）、部门提交的规划重点项目140个，筛选上报20个拟列入国家、省规划重点项目，拟定《乳山市“十三五”规划编制工作实施方案》，下发《关于“十三五”重大事项提报及重大课题研究和专项规划编制的通知》，确定乳山市规划编制时间节点和总体要求，明确30个重点课题和30个专项规划。组织召开全市“十三五”规划编制工作会议，开展宣传发动，加强骨干业务培训，坚持开门搞规划，通过政府网站、发展和改革网站、官方微信征集公众意见和建议，各项工作正在有序推进。

（李海波）

国有资产监督管理

【概况】 2014年，在国有资产监督管理工作中，积极应对复杂的经济形势，不断强化国资监管，壮大国资规模，增加资产收益，各项工作取得新进展。截至2014年年底，全市行政事业单位181户，资产37亿元，总负债14.8亿元，净资产22.2亿元。

【国有企业资产管理】 2014年，全面落实《乳山市人民政府关于试行国有资本经营预算的意见》及5项配套办法，采取日常监管和重点监管相结合的方法，加强国有企业监管。日常监管主要审批企业重大事项，重点监管主要以企业负责人业绩考核为抓手，协同审计、企业主管部门，核实34户国有企业2013年度国有资本收益实现情况，考核企业负责人2013年度经营业绩情况。

【行政事业单位资产管理】 落实行政事业单位国有资产管理制度，把资产配置、使用、处置、收益收缴、信息报告等具体工作规范化、法制化。加强资产信息统计工作，做到全面及时，截至2014年年底，全市行政事业单位181户，资产37亿元，总负债14.8亿元，净资产22.2亿元，其中，房屋建筑物8.7亿元，交通工具2亿元。各有关单位撤销、分立、合并需划转资产，及时办理资产划转、注销登记及占有产权登记手续。根据《市直机关事业单位国有资产收益管理办法（试行）》，严格把关审核全市行政事业单位资产处置情况，全年取得变卖收入31万元。加强国有资产收益管理，根据《市直机关事业单位国有资产收益管理办法(试行)》，将资产收益应收尽收、及时入库，当年收缴租金80万元。

(孙东涛)

【乳山市国鑫资产经营管理有限公司】

监管国有资产　2014年，规范权属单位经营管理，确保国有资产保值增值。收缴金洲集团国有产权收益570万元。出席国投中鲁、金洲集团、鑫山冶金等权属单位召开的股东大会及董事会。会同国资局、审计局完成对国际大酒店等国有企业负责人经营业绩考核。

帮扶企业发展　完善工业企业融资担保扶持办法，拟定担保企业名单，为滨海新区、经济开发区和企业提供贷款担保2.2亿元。多次外出考察，为乳山港寻找“经理人”，促成与外合作经营，并与筛选出的港口经营合作方签订经营合作协议，督促市港航基础工程公司及时完成资产移交工作，并健全对“经理人”监督约束机制。通过外出对接，与烟台瑞康医药公司签订托管医药公司协议，妥处市医药公司历史遗留问题及经营资格证过期不能持续经营难题，保障医药公司职工权益。跟踪督导星歌公司搬迁工作，衔接土地、建设、消防等部门做好新厂区的办证、验收等工作，促成顺利搬迁。协调中创公司解决新厂区供水、太阳能安装、屋顶排水改造等难题。

【乳山市城市国有资产经营有限公司】

债券资金管理　与市内外多家银行协商，筛选金融机构3家，签订不同的资金存管协议，做到债券资金效益最大化，保障全市相关工程项目的资金使用，减少债券资金使用成本。通过优化管理，收取债券资金存款利息1942万元，比同期银行对公协定存款利息多1500万元。组织总额10亿元的城投债二期项目募集工作。

资产规模壮大　创新思路，寻找新的资产资源，壮大融资平台资产规模，为公司拓展融资业务做好资产储备。在市海洋与渔业局的协助下，衔接省、市渔业部门办理乳山海域使用权证。全年办证面积2万公顷。

项目融资推进　围绕城市基础设施建设，推动市第二污水处理厂及管网改造项目挤进国家信贷政策扶持项目，1亿元项目贷款申报资料通过金融机构审核。

(宋媛媛)

工商行政管理

【概况】　2014年，乳山市工商行政管理局围绕加快科学发展，适应体制转变形式，创新服务方式，强化效能建设，为全市经济社会发展做出积极贡献。以实施工商注册便利化改革为主线，激发社会创业活力，全年全市新登记市场主体总数5782户，比上年增长86.9%。发挥参谋助手作用，帮助企业发展，指导个体户转型升级为企业145户。营造公平竞争环境，维护消费者权益，全年查处各类案件139起，结案126起，维护市场经营秩序。

【注册登记管理】　2014年，放宽注册资本登记条件，将注册资本由实缴制改为认缴制，将企业年度检验制度改为企业年度报告制度，推行“先照后证”改革。实施注册“便利化”，实行一次性告知和“一站式”服务，压缩审批环节，简捷办理，完善前置审批向导、绿色通道、特事特办等服务制度。实施“登记注册零成本、登记准入零障碍、登记时限零等待”政策，打造市场“宽进”体系，降低市场准入门槛，提高登记注册效率，激发社会创业活力。全年全市新登记市场主体总数5782户，比上年增长86.9%。其中，新登记个体户4486户，增长88.3%；新登记中小企业1146户，增长97.6%。

【公平交易管理】　营造公平竞争环境，开展公用企业及其他具有独占地位的经营者商业贿赂、限制竞争等不正当竞争执法检查，查处各类案件139起，结案126起，罚没款101.9万元，全年案件零复议零诉讼，维护市场经营秩序。开展房产中介整治活动，下达行政指导文书65份，受理房地产中介交易相关投诉61起，对涉及房产中介违法的3起案件，分别给予1～1.6万元行政罚款；对4起无照从事房产中介服务案件，分别给予取缔、罚款2000元。强化流通领域商品质量监管，开展“无照经营集中整治”“‘3·15’晚会曝光产品”等整治行动，检查各类经营户2400户(次)，抽检商品200个批(次)，

12月6日，威海市工商局“合同助农”现场会在乳山市召开　(工商局提供)

查处销售假冒伪劣商品案件73件。开展红盾护农活动，抽检各类农资196个批(次)、成品油39个批(次)，查处农资、成品油违法案件175件;配合乳山市政府烧烤整治办公室综合整治、验收烧烤摊点。联合乳山市烟草专卖局加强对烟草专卖品销售市场的监管，接受无证销售移交案件32起，全部处结。

【商标战略实施】 2014年，全市有80家企业提交商标注册申请，指导企业申报2家、续展省著名商标企业2家，全部通过省工商局审批，并公告;指导3家企业申报、续展威海市知名商标企业6家，全部完成认定;将“乳山苹果”“乳山巴梨”纳入地理标志证明商标培育对象，2项商标正在国家商标局审批。

【合同信用管理】 发展“订单农业”合同助农，完成制订推广农副产品购销合同、蔬菜购销合同、金银花种植收购合同、丹参种植收购合同等13类合同示范文本，并自筹资金印刷2万份，免费发放到全市农民和涉农企业手中，在涉农行业开展“守合同重信用”农户评选活动，全年评选订单农户80户。推进企业年度报告与企业信用管理，在乳山红盾信息网上发布企业、个体工商户、农民专业合作社自2014年10月1日至2015年6月30日进行2013年企业年度报告申报并公示公告，将不正常经营市场主体列入经营异常名录并向社会公示。

【助推企业发展】 开展“情系企业·红盾走访”活动，走访企业1000户，征求建议71条，帮助解决问题33件。发挥参谋助手作用，向市委、市政府撰写各类发展市场主体和促进“个转企”工作建议、汇报13份。年内，指导个体户转型升级为企业145户，户数位列威海市第二名，仅次于荣成市;占2013年个体户数比重0.96%，位列威海市第一名;其中，73户转为公司制企业，占比50.34%。帮助企业解决融资难题，在动产抵押和股权质押登记工作中，从减少办事环节、拓宽融资渠道入手，引导企业用足、用活政策，寻求融资最佳切入点，通过召开银企见面会、现场办公等形式，帮助企业盘活存量资产、解决融资难题。全年办理动产合同抵押17份，主债权金额7972万元。

【消费者权益保护】 提高消费维权水平，联合市文明办、市质监局、市食品药品监督管理局等部门举行“‘3·15’国际消费者权益日”宣传活动，宣传新修订的《中华人民共和国消费者权益保护法》，做好消费投诉举报处理工作，全年处理消费者申(投)诉352件，咨询1285件，为消费者挽回经济损失156万元，其中，处理群工部转办“民生交办单”66件，处结率100%。做好综合治理工作，开展“五小行业”整治，引导具备条件的无照经营户申领证照转为合法经营，指导办证办照2000户;加大打击传销力度，开展“无传销城市”创建活动，驱散涉传人员400人;加强直销企业监管，每月定期深入各大中型商场开展“工商大讲堂”活动。

(侯宪平)

国土资源管理

【概况】 2014年，乳山市国土资源局正确处理“保护与保障、服务与管理”关系，实现“保护中发展、发展中保护”目标，为全市经济发展提供资源保障。岠嵎山经省国土资源厅批准获省级地质公园建设资格。行政服务窗口全部进驻市政务服务中心，压缩业务办理时限7项，办理土地登记3.1万宗，连续获评“优秀服务窗口”。

【土地专项国家审计】 2014年8月17日，审计署审计组14人进驻乳山，审计乳山市2008～2013年土地出让收支和耕地保护、土地融资及建设用地审批、征收、供应、使用等事项，至10月31日完成。审计期间，全市按要求提报资料，对发现的问题及时整改，各项任务完成。

【耕地保护与整理】 2014年，落实耕地保护目标责任制，组织市、镇、村层层签订责任状，健全各项管理制度，实现上下联动、各负其责，全市耕地58397.83公顷、基本农田49854.75公顷得到保护，没有发生违规占用现象。开展土地开发整理，争取上级扶持资金，争取威海市项目5个，扶持资金900万元，项目规模433.93公顷，增加耕地37.47公顷;组织县级补充耕地项目8个，投资500万元，项目规模272.6公顷，增加耕地33.87公顷。

【土地盘活使用】 制定闲置和低效利用土地清理盘活方案，组织调查摸底，建立详细台账，引导镇(区)在引进项目时统筹利用，全年各镇(区)自主盘活闲置和低效用地17宗139.13公顷。依法处置闲置土地，解除用地合同，收回闲置土地用于其他项目，全年盘活闲置低效用地7宗25.87公顷，进入处置程序5宗19.53公顷，有条件延长动工开发的6宗40.86公顷。规范用地市场建设，全年出让工业用地72宗162.33公顷，出让价款3.41亿元;经营性用地74宗266.53公顷，出让价款31.34亿元。实施城乡建设用地增减挂钩，明确挖潜指标奖励标准，确定3个镇6个村进行试点，规模13.86公顷，项目实施后可周转建设用地指标11.86公顷。抓好海岸带综合整治，立案查处43宗，其中，主动拆除8宗，移交法院35宗，整治工作基本结束。

【矿产资源管理】 依法管矿，开展矿山企业检查和储量动态检查，及时掌握各矿山企业生产经营情况。定期组织查处违法采矿活动，将矿业权监管与安全生产管理结合，组织专家深入井下检查矿山2次15处，对发现的5家13处违法违规问题责令限期整改并全部监督落实到位。建立石材矿山

6 月 26 日，国土资源局组织矿区采空区地质灾害应急演练（国土资源局提供）

有序退出机制，市政府出台《关于强化石材开采综合整治建立有序退出机制的意见》(乳政办发〔2014〕28 号)，计划利用 4 年时间将全市石材矿山全部退出。2014 年，关停石材矿山 11 家。

【地质环境保护与灾害防治】 依法做好新办、延续矿山地质环境审查工作，落实地质环境保证金制度，全年收取保证金 271 万元，收缴面达 100%。组织地质灾害巡查 210 人次，发放防灾减灾宣传手册 300 份，发布预警 8 次，开展应急演练 3 次，参演者 300 人，及时排除隐患 1 处。完成到根见村隐患点搬迁工作，基本完成宫家村北花岗石废弃矿区环境治理与修复示范工程；争取省级资金 1500 万元，实施金碃岭矿区恢复治理工作；市政府投资 91 万元，治理 8 镇 43 个村 149 个废弃矿井；经省国土资源厅批准，岠嵎山获省级地质公园建设资格。

【测绘行业管理】 新增“数字乳山”地理信息平台应用单位 3 家，完成数据更新准备工作。完成第一次全国地理国情普查资料收集工作，上报资料 134 份。对测量标志采取定期和动态相结合巡查管护，按属地管理原则，责任到人，全年全市完好率 100%。开展测量标志普查工作，调查工作已完成，正在进行数据汇总整理。

（郑鹏飞）

安全生产监督管理

【概况】 2014 年，乳山市安全生产监督管理局以“安全生产责任落实年”活动为抓手，围绕责任落实制度化、隐患排查常态化、本质安全标准化、日常监管网格化、宣教范围扩大化要求开展工作，加大安全生产责任落实力度，创造良好安全生产环境。年内，获“全省安全生产工作先进单位”称号。

【体制机制完善】 强化安全生产目标管理，加大责任落实力度。一是强化组织领导。拟定《乳山市委市政府关于进一步加强安全生产工作的意见》，将安全生产工作纳入各级党委工作全局和议事日程，作为领导干部培训教育和宣传思想工作、精神文明建设、党风廉政建设重要内容，完善“党政同责、一岗双责、齐抓共管”责任体系。二是落实监管责任。筹备召开全市安全生产工作会议，完善市政府与各镇及相关部门 2014 年度目标责任书，细化责任内容，增强目标责任的可操作性。拟定《乳山市安全生产考核工作的意见》，对各镇(区)实施季度考核制，对相关监管职能部门实行年终百分考核制，对企业实行 ABC 三级考核体系，通过与干部使用、资金扶持等政策相结合，建立工作长效奖惩机制。三是落实企业责任。督导企业健全规章制度、作业标准和岗位技术操作规程，采取先进的安全管理方法和安全技术措施，改善安全生产条件，提升安全水平。

【安全生产隐患整治】 坚持“专家查隐患、部门抓监管、企业抓落实”原则，采取“政府购买服务”方式，严查细排安全隐患，打击安全生产领域非法违法生产经营行为，规范经营秩序。发挥市政府安委会办公室职能，协调相关监管部门，按照“责任落实年”活动总体要求，将排查治理事故隐患作为主线，开展大检查和“打非治违”活动。开展资质检查行动、“百日攻坚”行动、建筑施工领域防坍塌“回头看”活动、油气输送管线治理行动、安全隐患排查集中整治活动等专项行动，管理各重点行业、领域排查治理大批安全隐患，全市安全生产形势较上年明显好转。全年排查企、事业单位 1721 家(次)，排查整改安全隐患 2649 处；打击非法违法行为 20283 起。组织有关专家全年检查露天矿山 103 家(次)、井下矿山 6 家(独立生产系统 11 个)、在用尾矿库 9 座，查出安全隐患和问题 244 条。聘请专家检查 6 家危化品生产企业和 6 家化工企业、8 家企业的危险化学品储罐区，全年检查企业 135 家(次)，查出安全隐患 310 条。开展铝镁制品机加工等涉爆粉尘企业治理活动，牵头组织质量监督、公安消防部门联合检查 7 次，重点抽查 7 家涉爆粉尘企业，查出安全隐患 43 条。

【安全生产基层建设】 开展安全生产标准化工作，全市 36 家非煤矿山企业中，1 家达到二级标准化要求，其余 35 家均达到三级标准化要求；6 家危险化学品生产企业中，达到二级标准化要求 1 家，达到三级标准化要求 4 家，1 家新取证企业标准化建设启动。39 家规模以上企业有 24 家通过标准化评审，余下企业与中介公司签订技术服务协议或申请中。抓实行政许可及转报工作，组织专家评审并通过 5 家露天采石场建设项目安全设施设立设计

2月25日,乳山市安全生产工作会议召开　　（安监局提供）

审查；验收3家露天采石场建设项目安全设施;完成1家生产企业、10家甲类经营、5家涉及易制毒易制爆经营、1家涉及易制毒生产，经营许可转报工作；完成3家非药品类易制毒化学品三类备案，发放危险化学品经营许可证149份。对绿色动力垃圾发电项目和咸宁采石厂花岗岩开采、金牌生物海参饲料等7个项目进行安全、职业、卫生“三同时”验收;督促并指导福喜农牧、好当家荣佳等8家企业补办“三同时”竣工验收手续。开展安全生产应急救援演练工作,承办市政府应急办4次市级应急演练计划,同时,做好企业应急预案备案工作。至2014年年底,全市地下矿山8家，露天采石厂40家,危险化学品生产企业6家,危险化学品经营企业47家,烟花爆竹批发企业1家,其他企业5家。

【安全生产网络监管】 建设矿山信息系统，要求相关企业根据矿井开拓开采变化情况,调整完善系统设置,加强维护保养,确保正常运行;对2座四等以上在用沟谷型和傍山型尾矿库安装在线监测监控系统。改造涉氨制冷设施,要求企业聘请有资质设计单位,按照符合规范要求设计图纸逐一整改落实；倡导企业从工艺流程上取消热氨冲霜作业,全部改用水融霜,杜绝热氨融霜引发液氨泄漏隐患。截至12月末，全市97家涉氨企业中，关停22家,34家进行氟利昂制冷介质更换。完善网格化监管平台，普查核查生产经营单位基础信息，将监管信息及企业隐患自查自纠、重大危险源监控等信息实时录入平台,定量、定情、定位到单元网格和电子地图上，实现静态监管与动态监管相补充，保障政府监管责任和企业主体责任落到实处。全年全市58家危险化学品企业、39家非煤矿山企业、167家工商贸企业及1家烟花爆竹销售企业信息全部录入平台。

【安全生产宣传教育】 把安全培训和强化舆论宣传作为安全生产重要环节,灵活方式,扩大宣传面,提高群众的安全生产意识，构筑完善群防群治安全生产管理格局。全年培训生产经营单位主要负责人和安全管理人员2557人,其中,非煤矿山367人,危险化学品705人,一般工商贸358人,职业卫生290人;培训特种作业人员837人。“安全生产月”期间,在乳山电视台、《乳山时讯》上发表深入开展“安全生产月” 活动公告并播放安全生产警示语;在城区主要街道悬挂“安全生产月”宣传标语条幅;举办“主题咨询日”活动;在电视台播放安全生产影片,组织各镇(区)、相关部门观看;开展安全生产知识进企业、进社区、进校园活动、青年安全生产示范岗活动、知识答卷活动等,营造安全生产氛围。

（刘杰）

物价管理

【概况】 2014年，乳山市物价局围绕稳物价、调结构、惠民生,强化价格管理与服务,整顿规范价格秩序,拓宽价格公共服务领域，服务全市经济社会发展。被国家发改委经济导报社授予“价格宣传工作先进单位”称号。

【服务发展】 制定《规范城市基础设施配套费征缴意见》,2014年5月1日,以市政府文件下发实施,将水、电、气、热等专项配套费统一归并为城市基础设施配套费，新建项目及已建成未售出商品房城市基础设施配套费一律计入商品房销售价格，不得在房价以外收取相关费用。出台智能停车场收费标准，对市政府在车流密集部位规划设置的停车场,拟定收费标准,加强机动车停放服务收费管理，维护经营者和消费者合法权益。规范涉企收费,联合经信局、监察局推行企业交费登记卡制度,3～10月，班子成员带队集中走访企业158家;组织编写《乳山市现行收费项目及收费标准汇编》及制作“企业交费登记卡”,免费向企业发放；回访企业交费登记卡制度执行情况,征求企业意见建议,杜绝涉企违规收费,减轻企业负担。

【价格监督检查】 召开全市大型零售商场价格政策提醒告诫会，组织人员不定期抽查全市明码标价情况，规范经营者行为，并检查全市商品房销售及旅游市场明码标价规定执行情况，检查未备案在售楼盘62个,对部分没有明码标价或明码标价不规范的商品房开发企业、商品房经营单位及旅游景点和餐饮住宿酒店，开具整改通知书,责令限期整改。检查建设、交通、环保、工商、消防5个系统下属单位收费及教育收费、医疗收费等，听取群众对治理乱收费工作意见建议，规范收费秩序。受理和查处价格举报案件，做到事事有回音、件件有着落，维护群众和消费者的合法权益，年内，通过“12358”价格咨询举报电话对价格违法行为依法予以处理，全年收缴罚没款23万元，退还用户多收价款46.9万元，减轻企业和群众负担；通过来电、到访等渠道，受理群众投诉、举报96件(次)，办结率和满意率均达100%。

【价格与收费管理】 出台调价政策，做好价格管理工作，规范理顺全市4家驾校驾驶员培训费；调整大乳山景区和石佛山景区门票价格；完成小汤温泉定价资料审核并提出初步定价意见；规范理顺公办高中择校生收费标准；与行政执法局联合制定市区集贸市场及早、夜市卫生管理费收费标准；与住房建设局联合下发《关于明确集中供热收费有关问题的通知》，明确规定阁楼和跃层住宅及换热器收费办法；审核乳山绿色动力再生能源有限公司电价补贴材料，为企业争取上级电价补贴；规范乳山市中昆仑燃气有限公司试运营期间车用天然气销售价格，确保车用天然气市场价格稳定。做好价格调研工作，调研垃圾发电、风电、养老机构收费情况；对峰谷分时电价和居民阶梯电价政策执行情况，形成统计数据上报市物价局；调研2013年垃圾发电结算电量及上半年城市供水情况和污水处理情况；就公立医院改革修改过的调价情况召开乳山市公立医院改革座谈会，反复征求5家试点医院和3个局意见，完成乳山市县级公立医院医疗服务价调整。加强收费管理，做好收费许可证年审工作，严格收费单位信息填录、收费项目与收费标准理顺、收费许可证打印。审核经营服务性收费项目，要求收费单位备案。年审农机、民政、质监、畜牧等单位收费项目91个。按照国家、省、市文件要求，暂停收费项目6项、降低3项。做好价格调节基金征收工作，为政府调控市场，平抑物价奠定基础。全年收缴基金690万元。

【价格监测服务】 做好价格监测点规范化建设，全市原有监测点资格确认13个，取消2个，新增4个，并适度调整监测商品品种。统一发放“价格监测定点单位”标识牌，并建立考核台账，配套规章制度，培训采价员业务，规范监测点采报价行为，确保监测数据及时、准确、真实。加强价格信息发布和宣传力度，围绕民生关注，做好60种民生商品价格日常监测；利用电视栏目、网站和6处LED电子屏幕开展价格信息服务，在《威海晚报〈今日乳山〉》开辟主要农副产品价格行情专栏，每周一期，扩大价格服务覆盖面。

【价格认证】 按照山东省涉案物品价格鉴证操作规范开展价格鉴证工作，严守操作规程，做好涉案认证，全年受理案件152起，标的额660万元，涉案物品上万件，实现涉案鉴证零复议。组建“乳山市价格鉴证专家库”，在工程造价、房地产、汽修、金银珠宝和园艺林木等10个行业，选任各类技术专家10名，年内，10人次在8起案件中发挥重要作用。

（姜芳）

食品药品监督管理

【概况】 2014年，乳山市食品药品监督管理局以机构改革为契机，围绕保安全、重民生、促发展的要求，创新监管模式，提升服务水平，推进科学监管、依法监管、和谐监管，保障全市食品药品市场健康稳步发展。截至12月末，全市有食品生产企业55家，食品流通业户4385家，其中，批发14家、零售3367家、批零兼营1004家，餐饮单位846家，药品包装材料生产企业5家，医疗器械生产企业3家，药品批发企业1家，药品医疗器械经营企业及医疗机构等涉药单位683家，保健食品经营单位142家，化妆品经营单位92家。

【机构职能改革】 按照乳山市政府办公室《关于印发乳山市食品药品监督管理局主要职责内设机构和人员编制规定的通知》(乳政办发〔2014〕11号)文件精神，3月，组建新的乳山市食品药品监督管理局（加挂市食品安全委员会办公室牌子），局机关内设办公室、综合协调科、行政审批科、食品生产与流通监管科、餐饮服务食品监管科、药品医疗器械监管科、保健食品化妆品监管科7个科室，辖属食品药品稽查大队（副科级)1个事业单位、15个基层派出机构。全系统设编制126个(其中行政编制108个，事业编制18个)，有在编人员118人。其中，接收从工商行政管理局划转的公务员86名。局领导班子配备局长1名，副局长3名，市纪委派驻纪检监察员1名。改革后从工商、质监、卫生局等单位划转食品生产流通监管职能4项，承接威海市局下放药品零售许可职能4项，加强行政审批职能2项，负责辖区内食品生产、流通，餐饮服务环节安全及药品、医疗器械、保健食品、化妆品安全监督管理工作。有执法用车23辆，人员及办公经费由市财政全额拨给。

【群众饮食用药安全】 按照网格化监管原则，结合开展食品安全“乳山行动计划”和食品药品专项整治工作，加大日常检查及网上巡查力度，整顿和规范食品生产流通、餐饮服务、药品器械及保健化妆品市场秩序。截至2014年年底，出动执法人员21808人次，车辆6253车次，检查食品药品生产经营单位9472家次、行政自然村578个、集贸市场和庙会95个次、旅游景点1个，责令改正101户，查办案件24起，罚款6.7万元。

食品安全协调 制订下发食品安全整治、食品安全抽检监测情况调研等方案，在601个行政村和21个城镇社区设立622名食品药品安全协管

12月29日，乳山市创建国家食品安全城市动员会议　　（张蓓蓓摄）

员，构建覆盖"市、镇、村"三级食品监管网络。组织市食品安全委员会等相关单位开展2次全市食品安全事故应急实战演练，制定各镇（街道）食品药品安全工作岗位考核责任制，建立协调沟通机制，打好监管工作基础。根据"食安山东"品牌引领行动方案要求，出台具体措施，争创国家食品安全城市，促进食品产业发展。年内，摸底调查生产企业通过GB/T22000或HACCP认证情况，参与餐饮品牌示范街区、示范店和学校示范食堂创建活动，规范检查拟申报示范单位20家，推荐上报东海宾馆水饺、大包等地方名吃4种，推荐乳山市正洋食品有限公司为"食安山东"生产示范单位。规范市场秩序，以城乡结合部、小商品批发市场、校园及其周边为重点对象，以向食品生产经营者索证索票、进货查验记录为重点内容，分别开展婴幼儿配方乳粉等乳制品、肉类、小摊贩、小餐饮及网络食品交易等整治。发挥乳山市食品安全办公室综合协调职能，加大联合执法检查频次，加强对重点地区、重点品种、重点时段的监督检查。开展肉及肉制品、农村食品安全执法行动，形成监管合力。

食品生产流通经营监督　开展食品生产、流通领域摸底调查工作，走访调查食品企业3200家，建立食品生产企业监管信用档案51家、食品流通企业档案3000份，为执法监管工作打下基础。建全企业主体责任制度，建立以监管信用档案和日常巡查为核心的监管机制，对51家食品生产加工企业开展主体责任检查2次，并审查食品生产加工企业年度报告48家。探索开展食品生产加工企业质量授权人制度，已有50家企业建立制度。对学校周边和城乡结合部重点区域，大中型商业超市、批发部等重点单位的米、面，特别是儿童食品(鱼肝油)和婴幼儿乳粉等重点品种的食品质量和标签标识开展专项检查，规范业主销售食品行为。

餐饮服务监管　加强食用油、肉类和食品添加剂重点品种，原材料采购、凉菜制作、餐饮具清洗消毒保洁等重点环节，旅游景区、学校及周边等重点区域，节假日、中高考等重点时段餐饮服务环节综合治理。推进餐饮示范街、示范单位和示范学校食品创建工作，完成4条示范街创建，"评定清洁厨房"470家，寻找"笑脸就餐等级评定"680家。完成出租后海岸带、城区露天烧烤整治工作。

药品器械监管　开展药品零售连锁经营管理、高风险医疗器械、药品包装材料生产企业及儿童鱼肝油类产品等检查。推进药品经营企业GSP认证及安全示范店、示范社区创建工作，年内，20个示范社区（村）、9家示范药店全部通过威海验收，完成39家药品经营企业认证。开展2013年度药品经营使用单位安全风险等级评定工作，评定A类单位585家、C类单位91家、D类单位5家。组织监督检查药品包装材料生产企业4家、医药批发公司1家，指导1家药品包装材料企业做好开办验收准备。开展诊所使用药品品种备案，完成备案97家。上报药品和器械不良反应报告1432份，新发生严重不良反应报告364份。做好本辖区媒体药品、保健食品广告监测和移交工作，监测和移交违法保健食品、药品广告12个。推进医疗器械整治行动，检查定制式义齿生产企业、医疗机构，重点检查定制式义齿、高风险医疗器械、体外诊断试剂供货商资质、医疗器械注册证书、产品检验报告等内容。年内，检查定制式义齿生产企业1家、二级以上医疗机构2家、乡镇卫生院14家、个体诊所50家、牙科诊所30家、村级卫生室106家、批发企业1家、经营装饰性彩色平光隐形眼镜单位8家，限期改正存在问题单位97家。

食品药品抽验　开展监督抽验、风险性抽验和评价性抽验工作，完成抽样计划，加强抽样研究。抽验所有食品生产企业、流通领域、餐饮服务单位重点产品，所抽样品涵盖大桶水、罐头制品、豆制品等38个品种，抽样598批次。药品抽样以基本药物目录内药品、知名品牌药品、高风险药品和中药饮片为重点，完成抽样120批次，其中不合格15批次。

食品药品经营主体准入　严把食品市场主体准入关，并把许可事项在单位网站上公示。截至2014年年底，发放食品流通许可证391家，变更652家，延期614家，注销16家；发放餐饮服务许可证384家；委托加工备案12家。按照省药监局药品零售（连锁）企业许可验收实施标准和《中华人民共和国药品管理法》规定，对新开办企业从严审查申报材料，杜绝弄虚作假违法行为发生。受理新开办药店9家、GSP认证企业102家和变更企业108家相关材料，完成认证26家。办理餐饮服务从业人员健康培训证2356个。

投诉举报处理　成立“12331”投诉举报中心，完善投诉举报工作制度、流程及台账，发挥服务群众、打击违法犯罪行为、重塑窗口形象作用。截至2014年年底，接收食品药品投诉举报59起，市长热线转办投诉举报33起，做到件件有结果、件件有回复。

【电子监管平台建设】　筹建食品生产流通电子监管平台，与软件公司合作开发电子监管平台，为远程监管、经营者索证查验和电子建账、消费者查询提供方便，截至2014年年底，完成40家软件安装和试运行。继续建设餐饮电子监管平台，年内新增40家“阳光厨房”，总数达86家，同步完成餐饮安全中央监控平台建设，减少执法人员现场检查频次，提高远程监管效率；筹建餐饮服务食品安全电子监管平台，了解餐饮单位基本情况、接待旅游和大型团队、信用评级等信息，2014年年底，有55家大型餐饮单位、学校、幼儿园食堂录入、上传数据。完成药品电子监管网建设，将市、镇、村三级694个药品经营和使用单位纳入监管系统，并在56家药店设置药品信息查询机，防范药品非法经营问题。

【食品药品监管宣传】　利用广播、电视、报纸、官方微博和网站等媒体宣传食品药品监管工作情况和部门职能，将工作动态、食品药品安全警戒、最新政策法规等信息及时公开，提升工作透明度。与《威海晚报·今日乳山》版签订全年宣传合同，每月制作1期食品药品安全专版；与电视台民生直通车栏目合作宣传食品、药品知识；与文广新局合作制作食品药品安全公益宣传片，在601个村播放公益宣传短片800场。组织业务骨干不定期举办食品药品安全进社区、进集市、进农村活动，通过广场宣传、举办专题讲座等方式，面对面解答群众问题；采取集中授课、现场指导、编印资料等方式，培训40次1162人次。全年编发《食品药品监管信息》38期，其中，被省局采用2篇，威海市局采用6篇；编发《工作简报》18期，在《大众日报》上发稿1篇，在《威海晚报》上发稿2篇，在《乳山时讯》上发稿15篇、发专版6个。

（姜华）

审计监督

【概况】　2014年，乳山市审计局着力提高财政绩效，依法履职尽责，强化队伍建设，发挥审计监督职能作用。全年完成审计项目55个，增加财政收入9000万元，减少财政支出1400万元；移送有关部门处理3人。4个审计项目被威海市审计局评为优秀。在乳山市政风行风评议中名列第一。年内，1人被山东省人力资源和社会保障厅、山东省审计厅和山东省公务员局记二等功奖励。

【财政审计】　以预算执行审计为主线，优化财政支出结构和提高财政资金使用效益，提出调整和优化财政支出结构的建议；摸清市财政和市直预算单位财政资金存量规模、结构和存储形态，提出盘活财政存量资金的建议。审计5个一级预算单位及其所属二级预算单位2013年的预算执行情况，审计建议加快预算执行进度，提高财政存量资金运行效率，依法规范财政收支行为，研究出台财政存量资金管理办法。加大税源延伸审计力度，抽查纳税企业10户、委托代征单位1个、纳税服务中心4个，其中，涉及旧村改造房地产企业3户。查出企业未按规定申报2个，偷漏税款28万元；企业未按规定计提7个，偷漏税款2486万元；2户预付工程款以不合规单据入账金额4222万元；旧村改造房地产开发企业账面挂账未缴税金1181万元，协调有关部门追缴税款。围绕政府关心、百姓关注的重点投资领域，加强审计监督民生项目、城市建设项目，纠正项目建设使用过程中的损失浪费行为。完成政务服务大厅、夏村镇九年义务教育制学校工程结算审计，保障房跟踪审计等工程审计项目，审计工程造价1.36亿元，审减造价1407万元。

【经济责任审计】　2014年，审计经济责任项目22个。整合审计人力、技术、信息资源，合理安排审计项目，拓展审计内容，把经济责任审计与财政财务收支审计、专项审计调查相结合，提高审计效率。重点审查领导干部履职情况、招待费和车辆费用情况，注重分清审计对象应承担的直接责任、领导责任或主管责任，确保审计事实清楚、数据无误、问题定性准确。发挥审计预警作用，促使1名干部及时上缴非法持有的15万元；针对某镇政府未与企业签订借款合同违规借款给企业问题，出具审计建议书，建议其签订借款合同，收回2000万元借款并进行资产抵押，确保国有资产不流失。该做法获乳山市委主要领导批示。

【专项审计调查】　2014年，注重围绕全市中心工作及群众关注的热点问题，确定专项审计调查事项，为市委和政府提供决策依据。审计调查官地村、夏北村、东南堆村旧村改造项目，市政府累计减免行政事业性收费4248万元。

审计调查全市2012～2013年扶贫解困资金管理、拨付及使用情况，已收缴资金30万元。随机抽样30个贫困职工和80个城乡低保户，提出强化扶贫资金公示、贫困职工档案管理的建议。

审计调查全市已售公有住房专项维修基金和2009～2013年商品住宅专项维修资金收缴、管理及使用情况，被调查11个房地产开发企业有7户欠交代收资金2815.39万元。开展2012～2013年科技专项资金审计调查，安排40个项目资金946万元，市政府发放企业创新平台建设奖励资金245万元，提出建立项目立项评审体

3月22日，审计局工作人员现场审计　　　　（审计局提供）

系、创新科技专项资金支持方式、建立项目进展和资金使用情况定期报告制度、强化专项资金问责制的建议。审计调查全市2012～2013年国有资产管理及运营情况，对1个企业做出罚款6万元审计决定，并移交其主管部门；提出开展国有资产普查，完善国有资本经营预算、管理制度，制定行政事业单位资产租赁管理办法和周转房管理细则，理顺政企关系，加速国企改革，防止国有资产流失等审计建议。

【上级审计任务承办】 执行审计署和乳山市政府交办任务，选派审计人员参与审计署和省审计厅安排审计项目。组织业务骨干参加全国土地出让收支和耕地保护情况审计，8月12～13日选调7人到威海市审计局培训，学习土地管理和土地出让收支方面政策法规及业务工作、全国土地出让收支和耕地保护情况审计工作方案，适应审计要求。选派1人参加山东省审计厅组织的经济责任审计。完成对乳山市公交公司运营、泰山石膏固定资产投资项目、国投中鲁固定资产投资项目、质监局和工商局资产下划项目、“三公”经费管理情况调查、威海恒邦化工有限公司纳税情况、水产供销集团公司和尚洞分公司资产负债审计、港务管理处资产负债审计等10个市委、市政府安排项目，为市委、市政府正确决策提供第一手资料。在与乳山市委办公室联合开展的“三公”经费管理情况调查中，所提交的情况汇报和建议，得到乳山市委主要领导批示。

【内部审计工作】 2014年，开展内控制度、绩效、比价采购、工程造价等项目审计，全市内审机构完成审计项目1886个，提出合理化建议2853条，促进增加效益3872万元。年内，3个单位被威海市审计局、威海市内部审计协会授予“全市内部审计工作先进单位”称号；乳山市农村信用合作联社张淑华被山东省内审协会表彰为“全省内部审计工作先进工作者”，乳山市人民医院张美艳、乳山市水务集团张爱萍、乳山市供电公司林岩3人被威海市审计局、威海市内部审计协会表彰为“全市内部审计先进工作者”。

（官秀娟）

质量技术监督

【概况】 2014年，乳山市质量技术监督局提升质监服务效能，落实质量监管责任，服务全市经济社会发展。年内，新增省级农业标准化示范区项目1个。检修计量器具7300台件，检验定量包装商品530批次。

【标准化示范区争创】 新增省级农业标准化示范区立项项目1个，由乳山市威茗茶叶有限公司承担建设。市质量技术监督局多次深入田间地头开展技术指导，控制种植关键点，检查茶叶系列标准贯彻落实情况，强化清理示范区及周边农资市场，打击假冒伪劣化肥、农药。

【计量监督与管理】 推进计量器具检定工作和定量包装商品净含量检验工作，维护计量秩序。全年检修计量器具7300台件，检验定量包装商品530批次。检定用于贸易结算的加油机、电表、煤气表、衡器，安全防护用的压力表，医疗卫生计量器具、出租车用计价

5月20日，质量技术监督局工作人员进社区计量服务　　（质监局提供）

器，在用计量器具受检率98%。

【特种设备安全监察】 开展涉氨制冷企业专项治理，规范其压力容器、压力管道安装使用行为，检查企业97家，下达特种设备安全指令书138份。开展电梯安全专项整治，组织人员重点排查商场、超市、酒店等人员密集场所电梯、手扶梯，检查设备610台次，当场责令相关单位限期整改，消除安全隐患。开展特种设备资质检查，检查气瓶充装、特种设备生产单位36家，下达安全指令书3份。

【质量监督与行政执法】 组织风险排查和专项执法，把隐患消灭在生产源头。开展质量安全隐患排查，组织执法人员监督检查和明察暗访，摸底排查辖区内危险化学品及包装物、烟花爆竹、化肥、农药等7类重点工业产品企业，并建立产品质量安全工作档案。做好专项行政执法工作，开展整治危险化学品运输违法行为、农资大检查等7次产品质量集中整治行动，出动执法人员234人(次)，检查企业96家。推广组织机构代码网上服务，2个工作日完成审核、发证，新注册组织机构代码证当日办结，自2014年1月1日起，取消各类组织机构代码验证。

（牟振）

质量检验检测

【概况】 2014年1月27日，经市委、市政府批准在原乳山市产品质量监督检验所基础上，整合农业、海洋渔业及食品药品监管、质量技术监督等部门的检测资源组建乳山市检验检测中心，为市政府正科级事业单位。有工作人员27人，其中，在编16人，聘用11人；具有中级以上专业技术人员9人。下设办公室、食品农产品检验科、技术设备保障科、药品检验科、工业产品检验科5个科室，主要职责：承担全市食品、药品、保健品、化妆品及公共环境生活饮用水检验检测；承担全市农产品(种植业产品、畜产品、海产品)、农业投入品及农业种养殖环境检验检测；承担全市工业产品(商)检验检测；拟定汇总全市年度抽样检测计划，并督导落实各相关部门抽样计划的执行；为全市相关执法监管部门和社会委托提供检验检测服务；为市政府和相关部门提供质量信息及相关分析报告；完成市政府交办的应急检验检测任务；开展食品、药品、药品包装材、保健品、化妆品和工业产品检测方法和检测技术的科研工作；承办市委、市政府和上级相关部门交办的其他任务。全年完成1178批次食品农产品定量检测和160个村集中供水水质检测计划。完成定量检测1670批次，超出年度计划42%。完成1.5万批次定性检测任务。

【应急检测事件处理】 制订应急检测方案，配备专职应急检测人员，加强应急检测演练，保障应对应急检测任务。全年完成育黎镇由古村（龙角山水库饮用水源)应急水质检测、威海艺校疑似食物中毒食材应急检测、福喜（农牧)发展有限公司和福喜(威海)食品有限公司食品应急检测、乳山口镇兰家村婚宴疑似集体食物中毒食材应急检测任务4次，为食品安全监管部门提供技术支撑和保障，做到应急事件及时、准确处理。

【检验检测能力提升】 2014年4月，投入20万元，完成实验室电梯、通风设施、凯氏定氮仪、原子吸收分光光度计等仪器设备的维修及安装；6月，对需省、威海市级及乳山市计量检定的设备进行计量检定。派出人员参加山东省质监局组织的内审人员培训班，通过培训考核取得内审员资格；成立内审小组，根据实验室资质认定管理办法、实验室资质认定评审准则等法规文件要求，修订机构整合后的《质量手册》《程序文件》《作业指导书》等系列质量管理文件。

（马辉）

9月28日，检验检测中心工作人员校验加油机　（检验检测中心提供）

统计工作

【概况】 全市统计系统围绕市委、市政府中心工作，履行职能，推动统计工作再上新台阶。开展第三次全国经济普查工作，为党委政府准确把握宏观形势和科学决策提供参考。及时跟踪、监控，完成各项经济指标统计分析。全市登记法人单位5200个，产业活动单位238家，个体户18519户。

【统计调查】 开展第三次全国经济普查工作，采取逐门入户方式，组织普查指导员、普查员利用PDA设备对普查对象进行现场定位、数据核查及证照拍照，以“四上”(规模以上工业企业、县以上批发零售企业、资质内建筑和房地产企业、规模以上服务业企业)企业入户登记为重点，分层次、分专业逐个梳理普查对象，确保普查全覆盖。全市登记法人单位5200个，产业活动单位238家，个体户18519户。推进城乡一体化住户调查，统计城乡居民的收支、结构以及增长情况，全面反映全市不同收入层次居民生活状况。完成社情民意调查工作，开展城乡环卫一体化和“四德榜”(孝德、诚德、爱德、仁德)建设情况、民情集中走访情况、镇区社会综合评议调查、“听民声”群众满意度等4项社情民意调查工作，抽查样本数1万个。组织山东省县级粮食产量抽样调查，按照粮食面积实地调查和丈量、粮食单产实割实测原则，完成夏、秋粮食产量抽样调查工作。

【基层基础建设】 下发《2014年度镇区统计工作目标责任制考核办法》，加强对基层统计工作目标考核和业务指导工作。每季度组织基层统计人员召开统计工作会议，就企业一套表及其他各项统计工作进行调度指导，及时解决统计工作问题。组织市、镇(区)和“四上”企业统计人员参加业务培训，提高基层统计人员业务水平。完善机关管理制度，建立机关工作人员AB角制度，健全乳山市统计局工作人员职责目标、乳山市统计局2014年工作人员考核办法，开展“人人登讲台”活动，培育干部“爱岗敬业、追求卓越、勇于奉献”的价值观。跟踪和监控各项经济指标，完成《幸福乳山综合评价报告》，报送《主要经济指标预计》《统计月报》《周边县市主要经济指标对比》等统计资料。开展街头宣传、专项宣传、网络宣传、统计咨询等活动，宣传统计知识，提高社会认知度。全年完成统计分析和调研材料18篇，其中《山东统计》采用分析材料2篇。

【新增单位名录库录入】 做好新增单位名录库录入工作，组织召开专题统计工作会议，要求部门和镇(区)利用工商、税务、质监等部门提供的新增企业信息以及镇(区)街道统计人员通过电话联系、实地走访所得信息，指导符合条件企业做好入库申报工作。全年基本单位名录库新增企业725家，其中“四上”企业46家，规模以上工业企业25家。

(徐英)

行政审批

【概况】 2014年，乳山市政务服务中心从提升政务服务软、硬环境入手，深化行政审批制度改革，加强体制、机制、服务、管理创新，打造公开公正、方便快捷、优质高效服务平台。全年受理和审批事项5万件，群众满意率100%。年内，政务服务中心大厅搬迁新址，进驻公共服务企业12家、中介服务机构14家，工作人员218人，可审批行政事项255项，占本级行政审批事项98.8%。大厅分为建设工程项目审批服务区、市场主体设立审批服务区、房产交易服务区、国税和地税办税服务区、公共服务企业服务区、中介机构服务区6个功能区，集中审批职能，完善服务功能，实现让群众“进一家门、办百家事”愿望。

【行政审批“四到位”】 摸底全市行政审批事项，推动行政审批集中化、规范化和高效化，本着“应进必进”原则，整理出《乳山市进驻政务服务中心大厅的部门及事项目录》。会同乳山市编办优化整合17个行政审批部门的审批职能，成立行政审批科，全部进驻政务服务大厅，确保科室进驻到位、事项进驻到位、人员配备到位、事项授权到位，提高事项集中办理率。

【行政审批事项管理】 开展乳山市行政审批事项清理规范工作，通过依法逐项审核审批事项，跟踪对接国务院、山东省和威海市取消、下放的行政审批事项，拟定《市级行政审批和监督服务事项目录》，确认市级政府部门现行的行政审批事项132项；确认监督服务事项126项；确认改变管理方式的行政审批和监督服务事项65项；取消和下放行政审批和监督服务事项31项；承接上级下放事项20项。压缩审批事项时限，27个部门72项事项审批时限压缩工作日395个。同时，将企业和群众常办以及重点项目涉及事项设立依据、申请材料、办事程序、办理时限、收费标准等资料进行规范整理，涉及137个事项，印制7.9万份明白卡摆放到窗口，方便群众查阅。

新政务服务中心大厅　　(政务服务中心提供)

【审批流程优化】 会同相关部门对建设工程项目审批流程进行优化调整、对时限进行压缩，拟定《乳山市建设工程项目模块化审批流程试行方案》，制订联席会议、联合踏勘等相关配套制度，研发部署建设工程项目联审联批软件平台，实现建设工程项目审批时限压缩一半。

【日常服务监管】 依托电子审批系统、视频监察系统、指纹考勤系统，实时监督服务标准实施，并采取每天巡查4次与实时视频监察方式，保证制度落实到位。通过采取电话回访、现场专访、信函回访、登门回访形式，构筑监督投诉网络。全年电话回访办事群众1000人(次)，登门回访山东力牌石油化学有限公司、佳地房地产、恒基建筑工程、山东力久特种电机有限公司等20家企业，征求意见、建议10条，能现场解决的现场答复，不能现场解决的，及时整改答复，赢得群众好评，收到办事对象赠送锦旗16面、表扬信6封。

【服务质量提高】 开展争创“优秀服务窗口”“优秀服务标兵”活动。修订《乳山市政务服务中心管理办公室对中心窗口考核办法》《优秀服务窗口和优秀服务标兵评选表彰办法》，加大窗口日常考勤、巡查力度，每月将窗口考勤及违纪情况通过中心简报进行通报，对窗口及个人从窗口互评、业务办理、群众评议、奖励加分等方面进行量化考核，依据考核结果直接评选出优秀服务窗口和优秀服务标兵，每季度一评，年终总评。评选结果列入年终百分制考核，激励先进，鞭策后进，形成比学赶超的竞争氛围。健全定期培训、理论知识考试等长效机制，全年开展理论知识考试4次、业务知识培训4次，合格率100%。

（王丹）

乳山湿地风光 （报社提供）

农 业

综　述

【概况】 2014年，全市以新农村建设为中心，以粮食增产、农业增效、农民增收为目标，优化农业产业结构，发展高效特色农业，加强农产品质量安全监管，扶持龙头企业，提高农业产业化水平。全年实现农业总产值(当年价)83.80亿元，比上年增长3.7%，其中，农业44.26亿元，减少0.2%；林业929万元，增长9.5%；牧业14.23亿元，增长9.1%；渔业23.71亿元，增长10.6%；农林牧渔服务业1.5亿元，增长6.6%。农村经济总收入447.78亿元，农民人均纯收入14821元，比2013年分别增长8.67%、10.8%。

2014年乳山市农村基本情况及农业生产条件

表2

项　　目	单位	数额	比上年± %
一、年末耕地总资源	公顷	58397.6	2.7
常用耕地	公顷	58397.6	2.7
其中:水浇地	公顷	11700.3	-14.6
临时性耕地	公顷	—	—
二、农业主要物资消耗	—	—	—
农村用电量	万千瓦小时	12050	1.5
农用塑料薄膜使用量	吨	1443	-0.6
地膜使用量	吨	831	-1
地膜覆盖面积	公顷	8398	0.6
农用柴油使用量	吨	24124	-1.6
农药使用量	吨	2965	0.4
农用化肥使用量(按实物量)	吨	145996	-0.8
农用化肥使用量(折纯计算)	吨	41423	-0.9
三、乡村人口与从业人员	—	—	—
乡村户数	万户	18.13	-2.7
乡村人口	万人	48.56	-3.9
乡村劳动力资源	万人	31.41	1.4
乡村人口从业人员	万人	27.38	-0.5
其中:农林牧渔	万人	12.08	32.8
工业	万人	3.19	-41
建筑业	万人	3.09	-19.8
交通运输和仓储业	万人	0.76	-36.7
商贸餐饮	万人	1.48	-33.1
其他	万人	4.29	3.3

(刘福田　邵进杰)

【农业产业结构调整】 2014年，围绕"农业突破"十大体系规划，借助市财政加大奖补农业力度，发展高效特色农业，培育壮大优势产业。通过政策宣传、技术指导、典型示范、土地流转等方式，引导发展特色种植，强化产前、产中、产后服务，农业产业结构进一步优化。至年末，建立花生、大姜、芋头、果品、蔬菜等农产品标准化基地2万公顷。

(姜宏浩)

【农业产业化水平提高】 以服务企业、壮大龙头、增强带动能力为目标，采取建基地、争取项目和组织参展方式，加快培育龙头企业。2014年，为4家省级龙头企业争取贷款贴息资金89万元，为8家威海市级龙头企业争取无偿奖励资金74万元，推荐7家涉农企业申报威海市级农业产业化龙头企业。推荐"乳山大姜""乳山绿茶""乳山苹果"申报并获首届威海"十大名优"农产品称号。组织农产品龙头企业参加第十二届中国国际农产品交易会等展销会9场次，推介乳山大姜、乳山绿茶、乳山苹果、乳山大花生等名优农产品200个。年内，全市农业产业化龙头企业39家，其中省级9家、威海市级

村民收获大姜 （王英男摄）

30家，农业产业化水平不断提高。

（张力成）

【新农村沼气建设】 2014年，以发展现代农村能源为重点，加强农村沼气建设与服务，通过政策引导、广泛宣传、强化服务，引领农村新型能源健康发展。年内，新建威海市生态循环农业示范基地7处、小型沼气工程5处。

（刘同清）

【农业科技培训】 发挥科技在推动农业增效、农民增收中的作用，加快科技成果向现实生产力转化。实施阳光工程培训、新型农民创业培训，争取上级资金50万元，培训农民600人。开展"农业科技人员下乡"活动，组织专业技术人员深入基层，开展技术培训与指导工作，举办农技培训300期，科技人员下乡1000人次，发放宣传资料20万份，现场指导1万户。

（陶皓）

农村经济管理

【概况】 2014年，全市以农村制度改革、增加农民收入为目标，落实农村土地承包、土地经营权确权登记、农村产权制度改革等方针政策，加大农村土地流转推动力度，推行农村资产、资源、资金"三资"管理，建立"三资"管理平台和农村集体资产资源交易平台，促进农民专业合作社健康发展，使全市农村和农民收入不断增长。全市实现农村经济收入447.78亿元，农民人均纯收入14821元，比上年分别增长8.67%、10.8%。

【农村财务管理】 加强农村财务管理和民主监督，建立农村集体资产、资源、资金"三资"监管平台，实现农村集体资金委托镇级管理及财务电算化全覆盖。年内，投资5万元建立农村资产资源交易平台，审批事项8件，涉及4个镇8个行政村，发包闲置土地43.73公顷、山峦121.33公顷，为村级增加收入573.7万元。至12月底，全市农村托管资金总额3.33亿元，全市范围农村财务镇间交叉审计67个村，财务管理进一步规范。

【农村土地经营权流转】 严格监督落实农村土地承包政策，全市15个镇（街道）601个村，完成土地承包经营权确权村387个，至12月月底，确权总面积15778.61公顷。其中，城区街道办事处注册成立5个土地股份专业合作社，入股土地面积122.57公顷，入股3776人，为1233户入股农户发放土地股权证书。全市完成测绘205个村，测绘面积15614.53公顷，发放土地承包经营权证书46330本。按照"依法、自愿、有偿"和不得强迫或阻碍承包方进行土地承包经营权流转、不得改变土地所有权性质和土地农业用途、流转期限不得超过承包期剩余期限"三个不得"工作要求，引导农户进行土地流转。建立农村土地流转服务对象备案样本库，登记备案土地流转供求信息，全市土地流转总面积9519.6公顷，占全市耕地面积22.28%。当年新增土地流转面积3606.67公顷，完成计划111.55%；新增规模流转面积2240公顷，完成计划115.46%。做好2014年农村土地承包经营权流转财政奖补资金申报工作，推荐申报5家土地规模经营主体、8个新增流转土地规模较大

3月17日～31日，举办2014年乳山市财政支农政策培训班 （农业局提供）

乳山市新自然草莓专业合作社　　（农业局提供）

村向上争取财政奖补资金，全年共争取财政奖补资金 66 万元。

【农村产权制度改革】 全市 62 个村完成农村集体产权制度改革，当年新增工商登记注册村 32 个，其中城中村 2 个。注册资本 1.75 亿元，注册社员 18090 人，发放合作社股权证书 18090 本，完成分配计划 106.7%。汇编注册的 32 个经济股份合作社资料分别由市、镇、村三级保管备案。指导农村会计做好土地承包经营权确权登记颁证工作，提高其业务能力和工作水平。开展农村会计专题培训 5 期，参训 831 人，培训内容包括：政策解读、农村土地经营权确权、农村产权制度改革、农村土地流转、农村财务管理等。

【农民专业合作社建设】 加强农民合作社规范化建设，发挥农民合作社示范带头作用，全年评定乳山市星级合作社 26 个，申报国家示范社 2 个、省级示范社 4 个、威海市级示范社 8 个，全市 6 家合作社获威海市扶持奖励资金 50 万元。乳山市福龟石家庭农场等 9 家农民专业合作社被列入省级金融机构重点支持的新型农业经营主体范围。至 2014 年年底，登记注册家庭农场 34 家、农民专业合作社 711 个、农村土地股份专业合作社 5 个、农村经济股份合作社 62 个，成员 4.97 万人。

【农民负担监督管理】 建立领导机构，加强农民负担监督管理，落实惠农政策。推行农村“一事一议”筹资筹劳申报审批工作，年内，采取“一事一议”筹资筹劳方式，对全市 14 个镇、70 个村委会进行农村环境综合整治，受益农户 16258 户，受益群众 41078 人。在南黄、下初 2 镇设立省级农民负担监督管理监测点，实时监测农民负担，监督管理最新动态。

种 植 业

【概况】 2014 年，全市农作物播种面积 7.75 万公顷，比上年减少 0.9%。其中，粮食作物播种面积 4.96 万公顷，比上年减少 1.2%，经济作物播种面积 2.79 万公顷，比上年减少 0.36%，全年粮食总产量 29.65 万吨，比上年减少 1.4%。蔬菜及瓜类种植面积 0.91 万公顷，与上年基本持平，总产量 44.28 万吨，增长 0.11%。

【农业技术及良种推广】 2014 年，全市继续做好农业新技术、新品种引进、示范、推广工作，全年举办培训班 300 期，培训农民 5.5 万人，制作和播放电视讲座 100 期，印发明白纸 10 万份。开展“阳光工程”专项技术、农业综合开发、粮油高产创建、基层农技推广补助等培训项目，指导农民科学种田，推广应用新技术、新品种，粮食产量提高。年内继续推广测土配方施肥技术，通过触摸屏查询系统，农民可查询土

2014 年乳山市有关经济指标前 15 名的村

表 3

村　　名	经济总收入（万元）	村　　名	人均纯收入（元）
乳山口镇打磨	47065	城区街道东里村	21500
乳山口镇旗杆石	40175	城区街道黄埠崖	19038
乳山口镇寨前	39610	海阳所镇南夼	18500
城区街道东耿家	30583	乳山口镇旗杆石	18343
乳山口镇南唐家	29900	乳山口镇寨前	17880
乳山口镇兰家	28155	城区街道夏东	17877
乳山口镇秦家庄	27230	城区街道草埠	17800
城区街道夏东	26011	海阳所镇李家	17666
乳山口镇宅口	25082	城区街道南江村	17500
乳山口镇西里村	23350	乳山口镇兰家	17485
城区街道官地	15235	城区街道北江村	17471
城区街道腾甲庄	14624	海阳所镇小泓	17000
城区街道石村	14150	海阳所镇杜家岛	17000
冯家镇冯家	13851	乳山口镇打磨	16981
午极镇午极	13297	海阳所镇海阳所	16959

（王自伟）

2014 年乳山市主要农作物播种面积及产量

表 4

品种	面积（万公顷）	比上年±%	单产（千克/公顷）	比上年±%	总产（万吨）	比上年±%
小麦	2.03	1.5	5692.5	-2.9	11.58	-1.4
玉米	2.27	-3.4	6232.5	2.9	14.57	-0.6
地瓜	0.33	0	8046	-2.6	2.6	-2.6
花生	1.88	0	3825	1.5	7.29	1.5
大豆	0.32	0	2871	0	0.92	-3.1

壤成分，有针对性地科学使用肥料，全市配方施肥应用面积 76666.67 公顷。全市建立苹果、小麦、玉米等农产品标准化基地面积 1.4 万公顷，年内无公害、绿色食品及有机认证数量 14 个，全市无公害农产品、绿色食品和有机农产品"三品"认证总数 67 个。在全市推广小麦"一喷三防"、小麦氮肥后移、小麦宽幅精播、小麦喷施富硒营养液、"花生套餐"技术、玉米"一增四改"、玉米"一防双减"、玉米晚收、农作物病虫害综合防治等新技术。承担小麦及玉米良种补贴项目，优良品种全市覆盖率 100%；承担花生良种补贴项目，新品种推广数量 344.8 吨；承担农业部小麦、花生及玉米高产创建项目，通过有关部门验收；组织实施玉米高产创建项目，在育黎镇汪水村建高产攻关田 0.67 公顷，10 月 9 日，威海市农业局组织有关专家进行实地验收，0.23 公顷玉米平均单产 0.88 吨，创全市夏玉米最高单产；实施基层农技推广补助项目，在全市范围内选定技术指导员 80 人，筛选科技示范户 800 个，参加省、市级培训班，提高技术指导员业务能力和科技示范户科技水平。

（郑强）

【农作物病虫害测报与防治】 2014 年，乳山市遵循"预防为主、综合防治"植保方针，全面测报和防治农作物病虫害，推广植保新技术、新成果，开展绿色防控和专业化防治，为农业丰收提供有力保障。全年准确发布病虫情报 16 期，其中，长期预报 2 期，中、短期预报 14 期；向省测报站发送病虫害模式报表 5 期。农作物病虫草害发生总面积 17.05 万公顷，发生程度为中等发生(3.4 级)，发生程度与往年基本一致，发生面积较往年明显减少，较前 5 年平均值减少 6.47 万公顷。其中，病害发生面积 7.84 万公顷，比上年减少 5.03 万公顷；发生程度为 4.4 级，比上年加重 0.5 级；重发生的有花生叶斑病、小麦纹枯病、小麦叶枯病。虫害发生面积 3.35 万公顷，比上年减少 1.37 万公顷；发生程度为 1.9 级，降低 0.9 级，各种虫害均为中等或中等以下发生程度。从病虫害总体发生情况看，属于病虫害中度至偏轻发生年份。农田草害发生面积 3686.67 公顷，发生程度为 3 级，发生面积较 2013 年下降，发生程度与往年基本相同，属发生较轻年份。2014 年，全市病虫草害防治总面积 16.72 万公顷，防治面积占发生面积 98.05%，挽回粮食损失 3.59 万吨，挽回油料损失 1.95 万吨，挽回水果损失 9.95 万吨，挽回蔬菜损失 4.96 万吨。实际损失粮食 0.2 万吨、油料 0.10 万吨、果菜 0.78 万吨。

病虫害特点 小麦蚜虫有减轻发生趋势，发生面积 1 万公顷，发生程度 1 级，是少有发生较轻年份之一。玉米螟发生比上年较轻，一代发生 0.27 万公顷，发生程度 2 级；二代发生 0.1 万公顷，发生程度 1 级。经专家分析，玉米螟发生轻原因是旱情严重。小麦叶枯病发生面积 2 万公顷，发生程度 5 级，发生面积扩大，发生程度加重，是近几年危害最严重一年。发生重主要有两个原因：一是小麦前中期干旱至特旱，抽穗前后连降 2 次暴雨；二是小麦灌浆期连续 6 日高温低湿。

病虫害防治 在小麦穗期继续组织实施"一喷三防"技术措施，免费发放小麦"一喷三防"物资，实现小麦"一喷三防"全市全覆盖，确保夏粮增产丰产。承担农业病虫害专业化统防统治能力建设示范项目，有农作物专业化防治组织 8 个，专业化防治队伍 25 个，人员 382 人，拥有大、中型施药机械 531 台，日作业能力 1333.33 公顷。5 月 20 日，在乳山寨镇仇家兴村开展重大农业有害生物灾害应急实战演练，现场投入拖挂式喷杆喷雾机、自走式喷杆喷雾机、担架式喷雾机、背负式喷

10 月 9 日，威海市农业局对乳山市玉米高产创建项目实地验收

（农业局提供）

5 月 21 日，乳山市重大农业有害生物灾害应急实战演练现场

（农业局提供）

雾器、拖拉机喷雾机等新型植保机械 16 台，提升各部门协作能力，提高统防统治组织应急水平，为应对重大农业有害生物灾害提供经验。

（王炜）

【农产品质量安全】 2014 年，全市按照“产前抓农资、产中抓农事、产后抓农测”思路，开展农资备案准入监管和电子网络监管工作，强化基础管理措施，创树绿色、生态、安全乳山农产品品牌。加强农业投入品市场监管。开展农资打假及农产品质量安全隐患排查工作，全年出动车辆 320 车次、人员 660 人次，检查农资店 520 次、标准化生产基地 50 次，查处农资违法案件 4 起。全年备案农业化学投入品 1171 种，其中农药 898 种、肥料 181 种、种子 92 种。投资 300 万元，为每个农资店配备农资“一卡通”设备，全市农户均可免费办理农资“一卡通”会员卡，凭会员卡购农资，建立农资质量可追溯体系。农业部农产品质量安全监管局局长马爱国到乳山调研，对该做法给予高度评价。加强农产品质量安全监测。完善以市检验检测中心为核心，各镇、生产基地检验检测室为补充的农产品检验检测体系。全年开展农产品检测 410 批次，农残速测 1200 批次，监督乡镇和标准化基地速测室开展农残速测 7600 批次。定量检测和定性检测中没有发现农残超标现象，为农产品质量安全风险评估和预警提供依据。抓好农产品质量安全宣传培训工作。开展农资识假辨假进村下乡、发放明白纸、悬挂条幅等活动，发放宣传材料 9000 份。完成全市 600 家农资店经营业主、镇(办)20 名管理人员及 30 处标准化种植基地技术员和速测员培训工作。推行农产品产地准出和原产地追溯工作，全年新增可追溯基地 8 处，配备速测室，打印追溯码，实现产地准出和原产地可追溯。

（孙大龙）

果 业

【概况】 2014 年，全市果园总面积 12666.67 公顷，果品总产量 47.22 万吨，其中，水果 46.45 万吨，较上年增长 6.3%，干杂果 0.77 万吨。全市果品收入 22 亿元，其中，苹果收入 20 亿元，年内，乳山樱桃获农业部国家地理标志认定。

【果业发展奖励政策】 全市继续对采用矮化中间砧苗木的新植苹果园进行补贴，连片成方面积在 0.67 公顷以上的每株补贴 2 元。育黎镇政府对发展果业实行奖励措施，每户发展苹果或葡萄 0.67 公顷以上，奖励 900 元 / 公顷；发展矮化中间砧苹果 0.67 公顷以上，奖励 1800 元 / 公顷。在政府奖励措施激励下，年内，全市新发展苹果园 400 公顷，其中现代苹果园 133.33 公顷。

【水果收购价格趋稳】 2014 年，苹果花量减少，套袋数较 2013 年降低 30%，但由于新结果果园面积增加，苹果总产量仅降低 14.2%。年内苹果收购价格创历史新高，80 毫米富士苹果混级收购价格 7 元 / 千克～9 元 / 千克，80 毫米以上富士苹果最高 12 元 / 千克，红香蕉、红星直径 80 毫米以上

9 月 24 日，农业部农产品质量安全监管局局长马爱国（右三）到乳山市调研

（农业局提供）

台依湖葡萄园采摘 （仝庆凤 辛戈摄）

混级苹果收购价格 6 元 / 千克，嘎拉苹果直径 75 毫米价格 5 元 / 千克～6 元 / 千克，红将军苹果混级直径 80 毫米平均收购价格 7.2 元 / 千克、一级 80 毫米果最高 9 元 / 千克。梨产量比上年略有减少，价格与上年持平。葡萄、桃产量与价格均与上年持平。樱桃平均单产比上年增长 15%，杏单产比上年增长 5%～10%，价格与上年持平。

【现代农业生产发展资金苹果产业项目】 2014 年，继续实施乳山市现代农业生产发展资金苹果产业项目，在白沙滩镇白沙滩村、崖子镇北寨村、诸往镇二龙口村、乳山口镇安家村建成 4 个成方连片、面积 13.33 公顷以上的苹果现代矮砧集约栽培示范园，总面积 73.33 公顷；在崖子镇北寨村建设苹果密植园改造示范园，面积 20 公顷。威海市政府和山东省农业厅先后对乳山市 2011～2013 年现代农业生产发展资金苹果产业项目进行三年总验收。年内，申报 2014 年乳山市现代农业生产发展资金苹果产业项目，获山东省财政扶持资金 600 万元，分别在夏村镇石头圈村、夏村镇于家庄村、冯家镇东官庄村、崖子镇青山村和冯家镇花家疃村建设 5 个成方连片面积在 13.33 公顷以上的苹果现代矮砧集约栽培示范园，总面积 89.67 公顷。

【苹果郁闭园改造及配套技术推广项目】 2014 年，乳山市承担山东省农业技术推广项目 2013～2014 年苹果郁闭园改造及配套技术推广，分别在崖子镇北寨、万格庄和岛子村完成苹果郁闭果园改造 48 公顷。12 月，山东省农业厅果茶站对项目作出绩效评价。

【农业部桃标准园项目】 2014 年，乳山恒裕食品有限责任公司承担农业部桃标准园建设项目，项目实施主体为乳山恒裕食品有限责任公司，位于诸往镇口子村，实施面积 73.33 公顷。项目总投资 101.7 万元，年加工桃 3300 吨以上，产值超过 1000 万元。12 月，该项目通过山东省农业厅、财政厅专家组考评验收，农业部奖励项目承担单位资金 50 万元。

【“固特丽杯”苹果擂台赛】 为推动全市苹果技术推广工作，为苹果生产者搭建技术交流平台，展示乳山苹果质量水平和产地形象，11 月 15 日，在东方大厦会议室举办“固特丽杯”苹果擂台赛，87 个苹果样品参赛，为历年来最多的一次，育黎镇塔庄村果农倪硕栽培的苹果获特等奖，前三名获奖者参赛样品品种均为矮化中间砧苹果。11 月 19 日，乳山市苹果擂台赛胜出的 27 个优秀苹果样品参加威海市第五届苹果擂台赛，获一等奖 1 个、二等奖 3 个、三等奖 12 个、优秀奖 9 个，获“优秀品牌奖”一等奖 2 个、二等奖 1 个，乳山市农业局获优秀组织奖。

【樱桃、葡萄采摘节】 为进一步提升乳山果品市场影响力，带动乡村旅游业发展，5 月 24 日，在崖子镇钟家社区服务中心广场举办第二届樱桃采摘节；9 月 30 日，在育黎镇南西屋社区举办第四届葡萄采摘节。

【法国专家现代苹果管理技术培训】 为提高全市苹果高产优质高效管理技术水平，3 月 26 日，乳山市通过实施国外智力引进项目，邀请法国果树专家米歇尔到乳山市对果农进行技术指

3 月 26 日，法国专家米歇尔（中）现场传授现代苹果栽培管理技术（农业局提供）

2014 年乳山市水果业主要品种生产情况

表 5

品种	面积（万公顷）	比上年 ± %	产量（万吨）	比上年 ± %
苹果	1.27	2.6	32.66	-2.5
梨	0.05	0	1.3	-2.2
葡萄	0.09	-1.4	1.6	2.4
桃	0.02	0	1.2	4.6
草莓	0.03	2.17	1.38	1.47
蓝莓	0.03	15.38	0.1	11.11

（曹洪建）

导，在东海宾馆举办现代苹果管理技术培训班，并到夏村镇小疃村苹果矮砧集约栽培示范园现场指导修剪技术，368 名果农参加培训。

【果树病虫害】 2014 年，由于物候期比往年早，蚜虫对吡虫啉产生比较严重的抗药性，桃蚜和绣线菊蚜发生较重。由于苹果坐果少、个头增大、等级率提高，苹果苦痘病发生较重，嘎啦苹果炭疽叶枯病在许多果园大发生，春季推广波尔多浆防治苹果腐烂病技术，效果好；苹果褐斑病、轮纹病等中等偏轻发生；桃细菌性穿孔病在麦收前后发生较严重。

【果园反光膜污染治理】 为解决传统反光膜污染问题，市果茶蚕站从青岛农业大学引进新型长效反光膜，可连续多年使用，年内，推广使用 1000 公顷。10～12 月，各镇集中清理果园废旧反光膜。

茶　业

【概况】 2014 年，乳山市加大乳山茶叶宣传力度，组织企业参加茶叶展销会，开展“全民饮茶日”活动。继续对新发展茶园进行补贴，对成片发展茶园 3.33 公顷以上的，按 4500 元 / 公顷标准予以补贴。年内，新发展茶园面积 51.33 公顷，茶园总面积 1090.67 公顷。

【乳山市 2014～2020 年茶产业发展规划】 乳山市根据山东省果茶技术指导站要求，调研论证全市茶产业优势和弊端，制定《乳山市茶叶产业发展规划(2014～2020 年)》。完善扶持政策，创新发展模式，强化科技培训，重点创建优质高效示范园区，加快低产低效茶园改造，打造加工龙头企业，加大“乳山绿茶”和“胶东红”品牌推介，推进乳山市茶叶产业快速发展。

【“乳山三宝”宣传】 2014 年，乳山市确定茶叶、大姜、牡蛎为“乳山三宝”。中央电视台到乳山录制《乡村大世界·走进乳山》，展示推介“乳山三宝”和“仁爱乳山·养生福地”城市名片；乳山电视台录制《美丽乳山行——茶叶》宣传片。乳山市农业局分别与青岛、烟台公交广告公司签订广告发布合同，发布“乳山三宝”宣传图片。

【全民饮茶日活动】 5 月 22 日，乳山市正华、极北、凤凰山等茶叶企业组织职工在利群购物广场西门开展“全民饮茶日”活动，向市民赠送茶水 600 人次，发放健康饮茶宣传彩页 600 份，普及茶知识，传播茶文化，倡导全民健康饮茶。

【茶叶展销】 5 月 23～26 日，乳山市正华、极北、威茗、水云春、凤凰山、爱母、乳叶青、乳润、林德、五童 10 家茶叶企业及合作社参加威海市农业局、威海报业集团“2014 年第五届威海国际春季茶博会暨紫砂茶具展”。10 月 31 日～11 月 3 日，乳山市组织正华、威茗、极北、凤凰山等 8 家企业参加在济南国际会展中心举办的“2014 中国茶叶博览会”，并参与主办方组织的全国名优茶宣传推介活动。

【玫瑰红茶】 乳山市果茶蚕工作站与威海威茗茶业有限公司合作，利用玫瑰花窨制红茶，成功开发玫瑰红茶产品，与原有茶叶加工技术相比，在许多关键技术上取得突破，进一步丰富茶叶种类，提升茶叶口味，提高经济效益。12 月 28 日，通过威海市科学技术局“玫瑰红茶窨制工艺研究与应用”科技成果鉴定。

（王进）

凤凰茶山采春茶　　（姜自立摄）

蚕 业

【概况】 全市现有柞峦面积1.2万公顷,2014年柞峦放养面积0.367万公顷,比上年减少1.61%。全年发蚕种量14910万粒,比上年增长1.43%。蚕种总产量14420万粒,比上年降低0.89%。蚕蛹均价52元/千克,比上年增长30%。2014年,由于物候期比往年早,又遇温差大幅波动、持续降雨、霜冻大风,导致春季蚕茧产量减产30%。秋季产量与上年持平。

【乳山市2014～2020年柞桑蚕产业发展建议及规划】 2014年,山东省出台《桑蚕产业发展规划(2014～2020年)》,乳山市被列为柞蚕生产基地县(市、区)。乳山市对全市蚕产业进行调研,制定《乳山市柞桑蚕产业发展建议及规划(2014～2020年)》,对全市蚕产业历史、发展现状、优势和存在问题进行分析论证,指导全市柞桑蚕产业以市场为导向,以科技为支撑,促进产业增效和农民增收为目标,转变产业发展模式,促进桑蚕产业健康稳步可持续发展。

【柞蚕技术培训】 12月19日,乳山市在宏图培训中心举办柞蚕技术培训班,邀请乳山市蚕茧协会会长于年喜讲授柞蚕多次放养、柞树修剪等实用技术,86名学员参加培训,提高蚕农柞蚕放养水平,促进农民增收。

(何秀丽)

食 用 菌

【概况】 2014年,全市食用菌生产种类主要有平菇、香菇、黑木耳等,总产量915吨,年产值580万元。其中,平菇年产量610吨,年产值340万元;香菇年产量300吨,年产值210万元;干黑木耳年产量5吨,年产值30万元;香菇菌棒出口韩国1万个,创外汇10万元。除黑木耳初加工成干制品外,其余食用菌销售全部为鲜品,销售区域主要为威海地区。

【大棚和露天黑木耳栽培】 2014年春,乳山市金华果蔬专业合作社从栖霞购买黑木耳菌棒5万个,在冯家镇吕格庄村建黑木耳大棚1个,5月下旬,大棚黑木耳开始采摘。威海鑫宝食用菌食品有限公司制作黑木耳菌棒10万个,在室内催出耳芽后,摆放在公司院内进行露天出耳管理,6月中旬,采收第一茬黑木耳。大棚和露天黑木耳均长势强壮、朵大、厚实,所产黑木耳产量高、品质优、口感好。

【威海鑫宝食品有限公司】 位于乳山市金岭开发区惠州路49号,成立于2012年6月,总投资5380万元,占地2.27公顷,建筑面积1.8万平方米,2014年有职工120人。拥有日产鲜品35吨的食用菌智能化标准菇房106间,日产5万包菌包的自动生产线4条,标准发酵罐20台套以及食用菌发酵产品深加工设备,主要从事平菇、香菇、杏鲍菇、黑木耳、仿野生灵芝、毛木耳、榆黄蘑等食用菌菌种研发、工厂化生产以及深加工。与青岛农业大学校企合作,成立"青岛农业大学校外实践教学基地"。2014年,获"香菇液体菌种及其制备方法、制备装置和应用"国家发明专利1项,鉴定"威海香菇品种引进及液体制种优质栽培技术研究科技成果"1项。

(何秀丽)

畜 牧 业

【概况】 2014年,乳山市畜牧兽医局以争创省级畜产品质量安全示范县、全国病死动物无害化处理长效机制试点县、胶东半岛无规定动物疫病区"三创"工作为抓手,转作风、优服务、提效能,完善畜牧业档案资料,建立省级畜产品质量安全网络监管平台,引进无害化处理企业投资建厂,全市畜牧业呈现又好又快的发展态势。全市生猪存栏27.55万头,蛋鸡存栏26.39万只,兔存栏量22.21万只。乳山市畜牧业总产值14.23亿元。年内,市畜牧兽医局获"山东省畜牧兽医工作先进集体"称号。

【动物疫病防控】 落实重大动物疫病防控措施,抓好检疫检测工作,加强重点区域、重点环节疫情监测,全年投入重大动物疫病防控经费300万元,实施强制性免疫,开展春、秋2季集中免疫和高致病性禽流感、高致病性猪蓝耳病、口蹄疫、猪瘟、鸡新城疫等重大动物疫病强制性免疫工作,免疫畜禽849.42万只(头),免疫率100%。加大动物疫情监测力度,日常监测家禽血清11.17万份、家畜血清720份。投入资金10万元升级改造市畜牧兽医站试验室,确保上市畜禽类产品质量安全。加大防疫员考核管理力度,抓好村级防疫员培训。全市连续15年无重大动物疫情发生。

【省级畜产品质量安全示范县创建】 2014年,乳山市成功创建省级畜产品质量安全示范县,建成畜产品质量安全网络监管平台,开设互联网页,建立网络数据库,设置视频监控,对饲料生产、畜禽养殖、屠宰加工等全过程进行信息化管理,对全市规模化养殖场和饲料、屠宰企业实行网上实时监管,从源头上把住畜产品质量安全关。加强执法监督管理,新购置瘦肉精、药残、微生物快速检测仪器5台,检疫畜禽5869万只(头),抽检各类样品400批次,保障畜产品质量安全。全年立案查处畜牧违法案件29起,罚款6万元。创建全国病死动物无害化处理长效机制试点县,投资3000万元,建成年处理能力3.5万吨的病死动物无害化处理中心,规划建设收集点,搭配转运车辆,落实生猪无害化处理补贴。

【科技支牧工作】 开展"专家下基层"

2014 年乳山市畜牧业生产情况

表 6　　单位:万只、万头

项目	名　称	数　量	比上年± %
年末存栏量	大牲畜	1.0	-7.5
	奶牛	0.73	-0.9
	生猪	27.55	-1.4
	羊	4.48	-1.2
	家禽	1002	-3.9
	兔	22.21	-2.4
出栏量	猪	41.1	2.5
	家禽	3979	-6.1
	兔	4.17	-1.9
	牛	0.38	1.7
	羊	3.94	3.3

“科技下乡”、跑上争资等活动,做好科技支牧工作,加大新品种引进力度。举办畜牧养殖技术培训班 6 期, 培训养殖户 500 人、村级防疫员 150 人,发放明白纸 3000 份。落实畜牧业发展资金 1977 万元,其中,争取上级无偿资金 553 万元。协助 5 家饲料生产企业完成饲料生产许可证换证工作。

【畜牧企业标准化建设】 市畜牧兽医局按照《无公害农产品(畜牧业产品)认证现场检查评定项目》细则,严格检查关键环节,逐项整改,4 家企业通过无公害认证。申请国家生猪标准化规模养殖场改扩建项目 2 家, 申请威海市畜禽标准化健康养殖项目 2 家;申报禽畜养殖国家级示范场 1 家、省级示范场 2 家、市级示范场 5 家,完成 54 个规模化养殖场粪污整治任务。

(汤嘉伟)

林　业

【概况】 2014 年,乳山市林业局加大造林绿化力度,开展森林防火宣传、火灾源头治理及火灾隐患排查, 深化林权制度改革, 在威海市率先探索开展林权抵押贷款工作。2014 年,乳山市林业用地面积 60795 公顷,其中,有林地面积 56377 公顷,其他林地 4418 公顷,森林覆盖率 33.79%,活立木蓄积量 86.56 万立方米。年内,市林业局获“全省第二次湿地资源调查先进单位”和威海市“2014 年度全市安全生产工作先进单位”称号。

【生态造林绿化】 2014 年,乳山市完成成片造林 2133.33 公顷,其中,防护林 1129.33 公顷,经济林 933.33 公顷,用材林 70.67 公顷; 新建农田林网 666.67 公顷; 中幼龄林抚育面积 1766.67 公顷;育苗面积 133.33 公顷;义务植树 150 万株。全市拥有国家级、省级、市级重点生态公益林 32826.67 公顷,其中国家级公益林 20346.67 公顷,省级公益林 5306.67 公顷,威海市级公益林 7173.33 公顷。造林工程以荒山绿化为重点, 主要营建生态防护林,起到保持水土、防风固沙作用。采取混交造林模式造林,荒山中、下部栽植 1～1.5 米黑松,山上部栽植二年生黑松容器苗,山沟山腰部栽植刺槐、火炬、紫叶李、黄连木等彩色树种,中间成块状、片状栽植连翘等树种。创新造林管护方式, 把造林管护 1 年承包制改为 3 年承包制。于滨海新区新建绿色通道 10 公里,通道两侧各宽 20 米,栽植龙柏、蜀桧、紫叶李、连翘、黄金槐等绿化苗木 10 万株。完善绿色通道总长度 118 公里,补植苗木 2 万株,绿色通道苗木补植、除草、修剪、病虫害防治等由专业队负责。实施国家沿海防护林建设 400 公顷,其中,海阳所镇 90 公顷,乳山寨镇 100 公顷,午极镇 130 公顷,白沙滩镇、诸往镇、大孤山镇、乳山口镇各 20 公顷。完善全市沿海防护林体系,改善生态环境,保护和利用水源,增加植被覆盖和湿地修复。

【林木抚育管理】 全年投资 265 万元,完成中、幼龄林抚育工作 12 个林场 1766.67 公顷。改进中幼林抚育管理方式,推行“联户互抚,出资代抚,承包专抚”管理方式,对个别技术不到位、抚育不及时造林农户, 督促其限期整改,严厉查处以采代抚、乱砍滥伐等违规违法行为。优化林分结构和质量,增强森林抵御病虫害能力, 提高森林生态效益。

【森林防火】 加强森林防火宣传教育,在特定时期发布禁火令,发放宣传材料和明白纸 50 万份,开展电影下乡宣传防火工作 6000 场;利用数字电视开机画面连续宣传 5 个月, 在黄金时段播放防火宣传动漫, 经常性曝光典型案例; 利用防火短信平台及时发布防火预警。开展森林火灾源头治理、森林火灾隐患排查行动, 森林防火工作由以扑为主转向预防、发现、扑救多措并进。新建进山检查站 18 个,防火隔离带和防火通道 53 条, 清理坟头、林缘杂草 450 处。制订《进一步加强护林员管理办法》,按照定岗、定责、定酬“三定”原则,各镇建立常备队,新增队员 150 人, 为 556 名护林员配备救火单兵装备包, 所有护林员实行网格化管理, 提高应急反应能力。新增下初镇、诸往镇 2 个防火直属分队,并配备运兵车、高压水泵、油锯等装备。成立 4 个防火工作督导检查组,划分区域,定期或不定期督导、检查、暗访,每天通报检查情况,跟踪落实整改。2014 年,

3月13日，林业局开展森林病虫害防治工作（林业局提供）

全市投入防火资金878.5万元，其中，投资158万元建成与省、威海市联网的森林防火监控系统，新装监控探头11个；投资75万元在12个镇建成防火瞭望台20处；投资30万元配备专用运兵车3部；投资140万元新购灭火机具172台、油锯30台和2～3号工具、高压水枪、串联水泵、割灌机、对讲头盔等灭火配套设备。

【森林病虫害防控】 制订《乳山市2014年林业有害生物防控防治方案》，成立林业有害生物防治专业队伍，按照统一时间、统一组织、统一标准、统一药物"四个统一"防控办法，开展林业有害生物防治工作。以河滨公园测报点为中心建立测报点6处，5月开始对全市森林进行观测，发布《森保情报》7期。投资23.8万元，购置防治森林病虫害喷药机械1部。全年防治作业面积8080公顷，其中，防治松毛虫、松针褐斑病及松树枯枝病966.67公顷；防治美国白蛾5053.33公顷，释放周氏啮小蜂4亿头，剪除网幕3.8万个；防治松材线虫病传播媒介松墨天牛2060公顷，清除病死木900株，处理伐桩4000个。全年有害生物无公害防治率100%，有虫株率0.5%，叶片保存率97%，监测覆盖率100%，测报准确率95%，种苗产地检疫率98%，调运检疫率97%，死树鉴定率95%，死树伐除率100%。年内，无林业有害生物成灾现象发生。

【威海市首家林权抵押贷款】 2014年，乳山市林业局开展林权抵押贷款工作，盘活林木林地资产。帮助乳山日胜农业投资有限公司完善承包合同，对其林地状况、质量等级、林种、面积等进行详细考察，仅用1个月为企业办理林权抵押登记，协调威海荣利森林资源价格评估有限公司进行评估，评估总价值1.2亿元，成功以林权抵押从农村信用社贷款2100万元，是威海市首家林权抵押贷款，破解企业发展资金难题。该做法被山东省林改办《山东林改动态》刊发。

【林业资金争取】 乳山市林业局主动争取上级林业资金，为全市林业发展提供资金保证。全年争取无偿资金1564万元，其中，中央级森林抚育专项资金265万元、中央财政造林补贴专项资金127万元、中央预算内防护林工程180万元、中央预算内标准化林业站建设20万元、林业产业发展资金27万元、森林植被恢复资金37万元、乳山市林木种苗储备项目60万元、中央级森林生态效益补偿资金450万元、威海市级森林生态效益48万元、植树造林专项资金50万元、乳山市沿海防护林工程300万元、世界银行贷款生态造林项目资金70万元。

（焉振伟）

水　利

【概况】 2014年，乳山市水利局践行可持续发展治水思路，落实兴农惠民政策，加强农田水利工程建设，提升防汛抗旱能力，改善农业水利条件，实现保供水、应大洪、强基础、惠民生目标。2014年，共投入水利建设资金1.2亿元，完成各类水利工程建设95项，新增和改善灌溉面积4200公顷。

【小型农田水利重点县工程实施】 全年实施小型农田水利重点县工程，按照"输水管道化、粮田喷灌管灌化、经济作物微灌化"要求，改善农业基础设施条件，为项目区内农业示范园进行配套建设。年内，投资3385.35万元，建设徐家、大孤山、白沙滩等镇旱涝保收高标准农田1600公顷，新增节水能力163万吨，新增粮食生产能力2500吨，实现旱能灌、涝能排、旱涝保丰收。

【沿海防潮堤建设】 在确保防洪安全前提下，结合港湾开发、旅游观光，投资1500万元实施乳山河入海口东岸至大乳山北侧防潮堤一期工程，新建邹格大坝防潮堤2500米，设计标准为能防20年一遇的风暴潮。

【农村饮水工程推进】 实施农村饮水工程，按照"农村供水城市化，城乡供水一体化"要求，投资759万元新建大孤山镇标准化水厂1座，日供水能力3000吨，解决22个村1.65万人饮水问题，确保农村饮水安全。

【库区移民扶持】 乳山市投资430万元，实施3个移民整体推进村及15个库区村移民项目，重点解决库区村饮水问题，开展环境整治，完善交通及水利设施，改善库区群众生产生活条件和生态环境，实现库区可持续发展。

小型农田水利重点县工程　　（水利局提供）

【塘坝除险加固】 乳山市投资170万元，实施12座重点塘坝除险加固工程，采取大坝加高培厚、坝顶新建防浪墙，迎水坡、背水坡培厚，溢洪道疏浚清理、扩建导流墙等措施，确保塘坝防汛安全。

【城南河井子泵站建成】 乳山市投资389万元，在清口涧村支流与井子村支流汇合口处新上1250千伏变压器1台、潜水轴流泵6台。开挖引渠400米，新建泵房1座、蓄水池1座，闸门为钢闸门，配启闭机6台，解决城南河下游周边区域内防洪隐患，确保汛期安全。

【南黄岛海底输水管道改造】 乳山市水利局针对南黄岛原海底输水管道遭破坏实际，向上争取资金，投资80万元实施海底输水管道改造工程，重新铺设海底输水管道2600米、陆地管道2000米，解决南黄岛居民饮水问题。

【全省水政执法规范化建设示范县通过验收】 乳山市水利局强化水政监察队伍建设，建立权责明确、行为规范、监督有效的行政执法体制，构建综合执法网络，争创全省水政执法规范化建设示范县。9月山东，省水利厅组织专家对乳山市水政执法队伍建设、能力建设、机制建设、全面提升执法效能4个方面进行考评，通过全省水政执法规范化建设示范县创建标准验收。

【省级水库规范化管理】 开展创建省级水库规范化管理单位活动，做好水库除险加固工作，完善基层水库管理所办公设施、办公环境、工作程序，加大规范化管理力度。台依、院里、花家疃3座中型水库通过省水利厅考核验收，达到省二级规范化管理标准，水库组织、安全、运行、经济管理工作得到提升。

【小型水利工程管护体制改革】 乳山市在白沙滩镇试点，实施小型水利工程管护体制改革创新。成立专门设施维修机构，设立市、镇两级管护服务站，总站服务热线24小时受理服务需求，统一调度，开展维修养护服务，解决工程管理“主体”缺位问题。建立管护组织正常运转、工程良性运行、水价合理确定、经费稳定筹集机制，搞活水利工程经营方式，落实管护责任，做到建、管、用一致，责、权、利统一。

【防汛抗旱调度】 4月，全市汛前检查在建工程，检查单位按照度汛预案落实安全度汛措施情况，加大对头顶坝、串联坝、水库闸门等关键部位排查力度，发现问题及时明确整改责任人，落实整改措施，确保整改到位。重新修订乳山市防汛抗旱应急预案和防台风应急预案，完善村级防汛应急预案，制定度汛方案，落实安全责任人，组建防汛队伍，备足备齐防汛物资，落实储运方式和通信联系方法。6月，召开全市防汛工作会议，签订防汛责任状，明确防汛责任。利用应急视频系统开展全市防汛调度演练，提升汛情旱情研判水平和指挥应急反应速度。

【水利执法加强】 全市继续加大水资源管理力度，贯彻落实水资源论证制度，加强计划用水管理，全年征收水资源费251.5万元。严格控制“三条红线”，按照用水总量、用水效率和水功

整治后的城南河　　（王欣摄）

乳山市花家疃水库大闸　　（张敬滋摄）

能区限制纳污控制指标执行，全市全年用水总量1.0984亿吨，万元工业增加值用水量6.1吨，比上年降低4.9%，全年水功能区限制纳污达标率71.4%。加强水土保持监督管理，严格执行建设项目水土保持设施与主体工程同时设计、同时施工、同时投产使用“三同时”制度，实行水土保持方案报批管理。加强河道管理，严厉打击非法采砂、淘金行为，加强跨河道管线工程安全防护检查，责成相关单位迁移加固管道2处，进一步维护好河道管理秩序。

链接：2011年中央一号文件明确提出，实行最严格水资源管理制度，建立用水总量控制、用水效率控制和水功能区限制纳污“三项制度”，相应地划定用水总量、用水效率和水功能区限制纳污“三条红线”。

【招商引资】　乳山市水利局引进威海格林生物科技有限公司，注册资金3000万元，主要产品是纯鸡粉、鸡肝粉及肉类提取物等，作为调味品加工原料和宠物食品加工原料。年内，围绕防潮堤、河道治理、农村饮水、农业节水等国家和省重点投资领域，做好项目储备和工作衔接，争取无偿资金6060万元。

（丁兵）

【人工湿地滞留塘工程】　龙角山水库上游人工湿地滞留塘工程是2014年市政府确定的便民利民实事之一，投资300万元，面积13.67公顷，分别位于龙角山水库上游入库口处、崖子镇肖家桥下游和南地口桥上游。该项目通过在不同水深配置不同植物，提高河水在河道的水力停留时间，实现去除大部分悬浮物、部分有机污染物、氮磷等物质，保证蓄水质量。

【首次获省级淡水人工增殖放流项目资金】　3月5日，乳山市龙水淡水渔业养殖专业合作社注册成立；3月14日，龙角山水库淡水渔业商标“龍善馀”注册成功；3月18日，淡水渔业产品通过农业部无公害农产品认证。年内，龙角山水库淡水鱼人工增殖放流项目被列入山东省渔业资源修复行动人工增殖放流项目计划，每年可获省级淡水人工增殖放流项目资金12万元，为威海市首次获得该资金支持的项目。12月4日，龙角山水库实施淡水鱼苗人工增殖放流，放流山东省海洋与渔业厅指定的优质鱼苗。

（田明泉）

农业机械

【概况】　2014年，全市有中、小型农用拖拉机59697台，总动力46.5万千瓦；大中型2842台，总动力11.1万千瓦；拖拉机配套机具11.12万部。当年机耕面积49580公顷，机播面积66095公顷，免耕播种面积27947公顷，其中，小麦10221公顷，玉米17726公顷。全年农机化投资3000万元，其中，市财政投资860万元，农民个人投资2140万元。

【先进适用农机具推广】　2014年，乳山市召开“果园机械化节水灌溉现场会”“大棚草莓起垄机推广现场会”“花生机收现场会”“玉米机械化收获暨小麦免耕一条龙作业现场演示会”，推广经济作物机械3000台、玉米联合收获

12月4日，龙角山水库管理处增殖放流　　（孙轶琰摄）

机 22 台。全市经济类作物机械化作业率大幅提高，玉米机收率提高 5%，各镇机收摘棒、剥皮、秸秆还田及小麦免耕播种均超 66.67 公顷。

【农机购置补贴发放】 乳山市首次实行“全价购机、定额补贴、县级结算、直补到卡”补贴方式，争取农机补贴资金 860 万元，落实机具 6797 台(套)，带动农民购机投资 2000 万元，实行“人机合影”存档，确保补贴资金落实到位。除传统农田作业机械外，畜牧水产养殖机械，果园、大姜田间管理机械，茶叶加工机械，玉米、花生联合收获机械数量都较往年增加，全市农机装备水平显著提升。

【机械化示范基地建设】 乳山市按照“优中扶强、打造精品”原则，帮助兴保田农机专业合作社谋划发展思路，促其向产业化、规模化、精品化方向发展，推行“保姆式”服务，实现耕、种、收一条龙作业。年内，创建大孤山镇河东村大姜机械化生产示范基地，创建下初镇河南村花生机械化生产示范基地，创建海阳所镇后山于家村茶叶加工机械化生产示范基地。

【获评全省农机反光贴推广试点县】 2014 年，乳山市被山东省农机部门确定为农机反光贴推广试点县。使用新型反光标识，有效弥补拖拉机、联合收割机自身反光、照明不足缺点，增强夜间行车可视性和安全性，减少事故发生率。8 月 15 日，乳山市在全省农机安全防护新技术示范推广工作部署暨农机保险座谈会上作交流发言。

【获“全国平安农机示范县”称号】 2014 年，乳山市农业机械管理局坚持严格执法、联合执法，依法纠正、查处拖拉机无牌行驶、无证驾驶、不按时年检、违法载人、酒后驾驶、使用仿造号牌等违法行为，排查整治道路安全隐患。全年教育放行车辆 150 台，全市农机保持“零事故”。年内，创建“全国平安农机示范县”。6 月 26 日，在山东省农机安全监理站举办“平安农机”创建培训班上，乳山市作交流发言。

【农机技能培训】 乳山市农业机械管理局聘请先进农机生产厂商专家和优秀教师，分 2 期培训全市 120 名农机大户、农机专业合作社成员、有学习意向农机手，内容包括农机化新技术、农机化新机具、农机化经营等方面专业技术与实践技能，着力培养懂技术、会经营的致富能手。

【招商引资】 2014 年省级规模化推进项目和省级农机化创新示范工程项目落户乳山市；引进昌邑市宝路达机械制造有限公司总投资 2000 万元，在乳山市建造厂房车间，购进设备，开展农业机械(主要是与大中型拖拉机配套的旋耕机、铧式犁)研制、生产、经销活动。

(侯玉红)

下初镇河南村花生机械化生产示范现场　　(农机局提供)

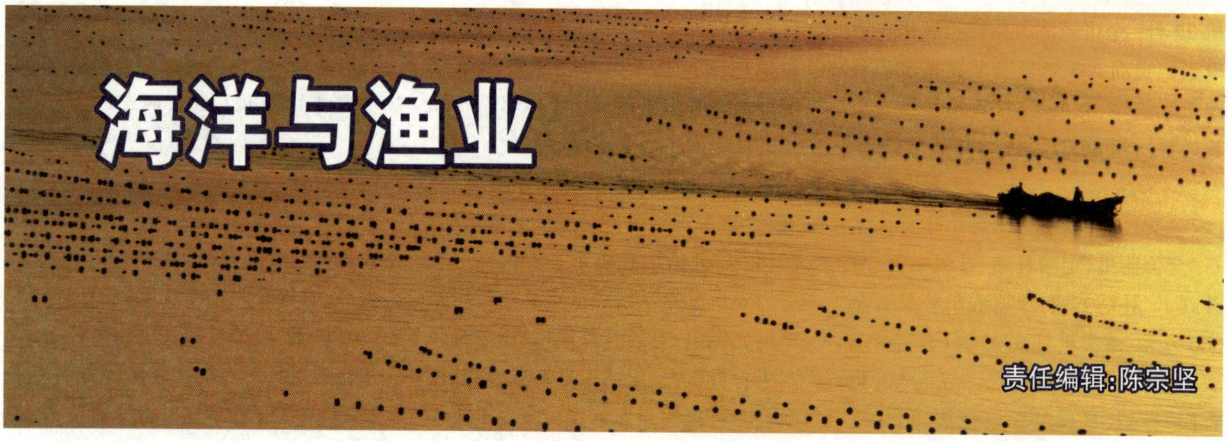

综　述

【概况】 2014 年,乳山市提升渔业综合生产能力,强化海上监管,全面开展产业招商,培植特色产业,推进水产品精深加工,海洋与渔业保持持续、稳定、健康发展。全市水产品总产量 40.61 万吨,实现水产品总产值 37.78 亿元。水产品总量中,海洋捕捞 4.85 万吨,海水养殖 35.08 万吨,淡水养殖 0.68 万吨。水产品养殖总面积 11326 公顷,其中,海水养殖面积 10906 公顷,淡水养殖面积 420 公顷。

2014 年乳山市水产品产量

表 7　　单位:吨

项　目	总　计	海水捕捞与养殖			淡水养殖
		小计	捕捞	养殖	
总产量	406124	399314	48507	350807	6810
鱼类	32104	25294	23357	1937	6810
其中:白姑鱼	5616	5616	5616	—	—
鲅鱼	539	539	539	—	—
梭鱼	1450	1450	1450	—	—
沙丁鱼	1276	1276	1276	—	—
鲳鱼	2395	2395	2395	—	—
其他鱼	20828	14018	12081	1937	6810
甲壳类	16453	16453	14903	1550	—
其中:虾	14726	14726	13966	760	—
蟹	1727	1727	937	790	—
贝类	331016	331016	5628	325388	—
其中:扇贝	12730	12730	—	12730	—
牡蛎	259302	259302	—	259302	—
蛤	13100	13100	—	13100	—
其他	26083	26083	5628	20455	—
头足类	835	835	835	—	—
其他水产品	25716	25716	3784	21932	—
其中:海蜇	3609	3609	3609	—	—
海参	5200	5200	—	5200	—
其他	16907	16907	175	16732	—

渔业发展

【渔业资源增殖加快】 2014 年,共放流各类苗种 3.73 亿尾(只),其中,中国对虾 2.15 亿尾、日本对虾 0.82 亿尾、梭子蟹 0.20 亿只、海蜇 0.53 亿只、牙鲆 61 万尾、黑鲷 43 万尾、黑鲳 124 万尾。通过增加增殖品种、扩大增殖规模,加快全市渔业资源增殖修复步伐,推动渔业经济持续高效发展。

【休闲渔业发展起步】 抓住建设生态型、花园式滨海旅游城市机遇,乳山市根据《威海市休闲渔业产业项目发展规划(2014~2015 年)》,发挥“水产之乡”优势,制定相关规划和配套激励政策,培育特色休闲渔业产业。规划建设休闲渔业项目 10 个,年内,申报正华、小青岛和南泓南村 3 个“休闲渔业产业发展资金”奖励项目,通过威海市专家组验收并获得奖励资金。这些项目为转变渔业发展模式,加快渔业转型升级,吸引社会资金发展休闲渔业,提供示范样本。

【无公害水产品生产标准化】 2014 年,按照农业部“无公害水产品行动计划”发展战略,发展质量效益型渔业,

3月6日，海洋与渔业局人员在海阳所镇养殖示范区检测水质　（侯仕营摄）

整体推进无公害标准化生产进程，推动水产品无公害标准化工作在全市范围展开。全市30家企业通过山东省无公害水产品产地认定，36个产品通过农业部无公害水产品产品认证，产地认定面积6746.2公顷。

【"乳山牡蛎"知名度提升】 2014年，乳山市注重"乳山牡蛎"国家地理标志商标品牌建设和牡蛎文化建设，增强乳山牡蛎社会知名度，扩大营销市场和销售渠道，推进牡蛎产业健康发展。制作宣传手册、海报和乳山牡蛎品牌宣传片，组织牡蛎协会、润德食品等单位参加各类展会和博览会，协调《威海日报》、威海大众网等媒体对乳山牡蛎进行全方位宣传。开展"2014乳山牡蛎品鲜季"宣传活动，新浪网、大众网、《威海日报》等20家媒体集中宣传"乳山牡蛎"品牌，提升"乳山牡蛎"知名度和影响力。至2014年年末，全市牡蛎养殖面积4666.67公顷，年产量25.9万吨，产值达8亿元。

【省级渔业园区项目申报】 为加快渔业转型升级，提高渔业现代化水平，乳山市继续加大省级现代渔业园区建设力度，发挥园区示范作用，推广生态高效品牌渔业理念，促进渔业产业结构调整升级和渔民增收。2014年，乳山市申报省级现代渔业园区项目，其中，瑞力园区获"省级现代渔业园区"称号并获省级奖励资金扶持。

【水产养殖管理规范化】 为维护海洋管理正常秩序，推进全市育苗企业正规化生产，配合海岸带综合整治执法活动，严格把关养殖证的发放与水产苗种许可证的申请办理工作。2014年发放海水工厂化养殖证5本、海水筏式养殖证43本、淡水水库养殖证5本，为55家育苗企业办理水产苗种许可证。

海洋科技

【基层渔业技术推广体系改革与建设补助项目】 于2014年年底完成，建成由5名专家、20名技术指导员、250个示范户和2500个辐射带动户组成的水产科技服务网络，海参示范带动面积1600公顷，牡蛎示范带动面积4000公顷，解决技术难题38个，技术指导员全年平均下乡指导78.3天。邀请山东省海洋生物研究院、中国社会科学院海洋研究所等专家举办培训班4期，培训624人；组织渔业技术指导员开展分散式培训21期，培训686人；发放刺参、牡蛎健康养殖教材290套、技术资料2000份。

【搞好科研对接与项目实施】 与山东省渔业技术推广站合作，开展省农业技术推广项目"水产养殖病害综合防控技术"，示范推广刺参养殖病害综合防控技术1613.27公顷，刺参工厂化育苗水体1.7万立方米，示范推广刺参、对虾混养新模式76.67公顷。开展分散式培训6期，培训养殖技术人员236人，现场技术指导900次，发放技术资料1900份。联合乳山千帆海水养殖专业合作社引进虾夷马粪海胆，开展与海参混养试验，起到防控青苔作用。

4月24日，银滩游客排队品尝乳山牡蛎　（张蓓蓓摄）

11月19日，新型渔民培训项目刺参健康养殖技术培训班　（海洋与渔业局提供）

海洋管理

【海岸带综合整治】 2014年，乳山市继续加大海岸带综合整治工作力度，出动车辆110台次、人员260人次、执法船40航次，包案人员入户60次。海监执法船在徐家南海域和宫家岛海域巡查执法形成常态化；拆除滨海路拓宽涉及南黄水产站等建筑、和尚洞院内建筑38间1800平方米；搬迁待拆建筑12间500平方米；清理搬迁宫家岛以西浅海养殖区800公顷。通过海岸带综合整治，建立起依法用海秩序，为海岸带修复规划设计，改善沿海生态环境打下基础。

【加强海域管理】 加强海域使用申请审查、现场勘察、海域使用权登记、海域使用资金征收及档案管理工作。2014年，完成海域登记155宗，登记面积25380公顷，累计征收海域使用资金824.74万元。调整和优化用海布局，实现资源合理配置，建立良好用海秩序，为海洋经济可持续发展起到推动作用。

【应对浒苔自然灾害】 2014年，乳山银滩近岸海域再次爆发大面积浒苔自然灾害。乳山市通过安装拦截网、增派船只出海打捞，减少到岸浒苔量；组织人员，调配挖掘机和装载机等各类工程车辆，及时清理到岸浒苔，保证海岸带干净整洁，维护银滩滨海景观。修建2000平方米的压榨处置点，引进2台脱水联合打包机和烘干设备，将浒苔加工生产成养殖饲料和生物肥料等产品，实现变废为宝。

渔业企业选介

【山东科合海洋高技术有限公司】 位于银滩旅游度假区东，始建于2001年，是青岛国家海洋科学研究中心科研基地，为国有股份制企业。公司占地18.67公顷，总资产0.3亿元，固定资产0.2亿元，有工厂化育苗、养殖车间2万平方米，室外养殖池13.33公顷，综合办公、实验楼4000平方米。有员工100人，其中高级职称科研人员6人，本科以上人员29人，长期聘用技术专家6人。公司注重科研及新产品引进，以科研、示范、推广为主，先后联合相关科研院所承担国家、省近20项海洋领域科研课题，引进美洲黑石斑鱼、美洲硬壳蛤等优良品种。年繁育各类海水鱼苗近1000万尾、海参苗种2000万头、成品参20吨、成品鱼100吨。产品辐射山东、辽东半岛地区。2014年，公司实现年收入445万元，利润16万元。

【威海金牌生物科技股份有限公司】 成立于2005年，注册资本2000万元。总资产6444万元，固定资产4649万元。主导产品为海参、鲍鱼和海蜇配合饲料、海洋微生物发酵生物活性饵料和微生态制剂。公司实施“人才兴企”战略，构建引进、使用、留住人才机制，引进高学历、高职称“双高”人才，培养出一支年轻化、知识化、专业化实干型技术团队。有职工120人，其中，大专以上学历37人，研究与试验开发人员22人，外聘专家6人，中级职称以上7人，博士5人，硕士7人。拥有金牌饲料院士工作站、山东省企业技术中心、威海市高值水产品饲料工程中心、威海市企业技术开发中心和威海市海珍

6月21日，工作人员在潮汐湖外海域放置浒苔拦截网　（孙轶琰摄）

品饲料工程实验室。获“中国海珍品饲料第一品牌”、中国保护消费者基金会“重质守信3·15满意品牌”“山东省创新驱动发展能力百强企业”“山东省高新技术企业”“威海市农业产业化重点龙头企业”“威海市科技型中小企业”等称号。2014年,实现年收入5000万元。

【威海市润德食品有限公司】 位于乳山市开发区毛家村，成立于2011年。有职工110人，其中大中专以上学历15人。公司以海产品加工出口为主，兼营各种商品进出口业务，拥有国家食品出口备案资质，辖进出口公司1家、出口食品加工厂2家,年加工半壳牡蛎、烘干虾、腌制产品等2500吨,主要出口韩国、马来西亚、日本等国家;常年加工生产冻半壳牡蛎及牡蛎肉等海产品,畅销国内外。2014年,出口额1200万美元、利税250万元。

【威海市恒源渔业有限公司】 成立于2012年2月，系新兴远洋渔业企业。注册资本3000万元，固定资产8000万元,拥有金枪鱼钓船7艘,职工105人。2014年,总产量2300吨。公司致力于远洋渔业开发，以斐济的苏瓦港为渔船补给基地，发展南太平洋金枪鱼钓业,渔场辐射所罗门至大溪地公海。实现产值3500万元，总利润560万元。公司现为中国远洋渔业协会会员，山东省远洋渔业协会理事单位，拥有农业部远洋渔业企业资格、交通部申办海员证资格以及自理报关报检资质。

【乳山正洋食品有限公司】 位于乳山市乳山口工业园，成立于2002年6月。固定资产2.2亿元,职工1300人，拥有正洋食品、合和食品、万和食品、福强水产食品、华信食品、久业仓储物流、研发中心、正洋海珍品育苗、正洋海丰养殖、莱州正洋、正大贸易、正洋诺奥生物科技12家分公司，是集研发、育苗、养殖、加工、检验、冷链物流、贸易为一体的综合经济实体。2014年，公司以市场为导向，努力延伸产业链条,开展科技创新。获“国家高新技术企业”“国家级水产健康养殖示范场”“山东省消费者满意单位”“山东省农业产业化重点龙头企业”“山东省现代渔业示范园区”“山东省工业旅游示范点”称号。2014年,销售收入7.8亿元,实现利税2200万元,出口创汇2亿美元。

（于秉敏）

渔港之晨　　（高淑新摄）

综 述

【概况】 2014年,全市工业紧紧围绕突破乳山产业结构“三年战略”,着力培育壮大经济开发区、滨海新区两大千亿产业聚集区,开展“百企扶持、百企升级”活动,工业经济呈现平稳发展态势。年末,全市工业企业(单位)1710家,其中,规模以上工业企业335家,规模以下工业企业1375家。工业企业中内资企业1566家,港、澳、台商投资企业11家,外商投资企业71家;大中型企业74家,小型企业1636家。规模以上工业企业完成增加值168.13亿元,实现销售收入691.53亿元、利税60.35亿元、利润30.07亿元。

(丁培坚)

【产业转型升级】 坚持把“产业强市”作为经济工作重点,培育实体经济,推动产业升级。重点培育装备制造、绿色食品、生物科技、节能环保、新材料、新能源六大产业集群,调整规划食品和生物科技、新能源、精细化工等专业园区,经济开发区海洋食品产业园成为半岛蓝色经济区18个特色产业园之一。

【骨干培育】 引导和鼓励33户重点企业发展壮大,44户成长型企业稳步发展,鑫山集团、金洲集团、正洋食品等8家企业纳税过1000万元。全年销售收入保持稳步增长的企业12家,其中,乳山正洋食品有限公司实现销售收入4.4亿元,上缴税金2224万元,比上年分别增长21%和86%。双连制动材料有限公司实现销售收入1.7亿元,上缴税金1110万元,比上年分别增长4%和71%。

【技术创新】 年内,重点实施佰德信4期、中机模具骏翔新材料、国投中鲁果

2014年乳山市主要工业产品产量

表8

产 品 名 称	计量单位	全年累计
铁矿石原矿	吨	342715.00
小麦粉	吨	48034.00
饲料	吨	15013.00
配合饲料	吨	12117.00
鲜、冷藏肉	吨	96321.18
冷冻水产品	吨	161783.00
乳制品	吨	4152.00
固体及半固体乳制品	吨	4152.00
乳粉	吨	4152.00
罐头	吨	38195.00
饮料酒	千升	5426.00
白酒(折65度,商品量)	千升	2485.00
啤酒	千升	2941.00
软饮料	吨	17918.00
包装饮用水	吨	4406.00
果汁和蔬菜汁类饮料	吨	13512.00
布	万米	11431.10
化学纤维短纤布	万米	11431.10
亚麻布(含亚麻≥ 55%)	万米	298.44
蚕丝及交织机织物(含蚕丝≥ 50%)	万米	4.64
无纺布(无纺织物)	吨	3873.00
服装	万件	1558.95
梭织服装	万件	1266.09

续表 8

产 品 名 称	计量单位	全年累计
羽绒服装	万件	75.01
西服套装	万件	1163.15
针织服装	万件	292.86
家具	件	51674.00
木质家具	件	51674.00
机制纸及纸板(外购原纸加工除外)	吨	4098.00
纸制品	吨	23564.00
瓦楞纸箱	吨	13819.00
单色印刷品	令	265313.00
多色印刷品	对开色令	63898.00
硫酸(折 100%)	吨	94584.09
合成氨(无水氨)	吨	30744.20
农用氮、磷、钾化学肥料(折纯)	吨	58483.38
磷肥(折五氧化二磷 100%)	吨	58483.38
涂料	吨	6575.00
初级形态塑料	吨	1069.00
塑料制品	吨	41729.00
泡沫塑料	吨	2200.00
塑料人造革、合成革	吨	5515.00
水泥	吨	588791.00
商品混凝土	立方米	251911.00
天然花岗石建筑板材	平方米	605955.00
生铁	吨	233196.00
铸铁件	吨	46198.00
铸钢件	吨	31790.00
黄金	千克	1677.90
锻件	吨	25252.00
粉末冶金零件	吨	11236.00
金属切削机床	台	1099.00
泵	台	2252.00
液压元件	件	719.00
衡器(秤)	台	1133.00
模具	套	60026.00
电动机	千瓦	177216.00
交流电动机	千瓦	177216.00
电子元件	万只	8.36
钟	只	22517.00
自来水生产量	万立方米	1796.00

蔬汁产业园、力牌工业润滑油等重点工业项目 21 个，完成投资 21.4 亿元，竣工项目 16 个，形成新的经济增长点。引导企业加大科研投入，引进培育科技人才，开展技术开发和工程研究，与高校院所对接，开展产学研合作。全年，获批省级创新平台 3 家、威海市级创新平台 6 家；科技成果完成鉴定 11 项；获奖项目 7 个，其中省级 1 项、威海市级 6 项；产学研合作项目签约 36 项；有 515 件发明专利被国家专利局受理。

【品牌创建】 推进“政府引导、部门指导、企业主导”品牌三级联创工作，争取恒邦化工“恒邦爱尔地”和龙峰硅胶“龙峰及图”创建山东省著名商标。年内，全市有国家地理标志商标 5 个，省级以上品牌产品 47 个。

（宋晶晶）

【2014 年纳税明星企业】

五星级纳税明星企业(1 家)：乳山市农村信用合作联社

四星级纳税明星企业(2 家)：山东金洲矿业集团有限公司、国网山东乳山市供电公司

三星级纳税明星企业(3 家)：乳山市富大房地产有限公司、乳山市益天房地产开发有限公司、乳山正洋食品有限公司

二星级纳税明星企业（10 家)：威海恒邦化工有限公司、乳山国泰城建开发有限公司、山东乳山工艺品有限责任公司、山东双连制动材料股份有限公司、乳山华凯投资有限公司、乳山市东风房地产开发有限责任公司、威海海大塑胶有限公司、乳山市正华建工集团、山东威海烟草有限公司乳山营销部、中国建设银行股份有限公司乳山支行

一星级纳税明星企业（25 家)：山东鲁菱果汁有限公司、福喜(威海)农牧发展有限公司、山东力久特种电机股份有限公司、乳山市长城住宅开发有限公司、山东日信工业有限公司、威

2014 年乳山市工业主要经济指标完成情况

表 9

项目	单位	实际完成
1. 全部工业		
工业总产值(当年价)	亿元	757.89
工业销售产值(当年价)	亿元	746.43
主营业务收入	亿元	745.86
2. 规模以上工业		
工业总产值(当年价)	亿元	702.52
工业销售产值(当年价)	亿元	692.10
其中:出口交货值	亿元	140.36
工业增加值	亿元	168.13
主营业务收入	亿元	691.52
工业产品产销率	%	98.52
利税总额	亿元	60.35
其中:利润	亿元	30.07
资产总计	亿元	509.80
总资产贡献率	%	14.35
资产负债率	%	39.93
全部从业人员年平均人数	人	60430

2014 年乳山市规模以上工业企业主要经济指标

表 10

单位:万元

项目	企业单位数(个)	全部从业人员年平均人数(人)	工业总产值(当年价)	工业销售产值(当年价)	其中:出口交货值	工业增加值	资产总计	主营业务收入	利税总额
总计	335	60430	7025193	6921004	1403610	1681344	5098011	6915285	603455
内资企业	253	44699	5361108	5303407	770797	1293573	3810226	5256670	477777
国有企业	5	1316	124811	127752		63346	194422	121769	11732
集体企业	1	402	73078	68191	22653	15498	36963	70630	4700
联营企业	1	224	44543	45459	2237	6351	10613	44957	2048
其他联营企业	1	224	44543	45459	2237	6351	10613	44957	2048
有限责任公司	52	10008	1413899	1403989	158826	372850	1176784	1402303	144337
其他有限责任公司	52	10008	1413899	1403989	158826	372850	1176784	1402303	144337
股份有限公司	9	3863	396283	365109	24199	103565	341797	371958	26604
私营企业	185	28886	3308493	3292907	562883	731963	2049648	3245053	288355
私营独资企业	58	8650	1120282	1120268	143794	223607	708687	1099185	83547
私营合伙企业	9	1663	127842	123390	52926	30911	67871	122112	14643
私营有限责任公司	112	17831	1997031	1984460	341486	463482	1215518	1963611	184347
私营股份有限公司	6	742	63339	64789	24677	13963	57572	60146	5818

续表 10

项 目	企业单位数（个）	全部从业人员年平均人数（人）	工 业总产值（当年价）	工 业销售产值（当年价）	其中:出 口交货值	工 业增加值	资产总计	主营业务收入	利税总额
港澳台商投资企业	11	2607	227631	218681	86569	63442	147647	226915	20400
与港澳台上合资经营企业	5	1311	99200	94702	44966	27614	59772	99363	9540
与港澳台上合作经营企业	2	819	72844	71304		19676	39767	72222	5696
港澳台商独资企业	3	431	53429	50517	41603	15101	35196	53069	5119
港澳台商投资股份有限公司	1	46	2158	2158		1052	12911	2261	45
外商投资企业	71	13124	1436453	1398916	546244	324330	1140139	1431700	105279
中外合资经营企业	28	6691	637763	612730	200815	149431	473211	652641	36787
中外合作经营企业	1	39	4607	5034		790	6270	4321	335
外资企业	40	6209	780327	768385	336547	169769	648766	761687	65949
外商投资股份有限公司	1	102	8882	8882	8882	2868	8266	8271	1564
其他	1	83	4875	3886		1472	3625	4781	644

海市明珠硅胶有限公司、乳山市新宇房地产开发有限公司、中国工商银行股份有限公司乳山支行、威海佰德信新材料有限公司、中国农业银行股份有限公司乳山市支行、华隆(乳山)食品工业有限公司、威海龙峰硅胶有限公司、中华联合财产保险股份有限公司乳山支公司、乳山市富地渔具有限公司、乳山市海天集团有限公司、威海华邦精冲技术有限公司、山东省昆仑路桥工程有限公司、中国移动通信集团山东有限公司乳山分公司、乳山益正公路工程有限公司、乳山市金果花生制品有限公司、泰山石膏(威海)有限公司、威海同仁食品有限公司、乳山市内燃机配件厂、乳山恒裕食品有限责任公司、乳山圣民纤维有限公司

开发区建设

【乳山经济开发区】 于 1992 年 12 月经山东省人民政府批准成立，2009 年 2 月与乳山口镇合署办公，总面积 107 平方公里，辖 41 个行政村。区内海洋食品产业园入选“首批山东半岛蓝色经济区海洋特色产业园”。2014 年，被评为山东省省级生态工业园区，被威海市委、市政府授予“外经贸工作先进单位”“国内经济合作工作先进单位”等称号。

招商引资 开发区将项目引进与项目孵化并重、与产业链条延伸并重、与存量资源盘活并重，招商重点地域集中在省内，产业主攻方向集中在新材料等新兴产业，全年引进新项目 19 个，其中，开工 13 个，投产 2 个。

项目建设 坚持“日调度、周督查、月通报、季考核”，在建、续建重点项目按时间节点快速推进，开工建设青岛科大孵化器、海洋机械、龙威不燃板等新项目，建成投产瑞华达机械、兴诚机械、众望油脂、海润新材料、园城非金属矿工业园等项目。

产业园发展 打造高端产业聚集区，形成临港产业园、装备制造产业园、新能源产业园、精细化工园、海洋食品产业园产业并进发展格局。引进法峻工业设备、海洋机械、顺辰钛合金装备制造项目，龙威不燃板、海润新材料、园城非金属矿工业园新材料项目，青岛科大环保孵化中心项目，并利用青岛科技大学科技、人才、智力资源，为新材料产业进行专业孵化。正洋食品与中国海洋大学合作建设正洋海洋生物技术研究院，明海水产新上鱿鱼丝出口加工设备，提升海洋生物科技产业发展层次。

科技创新 引导 11 家企业投入 2.5 亿元实行技改扩规，与科研院所开展产学研项目合作，鲁源科技、金果花生、佰德信 3 家企业创建威海市级企业技术开发中心，澳华新能源、华邦精冲、山东双连、力久电机 4 家企业获批高新技术企业，获批发明专利 13 件，实用新型专利 29 件，金牌饲料、力久电机在新三板成功挂牌。

社区建设 投资 2650 万元，硬化改造区内道路 7200 米，疏浚护坡河道 1580 米，提升产业承载力。按照产业发展布局，规划实施 2.7 万平方米万和苑小区项目，投资 150 万元新建政通、西耿家、中心渔港、崔家 4 个新型农村社区，规划成立润泽、政通、西里、金银 4 个城市社区，投资 120 万元重点打造润泽和政通 2 个城市社区居委会场所，建设便民服务大厅、警务室、健身广场等配套设施，推动产业与城镇融

合发展。

（耿雪）

【乳山市滨海新区】 成立于2012年12月26日，2013年4月18日在银滩旅游度假区举行揭牌仪式。滨海新区是"一体化"大威海新格局和乳山"南部提升"战略重要组成部分，区域规划面积348.94平方公里，其中，陆地面积278.65平方公里，建设用地120平方公里。范围包括青威高速公路以南，东至黄垒河，西至能源路与乳山湾南岸，辖白沙滩镇、海阳所镇全部区域及南黄镇、徐家镇部分区域。2014年，滨海新区把握招商引资主线，强化制度管理，突出项目建设，夯实基础载体，创新社会管理，全区呈现出率先发展、争先发展良好态势，签约过亿元项目25个，完成基础设施投入11.7亿元

招商引资 年内，新开工智创科技企业孵化器、海大生物科技产业园、鑫晟科技、爱琴湾生态休闲旅游、东方归谷、岳海水产等项目19个，其中投资过亿元项目14个，新签约曜阳养生养老示范基地、老来乐老年公寓、青海镁基电池、骏翔新材料等项目15个，其中，投资过亿元项目11个。续建顶点科技、汇清科技、远大可建、银海物流商贸城、中鲁果蔬汁等项目10个。远大可建、华隆生物科技、中鲁果蔬汁、鲁酱酒业等10个项目达产。

规划发展 聘请山东省城乡规划设计院、中船九院等专业机构完成塔岛湾国家级特别保护区概念性规划、食品和生物科技产业园总体规划、海湾新城控制性详细规划和海洋科技产业园总体规划。全年投资11.7亿元，实施道路桥涵、园林绿化、供水供气、生活配套、环保升级和生态修复6类基础设施建设工程，提升区域载体能力。规划建设中韩制造业工业团地、中韩海洋文化体验区、中韩食品与生物科技产业园三大对韩平台，完善水、电、路、气、暖等配套设施，提供承载韩国产业转移载体平台。推进城乡统筹协调发展，实施旧村改造工程11个，农村新型社区建设8个，引导转移农村人口1500人，流转土地486.66公顷。开展海岸带综合整治工作，集中整治违章建筑及乱搭乱建，开展露天烧烤专项整治活动，规范户外广告管理，加大农民工工资清欠力度，城市管理水平显著提高。

社会管理 投资100万元，标准化改造城市社区6个，新成立大庆和东方2个城市社区，打造益天社区、观海苑社区综合性服务中心，将医保、户籍、计生、有线电视等居民基本需求纳入社区服务范围，推行"建民生档案、记民情日记、促民事交办、听民声反馈、重民意考评"工作法，提高群众满意度。开通滨海新区民生热线，搭建网上交流平台，开放主任信箱和社区书记意见箱，集中受理群众咨询、求助、建议和投诉2456件。组建爱琴海景小区、胜利国际小区、维利亚小区3个业主委员会，妥处银滩历史遗留问题，为区域发展营造良好环境。

（张晓飞）

【乳山市海湾新城】 成立于2009年2月，位于滨海新区中心区域，是乳山市蓝色经济区组成部分。2014年，围绕滨海新区"产业兴区、工业带动、镇区联动、一体发展"目标定位，加大基础设施配套，突出区域产业招商。

基础建设 实施联想路、华御路东段、能源路中段及南段道路建设工程，坚持绿化、亮化、桥涵建设及水、电、气、通讯设施同步配套、一体完善。全年完成工程投资1.7亿元，完成能源路中段和华御路东段路基土石方、硬化和绿化工程5.6公里；动用土石方80万立方米，完成能源路南段和联想路路基工程9.1公里，修建桥梁5座，完成主体工程并通车，完成橡皮坝施工并蓄水使用，完成涵洞27座，铺设雨水管1.25万米、污水管4800米、给水2800米、通信管线8000米，安装路灯236支；动用土石方180万立方米，完成东方归谷、万尊置业等项目土地平整26.66公顷。

产业项目服务 从公司注册、项目立项、图纸审查及开工许可等有关手续办理上，全程跟踪服务新引进项目，中房大地土地发展有限公司投资3亿元的乳山科技规划展示中心项目、上海华御信息技术有限公司投资10亿元的科技孵化器项目、威海东方硅谷科技产业园项目7月开工建设，完成基础桩基施工。年内，完成招商中心主体工程及科技园试桩检测工作。加强仙泊置业协调调度，推进仙泊绿建筑（原远大可建）企业发展，协助企业出思路、解难题、跑政策、融资金，该企业先后取得国家专利技术20项，产品

11月12日，乳山市海湾新城能源路硬化通车 （陈晓辉摄）

出口缅甸、新西兰及欧美市场。加强意向项目跟踪服务，抓好已签约北京元辰生物质热力及科研中心项目开工前手续，跟进北京元辰滨海新能源科技项目、威海海若食品选址调整工作、上海优实创意商务花园项目，力促签约项目早开工，意向项目早签约。

（陈晓辉）

【威海市纺织染整工业园】 于2003年经威海市人民政府批准成立。工业园位于乳山市市区西部，总规划面积6平方公里，一期规划3平方公里。分纺织染整、服装加工、化工助剂3个区域。至2014年11月，园区企业生产总产值达到3.6亿元，实现税收过千万元。

基础设施配套 建有35千伏变电站、热电厂1座、日处理能力2万吨工业废水、生活污水处理厂各1座，天然气管道通至区内。年内，投入资金100万元，平整场地6.6公顷，回填土石方10万立方米；投资260万元新修耿家河路520米；投资30万元改造园区蒸汽主管网，完善基础设施配套。

重点项目建设 2014年，新引进建设艾文生物科技、城西科技孵化中心、正华纺织旅游用品3个项目，其中，完成艾文生物科技项目一期工程、城西科技孵化中心2号、4号、8号车间主体。正华纺织旅游用品项目11月投产。翰升纸业项目5个车间竣工，10月试生产；亚细亚机电项目新建和改造工程全部竣工，7月试生产。

服务环境 纺织染整工业园管理委员会负责服务整个园区。帮助办理艾文生物科技、城西科技孵化中心、正华纺织旅游用品项目立项、注册、规划、开工等各种手续。办理翰升纸业、亚细亚机电等项目工程竣工验收、房产证确权等手续。定期走访企业，了解企业困难，帮助特来蓓丝特办理二期扩建前期土地调整。

【乳山市城区工业园】 位于城区深圳路东侧，北依市区，南接经济开发区，占地5.65平方公里。

设施完善 全年园区进行污水井清淤155个，雨水漏清淤506个，人行道花砖补修2198.8平方米，更换雨水漏和污水检查井盖48个，维修路边石12处308米，完成园区宜昌路污水管道维修135米；园区内安装路灯60盏；安排专人进行园区内道路及绿化带清扫养护工作。

招商引资 年内，工业园引进外资3000万美元，续建项目4个，完成投资额5亿元。新上技改项目11个，到位资金1.3亿元。签约内资项目1个，做好2015年项目开工建设准备。

黄金工业

【概况】 山东金洲矿业集团有限公司、乳山市金华矿业有限公司，是集黄金地质勘探、采选、冶炼和深加工于一体的黄金生产集团公司。2014年，两个黄金公司总资产17.79亿元，从业人员1640人。全年生产黄金1677.9公斤，实现销售收入8.34亿元，利税2800万元。

（丁培坚）

【山东金洲矿业集团有限公司】 始建于1970年4月，是集黄金勘探、采选以及新型节能建材制造于一体的矿山企业，隶属于山东黄金矿业股份有限公司。辖山东金洲集团富岭矿业有限公司、山东金洲集团千岭矿业有限公司以及山东金洲矿业集团有限公司尾矿利用分公司。总资产9亿元，职工1450人。2014年，生产黄金1046.88公斤，实现利润7753万元，上缴税金2598万元。年内，公司获"乳山市纳税明星企业""威海市安全生产先进单位""山东省安全文化建设示范企业""全省安全生产基层基础工作先进企业""山东省设备管理优秀单位"以及山东黄金集团"管理创新奖""安全环保奖"等称号。

黄金探采 黄金采选方面，完成采矿量46.69万吨，掘进量2.39万米，选矿处理量43.24万吨。加大残矿探采力度，残采高品位矿石7700吨，增产黄金180.44公斤。推进重点工程建设，金青顶矿区深部开拓工程主井井筒装备、井架、地表提升机安装结束，-785米盲风井完成掘进55米/969立方米投资2710万元，富岭公司600吨/日选矿厂改扩建工程投入带料运行，工艺指标达到设计要求。完成地表钻探7899米，坑探6159米，坑内钻5433米，新增矿石量54万吨，金金属量1302公斤；三甲等矿区扩界扩能申请获省联席会审查通过，为矿区生产接续、提产扩能提供保障。

安全生产 加强安全责任落实，强化安全综合治理。出台《安全生产违章记分考核办法》等10项安全管理制度，落实安全确认、安全监察、领导下井带班等制度，开展生产系统安全评估活动，整治安全隐患，严肃安全生产纪律。全年投入专项资金950万元，实施深部地压控制、通风系统改造，改善安全生产环境；与专业机构签订技术服务合同，定期对排水、通风、提升等设备设施进行技术检测，实现安全零工亡、环保零事故目标。完成三甲矿区闭库设计施工，通过山东省安全生产监督管理局现场验收。修订完善应急救援预案，开展井下透水应急撤人、电缆火灾撤人、地质灾害抢险实战演练活动，受到威海、乳山两级安监部门肯定。

降本增效 开展厉行节约，勤俭办企，深挖内潜活动，提升质量和经济效益。科学论证富岭公司选矿厂改扩建工程、金青顶矿区-785米及-1145米中段水泵房、皂地35千瓦供电线路等重大投资项目，累计压缩工程投资1100万元。提高物资使用率，降低采购成本，全年物资采购和消耗总额比上年分别下降25.62%和27.47%，节省采购成本80万元。坚持定额考核、调荷节电、节能改造，节省电费297万元，其中英格庄矿区年节省排水电费48万元。利用内退、特退等政策，兼岗并岗、简易岗位外包等措施，深挖人力资

2014 年青岛金王集团投资工程明细表

表 11

类　别	名　称	金额(万元)
已建工程	1 号竖井、2 号竖井	1245.78
	地质工程及勘探	576.2
	采掘工程及盲竖井改造	613.46
	土建工程及园林绿化	32.48
	35 千伏专线及配套设施	128.2
在建工程	选厂改造	10
	3 号竖井	525.12
	5 号竖井	372.98
其他	其他项目	25.8

2014 年青岛金王集团探矿情况

表 12

类　型	工　作　量	备　注
井探	竖井掘砌 290.8 米	2 个探矿竖井
井探	各类掘进 3197.9 米	—
井上钻探	15634 米	—
井下坑内钻	2383 米	—

探矿成果：年内新增储量 50 万吨，平均品位 2 克 / 吨

2014 年青岛金王集团选矿情况

表 13

项　目	数　据	比上年增长
选矿处理量	253745 吨	183%
回收率	91.15%	0.26%
设备运转率	96.25%	2.52%

源潜能，促进减员增效，全年减员 145 人，节省人工成本费用 400 万元。科学研判交易时机，全年黄金销售均价比上交所高出 1.01 元 / 克，增加效益 108.73 万元；金精矿销售实行科学配矿，提高返金率，增加收益 122 万元。公司厉行勤俭节约，压缩非生产性开支，管理费用比上年下降 928 万元，降幅 10.28%。公司申报矿山企业“六位一体”成本管理体系的构建与实施，获山东省企业管理现代化创新成果二等奖；降本增效经验获山东黄金集团推广。

科技创新　实施金青顶矿区深井开采关键技术研究、三甲矿区北部成矿规律研究等 5 项重点科研项目，完成科研信息化投资 244 万元；推进矿山动力灾害控制技术研究项目，为山东黄金集团深部采矿关键技术研究课题提供支持。加大技术难题攻关，调整磨浮工艺，选矿回收率提高 0.33 个百分点，成果被山东黄金集团授予 2014 年技术革新三等奖。千岭公司创新推行“多碎少磨”工艺，稳定选矿回收率，降低选矿材料消耗，年节省材料成本 61.20 万元。富岭公司利用井下空间和地形，进行通风系统改造，作业面通风消烟时间每班缩短 2 个小时，提高生产效率。年内，1 项科研项目获山东省经济和信息化委员会立项，4 项成果获国家专利申请受理，3 项成果获专利授权，7 项成果获威海市职工“百项技术创新成果”奖励。开展员工创新成果评审活动，有 72 项成果获奖，发放奖金 13.46 万元。

企业文化建设　开展警示教育、述职述廉、民主评议、纪检监察等活动，举办职工运动会，参加集团篮球赛；组织送温暖活动，走访、慰问困难家庭 93(户)次，发放救助款 19 万元。优化薪酬结构，保证职工收入稳定。加强职工教育培训，投入培训经费 75.14 万元，培训职工 1000 人次；开展岗位练兵、技术比武活动，引导职工比、学、赶、超，提升本领。年内，2 人分获全省黄金行业职业技能竞赛电工维修第一名和第五名；2 人在乳山市职工技能大赛夺冠，7 人获亚军和季军。

【金华矿业有限公司】 2012 年 5 月由青岛金王集团(持股 80%)、乳山市政府(持股 20%)组成股份制公司，注册资金 1 亿元。公司从事黄金矿石采、选、冶炼及销售业务。辖唐家沟、白石、峒岭 3 个矿区及胡家口冶炼厂，员工 190 人。年内，实现销售收入 4500 万元，比上年增长 129%，上缴利税 202 万元，增长 74.89%。

安全生产　投入资金 100 万元建设唐家沟矿区避难硐室，完成井下警铃、信号系统闭锁、联动升级改造、井下泵房建设及安装。聘请山东物探院勘探唐家沟矿区水文地质，聘请资质单位安全检测矿区提升系统、空压机、通风机、水泵等重点设备设施；对井下主要巷道、部位进行混凝土射喷浆支护，提高安全系数。完成安全生产事故应急预案备案工作，组织应急救援演练；完善爆炸物品购买手续和网上申请购买盐酸管理工作，安排专人押运爆炸物品，跟踪管理井下爆炸物品；加强岗前教育、岗内自查、岗后总结及安全巡查，实行安全员跟班下井，监督整改问题。年内，公司安全系统与威海市安监局监控系统并网，被评为乳山市安全工作先进单位。

矿山开采　唐家沟矿区主副井采矿 5.3 万吨，工程掘进总量 3735.6 米，剥离 72.87 万吨，采矿 13.18 万吨，其中，氧化矿 2603.56 吨，采矿量比上年

威海鑫山集团有限公司金属冶炼车间　（宋昌鑫摄）

增长11.4%，提交储量矿石量231万吨，金属量10.6吨，平均品位4.67克/吨，扩界3.42平方千米，生产能力14.85万吨/年；全年探矿权延续11个，探矿权年检14个，节约资金70万元；完成各矿区采矿权年检工作，无超层越界开采。

降本增效　公司革新选矿工艺，提高回收率和金粉品位，增加黄金产量1.62公斤，增加收入40万元。控制不合理支出，在工程采购、结算审计中实行控制管理，扣减不合理支出30万元。改进仓库管理，缩短物资存储、周转周期40天。完善管理台账，推行以旧换新、物资追踪制度，减少物料浪费。

（祝传辉）

【威海鑫山集团有限公司】　以矿山采选、生铁冶炼、铸件加工、工业“三废”综合治理、资源综合利用、商贸物流为一体的综合性企业。有冶炼铸造生铁高炉2座，配套机械化烧结、高炉喷吹煤粉、高炉富氧喷吹等先进工艺和技术。2014年，完成铁精矿产量15.14万吨，生铁产量23.32万吨。实现销售收入5.18亿元，上缴税金3405万元。

铸造项目建设　年内，公司投资1800万元，进行车间扩建和设备改造。生产车间由1000平方米扩大到4300平方米，新建涂装车间3600平方米；2号铸造线升级改造完成，新增铸造设备12台（套），铸造设备总量56台（套）。年生产能力5万吨，主要生产叉车、挖掘机配重品种12个，产品合格率达99.5%。改造升级2号生产线，填补短流程生产工艺，生产单体重量25吨配重，满足90%型号配重生产。与烟台斗山集团建立长期供货关系，供货量占其总量80%，被评为优秀供应商。全国铸造生铁基地进一步巩固。年内，累计供货4000吨。

技术改造　鑫山冶金铁矿全年投资167万元，完成采矿油开关、电机车等设备升级，35千伏变压器更新，电气开关耗能改造，年节电50万千瓦时。利用尾矿分离制作人工砂项目，获省科技成果鉴定。全年投资35万元，改造烧结烟气余热回收利用，节省烧结燃料10%。全年完成技术改造项目30个。

市场营销　公司调整销售策略，在巩固老客户基础上，扩展新客户，年销售产品1万吨。根据网上比对、媒体介绍、厂家咨询、信息反馈途径掌握市场行情，跟进市场价格，全年产品销售价格高于全省平均水平100元，货款回收率100%。调整采购渠道，辅助材料采购年节约资金328.47万元，比上年下降10.81%。

企业管理　开展向员工征集“金点子”活动，收到合理化建议54条，其中，组织实施5条；收到改革建议68条，其中，组织实施16条。开展节能降耗，炼铁车间吨铁降低焦炭10公斤；发电车间年节约煤炭1900吨；烧结车间年节省炉篦条27.91吨，节约资金38万元；铁矿采选车间实行产量考核，日增矿石30吨；机修车间实行修旧利废指标考核，节约资金3万元。

企业文化建设　组织开展党的群众路线教育实活动，查摆纠正“四风”突出问题，改进领导作风。在《鑫山人》报开辟“员工故事”专栏，宣传好人好事。组织100名先进工作者到西安、华山等地旅游，组织80名业务骨干参加军事训练，开展“老党员回家看”“青年越野赛”等系列活动，丰富员工文化生活。

（宋昌鑫）

机械工业

【概况】　2014年，全市规模以上机械制造及金属制品工业企业64家，全年实现工业总产值164.59亿元，销售收入161.89亿元，利税11.38亿元，出口交货值10.26亿元，销售收入和利税总额分别占全市规模以上工业总量的23.4%和18.9%。主要产品产量：金属切削机床1099台，液压元件719万件，交流电动机17.7万千瓦。

（丁培坚）

【山东双连制动材料有限公司】　建于1990年，是中国较早实现摩擦制动材料专业生产厂家之一，山东省高新技术企业，国家汽车零部件出口基地企业，中国摩擦材料行业首家向美国通用、福特和克莱斯勒3大汽车公司配套供货的原配供应商。厂区占地面积14.5万平方米，员工320人，资产总额1.8亿元。

技术开发　拥有山东省企业技术中心、山东省汽车摩擦材料工程技术研究中心和威海市级工程实验室，有专业研发团队和国内外技术专家20人，与国内外6所大学、科研院所建立产学研合作。检测设备可完成欧洲、北美、中国在摩擦材料领域多项试验。公司主要生产汽车用盘式刹车片、鼓式刹车片、手刹制动片、工程机械片、油田钻井机制动闸瓦、精冲及焊接等2000种型号刹车片。

科技成果　开发和储备半金属、低金属和陶瓷等20种具有自主知识产权的先进技术和成果，承担国家和省级科技创新项目，有6项技术达到国际先进水平。其中，无石棉手刹制动片取得美国天合(TRW)汽车底盘公司配套供货资格，产品辐射美国通用、福特和克莱斯勒3大汽车公司；陶瓷纤维增强树脂基摩擦材料获国家重点新产品证书并列入国家火炬计划项目；温压法制备新型混杂纤维摩擦材料技术填补一项国内技术空白，获国家发明专利、中国建材联合会硅酸盐学会“科学技术奖”进步类二等奖、山东省“科技进步三等奖”。公司先后通过ISO 9001：2008质量管理体系、ISO 14001：2004环境管理体系及ISO/TS16949：2009汽车行业质量管理体系认证，连续获“山东名牌”和“山东省重点培育和发展的国际知名品牌”。

市场营销　公司产品90%出口至北美、欧洲、日本、韩国等22个国家和地区。与全球62家客户和供应商建立营销关系。国内65个大中城市设有销售网点，为长城汽车、奇瑞汽车、万向钱潮等提供配套产品。

（姜新设）

【山东双连锁业有限公司】　始建于1974年，位于乳山经济开发区临港工业园，占地面积5.6万平方米，建筑面积3.55万平方米，是集研发、产销、售后服务为一体的现代锁具制造企业。主要产品铜铁挂锁、高档防火防盗门锁、铝塑窗锁、执手内门锁、通道锁等，年产各类铜铁挂锁及其他用途锁具3000万把，生产各类防火、防盗门锁15万套。公司专注于高安全智能防盗系统的研发与应用，拥有自主知识产权的超B级MDC防盗门锁系列产品获得四项国家专利，密钥量超过10亿，是国家标准2万倍。公司研发的MDC500、510系列防火、防盗锁，通过公安部固定灭火系统和耐火构件质量监督检验中心防火检测和公安部安防检测中心防盗锁检测，取得防火、防盗双重检测报告。公司研发室被认定为威海市级技术研发中心。

（孙玥）

【乳山双连电镀有限公司】　始建于1974年，2003年12月改制为有限责任公司，位于乳山市西环路42号，占地面积3.33万平方米，建筑面积1.33万平方米。至2014年末，拥有固定资产原值280万元，净值140万元，职工70人，其中工程技术人员28人。公司主要从事金属、非金属件表面处理，承接电镀镍、锌、金、装饰铬以及铜件漂洗、线材冷拔等业务。通过ISO 9001质量管理体系认证和ISO 14001环境管理体系认证，是哈尔滨工业大学实习基地。年内，公司通过环保部清洁生产审核与评估验收，获威海市“环保模范企业”称号。公司投资1000万元进行污水车间及生产车间改造工程，新建储量3500吨大型污水池和日处理1200吨现代化污水处理车间，设备自动测定水位、ph值，处理含铬、铜、锌、镍、镉等单一和综合重金属废水，出水水质优于国家规定污水排放标准。改造镀锌、镀镍、镀铬自动生产线，年设计镀锌量6000吨、镀镍1000万平方分米、镀铬1000平方分米。

【山东力久特种电机股份有限公司】　位于乳山市经济开发区山海大道22号，是集科研、生产、销售、服务于一体的特种电机生产企业。职工521人，其中工程技术人员132人。通过ISO9001质量管理体系认证、国家强制性产品3C认证、欧盟CE认证及加拿大CSA认证，信誉等级AAA级，为山东省高新技术企业、中国专利山东明星企业。拥有山东省企业技术中心、山东省特种电机工程技术研究中心、山东省一企一技研发中心和国家电机专业博士后科研工作站。拥有各项专利67项，各类加工设备520台(套)，各种检测量具、仪表710台(套)，有先进电动机型式试验检测中心，年生产能力300万千瓦。年内，公司完成营业额2.16亿元，净增5357万元，比上年增长38%；实现利税2010万元，增长134%，全年完成产量112万千瓦，增长42%。公司“LEADGO”商标被山东省工商行政管理局评为“山东省著名商标”；“力久”牌产品被山东省名牌战略推进委员会和山东省质量技术监督局联合评为“山东名牌”产品，被中国电器工业协会评为“中国电器工业最

山东力久特种电机股份有限公司　（于真真摄）

具影响力品牌”。企业被山东省经济和信息化委员会评为“山东省节能环保示范企业”。

主要产品 公司主要产品特种电机、标准电机和电机控制系统3大类。以特种电机为主导，拥有YP2、YX3(YE2、GX)、YE3、YVP等20个系列、3000个规格电机系统。产品广泛应用于石油机械、包装机械、冶金机械、造纸机械、工业生产线等行业，在同行业处于领先地位。

技术改造 2014年，完成总投资2600万元高效特种电机扩大生产能力技术改造项目，改造和新建厂房5000平方米，购置各类设备、仪器、仪表300台(套)，具备生产美国NEMA标准、澳洲标准、欧洲IEC标准和中国大陆标准电机能力。

技术创新 公司自主研发“永磁变频螺杆泵专用电机系统”被中国低碳经济发展促进会列入首批《十二五低碳经济科技创新成果》，被中国工业和信息化部列入首批《国家重点推广的电机节能先进技术目录》，获“山东省优秀新产品二等奖”；“KYGJ空气压缩机用高效电动机系统”被山东省企业技术创新委员会评为“山东省优秀新成果一等奖”；研发“YE3系列超高效三相异步电动机”被工业和信息化部和国家发改委定为“国家高效电机节能惠民工程产品”，获国家节能惠民补贴资格。2014年，与上级主管部门对接项目146项。

全国新三板系统挂牌上市 2014年8月14日，力久特种电机股份有限公司在全国新三板系统挂牌上市。12月26日，公司向北京毕捷电机股份有限公司定向增发股票签约仪式举行，通过全国中小企业股份转让系统向北京毕捷定向增发10%股份，北京毕捷部分设备及全部电机业务和品牌并入力久，加快公司发展步伐。

(于真真)

【乳山市黄海汽车配件有限公司】 该公司前身是乳山市黄海锻造厂，建于1992年10月28日，注册资本1亿元，总资产3亿元。建有海阳所李家村、海阳所镇驻地和经济开发区建3个厂区9个车间，占地面积45万平方米，建筑面积32万平方米。职工260人，其中工程技术人员30人。公司主导产品有锻造发动机曲轴、连杆毛坯，发动机曲轴、连杆、凸轮轴、平衡轴总成，冲压轿车车身件、卡车驾驶室、卡车后桥壳、发动机油底壳、汽车纵梁等，年产曲轴毛坯30万支，连杆200万支，汽车冲压件150万件/套。2014年，实现销售收入7500万元，上缴税金280万元。

黄海汽车配件有限公司产品生产线 (杨永军摄)

设备引进 公司采用智能化数控加工设备生产精密度要求较高产品，实现精细化加工；锻造设备以16000T、12500T、2500T为主，与全自动智能化机器人组成生产加工线，保障产品精密生产；冲压车间采用不同型号气压机及液压机，实现批量生产，满足产量小、花样多产品生产要求，生产效率高。

技术创新 公司与长春工业大学开展产学研合作，聘请留美博士、国家“千人计划”专家刘正白教授做技术指导，培养发展技术团队。完成新型悬挂链式连续热处理生产线研发，对曲轴、平衡轴等产品在生产技术方面带来新突破，产品质量得到有效保障；机械加工及冲压技术团队攻破技术难关，发明创造实用新型专利10项，申报省级科技项目2个、市级科技项目3个，申请专利30个，获“国家级星火计划项目证书”。生产的军车连杆、曲轴被供货合作单位东风朝阳柴油机有限公司评为“质量管理优秀供方”“优秀供应商”“核心供应商”，获国庆60周年阅兵仪式“重要保障奖”。

生产管理 执行ISO/TS16949质量管理体系，从原料进厂、产品出厂，节节把关，每件必检，保证产品质量，赢得一汽、二汽、通用等6大汽车厂商稳定的供货配套份额；加强安全生产教育、培训、检查和问题整改工作，建立健全安全生产管理制度，要求职工按规程操作，实现全年安全生产。年内，公司通过山东省安全生产标准化三级企业认证。争创“RH及图”山东省著名商标，为扩大与省内外客户合作奠定基础。

(杨永军)

纺织与服装工业

【概况】 2014年，全市规模以上纺织与服装工业企业51家，全年实现工业总产值68.39亿元，销售收入66.51亿元，利税6.16亿元，出口交货值31.5亿元，销售收入和利税总额分别占全市规模以上工业总量的9.9%和10.21%。主要产品产量：布11431.1万

山东乳山工艺品有限责任公司　　　　　　　　　　　　（王晶摄）

米，蚕丝及交织机织物 4.64 万米，服装 1558.95 万件。

（丁培坚）

【山东乳山工艺品有限责任公司】　建于 1956 年，2004 年改制为有限责任公司，位于乳山市胜利街 131 号，占地面积 1.19 万平方米，建筑面积 2.55 万平方米。固定资产 2600 万元，职工 680 人，其中工程技术人员 126 人。辖服装厂、衣衫厂、抽纱厂。主要生产休闲装、机制衣衫、家纺制品、钩针织品等，年生产能力 600 万套。产品主要销往日本、美国、韩国等 20 个国家和地区。公司研发艺涟牌（系列）休闲女装、家纺制品被评为山东名牌、山东省著名商标。年内，技改投资 300 万元，完成技改项目 1 个，开发新产品 2 个；投资 120 万元新上天燃气锅炉，淘汰燃煤锅炉。全年公司完成工业总产值 1.21 亿元，工业增加值 2546 万元，完成出口交货值 1.2 亿元，出口创汇 1960 万美元，完成利税 1200 万元。

（王晶）

【威海星歌服饰有限公司】　建于 2014 年，位于山东省乳山市胜利街东世纪大道北金水街 6 号，以加工出口服装为主。总资产 1.5 亿元，职工 600 人，厂区占地面积 4 万平方米，拥有各种服装加工设备 2000 台（套），其中引进日本、美国缝纫专用设备 600 台（套），服装加工流水线 50 条。年生产能力达 300 万件（套），实现销售收入 2.5 亿元，出口创汇 2000 万美元，完成利益 900 万元。

公司专注做国际名牌服装优质供应商，产品分为男装、女装、童装、家纺 4 大系列，滑雪装、羽绒服、棉衣、运动装、夹克、收购工艺品等 100 个花色品种，远销欧洲、日本、美国、希腊、法国、土耳其、德国等 10 个国家和地区。“笙歌”商标获山东省著名商标，“笙歌查迷孩童装”是山东省唯一在美国与中国同时注册的童装品牌，笙歌休闲装被评为山东省名牌产品，被商务部列为重点支持和发展的名牌出口商品。

【山东富豪菲格尔皮具有限公司】　成立于 1996 年，位于乳山市城区富豪工业园，占地面积 12 万平方米，建筑面积 6.7 万平方米。2014 年末，拥有固定资产原值 5516.38 万元，净值 4065.76 万元，职工430 人，其中技术人员 38 人。公司以“菲格尔”品牌箱包皮具为主导产品，全年完成工业总产值 5000 万元，工业增加值 1211.08 万元，完成出口交货值 3448.67万元，出口创汇 600 万美元，完成利税 350 万元。11 月，获山东省皮革行业协会“创新发展明星企业”称号。

公司加强设计研发与创新能力，提升产品质量与服务水平，提高订单承揽能力，产品销售市场拓展，远销欧美及日本、澳大利亚、韩国等 30 个国家和地区，年生产能力 100 万只。2014 年，公司参加广交会、华交会，以展会方式开拓国际市场，扩大“菲格尔”品牌国际影响力，先后与加拿大、秘鲁、巴西、瑞士、俄罗斯等国家客户达成意向，年内，公司在天津金元宝、常州奥特莱斯等大型商场新增专柜，推进国内市场销售网络。

（兰守龙）

5 月 2 日，富豪公司销售人员在广交会上与外商洽谈业务　（兰守龙摄）

电力工业

【乳山市供电公司】 成立于1977年3月,位于乳山市青山路北首。是山东省电力公司全资子公司。拥有资产7.5亿元,职工986人,担负全市21万客户电力供应与服务工作。境内有220千伏变电站2座、110千伏变电站5座、35千伏变电站18座,变电总容量703.25兆伏安。所辖110千伏线路9条、35千伏线路31条,总长度373.7公里。10千伏线路109条,长度1556.44公里。601个行政村1024台公用变压器,容量154.98兆伏安,2876台专用变压器,容量783.9兆伏安。2014年,公司完成售电量10.6亿千瓦时,上缴利税3827万元。获国家电网公司文明单位、山东省电力公司先进单位和先进基层党委等称号。

电网建设 公司2年投资3.51亿元,加快电网建设发行,架设220千伏银桃线,新建新港、东崮2座110千伏变电站以及35千伏利湾变电站,建设、改造银港、银崮等110千伏线路7条、35千伏线路15条,电网规模和供电能力实现稳步提升。乳山市电网外部联络通道由6回增至7回,35千伏及以上变电容量增加178.55兆伏安,增长34%,输电线路总长度增加105.38千米,增长39%。七级电网、设备事件较2012年企业改革前减少61%。中低压10千伏线路建设全面铺开,累计投资2.23亿元,新建、改造10千伏线路91条、377.67千米,新建、改造配电变压器517台,增加容量64兆伏安,10千伏供电半径缩短0.81千米,0.4千伏供电半径缩短0.11千米,户均容量增加0.36千伏安,高损变减少38%,重、过载变压器减少67%,变压器容量不足、低电压等状况转变,配网用电环境优化。

电气化村户表改造 （供电公司提供）

2014年全市用电结构一览表

表14 单位:万千瓦时

项　　目	全年用电量	比上年± %
农林牧渔水利业	9602	15.71
其中:排灌	26	-44.68
工业	56530	5.92
其中:轻工业	15655	-5.48
重工业	40875	11.06
建筑业	3721	-6.46
交通运输、仓储、邮政业	858	24.71
信息传输、计算机服务和软件业	1045	6.09
商业、住宿和餐饮业	4779	12.47
金融、房地产、商务及居民服务业	1238	-8.3
公共事业及管理组织	3432	-5.25
城乡居民用电	24493	0.21
其中:乡村	12477	1
城市	12016	-0.59

说明:此表不含其他企业自行发电用电量

安全生产 全年排查各专业领域内“设备、制度、人员”三方面漏洞4436处,明确隐患排查着力点和发力点,建立隐患排查档案、整改措施计划,逐级整改完善,消除隐患3616项,整改率81.51%。借助自主研发的智能巡检系统,下派巡检任务1.27万条,发现各类隐患846处。完善三级安全网络,组建安全督察队,强化计划检修、故障停电现场督察,累计到位监督2262人次,现场整改安全措施383处,八级轻伤事件比上年下降60%。改善安全装备设施。投资102.5万元,购置专业试验测试仪器,加大接地电阻测试、保护试验等,弥补技术监督缺口;投资142万元,为一线作业员工配备安全帽、安全带和脚扣等安全防护用具;投资234.8万元购置标准工作服;变电站、生产单位安全器具存放全部实现智能化温控。

服务提升 以“客户需求”为导向,规范服务行为。组织大客户座谈会、客户大走访、行风热线等活动,倾听客户意见建议;开展第三方满意度评价工作，走访重点企业、居民客户，以“局外人”身份为供电企业“号脉”，该做法在省公司月度工作例会上得到肯定。围绕不停电、少停电等客户关心问题，建成智能化配网，2014年6月，全网109条配网线路实现智能化全覆盖，是全省县域电网首家。引进故障定位系统，故障定位准确率100%，单条线路平均故障停电时间较之前减少80%，增强营销服务能力。在全市安装21.04万只智能电表，全省范围内首个实现用电信息采集全覆盖；轮换非金属计量箱11.9万户，在威海市率先实现计量箱普查定位100%；完成21万户0.4千伏客户核算权上收工作，自动化抄表核算比例100%，实现营销体系覆盖。开通POS机、手机、支付宝等21种收费方式，建立“国网乳山供电”企业微信，为客户提供便捷化服务。建立客户诉求限时办结制，处理民生诉求82件，获全市“办理质量最高项目奖”。

食品与饮料工业

【概况】 2014年，全市规模以上食品与饮料工业企业73家，实现工业总产值153.56亿元，销售收入151.73亿元，利税11.02亿元，出口交货值62.14亿元，销售收入和利税总额分别占全市规模以上工业总量21.94%和18.26%。主要产品产量：饮料酒5426千升，软饮料1.79万吨，小麦粉4.8万吨，鲜冻畜肉9.63万吨，罐头3.82万吨，乳制品4152吨。

（丁培坚）

【山东鲁菱果汁有限公司】 由国投中鲁果汁股份有限公司与日本三菱商事株式会社于1992年7月共同设立，总投资1518万美元，注册资本1178万美元，中方持股比例为70%。厂区位于徐家镇中韩食品与生物科技产业园，占地面积12.76万平方米，建筑面积4.28万平方米，成品储存面积1.3万平方米，储存能力2万吨，公司拥有固定资产1.8亿元，职工330人。年内，累计销售果汁1.24万吨，实现营业收入1.05亿元，上缴税金207万元。公司被威海市表彰为“改革开放30年优秀企业”“外经贸先进企业”“纳税新星企业”，获乳山市“外贸进出口先进企业”“明星企业”等称号。

退城进园　2013年4月，鲁菱公司按照乳山市整体规划，搬迁至徐家镇中韩食品与生物科技产业园，2014年8月，国投中鲁（乳山）工业园投产运行。原65吨/小时生产线扩大为80吨/小时，年生产能力增加30%。

市场销售　公司拥有先进果汁生产线，辖2个成品加工车间，年生产能力2万吨，主要生产浓缩苹果清汁、高澄清度浓缩苹果汁、浓缩苹果浊汁、梨汁等产品，产品畅销日本、美国、澳大利亚及欧洲国家，出口量98%。公司是中国首家通过可口可乐认证并向美国可口可乐直接供货公司，与世界著名品牌雀巢、明治乳业、麒麟、可口美等公司保持业务关系。

检测设备先进　公司有业内一流化验室，Agilent Technologies 6890N气相色谱仪，可检测菊酯类，含氮、氯、磷类农药残留。Agilent 1100液相色谱仪，可检测棒曲霉素、苯菌灵农药残留。AA-6800原子吸收色谱仪，重点检测果汁中钠等重金属。推行科学管理，狠抓产品质量，在同行业首批通过中国出入境检验检疫局（CIQ）和中国质量认证中心（CQC）HACCP认证、ISO9000质量认证、美国GMA-Safe、KOSHER认证的企业。先后通过环境和职业健康安全管理体系认证、FSSC22000食品安全和质量管理体系认证审核。

（李志伟）

【华隆（乳山）食品工业有限公司】
（详见《个体与民营经济》第123页）

【乳山市曙光啤酒有限公司】 建于1987年10月，厂区占地3.5万平方米，拥有固定资产5000万元，职工160人，其中工程技术人员70人。主要产品威岛啤酒，年生产能力18万吨。实现销售收入1100万元，上缴税金210万元。

2014年，公司投资260万元，对制冷设备、人工检验环节进行完善改造，引进先进的流水线检测设备，为产品质量提供保证。通过ISO 9001国际质量体系认证，“威岛商标”被评为山东省著名商标，威岛啤酒被认定为山东名牌产品，公司被农业部认定为全国乡镇企业创名牌重点企业，被授予“山东省重合同守信用企业”“威海市文明单位”等称号。

（徐世峰）

【山东鲁酱酒业有限公司】 由乳山国营酿酒厂改制成立，2013年搬迁至银滩旅游度假区，占地面积2371平方米。职工309人，其中，专家3人，高级研发团队6人。公司投资3亿元，一期工程投资1.5亿元，建设综合办公楼4600平方米、生产车间7000平方米、发酵酿造车间3500平方米、酒窖1000平方米、烧酒车间500平方米、成品灌装线2条，厂区绿化率达62%。二期工程建设酿造生产线一条、职工宿舍、餐厅等配套设施。项目达产后酿造酱香型白酒3000吨，配制、勾兑各类白酒5000～10000吨，实现销售收入5亿元，上缴税金5000万元。鲁酱酒业聘请中国科学院成都生物研究所、贵州省白酒研究院、贵州大学酿酒与食品工程学院、茅台股份有限公司等国内知名酱香酒专家，发明在传统工艺中实施功能微生物强化制曲，在蒸馏取酒时加入强化酒醅，采用古法酿造出优雅细腻、醇厚饱满的低度酱香型白酒，获国家发明专利（专利号ZL200910303080.7）。

盐 业

【概况】 乳山市盐务局是全市盐业行政主管机构和盐业行业管理、盐政执法及食盐专营行政管理部门，依法从事本行政区域内盐资源开发、利用和盐产品生产、加工、储运、批发经营业务，实行上级盐业部门和地方政府双重管理机制。

【食盐专营】 完善市场管理，拓展销售网点，送销人员参与辖区内各网点运销、售后服务及客户维护，在网点建立台账，综合评估辖区销售情况，多渠道拓展销售网络。健全领导干部联系点制度，从装、运、卸等环节为客户做好服务。开展食盐"以旧换新"活动，部分零售网点及居民家中2011年"抢购潮"期间购买食盐免费换成合格碘盐，走访用户、零售商52家，更换碘盐0.52吨。

【盐政执法】 全年查办案件13起，一般程序案件9起、简易程序案件4起，没收违法盐产品1.1吨，罚没款4321元，无复议案件。利用"3·15""5·15"等宣传日，在城区、各镇(街道)、边远山区等地，发动职工参加盐业法规宣传，在市区繁华地段悬挂条幅，设咨询台、各类盐产品展示台，接受群众咨询，加强消费者对各类盐产品认识，提高盐业形象。净化盐业市场秩序，坚持日常走访与突击检查相结合，每季度开展一次拉网式大检查活动，重点在春、秋腌渍用盐季节，成立专门领导小组，对全市涉盐用户进行跟踪检查，确保盐业市场稳定有序。与公安、工商以及兄弟县市盐务局沟通配合，掌握信息，开展经常性边界联合执法行动，确保边界区域盐业市场稳定。加强执法基础建设，配备行政执法记录仪，启用行政处罚系统和行政处罚案件信息公开，完善执法程序，提高办案质量；开展盐业执法人员法律法规、文书制作、网上行政处罚操作等方面培训，增强执法人员能力及素质。

（王君君）

乳山市城区住宅小区一角 （报社提供）

综　述

【概况】 2014年,乳山市旅游局抓项目增后劲,抓品牌树形象,抓营销拓市场,抓服务促提升,推动旅游业发展。在24个试点市中成为全省唯一一家旅游资源一体化改革试点市,同时,银滩旅游度假区成为全省首批20个“仙境海岸”度假综合体产品之一。金牛谷农业生态观光园成功创建国家AAA级旅游景区,全市AAA级以上景区数量达9家。全市接待海内外游客813.3万人次,实现旅游综合收入48.01亿元,比上年分别增长15%和18%。其中,大乳山滨海旅游度假区、岠嵎山旅游景区、小汤温泉度假村、多福山国际养生旅游度假区、石佛山休闲观光景区5家主要景区接待游客77.73万人次,实现旅游综合收入4707万元。

【旅游规划与项目建设】

大乳山滨海旅游度假区项目　投资30亿元,总规划面积6000公顷,其中,陆地面积2300公顷,海洋面积3700公顷。旅游房地产100公顷。景区规划建设乳山湾旅游风情镇、母爱文化、福地养生、幸福休闲、海洋公园5大片区及乳山湾旅游风情镇、母爱文化体验区、养生文化体验区、宗教修心养性区、幸福休闲社区、游乐园社区、海岛沙滩活动区7大功能分区,打造集旅游观光、养生康体、休闲度假为一体的旅游目的地。景区于2005年3月18日开工建设,已建成海天康乐园、东方琉璃世界、润、东海人家、耕渔会馆、荷合双福、赏月广场(旅游餐馆)等景点。景区基础设施和绿化工作已初步完成,形成樱花、碧桃、玉兰等特色园区。海天阁、曲桥对外开放。耕渔会馆、东海会馆、耕渔酒店、蒙古包、草海驿站、欢乐木屋、水晶誓约、国际会议中心投入使用。完成巡福天路工程,建成景区北大门。2014年,完成灵光塔、巡福天路索道工程以及灵光塔、亲子园和东方琉璃世界改造,并由同济大学编制完成国家海洋公园东部片区、小青岛规划设计。

多福山国际养生旅游度假区项目　位于银滩旅游度假区内,由威海多福山旅游开发有限公司投资11亿元建设,规划建设观光游憩功能区、主题度假功能区、海岛休闲功能区,建成集民俗宗教文化体验、爱情文化体验、山海休闲度假于一体的旅游区。项目于2008年5月1日开工建设,2013年5月1日对外营业,已完成投资3.1亿

大乳山滨海旅游度假区　　　　(旅游局提供)

多福山国际养生旅游度假区　　（旅游局提供）

元。其中，一期工程建成霄龙禅寺、生态停车场，2010年10月14日霄龙禅寺开光，完成5000平方米景区游客综合服务中心建设，绿化1.3万平方米景观广场、2.6万平方米生态停车场、4.3万平方米景观园林，修建4600米登山步行道路、4200米景区环山公路及桥梁3座、景点13处，同步完善景区水电、消防、排污等基础配套建设。二期工程完成卢塞恩广场东侧建设、景观广场铺装、商业景观垫层铺级、烧结砖铺贴、景观桥装饰、景观广场喷泉雕塑安装、景区内道路指示牌及景区售票处指示牌安装、寺庙广场及景观广场整修和绿化施工、喷泉雕塑安装；围绕养生文化建设，完成森林休闲区高档独栋或双拼森林木屋群落、避暑度假山庄、滑道项目规划、招商及水上乐园项目规划、勘探、前期建设材料准备，温泉勘测和概念性规划进入招商阶段。2013年，建成大型现代拓展训练基地。完成霄龙禅寺复古改造、外墙粉刷及万佛殿建设，万佛殿于2014年10月12日开光。

福如东海文化园项目　位于银滩旅游度假区，规划面积100公顷，由威海广澳旅游投资有限公司投资20亿元，主要建设以“福、寿、康、宁、乐”为主题的5大主题园，建设滨海沙滩景观带、滨海绿化景观带，打造与国际接轨的高档休闲旅游项目。2006年7月1日开工建设，完成投资8.9亿元，其中，2012年以来投资4.9亿元，完成下沉商业广场建设、百花长廊室内外装修、宴禧楼主体工程建设；建设福音钟广场和福海广场；施工福如东海书画院主体工程和装饰装修，东区书画院于2013年5月1日对外开放；开工建设文化展览馆，已局部封顶；完成基础设施工程及园区绿化和硬化。制作安装园区各种标识牌、保护牌、图形信息符号，完成书画院区监控系统安装。景区开发的大型东海土特产超市于2014年5月开业；总建筑面积3.3万平方米的福如东海（银滩）皮草城于2014年8月30日对外营业，至年末进驻商铺100家。

天润温泉度假村项目　位于乳山市冯家镇，由威海天润实业有限公司投资6.9亿元开发建设，项目以温泉度假功能为核心，以山体景观和运动休闲功能为特色，规划建筑面积24万平方米，主要建设主题公园、太阳城温泉洗浴区、月亮湾步行街、高科技农业示范观光园。2008年12月开工建设，完成1.76万平方米的洗浴中心主体、1.5万平方米的太阳广场铺装、元宝景观池浆砌、绿化苗木栽植、10公里路网整修。2014年，投资2090万元，完成洗浴中心内部小汤池和2个大汤池基础建设，完成8个室外景观池和洗浴池建设、景观绿化和1个假山景观建设；建设景区大门，完成基座工程。

金牛谷农业生态观光园项目　位于午极镇，由烟台日胜投资有限公司投资1.5亿元建设，占地200公顷，主要功能区有会馆、生态餐厅、产权式酒店、茶园、采摘园、山地休闲运动及水上漂流等。2010年10月开工建设，2013年对外开放。已完成景区用电设备安装、66.67公顷蓝莓种植及6公里景区道路、生态餐厅、茶艺馆基础建设等，被评为“全省农业旅游示范点”。2014年，投资1450万元，完成800平方米四合院室内抹灰、地暖安装、装修，茶艺馆主体装修收尾；完成寿星景

大乳山滨海旅游度假区“葫芦梦境”景观　　（高淑新摄）

观区荷花池建设、婚庆长廊装饰及景区绿化、美化、亮化工程，新建生态木屋5个；完成露天游泳池建设。生态餐厅开始建设。

圣水宫道教休闲养生度假区项目 位于冯家镇，由威海市百纳旅游开发有限公司投资1.2亿元建设，规划面积1.6平方公里。2011年1月开工建设，一期工程投资5000万元，建设玉虚观、文化交流中心、山庄、广场及道路等。2012年10月竣工，当月3日开光。至2014年年底，完成2.5公里进区路及景观湖船亭建设、玉虚观弘道区主体建筑及山门、财神宫建设；景区服务中心(22间)投入使用，四合院(5000平方米)施工图完成设计，形成吃、住、行、游、购、娱旅游大框架。

小汤温泉度假村项目 位于冯家镇，由小汤温泉有限公司开发建设。一期工程投资5000万元，以温泉度假功能为核心，以热带雨林景观和运动休闲功能为特色，建设热带雨林区、星级酒店、特色餐厅3个区域。2012年12月开业。二期工程投资2000万元，建设集养生养老、休闲娱乐、医疗服务为一体的老年公寓；建设绿色采摘园项目，已建成7座草莓观光采摘大棚，高端木屋采摘大棚于2014年6月开工建设。

台依湖国际酒庄生态文化区项目 由台依湖投资有限公司开发建设，投资30亿元，占地2000公顷，重点依托台依湖资源，以葡萄酒文化为主题，建设葡萄酒庄博览园，打造葡萄种植与酿造、旅游观光、休闲娱乐、健康养生于一体的旅游项目，成为特色酒庄集群生态园。景区已投资2亿元，栽植葡萄200公顷；建设酒庄8个，其中7号酒庄投入使用，9号酒庄竣工进入装修阶段；水上高尔夫、湖滨酒吧、游艇码头等休闲娱乐设施投入使用；园区教堂正在建设之中。景区主打“文化旅游牌”，规划建设欧式等不同风情的酒庄，打造环湖娱乐景观带，推出葡萄酒文化休闲旅游体验线路，形成集葡萄种植、葡萄采摘、葡萄酿酒、餐饮休闲、康体娱乐于一体的产品链条，特别是以葡萄酒文化为载体，连续举办2届酒庄文化艺术节，邀请国内外知名文化人士参与体验，提升葡萄酒庄的影响力，成为乳山市葡萄酒风情文化之旅第一品牌。

【旅游景区景点】

大乳山滨海旅游度假区 濒临黄海，与青岛、烟台、威海三个旅游城市之间的车程均在1小时左右。度假区以独特的大乳山为中心，海陆面积60平方公里，山、海、滩、湾、岛资源齐全，景观丰富，环境优美，拥有三亚的浪漫，千岛湖的秀美，春温秋爽，冬暖夏凉，被誉为“北方三亚”。经过多年发展，度假区现已成为集吃、住、行、游、购、娱于一体的高品质滨海旅游度假区，是开展休闲游、会议度假游和学生开展夏令营活动的最佳选择。承办5届“中国(乳山)母爱文化节”。2009年，被评为国家AAAA级景区。2014年，接待游客17.53万人(次)，实现旅游综合收入3053.11万元。

多福山国际养生旅游度假区 多福山是中国第一座以参禅、悟道、祈福、养生为主题的文化名山。景区分为“一心”(综合服务中心)、“一镇”(卢塞恩养生小镇)、“四区”(道教祈福区、禅修体验区、森林休闲区、温泉度假区)。景区以“中华养生”为主题，以丰富的旅游产品、多彩的旅游活动，让游客感知“多福人生”、体验“多福人生”、享有“多福人生”。2013年，被评为国家AAA级景区。2014年，接待游客40.9万人次，旅游综合收入51.8万元。

福如东海文化园 福如东海文化园是围绕“福”“寿”“康”“宁”“乐”5福而展开的大型文化旅游综合开发项目，占地100公顷，配套有旅游商业、五星大酒店和游艇码头。2012年，中国美术创作研究基地山东省基地在园区落户。同年，被评为国家AAA级景区。2014年8月，被威海市委宣传部确定为重点文化企业。

金牛谷农业生态观光园 位于午极镇，占地200公顷，以“绿色文化、花园农业”为主题，是集生态农业、观光旅游、休闲度假为一体的综合性观光园。2014年11月，被评为国家AAA级景区。

圣水宫道教养生休闲度假区 位于冯家镇。圣水宫，又名玉虚观，为省级重点文物保护单位，名列《中国名胜辞典》。景区内群山绵亘、林峦深邃、清泉奔涌，素有“小昆嵛”之美誉，自古就以山异水奇闻名遐迩，自然人文景观丰富。据史书和碑碣记载，唐贞观年间在此建庙曰“圣水宫”。其鼎盛时期在金元，曾是全真教三大圣地之一。2012年，被评为国家AAA级景区。

小汤温泉度假区 是一个集温泉

大乳山滨海旅游度假区耕渔会馆　　(旅游局提供)

小汤温泉　　　　（宫兆兴摄）

洗浴、餐饮、住宿、会议、娱乐为一体的现代化温泉度假村景区，坐落在乳山市区东北20公里的冯家镇。延续唐时距今约1400年的老汤原址兴建，属纯天然温泉。2013年12月，被评为国家AAA级景区。2014年，接待游客12万人次，实现旅游综合收入951.9万元。

岠嵎山旅游景区　位于乳山市区西18公里处。其四周群山环抱，中间形成"人"字形峡谷，岠嵎山以此得名。岠嵎山地质奇特，原系海底山脉，后因太古到中生代的造山运动和燕山运动，构造了当今秀俏天成、奇石林立的自然风貌。岠嵎山奇石怪异嶙峋，如禽如兽，似人似物，为齐鲁一绝，有"天然石雕园、植物园、天然氧吧"之称。2002年12月，被批准为国家级森林公园；2009年3月，被评为国家AAA级旅游景区。2014年，接待游客9030人次，实现旅游综合收入10.16万元。

石佛山休闲观光景区　位于乳山寨镇，占地200公顷，毗邻国家级森林公园——岠嵎山森林公园。主峰石佛山海拔326.4米，因其远观如一弥勒佛仰卧观紫微星而得名，景区峰奇谷幽，植被茂密，森林覆盖率90%，空气含有丰富负氧离子，形成独特的天然氧吧。景区集绿色无公害蔬菜、应季水果采摘，滑草、漂流，特色植物园观光，餐饮、住宿、垂钓、登山、迷宫于一体，打造多功能娱乐休闲景区。景区开辟13.33公顷向阳坡地种植茶叶，带动"茶园采风及采摘体验游"发展。2010年，"正华大乳山"绿茶获威海首家"山东名牌"称号。2013年，被评为国家AAA级景区。2014年，接待游客6.4万人次，实现旅游综合收入640万元。

【旅游行业管理】　从"规范、素质、品质、安全"方面着手，抓好旅游市场规范和服务质量提升。推进旅游品牌创树，实施综合改革，成为全省唯一一家旅游资源一体化改革试点市；被中国旅游创新发展论坛评为"中国最具投资价值旅游目的地"，成功创建"山东省乡村旅游培训基地"，海阳所镇入选山东省旅游局"最美乡镇榜"，银滩旅游度假区被山东省旅游局、海洋与渔业局联合评为"齐鲁十大魅力海岸"，并成为全省首批20个"仙境海岸"度假综合体产品之一。推进旅游标准化建设，树立"安全是旅游的生命线""没有安全就没有旅游"观念，全年组织各类安全检查10次，下发安全文件6份；节庆期间，抽查全市旅游企业安全设施设备、安全防护措施等，实现安全生产"零事故"目标。推进诚信企业创建，结合"诚信乳山建设年"活动，以旅游景区、旅行社为重点开展创建工作，推动旅游企业和从业人员诚信守法，引导游客理性消费，形成规范的旅游诚信体系和运行管理机制。

【旅游线路】

母爱文化之旅（一日游）

路线安排：市区母爱文化广场→大乳山滨海旅游度假区→银滩旅游度假区→多福山国际养生旅游度假区→福如东海文化园。

行程安排：参观市区母爱文化广场、游览大乳山滨海旅游度假区（感受大乳山海滨风情，参观母爱文化体验区，游览母爱文化园、天地慈音、孝感动天、亲子乐园、玫瑰湾和植物香宫等景点，体验母爱博大的情感历程）、银滩旅游度假区、多福山国际养生旅游度假区、福如东海文化园。

康体养生之旅（二日游）

岠嵎山旅游景区　　　　（旅游局提供）

路线安排：大乳山滨海旅游度假区→银滩旅游度假区→多福山国际养生旅游度假区→福如东海文化园→东方如意国际城→岠嵎山风景区→圣水宫道教养生休闲度假区→小汤温泉度假村。

行程安排：游览大乳山滨海旅游度假区、银滩旅游度假区、多福山国际养生旅游度假区(霄龙禅寺、卢塞恩小镇、拓展训练营)、福如东海文化园、东方如意国际城(马术俱乐部)。

岠嵎山风景区（国家森林公园天然氧吧、天然石雕园)、圣水宫道教养生休闲度假区(玉虚观、玉阳洞天)、小汤温泉度假村(温泉、热带雨林)。

海上观光之旅(二日游)

线路安排：银滩旅游度假区→东方如意国际城→福如东海文化园→大乳山滨海旅游度假区→海上观光游→小青岛。

行程安排:银滩旅游度假区(滨海公园、海水浴场、北斗湾海上乐园)、东方如意国际城(踏风浪板、乘水上摩托车、帆船、香蕉船进行海上游览、跑马运动等)、福如东海文化园。

大乳山滨海旅游度假区、海上观光游(海上摩托艇急速体验、海上欣赏大乳山、环岛海上游)、小青岛(赶海垂钓、拔蟹笼收牡蛎、吃渔家饭看海上日出、海岛真人CS)。

乡村休闲之旅(一日游)

路线安排：正华农林科技示范园→金牛谷生态农业观光园→益天生态农业观光园→农业节庆游→南泓南村渔家乐。

行程安排：游览正华农林科技示范园(登山采茶、参观制茶工艺、品茶、农田采摘、划草划水)、金牛谷农业生态观光园(蓝莓采摘、滑草运动)、益天生态农业观光园、农业节庆游(5月茶叶采摘节、6月樱桃采摘节、10月葡萄采摘节)、南泓南村渔家乐(参观千米地下长廊，赶小海、划船、海上垂钓、拔蟹子笼、海水浴、吃农家饭、住渔家大炕)。

民俗文化之旅(一日游)

路线安排：马石山红色旅游区→万户村千年银杏→圣水宫道教养生休闲度假区→乳山母爱文化广场→冯德英文化馆→民俗展览馆。

行程安排：游览马石山红色旅游区(电影《马石山十勇士》故事发生地)烈士陵园，了解胶东育儿所、抗战兵工厂、八路军医院等传奇故事。参观马石山风光及胶东传统民居、万户村千年银杏树、圣水宫道教养生休闲度假区(玉虚观、玉阳洞天)、乳山母爱文化广场、冯德英文化馆、民俗展览馆(乳山特产展销中心)。

山海特色观光之旅(二日游)

路线安排：岠嵎山风景区→南泓南村渔家乐→大乳山滨海旅游度假区→银滩旅游度假区→福如东海文化园→多福山养生度假区。

行程安排：上午游览岠嵎山国家森林公园，下午体验南泓南村海边垂钓、赶海等渔家风情。次日早上游览国家AAAA级景区大乳山，游览景点东方琉璃世界、福星湾、母爱千年文化苑、瀛洲仙踪等，下午游览银滩度假区、福如东海文化园体验购物、休闲、养生滨海风情，多福山养生度假区体验禅修、道教祈福、森林养生之道。

(仇竹栋)

银滩旅游度假区

【概况】 乳山市银滩旅游度假区（以下简称银滩)位于乳山市东南海滨，南濒黄海，与日本、韩国隔海相望。1992年开始建设。2002年，被国家旅游局批准为国家AAAA级旅游区。2003年，通过ISO 14001环境管理体系认证和ISO 9001质量管理体系认证，成为全省首批通过双认证的旅游度假区。区内资源丰富，风光旖旎，集山、海、林、湖、滩、岛、河于一体，拥有绵延20公里洁白如银的沙滩、可同时容纳10万人沐浴的天然海水浴场、万亩沿海防护林带，有“东方夏威夷”“天下第一滩”美誉。

【景区资质复核】 2014年5月，完成山东省AAAA级景区首次评定性复核。年末，完成山东省旅游局对A级景区的常规性复核。

【基础建设与管理】 投资11.7亿元，实施道路桥涵、园林绿化、供水供气、生活配套、环保升级和生态修复等6大类基础设施建设工程，提升区域承载能力。其中投资21720万元整修建设滨海新区区内道路，昆仑山路长521米，主车道宽度16米，人行道宽度各2

银滩旅游度假区 （旅游局提供）

米，绿化带宽度两侧15米。年内，实施路基、路面、雨水管道工程；松花江路（滨河南路以西200米）。实施路基、路面、排水工程；顶点科技工业园小桥宽度8米，长度16.8米。实施桥梁主体及上下游护岸顺接工程；海湾北路东段工程：建设里程2.7公里，直线段道路红线宽度48米（包括18米中央绿化分隔带），环形段道路红线宽度30米，其中两侧行车道各9.5米，两侧人行道各5.5米。实施桥涵、硬化、人行道铺装、排水、供水、亮化工程。开展海岸带综合整治工作、露天烧烤整治活动，规范户外广告管理，加大农民工工资清欠力度，管理水平进一步提高。

【重点项目建设】 2014年，完成多福山国际养生旅游度假区项目万佛殿建设，于10月12日在霄龙禅寺内举行开光大典，平整住宅两侧绿化地及安装给水设施、维修住宅及安装部分设施防冬。完成福如东海文化园项目西区书画院、晏禧楼装修。完成风鼓广场、福音广场雕塑安装。文化展览馆主体封顶。基本完成展览馆屋顶防水及屋面保温施工，内外墙砌筑基本完成，正在进行内外墙抹灰。施工晏禧楼酒店隔断、墙体砌筑及酒店样板间。正在进行各种景点及小品制作、安装。

【养老养生产业】 引导福星老年公寓继续从房地产转型，将住宅地产与养老事业有机结合，采取养老机构返租业主房产、房地产商留用部分房产的方式，联合发展居家养老事业，形成养生与地产相融共生的开发模式。推进东方国际养生园建设成为综合性养老社区，依托东方国际养生园、仙泊控股集团规模优势，对接中信集团养老示范基地项目；引进曜阳养老产业项目，提升养老产业发展水平。

（周其云）

大乳山滨海旅游度假区

【概况】 大乳山滨海旅游度假区位于乳山市南部海滨，2004年8月山东省发展和改革委员会批准立项，由山东乳山维多利亚海湾旅游开发有限公司(2012年更名为股份有限公司)投资建设，总投资30亿元。度假区总规划面积6000公顷，其中，陆地面积2300公顷，海洋面积3700公顷。2005年开工建设。2006年8月建成开放。获“省级园林示范单位”“山东旅游最具成长力品牌”“中国十佳休闲胜地”“2008中国旅游品牌十大景区”“中华母亲节率先举办单位”“中国休闲旅游最佳目的地”“国际知名旅游景区”“山东省十大齐鲁文化新地标”“国家级海洋公园”“国家水利风景区”“山东最具人气休闲旅游景区”称号。并被选定为中华母亲节永久性会址、国际休闲产业协会永久性会址、美中贸易发展协会旅游度假基地、中国社会科学院疗养度假基地、山东省文化产业示范基地、山东省环境教育基地、中国妇女报社采风基地、第四届中国最令人向往的地方和最受网民好评的旅游景区。

度假区是中国四大旅游板块北部环渤海“金项链”无障碍旅游圈的重要组成部分，地处胶东半岛“黄金经济圈”中心地带。景区东临朝鲜半岛，南濒黄海，与日本列岛隔海相望，是韩、日、俄游客首选的休闲旅游目的地。距青岛、烟台、威海3大港口、3大飞机场城市均100公里。济威铁路、青威高速公路、G309国道横贯市区并连接景区。度假区以乳山市地理标志大乳山为中心，以“母爱温情、福地养生”为文化主线，总体规划为乳山湾旅游风情镇、母爱文化、福地养生、幸福休闲、海洋公园5大片区，是一处集观光旅游、休闲度假、文化娱乐、养生康体及会议会展于一体的大型滨海旅游度假景区。

【20项基础工程项目完成】 创新管理模式，严格工期、质量、成本“三控制”，加强合同管理、信息管理和施工管理。其中，西黄岛旧村改造工程2栋楼竣工，村民已回迁，另6栋楼主体工程和室内外装饰已完工；完成景区整体监控和灵光塔外景灯安装、海天康乐园沙滩木屋和雷神亭建设、知春阁和晓月湾等整体改造、龙王庙改建、五福亭迁建、海滩木栈道返修。在抓好园容保洁和景区防火基础上，加强园林建设，实行定人定责承包制，突出精品意识，优化管理质量，年内，栽植苗木45.8万株，铺成品草坪和播草种面积4.87万平方米，培育苗木52万株。

【互联网营销和宣传】 围绕景区“东方欢乐节”等节会活动及景区主题文

7月12日～8月24日，大乳山景区举办第七届东方欢乐节　（于泳摄）

化产品，加强与网站媒体联络，年内，在新华网、人民网、央视网、凤凰网、光明网、中国旅游网、中国经济网、齐鲁网等30家网站中发表新闻稿件500篇，确保景区旅游活动在第一时间发布。创新运用微信营销，设立官方微信账号，提供景区概况、参观导览、交通信息及优惠服务等方便游客“吃、住、行、游、购、娱”信息，实时推送介绍景区促销信息和大型活动，拉近景区与游客距离。承办首届国际健康幸福高峰论坛、第七届全国科学养生学术研讨会、世界华人华侨公祭大乳山盛典等活动，举办第七届东方欢乐节活动，与央视四套、七套、青岛广播电视台等媒体合作，提高景区知名度。

【经营管理改进】 根据市场环境变化及经营管理变革的要求，做好经营管理工作。一线经营单位，均实行经济责任制，体现“关注短期效益、兼顾长远发展”原则，按年度签订目标责任书，调动各责任主体积极性。创新胶东渔家风味海鲜大锅，成为特色美食的品牌与名片，受到游客赞誉；与旅行社联合推出本地特产“大乳山牡蛎”，成为淡季营销宣传亮点。

【AAAAA级景区创建准备】 完善游览服务设施，丰富文化内涵，结合景区自身特点，高标准、高起点、规范化规划设计新游客中心，增设与环境协调的游客公共休息设施和观景设施，调整游览车路线和停车点，提供全方位、人性化旅游服务。调整规范所有景点说明牌、公共服务信息指示牌等标志、标牌。围绕旅游商品研发、生产、销售工作，提升改造景区购物场所，保证食品卫生符合国家标准，并健全投诉机制。按照AAAAA级旅游景区评定标准，做好前期部分资料汇总、编写、整理和补充工作，并将创建过程作为提升景区服务标准与全面建设升级过程，对景区员工进行全员岗位培训，提高整体素质。

（于泳）

岠嵎山风景区

【概况】 岠嵎山风景区位于乳山市区西部15公里处，北靠G309国道、济威铁路，南临青威高速公路，距青岛、烟台、威海均100公里。1996年1月，被山东省林业厅批准为省级森林公园。2002年12月，被国家林业局批准为国家级森林公园。2005年12月，中国三庆集团在乳山市注册成立山东三庆旅游开发公司，投资1.4亿元，对岠嵎山进行综合开发，并于2005年12月18日举行奠基仪式。景区立足“天然石雕园”独特自然优势，初步规划面积为1204万平方米，设岠嵎院景区、岠嵎峰景区、太平湖景区、玉皇山民俗文化区和生态保护区。

【控资主体变更】 2006年3月，乳山市岠嵎山国家森林公园管理委员会挂牌办公。2007年7月，控资主体由山东三庆旅游开发公司变更为上海龙悦集团公司。9月1日，上海龙悦集团公司与乳山市政府签订2亿元投资开发协议，并在乳山成立注册资金1000万元的乳山龙悦旅游开发有限公司，将景区总体规划进行重新修订。2008年，完成百景园山路、水系、桥涵修建、山门改造、商铺一期、游客接待中心、岠嵎禅寺大雄宝殿、天王殿、钟楼、鼓楼建设工程。

【威海日月谷投资开发有限公司】 2009年5月14日，乳山市政府、龙悦控股集团有限公司、威海日月谷投资开发有限公司对景区项目的开发主体等相关事宜达成协议条款，确认威海日月谷投资开发有限公司为《岠嵎山风景区开发经营协议书》项下全部景区项目的唯一开发经营主体，享有开发经营协议下的全部权利、承担开发经营协议下的全部义务。6月10日，注册3000万元成立威海日月谷投资开发有限公司，使岠嵎山风景区项目开发建设工作步入新轨道。

2010年，威海日月谷投资开发有限公司投资8300万元，推动风景区项目建设，其中，投资1200万元，完成景区总体规划方案；投资1800万元，完善污水排污处理及饮用水净化工程；投资800万元，完成商铺一期内外装修工程；投资1900万元，完成百景园山路坠地段排险工程及景区绿化、美化、亮化工程；投资2600万元，完成岠嵎禅寺大雄宝殿、天王殿、钟楼、鼓楼土建及经济性酒店、广场和后勤服务等配套项目建设。

（陈巍）

岠嵎山风景区

国内贸易

【概况】 2014年，全市实现社会消费品零售额193.05亿元，比上年增长12.81%。其中,国有、集体经济实现零售额77.68亿元,增长12.77%;私有经济实现零售额104.1亿元，增长11.98%。批发业零售额19.58亿元,增长10.27%。城乡居民收入稳定增加,城乡市场消费同步增长，全年城镇消费品零售额111.7亿元,增长13.65%;农村消费品零售额81.35亿元，增长11.69%。

【现代流通体系构建】 鼓励企业联农村、进社区,采取连锁经营方式开设连锁超市、专卖店、便民肉菜店,提高网点市场覆盖面,为居民生活提供便利。建设德泰银海农产品物流商贸城,依托恒信房地产开发有限公司建设,营业面积4.7万平方米,主要从事农产品物流商贸，增加仓储物流区、海产品区、农贸市场等配套服务区域,增设电子结算设施；建设肉品直营连锁店及冷链配送物流，依托红乐食品有限公司,改造1000吨肉品冷库,购置冷藏箱运输车，毛猪专用运输车12辆,建设直营肉品专卖店3处，发展镇村肉品直供网店300处；建设农产品流通配送体系及农产品交易电商平台,依托华润物流有限公司，改建农产品仓储库1万平方米、物流服务区1.06万平方米,购置配送车辆20台;建设城市社区鲜活农产品便民服务中心25家、镇村直供服务站400家;建设“乳山三农网”综合信息公共服务平台,开发“乳山三农网上商场”。

【生活服务网络完善】 一是便民早餐(快餐)示范工程。鼓励承办企业增设便民服务网点,完善便民餐饮网络,在黄海饭店、东海饭店新增流动早餐车3辆,并对15家符合早餐供应要求饭店统一编号、挂牌正常营业。二是再生资源回收体系。依托缘溶公司开展“再生资源回收体系建设”试点,按照管理规范、设施实用、布局合理、回收便利、分拣高效、卫生环保要求,构建起由1.2万平方米分拣中心、100个回收站(亭)和140辆回收流动车组成的再生资源回收网络。三是家庭服务网络体系。成立乳山市家庭服务行业协会，为全市家庭服务企业和个体商户搭建行业管理、沟通交流、业务培训、纠纷调解新平台。指导母爱大姐家政服务公司设立家庭服务网点5处，成立银滩广联家政服务有限公司，填补银滩家庭服务企业的空白；年内，举办家政服务员、育婴师、公共营养师、养老护理员等培训活动13期,培训1144人。

【民生消费环境优化】 整顿规范市场秩序,加大对单用途商业预付卡、典当行业、酒类流通、家政服务等经营备案和监督检查工作。推进商务诚信建设,组织10家企业参与诚信兴商宣传月、诚信经营承诺、诚信经营示范单位创建活动;组织23家商场超市参与店训建设和设立“四德”榜活动,提高企业诚信意识和服务质量。建立现代流通业统计指标体系,加强批发零售、餐饮住宿、市场等重点流通领域数据统计,及时准确掌握全市现代流通业发展状况，提高服务宏观调控和服务企业发展能力。关注市场发展动态,做好生活必需品供求监测,建立数据库,保障消费品市场供应。

【电子商务发展加快】 出台《乳山市人民政府关于加快电子商务产业发展的意见》,坚持“专业园区”带动,搭建“电商人才培训”平台,探索开展“农村电商和跨境电商”2大工程，推动全市电子商务产业发展。一是建设电商园区。建设金谷之园电子商务产业园,由乳山金谷之园电子商务有限公司投资1.1亿元建设,占地1.2万平方米,园区突出“O2O”(实体与互联网结合)运营模式,集“半岛特色产品展示体验”“乳山名优产品网上销售”和“韩国食品日用品交易集散”多种功能于一体,打造电商产业聚集高地。园区商务办公区投入运营，入驻工业企业及个体网商40家。建设滨海新区智创电子商务基地，由威海智创科技企业孵化器有限公司建设运营,配套1.9万平方米孵化大楼和1.1万平方米仓储物流,园区突出电商增值高端服务,重点引进电商、软件服务企业，为全市电商发展创造高端智力支持，进驻电商运营和服务企业20家,并在淘宝特色中国板块开

12月9日，乳山市首个电子商务产业园开园　　（商务局提供）

设“山东馆乳山基地”，进行产品包装、宣传推广，营销“乳山三宝”等特色农副产品。二是试水农村电商。引导农业种植、海水产品等特色村发展电商经济，鼓励农村专业合作社和大户“抱团合作”，打造电商进农村综合示范城市。海阳所镇南夼村18家牡蛎养殖户成立乳山市牧渔网箱专业合作社，与淘宝特色中国“山东馆乳山基地”合作进行“原产地直销”，打破乳山牡蛎原以本地市场为主的粗放销售模式，实现“按个销售、利润翻番”。三是探索跨境电商。抓住中韩自贸区和中韩（威海）经济合作示范区建设机遇，参加“2014年首届全球跨境电商光谷论坛”等活动，制订乳山市跨境电商发展规划，推动跨境电商平台建设、企业跨境电商应用实现突破。依托福如东海中韩商贸城，吸引10家韩国贸易、制造企业进驻，为企业提供“大批量进货，分批次出货”及全程物流综合服务；与山东外事翻译学院、威海海关联合举办“推进跨境电商、扩大对韩贸易”主题培训活动，成功引导明珠硅胶等企业应用跨境电商获取外贸订单。四是培训电商人才。商务局、人社局联合山东外事翻译学院开展电子商务知识培训班3期，培训从业人员300人，提升从业人员电子商务知识和应用能力。

（王晓鹏）

【乳山市工贸资产经营公司】

化解历史遗留问题　按照一个案件一套方案、一抓到底工作思路，对苗头性问题，落实责任主体、承办人员、化解措施、办结时限，做到因案施策、因访施治，做好信访案件处理；对职工反映问题，多做说服解释工作，避免矛盾激化；将涉军、劳资纠纷等问题，按系统分包给每个班子成员、机关干部，将问题解决在基层；针对部分包袱沉重、资不抵债、复产无望企业，依法破产，用破产资产变现收入解决职工社保等遗留问题，维护职工合法权益，全年盘活闲置资产550万元，偿还职工欠账84万元，同时，梳理破产企业财务数据，整理轻工机械厂、果胶厂等企业财务档案，界定部分企业职工养老金单据，为清算做好准备；转变接待和服务方式，在公司一楼设立咨询处，每天安排1名机关干部值班，为职工提供咨询，全年信访案件比上年下降6%。

履行监管责任　将辖属企业国有资产情况、房屋租赁情况、租赁合同、资产负债表、损益表等资料全部收录在案，建立纸质和电子档案，做到底数清、情况明。年内，接收无线电厂、建筑材料厂等1328份破产企业财务档案，按照一企一档原则进行分类归集。班子成员每人分包企业2家，深入第一线，实地考察调研，协调解决企业在融资、土地、市场等方面困难，全年班子成员到企业走访35人（次），帮助解决难题14个。加强安全生产监督管理，检查辖属企业9次，督促整改隐患问题27个，全年未发生重大事故。

关注职工生活　改善职工居住条件，增加物业管理人员，全年用于维修职工宿舍楼顶、改造用电线路、更换变压器等方面资金13.4万元。优化职工社保服务，坚持超前运作，2014年年底前摸排次年退休人员社保情况，按时为到龄职工办理退休、病退、特殊工种退休、退职等手续。摸底登记建档困难职工家庭情况，实行动态管理，即时救助，全年自筹资金为130名职工发放困难救助金15.9万元。从办公经费中挤出资金组织107名老干部查体，建立健康档案；对患病的老干部及时派人看望，帮助解决困难；做好报刊发送、药费报销、异地就医和党费收缴等服务工作。

（刘文杰）

【粮油购销与管理】　2014年，乳山市粮食局转变发展方式，调整产业结构，提高粮食经济发展水平，保持粮食系统健康发展。全年完成粮油经营量4.2万吨，粮办工业实现利润1990万元。被山东省粮食局评为“粮食系统产业指导先进单位”，被威海市粮食局评为“粮食工作先进单位”。

粮油收购和仓储保管　发挥市场经济条件下粮食购销主渠道作用，全年完成粮油经营量4.2万吨，收购国标三等以上夏粮小麦8500吨，完成全年地储粮和政府调控粮轮换任务。加大粮食储存安全管理力度，地方储备粮全部采用先进电子测温、低氧储存技术，达到数量准确、质量完好，连续31年保持“四无（无害虫、无霉变、无仓鼠、无事故）粮仓市”称号。

粮办工业企业　结合“产业集群突破年”活动，组织实施品牌创新战略，加大技改力度，转变经营模式，实现粮油订单产业化，全市粮食经济呈现出良好发展态势。全年全市粮办工

乳山市粮食储备库一角　　(粮食局提供)

业企业完成销售收入 3.5 亿元，实现利润 1990 万元。

放心粮油工程　按照威海市粮食局开展政府放心粮油工程建设部署，实施放心粮油进农村、进社区示范工程。发挥粮食部门点多面广、设施齐全、经验丰富优势，引入连锁经营方式，整合粮油经营渠道，实现粮油供应品牌化经营，提高“放心粮油”品牌辐射力。截至 12 月底，全市建设放心粮油配送中心 2 个、“放心粮店”14 个。

粮食行政执法　2014 年，根据《粮食流通管理条例》，乳山市粮食局加大队伍建设、人员配备力度，履行粮食市场监管职能，管住管好粮食购销市场，开展粮食收购资格核查、原粮质量、社会粮食统计、粮食经营者最高和最低库存检查等专项执法活动，确保全市粮食市场秩序。开展粮食执法宣传周活动，完善相关制度规范粮食执法行为，查处违规收购案件 16 起，涉粮 100 吨。随机检查辖区内有粮食收购资格的购销、加工企业 5 次。完善粮食经纪人“粮食代理收购资格证”年审制度，上门为 470 名粮食经纪人进行收购资格证年度审核。

中央储备粮乳山直属库　中央储备粮乳山直属库属政府投资建设重点工程，占地 6.54 公顷，设计仓容 4 万吨，2006 年 2 月开工建设，当年 12 月竣工，2007 年 3 月投入使用，实现全市地方储备粮集中存放、集中管理的目标。2014 年，通过抓硬件设施改造、软环境投入和网络信息化建设，储备库规范化管理取得成效，通过山东省粮食局储粮规范化管理示范库检查验收。

(于常青)

【烟草专卖】

卷烟销售　2014 年，乳山市烟草专卖局以讲策略、抓品牌、优服务为抓手，加强市场调研，准确把握市场发展趋势，科学制定销售策略，构建规则完备、公开透明、诚信规范的市场秩序，提升卷烟销售水平。实施“零售户致富工程”，拉近与卷烟零售户距离，提高营销人员素质。全年销售卷烟 1.93 万箱，实现单箱收入 2.66 万元；实现利税 1.07 亿元。

专卖管理　加大流通环节案件稽查力度，提高依法行政、专卖管理水平，确保卷烟经营健康发展。全年查办涉烟违法案件 289 起，查获卷烟 124.58 万支，涉案总值 83.33 万元；涉案嫌疑人被刑事拘留 8 人，逮捕 4 人，判刑 2 人。年内，获乳山市“支持地方建设先进单位”“二星级纳税明星企业”称号。

(李森)

【石油经销】　2014 年，中国石油化工股份有限公司山东威海乳山石油分公司坚持发展主营业务，扩大市场份额，完成各项任务。全年销售成品油 4.48 万吨，非油品销售 802 万元，完成年度计划 100%。年内，开展优秀服务标兵评选活动，实行员工服务与薪酬考核挂钩制，在宣传栏公示服务明星。开展加油消费体验活动，接待客户做到开口问候，主动热情，使用文明用语，室内员工择机帮忙引导车辆或加油，夜间营业时间做到车到人到，非营业时间做好应急服务，及时为救护、抢险车辆加油。提升加油站形象，整治服务窗口，更换老旧标识、标牌，保持环境卫生。加强加油设备、发票、资金、库存监督等方面管理，开展系列安全生产宣传教育活动，提高全员安全意识，落实责任，确保安全经营。

(刘晓雁)

【供销合作商业】　乳山市供销合作社联合社辖企业 6 家、基层社 16 处，领办协办各类农民专业合作社 64 处，有职工 2100 人，总资产 3.6 亿元。2014 年，以供销综合改革为重点，推进全系统工作持续稳定发展。全年全系统完成业务收入 7.5 亿元，实现利润 344 万元。南黄供销合作社、青山果品专业合作社分别入选中华全国供销合作总社“2014 年基层组织建设创建活动基层社标杆社”“农民合作示范社”名单。爱母茶叶合作社被评为“省级示范社”，春江源蔬菜合作社被评为“威海示范社”。

“乳山三宝”宣传推介　依托乳山市大姜生产技术协会和乳山农产品流通经纪人协会，突出“乳山三宝”之“乳山大姜”宣传推介，在乳山市农产品博览中心设立乳山农产品销售专区，在中国农产品服务中心网、中国农产品流通经纪人协会会刊、鲁供集团网、《威海日报》《乳山时讯》、乳山电视台等媒体集中宣传，先后组织赴烟台参加第十五届“国际果蔬·食品博览会”和江苏如皋中国首届长寿之乡农产品博览会，收到较好效果。

10月28日,江苏首届全国长寿之乡农产品博览会推介“乳山三宝”

（市联社提供）

大姜产业链条延伸 推动大姜产业发展,提升乳山大姜品牌知名度,使乳山大姜地理标志商标连续4年跻身全国农产品品牌百强行列,品牌价值13.1亿元。年内,社属企业春江源食品有限公司投资500万元,建设年出口水洗鲜姜4200吨生产线1条及1000吨生姜保鲜库1座。承接国家级农业综合开发项目,依托春江源食品公司在白沙滩镇西北庄村40公顷大姜生产基地,采取“龙头企业+合作社+社员”模式进行标准化生产。该项目是全国供销总社45个参评扶持项目之一,也是威海市供销系统唯一参评项目,评审通过后可获扶持资金150万～200万元。

电商平台和仓储设施建设 依托供销三农物资配送中心技术支持,建设配送中心农资销售网络平台,设立农资农家店“监管通”100处,发放“一卡通”1万张,初步建立起农资使用追踪溯源平台。按照农产品进城、农资日用品下乡双向流通格局需要,三农物资配送中心加快仓储设施改造建设步伐,新建仓储设施5000平方米,建成物流仓库1500平方米,配套改造升级镇村服务网点350处。

再生资源服务体系建设 发挥供销经贸有限公司被列为山东省商务厅再生资源服务体系建设龙头企业优势,整合市、镇、村三级网络,按照“统一岗前培训、统一门店形象、统一回收价格、统一服装、统一配送”标准,改造升级加盟店及网点(亭)100处,使其全部达标,同时,投资850万元升级硬件设施,新上油压剪切打包机生产线1套、粉碎机3台,统一标识、统一调度分公司运输车140部,在区域内形成网络完善、人员配备齐全的再生资源服务体系,在再生资源行业效益整体下滑形势下,实现扭亏为盈。

（臧向东　冷伟）

【医药经销】 乳山市医药公司是通过国家药品经营质量管理规范(简称GSP)认证的批发零售企业,有职工78人。下设供应科、质量管理科、储运配送批发中心和12处零售药店,全部为医保定点药店。2014年,公司在药品购进、仓储、销售各环节强化管理,实行“质量一票否决制”,购进药品经过质量管理科严格检验入库、销售,并按药品的不同性能进行分类恒温储存。新医改政策实施后,公司承担各镇医院部分基本药物配送工作。年内,完成销售收入2012万元,实现利税47万元。

（宋钦伟）

【集贸市场】 全市城乡有集贸市场62处、综合批发市场5处,大型商场、超市16个,其中,5000平方米以上大型零售商业网点11个。占地3万平方米的义乌小商品批发城运营良好,现已进驻商铺427户,进一步丰富商贸流通体系。2014年,全市形成以富山路商业一条街为中心,以黄山路商贸市场、金桥贸易城、金谷园农产品批发市场为纽带,以利群购物广场、家家悦超市、义乌小商品城、振华商厦、金帝商都为龙头的商贸流通网络,专业市场和综合市场并存、批发市场和零售市场为主体的市场体系进一步完善。各专业市场和经营食用农产品的商场、超市利用农残速测仪,每天速测进入市场的食用农产品,检测结果通过滚动显示屏向消费者公示,保障市民农产品消费安全。

（侯宪平）

对外经济贸易

【出口队伍壮大】 2014年,市商务局培养壮大出口队伍、培育出口新生力量,扩大出口,全市新批自营进出口权企业35家,分别是:山东大广农林科技有限公司、乳山市利昇服饰有限公司、威海翰升纸业有限公司、乳山荣佳制衣有限公司、乳山兰亭服饰有限公司、乳山市力作纺织品有限公司、威海银昌进出口有限公司、乳山铭涵贸易有限公司、乳山大玄贸易有限公司、乳山市人和制衣有限公司、威海桥河进出口有限公司、山东邦威高新材料有限公司、威海鸿讯软件科技有限公司、乳山市丰泰革制品有限公司、乳山振华海洋食品科技有限公司、山东乳山港宏兴成贸易有限公司、威海华之宝水产科技有限公司、威海金孚尔包装有限公司、威海昌杰贸易有限公司、威海耐特新型材料科技开发有限公司、乳山市宏兴农业发展有限公司、乳山壹品水产有限公司、乳山市丽欧服饰有限公司、乳山日昇果蔬有限公司、威海久恒贸易有限公司、威海威宝海藻生物有限公司、威海嘉汇贸易有限公司、威海绿之源动物蛋白饲料有限公司、威海华邦精冲技术有限公司、乳山华岭服装有限公司、乳山市富洋果蔬有限公司、乳山市林宇石材有限公司、乳山中诚果汁饮料有限公司、乳山市永丰铆钉厂、乳山市玄松皮革制品厂。至2014年年底,全市拥有自营进出口权企业375家,出口能力增强。

【出口创汇增长】 加强对外贸进出口企业指导、服务,组织企业参加国内外展会,引导企业加大品牌创建力度,推动企业做大做强,克服部分企业出口订单减少、经济效益下滑的问题。组织60家企业参加中国进出口商品交易会、亚洲纺织成衣展等国内外知名展会25个,主要有日本国际食品和饮料展览会、德国纽伦堡国际玩具博览会、比利时欧洲国际水产品展、中国进出口商品交易会、莫斯科国际食品展、亚洲纺织成衣展、泰国国际食品展等。依托龙峰硅胶、明珠硅胶等企业成功争创“乳山市硅胶制品外贸转型升级示范基地”称号,促进企业对外贸易发展。依托全市实施出口农产品质量安全示范区管理,帮助企业从产品采购、生产加工、仓储运输到出口销售等环节实行严格的质量标准管理,带动全市农产品进出口增长12.2%。加大跑上争资力度,全年帮助企业申请中小企业市场开拓资金、外贸公共服务平台建设专项资金等扶持资金340.6万元,为企业发展提供资金支持。2014年,全市外贸进出口继续保持平稳较快的增长速度,完成进出口7.06亿美元,比上年增长11.1%,其中,出口5.89亿美元,增长6.4%;进口1.17亿美元,增长43.3%。

2014年内资企业出口大户及出口额

表15 单位:万美元

企业名称	出口额
乳山华信食品有限公司	2807
山东双连制动材料有限公司	2221
乳山市富地渔具有限公司	2079
威海龙峰硅胶有限公司	1582
乳山宏伟食品有限公司	1143
乳山市金果花生制品有限公司	1102
乳山振华食品有限公司	893
乳山辰瑞纺织品有限公司	870
乳山市大发食品有限公司	774
山东乳山工艺品有限责任公司	724
威海海大塑胶有限公司	619

2014年外资企业出口大户及出口额

表16 单位:万美元

企业名称	出口额
乳山正洋食品有限公司	12682
乳山合和食品有限公司	4567
乳山海乐水产有限公司	2408
乳山振华水产品有限公司	2358
山东鲁菱果汁有限公司	1295
山东日信工业有限公司	1288
威海佰德信新材料有限公司	1156
山东同兴食品有限公司	1068
华隆(乳山)食品工业有限公司	927
乳山汉泰大麻纺织有限公司	871
威海兴进印染有限公司	733
乳山艾丽斯制衣有限公司	733
乳山镇善汽车装饰用品有限公司	723

【利用外资稳定】 2014年,乳山市商务局应对复杂国内外形势,创新推动利用外资工作稳步有序进行。一是抓好产业招商,采取常态化小分队国内拜访推介、集中化高层境外对接推动方式,开展赴北京、上海、广州、成都等30次小分队对接洽谈和赴日韩、欧洲、中国香港、印度等10次集中招商活动,邀请韩国、日本、德国、法国等国家20批团组到乳山市考察合作,拓宽招商领域,优化项目质量。年内,开工投资1250万美元法骏工业设备项目,签约9986万美元三寿国际能源项目。二是抓好平台搭建,建设“中韩食品与生物科技产业园”和“中韩制造业工业团地”,抓好与韩国食药处、食品工业协会、汽车行业协会沟通联系,承接韩国高端制造技术转移。建设“美在韩国、养在乳山”健康养生服务平台和“中韩海洋文化体验之旅”旅游文化服务平台,确定一条以“医疗养生主题”为特色的美容旅游线路,并与济州未来康复中心协商旅游线路连线对接。

【外经市场拓展】 2014年,乳山市商务局与52家外派劳务企业保持合作关系,组织劳务人员报名315人,为外派公司推荐各种合格人才398人。年内,加强出国务工人员合法权益维护,营造良好外派劳务市场秩序,与下初、徐家、海阳所镇合作设立出国打工报名办公室,方便群众了解相关政策和办理手续,让更多群众通过正规合法的渠道走出去;联合公安、教育、人社等部门整治外派劳务市场秩序2次。

引导符合条件企业“走出去”开拓国际市场，组织企业参加境外园区投资推荐说明会2次，并协助龙马服装投资200万美元在越南建厂，扩大产品市场占有率。

【外经贸企业获表彰】 在乳山市委、市政府召开的2014年度经济工作暨履行机关岗位责任制总结表彰会议上，乳山正洋食品有限公司、乳山振华食品有限公司、乳山明海水产有限公司、山东双连制动材料有限公司、乳山市富地渔具有限公司、威海龙峰硅胶有限公司、山东鲁菱果汁有限公司、山东日信工业有限公司、华隆(乳山)食品工业有限公司、威海佰德信新材料有限公司、乳山宏伟食品有限公司、乳山市金果花生制品有限公司、山东同兴食品有限公司13家企业获“进出口先进企业”称号，并获授奖牌。

（王晓鹏）

【乳山市经济合作局】 2014年，乳山市经济合作局发挥职能作用，抓好工作调度和服务，招商引资和项目建设取得明显成效。全年全市实际利用内资110.8亿元，比上年增长15.27%。

招商机制创新 完善招商引资奖励政策，确定24个重点、43个非重点产业招商部门，建立部门招商差异化考核制度，调动各部门和社会各界参与招商积极性，项目引进和建设实现新突破。全年全市各单位外出招商3500天1400人次，引进项目106个，其中，新开工项目80个，新签约项目26个。新引进项目中工业项目63个，占项目总数59.4%；投资过亿元项目47个，占项目总数44.3%。项目引进呈现数量多、结构优、个头大特点。

招商平台搭建 下发《2014年国内重点经济合作交流活动安排意见》《乳山市对接全国工商联第十一届三次执委会企业工作方案》《乳山市开展省内产业对接活动工作方案》等指导性文件，开展“节后重点客户大走访”“省内地区对接月”“全联执委企业和直属商会集中对接”“全国知名企业集中对接月”“杭州商会、协会专题推介”和“京津冀产业招商对接周”等活动，联络一批重点客商、一批重大项目。开展“拥抱仁爱之城、畅想蓝色经济”主题经济合作交流、“新能源企业乳山行”“全国知名企业乳山行”“西北工业大学EMBA学员走进乳山”等活动，集中邀请企业和机构150家180人，达成一批合作意向，集中签约项目8个。

强化招商调度 建立招商引资月调度制度，督导全市招商引资和项目推进工作。每月调度汇总全市新开工项目、新签约项目、在谈意向项目以及新投产项目情况，推促项目早签约、早开工、早见效；每月召开产业招商调度会，汇总整理全市当月外出招商情况、下月外出招商计划和全国重要展会信息，及时调度部署下月招商引资工作。全年全市组织召开产业招商调度会9次，印发材料汇编1200份。健全项目备案、公示和初审制度，每月组织安排专人深入镇(区)、项目建设现场摸底筛查2次，调度镇(区)、部门准备上报项目考核所需证明材料，奠定项目考核工作基础。年内，经威海市考核部门考核认定项目数量在威海各市区中最多；内资项目实物工作量，同比增幅列威海各市区第一名。

夯实招商基础 围绕乳山市重点产业发展方向，制作新版产业合作手册和推介课件，印发全国工商联执委和民营500强企业对接合作联系手册，筛选包装42个与外合作项目，汇总整理全市重点客户资源、重点在建项目、区域闲置厂房、镇(区)工业预留用地、安全食品产业、重点与外合作企业和项目、全国6大产业关联上市企业、全国山东商会和关联产业协会、全国重点展会信息等10大信息数据库，做到宣传有亮点、推介有项目、对接有目标，做好与外合作准备工作。

（马军磊）

【口岸管理】

口岸开放 4月，市委、市政府确定实施争取乳山口港区对外开放决策。利用1个月时间完成乳山港开放水域范围、岸线、泊位、航道的测量、绘图及可行性报告的撰写、申报工作。10月，邀烟台地质勘探院对乳山港开放锚地进行可行性论证。2014年年底，锚地已完成勘探、扫测及可行性论证。针对争取开放涉及部门多、政策性强、审批程序繁杂、时间跨度长等因素，成立以口岸办主要领导为组长的跟踪服务队，跟踪汇报服务，用半年时间，跑遍涉及省内所有省级、威海市级口岸查验机关及济南军区、北海舰队等机关36家，争得支持同意，并回复省口岸办公室。

口岸服务 组织口岸人员，历时3个月，查阅法律、法规及资料20万字，整理笔记4万字，并在征求、咨询上级部门、口岸专家基础上编成2万字的口岸开放工作手册，服务企业人员掌握国家口岸开放政策。面对国内港口、造船业处于低谷，企业生产经营困难局面，深入乳山港、市造船公司了解情况，谋划出路，将市造船公司2个坞修泊位及3万吨级船坞一并列入乳山港水域开放范围，为市造船公司再崛起奠定基础；赴威海协调乳山港从朝鲜进口煤炭实行“一船一议”、开通集装箱班轮及商讨在一类开放前申请临时开放事宜，促其拓宽经营思路，提高效益。

口岸宣传 乳山市口岸办与上级部门汇报、沟通，与威海市口岸办公室建立口岸信息通报制度，每季度至少发送信息1篇，全年报送有价信息10篇，被威海口岸信息转发4篇。以乳山市启动争取乳山港实施扩大开放为主题，先后在《威海日报》、大众网刊发稿件2篇。

（于芳）

【部分外商投资企业简介】

福喜(威海)农牧发展有限公司是欧喜投资(中国)有限公司投资兴建

的肉鸡一条龙企业,成立于2009年12月,投资40500万美元,注册资本15850万美元。主要建设肉鸡加工厂,配套建设种鸡厂、孵化厂、饲料厂、深加工厂、有机肥料厂、标准化养殖场和污水处理厂,打造肉种鸡、孵化、饲料、养殖、屠宰、深加工一条龙产业链。建设项目包括:投资1.5亿美元的养殖场和无害化处理厂、投资4000万美元的种鸡场和4000万美元的屠宰厂、投资2500万美元的熟食厂、投资2000万美元的饲料厂、投资1000万美元的孵化场。其中,饲料厂、孵化场和屠宰场建成投产;种鸡场投产6个,其中,在建3个;规划建设50个年出栏120万只肉鸡的现代化自养场投产36个;熟食一期工程9月底投产,年可产熟食2.2万吨。年内,月出栏毛鸡500万只,年屠宰量6000万只,实现主营业务收入14亿元,利税1.5亿元。

山东日信工业有限公司　是由日本日信工业株式会社和乳山临港园林绿化有限公司合资兴办,投资9942万美元,注册资本6400万美元。占地面积5.6万平方米,建筑面积1.7万平方米,职工700人。主要生产销售摩托车、汽车制动器及配件、汽车发动机支架及底座。2014年,出口额846万美元。

威海佑成纤维有限公司　是由韩国佑成染织株式会社投资兴办的外商独资企业,成立于2004年12月,投资1888万美元,注册资本1164万美元。位于威海纺织染整工业园内,占地5.2万平方米,建筑面积1.1万平方米。公司采用自动化先进生产模式,从事高档织物面料织染及后加工整理业务,主要生产高弹纯棉面料,吸汗性、透气性强特殊面料,纯棉丝光高级面料等中、高档面料,年纺织高档面料120万米、染色高档面料2880万米,生产服装382万件套。产品主要出口日本、美国、韩国等国家。2014年,出口额74万美元。

威海兴进印染有限公司　是由韩国领带株式会社投资的外商独资企业,成立于2003年11月,投资1670万美元,注册资本1164万美元。公司位于威海纺织染整工业园内,占地4.28万平方米,建筑面积2.4万平方米。主要从事高档织物面料织造、染色、后整理和领带、方巾生产。2014年,出口额728万美元。

山东比希纤维有限公司　是由美国李镕哲先生投资设立的外商独资企业,成立于2005年1月,投资800万美元,注册资本440万美元。位于乳山市威海纺织染整工业园内,占地6.5万平方米,建筑面积2.2万平方米,有职工277人。主要生产真丝布料、真丝领带、真丝丝巾等,年生产能力2400万件,产品主要出口韩国,并由韩国公司出口世界各国。2014年,出口额498万美元。

特来蓓斯特印染(乳山)有限公司　是由韩国TRI-BEST株式会社投资的外商独资企业,成立于2009年6月,投资740万美元,注册资本400万美元。位于威海纺织染整工业园,占地13259平方米,建筑面积9504平方米。主要从事高档织物的染整及后整理加工与销售业务,设有贸易部、管理部和生产部,承接国内外订单,年产印花布料1800万米,产品主要出口印度尼西亚、越南、中国香港以及欧美和东南亚等国家和地区,产品80%外销。2014年,出口额97万美元。

乳山圣民纤维有限公司　是由韩国圣民企业株式会社投资的外商独资企业,成立于2003年12月,投资600万美元,注册资本415万美元。位于威海纺织染整工业园内,是第一家进入该园区的外商投资企业,占地5万平方米。主要从事高档织物面料的织染及后整理加工和服装加工。2014年,出口额85万美元。

乳山吾星纤维有限公司　是由韩国吾星纤维株式会社投资的外商独资企业,成立于2004年12月,投资600万美元,注册资本400万美元。位于威海纺织染整工业园,占地5.8万平方米,建筑面积8856平方米,有职工100人。主要从事高档织物面料的织染及后加工整理业务,生产超柔长短毛绒、珍珠绒、涤氨不倒绒、麂皮绒等高档面料、玩具面料、游泳装等面料,产品主要出口印尼、中国香港等国家和地区。2014年,出口额76万美元。

乳山韩美工业有限公司　是由韩国韩美株式会社投资的外商独资企业,成立于2001年1月,投资348万美元,注册资本250万美元。位于乳山市经济开发区韩美工业园,占地1.56万平方米,建筑面积6606平方米,固定资产1427万美元,有职工240人,其中,高级技术人员40人。主要生产摩托车安全帽及配件、电子元器件、服装及皮包、高尔夫用品4大类1000个品种,产品全部出口日本、韩国等国家。2014年,出口额465万美元。

乳山湖林革制品有限公司　是由韩国湖林株式会社投资的外商独资企业,成立于1994年11月,投资92.5万美元,注册资本81万美元。位于乳山经济开发区,是第一家进驻该园区的外商独资企业,占地1.7万平方米,建筑面积6500平方米,有职工100人。主要生产各种皮革制品的箱包、手机包,年生产能力200万个。产品全部出口亚洲、欧洲等国家和地区。2014年,出口额10万美元。

服务业

【概况】　2014年,全市有各类家庭服务机构54家。其中,个体工商户50户,主要从事卫生清洁、管道维修、搬家装卸、家电维修、房屋中介等服务;注册公司4家,主要从事烹饪、保洁、搬家、家庭教育、母婴护理、老人和病人陪护等业务。家庭服务业有育婴师2036人,其中,初级1311人,中级672人;母婴护理员55人;公共营养师410人,其中,初级370人,高级40人;家政员3223人;养老护理员212人;餐饮服务员388人。

【乳山市海天集团有限公司】 乳山市海天集团是一家集餐饮住宿、洗浴康乐、摄影彩扩、美容美发、健身娱乐、装潢设计等多个行业于一体的综合性集团公司，拥有固定资产9000万元。辖属东方大厦、乳山宾馆、东海宾馆为“三星级旅游涉外饭店”。2014年，实现营业收入8500万元，实现利税1000万元，上缴税金600万元。年内，加大经营机制创新，实施“集团连锁，租赁经营”战略，推动集团公司由直接经营管理转型服务指导。加快经营模式创新，推动服务内容转型大众消费、家庭消费、旅游消费为主的大众项目。推进便民、利民工程，实施政府“放心早点”工程，成立早点配送中心，为居民食宿、婚庆、洗浴康乐、美容美发等生活需求提供优质服务。先后获“全省商业百强企业”“山东省餐饮五十强企业”“食品安全诚信单位”“餐饮业先进单位”“威海市百佳诚信单位”称号。

【乳山国际大酒店】 是乳山市首家四星级旅游饭店，位于市区商贸、文化中心地带，占地5.1万平方米，建筑面积1.8万平方米，有职工200人。酒店总体布局独特典雅，集食宿、娱乐、休闲、健身、商务于一体，设有各种规模的豪华套房、标准客房91套，计127个床位；设有大小餐厅、宴会厅21间，可同时容纳600人就餐，能提供鲁、粤等菜肴及西餐等服务；拥有KTV包厢14间，桑拿、洗浴、健身功能设施完备，特色茶艺室、咖啡屋、酒吧等一应俱全。2014年，通过营造“诚实守信、履约践诺、公平竞争、和谐有序”服务环境，对照“好客山东”旅游服务理念，改进酒店服务，提升服务档次、提高服务质量，以细微化、标准化、个性化服务，保持自身竞争能力。先后获“优秀星级饭店”“金叶级绿色旅游饭店”“诚信单位50佳”“青年安全示范岗”称号。

【利群集团乳山购物广场】 利群集团乳山购物广场是利群集团的第21座万米商厦，2005年4月28日营业。位于乳山市商业街东段、贸易城北侧，建筑面积3万平方米，是乳山市最大的集购物、餐饮、娱乐、休闲于一体的综合性购物广场。经过9年发展，完成商场扩建，调整商场布局，优化品牌结构，经营范围涵盖男女服装、箱包皮具，家电、化妆品、黄金珠宝、日用百货、食品生鲜等。商场设有室外停车位200个。与肯德基、永和豆浆、彤德莱、英雄煮、阿香米线合作，提供美味可口的食品。秉承“倡导低价、为您节省每一分钱”经营理念，保证生鲜、肉类食品天天新鲜。年内，获“百姓最喜爱的消费品牌”“威海市消费者满意单位”“威海市安全生产单位”“山东省第二届食品安全诚信单位”“治安保卫工作先进集体”“消防安全先进单位”“乳山市纳税明星企业”称号。

【乳山振华商厦有限公司】 原系威海华联集团乳山商厦，成立于2000年11月26日，位于乳山市城区繁华地带，北临商业街，东靠富山路，营业面积1万平方米，是一家大型、综合性商业服务企业。2006年年末改制为综合性大型股份制商业企业，2009年5月更名乳山振华商厦有限公司。2014年，发扬“团结、务实、开拓、创新”企业精神，秉承“荟萃精品、服务大众”经营理念，把“满足消费者需求，维护消费者利益，把微不足道的小事做得完美无瑕”作为企业服务宗旨，强化和完善经营管理机制，贯彻执行《消费者权益保护法》《产品质量法》《新“三包”规定》，强化商品管理，严格把关，抵制假冒伪劣商品，强化员工管理，开展优质服务活动，以诚实守信经营，为消费者提供满意放心服务。

【乳山振华购物中心】 位于乳山市最繁华的商业中心，2013年12月28日营业，建筑面积3万平方米，是集购物、休闲、娱乐、美食餐饮等功能于一体综合性购物中心。中心以市场为向导，以消费者需求为目标，秉持“荟萃精品，服务大众”的经营理念和“优质服务赢市场，科学管理创高效”管理理念，发扬团结、务实、开拓、创新的振华精神，以提升消费者生活品味为宗旨，打造符合乳山市民消费需求的中、高档购物中心。中心以中、高档为主，汇集国内外名优品牌，满足乳山市民高品质生活需求。店内设备先进，功能齐全，配有双向电梯、自动消防系统、中央空调、电子商务系统等，尽显现代商业气息。店内专厅购物环境舒适典雅，让消费者赏心悦目，尽享休闲购物之情趣，为乳山市民打造一个集餐饮、购物、休闲娱乐于一体的高雅时尚、充满现代潮流的一站式购物中心。

【山东家家悦集团有限公司】 2014年，家家悦集团乳山区域积极作为，继续保持良好发展势头。构建城乡一体化网络，把市区和镇村市场作为重点，实现市区10分钟商圈密度，镇村区域发展连锁门店34处。优化供应链体系，调整布局，优化业务流程，提高配送效率，提升服务水平，提高门店综合运营效率。加强生鲜PC商品标准研发，改进加工工艺，注重品质提升，提高标准化操作，降低门店加工成本。优化商品结构，按照工业产品品牌化、地方产品特色化和农副产品基地化战略，加强新品引进和评估，优化商品品类，提高商品满足率和适销率。探索国际化采购，范围延伸到欧洲、美洲、大洋洲、东南亚等国家和地区，形成生鲜资源优势，提升差异化竞争力。

（王晓鹏）

综　　述

【概况】 2014年,全市个体私营经济发展势头良好,民营企业4308家,比上年增长29.95%。新登记市场主体总数5782户,比上年增长86.9%,累计有各类市场主体2.54万户,比上年增长24.9%。其中新登记个体工商户4486户,比上年增长88.3%,个体工商户总量达1.9万户,比上年增长26%;新登记中小企业1146家,比上年增长97.6%,中小企业总量5688家,比上年增长21.5%。

扶持民营企业发展　抓住中小微企业发展战略机遇期,乳山市政府贯彻落实各级政府出台的支持企业发展扶持政策,加大对全市中小企业和个体民营企业服务力度,从市财政预算中安排专项资金,对经营业绩突出、贡献较大的中小企业和民营企业给予扶持奖励,并确定重点工业企业33家、有竞争优势和发展潜力大的成长型企业44家,加大帮持力度,促其快速发展壮大。

搭建融资平台　为缓解中小微企业融资环境困难,乳山市政府出台《关于促进民间融资规范发展的意见》,为全市民营企业搭建融资平台。引进威海环翠区信悦小额贷款有限公司设立乳山市分公司,累计贷款1800万元;协调山东阿甘融资担保有限公司将注册资本由5000万元增至1亿元,新增建设银行等2家金融机构准入,实现担保余额2.8亿元;新设民间资本管理公司6家,激活民间资本1.8亿元,累计发放贷款2.4亿元;新设资产管理公司1家,为全市范围内农户、个体工商户和小微企业提供信贷服务,实现对外投资1000万元;新设金融仓储服务公司1家,为乳山市开辟多层次融资渠道,解决部分中小微企业无固定资产、无土地、无房产的贷款难题,为全市中小微企业发展营造良好的金融生态环境,更好地满足乳山市个体和民营企业融资需求,支持企业发展。

推动民营企业人才培训　加强民营企业员工素质培训工作,制定2014年民营企业培训计划并实施。举办山东省和威海市两期中小微企业巡回大讲堂,邀请专家围绕财务管理和资本运营课题为企业家讲解,组织座谈交流。组织全市重点民营企业负责人赴高等院校集中培训,赴先进市区企业集团对口学习,增强企业家干事创业热情,调动其做大做强企业积极性。全年培训企业人才5000人。

搭建注册服务"绿色通道"　放宽个体企业登记条件,简化登记程序,压缩登记时限,完善"绿色通道"服务机制,推行联审联办制度,试行"容缺受理"审批方式,强化网上审批和网上监管,打造"政策最好、审批最少、服务最优、效率最高"营商环境。允许民间资本进入法律法规未禁止行业和领域;由"先证后照"改为"先照后证";推行注册资本认缴制,取消最低注册资本限制;放宽个体业户经营范围核定条件以及企业名称使用、投资主体资格等限制;推行"一照多址""一址多照"制度,鼓励全民创业。

无照经营整治行动　于2014年8月,划分为6个片区,成立12个执法小组,形成网格化覆盖。专项行动中检查各类市场主体3000户次,立案查处违法违规经营案件9起,新增市场主体1944个、个体户1601个、企业312个,实现以集中整治无照经营行动倒逼市场主体提质增量的效果。

（于芬　姜桂斌）

【部分民营企业选介】

华隆(乳山)食品工业有限公司　成立于1993年7月,总资产2.7亿元,职工850人,是新加坡上市公司东方食品(控股)有限公司全资子公司,是以花生系列制品、脱水果、蔬菜、干鲜水产品、泡菜研发、生产、销售为核心产业,以食品机械加工及房地产开发业务为一体的多元化企业集团,辖设徐家花生加工厂、山东众合食品有限公司、乳山裕友食品有限公司、乳山兴东房地产有限公司、祥隆房地产有限公司5个子公司,加工食品70%出口日本、韩国、俄罗斯、欧美、东南亚等国家和地区,是山东省农业产业化重点龙头企业。2014年,实现销售收入9800万元,上缴税金331万元。

乳山恒裕食品有限责任公司　成立于2005年,由原乳山威美食品有限责任公司整体改制而成的股份制企业,依据《出口食品生产企业卫生要求》和《出口罐头加工企业注册卫生规范》规划建成新厂区，占地 7.73 公顷，总投资 8000 万元。公司注重产品科研开发，以生产各类水果罐头为主，蔬菜制品、冷冻食品等为辅，形成以芦笋、阳梨、大樱桃、杏子、黄、白桃等罐头和梨汁两大类别 20 多个品种，年生产各类水果罐头 1 万吨。公司拥有自营出口权，年出口率占 85%，洋梨罐头、大樱桃罐头是公司出口创汇主导产品，出口量居全国前列，产品远销美国、加拿大、日本、澳大利亚、德国等 50 个国家和地区。2014 年，实现销售收入 5600 万元，上缴税金 350 万元。

威海海大塑胶有限公司　成立于 2002 年 1 月，位于青山路南端，厂区占地 2.53 公顷，建筑面积 6500 平方米，职工 140 人，注册资金 1600 万元，总资产 8800 万元。主要产品氯化聚乙烯(CPE)，高氯化聚乙烯(HCPE)，氯化聚氯乙烯(CPVC)，2001 年通过 ISO9001 国际质量管理体系认证。产品远销全国 20 个省市自治区，出口美国、英国、东南亚等国家。2014 年实现销售收入 2.73 亿元，上缴税金 1057 万元。

乳山市振兴铸钢有限公司　成立于 1978 年 8 月，位于乳山市大孤山镇驻地，厂区占地 5.73 公顷，建筑面积 1.8 万平方米，2014 年有职工 260 人。注册资本 300 万元，总资产 3895 万元，总负债 2690 万元。主导产品为工程机械零配件的铸造件和机械加工件，年生产能力 1.5 万吨。主要客户有山推工程机械股份有限公司、山东欧亚陀机械有限公司等国内大型工程机械类企业，并被山推工程机械股份有限公司指定为定点配套单位。2014 年实现销售收入 4240 万元、上缴税金 273 万元。

威海同仁食品有限公司　成立于 1984 年 12 月，位于乳山口工业园，占地面积 13 公顷，建筑面积 4.7 万平方米，注册资本 1000 万元，2014 年有员工 350 人。主要产品有冷冻、调理、宠物食品等 4 大系列 100 个品种。年加工能力 1500 吨，资产 2.2 亿元。通过 ISO9001、14000、22000、GB/T28001 管理体系认证、MSC 认证、清真食品认证及 BRC 认证，累计通过注册认证 31 个。产品畅销美国、加拿大、澳大利亚、日本、韩国、欧盟等 30 个国家和地区。2014 年，实现销售收入 6886 万元，上缴税金 466 万元。

威海和光新材料有限公司　成立于 2010 年 9 月，位于经济开发区惠民街北，厂区占地 5.4 公顷，建筑面积 1.1 万平方米，2014 年有职工 50 人，注册资本 1000 万元，资产 1530 万元。2012 年通过 ISO 9001 国际质量管理体系认证、ISO 14004 环保管理体系认证。主要生产环保防水阻燃地板、各种模板等，年生产能力 1000 万平方米。产品远销美国、俄罗斯、澳大利亚、日本、新加坡等 10 个国家和地区。2014 年，实现销售收入 1237 万元，上缴税金 60 万元。

（于芬　姜桂斌）

【乳山市个体劳动者私营企业协会】 2014 年，乳山市个体劳动者私营企业协会发挥服务职能作用，开展为会员送温暖活动，全年走访慰问受病、受灾会员 48 户，发放慰问金 2 万元。5 月，组织全市 10 家民营企业到山东大学(威海)海洋馆参加由威海市个私协会举办的“牵手民企、走进校园”民营企业大学生招聘活动，设立用人岗位 41 个，招聘 165 人。协会推荐威海乾目安防电子有限公司、威海长海能源科技有限公司参加首届威海市创业大赛；推荐威海市明珠硅胶有限公司董事长周凯、哈尔滨阳光房地产开发有限公司乳山分公司董事长尹刚为第八届“威海十佳青年创业之星”候选人；推荐威海正华建工集团总经理姜学锋、乳山光谷新力房地产有限公司尹刚为第八届“威海十大杰出青年企业家”候选人。年内，协会共推荐申报威海市级“诚信经营示范企业”7 家、“诚信经营示范商户”8 户、“质量第一做诚信企业”7 家。

乳山市工商业联合会

【概况】 乳山市工商业联合会（乳山市总商会）是面向乳山市工商界、以非公有制企业和非公有制经济人士为主体的人民团体和商会组织，是联系非公有制经济人士的桥梁纽带，是政府管理和服务非公有制经济的助手。至 2014 年年底，全市建有 14 个镇(街道)商会，会员企业 680 个。

【服务企业发展】 加强会员企业组织建设，下发《关于在非公有制企业中开展“九个一”活动的通知》《深入开展非公经济人士理想信念教育实践活动的实施意见》，以主题活动提升会员企业整体素质。组织会员企业相互观摩学习，开展专题座谈会，帮扶贫困户或贫困职工 30 户(人)。成立小微企业发展“合作社”，解决企业在信息、资金、技术等方面遇到的困难，为企业发展出谋划策。利用“会员企业会计服务中心”和“会员企业法律服务中心”，为会员企业提供财务、法律方面专项服务，组织企业进行财务、法律培训。成立中小企业融资帮扶小组，深入企业了解资金需求，推动银企合作，支持会员企业发展，全年.共组织会员企业听取金融知识讲座 1 次，参加“助保贷”“全额贷”等新型金融产品推介会 2 次，协助企业融资 2000 万元。以工商联网站对外发布高校研究成果 246 项。

【招商引资】 组织会员企业加强对外联络，开展招商引资工作。2014 年与外地工商联建立友好商会 2 个，组织到深圳、上海及.烟台、青岛等地开展招商引资活动 25 次，引进汽车销售服务项目 1 个，该项目占地 1.8 公顷，建筑面积 7600 平方米，由威海鑫通集团投资 3500 万元，主要从事东风日产、上海大众汽车销售、售后维修服务等，项目已经完工投产。

（赵妍燕）

城市规划

【概况】 2014年,乳山市城乡规划管理局按照城市总体规划,主动对接全市中心工作大局,强化规划宏观调控职能,科学编制各项专项规划、区域规划,优化规划方案审批流程,严格规划动态监察机制,获评山东省住房城乡建设系统先进集体。

【城市总体规划】 乳山市城市总体规划(2005~2020)确定乳山市城市性质为胶东半岛海滨城市,到2020年城市人口达40万人,占地46平方公里,城市化水平达70%。市域城镇体系规划中,乳山市城镇规模等级结构分为3级:一级为乳山市区,是全市政治、文化、经济中心;二级为白沙滩、海阳所、南黄、下初4个中心镇;三级为一般建制镇。乳山市城市规划区为G309国道以南市域范围以及龙角山水库水源保护区。2014年年底,乳山市建城区面积58.04公顷,其中,城区33.04公顷,银滩25公顷。

【城乡规划编制引领】 围绕全市中心大局,超前编制城乡规划,提升城市规划科学性,强化规划的宏观调控职能,编制各类专项规划,4月底完成乳山市海岸带保护与利用规划,指导海岸带生态修复和保护利用;6月底完成塔岛湾海洋生态国家级海洋特别保护区概念性规划,控制塔岛湾开发建设,合理保护和利用塔岛湾自然资源;完成乳山市城市排水防涝专项规划,与城市防洪规划协调衔接,重新布局排水管网,推动排水管网雨污分流、管道和泵站等排水设施改造建设,完善城市排水防涝工程体系。编制重点区域规划,完成乳山市农村新型社区布局发展规划,将符合条件的农村新型社区纳入城市化管理,打造功能完善、配套齐全、宜居宜业的新型社区;完成乳山市节能环保产业园规划、中韩食品与生物科技产业园规划、新兴产业园中韩制造业工业团地规划、塔岛湾中韩海洋文化体验区规划4个特色园区规划,完善基础工程和配套设施,提升产业承载能力。指导编制民生事业规划。完成深圳路、台湾路等16条道路及雨污分流规划设计、天骄村镇银行等重点项目规划方案审批工作;完成规划面积2.47万平方米的行政服务中心广场规划设计;完成城区闲置地、裸露地、边角地等26个地块、总面积7230平方米的绿化设计方案,达到插空布绿、增加绿量目标。

【规划设计方案管理】 出台《乳山市建设项目规划设计方案审批程序》,在符合上级规划大框架下,简化项目审批手续,提高规划方案审批效率。建立规划快视系统、规划"一张图"管理系统、规划管理信息系统,创新规划管理方式,提高工作质量和效率。提升城市规划建筑设计档次,规划建设国家二星级绿色公共建筑科技规划展示中心,为乳山市科技发展和城市规划建设提供展示窗口和交流平台。原汽车站(乳山银茂商业综合体)、原体育场(北京中高集团住宅小区)、原笙歌厂区(乳山市香榭里·中央花园)项目均按照国家一星级绿色建筑标准规划设计,提升规划建筑设计方案质量。

【规划动态监察落实】 严格执行《乳山市建设工程规划批后管理规定》和放线验线到场、基础施工到场、地上主体建筑施工逐层到场、外部装修到场、配套设施建设到场的"五到场"制度,对已建成或正在建设工程项目进行全程动态监控,确保规划设计方案落到实处。对全市老城区配套公共服务设施情况全面摸底调查,协助城区街道拟定13个社区办公用房不足问题近期或远期解决措施;将物业管理用房纳入建设项目规划审查范围,做好社区办公用房和公共配套服务设施规划验收及移交工作。建立规划监察大队与城市管理行政执法局函告联动机制,在打击非法乱建过程中,规划部门严把违法行为性质认定关,依法提出处罚意见,执法部门根据处罚意见下达处罚决定。

【规划行政服务创新】 实施规划行政许可"一站式"服务模式,将分散在多个科室的审批职能归并到政务中心窗口,授权到位,实现规划行政许可申报、受理、审批及结果查询"一站式"服务。构建"城市规划技术审核小组会~局长办公会～市城乡规划委员会”三级会审工作机制，评审后的规划方案通过规划局网站、建设现场设置公示牌等形式向社会公开，杜绝各类违规审批行为。简化重点急办项目方案审批程序，实行一案一议，即报即审，容缺受理，提高规划方案审批效率。推行规划技术审核机制，加大建设项目规划设计条件研究，包括用地性质、容积率、建筑高度、建筑密度等规划控制指标及其他规划强制性内容，为项目招商和领导决策提供优质高效的规划服务。

（王波　王忠阳）

城市管理

【概况】 2014年，坚持集中整治与长效管理相结合，针对水务集团、热力集团、城建投资集团成立后职能变化，研究修订精细化管理考核办法，开展城区环境综合整治巡查巡检活动10次，开展城区道路绿地占用、打场晒粮等专项检查5次，深入开展各项城市管理重大活动，城市管理水平提高。

【严格地下管线管理】 牵头拟定乳山市城市地下管线管理办法，贯彻落实地下管线规划、施工、竣工验收、日常维护以及应急管理规定，规范城市及小区道路绿地开挖行为。开展地下管网信息普查工作，完成管线探测点1.4万个，管线长度2876公里；建立地下管线信息共享平台，实现地下管线数据与“智慧乳山”衔接。

（王欣淑）

【城市管理行政执法】 2014年，城市管理行政执法局加大城市环境综合整治力度，按照“联合执法、集中整治、强化监督、严格控制、规范疏导、长效管理”原则，推进各项环境综合整治活动。年内，市城市管理行政执法局获“2014年度履行机关岗位目标责任制先进单位”称号。

露天烧烤整治　采取“集中经营、改造设施、规范取缔”方式对露天烧烤进行规范整治。联合食品药品监督管理局、卫生和计划生育局、工商行政管理局等部门建立执法巡查和规范化经营审批机制，取缔市区主城区141户露天烧烤和室外就餐，在罗马阳光城等地设置集中烧烤市场4处，吸纳烧烤商户统一集中经营。全年共立案查处店外就餐业户14家，扣押炉具50台，拆除简易棚、板房13处，改造店面、炉具设施80家，为达标店面颁发标志牌65家，市区室外烧烤、室外就餐现象得到根本治理。

海岸带综合整治　制定《海岸带保护与利用规划》和海岸带年度整治工作计划，明确部门责任，强化督导调度。2014年，海岸带陆域共拆除违章建筑74户，总面积3万平方米；海域866.66公顷全部搬迁清理完毕；在小侯家、常家庄等地建设占地20公顷安置点，安置搬迁养殖业户60户，整治工作取得阶段性成果，海岸带生态环境得到改善。

户外广告整治　完成市区胜利街、世纪大道、青山路、深圳路4条主干道2000户门头广告提档升级改造工程，实现“一街一风景、一楼一景观、一牌一特色”目标。在胜利街、世纪大道、金银大道等处设置公益性广告655处，立柱广告6处，加大“乳山三宝”宣传力度，拆除.户外违规广告300处。

停车拥堵治理　引进秦皇岛宏宇停车服务公司，投入1000万元，在长江超市、金丰超市、工商银行东、富商广场等处建设智能化停车管理系统5处，实行规范化停车场收费管理，合理利用场地资源，缓解拥堵。7月1日，乳山市首个“智能化停车管理系统”在市人民医院建成运行。

违法乱建查处　建立日常巡查和快速反应机制，实行首问负责、限时办理、责任追究，全年拆除各类违法乱建80处，查处新发生违法乱建案件19起，结案12起，下达处罚决定书7起。

【便民服务】 做好市民热线民生诉求工作，全年共处理占道经营、生活噪音、乱搭乱建等民生诉求问题360个，问题办结率100%，群众满意率100%。简化占用城市道路和户外广告审批事项办事流程，缩短审批时间，占用城市道路审批由原来的2个工作日改为即来即办，户外广告审批由原来5个工作日缩短到3个。规范取缔市区摊点群100处，城区便民摊点群由6处增设至16处，设置临时便民销售点18处，临时年货市场7处，方便城市居民生活，解决农民进城销售难，以及流动摊点导致的环境脏乱差问题。采取“政府主导、市场运作、社会参与”模式，引入专业市场管理公司，对新华街等4处便民市场实行市场化管理，降低管

巡检地下管线　（王欣淑摄）

10月30日，深圳路改造工程完工　　（王欣淑摄）

理成本，提高管理效果。

（王晓强）

市政基础设施建设

【概况】 2014年年末，全市城市实有道路长度323.98公里，面积599.62万平方米，人均城市道路面积31.81平方米。实有桥梁82座，路灯18597盏。排水管道长度611.54公里。污水年处理量1250万吨，污水处理率95.02%。

【城区道路建设】 全年完成道路盖被26.9万平方米，道路改造6.5万平方米，人行道铺装7.5万平方米。结合深圳路、金牛山公园环路建设，在自行车道喷涂彩色沥青，实现人车分流，打造带自行车慢行系统景观路、示范路，倡导低碳、绿色出行。至2014年年底，新增道路长度6300米，新增道路面积6.6万平方米，城区道路总长度323.98万米，路面总面积599.62万平方米，分别比上年增长6.6%和4.1%。

【园林绿化工程】 2014年，实施城市道路行道树栽植、城区绿化空地补植、城区街道草花摆放、城区公园修缮及健身器材更换维修等8项重点工程，育才街绿化、公租房绿化、胜利广场绿化改造、西苑学校门前绿化、滨海路绿化升级改造，城区道路自来水、污水、热力管道铺设及苗木移植等其它绿化工程15项。2014年，栽植乔木5500株、灌木38万株、草花1.34万平方米、草坪1.2万平方米，完成绿化面积7.1万平方米；在西外环、城南河、湛江路、开发街绿地开通道口10处，搬迁苗木2000株。城市绿化覆盖率达45.5%。

【城市供水排污】 全年完成供水主管道铺设5600米，污水管道铺设9500米，排水管道铺设1.01万米，疏通两河污水主管道2.3万米，整修清理检查井400个，更换三防井盖、安装防坠网245个，改善城市供水环境。年内，完成供水1516万吨，比上年增长6.6%。

【城市供热改造】 热力公司投资3000万元，完成热源维护及部分供暖管道安装改造工作；投资2.5亿元，重点实施热电厂新增供热能力项目建设，提高供暖质量。结合城区燃煤锅炉整治行动，将乳山一中、怡园中学、畅园中学等7所学校接入集中供热管网，改造管道4000米。全年改造供暖管道9公里，新上管道4.6公里，新增供暖面积40万平方米。

【城市供气改造】 2014年，乳山市住房和城乡建设局完成世纪大道（台湾路～厦门路、金联建材）中压燃气管道、青山路(西西里佳苑～水景绿城)中压燃气管道、炉上村中压燃气管道、银滩旅游度假区武当山路至盛世滩小区1.5公里中压管线工程、银金大道至小滩新村1.5公里中压管线工程，全年共计完成燃气管网铺设11公里。北京燃气乳山分公司继续实施老旧小区天然气改造并通气6000户，乳山城区基本实现天然气全覆盖。

【城市照明维护】 2014年，乳山市路灯管理处在全市安装180瓦LED路灯921基，埋设电缆6.2万米，PVC管4.59万米，安装箱式变压器6台、变压器护栏1200米，拆除旧灯130基。全年共维修路灯8600盏次，清刷灯杆5400基，清洗灯头2200个，油漆控制箱34个，检修路灯变压器36台。至2014年年底，城区安装路灯1.86万盏，亮灯率99%。

【环境卫生管理】 2014年，乳山市路灯管理处加强精细化管理，完成生活垃圾焚烧发电项目竣工验收，严禁建筑垃圾、泥土等进入焚烧厂，保证垃圾焚烧发电厂正常运营。提升公厕管理服务水平，加强管理人员、保洁员素质和技能培训，健全检查评比机制，市区所有公厕免费提供卫生纸，做到室内外卫生干净整洁。重点监管城区建筑渣土、垃圾乱倒、抛洒滴漏等行为，与建筑施工单位签订环境卫生责任书，督促做好工地出入口道路硬化、车辆密封运输，查处运输散体、液体物质抛洒滴漏车辆。拟定《加强城乡生活垃圾一体化管理工作的补充意见》，联合乳山绿色动力再生能源有限公司对各镇村垃圾收集运行、环境卫生质量以及工作机制落实情况进行督导考核，每月发放情况通报、反馈问题。年内，全市15个镇（街道）完成垃圾核定量80%。全年清运生活垃圾12万吨，垃圾清运及时率99%。

（王欣淑）

【乳山市水务集团有限公司】 成立于2013年10月18日，对城市输水、供水、排水、中水回用以及污水收集等领域实行一体化管理。2004年有干部职工128人。设办公室、综合管理部、生产发展部、财务审计部、技术质量部，辖第三水厂、客户服务中心、水质检测中心、水务稽查大队、供水分公司、排水分公司、污水处置厂；以及银滩中兴水务有限公司、给排水工程有限公司、中水回用有限公司。负责乳山市城区、银滩新区、经济开发区、滨海新区、大乳山风景区和临港工业园区生产、生活用水供应，高峰期用水人口30万人，供水范围36平方公里，直径100毫米供水管线总长600公里。年内，自来水普及率98%，水质综合合格率99.8%。

工程建设 全年融资1.2亿元，工程投资1.5亿元，完成市区至银滩直径1000毫米主输水管线铺设、银滩第二污水处理厂及配套管网改造、市区雨污分流污水管网铺设等重点工程；完成城南河、仇家洼河污水主管网清淤、橡胶坝管理房通水通电、污水检查井整修及安装防坠网等工程。加大滨海新区、海湾新城等设施配套建设，更新改造老旧管网2600米。全年铺设供排水管道35公里，整修设施1200处。

供水安全 聘请威海市水务集团专家规划设计供水管网，改造水厂进水管道，建立来水、输水、制水、供电2套生产系统，提升全市水网整体运行质量。全年冲刷清洗供水主管道300公里。10月，公司水质检测实验室通过山东省水检实验室等级认证。经威海市水务水质检测，106项水质监测项目符合国家饮用水标准。全年供水1100万吨，比上年提高10.5%；完成污水收集800万立方米，比上年提高5.7%。

服务优化 公司在收费大厅设立LED显示屏，滚动播出自来水价格、客户中心服务和承诺制度、办事指南、服务程序和工作标准，设立服务窗口3个，实现缴纳水费、水表维修以及管网维护等业务“一站”完成。与全市用水单位建立便民服务联系人制度，发放便民服务卡，分片包干，责任落实到人，在短时间内给用户回复及处理意见。全年群众诉求处理及时率100%，回访投诉人满意率100%。2014年，水务集团被授予“山东省重合同守信用企业”，威海市“市级文明单位”“内保工作集体三等功”“模范职工之家”“三星级劳动关系和谐企业”等称号。

（王勇）

【乳山市城市建设投资集团有限公司】 成立于2013年10月18日，注册资本3000万元，2014年11月，注册资本增至10亿元。设行政事务部、财务审计部、策划设计部、工程监管部、资产运营部，辖乳山市绿城园林有限公司、市政建设工程公司、经济开发投资公司。全年组织实施便民利民重点工程34项，总投资3.3亿元。

城区绿化 绿城园林有限公司完成城市道路行道树栽植、城区绿化空白地补植、城区街道草花摆放、城区各公园修缮等5项市级重点工程，育才街绿化、公租房绿化、胜利广场绿化等9项绿化工程。全年完成绿化面积7.1万平方米，栽植乔木5500株，灌木38万株，草花1.34万平方米，草坪1.2万平方米，配合市政工程建设搬迁苗木2000株。

工程建设 完成深圳路道路改造、海口路道路建设、青山路北段道路盖被、金牛山公园环路道路建设等重点工程；完成老政府宿舍巷、涟源小区巷、东里村巷、金碛岭市场南路等背街小巷铺设工程；完成黄埠崖河、夏南河清淤、世纪花园西泄洪沟护底工程。全年铺装人行道板5622平方米，铺设雨污管道5966米，修复城区道路路面3.1万平方米，更换、整修破损人行道板6000平方米、路沿石2268米；疏通、更换雨污管道765米，更换、修复检查井座(盖)152套，更换雨水篦195套，检查井清淤4680座，水漏清淤6580座。

乳山智慧城市网络技术有限公司成立 4月8日，城投集团与威海市北洋电气集团有限公司投资1000万元，成立乳山智慧城市网络技术有限公司。负责“智慧乳山”规划设计、项目建设、技术支撑和智慧乳山投资运营主体责任。年内，公司完成乳山市民服务中心智慧政务管理平台、智慧交通信息服务与指挥中心、市域征询信用系统等5个项目建设，提升城市生活智能化水平。

（王东）

【乳山市热力集团有限公司】 成立于2013年10月18日，注册资金4839.57万元，按企业化模式经营管

9月6日，乳山市区至银滩供水管线铺设 （水务集团提供）

8月12日新热电厂施工现场　　（全庆凤摄）

理，主要职责是城市供暖（供热范围为城区深圳路以西区域）、供汽、发电。有员工362人，公司设办公室、党群工作部、财务审计部、生产技术部、企业管理部、物资供应部，辖乳山市热电有限公司、乳山市图曼热力安装有限公司、乳山市万佳热力服务有限公司。

工程建设　2月14日，经乳山市政府批准，投资2.52亿元供热项目在市热电厂立项，该项目建设总规模116兆瓦热水锅炉2台、75吨/小时蒸汽锅炉2台、抽凝机组配套设施2台，增加配套供暖管网，项目投产后增加供暖面积500万平方米。年内，完成主厂房、锅炉房、烟囱、灰库、综合泵房等基础设施建设，整体土建地下部分完成总体工程90%；完成2台75吨蒸汽锅炉钢架、汽包、旋风筒和空气预热器等主要部件吊装，蒸汽锅炉本体组装完成50%；完成2台116兆瓦锅炉钢架、旋风筒和空气预热器等主要部件组装。全年累计完成投资1.1亿元。

设备检修　投资400万元，完成北郊分厂2台热水锅炉，6台换热器，以及二次风机、除渣机、输煤系统以及附属设备检修、维护和保养。完成西厂1～3号锅炉炉排更换、2台脱硫设备、2台机组、给水、循环水、凝结水系统以及公用系统和附属设备大修。

热网建设　全年投资2480万元，完成城区供暖主管网和区间管网安装改造，新建和改造供暖管网2万米。其中，投资1400万元，完成新热源厂项目工程配套管网第二标段（新热源厂～滨河街～富山路供暖管道）、第三标段（原热源厂补水管道至新热源厂）供暖主管道安装；投资180万元，优化改造政府办公区和东山办公区1200米区间管网；投资370万元，优化改造原供暖管线系统，解决馨园、向阳二区、供销一区、供销四区、供销五区等老旧楼用暖需求，新增供暖面积10万平方米；投资330万元，完成乳山师范、一中、府前中学等5所学校3200米区间供暖管道改造安装；投资200万元，完成市供销合作社联合社、工商银行、农村信用合作联社、人民医院自备蒸汽换热站撤站并网改造，接入城市集中供暖系统。全年完成200栋楼房外墙保温板粘贴及砂浆抹面，外墙保温面积51万平方米。推进既有居住建筑供热计量及节能改造，完成城东一区、世纪花园、东山小区8000只热计量表安装；完成静园、东苑、安平、祥和小区3000只温控器安装并进行供热计量温控一体化试点。全年供暖面积比上年增加30万平方米，供暖总面积达290万平方米。

服务优化　投资60万元，与威海市商业银行合作，在市区增设威海市商业银行城区分行暖气收费点2处，办理发放“供热信息卡”1.9万张，解决用户交费难题。增设供暖服务热线6693897，监督投诉电话6693893，24小时供暖服务热线6693896。完善民生诉求回复流程，设定专门部门和人员，进行走访、处理民生诉求，力求群众满意，全年群众诉求处理及时率100%，回访投诉人满意率100%。年内，乳山热电有限公司被评为威海市“精神文明建设先进单位”。

（宋妍）

村镇建设

【概况】 2014年，乳山市住房和城乡建设局加快全市村镇建设，对各镇规划、建设、管理情况进行实地考核、调查摸底，牵头拟定城镇化建设工作考核意见，推动城乡统筹发展。发挥省市两级示范镇带动作用，加大城乡基础设施和公共服务设施配套建设力度，加快小城镇建设进程，完成2013年省级示范镇考核工作。海阳所镇、白沙滩镇争创全国重点镇，乳山寨镇南司马庄村争创山东省第一批传统村落，乳山寨镇、海阳所镇南泓南村争创省级特色景观旅游名镇名村。

【实施棚户区改造及危房改造】 发挥日常协调、跟踪服务、审查把关、督导考核的职责作用，建立日联络、周调度、月汇总、季通报工作机制，掌握棚户区改造及危房改造进度，加大棚户区改造及危房改造力度，改善棚户区居民及农村危房户的居住环境。2014年，棚户区改造共计10片区2915户完成回迁安置；完成323户农村危房改造。

【推进农村新型社区建设】 将海阳所社区、白沙滩社区等4个农村新型社区纳入城市化管理，社区项目建设、基础设施配套、综合服务中心建设取得实质性进展。在大孤山、神水桥、清河等6个社区配套建设污水处理设施，提高镇村污水集中处理能力。

房地产开发与管理

【概况】 2014年，全市有房地产开发企业92家，其中，二级资质4家，三级资质13家，四级资质23家，暂定资质52家。全年办理工程施工许可29项，施工许可面积59.9万平方米，竣工面积29.9万平方米，竣工验收登记备案31个，签订建设施工合同33个。

【房地产业转型】 乳山市住房和城乡建设局面对房地产市场形势不景气状况，深入企业调研，了解企业面临的困难和阻碍发展因素，思考寻找解决问题的方法措施，组织企业参加房地产博览会、威海市房地产趋势分析会议等活动，加强企业之间交流沟通，梳理发展思路和发展方向，引导正华集团、山东颐和、万基集团、大陶家等40家房地产企业转型发展保障性民生产业、新兴工业产业、现代服务业和生态农业，实现转型发展。

（王欣淑）

【住房保障】 2014年，乳山市住房保障和房产管理局响应国家保障性住房安居政策，取消市区户口落户时间限制，提高低收入标准(家庭人均低收入标准由上年度1.4万元提高到1.66万元)，扩大保障范围，基本实现应保尽保。按照公开、公平、公正以及自愿申请、逐级审核办法，确定132户(复核91户，新增41户)家庭为2014年补贴对象，其中低保家庭17户，每户每月补贴400元；低收入家庭115户，每户每月补贴300元。强化公共租赁住房建设，督导威海星歌服饰有限公司自筹资金750万元建设职工公寓72套，总面积4392平方米，2014年1月开工建设，10月竣工并投入使用。年内，全市建成公共租赁住房951套。

【物业管理】 出台《关于进一步加强物业管理服务工作的意见》，明确区街属地管理职能，确定规划、建设、城管等职能部门及各专营单位职责，建立物业管理联席会议工作制度，按照市级、区街两级管理体制，制定《乳山市物业服务企业监督考核办法》及《关于城市社区物业管理考核的意见》，在滨海新区和城区街道办事处建立区街物业管理机构，对全市物业服务行业监管考评实行属地管理与物业主管部门双向百分考核机制，并定期向社会公示，实现物业管理制度化。开展物业服务项目争先创优活动，扩大优秀物业服务项目覆盖范围。2014年，观海听涛小区获“山东省物业管理优秀住宅小区”，香港平远国际城、盛世滩家园、翰林名苑小区获得”威海市优秀住宅小区”；组织2批物业企业技术骨干参加全省物业承接查验及设施设备专业培训；组织4期、1200人次客服、公共秩序维护、保洁和设施设备维护人员岗位培训；举办全市社区支部书记、物业经理、业委会主任300人参加社区建设暨物业项目经理培训班。通过民情大走访、民情网、市民热线等途径，办理物业服务方面民生诉求269起，办复率达100%。探索建立政府物业管理机构、居委会、业委会、物业企业“四位一体”物业管理模式，在2个基层组织比较健全的小区试点，取得较好效果。扩大物业服务覆盖范围，采取“居民支付一块、专营单位负担一块、财政配套一块”方式，筹集资金，对老旧小区水、电、暖等“微循环”设施分期分批实施改造，达标后交由物业企业管理。年内，改造老旧小区6个，涉及居民1758户。

【房产交易与权属登记】 一是入驻市民服务中心。2014年11月完成档案库房搬迁入驻工作，并加强房管、土地、建设、规划等相关部门联系对接，实现房屋登记和房产档案一体化管理，为个人和企业办事提供方便。二是试行房屋和土地登记“联合受理”。11月，在滨海新区房产交易大厅试点，侧重单方申请的涉法涉诉类房屋和土地登记。加强与财政、国土、规划、建设、公安(消防)等部门协同配合，提高登记准确性，解决房地登记不符、产权人不一致、登记错误等问题。三是提高测绘质量。在整理大量业务案例、与专家、周边房产测绘单位探讨基础上，制定《房产测绘实测、预测(内、外业)标准化流程》及《乳山房屋建筑面积计算细则》，明确测绘作业规范及检测办法，提高测绘产品质量。四是加强城市危房管理。联合威海、文登、荣成房屋鉴定人员组成鉴定工作小组，完成“1·7”有感地震中白沙滩镇25个村267户受灾房屋鉴定工作。五是办理房屋登记。全年办理商品房初始登记面积124.28万平方米；办理商品房转移登记面积94.75万平方米；办理抵押权登记5967起，登记面积211.17万平方米；办理农房初始登记面积15.57万平方米；转移登记面积6.94万平方米；批准商品房预售面积39.93万平方米；办

5月29日，举办全市房地产经纪人员培训班　　（贺明文摄）

理商品房预售合同备案面积21.89万平方米。

【房地产资金监管】 严格前期物业启动资金、物业质量保修金、住宅专项维修资金和商品房预售资金4项资金监管，解决住宅专项维修资金及商品房预售资金管理问题，维护业主合法权益。累计归集住宅专项维修资金2.73亿元，办理部分退款277万元，办理全额退款19万元，查处和追缴开发单位抽逃挪用资金447.75万元，追交利息6.28万元，存缴商品房预售资金1.19亿元，拨付监管资金1.37亿元。预售资金监管账户余额6171.7万元，累计收取前期物业启动资金832.8万元，物业质量保修金4127.3万元。

【房产交易市场监管】 印发《关于加强商品房预售许可管理的通知》，要求售楼现场除公示土地证等"五证"外，公示商品房预售方案、代理机构信息等材料。在各售楼现场制作提示牌，预防和避免无预售证售房等问题发生。严格中介管理，举办全市首期经纪人培训班，参加培训人员426人，培训合格414人，提高经纪人执业素质，规范其执业行为。建立错时监管制度，在节假日期间组织人员到售楼现场检查监管，重点检查开发企业公示内容是否齐全、是否存在虚假宣传等问题。全年派出180人次进行错时监管，督导整改不规范经营行为60起，促进房产销售市场健康发展。严格执法管理，成立两支执法小分队，不间断巡查房产销售违法行为。全年对5家开发企业和2家中介机构给予行政处罚；与工商部门信息共享，组成联合执法小组，清理乱摆摊点、乱发小广告600起，收缴小广告4万份，净化房产销售环境。

（贺明文）

【部分房地产开发企业简介】

乳山市国泰城建开发有限公司 成立于1985年，具有二级房地产开发资质，在山东省房地产行业首批通过ISO 9001质量管理体系认证，是山东省房地产行业龙头骨干企业。公司是以住宅、别墅、商业网点及物业服务为一体的多功能综合性开发建设集团，开发世纪花园、宏泰花园、银泰海景花园等20多个楼盘，开发面积300万平方米。公司开发的世纪花园小区获省建设厅"首届城市优秀住宅小区银奖"和"省级花园式小区"称号，银泰海景花园小区、宏泰阳光花园小区获建设部中国建筑文化中心"全国人居·经典楼盘"和中国房地产品牌战略研究中心"中国房地产精品住宅示范楼盘""中国房地产最佳人居环境典范社区"称号。2014年，总施工面积6.2万平方米，其中，新开工面积4.75万平方米，竣工面积2.75万平方米，完成销售收入8668万元，缴税金848万元。

国泰城建开发有限公司新开发高层住宅小区一角 （高科摄）

乳山市益天房地产开发有限公司 位于胜利街东首，是乳山市白沙滩建筑工程公司于2001年成立的开发公司，具有房地产开发企业三级资质，有技术管理人员360人。公司秉承"真诚、和谐、求精、务实"精神，形成集房地产开发、建筑施工、物业管理、工程质量检测、铝合金门窗加工、小额贷款、海产品养殖育苗、生态旅游观光为一体的集团化公司。先后成功开发胜利花园小区、海渊小区、城东二区、益天花园、如意花园、紫锦花园等项目，开发面积100万平方米。所开发小区被评为"无质量通病住宅工程"，威海市"花园小区""城市优秀住宅小区"，山东省"优秀住宅小区"。公司先获"威海市消费者满意单位""诚信房地产开发企业"称号。2014年，公司投资1.26亿元，建设乳山市益天生态旅游观光园，该园规划占地65.33公顷，规划道观人文区、生态采摘区、生态园林区、商务餐饮区等5个功能区，建设集休闲农业、采摘体验、宗教养生、旅游观光、商务活动等为一体的现代旅游景区。全年完成销售收入6738万元，缴税金1270万元。

乳山市富大房地产有限公司 是集房地产开发、建筑施工、安装、建筑幕墙、建筑门窗和室内外中高档装饰装修为一体的多元化企业，辖设子公司3个，乳山市富达建设工程有限公司是国家"装饰装修二级""建筑幕墙、金属门窗二级""房地产开发四级"企业。富达房地产有限公司注册资本4200万元，占地面积4.87万平方米，固定资产3200万元。严格按国家规范要求进行房地产开发、建筑装修。2014年新开发的深蓝小城项目以及待建的世纪明珠项目，建筑面积达100万平方米，"富大"品牌得到市场广泛认可，富大丽园小区住宅楼工程被授予威海市级"优良工程"。公司先后获"市级守合同、重信用"企业，山东省装饰装修工程"优质工程奖""威海市百家诚信

"山水人家"小区一角　　　　　（山东颐和房地产有限公司提供）

企业",乳山市"纳税明星企业"称号。2014 年,完成销售收入 11442 万元,缴税金 1220 万元。

山东颐和房地产有限公司　成立于 2003 年 5 月,位于乳山市银滩旅游度假区,是以房地产开发、商品房销售、出租为主的有限责任公司,具有房地产开发二级资质,注册资金 5000 万元,辖设 3 个子公司。公司通过质量、环境、职业健康安全 3 大管理体系认证,先后开发"颐和花园""颐和·大公海岸""颐和·山水人家""颐和·八甲山水"4 个生活小区,开发总面积 100 万平方米。2014 年,山水人家 38 号住宅楼工程通过竣工验收,该工程采用 FS 外墙模板现浇混凝土复合保温系统、新风系统、隔热断桥铝合金型材中空玻璃等 10 项节能技术,获评山东省建筑结构节能一体化示范工程,同时获评山东省安全文明施工现场,被推荐申报威海市优良工程。公司先后获评"威海市房地产协会常务理事单位""威海市诚信开发企业""市级、省级守合同重信用企业""威海市百强民营企业",乳山市"纳税明星企业""文明诚信民营企业""先进民营企业""乳山市帮村、助学、扶贫、济困先进单位""乳山市消费者满意单位"称号。2014 年,完成销售额 1673 万元,缴税金 172 万元。

乳山安吉房地产开发有限公司　成立于 2003 年 10 月,是一家三级资质房地产开发综合性企业,注册资本 5000 万元。公司开发的安吉·览山亲水居小区、安吉·碧海祥园小区、益海花园小区被授予"绿色环保社区"称号。公司积极参与社会公益活动,累计向公益事业和灾区人民捐款 180 万元。2013 年,通过 ISO 9001 国际质量体系认证,先后获威海市"星级民营企业""文明诚信民营企业""文明企业""诚信单位 50 佳""安全生产先进单位","威海市第六届消费者满意单位""乳山市慈善先进单位"称号。2014 年实现销售收入 3480 万元,缴税金 350 万元。

乳山市东风房地产开发有限责任公司　位于乳山市区胜利街 136～22 号,成立于 1994 年 11 月,注册资本 3000 万元,具有四级开发资质。先后开发建设向阳、馨园、阳光金海岸、祥和、东风华冠、东风花园等组团居住社区,建设东风工业园园区。2013 年开发建设幸福小区 A 区项目至 2014 年 7 月竣工,累计开发面积 43.7 万平方米。公司被授予山东省"建设系统先进单位""文明企业",乳山市"慈善先进单位""纳税先进企业""诚信开发企业""诚信单位 50 佳企业"称号。2014 年,销售收入 5100 万元,缴税金 760 万元。

（王欣淑）

建筑业

【概况】　2014 年,全市有建筑企业 73 家,其中施工总承包企业 40 家(外地进乳施工总承包企业 8 家),专业承包 33 家,从业人员 0.5 万人。全年房屋建筑面积 70 万平方米,其中当年新开工面积 59.9 万平方米,竣工面积 29.9 万平方米,合格率 100%。建筑业总产值 7.3 亿元,全年劳动生产率 4.8 万元 / 人。

【建筑市场秩序管理】　2014 年,乳山市住房和城乡建设局推行"守信激励、失信惩戒"机制,健全完善企业诚信管理办法,建立企业信用档案,确定企业信用 A、B、C、D 等级,实现企业守信及失信行为信息全公开。依法放开建筑业市场,给予外地企业建设手续办理与本地企业同等待遇,取消 2 项备案事项,简化办事程序。在全市民营投资的工业项目中,取消招投标和委托监理程序,实行直接发包备案和合同备案制度,减轻企业负担。建立建筑工程施工现场视频监控、管理人员考核、监督管理 3 大精细化管理平台,强化施工现场安全生产、扬尘治理实时监管,实现招投标、基本建设程序、工程质量安全、管理人员考核信息共享。在局管理中心和项目施工现场同步安装指纹和头像采集设备,项目负责人每天 2 次在施工现场录入指纹和头像,通过专人比对考核,保证信息的一致性,防止违规转包发包。推行建设工程电子招投标,实现网上报名、网上投标、网上缴费和计算机辅助评标全过程智能化,降低交易成本,提高工作效率,遏制围标串标等违法行为,促进招投标市场公开透明。

【建筑工程质量管理】　2014 年,乳山市建设工程质量监督站深入排查在建工程质量隐患。开展工程质量专项检查活动,对在建工程特别是保障性安居工程、公共建筑进行多次专项执法检查,加大对全市在建工程钢筋、水泥

2014 年乳山市省级安全文明工地

表 17

施　工　单　位	工　程　名　称	结构形式	建筑面积(㎡)
乳山市华百电影文化广场项目施工及安装项目	威海正华建工集团有限公司	框架	35024

2014 年乳山市创建威海市级安全文明工地

表 18

施　工　单　位	工　程　名　称	结构类型	建筑面积(㎡)
乳山市战胜建筑工程有限公司	乳山市腾甲庄·聚龙园二期 c28、c29 住宅楼及地下车库	框架	15499
乳山市战胜建筑工程有限公司	乳山市黄金花园小区 10 号、11 号门市工程	框架	7800
乳山市建业工程有限公司	乳山菲格尔假日酒店工程	框架剪力墙	11851
乳山市广润工程有限公司	仇家洼金水河畔安置楼 4 号工程	框架	3141
乳山市城西建筑安装工程有限公司	乳山市西馨苑小区 K 区 35～38 号住宅楼工程	框架	14770
威海正华建工集团有限公司	乳山市南黄镇初级中学实验楼工程	框架	4641
威海正华建工集团有限公司	山东省威海艺术学校美术设计与制作专业实训楼	框架	3402.2
威海正华建工集团有限公司	宫家隆泰苑小区 8 号、9 号住宅楼	框架	3193
乳山市恒基建筑工程有限公司	乳山市冯家镇初级中学实验楼工程	框架	4185
乳山市中创工程有限公司	威海机械工程高级技工学校实训车间工程	框架	8505.4
乳山市黄埠崖建筑公司	乳山市官地大龄青年 1 号、2 号住宅楼	框架	9793
山东起凤建工股份有限公司	乳山市阳光家园 9～11 号、14 号、15 号、18 号住宅商业、19 号社区服务中心	框架	23288
乳山市建业工程有限公司	乳山国泰城建开发有限公司综合办公区及人防工程	框架	14608
乳山市建业工程有限公司	幸福小区东区 97～99 号、102 号、103 号、105 号、102 号网点住宅楼工程	框架	19455

等原材料以及商品混凝土质量的监督抽检频次，查处不合格钢筋 12 批次、不合格保温材料 6 起，并及时清理出场，从源头保证工程质量。推行住宅工程质量样板引路制度外窗淋水试验工作，施工总承包企业根据工程特点、施工难点、工序重点等，研究制定工程质量样板引路工作方案。质监站对符合条件的工程项目实施跟踪检查，在“华百文化广场·乳山”“金鼎·深蓝小城”“幸福小区”等 5 个工程项目推行样板引路制度，建筑面积 18.8 万平方米。为解决住宅工程外窗渗漏问题，保证使用功能，自 2014 年 9 月 1 日起，乳山市范围内所有新建、改建、扩建住宅工程进行外窗水密性能现场淋水检测，合格后方可进行竣工验收。检测机构受理 4 个工程项目的委托工作，已有 2 个工程项目进行外窗淋水检测试验工作。

【工程质量责任管理】　自 2014 年 3 月 1 日起，乳山市区域内新建、改建、扩建房屋建筑工程和市政基础设施工程纳入质量责任终身制管理范围，对参与工程项目建设、勘察、设计、施工、监理、施工图审查、检测、监测及建筑材料生产供应等单位和相关责任人员，实行质量责任终身制。采用建立质量责任信息档案和设置永久性质量责任标牌的方式。已经竣工验收的工程，建设单位按照要求安装石质永久性责任标牌，责任单位均已完善质量责任信息档案。全年办理质量监督手续的单体工程 230个，建筑面积 88.3 万平方米；监督往年开工在建单体工程 523

个，建筑面积 282.7 万平方米；监督竣工验收单体工程 111 个，建筑面积 61.1 万平方米，合格率 100%。创省级优质结构工程 1 项，威海市优质结构工程 14 项。

【建筑业安全生产管理】 组织开展节后复工、安全生产资质、打非治违、六打六防等安全检查工作，加大对深基坑、高大支模架等重大危险源管理力度，加强对工程施工现场安全防护、文明施工及扬尘治理等方面监管，落实工程基本建设程序、持证上岗、参建主体安全生产责任，开展安全文明施工培训及"安全生产月"活动，营造关爱生命、关注安全的社会氛围。在威海市建筑业群众性质量管理活动中，乳山市企业获得优秀成果一等奖 1 项、优秀成果二等奖 2 项、优秀成果三等奖 1 项、优秀质量管理先进工作者 3 人、优秀质量信得过班组 2 个；创省级安全文明工地 1 个，市级安全文明工地 14 个。

【农民工工资管理】 2014 年，完善劳动合同、民工登记备案、工资发放公示、工资支付月报等管理工作，推行农民工工资"一卡通"制度。要求建筑施工企业在新开工工程现场安装视频指纹、人脸识别仪，对新进工地农民工进行登记、信息采集、指纹录入。实行每日视频考勤制度，做到人员工资打卡发放和出勤记录相符。严格落实约谈问责机制，每次发生投诉，即时对拖欠企业第一责任人和直接责任人启动约谈问责机制，及时化解矛盾。开展农民工工资支付专项检查，与人力资源和社会保障局、公安局联动配合，严厉打击拖欠农民工工资行为，排查在建工程项目 19 个，涉及企业 25 家。全年协调解决拖欠农民工资 120 万元。

（王欣淑）

【部分建筑施工企业简介】

乳山市白沙滩建筑工程公司　是集建筑、安装、装饰、装修为一体的国家二级总承包施工资质企业。有职工 2700 人，其中高、中级专业技术管理人员 586 人。公司是山东省首家通过 ISO：2000 国际质量体系认证的建筑企业之一，施工项目竣工验收合格率 100%，优良率 85%，创建市优工程 201 项，创建省优工程 39 项，山东省建筑工程质量最高奖——泰山杯奖 14 项，获山东省经济效益金杯奖、质量效益银杯奖、推广应用新技术省级示范工程奖、山东省安全文明工地奖、建筑业优秀成果奖及国家工程建设优秀质量管理小组三等奖。获山东省重合同守信用企业、纳税明星企业、山东省质量管理先进单位、威海市质量管理先进单位、威海市安全管理先进单位、威海市建工系统工程质量管理先进企业、威海市建筑业十强企业及威海市建筑业诚信企业等称号。2014 年总产值 1.05 亿元、利税 1330 万元。

乳山市春华建设工程有限公司　成立于 2007 年 5 月，位于乳山市白沙滩镇驻地（金海湾工业园内），是集房屋建筑、金属门窗、水利水电、市政工程、装饰装修工程施工于一体的国家二级总承包施工资质企业，注册资金 2010 万元，资产 1.5 亿元，职工 1000 人，其中，二级注册建造师 18 人，工程技术人员 150 人，机械设备 310 套。公司本着"忠诚、团结、勤奋、务实"的工作作风，强化企业内部管理。先后承建安康居观海苑 1 号、2 号楼、白沙滩新村 A 区 1～4 号安置楼等高层住宅工程，威海力牌石油化学有限公司车间、旭日机动车检测车间、顶点科技厂房等大中型工业车间工程，金水河畔小区、安康居小区、碧海苑小区等多层住宅楼群体工程，白沙滩河道治理及护坡建设工程，乳山市胜利街等道路铺装工程、城南河橡胶坝工程等市政府重点工程，银滩管委标志广场、白沙滩镇九年一贯制学校工程等涉及民生及当地经济发展的重点工程。2014 年获评"威海市诚信企业""威海市农民工工资管理先进单位"称号。年内，实现销售收入 8500 万元，上缴税收 460 万元。

威海正华建工集团有限公司　成立于 1994 年，位于乳山市新华街 357 号，是一家综合性企业集团，辖设建工、房地产、茶叶研究所等 11 个子公司，经营范围包括建筑施工、房地产开发、物业管理、装饰设计施工、家具设计制作、钢构、门窗工程等。企业通过 ISO 9001、ISO 14001、OHSAS18001 体系认证，注册资本 9300 万元，有固定员工 800 人、专业技术人员 200 人，其中一级建造师 5 人、高级工程师 3 人、工程师 30 人、环境艺术设计人员 8 人。公司职能机构、办公设施、机具设备完善，是威海极具影响力的民营企业之一。2014 年正华建筑公司承建华百影院广场、马石山烈士陵园工程、乳山市公安局业务技术用房、威海空军疗养院等工程，一次交验合格率 100%。承建工程获山东省"建筑施工安全文明优良工地""建筑业新技术应用示范工程""建设工程优质结构杯奖"称号，其中，威海市中医院制剂及治疗康复中心装饰装修工程获 2014 年度山东省装饰装修质量"泰山杯"奖。2014 年，公司总产值达 1.5 亿元，实现利税 1100 万元。

乳山市战胜建筑工程有限公司　成立于 2001 年 1 月，位于乳山市城区黄山路北首。是国家二级总承包施工资质企业，主要从事土木工程建筑、水电暖安装、建筑装潢、公路路基工程、防腐保温工程、消防设施工程、设备租赁等业务项目。具有承建高度 50 米以上或单跨度 24 米以上房屋建筑工程技术能力。公司通过 ISO 14001:2004 标准国际环境管理体系和职业健康安全管理体系认证。注册资本 3200 万元，净资产 4126 万元，职工 977 人，其中，工程技术人员 101 人、高级工程师 2 人、工程师 63 人、注册二级建造师 12 人。拥有各类机械设备 324 台(件)，总功率 5780 千瓦，人均动力装备率 5.9 千瓦 / 人，人均技术装备率 1.04 万元 / 人。公司承建双连集团大型车间、乳山市富豪办公综合楼、乳山市恒裕食品公司车间等大型重点工程，竣工合格率100%。年内，获威海市“农民工工资管理先进企业”“建筑施工诚信企业”“建设工程优质结构杯”等称号。2014年总产值6200万元，利税380万元。

乳山市恒基建筑工程有限公司 成立于2005年6月，是一家集房屋建筑、钢结构、消防设施安装、装饰装修为一体的大型施工企业。职工890人，其中，工程技术和经济管理人员100人，二级注册建造师13人，主要建筑设备400台套，先后通过ISO 9000、ISO 14000及ISO 18000体系认证。公司秉承“质量立业、市场拓业、科技兴业、精诚创业”经营理念，承建乳山市金盛苑小区三期5、6、7、15号楼工程、国投中鲁果汁股份有限公司(乳山)工业园、乳山市看守所等工程，一次交验合格率100%，承建的乳山市看守所、拘留所及室外附属工程及乳山港生产管理、生活配套工程被评为山东省样板工地，乳山市第三水厂二期工程及室外配套工程被评为威海市优质结构工程，公司连续多年获评威海市“重合同守信用企业”称号。年内，公司总产值8102万元，实现利税260万元。

(王欣淑)

环境保护

【概况】 2014年，全市环境保护工作围绕“改善环境质量、确保环境安全、服务科学发展”主线，抓好污染治理、项目把关、审批效能、环境监管等重点工作。年内，乳山市获“全国生态文明先进市”称号，市乳山市环境保护局被评为威海市“机关作风建设年活动十佳示范单位”，诸往镇获“国家级生态乡镇”称号。

【环境质量提升】 2014年，乳山市环境保护局加大环保投入，强化环境监管，全市环境质量稳步提升。辖区内近岸海域海水水质达到海水水质标准二类标准要求，水质状况优，达标率100%；乳山河、黄垒河、徐家河、白沙滩河、龙角山水库、台依水库水质等各监测指标年均值达到相应的功能区环境质量要求，达标率100%。其中，乳山河流域、龙角山水库水质各项监测指标均达到国家地表水环境质量标准(GB3838-2002)Ⅲ类标准，黄垒河达到地表水环境质量标准Ⅳ类标准。城市环境空气质量符合环境空气质量标准(GB3095-2012)二级标准。空气污染指数年均值69，市区大气优良天数337天，全年优良率92.3%。城市区域环境噪声等效声级昼间年均值58.7分贝，夜间年均值34.9分贝；交通干线噪声昼间年均值63.7分贝，均达到相应环境噪声功能区标准要求。

【减排项目建成】 以“调结构、控新增、减存量”为目标，全面分析减排工作形势，确定减排项目。推进乳山宏伟食品有限公司污水处理站、崖子社区污水处理站等9个工程减排项目，确保按期建成，发挥减排效应。在乳山市区重点区域范围内实施禁止“黄标车”通行交通管制措施，联合财政、公安等部门，在行政服务大厅设立黄标车提前淘汰补贴办理服务窗口，推动机动车污染减排工作取得突破性进展，大气污染防治由单纯燃煤点源治理向燃煤与移动源治理并重转变。全年办理淘汰黄标车525辆。推进规模化畜禽养殖场污染治理，与畜牧部门分工合作，制定污染治理方案，指导54家采用全过程综合治理技术，建设雨污分流污水收集系统，鼓励用粪便生产有机肥，督促其履行减排责任。年内，全市64个减排重点工程项目全部完成建设，其中工程减排项目9个、结构减排项目1个、规模化畜禽养殖污染减排项目54个。

【项目审批流程优化】 乳山市环境保护局简化项目审批流程，变坐等服务为主动服务、变事前审批为事中补办、变环评准入为备案审查、变传统审批为网上审批。建立环境影响预评预估制度，对环境影响较小的报告表或登记表类项目，在现场勘查基础上出具预审意见，后期补办环评审批，为项目建设争取时间。坚持监管与服务并重，主动加强与企业沟通交流，与企业面对面想办法、一对一搞服务，采取“向上争一块、治理减一块、内部腾一块”方法，优先保障重点项目总量需要，为项目审批、落地创造条件。简化“五小”行业审批手续，对小餐饮、小加工、小旅社、小维修、小网吧五类行业实行审查备案制度，现场勘查后出具审查意见，缩短项目审批时间。推行环保网上审批服务，发挥网络即时审批、并联审批优势，开通重点项目审批“绿色通

5月10日，工作人员对乳山河水质进行取样监测　(环保局提供)

道”，实现环评审批便捷化、规范化和高效化。

【“三废”污染整治】 按照“联合执法、长期治理、集中整治、严格监管”原则，对“三废”超标排放进行综合整治。在服务和推动水污染治理重大基础设施建设同时，以工业点源治理为重点，加强企业污水处理设施的监管，督促完成2处污水处理站建设。公布实施《乳山市大气污染防治行动计划》，将防治重点任务和目标指标分解到有关部门、重点企业，重点推进脱硫脱硝；开展燃煤小锅炉专项整治，本着“先生活后生产、先机关后企业、先网内后网外”原则，划定城市禁燃区，年内，完成48家68台违规燃煤小锅炉拆除工作。结合产业招商强化环境保护、化解环境风险，助推工业经济产业链条延伸、转型升级；恒邦化工公司引进泰山纸面石膏板项目，年消耗磷石膏40万吨，解决磷石膏处理难题，变废为宝。

【环境噪声污染整治】 建立部门会商机制，组织城市管理执法局、交警召开3次噪声监管协调工作会议，明确分工，督导开展治理工作。开展“绿色护考”行动，中、高考期间对易产生噪声敏感点逐一进行检查，查处噪声扰民案件20起；加强与电业、镇区联合执法，依法对群众反映强烈的噪声扰民经营业户予以制止。

【环境诉求征集处置】 树立“环保监管请市民参与、优质生态让群众共享”理念，建立环保案件民意征集、即时查处、回访反馈机制。发挥“12369”环保投诉热线作用，实行环保案件24小时值班受理。开通乳山环保政务微博，在环保局网站设置专门信箱，实时了解群众环保诉求，加强与市民互动交流，形成一线一网“双通道”投诉受理平台。结合环保监管网格化管理，对环保投诉案件实行专人受理、专人查办，提高实时反应和案件办理能力，建立案件查办前与举报人见面沟通信息、案件办结后向举报人回访反馈情况“双见面”制度，提高市民对环保工作满意度。

【环境监测】 坚持在线监测、应急监测、取样监测并重，做到污染情况早知道、早防控。在企业排污口安装电子眼和监测设备进行实时监控，新上5家企业在线监测设施，与市级环保监测平台联网，实现实时化、精确式全过程监控。加强大气、噪音等公共环境监测，完成2处新建城市大气自动监测站调试工作，2月正式投入运行，使全市大气监测站实现“三用两备”(三用，在市区和滨海新区新上三台环境空气自动监测子站；两备，留用2台备用设备)，监测能力建设走在全省县级前列。抓好水源地监测，变“一年一检”为“一年双检”，水质指标取样监测由每月29项变为109项，水质指标每年进行2次全面监测分析。在龙角山水库上游新设立水质自动监测站，及时掌控牟平区河流来水水质变化情况。

（崔晓方）

美丽新农村　　（高淑新摄）

责任编辑：于　晓

交通·邮政·通信

交通运输与管理

【概况】　乳山市交通运输管理局推动城乡交通一体化及客运班车集约化改造，狠抓公路交通建养管工作，规范运输市场经营秩序，全面推进交通运输事业发展。至2014年年底，全市道路运输从业资格人员15601人；营运货车7140辆，其中，汽车5110辆、农用车2030辆；营运客车704辆（含威海汽运总公司汽车六场线路车69辆），其中线路车141辆、出租车270辆、公交车293辆；公交线路76条，其中，城区公交线路11条、城乡公交线路57条、银滩旅游度假区内公交线路5条、夜班车2条、旅游专线1条。汽车、摩托车维修122家（不含镇驻地）；货运船只3艘，吨位4.7万吨，客运船只12艘，座位218座。

【道路运输市场管理】　乳山市交通运输局强化运输市场管理，从行业准入、市场监管等方面，加强监管、宣传教育，确保道路运输安全有序进行。

货运市场准入　全年办理新增车辆道路运输证186个，换发道路运输证532个，审验道路运输证1723个，处理营运证脱审1起，换发从业资格证4120个，完成8456个从业资格证诚信考核。督导2家危险品运输企业完成安全达标工作，完成19辆危险品运输车辆年审工作，确保货运市场安全畅通。

客运市场监管　立足源头管理，查处客运违法经营行为，整顿汽车站及周边秩序，重点整治不按规定线路行驶、站外上下客情况。开展客运包车源头管理专项整治活动，确保客运包车企业、车辆、人员整改到位。做好包车牌发放工作，建立台账，并利用GPS监控运行客运包车。

维修行业监管　利用车辆二级维护现场监控录像，加强营运车辆二级维护作业监管，实现维修、检测、管理“三位一体”信息传递网络化。做好车辆燃料消耗量核查统计，每月上报，核查车辆187辆次，全部合格。组织汽车维修行业从业人员参加乳山市“2014年职业技能大比武”活动，乳山市道路运输管理处获“优秀组织奖”。

驾校规范管理　规范工作流程，建立教练员黑名单制度，规范教练员教学行为，提高业务水平。建立每月驾校校长例会制度，保证统一管理、统一教学、统一收费标准，维护驾校培训市场形象，确保驾校培训行业健康发展。

运输车辆年审　开展营运客运车辆集中年审工作，全面检查车容、车貌、营运标志、车辆技术状况。全年180辆客车、210辆公交车和260辆出租车通过年审，从源头保障营运车辆技术状况良好。

【道路运输培训】　创办道路运输培训、换证机构，为运输企业和从业人员提供“家门口”服务，节约社会资金900万元。通过筹集资金、改造场地、新上设备，争取上级将道路运输培训机构常年落户乳山市永达驾校，为全市道路运输企业和从业人员提供便捷服务。全年举办初学货运从业资格证培

乳山市交通指挥中心　（交通运输局提供）

新型城市公交站亭 （交通运输局提供）

训班2期，培训道路货运从业人员219人，合格率92%；举办经营性道路客货运从业资格证继续教育培训班15期，培训合格2075人。协调山东威海中寰公司派工作人员长驻乳山市道路运输管理处，设立工作站，负责从业资格证件换发工作，全年为4000名道路运输驾驶员换发从业资格证。

【城乡公交一体化改造】 2014年，围绕群众利益最大化，完善城乡公交一体化改造配套设施。以公交站亭广告经营权为平台，引进青岛凯创广告传媒有限公司，投资2260万元建设公交站亭244个，站牌1315个，方便居民出行。投资169万元，在久久发和义乌商品城建设公交中转站2处，方便市民换乘。投资180万元在公交公司办公楼设立智能调度中心，集中调度、管理、监控、执法，实现公交智能化管理。9月5日，开始面向公众发行公交卡，设普通卡、老年卡和爱心卡3种公交卡，凭卡可享受不同程度票价优惠，保障广大市民快捷、无币化乘车及公交乘车优惠政策落实。

【客运班车集约化改造】 乳山市交通运输局在威海市率先开展县际客运班车集约化改造工作，2014年上半年，“零震荡”完成乳山站至威海站县际客运班车集约化改造，由乳山市客运公司投资1100万元，收购乳山汽车站至威海汽车站18辆私人挂靠经营县际客运班车，实行公车运营；投资330万元新购6辆LNG清洁能源高级客车。指导、协助威海交运集团回收出租、挂靠经营的28辆客运班车。乳山站至威海站全部实现公车运营，威乳客运快线自2014年10月正式运营。

【交通运输基础设施建设】 2014年，排查乳山市市、镇、村级公路，改造完善部分公路及桥梁。投资5516万元，完成市镇公路改造工程27.37公里，其中，夏乳线2.65公里、神铁线6.404公里、冯乳线7.905公里、长江岭路路面改造1.33公里、河夏线路面改造3.34公里；投资1891万元，重建修缮能源路大桥、高马线小崮头桥、西峒线马场西桥、山大线鲁家夼小桥等桥梁14座；投资181.5万元，实施部分市镇公路安保工程，安设标志牌492面、道路标线2382平方米、防撞护栏1600米、闪爆灯10个、广角镜10面；投资455.3万元，养护部分市镇公路，小修保养线路15条、植树155株、加固桥涵32道、拆除重建混凝土板涵14道。

【安全生产管理】 强化安全生产管理工作，落实春运安全、安全生产资质检查、百日攻坚、暗访抽查、“平安行·你我他”、安全生产月、汛期安全、隐患排查、应急演练工作。深入基层进行安全督查，全年深入企业摸底检查30次，每月到交通企业暗访，做到日常监管和专项行动相结合，及时排除安全隐患。

【港航管理】 规范企业经营行为，在辖区港航企业开展水运企业经营资质年度检查和经营资质预警检查、港航综合大检查专项活动。强化港航局内部管理，加强服务意识，与上级管理部门沟通协调，为企业争取政策和货源，全年完成港口吞吐量123.5万吨、货运量102.7万吨、货运周转量12.24亿吨公里、客运量43590人次、客运周转量58万人公里。加强水上安全与保障工作，开展基础设施检查落实专项安保措施，与4家港航企业签订安全岗位目标管理责任状，与6处沿海镇政府

10月29日，乳山站至威海站公车客运启动 （交通运输局提供）

签定沿海船舶安全管理责任状，安全责任落到实处，形成全方位安全管理责任保障体系。

【乳山港】 乳山港位于山东半岛东南部乳山市乳山口镇,2014年有职工80人,占地面积41公顷,有2万吨级散杂货物泊位码头2个，码头设计全长390米,年设计吞吐能力180万吨,有门式起重机4台、装载机5台、叉车2台、拖头2台、拖盘4个,办公和仓储配套设施齐全。该港主营业务以散杂货装卸为主，进口货物包括煤炭、磷矿、铜矿、铁矿及水泥熟料等,出口货物包括石子、硫酸渣等。2014年,完成港口货物吞吐量123.5万吨,比上年增长37.2%；有20～68座客船4艘，10座高速快艇5艘，全年完成客运量3.64万人次。

（于芳）

【乳山火车站】 乳山火车站位于夏村镇战家夼村北、小疃村东，毗临车道，距乳山市区中心8公里。隶属威海地方铁路管理局，是桃威铁路客运站之一。截至2014年12月31日18时,乳山站安全生产实现7222天，实现第20个安全年；全年完成客运量40万人次。车站坚持“安全第一、预防为主、综合治理”方针,以旅客安全为重点,以热情周到服务为核心，落实安全责任,强化设备检查力度,加强安全基础建设,落实作业标准,在职工中树立安全生产意识,确保安全生产有序可控。引导职工不断学习,提高业务素质、技能。领导分工明确，车间监管不留死角,确保每个职工按标准化程序作业,完成全年运输任务。

12月16日,公路局组织车辆在202省道清雪防滑　　（公路局提供）

公路建设与管理

【概况】 2014年,市公路管理局各项工作稳中有进,公路工程按时完成、路政管理加大投入，公路网络运行效率进一步提升。至2014年年底,全市干线公路通车里程达274公里,“十二五”规划期间,乳山市国省道综合优良路率由“十一五”规划末的87.6%上升到2014年的92%。

【工程建设】 工程建设招标公开化、管理规范化、程序制度化,推行首件工程许可制,形成标准统一、成品统一的建设模式，强化对工程重点施工环节和重要时间节点控制，做到质量和进度双赢。省道S202乳山寨至海阳交界段大修工程、省道S704东南寨至浪暖口路基小桥涵工程以及仇家洼桥等4座危桥维修加固工程按计划完成。新项目储备上,做到建设一批工程、储备一批工程,确保公路事业可持续发展。

【养护管理】 以打造“畅安舒美山东路”为目标,加强“全国干线公路养护管理规范化检查”路线整治工作,粉刷和更换里程碑、百米桩等沿线设施,确保施工质量和进度，创造良好检测环境。做好防汛和清雪防滑工作,发放汛期明白纸，发动公路沿线群众参与防汛,成立抢险突击队,配齐安全警示标识,备齐应急保障车辆和物资。在应对台风“麦德姆”过程中,以反应迅速、应急到位、便道抢修及时等为主要内容的应急反应机制受到上级认可。提升公路通行环境，以G309国道冯家大街、省道S202大孤山镇驻地和省道S207午极镇为示范点,在冯家镇大街

9月25日,S202威青线乳山寨至海阳交界段大中修工程现场 （公路局提供）

9月22日，公路局工作人员帮助群众清理公路晒粮　　（公路局提供）

和大孤山镇驻地疏通浆砌盖板、更换边沟钢筋混凝土盖板和路缘石，改进绿化，提升通行环境；在午极镇安装隔离墩，实现公路与市场分离，保障通行安全。在G309国道隧道入口处安装电子显示屏，一旦发生停电，立即进行文字提示，确保隧道通行安全。全年制作安装安全标志364块。

【路政管理】 加大路政执法设备投入，自筹20万元更新2辆路政巡查车，添置6部执法记录仪。加强路政巡查，依法治路，参与夜间处置硫酸泄漏事故2起，累计巡查25.83万公里。强化与其他部门联合执法，2月，与交通部门联合开展"扬尘治理"和"治理矿产资源外流"行动；5月，由市政府牵头，镇政府和环保、公安、公路等部门联合开展打场晒粮联合治理行动；10月，开展"抛洒漏"专项治理行动，均取得成效。乳山市路政大厅代表威海市公路局接受省公路局检查验收，获上级肯定。

【精神文明建设】 坚持"事前沟通、事中协商、事后评价"三个步骤，回复和整改人大代表及社会各界反映的问题。创新文明举措，工程施工前及时发布施工公告和明白纸，设置安全引导标志，做到交通疏导、降尘降噪、文明施工；为每辆巡查车配备消防铲和拖车绳等便民设施，协助消防人员、车主灭火6次；在乳山市政务服务中心开设路政窗口，方便群众办理业务；ETC办理工作采取上门服务、预约服务，全年完成ETC通行费收入920.8万元，增长43.6%。

（付伟强）

邮　政

【概况】 乳山市邮政局下设19个营业网点，有职工200人，其中，农村支局14个(各镇驻地均有服务网点)，市区营业网点5个，经营邮政包裹寄递、邮政储蓄、保险理财、函件、集邮、分销物流等业务。2014年，乳山市邮政局注重服务民生，加强内部管理，拓宽业务领域，完善便民服务网络，企业稳步发展。全年完成邮政业务总收入3187.91万元，比上年下降8.01%。2014年年底，企业固定资产2300万元。

【邮政网络建设】 完善邮政实物网、信息网、金融网建设，用户可通过邮政网络办理全国所有地区的邮件寄递、电子汇款、按址汇款业务，及政用、商用、民用信息传递。邮路运输工作：烟乳线由烟台邮区中心局负责运输，威乳线由威海市邮政局运输并负责乳山市冯家、下初2镇邮件直接运递。全市邮路总长1925公里，其中，农村投递段道31条，投递人员31人；城区投递段道15条，投递人员16人；自办汽车邮路3条。

【邮政业务收入】 乳山市邮政局提高服务质量，强化经营管理，拓展业务空间，代理金融、保险理财、集邮、函件、报刊、物流分销、电子商务业务。2014年，金融业务收入1487.61万元，占总收入46.66%；保险理财业务收入536.60万元；集邮业务收入270万元；

2014年乳山市邮政局主要业务量

表19

业务种类	单位	数额	比上年± %
邮政业务总收入	万元	3187.91	-8.01
函件	万元	112.28	-58.17
包件收入	万元	68.87	1.91
报刊收入	万元	180.35	14.04
代理金融收入	万元	1487.61	-2.16
分销物流收入	万元	266.21	-20.66
电子商务收入	万元	67.91	342.41
集邮业务收入	万元	270.00	-47.20
代理速递业务收入	万元	116.28	8.73
代理保险理财收入	万元	536.60	32.63
报刊流转额	万元	594	-5.74
报刊零售	万元	64.10	23.17

报刊收入180.35万元；速递业务收入116.28万元；物流分销业务注重服务三农、助推乳山农业生产，完善三农服务站网络，健全日用品销售网络，开展农资、日用品及酒水等分销配送业务，实现收入266.21万元。扩大完善便民服务网络，建设、维护服务平台450个，涉及助农金融、代收费、农资、图书零售多项便民服务。

（于琳琳）

通　信

【中国联合网络通信有限公司乳山市分公司】 有员工125人，承担普遍通信服务和党政专用通信、应急通信等任务。可为社会提供固话、2G/3G/4G移动业务办理，固话手机同响、来电显示、呼叫转移等业务，光纤宽带上网和无线上网业务，智能电话卡，语音聊天、短信，建立个人、商户、企业网页，组建行业、部门信息化应用系统。公司保持“省级文明单位”“省级消费者满意单位”“威海市文明单位”“威海三星级劳动关系和谐企业”“威海百家诚信单位”“支援地方建设先进单位”等称号，多个基层部门获“山东省青年文明号”“山东省模范职工小家”“威海青年文明号”“威海巾帼文明示范岗”“创新示范岗”称号。

通信能力增强　加大光纤宽带建设力度，完成农村和城市小区宽带光纤网络改造。优化现有2G、3G移动通信网络，加快4G网络建设速度，加快宽带、移动、信息化等融合业务发展，推进技术、业务、应用和产品创新。2014年，通信投资5193.2万元，其中，建设基站投资2160万元，建站61个，优化手机信号，实现信号无缝覆盖；光纤到户改造投资2213.2万元，部分村庄以及市区大部分小区光纤改造完成，改造后区域宽带提速8M；中继光缆投资820万元，布放光缆1629.6公里，满足党政机关和企事业单位光纤组网及网络需求。

营销渠道拓展　加快营销渠道建设，在市区发展合作营业厅19家，在农村设立566个业务代办点。开发林业局3G定位、市委群众工作部民生智能化管理、行政执法局智慧城管、热力集团管道巡检、政府政信通等信息化业务应用，提升社会效率，其中，乳山市群众工作系统经省电视台和中央电视台新闻联播报道，成为国内政府信息化办公样板创新项目。

服务模式完善　提升客户满意度，实现由“业务导向”向“客户导向”转变，由“应诉管理”向“服务管理”转变，严格“首问负责制”“入户预约制”“装机、修障承诺服务制”，加强客户咨询投诉监督、落实、考核，统一现有营业窗口服务规范。建立完整的“服务规范～检测标准～服务培训～专题检查～考核考评”服务管理模式，将“暗访～专项检查～综合检查”及入户服务质量检查方式常规化，客户满意度和综合服务水平排名均列山东省前六名。

安全生产落实　牢固树立“安全生产重于泰山”观念，加强员工安全教育，提高安全意识，抓实安全管理。每月对全市所有机房和重点部位进行安全隐患检查，发现问题当场整改，不留安全隐患。公司与各单位、单位与个人层层签订安全生产责任状，将安全责任落实到每个单位、每个人。2014年无重大安全事故发生。

（许海）

【中国移动通信集团山东有限公司乳山分公司】 根据上级对乡镇经营部改革要求，2014年，将乳山市行政区下设5个城区营业厅、17个乡镇营业厅，调整为5个城区营业厅、8个乡镇经营部。经营范围变更为主要经营许可证批准范围内的基础电信业务和增值电信业务（有效期限以许可证为准）。从事通信和互联网设计、投资、建设及出租；通信和互联网设施的安装、工程施工和维修；经营与通信和信息业务相关的系统集成、漫游结算清算、技术开发、技术服务、广告业务、设备销售；出售、出租通信终端设备、互联网设备及其零配件，并提供售后服务；房屋、柜台出租，商务代理服务，代收费业务（依法须经批准的项目，经相关部门批准后方可开展经营活动）。

推进4G网络建设　2014年年底完成4G一期、二期工程建设，新建2G基站2个，开通4G基站252个，新购建汇聚点机房2处。发展有线宽带，落实“宽带中国”战略，共开通热点180处，其中，农村165处，市区15处。建设杆路102公里，建设管道41公里。

客户服务提质　执行“首问负责制”“八项服务承诺”，推行增值业务订制“二次确认”“0000”一键查询、一键

联通乳山分公司营业晨会　（联通乳山分公司提供）

退订三项透明消费举措，开展“便捷服务满意100”活动。实行业务扣费主动提醒。接受社会监督，倾听客户意见，采取循环改善、动态管理等精细化管理手段，提升客户满意度。

创新业务发展　加大电子渠道宣传力度，拓展短信营业厅、掌上营业厅、网上营业厅等电子服务渠道，与实体渠道的业务承载分流，实现实体渠道与电子渠道有效协同。通过家庭融合产品、通讯录、娱乐包、飞信、139邮箱、易充值、代缴水电费业务，满足客户通信和互联网需求。根据个人、家庭、集团客户需求，有针对性加强家庭网、村网、集团网、校园网建设，降低客户通讯支出。

社会事业服务　配合市政府做好“12349”社区通服务，为城区70周岁以上老人发放大座机，向居民提供家政、养老、医疗、政务咨询、旅游指南、法律咨询、社区导购等高效、优质、便捷的社会服务项目，建设老年人家政便民服务系统以及老人紧急救助系统，打造“没有围墙的敬老院”。

（姜丽丽）

【中国电信股份有限公司乳山分公司】

2014年，夯实基础，深化转型，扩大业务规模，提高发展质量。

通信网络建设　发挥天翼3G移动网络覆盖优势，推进“宽带卓越计划”工程、4G基站建设，完善移动网络。全网3G通话掉话率下降0.08%，全局无线链接成功率提高0.14%，光网宽带覆盖范围和带宽速率明显提升。推进“宽带中国·光网城市”战略，加快光纤入户建设，光纤小区覆盖率达80%。实施宽带提速工程，全市城域网出口带宽由40千兆提升到60千兆，家庭光纤网速由原来4兆起步提升到20兆起步、最高可达100兆。

信息化业务拓展　推动中国电信移动办公、天翼对讲、全球眼、销售管家、外勤助手、旺铺助手、翼机通、视频会议、位置定位等新业务新产品在全市党政、渔业、林业、物流、司法、交通、公交、医疗、制造、贸易、金融保险和军队等系统广泛应用，为企、事业单位，大中小型企业和个体商户等提高运营效率、降低运营成本提供信息化支撑。拓展民生服务应用，利用手机支付民生应用翼支付，实现话费、电费、交通违章罚款和手机加油等手机客户端代缴费服务。

提升服务标准　围绕“服务社会，和谐发展”主题，倡导放心消费、明白消费，提升客户可感知服务标准和服务水平；围绕行风建设要求，重点在计收费服务、营业厅服务、宽带服务、垃圾短信整治等方面开展服务能力专项提升活动，开展“透明消费、简化套餐、三强(强关/改、强定制、强捆绑)整治”专项服务，提升消费者满意度。2014年，公司用户投诉率环比下降40%，主要客户服务指标名列全省前茅。

精神文明建设　丰富文化载体，开展文体活动、演讲比赛、技能大赛、劳动竞赛等主题实践活动，定期开展节日慰问、困难员工帮扶、夏送清凉冬送温暖以及结对帮扶活动，推动企业和谐发展。履行社会责任，落实“电话用户实名制”规定，执行垃圾短信息监控和过滤机制，维护网络与信息安全，遏制淫秽色情和低俗内容网络传播，为用户特别是未成年人营造绿色健康网络环境。

（刘培育）

青威高速乳山东立交桥　（侯贺良摄）

财　　政

【概况】 2014年，全市财政工作把握稳中求进的工作总基调，促进经济结构调整，优化财政收支结构，完善财政运行机制，推进财税改革，为全市经济和社会事业平稳、协调发展提供财力保障。全市公共财政预算收入276588万元，完成预算100%，比上年增长13%，其中税收收入234946万元，增长15.66%；全市公共财政预算支出350315万元，完成预算109.9%，增长6.4%。

2014年乳山市财政收入执行情况

表20　　单位:万元

项　　目	年初预算	金额	比上年(±)	比上年(± %)	占年初预算%
公共财政预算收入合计	276588	276588	31820	13.00	100.00
1.税收收入	234873	234946	31807	15.66	100.03
(1)增值税(25%)	7424	9256	2573	38.50	124.68
(2)营业税	78092	81267	12199	17.66	104.07
(3)企业所得税(40%)	12348	8010	-2510	-23.86	64.87
(4)个人所得税(40%)	2498	2080	-114	-5.20	83.27
(5)资源税	799	631	-63	-9.08	78.97
(6)城市维护建设税	7452	7949	795	11.11	106.67
(7)房产税	3920	3048	153	5.28	77.76
(8)印花税	1408	1433	290	25.37	101.78
(9)城镇土地使用税	21124	6054	-12040	-66.54	28.66
(10)土地增值税	71408	90996	29330	47.56	127.43
(11)车船使用和牌照税	2048	1559	126	8.79	76.12
(12)耕地占用税	8925	9674	4081	72.97	108.39
(13)契税	17427	12989	-3013	-18.83	74.53
2.非税收入	41715	41642	13	0.03	99.83
(1)专项收入	3931	4202	357	9.28	106.89
排污费收入	435	478	43	9.89	109.89
水资源费收入	303	311	8	2.64	102.64
教育费附加收入	3193	3413	306	9.85	106.89
(2)行政事业性收费收入	11052	7326	-3726	-33.71	66.29

续表 20

项　　目	年初预算	金额	比上年(±)	比上年(±%)	占年初预算%
(3)罚没收入	5370	1723	-3647	-67.91	32.09
(4)国有资本经营收入	19349	24304	4955	25.61	125.61
(5)国有资源(资产)有偿使用收入	2013	4085	2072	102.93	202.93
(6)其他收入	—	2	2	—	—

2014 年乳山市财政支出执行情况

表 21　　单位:万元

项　　目	年初预算	金额	比上年(±)	比上年(±%)	占年度预算%
公共财政预算支出总计	318779	350315	21054	6.39	109.89
1.一般公共服务支出	35605	38038	3770	11.00	106.83
2.国防支出	2	534	532	—	—
3.公共安全支出	13329	13093	142	1.10	98.23
4.教育支出	84368	88357	5350	6.45	104.73
5.科学技术支出	6500	7707	1324	20.74	118.57
6.文化体育与传媒支出	4659	4979	328	7.05	106.87
7.社会保障和就业支出	49755	55212	9650	21.18	110.97
8.医疗卫生与计划生育支出	24431	31991	7534	30.81	130.94
9.节能环保支出	10438	10565	-2220	-17.36	101.22
10.城乡社区支出	8527	16737	6634	65.66	196.28
11.农林水支出	46365	49785	-5347	-9.70	107.38
12.交通运输支出	5922	10238	1470	16.77	172.88
13.资源勘探电力信息等支出	3893	2762	-1606	-36.77	70.95
14.商业服务业等支出	9275	9233	317	3.56	99.55
15.金融支出	7	24	14	140.00	342.86
16.国土海洋气象等支出	3382	3178	-350	-9.92	93.97
17.住房保障支出	6435	6283	-1940	-23.59	97.64
18.粮油物资储备支出	668	499	-217	-30.31	74.70
19.其他支出	5218	1100	-4331	-79.75	21.08

（姜晓丹）

【财政经管机制】 健全协税护税机制和收入目标管理督查机制，落实税收考核奖惩、财税联席会议、重点纳税企业排名制度等，推进社会综合治税，形成齐抓共管的财税工作合力，提高税收征管的法制化、科学化、精细化水平，确保税收收入稳步增长。

依托涉税信息共享平台，加强重点行业、重点税种源头控管，堵塞税收漏洞，做到依法治税、应征不漏。落实“先税后证、先款后证”“收支两条线”政策，建立部门配合联动机制，累计组织非税收入 428373 万元，补缴规费(规费是经法律法规授权由政府有关部门对公民、法人和其他组织进行登记、注册、颁发证书时所收取的征书费、执照费、登记费等)1530 万元。

【助推经济发展】 利用财税政策和资金手段，重点支持项目建设、技改创新和招商引资，夯实财源基础，优化收入结构。全年投入重点工程项目资金 7.3 亿元，保证市民服务中心、供暖设施改造、海岸带整治修复等工程项目和便民利民实事项目的资金需要。以“产业集群突破年”活动为抓手，落实乳山市委、市政府出台的一系列激励企业发

5月6日，市委书记高书良（左一）、市长隋建波（左二）带队调研重点民生工程 （财政局提供）

展优惠政策，发放奖励资金和重点企业扶持资金1489万元。落实企业转贷基金扶持政策，继续设立1亿元的企业转贷基金，将科技含量较高、市场容量较大、成长性较好的中小企业纳入扶持范围，50家企业提供还贷周转金8.1亿元，保证企业还贷资金的需要。加大企业技术改造和自主创新扶持力度，将科学技术专项奖励基金上调至2000万元，引导企业“转方式、调结构”。落实“营改增”和小微企业减免税政策，清理规范行政事业性收费和中介机构收费行为，创优企业发展环境。设立1亿元金融发展引导和风险补偿基金，完善助保贷、科技贷、创业贷等政策体系，调动金融机构扶持企业科技创新积极性。完善金融机构支持经济与财政性资金存放挂钩考核机制，通过“以存引贷”引导金融机构加大放贷力度，为经济发展提供资金保障。创新财政资金融资方式，以城投、热力、水务3大集团为依托，加大资本运作力度，打造投融资平台，保障重点工程项目建设资金需要。

【民计民生改善】 把关注民生和改善民生放在财政保障更加突出的位置，科学调度整合各类资金，集中财力加大民生投入，解决一批群众关心、社会关注的热点、难点问题。全市涉及民生的教育、医疗卫生、社会保障和就业以及农业等重点支出大幅度增长，完成246339万元，增长11.5%，占公共财政预算支出70.3%。把保工资作为刚性任务，搞好资金调度、储备，保证工资按时足额发放。加大教育、卫生、社保等重点事业投入力度，拨付资金1358万元，推进中小学教育信息化建设；拨付资金1830万元，实施义务教育学校标准化校舍建设工程；拨付资金2470万元，用于中小学校塑胶运动场地工程建设；拨付资金2539万元，实施城乡医疗卫生体制综合改革；拨付资金13109万元，推行城乡居民医疗保险工作；拨付资金11076万元，推进城乡居民养老保险工作；拨付资金1846万元，推进城乡低保工作。落实村级公益事业“一事一议”财政奖补政策，加大“三农”投入力度，拨付支农资金11427万元，实施农村环境综合整治、水利重点县、农业综合开发等新农村建设项目，夯实农业和农村发展基础。落实各项支农惠农强农政策，畅通“一卡通”兑付平台，拨付资金3009万元，保证粮食直补、农资综合直补、成品油补贴等按时兑付和发放。做好小额担保贷款工作，办理贷款业务394笔，发放贷款3837万元，鼓励群众创业就业。拨付资金3230万元，落实农村干部待遇和村级运转经费保障机制，保证基层政权稳定。

【财政监管水平提高】 把握财政改革总体动向，推行财政体制改革和制度创新，提高财政监督管理水平。深化国库集中支付制度改革，推进“金财工程”建设，优化集中支付流程，扩大直接支付范围，健全财政资金动态监控机制，提高资金运行效率，全年通过集中支付系统拨付资金13.9亿元。

深化政府采购制度改革，加大政府采购监管力度，严肃政府采购纪律，提高采购规模和管理水平，全年组织基本建设、车辆购置等集中采购127次，节支18351万元。

完善财政支出绩效评价体系，扩

3月3日，市长隋建波（中）带队调研重点便民利民实事工程 （财政局提供）

大绩效评价范围和领域，完善财政支出“事前评审、事中监控、事后评估”机制，重点加强政府投资工程项目监管，累计审减不合理支出 5735 万元。

推行国有资产经营管理体制改革，实施国有资本经营预算，健全管理机制，堵塞管理漏洞，规范行政事业资产管理行为。

落实中央厉行节约反对浪费各项规定，实施“三公”经费和接待费公开工作，加强部门财务管理，落实机关事业单位通信费、差旅费等管理办法，压缩车辆、会议、接待等一般性支出，全年压减“三公”经费支出 14.3%。

（石立委　陈雪佳）

【农业综合开发取得突破】 争取土地治理项目 3 个、产业化经营项目 3 个、科技示范项目建设 2 个，财政总投资 2377 万元。一是土地治理项目。乳山寨镇 600 公顷高标准农田建设项目，财政投资 966 万元，项目涉及乳山寨镇西驾马沟、东驾马沟、石硼崔家、南司马庄、北司马庄、东司马庄、赤家口、宝口、果枣夼、小管村 10 个行政村；乳山市富康果蔬合作社 66.67 公顷高标准农田建设项目，财政投资 108 万元，项目涉及午极镇唐家沟村；下初镇 533.33 公顷高标准农田建设项目，财政投资 897 万元，项目涉及下初、黄格庄、西泊、英格庄、辛庄、胡家口、上草埠、下草埠 8 个行政村。主要工程包括修建拦河坝 29 座，修建排灌站 7 座，新挖石砌平塘 14 座、维修 6 座，新挖大口井 10 眼，架设输变电线路 3.81 公里，衬砌渠道 2 公里，埋设地下管道 14 公里，修建漫水桥 17 座、板桥 14 座、管涵 1204 座，新建蓄水池 2 座、维修 3 座，扩建加固塘坝 4 座，修建拦水谷坊 2 座，修建田间道路 55.7 公里(其中硬化 5 公里)，植树 1.1 万株。二是产业化经营项目。拨付资金 72 万元，用于乳山市新自然草莓专业合作社 10 万公斤优质草莓生产示范基地新建项目。拨付资金 143 万元，用于乳山市正华农林科技示范园有限公司 5 万公斤绿色果蔬设施栽培新建项目和威海吉利食品有限公司 11100 吨大姜制品加工扩建项目。三是省级科技示范项目。投资 24 万元，用于乳山市果茶蚕工作现代果园配套生态栽培技术示范项目和乳山市土壤肥料工作站土壤改良修复工程示范项目。

（刘东刚）

国家税务

【概况】 2014 年，全市办理税务登记 6004 户，其中，国有企业 41 家，集体企业 39 家，私营企业 1573 家，股份企业 82 家，涉外企业 15 家(中国港、澳、台)，个体业户(个体工商户)3704 户。全年税收收入 48056 万元，增收 4458 万元，比上年增长 10.23%；地方级收入 13504 万元，增收 1986 万元，增长 17.24%。

【税收征管深化】 2014 年，乳山市国家税务局落实开源增收、管理增收、政策增收、稽查增收措施，提升税源管理的科学化、专业化和精细化水平。一是深化综合治税。加强与政府各部门协同合作，开展税收综合治理，集中整治房地产、医药、冷藏、石材、建筑安装等 9 个行业，堵塞征管漏洞，增收税款 1016 万元。二是创新增收办法。引导有条件的大中型企业剥离非核心业务，成立非独立法人研发分支机构，企业主动实施主辅分离 9 户，全年增加收入 300 万元。三是推进税制改革。按时完成“营改增”税制改革试点，做好电信业、邮政业等扩围工作，入库增值税 1745 万元。四是加强管理增收。开展纳税人纳税评估 110 户次，入库税款 2568 万元，比上年增长 43.2%。强化房地产完工项目清算，清算和评估房地产企业 12 家，入库税款 1572 万元。稽查企业 10 家，查补入库税款 190 万元；企业自查 32家，查补入库税款 566 万元。核实发票 12169 份，查处虚假发票 1356 份，查补税款 235 万元。开展所得税、增值税优惠政策检查，指导企业正确进行会计核算，增加税收 237 万元。开展固定资产抵扣税款检查，查处超范围抵扣税款企业 26 户，增加税收 174 万元。

【税收执法风险防控】 开展风险排查，加强源头预防和过程监控，制定《税收执法风险防控指引》，细化量化参照指标 8 项，明确风险点及防范措施。制定《税收违章处理操作指南》等 8 项，明确税务登记等 6 大项 34 小项日常税收操作流程，明晰违章处理文书种类等内容 4 类 16 项。实施税收管理法制员制度，将风险防控的重心向事前防范转移。全年完成纳税评估 149 户次，处理依据正确率95.97%，比上年提升 40 个百分点。树立不落实优惠政策也是收“过头税”的理念，及时落实增值税、小微企业所得税等优惠政策；全年落实农产品免税、出口退(免)税等税收优惠 3.73 亿元。

【“便民办税春风行动”实施】 贯彻落实全国县级纳税服务规范，按照“撤、并、改”思路，规范办税流程，取消各类报表 6 类 54 种，简化办税流程 4 类 19 项，实现单笔涉税业务平均提速 10 分钟，审批类业务平均提速 6 天。优化服务模式，实施服务起点前置、局长值班制、导税服务等措施，强化对接指导，接

2014 年乳山市国税局税收完成情况

表 22　　　　单位：万元

项　　目	入库金额	比上年 ± %
税收合计	48056	10.23
一、国内“两税”	31923	22.14
增值税	31732	22.22
消费税	191	11.05
二、企业所得税	10618	-12.1
三、个人所得税	1	-80
四、车辆购置税	5514	2.55

2014年乳山市缴纳国税前20名的企业纳税人

表23　　单位:万元

企　业　名　称	纳税额	法人代表
乳山市农村信用合作联社	2971	于　洋
国网山东乳山市供电公司	2377	李志泰
威海鑫山集团有限公司	2364	王义亭
山东鲁菱果汁有限公司	696	张　健
山东日信工业有限公司	621	高寺有三
威海佰德信新材料有限公司	602	武　伟
山东乳山工艺品有限责任公司	579	徐瑞兰
威海华邦精冲技术有限公司	453	庄华传
乳山合和食品有限公司	439	宁亚莉
华隆(乳山)食品工业有限公司	342	刘芳友
泰山石膏(威海)有限公司	285	贾同春
福喜(威海)农牧发展有限公司	260	DAVIDGERARD MCDONALD
乳山市内燃机配件厂	259	仇祝朋
乳山圣民纤维有限公司	250	黄教章
山东双连制动材料股份有限公司	231	姜　涛
乳山镇善汽车装饰用品有限公司	223	边城镇
乳山汉泰大麻纺织有限公司	213	丁祥安
利群集团乳山购物广场有限公司	209	丁　琳
乳山玉龙汽车配件有限公司	200	宋修富
乳山市芝元食品有限公司	188	秋万熙

2014年乳山市缴纳国税前20名的个体私营纳税人

表24　　单位:万元

企　业　名　称	纳税额	法人代表
乳山正洋食品有限公司	1063	刘海军
威海恒邦化工有限公司	980	常贵德
威海海大塑胶有限公司	943	刘芳友
山东力久特种电机股份有限公司	801	张　成
威海龙峰硅胶有限公司	545	姜　峰
威海市明珠硅胶有限公司	385	周　凯
乳山市金果花生制品有限公司	378	孙玉鼎
乳山市富地渔具有限公司	374	王春林
乳山恒裕食品有限责任公司	361	张玉锡
山东同兴食品有限公司	336	于会同
山东富豪菲格尔皮具有限公司	323	焦传忠
乳山华信食品有限公司	307	刘海军
乳山市腾达房地产开发有限公司	290	于希钧

续表 24

企　业　名　称	纳税额	法人代表
山东双连锁业有限公司	248	王国选
乳山市振兴铸钢有限公司	225	王福振
乳山市安吉房地产开发有限公司	214	于炳喜
乳山诚瑞纺织品有限公司	211	于　江
山东盟浩置业有限公司	188	徐瑞兰
乳山市环宇化工有限公司	175	李文刚
乳山市双丰机床制造有限公司	170	王永周

2月20日，国税局工作人员到企业宣传税收政策　　（国税局提供）

受纳税人咨询1620人次，现场解决问题960个，印发纳税辅导手册2600份，发放“便民办税联系卡”1900张。开通服务微信平台，设立税企QQ群，创办视频学校等，丰富和完善服务纳税人载体，征集建议417条，解答疑问3200个，共享教程资料630份。

【岗位职责监督有力】 根据税收征管流程变化对岗责体系、廉政风险点进行理顺、完善，制定防范措施。加强内部监督，全程参与重大事项讨论、研究，回访稽查结案案件58户。强化外部监督，向纳税人发送“提请”监督短信2125条，实地走访企业46家、电话访问企业126家次，征求意见及建议15条，未发现有违反廉政纪律问题。开展“庸懒散”专项治理，制订《关于在全市国税系统开展“庸懒散”专项治理及严肃纪律、促进廉洁从税的实施方案》，明确治理工作任务和完成时限，及时查摆整改，社会各界和纳税人满意度不断提升。在2014年度民主评议行风及全市经济工作会议现场评议中，均列行政执法部门第一名。

【责任建设持续推进】 加强责任建设、能力建设，打造素质优良、充满活力干部队伍。班子成员率先垂范，制定谈心谈话、领导干部基层蹲点坐班制度，每位班子成员每月到分局坐班不少于5个工作日，在一线工作，与职工沟通，解决实际问题。与60名干部进行面对面的谈心，汇集工作意见、建议11条，解决实际问题21个。加强岗位责任意识教育，开展“岗位就是责任”专题教育活动，举办专题讲座、征文比赛，营造爱岗敬业的良好氛围。开展青年干部业务竞赛，制定《青年干部业务竞赛工程学习管理制度》，将青年干部按岗位划分7个学习小组，实行组长负责制，每周组织1次模拟测试。组织参加社会活动，10名机关干部到诸往镇于家圈村走访，实行常态化联系，及时反馈解决问题；39名股级以上干部帮扶徐家镇、冯家镇、下初镇39名

2月14日，国税局开展警示教育活动　　（国税局提供）

贫困家庭，为每个家庭送去慰问金500元。

（腾凯）

地方税务

【概况】 2014年，全市登记地税纳税人12351个，其中，内资企业2728家，港澳台投资企业16家，外商投资企业131家，个体工商户9436户，非企业单位38个。全年组织各类收入23.72亿元，增收2.7亿元，比上年增长12.86%。中央级完成8765万元，减收3057万元，下降25.86%；县市级完成22.85亿元，增收3.01亿元，增长15.18%。第一产业完成111万元，减收30万元，下降21.28%；第二产业完成58351万元，占总收入24.59%，增收15496万元，增长36.16%；第三产业完成178774万元，占总收入75.35%，增收11566万元，增长6.92%。

2014年乳山市地税局各项税收情况

表25　　　　单位：万元

项　　目	年初预算	其　　中			比上年± %
		中央	省级	县级	
一、税收合计	230208	8764.8	—	221443.2	13.15
1.营业税	81267	—	—	81267	17.66
2.资源税	631	—	—	631	-9.08
3.城镇土地使用税	6054	—	—	6054	-66.54
4.个人所得税	5200	3120	—	2080	-5.13
5.城市维护建设税	7949	—	—	7949	11.10
6.印花税	1433	—	—	1433	25.37
7.土地增值税	90996	—	—	90996	47.56
8.房产税	3048	—	—	3048	5.28
9.车船税	1559	—	—	1559	8.79
10.企业所得税	9408	5644.8	—	3763.2	-33.85
11.契税	12989	—	—	12989	-18.83
12.耕地占用税	9674	—	—	9674	72.97
二、其他收入	7028	—	11.9	7016.1	—
1.教育费附加	3414	—	—	3414	9.88
2.地方教育费附加	2269	—	—	2269	-6.20
3.地方水利建设基金	1124	—	—	1124	13.42
4.文化事业建设费	1	—	1	—	-94.44
5.残疾人就业保障金	218	—	10.9	207.1	-0.91
6.其他罚没收入	2	—	—	2	-33.33
总计	237236	8764.8	11.9	228459.3	12.86

2014年乳山市缴纳地方税收100万元以上的企业纳税人

表26　　　　单位：万元

序号	企　业　名　称	法人代表	纳税额
1	乳山新港建设发展有限公司	宫　凯	6339
2	青岛泰林涌集团有限公司	陶维明	3499

续表 26

序号	企业名称	法人代表	纳税额
3	乳山市富大房地产有限公司	孙福忠	2807
4	乳山市益天房地产开发有限公司	王春深	2726
5	乳山光谷新力房地产有限公司	尹　刚	4614
6	山东金洲矿业集团有限公司	于　虎	2598
7	乳山市农村信用合作联社	于　洋	2440
8	国网山东乳山市供电公司	李志泰	1451
9	乳山国泰城建开发有限公司	李振石	1323
10	乳山华凯投资有限公司	林秀芹	1066
11	中国建设银行股份有限公司乳山支行	徐　辉	1041
12	威海鑫山集团有限公司	王义亭	1033
13	济南融基置业有限公司乳山分公司	王雪广	910
14	乳山市正华建工集团	郑福玉	906
15	乳山市长城住宅开发有限公司	王学昭	906
16	山东双连制动材料股份有限公司	姜　涛	856
17	乳山市东风房地产开发有限责任公司	黄泽聪	825
18	乳山市新宇房地产开发有限公司	周炳勤	740
19	中国工商银行股份有限公司乳山支行	宋　宁	740
20	日照丽城建设发展有限公司乳山山译分公司	王克田	701
21	福喜(威海)农牧发展有限公司	DAVID GERARD MCDONALD	695
22	中国农业银行股份有限公司乳山市支行	陶海华	693
23	乳山市大陶家房地产开发有限公司	陶贵和	655
24	山东智邦置业发展有限公司	刘秀英	637
25	中华联合财产保险股份有限公司乳山支公司	姜大勇	617
26	乳山环建房地产开发有限公司	陈述明	597
27	威海市金森房地产开发有限公司	王德进	578
28	乳山市海天集团有限公司	王丛涛	574
29	乳山市恒信房地产开发有限公司	刘战胜	572
30	山东三庆置业有限公司乳山分公司	唐　辉	544
31	威海市旅游房地产开发有限责任公司乳山分公司	唐崇豪	540
32	乳山市新宇房地产开发有限公司银滩分公司	宫润轩	521
33	山东省公路桥梁建设有限公司	刘深远	513
34	山东省昆仑路桥工程有限公司	许丰财	511
35	乳山益正公路工程有限公司	张　旭	503
36	乳山市水利工程公司	于开杰	488
37	威海华油置业有限公司	高　见	487
38	乳山市腾达房地产开发有限公司	于希钧	476
39	乳山市皓诚房产营销策划有限公司	崔晓菲	475
40	乳山金鼎房地产开发有限公司	尹　刚	474

续表 26

序号	企　　业　　名　　称	法人代表	纳税额
41	中国银行股份有限公司乳山支行	于志强	473
42	乳山市金畅置业有限公司	于大明	454
43	山东乳山工艺品有限责任公司	徐瑞兰	437
44	威海辰远置业有限公司	段晓飞	435
45	乳山市经济开发投资公司	郭　胜	431
46	中国人民财产保险股份有限公司乳山支公司	于　杰	408
47	山东乳山维多利亚海湾旅游开发股份有限公司	刘新利	400
48	威海广澳旅游投资有限公司	徐国岩	387
49	威海东方归谷科技产业园发展有限公司	耿振民	367
50	乳山市恒山房地产开发有限公司	朱崇良	342
51	威海市工田房地产开发有限公司乳山分公司	戚中瑜	336
52	中国平安财产保险股份有限公司乳山支公司	肖明广	335
53	中国移动通信集团山东有限公司乳山分公司	张东泉	333
54	华隆(乳山)食品工业有限公司	刘芳友	331
55	乳山松海房地产开发有限公司	许大林	324
56	威海市中创鸿泰置业有限公司	单创中	308
57	威海恒邦化工有限公司	常贵德	300
58	威海嘉信房地产开发有限公司	王　辉	299
59	招商银行股份有限公司威海乳山支行	史国兴	287
60	威海市威胜房地产综合开发有限公司乳山分公司	唐崇豪	284
61	中国农业发展银行乳山市支行	梁军文	276
62	乳山市永胜集团	宋吉波	276
63	乳山市城西置业集团有限公司	宋好文	259
64	中国联合网络通信有限公司乳山市分公司	王东平	256
65	威海市商业银行股份有限公司乳山城区支行	宫本军	246
66	乳山市夏东建筑工程公司	王　早	235
67	金丰房产开发(乳山)有限公司	姜桂芳	228
68	中国太平洋财产保险股份有限公司乳山支公司	孙晨阳	227
69	青岛鑫龙源房地产开发有限公司乳山分公司	叶广荣	221
70	威海智仁房地产开发有限公司乳山分公司	占　凌	221
71	山东日信工业有限公司	桧森啓二	214
72	威海市金港湾房地产开发有限公司	张德军	213
73	山东颐和房地产有限公司	杨玉仁	212
74	山东昊安金科新材料股份有限公司	刘宗安	211
75	山东鲁菱果汁有限公司	张　健	207
76	乳山市富地渔具有限公司	王春林	203
77	威海翰升纸业有限公司	施建新	203
78	乳山隆利达路桥工程有限公司	宫峻青	196

续表 26

序号	企　业　名　称	法人代表	纳税额
79	乳山市粮食储备库	王有生	195
80	泰山石膏(威海)有限公司	贾同春	193
81	山东乳山泰行置业有限公司	陶维明	185
82	山东骏翔新材料科技发展有限公司	刘洪刚	185
83	中国邮政储蓄银行乳山市支行	刘　利	182
84	北京燃气集团山东有限公司乳山分公司	曹　雷	180
85	乳山市金泰房地产开发有限公司	于开海	179
86	山东富豪菲格尔皮具有限公司	焦传忠	178
87	山东路氏和顺房地产开发有限公司大乳山分公司	崔宪磊	178
88	山东恒昌置业有限公司	庞玉明	174
89	乳山市祥宜房地产开发有限公司	仇　亮	172
90	阳光财产保险股份有限公司乳山支公司	宋吉超	167
91	乳山海鑫置业开发有限公司	杨志刚	164
92	山东美城房地产开发有限公司	马灵波	161
93	乳山市恒基建筑工程有限公司	赵新刚	158
94	威海惠灵置业有限公司	任　玲	157
95	山东银滩物业服务有限公司	王　密	153
96	乳山市安吉房地产开发有限公司	于炳喜	148
97	山东力久特种电机有限公司	张　成	145
98	乳山市内燃机配件厂	仇祝朋	141
99	中国大地财产保险股份有限公司乳山支公司	张书周	141
100	乳山市东里村建筑公司	焉宗友	137
101	山东昂仕集团有限公司	李文刚	136
102	乳山市西里村建筑工程公司	丛才明	136
103	乳山国际大酒店	李　峰	135
104	乳山致恒房地产开发有限公司经济开发区分公司	胡　成	133
105	威海市明珠房地产开发有限公司	周培文	130
106	中国人寿保险股份有限公司乳山市支公司	于洪兵	128
107	乳山市瑞晟房地产开发有限公司	周海江	126
108	山东荣安集团有限公司乳山分公司	胡春霞	125
109	齐鲁证券有限公司乳山胜利街证券营业部	郑新基	123
110	乳山致恒房地产开发有限公司	赵红梅	123
111	乳山市春华建设工程有限公司	于永玲	123
112	乳山市交通汽车检测站	于志峰	123
113	山东久久发置业有限公司	张树兴	123
114	威海龙峰硅胶有限公司	姜　峰	122
115	乳山市金果花生制品有限公司	孙玉鼎	121
116	威海市明珠硅胶有限公司	周培文	120

续表 26

序号	企　业　名　称	法人代表	纳税额
119	山东力牌石油化学有限公司	王　飞	116
120	利群集团乳山购物广场	丁　琳	116
121	乳山天骄村镇银行	王　飞	114
122	威海海大塑胶有限公司	侯世文	114
123	威海多福山旅游开发有限公司	范　宏	113
124	太平财产保险有限公司乳山支公司	常乃驰	113
125	乳山中诚果汁饮料有限公司	张　健	112
126	山东大广农林科技有限公司	杨建云	112
127	乳山市下初建筑公司	宋吉忠	111
128	乳山市金谷园农机市场有限公司	丛　磊	111
129	天安财产保险股份有限公司威海中心支公司乳山营销服务	徐龙强	110
130	威海韩孚生化药业有限公司	王玉亭	109
131	威海伯特利萨克迪汽车安全系统有限公司	袁永彬	108
132	乳山市机械化施工有限公司	许丰财	107
133	乳山振华商厦有限公司	刘跃华	107
134	乳山振华购物中心有限公司	刘跃华	106
135	山东威海烟草有限公司乳山营销部	陈　波	106
136	乳山市久业建筑安装有限公司	祝旦镇	104
137	颐中烟草(集团)有限公司	赵　昆	103
138	都邦财产保险股份有限公司威海中心支公司乳山营销服务	姜清华	102

【税收征管加力】 参与欠税清理工作,通过电视台、报纸等媒体曝光部分欠税企业,对欠税企业停止发售发票,补缴税款及滞纳金 319 万元。落实“以地控税”机制,开展土地使用税核查工作,按照新土地使用税税额标准进行调整,全年入库 6020 万元,增收 1176 万元,增长 24.28%。部署企业所得税汇算清缴工作,汇缴率 100%,查补税款 692 万元。全年 886 人主动办理年所得 12 万元以上个人所得税纳税申报工作,应纳税 1695 万元,补征税 131.5 万元。按照国家税务总局土地增值税清算管理规程要求,审核土地增值税清算项目 8 个,查补税款 635 万元。坚持“抓大、控中、定小,重点税源重点控管”原则,将 132 户房地产企业纳入重点税源管控。对新立项的房地产开发项目跟踪管理,掌控税源;全程跟踪服务全市建筑业大项目,定期巡查,动态管理。完成 2013～2014 年度投产的 21 家大项目企业和 79 家房地产企业支付工程款取得发票情况检查,查补税款 3390 万元,入库 1420 万元。核查全市 34 个村旧村改造项目,确认安置面积、安置户数,预测应缴纳营业税等税费。开展涉税举报案件受理,查处涉税税款 154.2 万元。推进稽

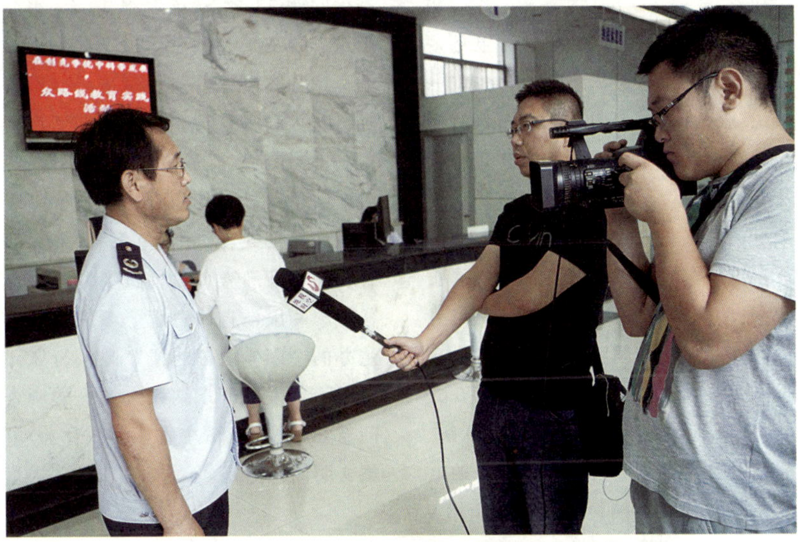

7 月 23 日,山东卫视采访乳山市地税局支持服务小微企业做法

(地税局提供)

4月24日，山东省地税务局教育实践活动领导小组第二督导组组长范洪舟(右二)到乳山市地税局调研活动开展情况　　（地税局提供）

查体制改革，强化稽查人员岗前培训，规范稽查检查程序。利用督察内审机制，督导基层单位涉税文书下达情况，完成对省局抽取的14家企业执法督察延伸检查，纠正20起不当执法行为。依托“廉政风险防控平台”对税收执法数据开展网上监督检查，调查落实57户重点企业纳税申报疑点，清缴税款60万元。落实税收优惠政策，对小型微型、资源再利用、高新技术等26家企业减免税款565万元；对销售额2万元以下小微企业减免征收营业税56家次，税款26.7万元。

【获评第十一届“十佳文明窗口”】 贯彻《全国县级税务机关纳税服务规范》，加强前台服务人员学习，掌握“一站式”服务体系。抓住纳税服务大厅搬迁入驻市政务服务中心契机，理顺涉及办税服务厅与管理单位间流转的业务事项，优化办税流程，简化办税环节。推行全程服务、预约服务、提醒服务、延时服务、首问负责制、纳税信息公开等办税服务制度，接受预约上门服务120人（次）、延时服务170人（次），录入网上审批系统信息729条。推行以财税库银横向联网为依托的电子缴税方式，在纳税服务大厅新增9台无线POS机。开展第23个税收宣传月活动、“便民办税春风行动”等活动，实地走访重点企业10家，为纳税人排忧解难。全年开展“地税局长服务日”活动11次，接待纳税人176人（次），受理解答纳税问题180个，接纳合理化建议36条。被乳山市评为第十一届“十佳文明窗口”先进单位。

【队伍建设整体提高】 开展党的群众路线教育实践活动，在内网设立“群众路线教育实践活动”专栏，围绕领导班子建设、税收职能建设、机关作风建设和党风廉政建设6个方面43个环节进行整改，组织8期集体学习活动，征求企业意见21条、系统内意见45条，查摆问题77个，建章立制46个，得到山东省税务局、威海市税务局督导组的肯定和高度评价。规范三公经费管理，完善《财务管理制度》《固定资产管理制度》等制度。通过上廉政党课、观看廉政警示教育片和开展“一对一”廉政谈话等形式，开展示范教育、警示教育和岗位廉政教育，增强纪律观念、责任观念和廉洁自律意识。参加市政府主办的“阳光政务热线”“政风行风评议”活动，发放征求纳税人意见的调查问卷600份。获山东省妇女联合会“巾帼文明岗”称号。

（姬立平）

金　融

【概况】 乳山市有10家银行业金融机构，保险公司23家。金融机构中，政策性银行1家，国有独资商业银行4家，城市商业银行1家，农村信用合作联社1家，邮政储蓄银行1家，村镇银行1家，股份制商业银行1家。营业网点83个，其中，一级支行1个，二级支行6个，分理处11个，信用社16处，分社6个，邮政储蓄银行一类支行3个，邮政储蓄银行二级支行7个，邮政代理储蓄网点10个，储蓄所12个。2014年，全市各银行业金融机构贯彻执行稳健的货币政策，围绕全市经济转方式、调结构、提质量要求和经济发展规划，加快金融发展，优化金融服务，提高金融运行质量，支持地方经济平稳健康发展。至年末，全市本外币贷款余额178亿元，较年初减少1.24亿元；本外币存款余额277.42亿元，较年初增加5.87亿元。

【中国人民银行乳山市支行】 以全市经济转方式、调结构为着力点，积极履职，支持乳山市地方经济健康发展。2014年，获人民银行威海市中心支行“目标管理综合考核先进单位”称号。

传导货币政策　按季召开金融机构行长联席会议，引导金融机构贯彻落实金融支持实体经济发展各项政策措施，全市中小企业贷款余额102.1亿元，较年初增加4.84亿元，增长4.98%。推进金融支持现代农业发展，实行差别化准备金率政策，对涉农地方法人金融机构执行比同类中小金融机构低2.5个百分点的优惠存款准备金率，全市涉农贷款余额81.6亿元，较年初增加4.9亿元，占全部贷款45.14%。倾力服务中小微企业，定期召开金融产品创新工作座谈会，引导各金融机构开拓思路，开办专利权质押、林权质押等创新业务，打造“一行一品”，创新发放威海首笔专利权质押贷款金额1000万元和首笔林权抵押贷

2014 年乳山市金融指标完成情况

表 27　　　　单位:万元

项目			年末余额	上年末余额	比上年增减数	比上年± %
各项存款	总额		2774238	2715528	58710	2.16
	其中	企业存款	216033	376864	-160831	-42.68
		储蓄存款	2168086	1932185	235901	12.21
		财政存款	15463	8706	6757	77.61
		机关团体存款	356152	380875	-24723	-6.49
		其他存款	—	13	-13	-100.00
各项贷款	总额		1779971	1792411	-12440	-0.69
	其中	短期贷款	319114	339086	-19972	-5.89
		中长期贷款	1220074	1214185	5889	0.49
		票据融资	166918	155609	11309	7.27
		其他贷款	73559	83063	-9504	-11.44

款余额 2100 万元。推进银企对接合作,达成银企协议授信额 14.08 亿元。

金融稳定创新　创新建立县域金融重大及突发事件信息及舆情管理机制，通过凝聚政府部门、金融监管部门、新闻媒体、金融机构多方合力,推动金融稳定风险信息管理工作的规范化、制度化。通过金融突发事件信息发布、金融稳定舆情信息共享、金融稳定风险信息提示,维护辖区金融稳定,守住不发生系统性金融风险底线。严格落实重大事项报告制度，督导金融机构按要求报告重大事项 78 项,及时掌握风险状况，做到风险早发现、早提示、早处置;加强金融运行统计监测和分析预警工作，做好金融统计及 5 家企业景气(指生产增长、失业减少、信用活跃等经济繁荣现象)、12 家重点企业的商品交易价格和 9 家外向型企业汇率变动承受力监测工作。

3 月 25 日，中国人民银行乳山市支行员工开展征信业务宣传（姜爱丽摄）

重抓央行履职　优化农村支付环境,年内,支持 3 家农村网点新加入支付系统，支付系统覆盖达 63.93%,全市银行卡发卡量 101.3 万张,持卡消费额 2.21 亿元,持卡消费额占社会零售商品总额 36.24%;完善农村金融基础设施，督导涉农金融机构在全市布放 ATM 机 95 台、POS 机 3348 台和农民自助服务终端 71 台,为农村居民办理发放政府各种补贴、新农保等业务 185 万笔,金额 2.7 亿元。在全市行政村金融基础设施 100%全覆盖的基础上,又实现行政村助农取款服务 100%全覆盖;加强信用体系建设,建立农户信用档案 12.02 万户，农户贷款余额 10.66 亿元,较年初增长 9.44 %。为企业及各类组织发放贷款卡 90 个,年审贷款卡 484 个,提供个人信用报告、企业信用报告 3913 份，发放机构信用代码证 922 个。健全反假货币工作长效机制,开展银行业金融机构对外误付假币专项治理工作，检查辖区金融机构 123 台 ATM 和 CRS 存取款设备；组织辖区金融机构开展反假币、“反宣币”(反宣币是印有反动言论的纸币）宣传活动,收缴假人民币 2954 张,金额 25.91 万元,收兑印有“法轮功”邪教组织宣传标语的人民币 2979 张，金额 2.2 万元。严把预算收入的收纳、支拨和退付关,确保全市财政预算顺利进行。拓展国库直接支付服务覆盖面，将“黄标车”提前淘汰补贴资金支付纳入国库直接支付业务范围,首批“黄标车”提前淘汰补贴资金 6 笔、金额 4.2 万元直接拨付到收益人手中。推进外汇管理改革试点工作，辖内 99%的企业享受到政策便利，全市对外贸易进出口总值 7.06 亿美元，增长 21%。

（姜爱丽）

【中国银行业监督管理委员会威海监管分局乳山办事处】 认真履行职责，严防风险底线，辖内银行业金融机构稳健发展。

法人机构监管 一是建立监管与被监管交流平台，召开年度、季度会议及座谈会，督促乳山市农村信用合作联社(以下简称联社)关注风险苗头，及早处置化解。每半年就天骄村镇银行内部管理、守法经营、案件防范等与其高管座谈，提出明确要求。二是及时通报联社正常类贷款低于、关注类贷款高于全市平均水平的问题，督促其压降房地产贷款和“两高一剩”(指高污染、高能耗的资源性行业；一剩即产能过剩行业)贷款。特别督促 2 家法人机构关注不良贷款变化，防范“大银行退出，小银行跟进”的房地产夹层融资(夹层融资是指在风险和回报方面介于优先债务和股本融资之间的一种融资形式)。三是督促法人机构遵循农村金融市场发展规律，坚持服务实体经济本质，在控制风险前提下，确保小微企业贷款量和客户数稳步增长，完成总体目标任务。四是协调联社银行化改革工作，12 月 9 日，联社以现金方式处置不良贷款本息 39985 万元，至年末，各项指标基本达到监管要求。五是配合财政部门开展林业贴息补贴贷款项目资金使用情况现场检查；银监会威海监管分局检查联社自助设备安全情况和收费项目，参与助农信息员管理情况检查。评估天骄村镇银行 2013 年经营情况及绩效管理情况，撰写法人机构概览 2 个。11 月，参与银监会威海监管分局对 2 个法人机构案件防控的现场检查，至年末，常规巡查联社等机构网点 33 家。履职考核高管 22 人，初审职业资格高管 8 人，初审天骄村镇银行夏西支行开业，民生银行、威海商业银行、中信银行在乳山拟设机构，城商行乳山支行拟设立社区、小微支行，探讨支持乳山经济发展的规划和思路。

监管风险预警 定期分析联社、天骄村镇银行 2 家法人机构经营及风险状况，通过主监管理员报告，对发现的问题及时上报，针对联社贷款分类不真实、不良贷款前清后增、房地产贷款占比高、案件专项治理等问题，提出 7 个风险关注点及应对措施，发挥监管风险预警作用。重视 1104 报表上报审核工作，年初分头召开联社、天骄村镇银行座谈会，明确主要负责人对监管统计数据质量的管理责任，配强专职人员，建立数据质量真实性审核责任制，落实异常变动报告制度，及时跟踪监测，确保不出差错。

金融安全维护 与公安部门探讨联手打击防范电信诈骗和非法集资活动，拟定机制措施，结合乳山“服务百姓进社区”活动，将防范和打击列入“进社区”活动重要内容，开展金融知识进广场、进社区宣传活动。妥善处理 9 起举报投诉事件。跟踪崔家村民聚众围堵联社营业部事件，主动参与处置化解，调查了解事由及进展情况，防止事件蔓延扩大、挤提挤兑事件等区域性风险发生。

强化舆情监管 配合银监会威海监管分局对邮政储蓄银行乳山市支行操作风险进行现场检查，督促其注重声誉风险、信访投诉、舆情监测事件。支持建设银行乳山支行创新贷款方式，推出“助保贷”业务，支持银行业机构开展服务小微企业活动，主动了解光谷新力破产倒闭，造船厂、钢贸城、久久发商城不良贷款变化情况，及早汇报，落实解决措施。做好普惠金融数据统计上报工作，做好敏感时期银行业维稳与舆情管理工作，正确引导舆论宣传导向。

（于爱彦）

【乳山市金融工作办公室】 发挥职能作用，探索和拓展金融服务渠道，逐步建立起多元化金融服务体系。率先在威海市开展市域信用征询平台组建工作、设立规模 3 亿元产业发展基金、引导 3 家企业挂牌融资、推出“助保贷”“科技贷”“创业贷”等业务，为企业膨胀发展创造条件。

金融生态建设 建设信用征询系统，率先在威海市开展市域信用征询平台组建工作，整合人民银行、财政、公检法、税务、工商、环保、人社等管理部门，电业、水务、供暖等公共服务部门，慈善总会、红十字会等公益部门有效数据，建立覆盖全市社会法人和自然人的信用信息征集、查询和使用平台，为诚信社会建设提供数据支撑。建立国情调研乳山基地，推动金融生态环境建设，营造乳山“产学研”一体化

11 月 25 日，中国社会科学院金融研究所国情调研乳山基地揭牌仪式

（金融办公室提供）

12月26日，力久电机向毕捷电机定向增发股票签约仪式　（金融办公室提供）

发展氛围。11月25日，乳山市政府与中国社会科学院金融研究所举行“中国社会科学院金融研究所国情调研乳山基地”揭牌仪式暨乳山金融生态环境建设座谈会，市委常委、常务副市长徐明与中国社会科学院金融研究所杨涛研究员共同为基地揭牌。组建金融协会，5月8日，联合人民银行、银监办等部门成立乳山市金融消费者权益保护协会，下设银行业协会、保险业协会、民间融资服务协会3个分会，分别以促进信息交流鼓励金融创新、抵制非法机构扰乱市场、规范行业经营行为为目标，实现金融行业分类自律，合规经营。打击非法集资，4月25日，组织市内银行、小额贷款公司、民间资本管理公司等机构以自查自究为基础，开展1次远离非法集资的宣传活动。8月20日至10月10日，按照省、威海市统一部署，组织公安、工商、行政执法等部门，排查清理涉嫌非法集资广告资讯信息。检查各类投资类公司30家，营造防范非法集资大环境，保护人民群众合法权益，维护经济金融秩序和社会稳定。

产业创投基金破题　与北京柒零鸿商投资基金管理有限公司签订柒零乳山新兴产业创业投资基金发起协议，设立规模3亿元的产业发展基金，其中，乳山市政府出资3000万元，其余资金由北京柒零鸿商投资基金管理有限公司负责募集。重点投向乳山市的新能源、节能环保、新材料、安全食品、生物科技和高端装备制造等产业及其他优质企业和项目。与上海吾同益拓投资管理有限公司合作，成立注册资本5000万元的威海吾同投资中心（有限合伙），一半资金用于投向乳山市初创期、成长期阶段的企业。

3家企业挂牌融资　聘请域外专业团队到乳山市30家企业开展融资会诊工作，引导企业开辟直接融资渠道，降低融资成本。8月14日，金牌生物和力久电机成功登陆全国中小企业股份转让系统“新三板”（新三板是一个交易板块，上市要求相对于主板市场较低，主要针对中小微型企业，对盈利没要求），是文登、荣成、乳山3市（区）首批实现“新三板”挂牌的企业，在乳山市全国性资本市场建设方面具有里程碑意义。12月23日，威海九旺农业科技有限公司在齐鲁股权交易中心挂牌，是继昊安金科之后乳山市第2家在齐鲁股权交易中心挂牌的企业。

股权融资缓解资金困境　对接深圳市创新投资、港澳资讯、大有正颐等10家PE/VC机构，就股权、债权融资方面调研乳山市企业60家，根据翰升纸业、九旺科技资金困难、有效抵押物不足的实际，协调威海财智资产管理公司以股权质押方式为翰升纸业投资1000万元，引介威海大有正颐以股权投资的方式入股九旺科技500万元，缓解资金困境。12月26日，山东力久特种电机股份有限公司定向增发收购北京毕捷电机股份有限公司（原北京市电机总厂），增发后毕捷股份以设备和资金对力久电机投资，持有山东力久特种电机股份有限公司10%股份。

金融机构引进　协调引进民生银行、中信银行、泰山保险到乳山设立分支机构，引进威海环翠区信悦小额贷款有限公司到乳山设立分公司，并于5月14日完成工商注册，累计贷款1800万元。协调山东阿甘融资担保有限公司注册资本由5000万元增至1亿元，新增建设银行等2家金融机构准入，实现担保余额2.8亿元。新设民间资本管理公司6家，激活民间资本1.8亿元，累计发放贷款2.4亿元。新设资产管理公司1家，实现对外投资1000万元。新设金融仓储公司1家。

金融业务创新　为鼓励金融机构扩大信贷投放，缓解企业融资难，扶持中小企业做大做强，推出“助保贷”“科技贷”“创业贷”等业务。“助保贷”业务建设银行授信额度4900万元，累计发放贷款5200万元；“科技贷”试点在乳山市各银行机构间推广，并获重大突破，力久电机以专利权增信，在“科技支行”贷款950万元，金牌饲料以专利权增信，在招商银行贷款1000万元；“创业贷”为2014年新推出金融产品，向创业者提供额度不超过100万元资金扶持。市金融办引导金融机构创新信贷品种，为小微企业量身订制特色贷款产品，推出应收账款质押贷款、林权质押贷款、仓单质押贷款、渔船抵押贷款、海域使用权抵押贷款等贷款品种。5月28日，乳山市农村信用合作联社为乳山日胜农业投资有限公司办理104.8公顷的林权抵押贷款2100万元，开创威海市林权抵押贷款先河。

（李健）

【中国农业发展银行乳山市支行】　按照“严细管理、严控风险、稳健发展”工作思路、开展各项工作，信贷支农效果显著。2014年，各项贷款余额52773万元，各项存款余额14451万元，办理国际结算业务3842万美元，实现账面利润1256万元。

信贷支农　做好政策性粮油信贷资金供应与管理工作，各项增储、临储、轮换计划顺利实施，落实收购资金封闭运行规定，实现政府、农民、企业和银行“四满意”。全年发放地方储备粮轮换贷款1375万元，支持收购小麦5500吨。做好政府融资平台中长期贷款营销与管理工作，支持农业农村基础设施建设，支持白沙滩河下游及入海口治理、海湾新区土地整理项目，年末政府融资平台贷款余额46480万元。加强商业性贷款管理，支持实体经济、产业化龙头企业发展，全年发放贷款4500万元，办理减免保证金开证业务240万美元。

基础管理　加强信贷基础管理，严格防控风险。加强粮油收购资金管理，积极促销收贷，提前实现收购贷款“双结零”；落实收购资金封闭管理制度，坚持定期查库，确保粮油收购贷款不出问题。加大商业性贷款客户风险管理，持续对抵押物价值准确评估，新增海域使用权599公顷，确保第二还款来源足值。加强财政补贴资金管理，全年财政拨补企业各项补贴4440万元，到位率100%。强化财会基础管理，防范操作风险，在财务收入上做到应收尽收，全年应计利息4265万元，实收利息4368万元，收息率102.42%；在财务支出上，按照“严格管理、合规合法、精打细算、厉行节约”原则，执行“集体研究、‘一把手’审批”制度，降低非业务性开支。全年实现各项收入4768万元、各项支出3512万元。

队伍建设　开展党的群众路线教育实践活动，“庸软懒散”、办公用房超标、三公经费等“四风”问题和群众关心的重点难点问题得到解决，民主测评“好”的比率100%。通过视频培训、以会代训、新员工培训、以考代训等方式，参加系统内外举办的各类业务培训班，提高员工的理论水平和业务技能。做好党支部晋位升级工作，完善党建活动室建设。

（宋词）

【中国农业银行股份有限公司乳山市支行】　以“面向‘三农’、服务城乡，回报股东、成就员工”为使命，打造区域主流银行，各项工作稳健发展。截至2014年12月末，各项存款余额243915万元，各项贷款余额261282万元，办理银行承兑电子商票1205万元，实现国际业务结算15834万美元，办理结售汇11570万美元，第三方存管及融资融券较年初增加804个，企业网上银行有效客户860个，个人网上银行有效客户59590个，个人短信通客户58978个，个人手机银行客户45036个，有效商户356户，信用卡分期交易新增1706万元，金融产品使用率位居同业前列。获“纳税明星企业”“威海市第十届消费者满意单位”称号。

支持实体经济发展　支持民居工程建设，多层次走访客户，掌握了解房地产开发商需求，全年发放个人住房贷款13188万元。加大对企业融资支持力度，做好泰山石膏（威海）有限公司等19家中型以上企业评级授信工作，并关注小微企业资金需求，新增小微企业授信客户4户，发放贷款1357万元；投放企业贷款23434万元。加大对个人客户创业支持力度，扶持一批个体种植户、养殖户等个体工商户发展，发放贷款3573万元。搞好服务创新，利用信贷资金支持企业发展，办理贸易融资819万美元、信用证累计534万美元；通过询价方式与海外银行形成合力，支持出口创汇企业发展，给企业结售汇（结售汇是指境内所有企事业单位、机关和社会团体，其中外商投资企业除外，取得外汇收入后，按照国家外汇管理条例的规定，必须将规定范围内的外汇收入及时调回境内，按照银行挂牌汇率，全部卖给外汇指定银行）优惠6892万美元，为企业增加收入50万元。

提高金融服务能力　赴市政务服务中心大厅驻点，了解新注册企业金融需求，对企业开户所需手续采取一站式服务、一次性办理。开展金融产品进社区、进企业、进乡镇、进农村、进学校、进商场活动，把群众想了解、想掌握的知识送到千家万户，提升群众保障自身财产安全的意识，彰显“普惠金融”、服务地方经济发展良好形象。严格内部基础管理，加强干部队伍培训，提高员工综合素质，年末东城分理处达到“三铁”（铁账、铁款、铁规章）单位标准。举办迎“五四”青年读书演讲比赛等活动，树立正能量，激励青年员工刻苦学习，提升本领，回报社会；组队参加“向农行倾情、为祖国放歌”庆祝国庆65周年文艺汇演，获大合唱节目第二名，团体二等奖。加强“职工之家”“党建活动室”建设，抓好各项制度落实，开展赈灾捐款、慈善捐款、志愿服务等社会公益活动，践行社会责任。

（隋大明）

【中国工商银行股份有限公司乳山支行】　创新金融产品、拓展服务渠道，贷款投放实现新突破。截至2014年12月末，各项存款余额242093万元，各项贷款余额185107万元，全年发放贷款36943万元，比上年增长43.08%，上缴地税740万元。

贷款业务拓展　争取上级行资金支持，维护好存量客户，开拓新客户，对重点大户及优质小微企业采取差异化营销策略。加大对工业企业贷款投放力度，与企业沟通，及时满足融资需求，重点提供乳山市供电公司、昆仑路桥工程有限公司、黄海汽车配件有限公司、乳山市正华装饰有限公司、华隆（乳山）食品工业有限公司等企业贷款。支持小微企业发展，实行融资业务评级、授信、审查、审批等流程，简化手续，在风险可控前提下采用限额授权审批制；运用新产品，满足融资需求，推广“网贷通”“小企业经营型物业贷款”等产品；创新融资担保方式，向中国工商银行山东省分行申请开展联保

1月6日,工商银行乳山支行员工为患病客户办理业务　　(任绍军摄)

贷款,并推介国内保理、商品融资等贸易融资业务,解决担保问题;扩大在建工程抵押贷款及设备抵押贷款业务范围,并在核定抵押率时考虑建设工程承包人的工程价款等因素,提高抵押率;推广做好供应链贸易融资,实行应收账款质押,全年办理业务4350万元;开办黄金租赁业务,降低企业融资成本,拓宽黄金生产和加工企业的融资渠道,减轻企业的流动资金压力。做好个人住房贷款工作,强化银滩、市区住房业务营销,带动其他业务发展。

网点服务提升　加强网点建设,在市区富山路和龙山社区增设2处24小时自助银行,方便客户办理存取款、转账及查询业务。完成商业街储蓄所升格为二级支行工作,改变该网点只能办理个人业务而不能办理对公业务局面。增加社会保障费自助缴费服务功能,扩大网上及自助服务终端自助缴费范围,使居民足不出户即可办理网上缴社保费。规范营业网点服务工作,提高客户满意度,全年全行网点客户零投诉,客户表扬12例,名列威海市全系统第一名。创新推广金融产品,除传统存、贷款业务外,开办理财金账户、商友卡、特约商户POS、速汇金等外汇业务和人民币多种服务品种、代理业务,为乳山经济建设和居民生活提供舒适、便捷的金融服务。

风险防范严密　落实防范案件工作责任制,杜绝员工参与民间借贷、非法集资、私售理财产品、违规代理理财、误导销售、捆绑销售等违规行为。防范电信诈骗行为,巡查营业网点及ATM机等自助设备,将警方提示放在网点、自助银行醒目位置,在每个自助银行设置语音防诈骗播放器,使汇款客户在第一时间内增强自我保护意识。强化大堂经理及柜员职业敏感性,履行银行在防范诈骗案件中应尽职责。全年做到安全平稳运行,无案件、无事故发生。

(任绍军)

【中国建设银行股份有限公司乳山支行】　严格执行国家金融政策及中国人民银行、银监局各项监管规定,正确处理稳健经营与支持地方经济建设的关系,在经济形势复杂多变、金融政策紧缩形势下,积极创新、优化服务、丰富金融业务品种,促进各项业务稳健发展,为全市经济发展做出贡献。截至12月末,一般性存款余额24.21亿元;贷款余额28.41亿元,全年累计发放公司类贷款4.18亿元。被乳山市委、市政府授予“支持地方建设先进单位”“纳税明星企业”称号。

创新业务领域　加大对中小企业资金支持力度,做好传统贷款业务,创新贷款品种、拓宽资金扶持渠道,通过与政府沟通、协作,争取上级行政策支持,开办城镇化建设贷款、海洋经济建设贷款业务。全年发放城镇化建设项目贷款2.18亿元,发放蓝海湾海洋经济贷款9000万元。解决中小企业担保物不足难题,在与政府达成“助保贷”合作协议基础上,年内,营销并发放微小企业“助保贷”4400万元,发放“小企业成长之路”贷款4761万元。利用贸易融资,为企业办理远期信用证949万美元,票据保付3500万元,信用证项下信托收据贷款150万美元。支持个人住房贷款,发放贷款2.01亿元。

提升服务质量　提高服务效率和水平,深入机关、学校、企业、商贸区、

2月20日,建设银行乳山支行召开中小企业金融业务推介会
(建设银行提供)

社区等，提供上门服务；深入群众家中、田间地头、镇村企业进行民情走访，与群众座谈交流，投入资金 2.2 万元硬化所包村街道。制定完善规范化考核办法，突出一线网点服务管理、服务能力、服务规范考核，加强客户投诉管理，并成立规范化服务检查小组，加大检查频率和处罚力度，提升全行窗口一线人员服务水平。通过增加服务窗口等措施，缓解客户排队压力。在 2014 年度全市民主评议政风行风活动中，综合得分 98.36 分，在被评议的 26 个服务部门中名列第四，在被评议的金融系统中排名第一。

加强内控管理　面对复杂严峻的经济金融形势，统筹业务发展与风险防范，做到依法合规、稳健经营。建立信贷风险监测预警机制，严把贷款准入关，加强贷后管理，确保全行资产安全保值，风险整体可控。健全各项规章制度，从完善体制机制、落实规章制度、创新技术手段、加强监督检查等方面入手，强化内部控制管理；落实运营风险核查工作，推动反洗钱工作开展。抓好人防、物防、技防等防范措施落实，提升内控和案防水平，杜绝各类案件发生。

（王佐福）

【中国银行股份有限公司乳山支行】坚持效益、质量、规模协调发展的方针，在注重业务发展同时，强化风险防范和内控管理，各项业务稳健运行。截至 2014 年 12 月末，存款余额 124389 万元，较年初增加 12485 万元，其中，企业存款余额 23982 万元，较年初增加 5547 万元；储蓄存款余额 100407 万元，较年初增加 6938 万元。外币存款余额 2601 万美元，较年初增加 459 万美元；企业存款余额 309万美元，较年初增加 65 万美元；外币储蓄存款余额 2292 万美元，较年初增加 394 万美元。贷款余额 118369 万元，较年初增加 10121 万元，其中，零售贷款余额 106086 万元，较年初增加 8621 万元；中小企业流动贷款余额 12281 万元，较年初增加 1500 万元。

负债业务　突出营销重点，吸引行政事业单位、龙头企业存款。加强对镇财政经管服务中心和周边园区客户的营销力度，其中，徐家、白沙滩、诸往 3 个镇财政经管服务中心储存资金 3200 万元。加强板块联动，深挖公司授信客户、房地产开发商存款潜力。落实目标责任，加大对营销人员、网点负责人考核力度，提升全行责任意识、发展能力和执行力。推进网点转型，加强网点营销队伍建设，增强网点营销服务能力，每旬通报存款情况，抓好过程管理和激励约束。

资产业务　跟踪市政府招商引资大项目，积极上门营销。配合推广“结信通宝”产品，从国际结算客户中寻找优质的中小企业和特定客户。营销无贷款业务的 30 家重点企业和 30 家成长企业，为威海韩孚生化药业有限公司批复 2000 万元综合贷款，实现投放 325 万美元。重新评估银滩房贷市场，选择抗风险能力强、信誉良好房地产企业合作，逐步将个人贷款市场由房贷主导转为个人经营性贷款为主导，提高非房贷占比，提高贷款综合收益水平。营销渔船一贷通、商户贷等金融新产品。

新型业务　加强国际结算、远期结售汇、周末理财、贵金属销售、代客外汇买卖等有吸引力的产品和产品组合推广，推出协议融资、融信达、跨境人民币结算等产品，注重融信达等产品及远期结汇业务对国际结算业务的带动作用，巩固已有国际结算大户，搞好乳山市进出口量前 20 名客户的营销。截至 12 月末，实现国际结算业务 15726 万美元。明确中间业务发展目标，发展汇兑、代收付、理财、信用卡等中间业务，以新一代长城信用卡等为突破，开展交叉销售，提高客户的配卡率，将卡分期业务作为中间业务收入新的增长点，全年中间业务收入 966 万元。

（宋颖超）

【乳山市农村信用合作联社】优化服务功能，创新信贷产品，加大信贷投入，为支持乳山经济社会发展做出贡献。年末，各项存款 119.43 亿元，各项贷款 68.53 亿元，分别占全市存、贷款余额 43.64%、40.18%。全年累计发放贷款 74.24 亿元，缴纳税金 5654 万元。获“省级 2014 年度文明服务单位”、共青团威海市委“先进基层团组织”、威海市“工人先锋号”、乳山市“纳税明星企业”“支援地方经济建设先进单位”称号。

资金实力增强　优化营业网点环境，推进规范化服务，开展上门服务、代收代付业务，加强客户维护，促进全市信用社服务理念创新、服务礼仪规

2 月 19 日，农信社开展送网银下乡活动　（农信社提供）

范、服务环境优化、社会形象提升，存款工作保持稳步增长态势。各项存款较年初增加4.87亿元，新增存款市场份额102.69%，存款市场份额43.64%。

贷款投放增长 加大对“三农”、中小微企业及高新技术产业支持力度，开展金融服务需求调查暨客户回访活动，主动提供上门优质服务。开展以支持现代农业为主题的“圆梦行动”，为全市359名农业龙头企业、农民专业合作社、种养大户等送资金、送金融知识。加快信贷产品创新，成功以林权证抵押办理威海市首笔贷款2100万元；推出“监保‘苹’安贷业务”，为农副产品收购仓储户提供新的融资方式；扩大仓单质押业务范围，缓解小微企业融资难。

金融服务全覆盖 加大ATM、“农金通”、电话POS等金融自助设施的布设力度，让百姓享受到“足不出户可缴费，身不出村存取款”便捷金融服务。截至年末，设置自助银行7处、布设ATM34台（覆盖所有乡镇）、银联POS276台、“农金通”71台、电话POS521台。同时，推进手机银行、网上银行等电子银行业务，全年开通网上银行11569户、手机银行8933户，实现农村金融自助服务全覆盖。

精神文明建设 参与社会公益事业，主动履行社会责任。独家冠名“农信杯”大秧歌比赛；参加第五届乳山灯展；开展“慈心一日捐”活动，职工捐款5.89万元；建立下初镇“农信林”，组织青年团员种植松树600棵；参与“中国梦·劳动美·乳山颂庆‘五一’文艺演出”，获最佳表演奖；投入20万元参与包村、扶贫工作；为全市种养大户赠订2014年度《山东科技报》550份。

（李晓莉）

【威海市商业银行乳山支行】 突出特色发展思路，做好“优、实、活”文章，完成年度各项工作任务。至年末，各项存款余额27.23亿元，各项本外币贷款余额6亿元。

存款业务 树立“把客户当父母，视服务如生命”理念，突出名单制营销、厅堂营销、社区金融服务，优化客户结构，拓宽营销渠道。至年末，对公存款余额8.9亿元；储蓄存款余额18.33亿元，较年初增加3亿元。

贷款业务 立足“抓小不放大、聚焦小微、专注零售”市场定位，发挥“经营机制活、反应速度快、审批环节少、决策效率高”的经营优势，合理配置信贷资源，全年发放中小企业贷款4亿元。创新业务模式，利用“社区银行”“科技支行”等特色支行试点营销，以存货质押、收费权质押、出口发票质押等融资方式为企业解决融资难问题，全年发放贷款320万美元。开展住房按揭贷款业务，实行无担保、无手续费、资料齐全后2日内办结政策，深受市民欢迎。

中间业务 办理代理保险、代收付、代缴费、理财、外汇、特约商户、三方存管业务，发挥商行卡优势吸引客户，扩大卡量规模。利用网上银行、电话银行、手机银行等组成的电子化金融服务体系，实现资金实时清算，满足客户多样化金融要求。

基础管理 加强规章制度执行和职业道德建设，健全培训机制，营造“快乐学习、快乐工作、快乐生活”氛围。参与社会公益事业，主动履行社会责任，投入4万元支持所包村文化大院建设、惠民政策宣传等工作。推动“金融知识进万家”“反假币”等知识普及。开展“慈心一日捐”“学雷锋志愿者服务”活动，定期为社区孤寡老人送温暖。参与“情系少年、关爱明天”活动，被共青团乳山市委评为“青少年自护教育活动先进单位”。

（于晓利）

【中国邮政储蓄银行乳山市支行】 坚持开拓与管理并重原则，支持地方融资，丰富金融业务，加强内部管理，各项业务稳健发展。截至2014年12月末，各项存款余额142037万元，比年初新增20685万元；各项贷款余额45811万元，比年初新增9029万元；票据贴现13266万元。

支持地方经济发展 加大中小企业支持力度，摸排走访企业，了解企业用款需求，发放小企业贷款10500万元。与劳动局、财政局签订合作协议，为再就业人员提供资金支持，受理再就业贷款477笔，放款248笔2457万元。及时充实贷款岗位人员，同时严把贷款调查、审查审批、放款、还款的工作时限和服务水平，全年发放贷款35965万元。

金融产品创新 针对电子银行用户突破1亿户实际，开展电子银行“亿路有你，激活有礼”活动，年末，网银客户达20625户、手机银行用户达2450户。结合“悦享洗车”“悦享美食”等业务，发展“特惠商户”17户，提供更好的用卡环境。维护好108个村新农保发放“商易通”转账设备，解决村民离金融网点远、取款不便问题。

威海市商业银行乳山支行　　（商业银行乳山支行提供）

内部管理优化　加强个人客户管理，利用新上线个人客户营销管理系统，采取分配、认领等形式，按客户层次分配员工集中维护，保证客户管理工作规范化。营销个人理财产品、国债、保险业务，为客户提供更多财富投资选择。提高员工素质，强化规范化服务，将员工技能水平、服务水平与投诉纳入绩效考核，提高营业网点综合竞争力。接受银监办内控检查，全面整改，并根据规章制度梳理业务操作规范，促进健康发展。

（仇茜）

【招商银行威海乳山支行】　立足支行支持地方经济发展，提供优质、高效、创新型金融服务。截至2014年12月末，各项存款余额37501万元；自营贷款余额51623万元；累计完成信贷投放8.21亿元，其中，流动资金贷款3.48亿元，票据、国内信用证、出口协议融资等表外融资4.73亿元；累计办理国际贸易融资423.68万美元、3.19亿日元，累计开立国际信用证887.89万美元、5.34亿日元。零售管理客户总资产7.06亿元，比上年新增2.15亿元。

金融产品创新　争取上级行信贷政策及规模支持，合理降低利率上浮水平，简化审批环节，提高服务效率。“量身定做”金融服务方案，支持中小、小微企业融资需求，推出非足额抵押“生意贷”，突破抵押贷款抵押率不超60%规定，将抵押率提至70%～100%。全年累计发放非足额抵押“生意贷”6299万元，受益企业30家。深化银企合作，主动同重点企业、重点项目进行对接，送服务上门、送产品上门，解决企业发展中的资金困难，除提供流贷、银承传统融资服务外，重点推广小微贷、融资租赁、离岸业务等创新金融产品，丰富融资渠道和担保方式，支持企业发展。

服务品牌塑造　组织晨会演练、夕会点评、实战练兵等培训，提升员工专业素质，适应岗位需要。针对客户不同的需求，整合产品，创新服务品牌和理财工具，提升理财服务水平。组织路演20次，覆盖6个社区，3大商场，2条密集商业街道，并组织少儿理财课堂、女性保健、养生讲座、优雅旗袍秀等特色活动20场，打造品牌影响力。

内控管理精细　定期召开内控评审会、服务评审会、全行员工大会，落实各项内部管理制度，明确各业务操作细则、业务流程和岗位职责，抓好各部门、各岗位职责的落实和检查，对发现的问题及时整改，实现合规、稳健经营。

（史国兴）

【乳山天骄村镇银行】　2010年9月成立，有员工56人，设有综合管理部、审计稽核部、财务会计部、客户经理部、科技信息部、安全保卫部、营业部7个职能部室，辖富山路支行、经济开发区支行、夏西支行3个营业网点。截至2014年末，全行各项存款余额64685万元，较年初增加16639万元，增长34.63%，占全市增长额30.69%；各项贷款余额38484万元，较年初增加9985万元，增长35.04％。资产总额72516万元。实现各项收入4016万元，实现净利润780万元，上缴各项税金394万元。被乳山市委、市政府表彰为“支持地方建设先进单位”。

企业发展　年内，实现夏西支行的开业运营，完成办公大楼地下一层、地上主体7层的建设，借助内蒙古信用联社的核心业务系统及科技信息平台，开通手机银行业务。

存、贷款业务　存款业务，主要办理定期储蓄存款、活期存款、定活两便存款等业务，推出“七日盈”理财产品，利率是活期利率的4倍。贷款业务以发放短期贷款为主，解决小微企业、农户、个体工商户贷款难问题。针对农村种养殖户、渔民、个体工商户推出“助农贷”“助渔贷”“助商贷”等金融产品；针对市民、个体工商户贷款需求季节性强、用款周期短、无抵押物的现状，开辟绿色贷款通道，推出5万元以下无抵押、无担保信用贷款。

惠民服务　对推出的相关金融服务，主打“优惠牌”“免费牌”，实现跨行转账零手续费，账户管理零费用，开户、换折零费用，让客户享受方便快捷的金融服务。

（潘琳琳）

保　险

【中国太平洋财产保险股份有限公司乳山支公司】　履行行业协会自律公约及保监局制定的各项规章制度，执行《中华人民共和国保险法》，维护市场有序发展，支持地方经济建设。年内，做好政府招标服务工作。对赔款金额在万元以上非人伤案件，单证收集齐全，双方就赔付金额达成一致，做到1小时内赔付；对赔款金额在万元以上人伤案件，单证收集齐全，双方就赔付金额达成一致，1天内赔付。做好农业政策性保险宣传工作，成功入围并半个月完成各镇村庄花生保险承保工作，实行承保、理赔专人负责制，并设立理赔绿色通道，使每位保户享受到便捷、高效、温馨服务。5月，在乳山市金融消费权益保护协会第一届会员大会上当选为理事成员。2014年，实现保费收入1600万元，上缴税金130万元，代收车船税14万元。被上级公司授予“先进单位”称号。

（姜佳林）

【中国人寿保险股份有限公司乳山市支公司】　依托覆盖全市城乡服务网络，向个人及团体提供人寿、意外和健康保险产品，涵盖生存、养老、疾病、医疗、身故、残疾等多种保障范围，满足客户在人身保险领域的保险保障和投资理财需求。创新分渠道经营改革，开展综合柜员推广、客户信息清理、实效保单清理、学生平安保险电子保单推广等工作，推动后台运营降低成本，提高服务质量和效率。继续与各大商业银行、邮政储蓄银行长期合作，为客户提供全方位投资、理财服务。2014年，

太平洋财产保险乳山支公司服务大厅 （赵丽芹摄）

实现保费收入1.9亿元，处理理赔案件4100件，给付理赔保险金1100万元。

（于洪开）

【中华联合财产保险股份有限公司乳山支公司】 践行“忠诚服务、笃守信誉、回报社会”的服务宗旨，抓实业务工作，全年完成保费收入3675万元，保费规模居乳山市财产类保险公司第一名。积极履行社会责任，全年接报案5489起，结案率96.23%，5000元以下小额案件结案周期4.04天。全年上缴税金640万元，代收车船税417万元，被乳山市委、市政府授予“纳税明星企业”称号。组织员工开展岗位创先争优活动，向公益事业捐款捐物，被共青团乳山市委授予“关爱青少年成长先进单位”“青年文明号”称号。对政府招标车辆开通绿色通道，设立专门服务窗口，确保优质、高效服务。建立和完善员工培训与考核机制，增强业务技能，提高服务水平，提升公司形象。获中华联合财产保险股份有限公司山东分公司“十佳百优金牌窗口”称号。在中国人力资源社会保障部和中国保监委组织的“全国保险先进集体”评选中，成为山东省保险行业唯一获选的县级支公司。

（于卓丹）

城北河风景 （报社提供）

教育

综 述

【概况】 2014年，全市教育系统以办好人民满意教育为目标，推进教育教学改革创新，提升教育质量和办学水平，促进教育优质均衡发展。学前三年幼儿入园率99%；小学适龄儿童入学率、巩固率均为100%；初中入学率100%，巩固率99.9%；高中阶段普及率99.3%。年内，乳山市教育局获“山东省教育信息化试点单位”“山东省维护妇女儿童权益先进集体”“山东省图书发行工作先进单位”“山东省优秀教育督导研究成果奖”“威海市先进基层团组织”“威海市志愿服务先进集体”“威海市群众性体育工作先进单位”称号。

【教师队伍建设】 2014年，全市教育系统有教职工4761人(含职能部门98人)，其中，高级以上职称资格778人、中级职称资格2166人、初级职称资格1638人。年内，25名教师新取得高、中级专业技术职务资格。新录用师范类本科以上毕业生19人。

师德教育活动 开展“学先进，比奉献，聚合力”师德主题教育活动，邀请专家开展人际关系沟通技巧讲座28场，遴选8名市级师德标兵到中小学校巡回演讲、41名校级师德标兵在所在学校做事迹报告，联合市内外新闻媒体宣传报道优秀师德典型。加大违反师德行为追查问责力度，通报处理有偿家教、体罚学生、乱发网贴等10人，师德考核“一票否决”。

教师城乡交流 继续抓好城乡中小学教师交流工作，从师资较富余9个乡镇选调25名中小学教师到城区学校学习进修，提高农村教师队伍整体水平，缩小城乡教师队伍差距。从农村学校选招20名教师到城区学校任教，交流镇中小学校中层领导干部6人。选派3名教师对口支援济宁市梁山县，支教期1年。

干部教师业务培训 选派2名校长参加全国骨干校长高级研修班，2名校长参加全省普通中小学校长培训，1名教师参加山东省首批农村义务教育教师学科教学能力培训；组织21名科级干部参加全市干部自主选学培训；组织7名高中教师、1594名初中教师、1058名小学教师和228名幼儿园教师参加山东省教育厅组织的远程网络培训，全面提升干部教师业务素质和适岗能力。

首次进行教师资格注册 根据威海市中小学教师资格定期注册试点工作实施方案(试行)，全市27所公办全日制普通中小学在编在岗教师进行首次教师资格注册。全市教育系统有中华人民共和国教师资格证书4466人，首次注册合格4410人（含低证高聘159人），不予注册56人，其中，违反教师职业道德15人，病休未参加上一年度考核23人，初次被聘用18人。

教师表彰奖励 9月9日，乳山市委、市政府召开庆祝第30个教师节暨表彰先进新闻发布会，10名十佳教师、100名优秀教师和教育工作者、250名先进教师和教育工作者、15个教育工作先进单位受表彰。十佳教师是：勇伟杰、洪俊刚、姜云瑞、宋世杰、倪志勇、刘典翠、宋灵艳、衣丰涛、杨永利、隋明湖。年内，获评全国模范教师1人、山东省优秀教师2人，获评威海市有突出贡献中青年专家1人、威海市师德标兵18人，“高中教学标兵”120人，115名农村中小学优秀教师获“威高农村教育贡献奖”。

（孙胜利 于泽）

2014年乳山市中小学校基本情况

表28

项目	学校(所)	教职工(人)	毕业生(人)	招生(人)	在校生(人)
总计	28	4663	8840	7644	31773
小学	3	1542	2683	2935	13683
初中	18	1964	3502	2667	11029
高中	6	1135	2642	2042	6991
特教学校	1	22	13	0	70

【教育经费保障】 2014年，全市教育

9 月 10 日，举办乳山市第 30 个教师节表彰大会　　（孙胜利摄）

经费总收入 10.05 亿元，比上年增长 4.47%，其中，财政性教育经费 9.04 亿元，增长 5.48%；教育经费总支出 10.05 亿元，增长 4.47%。财政性教育经费投入继续保持增长，为教育事业的优先发展提供保障。建立教育经费保障机制，按标准落实中小学公用经费。年内，按照省定生均 1010 元和 810 元的标准全额落实初中、小学预算内公用经费，到位资金 2363 万元。落实各学段家庭经济困难学生资助政策。其中，学前教育阶段，为 1666 人次家庭经济困难幼儿发放政府助学金 100 万元；义务教育阶段，为 1012 名农村家庭经济困难及城市低保家庭学生落实寄宿生生活费补助、乘班车补助、免课本费等各项补助资金 37 万元；高中阶段，为 1567 人次困难家庭学生落实国家助学金 118 万元、为 2457 人次学生减免学费 52 万元；大学阶段，为 187 名大学生办理生源地助学贷款 119 万元。共落实资金 426 万元，惠及学生 6889 人次。严格教育经费使用管理，建立教育会计集中核算、国库集中支付、大项开支审批、政府采购、经费使用效益考核等制度，强化过程监管，确保经费高效使用。加强收费管理，学校收费全部通过公示栏、“致家长一封信”等形式公开，接受群众监督。

2014 年乳山市教育经费收入支出表

表 29　　　　单位：万元

	项　　目	金　额
经费收入	合　计	100544
	公共财政预算拨款	88357
	政府性基金拨款	2033
	社会捐资	18
	事业收入	9932
	其他收入	204
经费支出	合　计	100457
	个人部分小计	81564
	工资福利支出	72461
	对个人和家庭补助支出	9103
	公用部分小计	18893
	商品和服务支出	6560
	其他资本性支出	12333

（宋吉光　李进卫）

【办学条件改善】 2014 年，加大教育基础设施建设力度，改善办学条件，提高教育现代化水平。

校舍建设工程　投资 1600 万元，拆除冯家镇初级中学、南黄镇初级中学老旧平房，建四层实验楼各 1 座，建筑面积分别为 4185 平方米、4641 平方米；投资 220 万元，改造乳山寨镇初级中学南大门、道路、桥梁及围墙等校园附属工程；投资 70 万元，对下初镇初级中学教学楼楼顶进行“平改坡”改造。

教育信息化建设　投资 1100 万元，新建全自动录播教室 11 个，增配交互式多媒体设备 420 套，提高教育信息化建设水平。

塑胶操场建设　投资 2300 万元，建设金岭中学、第二实验小学、西苑学校、海阳所镇中心学校、白沙滩镇初级中学、乳山口镇初级中学塑胶跑道和运动场地，改善学生体育活动设施。

课桌凳更新工程启动　实施学生课桌凳 3 年更新工程，年内投资 200 万元更新升降式学生课桌凳 1 万套。

城区学校供暖改造　投资 600 万元，改造乳山市第一中学、黄山路学校、府前路学校、第二实验小学、怡园学校、畅园学校供暖管网及设施，改学校自行供暖为城市集中供暖。

（潘咸强）

【学校安全管理】 制订《乳山市校园安全工作防范重点及应对措施》《校园常见安全事件应急处置要领》，组织学校安全制度和应急预案集中展评，提高安全防范和应急处置针对性和实效性。开展常态化安全宣传教育，落实每天一分钟安全提示、假前安全教育周及假期中定期安全提示等措施，增强师生安全防范意识。编制《地震应急预案操作手册》，组织师生开展应急疏散演练，提高应急防范意识和能力。组织农村校车和民办幼儿园接送幼儿车辆办理校车使用许可，规范校车管理制度和校车档案，强化随车照管和接送交接工作，保障校车安全运营。落实学校“日巡查、周自查、月排查”安全制度，联合有关部门排查全市中小学及幼儿园安全隐患，组织校车、食堂、消防专项督导检查，提高校园安全管理水平。

（高光）

【学前教育】 2014年，全市有幼儿园31所，在园幼儿8010人，教职工881人。全市学前教育围绕农村幼儿园优质化和城市幼儿园标准化建设总目标，以规范办园行为、深化幼教改革、优化师资队伍、提升保教质量为重点，启动学前教育“内涵发展年”活动，在农村普及有质量的学前教育，促进市域学前教育均衡优质发展。强化幼教管理，开展学前教育宣传月活动，召开幼儿园学期工作调度会及教学工作会，修订幼儿园保教常规，促进幼儿园规范管理；加强师资队伍建设，围绕区域活动、环境创设，组织幼儿教师业务技能培训、暑期研修、新园长培训；组织幼儿园优秀教育活动评比及现场观摩，开展幼儿教师远程研修课程资源开发及幼儿园特色教育活动评选，促进幼儿教育专业化。组织农村幼儿园综合督导评估及市区幼儿园年检，开展非法办园专项清理；组织卫生保健专项检查，规范幼儿服药管理，保障幼儿健康成长。

【民办教育】 2014年，全市有民办教育培训机构10所，开设英语、书法、绘画、器乐、剪纸、舞蹈、作文等专业。为促进民办教育健康发展，出台《2014年全市民办教育工作要点》，召开全市民办教育会议，依据威海市民办培训学校办学评估细则，组织年度检审、安全工作大检查、民办学校招生简章备案、民办教育机构非法集资风险专项排查和非法留学专项整治、外教聘用情况检查，强化过程督导，促进民办学校规范发展。

（李元）

【特殊教育】 2014年，乳山市特殊教育学校设教学班6个，在校学生70人，教职工22人，专任教师中大专以上学历18人，占教职工总数82%。学校坚持特教特办，强化校园环境建设及康复设施配套，在实现教室配置多媒体、电视、空调基础上，建有感统训练室、微机室、律动室、健身房、体育室、美工室、书法室、图书室、阅览室等专用教室，并配有聋儿语言训练系统和设备，配备学生宿舍空调，教师办公微机达每人1台。坚持“一切为了残疾学生”办学理念，在加强文化课教学基础上，特招音乐、美术专职教师，着重培养学生艺体特长，在山东省举办特殊教育学校文艺节目汇演中获小品类银奖；注重学生的技能培养和实用技术培训，沿袭“康复＋九年义务教育＋职业劳动技术教育”现代特殊教育体系，使学生掌握一技之长，成为自食其力的劳动者，就业率100%。学校获“山东省残疾人之家”“乳山市教育工作先进单位”称号。

（沙晓军）

基础教育

【学校德育工作】 深化理想责任教育，将社会主义核心价值体系融入学校德育工作，围绕对自己负责、对父母负责、对他人负责、对集体负责、对社会负责、对祖国负责等，开展主题教育活动，让学生在活动中受到教育。将习惯养成教育纳入推进素质教育和未成年人思想道德建设系统工程，融入教学、管理、服务工作各个环节，设定具体化、生活化、可操作性强的养成教育目标，建立激励机制，引导学生自觉实践、主动参与；加强生命教育、生存教育和生活教育，开展安全法制教育、毒品预防教育、防震减灾教育、环保教育主题活动，促进学生健康成长。发掘学校教育资源，开设心理健康教育课，举办心理知识讲座，提供心理咨询服务，并坚持心理健康教育与班主任工作、团队活动、校园文体活动、综合实践活动结合，强化教育过程渗透，与加强家长的教育与指导同步，整合心理健康教育渠道；全市各中小学均建立心理咨询室，70名教师取得心理咨询师资

12月22日，省督导组评估验收省级规范化学校创建工作

（教育局提供）

2014 年乳山市小学学籍人数

表 30

一年级(2014)		二年级(2014)		三年级(2014)		四年级(2014)		五年级(2014)		合计	
班数	人数	班数	人数	班数	人数	班数	人数	班数	人数	班数	人数
72	2934	69	2882	61	2550	65	2900	52	2417	319	13683

2014 年乳山市初中学籍人数

表 31

初一(2014)		初二(2013)		初三(2012)		初四(2011)		合计	
班数	人数	班数	人数	班数	人数	班数	人数	班数	人数
64	2661	67	2770	69	2854	62	2744	262	11029

2014 年乳山市高中学籍人数

表 32

高一(2014)		高二(2013)		高三(2012)		合计	
班数	人数	班数	人数	班数	人数	班数	人数
44	2042	49	2438	52	2511	145	6991

（王忠国）

格证，实现持证上岗，每月对学生心理健康状况进行检测和分析，建立学生心理健康档案。建立校内校外德育管理联动机制，完善班主任聘任、培训、考核、评优制度，开展班主任经验论文征集评选展示活动，聘请校外德育监督员 30 人，提升学校德育教育水平。

【教育教学改革】 注重高效课堂研究，深化小学、初中、高中三个学段相衔接的高效课堂改革，提高课堂教学质量；尝试高中“分层教学”“分类培养”新模式，让不同层面的学生实现最优发展。突出信息技术应用，将 2014 年作为教育信息技术起步年，开展“信息技术与教育教学融合”专题培训，组织骨干教师外出学习，邀请专家上门指导，开展技能展示及竞赛活动，建立“百 G 微课资源库”，在 3 个学校推行“乐教云”“优课”等数字化教学应用系统试点，搭建优质资源共享平台。抓好有效作业管理，出台有效作业实施办法，确立符合学校、学生实际的有效作业设计、评价模式，建立全市优秀作业资源库，举办“有效作业设计”大赛，提高作业设置水平。开展“教学质量帮扶行”活动，采取“送课下乡、同课异构、同研共备”办法，根据学校及教师需要“订单式”帮扶，促进校际间、教师间平衡发展。

【教育科研一体化】 重点抓教研与教学有效对接，开展角度小、周期短、见效快的微型课题研究，加大成果推介、转化力度。专项培训教科研骨干，组织 28 名教科研骨干赴青岛学习。依托千兆网络、录播教室系统，建立远程互动教学、远程联动教研、远程教学观摩评估等平台，开展网络集体备课、听课评课、主题研讨、远程协作等教学活动，构建动态、开放、互动的区域教研和校本教研新模式，实现集体教研的跨时空、低成本、高效益。2014 年，14 项成果获“威海市年度创新成果奖”，3 项成果获“山东省年度创新成果奖”。

【省级规范化学校创建】 印发《关于做好省级规范学校申报工作的通知》，提出具体要求，抓实过程督查，发挥省级规范化学校创建在规范办学、改善条件、提高质量、科学管理等方面的示范作用，引导全市教育优质均衡发展。12 所申报学校通过省级规范化学校验收，乳山市省级规范化学校达 17 所，占学校总数 63%。

【学校体卫艺工作】 出台《关于进一步加强学校艺体教育工作的实施意见》，加大体卫艺工作在教育工作综合督导评估指标体系中的比重，全年召开体卫艺工作专题会议 5 次，提升体卫艺工作质量水平。2014 年，在威海市经典诵读大赛中，乳山市选手获一等奖 2 个；在“2014 年威海市中学生健美操联赛”中，乳山市选手获冠军 4 个；在威海市第六届中小学科技节中，乳山市有 150 件作品参赛，30 件作品获一等奖，4 件作品获一等奖项第一名，获奖率 93%，夺得 4 项团体冠军、6 项团体亚军、3 项团体季军，被大会组委会评为“展示活动优秀布展奖”和“优秀组织单位奖”；在山东省青少年科技创新大赛中，获一等奖 2 个、二等奖 2 个、三等奖 4 个。

职业和成人教育

【威海艺术学校】 山东省威海艺术学校是直属于威海市教育局的一所国家级重点中等职业学校，始建于 1944 年的牟海短期师范学校，1971 年创建乳山县师范学校，1985 年更名为山东省乳山幼儿师范学校，1998 年增挂山东省威海艺术学校校牌，已有 70 年历史。学校占地 3 万平方米，建筑面积 3.3 万平方米，固定资产 3500 万元。教职工 137 人，其中，高级讲师、讲师 80 人，研究生 25 人，齐鲁名师 1 人，山东省特级教师 1 人。在校生 2380 人，毕业生一次性就业率 100%，音乐、美术绘画高考本科升学率 70%。2014 年，学校被山东省正式确定为艺术类性质职业学校，取得威海市就业定点培训机构资质。牵头编写的山东省《美术设计与制作专业教学指导方案》已由高等教育出版社出版发行。制作《正字歌》，创新以“正”为根的“正”文化体系，形成“释放正能量、励志圆梦想”的校园主旋律。中央财政支持的美术设

威海技校高级电气自动化设备安装与维修专业学生实习

（威海技校提供）

计与制作实训楼项目主体工程竣工。全校供暖并入乳山市城市供暖网。

（兰守欣）

【威海机械工程高级技工学校】 威海机械工程高级技工学校暨乳山市职业中等专业学校(威海技校)始建于1987年8月，前身为乳山市技工学校。2008年8月乳山市技工学校、乳山市第二职业高级中学、乳山市经贸中等专业学校、威海市商业职工中等专业学校合并。2008年2月，被确定为国家高级技工学校，实现职业技能培养由中级技能为主向高级技能为主的转变。位于市区北环路，占地面积33.35万平方米，总建筑面积9万平方米，可容纳100个教学班，全日制在校生5000人。投资1.7亿元，按国内一流院校标准设计，分办公区、教学区、实训区、体育运动区、生活区5大区域，功能齐全，设施完善。有教职工315人，其中，专职教师219人，中、高级职称教师178人，理论课教师全部具有本科以上学历，实习指导教师全部达到技师以上技能水平，“双师型”教师比例达86%。有教学班68个，在校生2698人。2014年，面向全国招生1018人，毕业686人。学校开设高级数控车(铣)、机械设备维修、电气自动化设备安装与维修等4年制高级工专业，烹饪、汽车检测与维修、焊接、车工、钳工、电工、农副产品加工、农村经济管理等3年制中级工专业，旅游服务与管理、会计电算化、商务韩语(日语)、服装设计与工艺、计算机应用与维修、机电技术应用、美术设计与制作等3年制中职专业。其中，车工和钳工专业为全省百强专业，电工专业是威海市重点专业，机电、数控、服装、烹饪专业教育基地为威海市级示范实训基地。

该校是一所融中等职业教育、中高级技工教育、社会培训、远程教育为一体的综合性职业技术学校，是乳山市各类专业技术人才培训和中小学生综合实践的主要基地，现为国家高级技工学校、全国重点技工学校和山东省第一批规范化中等职业学校建设单位。年内，以车工专业为核心，融合数控技术、机械维修加工技术、焊接技术的机械制造技术专业群被确定为首批省级示范专业群建设项目，该项目建设期3年，建成后将提升学校实习实训设备装备能力，为培养高技能人才打下基础。成立由政府有关部门、行业企业和高等院校专家学者组成的机械制造、电工电子、服装设计专业指导委员会，推进学校集团化办学进程。加快教师素质提升，实施教师基本能力达标工程，开展“双优”评选和“以赛促练”活动，有212人次参加各级各类培训，85名教师到企业挂职锻炼，开发教材15部，68个教学成果在威海、省及国家级展评中获奖。开辟校企合作新路径，开设威高集团、山东远大可建、威海怡和、大乳山旅游度假区、汉泰大麻5个企业冠名班，形成“一站式”人才培养“绿色通道”，建立稳定可靠的就业链条模式。社会培训方面，创建“威海市创业就业定点培训机构”通过验收，成功争创“山东省乡村旅游培训基地”，年培训金蓝领1200人次、电子商务培训300人次、社会培训4000人次。完善基础能力建设，占地8500平方米的实训大楼主体工程已完工，2015年上半年投入使用。规范学生管理，强化周一国旗下讲话和每周劳动课活动，人文校园、文明校园、和谐校园、知识校园基本形成。

4月22日，威海机械工程高级技工学校举办校园开放日暨校企合作洽谈会

（威海技校提供）

年内，学校获“山东省技工教育先进集体”“2014年度山东电大开放教育招生奖励先进单位”“威海市职业教育工作先进单位”“乳山市教育工作先进单位”称号，并被确定为“山东省乡村旅游基地”“威海市中等职业教育市级示范实训基地”“威海市工会优秀职工创业培训基地”。

（张汝刚）

高 等 教 育

【山东外事翻译职业学院】 山东外事翻译职业学院是经教育部审核、山东省人民政府批准设立的全日制普通高校，地处国家AAAA级景区乳山银滩，占地106.67公顷。在校生8921人，专任教师500人。设有外国语学院、商学院、管理学院、工程技术学院、继续教育学院、中科创业学院6个二级学院，35个专业。外国语学院有11个语种、13个应用外语专业，为山东省外语语种最多的高校，其中应用阿拉伯语、应用意大利语、应用葡萄牙语和应用荷兰语填补山东省外语语种的空白，商务英语专业、国际贸易实务为省级特色专业，商务英语教学团队为省级教学团队，国际贸易实务课程群为省级精品课程群。图书馆馆藏纸质图书112万册，电子图书7.5太字节，建有自动化管理系统和电子阅览室。学院现为山东省外包服务培训机构，并加入威海市服务外包企业联盟，编写的《服务外包基础知识》课程被威海市7家职业院校作为服务外包普及教程，先后成为威海市服务外包协会及中国服务外包校企联盟理事单位。与山东省内18家企业签订校企合作意向书。2014年，学院被命名为“山东省社会组织党建工作示范点”，成为全省民办高校中2所示范院校之一；获“中国服务外包人力资源服务机构教育机构最具成长力奖”“2014年最具就业竞争力高职院校”“2014年最受网民欢迎高职院校”称号。

教学工作 学院立足于地方经济社会发展需要，构建“外语＋专业＋技能”型人才培养模式，形成外语专业和经管类专业协调发展的专业结构，学院被确定为职业院校与本科高校对口贯通分段培养试点院校，与山东师范大学签订合作培养协议，符合条件的学生在学院学习3年，成绩合格后进入山东师范大学学习，2年后取得山东师范大学本科毕业证书。12月，山东省教育厅专家组对学院进行教学工作专项检查，在办学条件、管理制度、质量评价体系、专业布局、师资队伍建设、毕业证发放等方面得到肯定。在各类省级以上技能大赛中，有20人次获得三等奖以上奖项。其中，在山东省职业院校技能大赛中，商务英语专业2人获一等奖，市场营销专业4人获三等奖。

科研工作 2014年，学院组织申报包括山东省职业教育与成人教育“十二五”规划课题、山东省人文社会科学课题、山东省艺术科学重点课题、全国统计科学研究计划项目等科研项目10项，有3个课题获准立项，其中，“RFID技术在图书馆的应用与标准化研究”课题被确定为2014年度山东省艺术科学重点课题。年内，2项成果获“山东省高等学校优秀科研成果奖”三等奖；2项成果分获“2014年山东省职业技术教育科学研究成果奖”二、三等奖；2项成果获“威海市第十六次社会科学优秀成果奖”三等奖。

实训室建设 修改完善实训室建设方案，制定《国有资产管理暂行办法》《固定资产报废流程》《招标采购管理办法》等，完成《高等学校骨干学科教学实验中心建设工程项目绩效自评报告（中期考评）》。完成6个外语视听说实训室整体建设和15个实训室基础设施改建工作；升级改造已有的实验实训室，安装高职会计技能竞赛模拟训练平台、出纳实务实训教学平台、成本会计实训教学平台、财务分析实训教学平台、中级会计（综合）实训教学平台、税务会计实训教学平台等8套教学软件；应用外国语实训中心新建6个专业云语言视听说实验室系统。

（刘忠伟）

外事翻译学院国际卫星接收传输中心　　（外事翻译学院提供）

科技·卫生

责任编辑:陈宗坚

科学技术

【概况】 2014年,全市组织实施科技计划70项,其中,省级25项,威海市级45项,争取项目补助经费1500万元。乳山市科技局获“省级地震应急先进集体”称号。

【科技创新与产学研合作】 2014年,乳山市科学技术局狠抓产学研和服务优化,健全创新体系,提升企业创新能力,夯实产业创新基础,构建公共技术支持系统,为中小企业提供技术开发、试验、推广及产品设计、加工、检测等服务,实现历史性突破。全年新增院士工作站1家、威海市级工程技术研究中心1家、高新技术企业3家、科技型中小企业17家。组织“2014乳山市科技金融产业融合活动周暨专题对接”活动,签订产学研项目50个,促进校企合作,增强企业创新能力和人才培养能力,提供经济振兴和产业转型科技保障。

威海正洋海洋生物技术研究院 于11月8日在乳山市挂牌成立,该院是民办公益性非企业法人单位,采取“政府推动、企业主导、校地共建、市场化运作”运营模式,依托乳山正洋食品有限公司,发挥中国海洋大学、四川大学人才技术优势,利用乳山市海洋生物资源,在良种育苗、养殖、资源开发利用、产品精深加工等领域进行科技研发、创新,成为集技术研发、成果转化、产业孵化、人才培养于一体的综合性创新平台,进一步助力乳山市蓝色经济发展和科技惠民工程实施。

螺旋流恒压泵研发转化 由山东昊安金科新材料股份有限公司实施。项目以企业自主研发螺旋流恒压泵为基础研发出新型水泵,该泵运用新材料和新工艺,突破传统离心泵靠多级达到高压力的设计理念,主要特点是出口恒压、单级扬程高、流量大、体积小、噪音低、故障率低,技术指标达到或超过同类进口产品水平。该产品可应用于消防、矿山、造纸、化工、潜艇底仓排水与核电用泵等诸多领域,市场前景广阔,每年可实现销售收入2亿元,利税5000万元。

威海智创科技企业孵化器 占地面积1.9万平方米,规划建设中试车间1.2万平方米。引入华东理工科技园、北大青鸟集团等专业团队经营管理,入孵企业30家。2014年,被认定为威海市级科技企业孵化器,获威海市发展支持资金70万元,实现科技企业入孵转化、科技人才带项入孵、科研平台进驻研发。

【科技成果鉴定和奖励】 2014年,全市取得重要科技成果12项,获威海市级以上科学技术奖7项。其中,获“山东省科技进步一等奖”1项,为乳山市历首次获得;获“威海市科技进步一等奖”1项。

曲轴柔性锻造与悬挂连热处理生产工艺及装备 该项目由乳山市黄海汽车配件有限公司实施,采用即时网络通信技术,将机械手、锻压机、热处理等设备关联互动,使曲轴、前轴等大型锻压件装载、锻造、热处理等工序形成闭合环路,实现柔性制造;采用辊锻工序前全自动感应控制,自动清理氧化皮,保证锻件表面质量;采用悬挂式热处理方式,使工件受热更加均匀。开发出集风冷、雾冷、液冷一体化循环冷却装置,实现调质与非调质钢产品控冷工序可选,冷却环节高效节能,产品质量稳定可靠。该项目年生产能力30万只,可实现销售收入3.2亿元。

液固两相发酵生产海珍品生物活

9月10日,华隆(乳山)食品工业有限公司院士工作站建成 (科技局提供)

11 月 8 日，威海正洋海洋生物技术研究院成立　　　　科技局提供

性饲料技术　由威海金牌生物科技股份有限公司实施，项目采用液固两相发酵技术，通过优化菌种配比、高浓度接种、全自动控制等关键技术，提高产品质量，首次实现海珍品生物活性饲料规模化生产。养殖应用表明，该饲料具有改善养殖环境、降低养殖发病率、提升养殖效益等优点。新产品采用发酵米糠、酒糟、果渣等低值农业副产品作原料，替代海藻等部分高值原料，降低海珍品养殖成本。申请发明专利 11 项，备案企业标准 6 项。2014 年，该项目实现销售收入 5000 万元。

可拆卸式换热器联合高效三腔管集热器的分体式太阳能热水系统　该项目由威海澳华新能源有限公司实施。项目研发的水箱换热器采用不锈钢整体拉伸工艺、可拆卸式结构设计，解决焊接换热器存在的易腐蚀问题，延长水箱使用寿命，降低返修率。集热器内胆采用三腔式结构设计，增加热水量，提升集热性能，产品经国家节能产品质量监督检验中心检测，能效等级达到 GB 26969-2011 要求 1 级。该

2014 年度乳山市科技成果鉴定表

表 33

序号	成　果　名　称	完　成　单　位	组织鉴定单位
1	可拆卸式换热器联合高效三腔管集热器的分体式太阳能热水系统	威海澳华新能源有限公司	威海市科技局
2	高效纳米自洁集热器联合封头换热器的分体式太阳能热水系统	威海澳华新能源有限公司	威海市科技局
3	PVD 溅镀涂层的不锈钢板芯平板集热器	威海澳华新能源有限公司	威海市科技局
4	PERT Ⅱ型耐热聚乙烯管材	山东环球塑业有限公司	威海市科技局
5	威海香菇品种引进及液体制种优质栽培技术研究	威海鑫宝食品有限公司	威海市科技局
6	利用尾矿分离制作人工砂工艺技术研究与应用	威海鑫山集团有限公司铁矿	威海市科技局
7	NEMA 大转矩电机	山东力久特种电机有限公司	威海市科技局
8	曲轴柔性锻造与悬挂式热处理生产工艺及装备	乳山市黄海汽车配件有限公司	威海市科技局
9	定位直充式间隔器及车载充气系统	威海埃姆提爱矿山设备有限公司	威海市科技局
10	乳山海域海蜇增殖放流效果及持续发展研究	乳山市水产技术推广站	威海市科技局
11	玫瑰红茶窨制工艺研究与应用	乳山市果茶蚕工作站、威海威茗茶业有限公司	威海市科技局
12	养殖水体底质生物发酵技术研发	威海市家禾饲料有限公司	威海市科技局

2014 年度乳山市获威海市以上科技进步奖

表 34

序号	项　目　名　称	完　成　单　位	授奖单位	获奖等级
1	果蔬节能冷链与深加工关键技术和装备创新	山东鲁菱果汁有限公司	山东省政府	省一等
2	高血压社区综合防治模式的建立与应用示范	乳山市疾病预防控制中心	威海市政府	市一等
3	2,4- 滴双滴加缩合及催化氯化技术开发与应用	威海韩孚生化药业有限公司	威海市政府	市二等
4	KYGJ 空气压缩机用高效电动机系统	山东力久特种电机股份有限公司	威海市政府	市三等
5	可拆卸式换热器联合高效三腔管集热器的分体式太阳能热水系统	威海澳华新能源有限公司	威海市政府	市三等
6	利用尾矿资源生产环保防水阻燃地板技术	威海市和光地板厂 威海和光新材料科技有限公司	威海市政府	市三等
7	质构控制及新型灭菌入味技术在贝类精深加工中的产业化应用	乳山正洋食品有限公司	威海市政府	市三等

项目年生产规模 3 万套，可实现年销售收入 1.05 亿元。

【专利工作】 2014 年，全市申请专利 568 件，比上年增长 22%。其中，发明专利 225 件，比上年增长 29%；发明专利授权 26 件，比上年增长 24%。全年新增力牌石油、华美淀粉、金果花生等 8 家专利大户，申请专利 260 件，占全市总量 46%；申请发明专利 118 件，占全市总量 52%。在金牌生物、黄海汽配、昊安金科、日晟机械 4 家企业推行企业知识产权管理规范，提升其知识产权创造、运用、管理和保护能力。

【地震灾害预防】 针对全市发生有感地震较上年增多的实际，在全市进行防震避震知识宣传，修订地震应急预案与操作手册，举办地震科普知识讲座 70 场，在乳山市讯等媒体开辟防震减灾专栏 40 期，播放地震知识专题访谈 24 期，发放科普读物 5 万册，组织集中防震演练 200 次，群众防震减灾意识提高。完善地震监测台网，投资 140 万元，开展滨海新区地震小区划工作，安装移动监测台 20 套，新建二氧化碳观测井 1 个；改造乳山地震台大地电场监测设施，获山东省地震局资金支持。2014 年，乳山市科技局在全省市县级防震减灾工作目标责任考核中被评为先进单位；乳山市黄山路学校获“省级地震科普示范学校”称号。

（姜菁菁）

【气象工作】 乳山市气象局承担地面气象观测、天气预报、农业气象、人工影响天气、科技气象服务以及区域自动站监测、探测环境保护、防雷技术检测及建筑图纸审核与验收工作。有职工 18 人，其中工程师 11 人。

专业气象服务　专业气象服务涉及农业、林业、交通、工矿、城建、能源、水利、环保、保险、旅游、储运、文化、教育等行业，服务对象包括政府机关、企事业单位、个体用户及电台、电视台、报刊、网络等各类媒体。服务内容：提供各镇 24 小时、48 小时天气预报和短期天气预警等气象服务；提供沿海地区大风天气预报、灾害性天气等天气预报；提供 3 小时及突发天气预报、天气预警（突发天气不定时预报）；提供一周天气滚动预报；提供省内（国内）各地 48 小时天气预报和交通线路天气预报；提供全省 10 天以上短期气候预测；随时提供乳山市历史气象资料、气候分析和实况信息；提供年（12 月末）、月（月末）、周（周末）长中期预报；提供台风移动路径资料；提供雨量快报，即市区降水过程及乡镇降水量报告；提供气象资料服务及重要天气报告，包

气象局工作人员检查百叶箱仪器　（气象局提供）

括各类气象要素历史、实时资料服务，暴雨(雪)、高温、寒潮、干旱等重要天气预报、警报、实况；随时提供特约天气预报。

（王秀兰）

医疗卫生

【概况】 2014年，全市卫生工作深化医药卫生体制改革，合理配置公共卫生服务资源，提升公共卫生服务能力，确保城乡居民共享均等化公共卫生服务。2014年，乳山市获“山东省卫生应急示范市”称号，在山东省基本公共卫生服务抽查工作中名列第一。全国免疫规划管理工作会议在乳山召开。乳山市人民医院通过“三级乙等综合医院”评审。

【免疫规划信息管理】 2012年～2014年6月，分批对预防接种门诊进行数字化改造，实现数字化预防接种门诊乳山市域全覆盖。数字化预防接种门诊均安装免疫规划信息管理系统和视听设备，具备门诊工作情况监测、接种质量控制、儿童接种资料查询、疫苗存销、接种率监测、统计分析6大功能，实现排号、体检、登记和留观全流程覆盖。至2014年年底，全市有3.6万名儿童纳入免疫规划信息管理系统，占适龄儿童99.6%，全市卡介苗、乙肝疫苗等疫苗接种率95%。6月25日，全国免疫规划管理工作会议在乳山市召开，乳山市作交流发言，120名与会人员实地参观白沙滩镇卫生院和城南社区卫生服务中心数字预防接种门诊。

【基本公共卫生服务均等化】 合理配置公共卫生服务资源，规范基本公共卫生服务，服务经费由人均30元提升至35元，城乡居民建档率67.6%，“五苗”(卡介苗、脊灰疫苗、百白破三联疫苗、麻疹疫苗和乙肝疫苗)基础免疫合格接种率90%，老年人健康管理率65%，高血压患者管理率40%，糖尿病患者管理率22%。落实重大公共卫生服务项目，做好农村妇女增补叶酸和“两癌”筛查工作，免费增补叶酸1771人，免费筛查2万人，确诊宫颈癌3例、宫颈癌前病变20例、乳腺癌5例。提升突发公共卫生事件应对能力，年内，组织应急演练3次。做好妇幼保健工作，提高6岁以下儿童和孕产妇管理率，做好艾滋病、梅毒、乙肝母婴阻断，婴幼儿死亡率5.32‰，孕产妇连续21年“零”死亡；加强产前筛查和新生儿疾病筛查，提高出生人口素质。

【卫生惠民项目实施】 推进乙肝防治综合示范区建设，做好乙肝病毒携带者免费复查、分类管理和易感人群乙肝疫苗免费接种工作。年内，为海阳所等6个镇复查乙肝表面抗原阳性者3760人，免费接种乙肝疫苗11.2万针次。完成第二批次上消化道癌早诊早治项目。完成内镜筛查1014例，其中病理检查506例，确诊重度慢性萎缩性胃炎10例、胃重度肠上皮化生4例、胃低级别上皮内肿瘤19例、胃高级别上皮内肿瘤3例、食道癌1例、胃癌2例。拓展慢性病综合防控模式，推行健康促进、免费药物治疗、干预管理等技术措施，建立医、防、社区“三位一体”慢性病防治“乳山模式”工作体系。完成高血压社区综合防治模式的建立与应用示范课题，入围“威海市科技进步一等奖”授奖名单。

【医疗服务持续提升】 2014年，市级医院门诊量71.05万人次，比上年增加3万人次；住院病人4.9万人次，比上年增加0.18万人次；床位使用率100%，与上年持平；住院病人平均住院日10.62天，比上年减少0.46天。镇级医院门诊量37.21万人次，比上年减少3.22万人次；住院病人2.55万人次，与上年持平；床位使用率79.58%，比上年减少0.93%；住院病人平均住院日6.25天，比上年增加0.09天。

【预防保健迈上台阶】 全年报告法定传染病15种2058例，总发病率359.92/10万人。接种卡介苗、乙肝疫苗等一类疫苗48602针次，二类疫苗41218针次，报告接种率99%。做好外来妇女、娱乐场所从业人员等高危人群传染病监测和控制工作，落实贯彻“四免一关怀”政策（为加强艾滋病防治工作，维护正常经济社会秩序，遏制艾滋病流行蔓延，中国政府于2003年出台预防艾滋病“四免一关怀”政策。“四免”是指农村居民以及城镇未参加基本医疗保险等医疗保障制度的经济困难人员中的艾滋病人，可到当地卫生部门指定传染病医院或设有传染病

9月14日，乳山市人民医院组织社区义诊活动　（卫生和计划生育局提供）

2014 年全市卫生机构基本情况

表 35

项　　目	机构(个)	床位(张)	人员(人)	其中:卫生技术人员(人)			
				合计	医生	护士	其他
总计	495	2135	3561	3127	1036	1043	1048
市级医院	3	1355	1614	1331	464	663	204
基层医疗卫生机构	21	754	847	742	296	260	186
疾病控制机构	1	—	59	45	22	—	23
卫生监督机构	1	—	28	22	—	—	22
妇幼保健机构	1	26	67	52	20	9	23
专科疾病防治机构	1	—	18	16	8	2	6
门诊(部)所	126	—	347	344	213	108	23
村卫生室	339	—	572	572	11	—	561

区(科)的综合医院服用免费抗病毒药物,接受抗病毒治疗;所有自愿接受艾滋病咨询和病毒检测人员,都可在各级疾病预防控制中心和各级卫生行政部门指定医疗等机构,得到免费咨询和 HIV 抗体初筛检测;对已感染 HIV 的孕妇,由当地承担艾滋病抗病毒治疗任务的医院提供健康咨询、产前指导和分娩服务,及时免费提供母婴阻断药物和婴儿检测试剂;地方各级人民政府要通过多种途径筹集经费,开展艾滋病遗孤心理康复教育,为其提供免费义务教育。"一关怀"指的是国家对 HIV 感染者和患者提供救治关怀),通过省级艾滋病综合防控示范区终期评估。完成慢性病及其危险因素监测、第二轮全球老龄化与成人健康研究(SAGE)及慢性阻塞性肺病(COPD)患病及危险因素横断面调查工作,完成调查问卷 4138 份,体检 2608 人,采集血样 2146 份。2014 年,乳山市疾控中心获"山东省肿瘤随访登记报告工作先进集体""全省乙肝示范区项目工作先进集体""全省传染病与突发公共卫生事件信息网络直报先进集体""全省艾滋病防治工作先进集体""山东省医学科普工作先进集体"称号。

【卫生监督监测】 加大卫生监督协管力度,强化部门联动机制,巩固个体诊所规范化管理成果,打击非法行医,维护医疗服务秩序。加大传染病防治、公共场所卫生、放射卫生、生活饮用水卫生和学校卫生监管力度,规范化诊所管理率 100%,卫生监督协管率 99%。年内,检查全市集中式供水单位和所有生活小区现制现售饮用水机 548 台;联合公安、新闻媒体等部门执法检查非法行医 6 次,出动执法人员 300 人次、车辆 100 台次,检查医疗机构 431 户次,立案 25 起,罚款 7 万元;对全市 1053 家公共场所、92 家中小学校及托幼机构、1 家职业健康检查机构、23 家放射诊疗单位、3 家消毒产品生产企业和 5 家餐饮具集中消毒单位实行卫生监督。获威海市卫生计生综合监督执法能力竞赛总成绩第一。2 名卫生监督员分获全省执法能力大赛第一名和第二名。

【农村卫生室标准化建设】 2014 年,48 个村卫生室升级改造工作被列入威海市为民办实事工程,6 月底全面达到威海市标准化村卫生室建设标准,全市累计 277 个村卫生室达到威海市级以上标准,市、镇、村三级医疗卫生服务体系进一步完善。

【乳山市人民医院】 是一所集医疗、

冯家村标准化卫生室内景　（王欣摄）

教学、科研、预防、保健为一体的三级乙等综合医院，是滨州医学院附属医院。始建于1945年，开放病床829张，设临床科室39个、医技科室10个，年门诊量50万人次、出院病人3万人次。全院职工1155人，其中，专业技术人员937人。2014年10月，通过“三级乙等综合医院”评审。年内，获山东省“传染病与突发公共卫生事件信息网络直报工作先进集体”“癌痛规范化治疗示范病房”，威海市“先进基层团组织”“女职工建功立业标兵岗”“全市离退休干部先进集体”“全市临床输血工作先进集体”“药品不良反应监测工作先进单位”“节约型公共机构示范单位”称号。

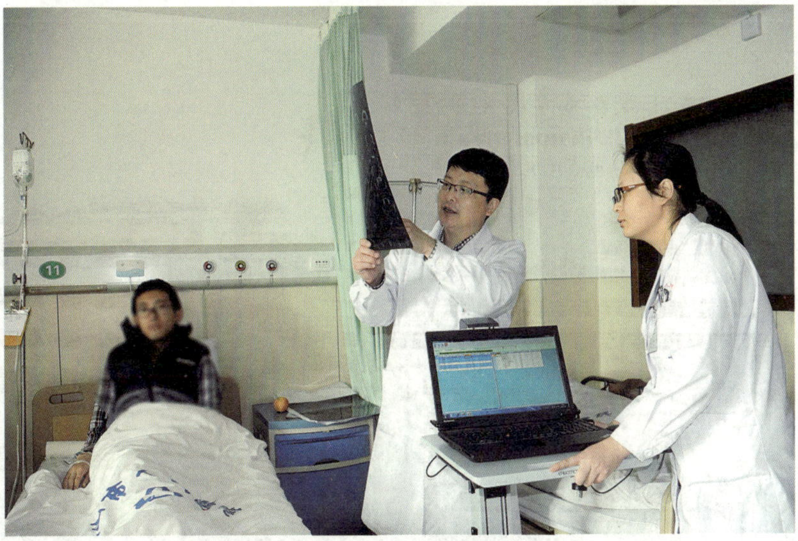

2月27日，乳山市人民医院医生查房场景　　（王欣摄）

医疗设施与技术　拥有美国GE64排CT、美国GE1.5T核磁共振、西门子数字减影血管造影系统(DSA)2台、飞利浦及西门子DR拍片机、美国GEVV7心脏彩超、LOGE9、胎儿四维彩超、罗氏全自动生化分析仪、西门子直线加速器、徕卡手术显微镜系统等医疗仪器设备。每年选派专业技术骨干到北京协和医院、解放军301医院、北京大学人民医院、上海长海医院等进修学习，建立长期协作关系，邀请专家教授定期到院进行病例讨论、手术指导和学术讲座，培养技术骨干和学科带头人。开展急诊冠脉造影及PTCA支架置入术、内镜下逆行胰胆管造影术、肿瘤三维立体定向适形放疗术、肿瘤综合微创介入治疗、周围血管病介入治疗、脑动脉瘤介入栓塞术、颈内动脉狭窄支架成形术、脑动脉瘤开颅夹闭术、人工关节置换术等新技术新项目。有60项科研成果获省、市科技进步奖，获国家实用新型专利70项。神经内科、神经外科被确定为威海市临床重点专科。

信息化建设　建成医院信息管理系统、电子病历系统、检验管理信息系统、影像归档和调阅系统、远程病理会诊系统、办公自动化系统、数字化图书馆、检验结果自助打印系统、临床路径管理系统、院长(科主任)综合信息查询系统、医院感染管理系统、抗菌药物管理系统、危急值预警系统、慢性病管理系统、医院综合统计核算系统、健康体检系统等，信息化系统实现医生用平板电脑查房、护士手持PDA(掌上电脑)核对患者身份和治疗信息，保证治疗准确及时。2014年，乳山市人民医院与北京大学人民医院构建远程网络医疗会诊系统，实现北大人民医院预约挂号、预约检查、查询检验结果、视频会诊以及专家授课和学习交流。

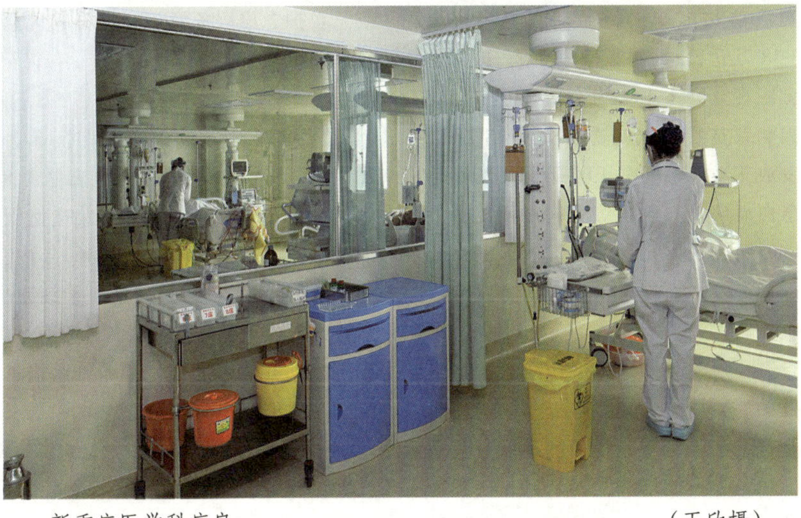

新重症医学科病房　　（王欣摄）

【乳山市中医院】　成立于1983年5月，是一所集医疗、急救、教学、科研、保健、康复为一体的二级甲等中医院，占地3.74万平方米，业务用房3.2万平方米，开放床位400张，设有临床常规科室20个、特色专科8个、病区11个、急救点1个，年门诊量18万人次，住院病人1.6万人次。全院职工470人，专业技术人员418人，其中正高级职称8人、副高级职称34人、硕士研究生29人，有威海市专业技术拔尖人才1人、乳山市专业技术拔尖人才2人、威海市十佳医生1人、威海市名中医药专家4人、威海市优秀科技工作者1人、乳山市级突出贡献中青年专家1人。获山东省“文明医院”“示范中医院”“价格诚信单位”“中医工作先进集体”“省级卫生先进单位”“省级青年文明号”等称号。

医疗设施　拥有美国、德国等国产64排128层CT、DR、彩超、电子内窥镜、宫腔镜、腹腔镜、全自动生化分

乳山市中医院 （卫生和计划生育局提供）

析仪、血液透析仪、实时动态胰岛素泵系统、全自动笑气镇静镇痛系统等先进医疗设备1000台(件)。年内,投资150万元建成ICU重症监护室和急诊抢救室,新增救护车1辆,提高危急重症抢救治疗水平。改造面积800平方米康复科，被确定为威海市工伤康复定点单位和乳山市残联脑瘫康复定点医院。

重点专科 建设完成中医重点专科有：国家级农村医疗机构特色专科妇科、针灸理疗科。在建重点专科有：省级特色专科糖尿病科，威海市级重点专科中风病科、肝病科。有12项科研成果达国内领先水平，获国家实用新型专利18项。与北京中医药大学附属东直门医院、广安门医院、北京大学人民医院、齐鲁医院、烟台毓璜顶医院、青医附院等建成长期业务合作关系,各临床科室用中医、西医、中西医结合及现代诊疗手段对常见病、多发病、危重病及疑难病救治形成自身特色。承担威海"120"院前急救及山东省中医药高等专科学校临床教学实践工作。

医疗服务 编辑出版《杏林馨苑》《乳山市中医院便民服务手册》《中药优势、品牌服务》等养生、保健、服务手册,免费发放到住院患者手中。成立健康宣讲团,开展"送健康进机关、进学校、进社区、进乡村"活动,为群众开展义诊、健康讲座。投资50万元建成标准化中药煎药室,方便患者伺服中药。

【爱国卫生】 开展爱国卫生月、生态市建设和以改水改厕为主要内容的爱国卫生运动，全市城乡卫生面貌明显改观。年内,建设改造完成农村无害化卫生厕所327个。

（刘志勇）

红十字会

【人道主义救助】 弘扬"人道、博爱、奉献"红十字精神,年内,举办2期义卖活动和1期捐款活动，募集资金3.38万元,救助困难学生1人、患病儿童困难家庭1个。为全市330户因灾因病致贫特困家庭送去大米13.2吨，发放艾滋病慰问金1.02万元。为9名患白血病、心脏病等大病贫困儿童发放慰问金5万元。为昭通鲁甸"8·3"地震募集爱心捐款0.68万元。

【应急救护培训】 开展应急救护"进机关、进农村、进社区、进学校、进企业"活动,聘请专业救护师进行应急救护知识和技能培训,全年为船员、社区骨干、校车司机、公交车司机、高校学生、村民等开展应急救护知识培训16期809人次。全市261名公交车司机和147名校车司机参加集中培训、考试,合格者获中国红十字会颁发的"红十字救护员证",考试合格率90%。

【志愿服务活动】 举行纪念"5·8"世界红十字日大型义诊活动，向群众宣传无偿献血、艾滋病预防、捐献造血干细胞、遗体(器官)捐献等知识,发放宣传材料2000份。在全市21个社区组建红十字应急救护志愿服务队伍,培训志愿服务骨干107人。在利群社区、益天社区、向阳社区设立应急救护志愿服务站,配备模拟人、血压计、血糖仪等器材和应急救护书籍，增强居民应急救护志愿服务意识，提升其应急救护知识和技能普及率。

【遗体（器官）及造血干细胞捐献】 2014年，登记在册遗体捐献志愿者8例,角膜捐献志愿者5例;采集造血干细胞血样119例,累计1000例。年内,孙海宸、马世勇成功捐献造血干细胞,累计6人成功捐献造血干细胞。10月20日，乳山市在全省造血干细胞捐献工作培训班上作交流发言。

（连莎莎）

文 化

【概况】 2014年,按照“文化活市”战略要求,丰富群众文化生活,挖掘地方文化资源,打造特色文化品牌,文化事业和文化产业得到全面发展。举办央视《我要上春晚》“走进基层”全国选拔山东乳山区海选活动,大型现代吕剧《乳娘》获“泰山文艺奖”三等奖及“文艺精品工程”奖。2014年,乳山市获文化部“全国文化先进县”称号。

【公共文化服务体系建设】 在春江源食品有限公司建立农民工服务基地即乳山市图书馆企业分馆,赠送图书276册、电脑4台并安装乳山市公共文化服务平台和共享工程服务平台,丰富农民工的业余文化生活。优化15个镇级综合文化站,配备电脑246台,安装文化信息资源软件,打造闻涛社区、北海社区、六村屯社区等30个星级文化大院;建设10个城乡社区图书室,为西馨苑社区、康择社区、闻涛社区等10个社区图书室配送图书6200册、刊物300种、音像制品100种;加强对图书馆管理员业务辅导,安装图书馆集群管理系统,提高镇村两级文化设施的利用率。年内,文化广电新闻出版局(简称文广新局)被评为“山东省‘农家书屋’工作先进单位”,白沙滩镇文化站、徐家镇文化站被山东省文化厅评为“一级文化站”,冯家镇文化站、下初镇文化站被评为“二级文化站”,夏村镇文化站、乳山口镇文化站、乳山寨镇文化站、城区服务中心被评为“三级文化站”。

【文化产业发展】 乳山市文化广电新闻出版局加大对接协调力度,做大做强文化产业。文旗创意大厦项目落地,华百电影广场项目、福如东海展览馆项目、中国友联画院(山东创作中心)项目11幢别墅群主体建筑封顶,马石山红色爱国主义教育基地项目主体建设完成,乳山寨镇原济南军区总医院旧址挂牌并对外开放。大乳山滨海旅游度假区创建为省级文化产业示范园区,多福山国际养生旅游度假区、老胶东古玩字画城等3个产业园区创建为威海市重点文化产业园区,市吕剧团等14个文化企业创建为威海市重点文化企业。加快区域文化产业交流,围绕影视、动漫、文化娱乐、养生休闲、文化旅游等领域,开展招商活动27次;参观青岛创意100文化产业园等省内文化旅游项目,学习先进经验;邀请客商参加“全国知名企业乳山行”活动,加强与知名企业交流;组织文化企业参加山东省文博会及2014年中韩(威海)文化创意产业合作交流会、第二十届鲁台经贸洽谈会的海峡两岸文创合作交流会和乳山市文化产业“十大领域繁荣发展”调研观摩活动,加强企业间交流,推动全市文化产业发展。

【群众文艺演出】 2014年,乳山市文化馆全年组织大型群众文艺演出活动24场。其中,举办2014年“农信杯”秧歌汇演,17支代表队参赛;举办为期3个月18场次乳山市消夏文化夜市,展

7月5日,中央电视台“我要上春晚”乳山站海选　　(文广新局提供)

演文艺节目261个,2000人参演;举办“中国梦·劳动美”全市职工文艺演出、以“牵手世园·幸福威海”为主题的2014年青岛世界园艺博览会“威海周”乳山专场文艺演出、2015年乳山市春节联欢晚会、“欢乐乡村——乳山市农村(社区)群众文艺汇演”决赛;举办中央电视台“我要上春晚”全国选拔山东站乳山选区海选活动,136个节目400名演员参加海选,选拔出2个节目晋级参加山东站决赛。开办12期基层文艺骨干培训班,培训文艺骨干530人次;举办全市中小学师生合唱艺术培训班,培训200人次。

【书画与摄影活动】

画展笔会 全年,在乳山市文化中心一楼展厅举办书画展7场,展出作品500幅。主办乳山美术作品年展、“多福山杯”长寿之乡书画作品展、“山东省百县千村书法文化下乡”启动仪式、“书法家进万家”活动,举办刘海明油画展、“水墨风骨银滩情”天南地北客家人书画作品展;举办“甘乳泉杯”迎新春书画展,展出作品47幅,并举行现场笔会,创作书法作品20幅;组织乳山刻字艺术展,评选出刻字作品60幅;举办乳山市首届老年大学花鸟画临摹展,展出作品65幅;组织创作油画国画作品142幅参加庆祝渤黄画院成立2周年画展;承办“鲁酱杯”庆“七一”暨乳山市党的群众路线教育实践活动书画展,展出书画作品55幅;承办“开门见山”2015当代青年画家作品展,展出作品46幅;举办“仁爱乳山”乳山市首届中国画展,展出国画作品43幅,并出版作品集。组织书画作者到腾达社区、鲁酱酒业有限公司、午极镇党委举办书画笔会活动5次,现场作画150幅。乳山市书画院书画课堂全年培训50人次,培养美术创作后起之秀。

摄影展览 2014年,乳山市举办专题摄影展3次。举办“喜看乳山新风貌”摄影大赛活动,参赛作品600幅,反映乳山经济社会发展的新成就;举办首届“花千墅”杯“乳山新貌”摄影大赛;举办“农行杯”“仁爱乳山”摄影大赛,宣传乳山仁爱文化,推动摄影艺术发展。

【文艺创作与参赛】

书画摄影作品获奖 全市摄影作品获得地市级以上奖项69个。在中国新闻网等举办的“最美中国大地”摄影大赛中,段建国作品《海滨晨早》在第三季度获奖并入围年度总决赛;在山东网主办的“颐莲”全民随手拍摄影大赛中,宫巨作品《亭亭玉立》获最佳创意奖、《绽放》获最佳人气奖;在山东省老年体协和山东省摄影家协会主办的“全省老年人健身活动”摄影大赛中,姜自立作品《康乐老年》获二等奖、入选作品展,并在山东《康乐老年》杂志上发表;在山东省摄影家协会主办的“环翠楼红参杯”回家随手拍全国摄影大奖赛中,姜自立作品《春回山乡》、段建国作品《故乡的那片海》获优秀奖;在第五届“孔子故乡·中国山东”国际网络摄影大赛一季度赛中,姜自立作品《全体集合》获二等奖,崔志杰作品《对舞》获三等奖,段建国作品《瀚海磅礴起风云》《时代的跨越》获优秀奖;在山东省摄影家协会、齐鲁网主办的《我的父亲母亲》主题公益摄影展中,宫巨作品《爸爸,今年我们回家过春节》入选影展;大众网蒙牛纯甄“邂逅我们的纯真年代”照片征集活动中,杨杰作品《古往今来》获一等奖,《鸟类的救援》《青藏孤旅》入围国家地理自然影像大赛;在第三届齐鲁百家当代摄影艺术展中,段建国作品《乳山湾捕捞季》入选并获优秀奖,作品入展第三届齐鲁百家当代摄影艺术展暨2014中荷摄影艺术交流展;在“英国海泰滤镜”全国摄影大赛中,段建国作品《乳山捕捞季》获三等奖,作品收录至《看见世界的美》画册。组织乳山25人参加威海市纪念甲午战争120周年大型书画展,组织24幅书画作品参加威海市文联主办的威海市本土画家书画展销,组织参加威海市党外知识分子联谊会组织的书画展览,组织17位书画爱好者参加威海画院举办的免费写生培训,组织29名乳山市书画爱好者到天津市美术馆参观第十二届全国美展。

戏剧表演参评 乳山市吕剧团复排古装吕剧《小姑不贤》《珊瑚与凤姑》《挑女婿》《三子争父》,2月2～16日,到乳山口镇庄头村、南唐家村,午极镇北庄村,下初镇河南村村、南东庄村,海阳所望海庄村、姜格村,徐家镇徐家村,白沙滩镇白沙滩村,崖子镇岛子村、山西村,乳山寨镇贾家村,大孤山镇刘家村演出。创作大型现代吕剧《使命》,在威海市、文登区进行巡回演出,

9月24日,“岁月印记”庆新中国成立65周年图片展在乳山市文化中心举办　（孙轶琰摄）

成为威海市纪委开展廉政教育活动的一项重要内容。启动“幸福乳山我的梦——2014年送戏下乡”慰问演出，在城区街道办事处、夏村镇、乳山寨镇、下初镇、育黎镇、徐家镇、大孤山镇、白沙滩镇、冯家镇、诸往镇、乳山口镇、南黄镇演出100场。大型现代吕剧《乳娘》获山东省第七届“泰山文艺奖”三等奖、第十一届精神文明建设“文艺精品工程”奖，成为山东省地方戏振兴与京剧保护扶持工程10部重点的剧目之一。

首届“乳山文艺奖”评选 于2014年10月14日～2015年1月19日举行，收到参评作品124件，评出获奖作品31件，其中金奖2件、银奖29件。市吕剧团吕剧《使命》、王桴国画作品《四季如歌》获金奖；滕连庆短篇小说集《世相新语》、宋修虹散文集《小溪清歌，浅唱流年》、宋明磊短篇小说集《人生一种》、常辉中篇小说《地道战》、姜增产长篇小说《映山红》、郑华报告文学《母爱如山》、宋英杰短篇小说《刀魂》、宫文玲小品剧本《六十年情未了》获文学类银奖；刘海明油画作品《沧桑岁月》系列、吕燕妮工笔重彩画作品《远香》、张文锡国画作品《春山雨霁图》、曹秋生国画作品《林壑云泉》、李梦轩国画作品《艳阳》、刘兆妮国画作品《清白传家图》、鞠仁波国画作品《雨过晨山》获美术类银奖；耿仁坚草书作品《遥碧亭》、于月奎隶书条幅作品1幅、于永强书法篆刻作品、倪素乡正书小楷《文心雕龙》节选获书法类银奖；姜自立作品《盛世祈福》、刘国贤作品《“橡树婚”夫妻第87个“七夕”》、宫兆兴作品《山村喜事》、段建国作品《扬帆弄潮》、朱剑宇作品《老少乐》获摄影类银奖；市广播电视台专题片《红色的爱》，市委宣传部微电影《母爱乳山》，市委宣传部、市文广新局电影《恋上美人鱼》获广播影视类银奖；于江泳、王仁浩《人间第一爱》获音乐类银奖；老干部艺术团情景剧《爱的绽放》获戏剧类银奖。

【文学创作】 2014年，姜文玲出版散文集《阳光不锈》；刘方计出版散文集《思语萦回》，诗歌散文集《赋物散韵》，小说、散文、民间故事集《闲呱俚语》；于月奎出版古体词集《如楚集》。10月26日，市文广新局在市文化中心举办乳山市作协成立5周年创作成果展，展出12位作者的作品。

【图书馆藏书及读书活动】 2014年，乳山市图书馆打造读书沙龙、国学讲堂、文化体验中心、书画沙龙等对外服务平台，全年书刊文献外借16.5万册次，接待读者17.8万人次；订报刊240种，全部进行计算机系统编目；开展图书推介活动4次；开通电话预借、续借服务，续借图书4100册；利用文化信息资源共享工程服务基层32次；电子阅览室服务读者3800人次，全年免费开放，并为老年人、残疾人免费提供计算机辅导培训37次。

全民阅读活动 开展第十九个世界读书日系列宣传活动，发放世界读书日倡议书、乳山市图书馆简介等宣传材料400份，并现场办理阅览证；开展“阅读，请到图书馆”主题读书活动，读书爱好者40人参加；举办“图书馆之旅”活动，介绍图书馆由来及社会功能；举办国学经典诵读活动，邀请国学讲师来馆讲授古代礼仪及国学经典，中小学生及家长300人参与。与市邮政局联合开展精品图书优惠展销活动，推介优秀图书1000种；与司法局城区街道司法所共同举办社区矫正人员“走进图书馆”活动；邀请北京《儿童文学》杂志社学者到第二实验小学举办“知心姐姐”亲子教育公益讲座，300名师生参加；举办“阅读·和谐·发展”乳山市第二届读书节活动，展出图书10万册、2万市民参与；10月26日，邀请威海传统文化研究名家张明芳女士到馆举办“传统文化性理心理伦理道德健康讲座”，500人参加。

开设尼山书院 按照省文化厅《关于在全省创新推进“图书馆＋书院”模式建设“尼山书院”的决定》，10月在市文广新局三楼始建尼山书院，2015年5月建成，设立国学堂、文化体验中心、道德展区，开辟国学阅览专区，并开展经典诵读、读书沙龙、举办讲座、先贤英模人物展览、琴棋书画系列活动，将图书馆塑造为平民化的社会文化传播窗口，强化其以文化人、以人育人功能。

【公益电影放映】 2014年，完成每月每村一场公益电影放映任务，放映电影7212场。“母爱文化月”期间，每晚到全市601个村巡回放映《母爱圣地·幸福乳山》专题片。结合迎国庆系列文化活动，市电影公司到全市镇、村及社区进行爱国主义教育影片巡回放映。全年到学校放映电影30场，观众2.2万人次；到社区放映电影60场，观众3万人次。

【非物质文化遗产】 2014年，乳山市传统打击音乐“凤凰不断头”、传统技艺乳山钩织、葫芦烙画制作技艺、乳山粉条制作技艺、乳山平绣5个项目被威海市人民政府公布为第四批市级非物质文化遗产，“非遗”项目“乳山钩织”代表性传承人于淑兰、“乳山平绣”代表性传承人单丽莎、“葫芦烙画制作技艺”代表性传承人孙华丰被威海市人民政府确定为“非遗”项目代表性传承人。成立乳山市非物质文化遗产保护中心，将市级“非遗”项目制作成46块刊板巡展，增强保护意识。年内，白沙滩村出资5万元建设葫芦画艺坊，曹城建筑公司赞助建设200平方米牛郎棍传习所，城区街道夏西村10年间投资40万元扶持购买乳山大秧歌服装、道具及乐器，夏村镇姜家村出资6万元建设柳编基地。

【开展“首届乳山市十大民俗艺人和十大非遗传承人”评选活动】 于2014年9月5日举行，评选出萧明魁、张连芝、孙华丰、单丽莎、于淑兰、潘周、姜仁索、宋维洲、秦桂环、宋文菊为十大“非遗”传承人，辛明路、倪少波、宫本

9月5日，乳山市十大民俗艺人和十大非遗传承人评选活动颁奖仪式
（文广新局提供）

森、于彬、冯曰成、刘方计、郑华、梁艳贵、林有然、钟富强为十大民俗艺人。2014年，牛郎棍代表性传承人萧明魁作为评委参加山东省在广饶举办的比武大赛；葫芦烙画制作技艺代表性传承人孙华丰参加威海市举办的第九个文化遗产日“非遗”项目现场展演；乳山剪纸代表性传承人潘周参加在青岛世园会举办的“非遗”项目现场展演活动，并受邀到新加坡、雅加达两个国家进行艺术交流；乳山大喜饼代表性传承人和乳山钩织代表性传承人参加第三届中国“非遗”博览会；乳山镂绣代表性传承人张连芝、牛郎棍代表性传承人萧明奎参加在济南举办的齐鲁“非遗”大讲堂；威海剪纸学会副会长、乳山剪纸代表性传承人潘周应邀为威海职业学院艺术设计系做“民间剪纸艺术”专题讲座。

【冯德英文学馆】 2014年，冯德英文学馆发挥国家级国防教育示范基地作用，接待单位100家，7万人次参观学习。举办“军地共建，情系军营”书画赠送活动。更新冯德英文学馆网站，设作家介绍、动态报道、著作选载、影视作品、评论研究、馆内展厅、雁过留声等栏目，年内，发布评论文章、动态报道、参观留言300篇、图片70幅。

【仁爱文化研究会】 由乳山母爱文化研究会发展而成。全年出版《仁爱文化》会刊4期（总期数13期），该刊物集学术性、文学性、可读性于一体，突出乳山仁爱文化，兼顾历史文化和非遗文化等内容，向市内外单位赠阅，宣传乳山文化内涵；年内，该研究会在《乳山时讯》《威海晚报》上发表研究文章《仁爱之乡乳山人》《乳山民俗系列谈》《乳山的明代移民与村落文化发展》，完成学术论文《仁爱乳山的文化渊源》《“三花”文化调研》《乳山海洋文化调研》。

（高玉宾）

【乳山市新华书店】 2014年，山东新华书店集团有限公司乳山分公司创新营销思路，拓展发行领域，内抓管理、外树形象，完成全年各项经营指标，全年销售总额1950万元，实现利税107万元。年内，通过省级文明单位复查，被乳山市委表彰为“支援地方建设先进单位”。

图书发行　做好教材教辅发行，确保教育图书发行“课前到书、人手一册”。利用集团公司销售系统，提高效率和图书操作规范性，提升门店一般书籍销售和库存结构优化；经常调整图书陈列，重点书、畅销书合理码放，在门店设立鲁版图书销售专柜，专人导购，提升鲁版图书市场占有率；推行缺书登记、来书电话通知、微笑导购、主动推荐、代查代找代运、免费摘抄资料，满足读者需求。

企业管理　抓实党的群众路线教育实践活动，提升党员干部素养，投入资金18.9万元，上调员工五险一金缴纳基数，建军节开展老复员军人座谈会，向3名家庭贫困老复员军人发放慰问金，增强员工归属感和凝聚力。组织参加威海区爱动项目（乒乓球、链球等）比赛，获3个二等奖和团体第二名；组织开展理论学习笔记展览活动2次，分别评出优秀个人3名、优秀部门1个。邀请检察院工作人员到公司宣讲廉政教育，控制企业风险，将物资申报领用、公车出行、财务往来等项目纳入内控体系，控制费用支出，向管理要效益，确保公司资产安全高效运行。

回报社会　做好包村工作，全年到南黄镇野母鸡屯村进行民情走访2次，为村图书室补充农业科技类图书786册，价值1.22万元，投资1万元为村更换整修路灯。向贫困生资助AB卷968册，合计码洋1.35万元；党员干部一对一帮扶农村贫困户9户，定期慰问帮扶贫困职工5人。

（孙美玲）

文化执法

【概况】 2014年，乳山市文化市场综合执法局（文化执法局）强化市场监管，推进“扫黄打非”工作，普及文化经营场所防震知识，集中整治文化市场违法违规行为，保障文化市场健康发展。年内，被山东省及威海市“扫黄打非”工作领导小组评为“扫黄打非工作先进集体”。

【“扫黄打非”及文化市场管理】

建立机制　制订《2014年乳山市文化市场和“扫黄打非”工作方案》，完善《2014年乳山市文化市场和“扫黄打非”工作成员单位职责》，召开文化市

6月4日，文化执法局执法人员到书店检查　　(文化执法局提供)

场管理及“扫黄打非”工作会议，对“扫黄打非”工作进行专题研究、部署和安排，保证文化市场管理和“扫黄打非”工作开展。

非法出版物查处　把查处政治性非法出版物及网上有害信息作为全市“扫黄打非”工作的重点，到书店、复印店、音像制品店明察暗访34次，查处政治性非法出版物400件，从源头控制信息流通。开展封堵、查缴邪教宣传品、宣传“藏独”、挑动社会对立的非法出版物及诋毁和歪曲中国现行政治体制、诋毁党和国家领导人的政治性非法出版物，营造良好的文化环境，促进社会和谐。

经营业主管理　举办游戏厅、印刷业、歌舞娱乐业和图书音像业业主培训班，分别公布信用等级评定结果并授牌，共培训经营业主350人。利用“12318”文化市场举报电话宣传日，联合公安网监大队举办全市网吧业主培训班，总结一年工作，学习法律法规。并组织50名网吧业主到文登区、环翠区参观学习网吧综合经营、创新经营模式。开展文化经营场所防震应急演练，普及防震知识，提高防震意识，网吧、游戏厅等83名业主参加演练。

文化市场集中整治　联合电信、公安、工商部门，开展文化市场集中整治3次，查处关闭违法违规网站，打击通过互联网和手机媒体传播淫秽色情及低俗信息行为；严厉查处网吧超时营业、接待未成年人、不如实作上网登记等现象，利用网吧全程同步监控系统，实时掌握网吧营业状况，减少网吧违规经营现象；加强音像图书市场检查和清缴，严查车站、校园周边等重点繁华地段违法违规经营行为；强化印刷企业管理，加大侵权盗版行为特别是盗版软件的检查力度。全年出动执法人员4200人次，检查文化经营单位1367家次，查处违规违法案件32起，办结32起，取缔无照经营游戏厅1家，收缴非法安装使用卫星地面接收设施17台(套)，取缔非法流动图书摊点4处，收缴盗版图书2000册，吊销4家网吧经营许可证。

执法管理方式创新　推行执法流程网上管理方式，实行立案调查、审批、告知、处罚电子录入、网上办理，做到市场巡查情况日清月结，执法人员检查经营单位情况通过办公网络上传。加强非法出版物、违禁出版物和互联网电子出版物监管，率先在全省开展互联网分级管理，制订互联网分级管理标准，15个重点监管的商业运营类网站，做到每天查看，登记、处理不良信息。制订《乳山市文化执法错案追究制度(试行)》，规范执法行为，提高执法效能。分类管理辖区互联网站，其中，商业运营类15家、村企展示类88家、公益服务类23家。

【5个学校教育警示基地建立】　在实验中学、西苑中学等5个学校建立中学生教育警示基地，设“法影随行”“专家支招”“看图学法”“普法维权”版块，通过再现真实案例、以案释法方式，引导青少年学法、遵法、守法、护法，安排一线执法人员以讲解交流方式，将普法与心理调适相结合，对青少年心理问题进行疏导、化解，从根本上预防青少年犯罪。年内，接受教育学生2000人，受理法律咨询300人次，心理疏导30人次。

(单英磊)

体　育

【概况】　2014年，乳山市体育局坚持群众体育、竞技体育并重，抓重点带全面，推进工作开展。全市有社会体育指导员2003人，其中国家级12人，一级182人，二级168人，三级1638人。

【群众体育活动】　2014年5月9日，乳山市“全民健身月”启动仪式在市人民广场举行；7月15～28日，市体育局在市政府篮球场举办“名仕杯”乳山市第十二届俱乐部篮球友谊赛；7月30日～8月13日，与市直机关工委联合举办“农信杯”市直机关篮球友谊赛；8月7日晚，在东方广场举行“中国体育彩票杯”大型武术表演；8月8日，与武术协会联合举办全民健身日暨银滩首届太极文化养生节活动，并进行大型武术汇演；10月16日，与老龄委联合举办22届老年人运动会。组队参加在文登区举办的门球比赛、在临港区举办的太极拳比赛，在经济技术开发区举办的毽球比赛、在荣成市举办的羽毛球比赛、在威海市区举办的网球、腰鼓、气功比赛等。承办威海市第四届全民健身运动会象棋、乒乓球比赛，被上级部门授予“优秀组织奖”，并获“优秀赛区”，乳山市代表队获乒乓球比赛个人第一名2个、象棋比赛团体第三名。2014年投入体彩公益金49万元，为

43个行政村免费配套健身器材；向上级争取到价值10万元的体育健身器材，为健身器材破损的村进行更换；下半年组织专人对全市农村健身器材进行普查、登记，明确责任，和各村签订财产转移书，完成农村体育健身器材资产转移登记工作。参加省、威海市培训班3期，培训国家一级社会体育指导员18人，国家二级社会体育指导员35人，完成乳山市120人的三级社会体育指导员培训工作。

7月30日，乳山市2014年市直机关篮球友谊赛　　（体育局提供）

【竞技体育】　组织64名运动员代表乳山市参加威海市级摔跤、跆拳道、柔道、举重4项赛事，获金牌32枚、银牌10枚、铜牌9枚。组织124名运动员参加威海市中学生乒乓球、排球、跳绳、踢毽和田径联赛，提高学生身体素质。与中国"铁人三项"协会沟通，经体育总局自剑运动管理中心批准，于8月11～17日在乳山市举办2014年"铁人三项进校园"系列活动，组织学员系统学习实践科学训练、受伤自救等理论和铁人三项运动实践知识。

【体育彩票工作】　坚持把体育彩票工作作为"一把手"工程常抓不懈，提升网点形象和服务水平，利用广播、电视、公交车车载广告等媒体及大型赛事和会议等形式，向社会宣传和展示体育彩票工作成果，使体育彩票市场步入正规化、良性化轨道。2014年，全市体育彩票销售总额2000万元。

2014年乳山市运动员参加全国比赛成绩

表36

姓　名	性别	比　赛　名　称	项　　目	成　绩	输送教练
于性哲	男	全国锦标赛	手球	第一名	马晓峰
陈雨情	女	全国锦标赛	橄榄球	第一名	李凯建
陈雨情	女	全国冠军赛	橄榄球	第一名	李凯建
于　珊	女	全国锦标赛	赛艇双人双桨	第二名	李凯建
邓中华	男	全国锦标赛	柔道	第二名	宋岩岩
丁子谊	女	全国青年锦标赛	摔跤	第三名	邵　政
李　刚	男	全国锦标赛	场地自行车1公里	第三名	李凯建

2014年乳山市运动员参加二十三届山东省运会比赛成绩

表37

姓　名	性别	比　赛　名　称	项　　目	成　绩	输送教练
李靖尧	女	第二十三届省运会自行车	女乙500米个人计时赛	第二名	杜振宽
李靖尧	女	第二十三届省运会自行车	女乙争先赛	第三名	杜振宽
李靖尧	女	第二十三届省运会自行车	女乙3千米团体	第三名	杜振宽
高　岭	男	第二十三届省运会自行车	男乙小轮车团体	第三名	马晓峰
于壮壮	男	第二十三届省运会	男甲柔道+100公斤	第三名	马晓峰
徐佳斌	男	第二十三届省运会	男乙1000米划船	第一名	马晓峰
徐佳斌	男	第二十三届省运会	男乙全能划船	第一名	马晓峰
郑全浩	男	第二十三届省运会	男乙500双人划	第二名	王益强
郑全浩	男	第二十三届省运会	男乙1000米双人划	第二名	王益强
高海平	男	第二十三届省运会	男乙全能皮划艇	第二名	马晓峰

续表 37

姓　名	性别	比　赛　名　称	项　　目	成　绩	输送教练
高海平	男	第二十三届省运会	男乙 1000 米单人皮划艇	第三名	马晓峰
于　珊	女	第二十三届省运会	女乙 2000 米双人双桨赛艇	第一名	李凯建
王　妮	女	第二十三届省运会	女甲摔跤 72 公斤	第一名	马晓峰
王玉存	女	第二十三届省运会	女甲摔跤 48 公斤	第二名	李凯建
柳子晨	女	第二十三届省运会	女甲摔跤 48 公斤	第三名	王益强
耿　嘉	女	第二十三届省运会	女甲小轮车个人	第二名	牟晓红
徐梦佳	女	第二十三届省运会	女甲小轮车个人	第三名	李凯建
王海涛	男	第二十三届省运会	男乙柔道 81 公斤	第三名	王益强
董平平	女	第二十三届省运会	女甲柔道无差	第三名	王益强
张彩妮	女	第二十三届省运会	女乙跆拳道 +67 公斤	第三名	孙延财
刘燕妮	女	第二十三届省运会	女乙手球	第三名	王益强
宋建军	女	第二十三届省运会	女乙手球	第三名	马晓峰
李　刚	男	第二十三届省运会	男甲场地争先赛	第一名	李凯建
李　刚	男	第二十三届省运会	男甲团体竞速赛	第一名	李凯建
李　刚	男	第二十三届省运会	男甲 1 千米个人计时赛	第二名	李凯健
姜龙海	男	第二十三届省运会	男甲团体竞速赛	第一名	宫爱红
姜龙海	男	第二十三届省运会	男甲全能赛	第三名	宫爱红
李海飞	男	第二十三届省运会	男乙 3 千米团体追逐赛	第一名	李凯建

2014 年乳山市运动员参加山东省锦标赛成绩

表 38

姓　名	性 别	比　赛　名　称	项　　目	成　绩	输送教练
董平平	女	山东省柔道锦标赛	女甲无差	第三名	王益强
侯凯祥	男	山东省古典跤锦标赛	男甲 96 公斤	第三名	牟晓红
王海涛	男	山东省柔道锦标赛	男乙 -81 公斤	第三名	王益强
于壮壮	男	山东省柔道锦标赛	男甲 +100 公斤	第三名	马晓峰
陶　金	男	山东省拳击锦标赛	男乙 69 公斤	第二名	邵　政
高　岭	男	山东省自行车锦标赛	男乙小轮车团体	第三名	马晓峰
耿　嘉	女	山东省自行车锦标赛	女甲小轮车个人赛	第三名	牟晓红
孙婉清	女	山东省田径锦标赛	女甲 1500 米	第一名	牟晓红
隋凯文	男	山东省举重锦标赛	男甲 94 公斤	第一名	邵　政
王朝阳	男	山东省举重锦标赛	男乙 94 公斤	第二名	邵　政
王春晓	男	山东省举重锦标赛	男甲 85 公斤	第三名	王益强
王　妮	女	山东省自由跤锦标赛	女甲 72 公斤	第一名	马晓峰
曹　力	女	山东省自由跤锦标赛	女甲 67 公斤	第二名	李凯建
柳子晨	女	山东省自由跤锦标赛	女甲 48 公斤	第三名	李凯建
王玉存	女	山东省自由跤锦标赛	女甲 48 公斤	第三名	李凯建
李　刚	男	山东省自行车锦标赛	男甲 1 千米计时赛	第一名	李凯建
李　刚	男	山东省自行车锦标赛	男甲团体竞速赛	第一名	李凯建

续表 38

姓　名	性 别	比　赛　名　称	项　　目	成　绩	输送教练
李　刚	男	山东省自行车锦标赛	男甲争先赛	第二名	李凯建
姜龙海	男	山东省自行车锦标赛	男甲团体竞速赛	第一名	宫爱红
姜龙海	男	山东省自行车锦标赛	男甲全能赛	第二名	宫爱红
李海飞	男	山东省自行车锦标赛	男乙 3 千米团体追逐赛	第二名	李凯建
李海飞	男	山东省自行车锦标赛	男乙 1 千米个人计时赛	第三名	李凯建
张中日	男	山东省自行车锦标赛	男乙争先赛	第三名	宫爱红
李靖尧	女	山东省自行车锦标赛	女乙 500 米个人计时赛	第三名	杜振宽
李靖尧	女	山东省自行车锦标赛	女乙 2 千米个人追逐赛	第三名	杜振宽
李靖尧	女	山东省自行车锦标赛	女乙 3 千米团体追逐赛	第三名	杜振宽
徐佳斌	男	山东省皮划艇锦标赛	男乙全能赛	第一名	马晓峰
高海平	男	山东省皮划艇锦标赛	男乙全能赛	第二名	马晓峰
郑全浩	男	山东省皮划艇锦标赛	男甲双人 1000 米	第三名	王益强
于　珊	女	山东省赛艇锦标赛	女乙双人双桨	第一名	李凯建
于　珊	女	山东省赛艇锦标赛	女乙单人双桨	第二名	李凯建

（谭中良）

广播电视

【概况】 2014 年，乳山市广播电视台围绕全市中心大局开展新闻宣传报道工作，加大频道和节目改版力度，对内宣传突出民生重点，对外宣传寻求新突破，提高广电媒体影响力。全年在中央电视台发稿 20 条，在山东省电视台发稿 40 条。

【新闻宣传工作】 加强与中央台、省台衔接沟通，宣传乳山市工作亮点，提升乳山对外形象。在中央电视台发稿 20 条，其中，央视《新闻联播》播发《山东：创新为民服务机制，及时解决群众诉求》报道，对乳山市创新开展群众工作进行重点报道；在山东省电视台发稿 40 条，其中，《今日报道》以连续报道形式播发乳山市开展海岸带综合整治情况；在威海电视台发稿 500 条，并先后推出《乳山奏响工业经济发展好声音》《30 万户居民的诉求嬗变》系列报道，展示乳山地方特色、人文魅力和工作亮点，扩大乳山对外影响。围绕全市工作重点做好舆论引导，一是以贯彻落实十八大精神为宗旨，开设《凝心聚力干事创业务实奋进转型跨越》《解放思想加快发展》《走群众路线、建幸福乳山》《监督台》《乡村文明行动》《产业突破企业在行动》《金秋时节话收成》等专栏 28 个，挖掘基层有典型性和震撼力新闻事件和新闻人物，营造群策群力谋发展、一心一意搞建设舆论氛围；二是在《乳山新闻》中开设《美丽乳山行》栏目，用镜头反映乳山市好风光、好民俗、好生态、好传统，展现乳山自然人文资源和人民群众崭新精神风貌，9 月，唐国强、赵保乐、杜旭东、卢奇 4 位著名表演艺术家为该栏目寄语“话风土人情、赏灵山秀水、看《美丽乳山行》”，提高栏目品味，提高收视率，直接创收 26 万元；三是围绕全市打造“仁爱乳山”城市品牌活动，在《乳山新闻》中推出《“仁爱乳山”城市品牌》系列报道 9 集、评论 6 篇，从乳山市历

1 月 28 日，市领导高书良（右一）、王建华（左一）到广播电视台调研工作
（广播电视台提供）

史、文化、民生、生态角度，解读“仁爱乳山”城市品牌，制作“仁爱乳山”宣传片花，在乳山电视台各个频道大密度循环播出，营造舆论氛围。

【电视荧屏创新】 一是创新播出时间。整合人力、设备资源，新闻综合频道实行 24 小时不间断播出，丰富文化传播内容。二是创新栏目形式。开设《美丽乳山行》《外眼看乳山》《海岸带整治行动》栏目，节目内容和形式实现突破，三是创新纪录片、专题片的制作。完成反映乳山市红色文化的大型纪录片《红色的爱》；配合创城争先工作，拍摄制作文化、民政、生态、乡村、城市形象等 8 个专题片，为展示乳山市形象提供视频资料；制作播出节约用水、安全用电、护林防火等 10 个公益广告宣传片，为建设和谐乳山提供舆论支持。

（李丹）

【山东广电网络威海有限公司乳山分公司】 山东广电网络威海有限公司乳山分公司成立于 2012 年 3 月，隶属于山东广电网络威海有限公司，其前身为乳山广电宽带网络有限公司。有员工 172 人，设综合部、财务资产部、人力资源部、运行维护部、市场运营部 5 个部门，设市区营业中心 1 个、银滩营业中心 1 个，在 15 个镇、城区街道设服务站。担负着乳山市有线电视传输网络的规划、建设、运营和管理工作，负责中央、省、市、县广播电视节目和数据信息的安全传输。

2015 年 6 月 30 日，全市有线电视数字化整体转换工作结束，实现有线数字电视“村村通”。全市有线电视用户 17.5 万户，其中，数字电视用户 14.7 万户（高清数字电视用户 11.2 万户）。建成网络带宽 1 千兆、拥有架空光缆 2419.52 公里及地下光缆 375.76 公里的立体有线电视主干线传输网，传送数字标清信号节目 171 套，其中，数字高清信号节目 54 套，3D 节目频道 1 套，点播频道 3 套。开通 10 兆、20 兆和 100 兆宽带互联网业务，视频互动点播、电视节目时移回看等业务，为用户提供丰富的视听享受。建有 291.68 公里 SDH 环形数据传输网，最大带宽 2.5 千兆，可为全市各类用户提供视频监控、远程数据传输等业务。2014 年获“支持地方建设先进单位”称号。

（孔祥阳）

5 月 3 日，大众日报社记者应邀到乳山市报社授课 （张高摄）

报 纸

【概况】《乳山时讯》为中共乳山市委机关报，由乳山市报社编辑出版，原名《乳山市报》，1996 年 9 月 8 日创刊，2001 年编入国内统一刊号。2004 年，按政策规定改为内部出版物《乳山市讯》，向机关企事业单位和农村免费赠阅。2006 年 5 月，挂靠威海日报社，改出《威海日报·乳山时讯》。2012 年 7 月，与威海报业脱钩，并进行全新改版。为对开四版周三刊彩报，国际流行黄金报型，期发行量 1 万份，免费赠阅至市直机关、企事业单位、各镇村、社区、主要宾馆酒店、沿街主要商户、威海市党政机关、部分离退休老干部及乳山籍在外知名人士。

【报纸编辑出版】 2014 年，乳山市报社强化内部管理和工作落实力度，服务全市大局，营造良好的舆论氛围。围绕市委、市政府确立的“工业立市、旅游兴市、文化活市”战略，从观念更新、布局调整、产业提升、与外合作、城乡统筹、民生福祉方面，加大政策宣传、典型引导力度，把党和政府的声音传递到千家万户，宣传“仁爱乳山”城市品牌，推出解读文章 9 篇、评论 6 篇、座谈专版 3 个。全年编辑出版《乳山时讯》146 期，开辟新闻专栏 40 个，宣传先进典型 60 个。

【宣传载体创新】 市报社多途径搭建服务社会、服务发展平台，抓好“乳山新闻网”、电子政务杂志、《乳山时讯·新年特刊》《乳山时讯·周末》、报社新浪官方微博等工作。年内，举办“‘国泰民安’杯庆祝新中国成立 65 周年‘喜看乳山新风貌’摄影大赛”；与市文明办联合编辑出版大型图书《仁爱乳山》，挖掘“仁爱乳山”城市品牌内涵，展示“仁爱乳山”建设成果。

（张高）

人口和计划生育

【概况】 2014年,乳山市人口和计生工作呈现稳步健康发展态势,低生育水平持续稳定,人口素质和结构不断优化,统筹解决人口问题合力增强。全市人口出生率7.69‰,合法生育率98.24%,晚育率95.01%,自然增长率-1.61‰,连续18年保持人口负增长,建立阳光培育工程示范中心和教育基地8个,新生儿先天性畸形发病率、出生缺陷发生率控制在2‰以内,群众对计划生育工作综合满意率98%以上。年内,乳山市卫生和计划生育局获“全省计生助福项目示范单位”称号。

【“单独两孩”政策实施】 贯彻落实“单独两孩”(中共十八届三中全会确定“一方是独生子女的夫妇可生育两个孩子”)政策,开展政策宣传和培训解读,做好预测调查,制定相应预案,引导群众合理安排生育。全年受理“单独两孩”生育申请280例,出生人口4272人,比2013年增加1383人,数量控制在人口指导计划之内,避免生育高峰叠加。

【计生奖扶政策落实】 严格执行计划生育5项奖励扶助政策,确保奖励扶助资金按时、足额发放到位。2014年,全市计划生育奖励扶助受惠对象共6.2万人,发放资金3107万元。全市农村31446人获独生子女父母奖励费178.5万元。城镇失业(无业)人员4444人获独生子女父母奖励费25.2万元。23232人获农村部分计划生育家庭奖励扶助金2230.3万元。769人获城镇部分独生子女父母养老补助资金73.8万元。1038人获独生子女伤残死亡家庭特别扶助资金498.2万元。89人获计划生育节育并发症对象生活补助资金22.5万元。1061户获农村和城市计划生育困难家庭救助金78.5万元。

【计生特困家庭扶助政策落实】 成立计生特困家庭扶助社会关怀工作领导小组,明确职责,优化程序,完善特殊困难家庭社会关怀长效机制,为931户计划生育特殊家庭提供基本生活保障、养老、医疗、精神慰藉等服务。启动城镇部分独生子女父母养老补助政策,769名受惠对象确认资格。对全市1000名镇村干部进行计生政策轮训,保证新政策落实到位。

【社会关爱工程推进】 2014年,全市重点帮扶失独失能户,严格执行省市扶助标准,931户特殊家庭、农村和城镇独生子女父母伤残扶助金标准由每户每月150元、270元统一提高到400元。投入资金560万元,开展计生困难家庭、计生家庭大学生救助、贫困母亲救助、农村妇女“两癌”免费筛查及帮扶空巢老人等活动,帮助5000个家庭走出生活困境。

【低生育水平保持】 严格执行现行生育政策,坚持完善日常监控和预警机制,加大综合治理和孕情管理力度,实行二胎孕情跟踪管理,严厉打击“两非”(非医学需要的胎儿性别鉴定、非医学需要的选择性别的人工终止妊娠)行为,严格执行定点分娩,实行实名登记,确保出生分娩信息及时录入计生信息系统。针对户籍新政给人口计生工作带来的影响,组织开展“行政执法月”活动,严厉查处违法生育行为,违法生育立案率、结案率和社会抚养费征收到位率保持在稳定水平,违法生育现象呈下降趋势。

【流动人口服务均等化】 建立健全流动人口计划生育基本公共服务“均等化、个性化、优质化”运行机制,对流入人口实行阶梯式管理模式,同享本地5项免费服务,均等化服务覆盖率95%,为流入人口发放《母爱乳山·幸福计生》服务卡,实行“一卡通”制度,建立服务管理网络,持卡与常住人口享受同等免费服务;在流动人口密集社区开设避孕药具免费发放点,提供便民服务;为持卡流动人口送婚育证明、政策、计生服务、孕前优生健康检查等免费服务,增强归属感,使流动人口扎根乳山,服务乳山。完善社区计生网格化管理服务制度,严把流动人口证件发放、房屋租赁管理关,40134名育龄妇女纳入管理服务范畴,为420名流入人口发放亲情服务卡和“计生服务礼包”,提供免费服务3800人次,流动人口育

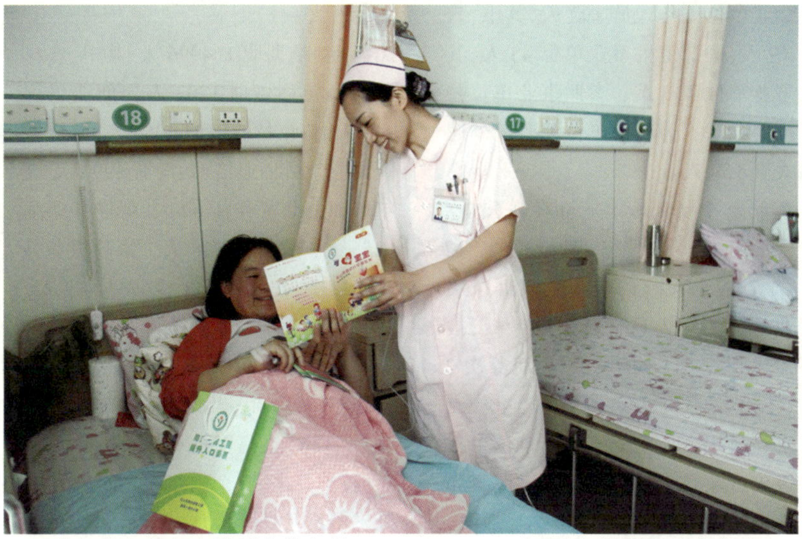

护士为育龄妇女讲解育婴知识　　（卫生和计划生育局提供）

龄妇女建档率、审验率98%。建立人口数据平台，定期对辖区总人口、流动人口、出生情况、新婚情况比对、分拣，根据人口变化情况及时补充更新数据库，提高信息数据准确率和应用率。

【育龄妇女健康服务】　全面提高出生人口素质，推进免费孕前优生健康检查，年内，为全市2140人免费做孕前优生健康检查，目标人群覆盖率92.96%以上。开展“健康服务村村行”活动，为育龄妇女提供生殖健康及孕环情查体服务，孕环情免费检查参查率95.73%，受益群众9.5万人。同时，加强村级药具管理规范化建设，提高育龄群众对药具发放工作满意度，通过省卫生和计划生育委员会计划生育药具管理规范化项目评估验收。

【获评“全省计生助福项目示范单位”】　实施以提高群众生育质量、生活质量和生命质量为目标的阳光培育工程，由城市向镇、村延伸，实现城乡“一体化”。开展优生保障、宝贝关爱、阳光教育“三大工程”，建成集婚姻登记、婚前宣传咨询、婚前医学检查指导、孕前健康检查、优生检测、计划生育技术服务于一体的“婚孕前保健中心”，实现围产儿出生缺陷率和优质出生率“一降一升”。重视0～6岁婴幼儿教育，筛选建立早期教育培育基地，在5家幼儿园增设早教中心，开展免费早教亲子活动，开设早教体验和家长培训课堂，形成富有地方特色的早期教育指导体系。实施阳光教育计划，主要围绕6～18岁青少年群体进行综合培育，培养小学阶段学生爱国爱校爱家情感，开发其思维能力；引导初中阶段学生形成好学上进良好风气，提高其创新能力；引导高中阶段学生勤于学习、善于思考、甘于吃苦、乐于奉献，争当优秀青少年，提高全面素质。年内，创建3个阶段示范中心和教育基地12个，6万户家庭获益，形成覆盖0～18岁人生成长关键阶段人口素质提升格局，其经验在全省典型交流，获“全省计生助福项目示范单位”称号。

【创新宣传工作形式】　依托村、社区人口文化阵地打造具有特色的人口文化氛围，在人口和家庭公共服务中心设置视听区、阅览区、宣教室和宣传品展厅，各级形成有人口文化街、人口文化广场、文化书屋、常年有人口文化活动的格局，凸显文化内涵。加强媒体网络宣传，利用主流媒体深入宣传报道，扩大社会覆盖面，潜移默化传播新理念，利用网络对重大活动进行微直播，加强网络舆论的监测和引导，回应网民关切，营造良好舆论环境。利用“五一”“十一”等重要节假日，开展内容丰富、形式多样的计生主题活动，形成良好的社会氛围。在电视台、报社播发专栏186期，发放宣传资料30万份。

（刘峰）

人力资源和社会保障

【概况】　2014年，全市就业局势继续保持平稳，社会保险制度日趋完善，劳动关系和谐稳定，全年城镇新增就业7154人，农村劳动力转移就业4058人，较往年有较大突破；城镇登记失业率1.48%。全市城镇职工基本养老、城镇职工基本医疗、失业、工伤、生育保险参保分别达101988人、120085人、71590人、94802人、76237人；城乡居民基本养老保险参保29.23万人，城乡

5月24日，“阳光培育”工程早教亲子活动　　（卫生和计划生育局提供）

居民基本医疗保险参保39.26万人，居民大病保险补偿5922人次、1276.16万元。

【人才队伍建设】

紧缺人才引进　2014年，全市企业引进紧缺专业本科以上学历大学生160人，其中硕士以上学历大学生12人。新增留学回国人员10人。新增“威海智创科技企业孵化器有限公司”就业见习基地1处，见习基地总数6家。开展“海外专家威海行”活动，组织5家企业及园区与专家对接，其中乳山市屹博机械有限公司、威海新标海洋育种科技有限公司与专家达成合作意向。为山东金聚粉末冶金有限公司、山东科合海洋高技术有限公司2家企业成功申报2014年度山东半岛蓝色经济区人才发展项目，争取项目经费30万元。

国外智力项目　“肉鸡一条龙企业指导”项目被列入山东省引智项目。“蓝莓优质新品种与高效定植技术推广”“粉末冶金安全滑导线刷片的研发”“新型蓝膜不锈钢板芯平板集热分体式太阳能热水器研发”“铝转向节研发与制造”4个项目被列入威海市重点引智项目。“新型悬挂链式连续热处理生产线的研发”等9个项目被列入威海市常规引智项目。“优质酿酒葡萄标准化生产技术示范推广基地”“日本清香核桃引进与推广基地”被评为威海市引智示范推广基地。全年为16家企业争取引智项目经费43万元。

专业技术人员管理　全年上报中、高级评审材料69份，其中，中级评审材料50份、高级19份。为76名大中专毕业生确认任职资格，评审通过初级任职资格专业技术人员2人。张耘、曹洪建被评为第四批威海市有突出贡献的中青年专家。

人事考试　全年招考公务员64人，其中，公检法25人。做好非公检法类公务员考试报名、资格审查、体检、政审等工作，确保报名程序规范、资格审查准确、体检政审公正。全年公开招聘事业单位工作人员192人，其中，教师19人，医疗卫生事业单位43人，其他事业单位130人。参照事业单位公开招聘办法，为部分单位配备编外聘用人员159人。

年度考核奖惩　坚持客观公正、民主公开、注重实绩原则，对上年12月31日以前在编的全市党政群机关事业单位工作人员进行年度考核，被评为优秀等次1643人，不称职等次3人，不合格等次3人，不考核40人，不定等次183人。全年4个单位申报省级先进集体，14个单位申报市级先进集体。8人申报省级先进个人，34人申报市级先进个人。为13人办理辞职手续。

工资福利管理　为全市11281名机关事业单位工作人员晋升工资，合计月增资额48.67万元，人均增资额43元。

军队转业干部安置和稳定　全年接收安置军转干部10人，其中，计划安置军队转业干部3人，接收自主择业军队转业干部7人。做好企业军转干部解困政策落实，全年发放企业军转干部各项困难补助760万元，做到核算准确、发放及时。

档案管理　全年接收档案1458份，转出干部档案916份，为社会各界提供档案查询5126次。

【劳动就业培训和职业技能鉴定】

2014年，培训职工4996人，其中，农村劳动力转移培训1703人，创业培训943人，特色技能培训4053人。开展城镇失业人员创业培训，培训499人。全年培训公共营养师60人、保健按摩师1255人、育婴师218人、家政服务员792人、面点师846人、驾驶员19人。全年对职业学校毕业生和企业技术工人进行职业技能鉴定1784人。发放各类证书5473个，其中，初级技术等级证书4136个，高级技术等级证书1272个，技师证书65个。组织“金蓝领”高级工鉴定考试，参加“金蓝领”培训1364人。

【全市职工职业技能大赛】　于11月19～21日在威海机械工程高级技工学校举办，大赛设车工、数控车工、钳工、维修电工、电焊工、汽车修理工、中式烹调师（雕刻和热菜）、餐厅服务员、客房服务员、育婴师、养老护理员、家庭服务员等12个工种13个项目，张波、杨璐、杨国姬、丛军委、王明忠、倪琦、周洪毅、仇晓忠、焉保玺、初海霞、蔡安省、于江涛分别获各专业一等奖。

【城乡劳动力就业再就业】　2014年，全市实现新增就业再就业7154人，转移农村劳动力4058人。组织福喜、佳

10月10日，乳山市人力资源市场2014年秋季就业洽谈会

（人力资源和社会保障局提供）

3月18日，社会保险费征缴中心人员指导市民自助缴费（辛戈摄）

美服装等企业赴云南、菏泽等地招工，招用工人1025人。联合市贸易办公室、经济和信息化局、共青团乳山市委、乳山市妇女联合会等部门，举办乳山市2014年度春季和秋季大型就业洽谈会、乳山市外贸、商贸人才专场招聘会、乳山市“送岗位促就业”女性专场招聘会、乳山市工业企业科技人才及用工网络专场招聘会、乳山市青年专场招聘会，参会企业428家，提供工作岗位15211个，达成就业意向2087个。组织企业外出招聘4次，其中到高校招聘3次，参与企业15家，提供工作岗位225个，达成就业意向53个。

【劳动保障监察和劳动人事争议处理】

劳动保障监察　2014年，乳山市劳动保障监察大队与建设部门、公安部门、案发地镇政府（主管部门）沟通协作，推行阳光办案。建立信息共享、案件预警、联合办案、联席议案等制度，搭建处理建筑领域拖欠农民工工资劳资纠纷调处平台。年内，开展清理整顿人力资源市场秩序、残疾人专项检查、社保扩面专项检查、劳务派遣专项检查、农民工工资专项检查等6次，依法查处企业违法行为42起，清理拖欠工资500万元，惠及职工1000人。受理案件148起，其中举报投诉案件105起，信访类案件18起，舆情案件4起，其他21起。打击拖欠职工工资等违法违规行为，依法向公安机关移送涉嫌拒不支付劳动报酬案3起，成功处结富鑫铁厂拖欠141名职工70万元工资案。

劳动人事争议处理　2014年，乳山市劳动人事争议仲裁院走访企业126家，指导企业规范用工管理，督促企业补签劳动合同1260份，督导46家企业制订完善规章制度，督导49家企业完善工资和考勤记录，避免企业经营者因法律意识淡薄导致劳资纠纷案件发生。在48家企业建立调解委员会，调处劳资纠纷45起。建立“阶梯式”大调解制度，通过基层组织调解、区域调解中心调解、庭前调解、庭审调解、庭后和解及结案前调解等阶梯，提高案件调解成功率。年内，受理劳动争议案件316起，结案316起，结案率100%，其中，组织调解269次，达成一致调解意见206起，调解结案率65%。

【社会保险征缴】　2014年，全市实现各项社会保险基金总收入14.59亿元。连续10年调增企业离退休、退职人员养老金。2014年，企业离退休、退职人员人均每月领取养老金增加246.42元。全面推广职工社保自助终端机缴费和网上代扣代缴服务，年内，有25941人通过自助终端机或网上代扣缴纳保费，占已缴费托管人员比例93%。

企业职工社会养老保险　年内，全市参加职工社会养老保险企业1584家，参保职工89988人，全年企业养老保险基金总收入4.89亿元。为全市34473名离退休人员和1126名遗属支付离退休费和遗属补助费7.86亿元，支付率100%。

机关事业单位职工社会养老保险　年内，全市参加机关事业单位职工基本养老保险单位277个，参保职工1.2万人。全年机关事业单位养老保险基金总收入2.91亿元。为7583名离退休人员和633名遗属支付离退休费和遗属补助费2.91亿元，支付率100%。

居民养老保险　2014年7月，居民养老保险基础养老金由每人每月70元上调至85元，全年为113891名60

人力资源和社会保障局综合服务中心社保服务窗口

（人力资源和社会保障局提供）

周岁以上居民养老保险参保人员发放养老金 11476.60 万元。年内，共收缴居民养老保险和被征地农民养老保险基金 2.26 亿元。

基本医疗保险　2014 年，全市参加职工医疗保险 120085 人，全年净增缴费人数 20189 人，收缴职工医疗保险费 2.3 亿元，支付医保费 2.6 亿元。全市有离休干部 374 人，公费医疗参保率 100%，全年收缴公费医疗保费 411.4 万元，支付离休干部医疗费 619 万元。年内，有 39.8 万人参加居民基本医疗保险，收缴居民基本医疗保险基金 1.6 亿元，为 37004 名参保居民报销医疗费用 16675 万元。

工伤保险及生育保险　2014 年，全市参加工伤保险 94802 人，全年净增缴费人数 8450 人，征缴工伤保险费 2229 万元，支付工伤保险费 2695 万元。劳动能力鉴定 265 人，受理工伤案件 476 起，认定工伤 510 起。全市参加生育保险 76237 人，征缴生育保险费 1293 万元，支付生育保险费 906 万元。

失业保险　年内，全市参加失业保险企事业单位 1246 个，参保职工 71590 人。全年收缴失业保险费 2485 万元，为 1355 名失业职工发放失业金 841 万元，代缴医保费 228 万元。

【乳山市人力资源和社会保障局综合服务中心】　于 2014 年 9 月建成并投入使用，中心占地面积 9400 平方米。建大型综合档案室 1 个，占地面积 800 平方米，统一存放劳动托管、人事代理、社保等档案资料。建标准化劳动人事争议仲裁庭 2 个。建拥有 168 个招聘摊位的人力资源市场 1 个，占地面积 4500 平方米，可举办大型就业洽谈会和各类专场招聘会。就业、社保、人才、监察、仲裁等 9 家职能单位 116 名员工集中办公，为群众提供方便、快捷、规范、高效的“一站式”服务。

（谭向明）

住房公积金管理

【概况】　2014 年，威海市住房公积金管理中心乳山管理部调整放宽资金使用政策，创新便民服务措施，加大对低收入职工购房扶持力度，提高资金使用社会效益，实现资金安全管理零风险。至年末，乳山市共开立住房公积金账户并正常办理业务单位 267 个，缴存职工 34792 人。全年完成住房公积金归集额 16571 万元，比上年增收 1872 万元。全年向 245 户职工家庭发放住房公积金个人购房贷款 5013 万元，占当年归集额 30.3%。2014 年，全市有 7918 人次提取使用住房公积金，提取金额 851 万元，比上年增加 46 万元，占当年归集额 51.4%。

【个人住房公积金提取管理规定落实】　2014 年 5 月 19 日，根据《住房公积金管理条例》、山东省人民政府办公厅《关于进一步加强住房公积金管理工作的意见》《威海个人住房公积金重大疾病提取管理规定》等有关法规、规定，乳山管理部明确重大疾病提取条件，缴存职工本人、配偶或其未成年子女因患重大疾病且造成家庭生活严重困难的，缴存职工可以申请提取本人住房公积金账户余额。重大疾病病种包括：慢性肾衰竭（尿毒症）、恶性肿瘤、再生障碍性贫血、慢性重型肝炎、心脏瓣膜置换手术、冠状动脉旁路手术、颅内肿瘤开颅摘除手术、重大器官移植手术、主动脉手术 9 种重病、大病。明确重大疾病提取应提供的证明材料。

【部分住房公积金贷款政策调整】　2014 年 11 月 17 日，印发《关于调整部分住房公积金贷款政策的通知》，于 2014 年 12 月 1 日正式实施。一是放宽贷款申请条件。职工申请贷款由必须连续缴存住房公积金 12 个月（含）以上，调整为连续缴存 6 个月（含）以上。二是开展异地住房公积金贷款业务。户籍属于威海市辖区范围内职工，在外地就业并开户缴存住房公积金，在威海市购买自住住房，可以持就业地住房公积金管理中心出具的缴存、贷款证明，经核实后可准予申请贷款，贷款政策按威海市规定执行。三是调整抵押登记费收取方式。由借款人承担调整为由威海市住房公积金管理中心承担。四是调整贷款资金拨付方式。对房款全部付清的借款人，贷款资金由可拨入借款人账户，调整为一律划入售房单位（或售房人）在银行开设的账户。

【个人住房公积金网上业务开通】　2014 年 12 月开通个人住房公积金网上服务厅业务，12 月 30 日出台《威海市住房公积金个人网上业务管理规定》。缴存公积金职工可通过登陆个人网厅办理短信签约、偿还公积金贷款本息提取、偿还商业个人住房贷款本息提取、提前偿还部分贷款等新业务，包括 3 类业务 6 个模块 22 项交易。

【12329 短信服务率先开通】　2014 年 12 月，在全省住房公积金系统率先开通“12329”短信服务，于 12 月 30 日出台《威海市住房公积金“12329”短信服务管理规定》，缴存公积金职工可免费享受住房公积金短信服务。为职工提供公共信息、业务验证和私密信息等 3 类共 49 项服务，其中，公共信息服务包括政策通知、逾期催贷通知、网点查询、利率查询等 9 项服务；业务验证服务包括网厅登陆验证、短信签约验证、网厅业务验证等 15 项服务；私密信息服务包括汇补缴通知、提取通知、贷款进度通知、短信签约通知等 25 服务。提供手机号码登记、绑定和签约 3 种安全级别不同的开通方式，采用身份证号加个人公积金账户密码作为身份验证的唯一依据，防止泄露。

（朱强）

民政工作

【概况】 2014年,乳山市民政局工作以关心民生为重点,狠抓利民惠民措施落实,出台系列与民生密切相关的改善性文件,为民政工作快速推进提供有力的政策支持。实施六大类30项社会救助行动,杜绝暗箱操作;推动社会养老体系建设,促进养老事业发展。乳山市慈善总会获"山东省慈善工作先进单位"称号,双拥工作连续第七次通过"全省双拥模范城"验收。

【双拥优抚】 开展关爱功臣活动,提高全市抚恤补助标准,按时足额发放到位。开展优抚对象危房改造工作,改造优抚对象危房37户。做好优抚对象精神抚慰工作,组织276名优抚对象到威海复退军人康复医院和乳山市光荣院疗养和查体。争创省级双拥模范城,开展多种形式慰问活动,为34名困难官兵发放救助金3.4万元。全面落实自谋职业各项优惠政策和退役士兵教育培训政策,为232名选择自主就业退役士兵发放一次性经济补助619.3万元,免费培训78人。

【基层政权和社区建设】 对城市社区进行优化布局,新增12个社区,实现城市社区合理化布局。制订《关于实行城市社区工作准入制度的意见》,建立城市社区联席会议制度,理顺社区工作职责。推进社区家室改造升级,完善社区配套设施,重点打造府苑、怡园、西馨苑等8个样板社区,带动提升社区服务功能。完成村委会、居委会换届选举工作,规范村务公开,完善村规民约,提升基层民主自治水平。

【社会救助】 进一步加强城乡最低生活保障工作,自2014年1月1日起,城市低保标准由每人每月450元调整为每人每月500元;农村居民最低生活保障标准由每人每年2600元调整为每人每年3240元,分别比上年增长11.1%、24.6%;开展"助医""助学"等30项救助活动。年内,全市支出善款1200万元,救助困难群众5万人次。制订下发《申请救助家庭经济状况核对方案》和《关于建立低保备案制度的通知》,加强低保政策宣传,规范低保工作流程,建立阳光低保承诺制度、低保备案制度,实际被救助家庭经济状况核查机制,开展"阳光低保"专项行动,取消不符合低保条件及自然减员人员2728人,提高群众满意度。

【慈善事业发展】 按照"营造良好慈善氛围,推进全民慈善"工作思路,创新慈善宣传工作,推动慈善事业健康发展。通过发挥慈善总会监管主体作用,邀请慈善热心人士参与慈善救助金发放等,形成规范慈善资金管理、监督机制。组织开展"慈心一日捐"活动,全年累计接收捐款1233万元。

【养老服务体系建设】 出台《加快乳山市社会养老服务体系建设的意见》《关于加强农村幸福院建设的实施意见》等文件,加大养老服务体系建设力度,推动全市养老事业发展。以乳山市居家养老服务中心("12349"居家服务中心)为依托,将360家涉及家政、餐饮等行业的服务类企业和商户纳入管理系统,为社区居家养老老人提供生活照料、康复护理等服务;新建10处日间照料中心和55处农村互助幸福院,为老年人提供康复护理、配餐服务、娱乐照料等服务;新建乳山市老年人养护中心、乳山市幸福苑老年公寓、南黄老年公寓等专业养老机构,满足不同对象养老需求;利用银滩自然环境优势和房源优势,通过养老机构客源互送,开展异地养老服务。

【社会组织管理】 2014年,成立乳山市社会组织孵化园,加大社会组织培育发展力度,打造可持续发展的社会组织孵化基地,重点培育公益慈善类、社区服务类社会组织。深化社会组织登记制度改革,降低社会组织准入门槛,对行业协会商会类、科技类、公益慈善类、城乡社区服务类四类社会组织实行直接登记,登记1家。对尚不具备登记条件的城乡社区社会组织实行备案管理,引导其参与基层自治。全市备案社区社会组织105家。

【社会事务管理】 全市办理结婚登记3677对,办理离婚登记899对,登记合格率100%。救助街头流浪乞讨人员135人次,发放救助资金69万元。火化尸体4828具,火化率100%,减免殡葬服务费用234.7万元。对区划范围内9条街道、7个住宅小区进行命名。对乳山~海阳线政区界限进行联合检查。

(于波)

6月20日,省民政厅领导石贤芹(左二)调研马石山烈士陵园改造工程
(民政局提供)

老龄事业

【概况】 至2014年年底，全市有60周岁以上户籍人口146215人，约占全市户籍总人口26%，其中百岁以上老人68人。有敬老院、老年公寓等各类养老机构22处，床位总数4643张。每千名老人拥有养老床位32张。12月，市老龄工作委员会办公室获“全国敬老模范单位”称号。

【山东省第三届健康与长寿理论研讨会】 于2014年7月在乳山市举办，由山东省老龄办和山东省老年学学会联合组织，主题为“环境与老年健康长寿”。省政协原副主席、省老年学会会长李德强出席会议并讲话，省、市老龄办及市级老年学会有关负责人、养生养老专家80人出席研讨会并深入交流探讨。

【全国智能化养老实验基地】 2014年10月获全国老龄办授牌。乳山市老龄办多方协调，协助银滩东方国际养生园创建集绿色环保、科技集成、优质高效、整合资源等服务为一体的“全国智能化养老实验基地”，旨在为老年人提供更加人性化、更有尊严的服务，促进全市养老服务事业发展。

【老人节走访慰问】 老人节期间，市领导分头走访慰问百岁老人和住敬老院老人。各镇(街道)和各部门、单位及社会各界，开展形式多样的尊老敬老助老活动。

【乳山市第二十二届老年人运动会】 于2014年10月16日在威海机械工程高级技工学校体育场举行，冠名“东方国际杯”老年人运动会。各镇(街道)和各部门20支代表队198位老年人参加托球跑、篮球运球跑等8个项目的比赛。

（宋礼夫）

山东电视台采访百岁老人于礼昭 （孔俊娟摄）

民族宗教事务

【概况】 2014年，乳山市民族和宗教事务管理局创新完善镇区工作考核、困难少数民族项目帮扶等工作机制，加大民族宗教事务管理力度，努力维护民族团结和社会稳定，年内，省民委、省政协民宗委先后到乳山市专题调研。获威海市“2014年度全市民族宗教工作先进集体”“2014年度全市民族宗教系统信息工作先进集体”称号，腾达社区获“威海市级民族团结进步创建活动示范单位”称号。

【民族事务】 开展民族宗教工作“六进”活动，印制《民族宗教工作须知》宣传册26万份，发放到全市每家每户。建立镇区考核机制，首次将民族宗教工作列入全市岗位目标责任制考核。完善民族宗教工作数据库，协调公安部门以警方温馨提示形式，在清真餐馆设立警示牌，该做法在全省推广。建立困难少数民族群众帮扶机制，投入资金5.4万元，为10户少数民族群众购买饲料粉碎机、药泵等生产资料；争取资金3.5万元，为70户困难少数民族群众发放生活补助；争取社会捐助5万元，为29名考入大学少数民族家庭考生送去救助金。

【宗教事务】 市民族和宗教事务管理局指导多福山景区举办多福山庙会、霄龙禅寺万佛宝殿开光仪式，指导玉虚观举办道教文化交流中心奠基仪式。大乳山泓兴寺召开佛教第二次代表会议，选出新一届佛协领导班子。组织宗教届人士、信教群众，开展消防知识专题讲座和消防应急演练活动。协调供电公司，将全市27处宗教活动场所生活用电收费标准由商业用电改为居民用电，每年为宗教活动场所节约费用5万元。

（陈强）

市级领导人

中共乳山市委员会

高书良 乳山市委书记、市委党校校长，市人大常委会主任、党组书记。荣成市虎山镇雀岛村人，1963年8月出生，1984年1月加入中国共产党，省委党校研究生文化，农业推广硕士。1982年7月参加工作，先后任荣成县崖西公社农机管理员、党委秘书，荣成县(市)政府办公室秘书、副科级秘书、副主任，宁津镇党委副书记、镇长，大疃镇党委书记。1997年12月任乳山市委常委、政法委书记。2001年1月任乳山市委常委、组织部部长。2003年1月任乳山市委副书记、市纪委书记。2006年1月任乳山市委副书记(2004年2月至2006年2月挂任费县县委副书记、副县长)。2006年2月任乳山市委副书记，市政府副市长、党组副书记。2006年9月任乳山市委副书记、市政府副市长、党组副书记，市政协党组书记(正县级)。2007年1月任乳山市委副书记，市政协党组书记(正县级)。2007年3月任乳山市委副书记，市政协主席、党组书记。2007年12月任乳山市委副书记、政法委书记(正县级)。2008年10月任乳山市委副书记、政法委书记，市政府副市长、代理市长。2008年11月任乳山市委副书记，市政府副市长、代理市长、党组书记。2009年1月任乳山市委副书记，市政府市长、党组书记。2011年11月任乳山市委书记、市委党校校长，市政府市长、党组书记。2011年12月任乳山市委书记、市委党校校长。2012年2月任现职。

隋建波 乳山市委副书记，市政府市长、党组书记。荣成市虎山镇北隋家村人，1965年2月出生，1987年4月加入中国共产党，省委党校研究生文化。1984年7月参加工作，先后任荣成县教育局科员，荣成县政府办公室科员，威海市委组织部干事、副科级组织员，威海市高技术产业开发区劳动人事局干部、办公室主任，威海市委办公室正科级秘书。1998年5月任威海市委办公室助理调研员。2001年2月任威海市委办公室副主任。2003年4月任乳山市委副书记。2006年1月任乳山市委副书记、市纪委书记。2006年12月任乳山市委副书记、市纪委书记(正县级)。2007年1月任乳山市委常委，市政府副市长、党组副书记(正县级)(2006年3月至2008年3月挂任费县县委副书记、副县长)。2008年10月任乳山市委副书记，市政府党组副书记(正县级)。2008年11月任乳山市委副书记、政法委书记(正县级)。2010年1月任乳山市委副书记(正县级)。2011年12月任乳山市委副书记，市政府副市长、代理市长、党组书记(正县级)。2012年2月任现职。

毕兴全 乳山市委副书记(正县级)、市委群众工作部部长。威海市高技术产业开发区怡园街道办事处毕家疃村人，1969年2月出生，1990年6月加入中国共产党，在职研究生文化，管理学硕士。1987年7月参加工作，先后任山东省坊子煤矿中学教师，威海市环翠区田村镇团委干事、嵩泊镇团委书记，环翠区委组织部干事、调研科副科长，环翠区委组织部副科级组织员、调研科副科长、组织科科长、干部科科长，环翠区桥头镇党委副书记、镇长，竹岛街道办事处党委书记，孙家疃镇党委书记。2003年8月任威海市环翠区孙家疃镇党委书记、北海旅游度假区管委会主任、工委书记。2006年8月任威海市环翠区孙家疃镇党委书记、北海旅游度假区管委会主任。2006年12月任荣成市委常委、政法委书记。2007年11月任荣成市委常委、组织部部长(2008年8月至2009年9月挂任山东省经贸委技术改造处副处长)。2011年5月任荣成市委常委、组织部部长，威海工程技术学院纪委书记。2011年11月任乳山市委副书记(正县级)。2013年10月任现职。

徐 明 乳山市委常委，市政府副市长、党组副书记(正县级)。文登区侯家镇南下河村人，1970年1月出生，1989年7月加入中国共产党，省委党校研究生文化。1989年7月参加工作，先后任文登市第二中学教师，文登市委办公室科员、行政科副科长、行政科科长，文登市委办公室副主任科员、行政科科长，文登市委保密办公室主任，文登市委办公室副主任、档案局局长，文登市龙山路街道办事处党工委书记，苘山镇党委书记、文登工业园管委会主任，苘山镇党委书记、人大主席、文登工业园管委会主任，威海工业新区党工委委员、苘山镇党委书记、人大主席、文登工业园管委会主任。2008年5月任威海工业新区管委会副主任、党工委委员，苘山镇党委书记、人大主席，文登工业园管委会主任。2009年9月任威海工业新区管委会副主任、党工委委员，苘山镇党委书记。2010年1月任威海工业新区管委会副主任、党工委委员。2011年11月任乳山市委常委。2011年12月任乳山市委常委，市政府副市长、党组副书记。2012年12月任乳山市委常委，市政府副市长、党组副书记，山东省乳山幼儿师范学校(山东省威海艺术学校)党委书记。2014年12月任现职。

丛龙海 乳山市委常委、市纪委书记。威海经区皇冠街道办事处城子村人，1970年11月出生，1990年10月加入中国共产党，省委党校研究生文化。1988年7月参加工作，先后任威海市环翠区委办公室机要科机要员、信息督察科机要秘书、督察科科长，环翠区委办公室副科级秘书、督查科科长，环翠区委办公室副主任，环翠区委政法委副书记、综治办主任，威海市委党校青年干部培训班学员。2003年4月任文登市政府市长助理（副县级)。2005年2月任文登市政府市长助理（副县级），对外贸易经济合作局局长。2005年4月任文登市政府市长助理（副县级），对外贸易经济合作局局长、党组书记。2007年11月任文登市政府副市长、党组成员，对外贸易经济合作局局长。2009年5月任文登市政府副市长、党组成员。2011年11月任现职。

李国徽 乳山市委常委、市委政法委员会书记。乳山市经济开发区崔家村人，1969年11月出生，1991年12月加入中国共产党，省委党校研究生文化，农业推广硕士。1988年7月参加工作，先后任乳山县(市)委办公室干事、保密科副科长，乳山市委保密办公室副主任，乳山市委保密办公室(政府保密局)主任(局长)，乳山市委办公室副主任，乳山市委办公室副主任、主任科员，乳山市徐家镇党委书记、人大主席，乳山市委办公室副主任、主任科员，乳山市发展和改革局局长、党组书记。2007年12月任乳山市政府副市长、党组成员。2011年12月任乳山市政府副市长、党组成员，市委政法委书记。2012年1月任乳山市委常委、政法委书记，市政府副市长、党组成员。2012年2月任现职。

王星淘 乳山市委常委、市委统战部部长，市政府党组成员。河北省玉田县人，1974年10月出生，1995年4月加入中国共产党，研究生文化，理学博士。1999年4月参加工作，先后任大庆石油学院教师，中国海洋大学海洋地质专业博士。2004年8月任威海市海洋与渔业局助理调研员。2004年10月任威海市海洋与渔业局助理调研员、党委委员。2007年5月任威海市海洋与渔业局副局长、党委委员。2011年11月任乳山市委常委。2011年12月任乳山市委常委、市政府党组成员。2014年1月任现职。

邢海波 乳山市委常委、市委组织部部长。海阳市东村镇邢家村人，1971年12月出生，1993年6月加入中国共产党，大学文化，经济学硕士。1995年7月参加工作，先后任威海市环翠区温泉镇经委科员、团委书记，威海市环翠区政协办公室秘书，威海市环翠区草庙子镇党委宣传委员，威海市委组织部干教科主任科员，威海市委组织部干教科副科长、主任科员，威海市委组织部组织科副科长、新型办主任，威海市委组织部组织科科长、新型办主任，威海市委组织部组织科科长。2010年12月任威海市委组织部副调研员、组织科科长。2012年9月任威海市委组织部副调研员、组织二科科长(科室更名)。2012年12月任现职。

王建华 女，乳山市委常委、市委宣传部部长。青州市王母宫镇人，1970年5月出生，1997年7月加入中国共产党，大学文化。1993年8月参加工作，先后任威海火炬高技术产业开发区劳动物资供应公司职工，威海市妇联法律顾问处科员，威海市妇联研究室科员、副主任、主任，威海市妇联组织部部长。2008年8月任威海市妇女儿童工作委员会办公室主任（副县级)、妇联党组成员。2009年9月任威海市妇联副主席、党组成员。2013年10月任现职。

隋同朋 乳山市委常委，市政府副市长、党组成员。乳山市诸往镇东诸往村人，1972年5月出生，1996年4月加入中国共产党，省委党校研究生文化。1994年8月参加工作，先后任乳山市大孤山镇党委办公室科员、秘书，乳山市委组织部组织科科员、副科长、科长，乳山市委党代表联络办公室主任、组织科科长，乳山市城区街道党工委副书记、办事处主任，乳山市城区街道党工委书记、威海纺织染整工业园管委会主任。2009年12月任乳山市银滩旅游度假区管委会主任，城区街道党工委书记、威海纺织染整工业园管委会主任。2010年1月任乳山市政府副市长、党组成员，银滩旅游度假区管委会主任、党工委副书记。2012年10月任乳山市政府副市长、党组成员。2013年10月任现职。

鲁向阳 乳山市委常委、人民武装部政委。即墨市王村镇鲁家村人，1970年8月出生，1991年8月加入中国共产党，大学文化。1987年10月参加工作，先后任某集团军高炮旅战士，军事经济学院学员，某集团军高炮旅后勤部财务科正排职助理员、副连职助理员，某集团军后勤部军需处正连职助理员、副营职助理员、正营职助理员、副团职助理员，某军区联勤部司令部办公室副团职秘书、正团职秘书。2014年1月任乳山市人武部部长。2015年2月任现职。

乳山市人大常委会

高书良 乳山市委书记、市委党校校长，市人大常委会主任、党组书记。（详见《人物/市级领导人/乳山市委员会》）

马 泽 乳山市人大常委会第一副主任、党组书记（正县级）。乳山市夏村镇马家庄村人。1959年8月出生，1981年6月加入中国共产党，省业余大学文化。1980年12月参加工作，先后任乳山县石头圈公社团委干事，马石店公社党委文书、秘书，马石店乡副乡长，白沙滩镇（乡）副镇（乡）长、党委副书记，乳山县银滩开发区管委会主任，乳山县（市）银滩开发区管委会副主任、党组成员，乳山市金岭开发区管委会副主任、党委副书记，乳山市乳山寨镇党委书记、人大主席，白沙滩镇党委书记、人大主席。2001年1月任乳山市委常委、宣传部部长。2002年12月任乳山市委常委、市政府党组成员。2003年1月任乳山市政府副市长、党组成员。2007年1月任乳山市委常委，市政府副市长、党组成员。2008年11月任乳山市委常委，市政府副市长、党组副书记。2009年12月任乳山市政府副市长、党组副书记。2010年1月任现职。

姜翠萍 女，乳山市人大常委会党组副书记，威海机械工程高级技工学校校长、党委副书记。乳山市白沙滩镇曹家庄村人，1962年12月出生，1988年11月加入中国共产党，省委党校大学文化。1982年7月参加工作，先后任山东掖县滕家粮所会计，乳山县财政局会计、驻厂员管理所副所长、驻厂员管理所所长，乳山县（市）财政局副局长、党组成员，财政局副局长、党组副书记、地税局局长、党组书记，财政局副局长、党组副书记兼重点工程办公室主任，乳山市人事局副局长、党组副书记、主任科员兼机关事业保险处主任，乳山市劳动和社会保障局副局长、党委副书记、主任科员兼机关事业保险处主任，乳山市妇联主任、党组书记，乳山市政府党组成员。2003年1月任乳山市政府副市长、党组成员。2007年11月任乳山市委常委、宣传部部长，市政府党组成员。2007年12月任乳山市委常委、宣传部部长。2013年10月任现职。

赵钧波 乳山市人大常委会副主任、博物馆馆长、冯德英文学馆馆长。乳山市海阳所镇西山村人，1956年10月出生，无党派人士，高中文化。1985年8月参加工作，先后任乳山县文物管理所管理员，乳山县文化局秘书，乳山县（市）图书馆副馆长，乳山市政协文史资料委员会副主任，乳山市文化局副局长、书画院院长。1998年2月任乳山市人大常委会副主任、书画院院长。2007年12月任乳山市人大常委会副主任、博物馆馆长。2008年1月任现职。

于新建 乳山市人大常委会副主任、党组成员。文登区小观镇万家口村人，1960年2月出生，1986年9月加入中国共产党，省业余大学文化。1980年7月参加工作，先后任乳山师范学校教师，乳山县教研室教师，乳山县建筑公司赴科威特建筑队翻译、乳山县（市）建筑设计院干部，乳山市诸往镇党委宣传委员，乳山市侨务工作办公室副主任，乳山市对外经济贸易委员会副主任、党组成员，乳山市对外贸易经济合作局副局长、党组成员、主任科员，乳山市对外贸易经济合作局副局长、党组成员兼政府驻韩国办事处主任，乳山市对外贸易经济合作局局长、党组书记兼政府驻韩国办事处主任。2009年12月任乳山市岠嵎山国家森林公园管委会主任（副县级），对外贸易经济合作局局长、党组书记、政府驻韩国办事处主任。2010年1月任乳山市岠嵎山国家森林公园管委会主任（副县级），对外贸易经济合作局局长、党组书记。2010年4月任乳山市岠嵎山国家森林公园管委会主任（副县级），商务局局长、党组书记。2010年12月任乳山市商务局局长、党组书记（副县级）。2011年1月任现职。

高翠玲 女，乳山市人大常委会副主任、党组成员。乳山市南黄镇高家屯村人，1962年12月出生，1987年12月加入中国共产党，省委党校大学文化。1984年10月参加工作，先后任乳山县南黄镇妇联干事，乳山县徐家乡妇联干事、副主任，乳山县（市）徐家镇党委委员、妇联主任，乳山市徐家镇副镇长，乳山市下初镇党委副书记，乳山市妇联副主任、党组成员，乳山市乳山口镇党委副书记、镇长，乳山市妇联主任、党组书记，乳山市人口和计划生育局局长、党组书记，乳山市人大常委会党组成员。2012年2月任现职。

矫伟宏 乳山市人大常委会副主任、党组成员。烟台市牟平区埠西头镇人，1964年3月出生，1983年12月加入中国共产党，省委党校大学文化。1981年11月参加工作，先后任乳山县烟酒公司职工，乳山县徐家公社党委交通员，乳山县徐家乡团委书记、党委委员，乳山县（市）海阳所镇党委宣传委员、党委副书记、镇长，乳山市乳山口镇党委副书记、镇长，乳山市乳山口镇党委书记、人大主席，乳山经济开发区管委会副主任、工委副书记、乳山口镇党委书记、人大主席。2009年9月任乳山经济开发区管委会主任、工委副书记（副县级），乳山口镇党委书记、人大主席。2011年12月任乳山市经济开发区管委会主任、工委副书记（副县级）。2014年1月任乳山市人大常委会党组成员（副县级）。2014年2月任现职。

乳山市人民政府

隋建波 乳山市委副书记，市政府市长、党组书记。（详见《人物/市级领导人/乳山市委员会》）

徐 明 乳山市委常委，市政府副市长、党组副书记（正县级）。（详见《人物/市级领导人/乳山市委员会》）

王祥芹 政协乳山市委员会主席，乳山市政府党组副书记，滨海新区管委会主任、党工委书记。（详见《人物

/市级领导人/政协乳山市委员会》)

隋同朋 乳山市委常委，市政府副市长、党组成员。(详见《人物/市级领导人/乳山市委员会》)

陈卫萍 女，乳山市政府副市长。文登区大水泊镇沟曲家村人，1970年6月出生，无党派人士，省委党校研究生文化。1991年7月参加工作，先后任文登市天福山镇妇联干事、副主任、主任，文登市天福山镇政协工作办公室副主任，文登市泽头镇副镇长。2007年11月任乳山市政府副市长。2007年12月任乳山市政府副市长，政协副主席。2012年2月任现职。

战国生 乳山市政府副市长、党组成员。乳山市冯家镇砦里村人，1968年12月出生，1989年5月加入中国共产党，省委党校研究生文化。1989年7月参加工作，先后任乳山县人民法院下初法庭书记员，乳山县(市)政府办公室秘书、调研科副科长、调研科科长，乳山市政府办公室副主任科员、调研科科长，乳山市政府办公室副主任、政府法制局局长，乳山市夏村镇党委书记、人大主席，乳山市政府党组成员、办公室主任，市政府党组成员、银滩旅游度假区管委会副主任、党工委副书记(主持工作)。2012年12月任乳山市政府党组成员，银滩旅游度假区管委会主任（副县级)、党工委副书记。2013年1月任乳山市银滩旅游度假区管委会主任(副县级)、党工委副书记，白沙滩镇党委书记、人大主席。2013年3月任乳山市滨海新区党工委副书记，银滩旅游度假区管委会主任(副县级)，白沙滩镇党委书记、人大主席。2013年7月任乳山市政府党组成员，银滩旅游度假区管委会主任（副县级)。2013年8月任现职。

孙　军 乳山市政府副市长、党组成员。乳山市崖子镇崖子村人，1971年11月出生，1993年7月加入中国共产党，大学文化，公共管理硕士。1993年7月参加工作，先后任乳山县(市)职业中专教师，乳山第一中学教务处干事，乳山市委组织部干事、干部科副科长、干部科科长，乳山市农村党员干部现代远程教育中心(副科级)主任、组织部干部科科长，乳山市农村党员干部现代远程教育中心副主任、组织部干部科科长，乳山市委组织部副部长，乳山市委组织部副部长、老干部局局长，乳山市委组织部副部长、机构编制委员会办公室主任，乳山市委办公室主任。2013年10月任乳山市政府副市长、党组成员，市委办公室主任。2013年12月任现职。

丁甫春 乳山市政府副市长、党组成员。胶南市琅琊镇人，1971年5月出生，1994年4月加入中国共产党，研究生文化，工学硕士。1999年4月参加工作，先后任威海市国内招商局联络科科员、副科长，威海市国内招商局招商管理科科长，威海市经济合作局合作一科科长。2010年1月任威海市经济合作局副局长、党委委员。2014年1月任乳山市政府党组成员。2014年2月任现职。

政协乳山市委员会

王祥芹 政协乳山市委员会主席，乳山市政府党组副书记，滨海新区管委会主任、党工委书记。乳山市南黄镇西浪暖村人，1963年7月出生，1986年7月加入中国共产党，省委党校大学文化。1982年7月参加工作，先后任乳山县(市)水利队技术员、副队长、队长，乳山市水利局局长助理，水利局副局长、党委委员，乳山市诸往镇党委副书记、镇长，冯家镇党委书记、人大主席，乳山口镇党委书记、人大主席。2003年9月任乳山市岠嵎山国家森林公园管委会主任(副县级)，乳山口镇党委书记、人大主席。2005年2月任乳山市乳山口镇党委书记、人大主席(副县级)。2005年3月任乳山市政府副市长、党组成员。2009年12月任乳山市委常委，市政府副市长、党组成员。2010年1月任乳山市委常委，市政府副市长、党组副书记。2013年4月任乳山市委常委，市政府副市长、党组副书记，滨海新区管委会副主任、党工委副书记(主持工作)。2013年10月任乳山市政府党组副书记，滨海新区管委会主任、党工委书记（正县级)。2015年2月任现职。

李新权 政协乳山市委员会副主席，水利局副局长。乳山市白沙滩镇西北庄村人，1967年1月出生，无党派人士，省委党校大学文化。1987年7月参加工作，先后任黑龙江省前锋农场技术员，乳山县(市)海阳所镇农技站技术员、副站长、站长，乳山市海阳所镇副镇长，乳山市海阳所镇副镇长、大乳山风景区管委会副主任（正科级)，乳山市下初镇镇长，乳山市水利局副局长、主任科员。2007年12月任现职。

丛宝云 政协乳山市委员会副主席，科学技术局副局长。乳山市大孤山镇河南村人，1963年3月出生，无党派人士，大学本科。1984年7月参加工作，先后任乳山县午极农技中学教师，乳山县科学技术开发中心干部，乳山县(市)科学技术器材公司干部，乳山市科委干部、成果科副科长，乳山市科技局成果科科长、综合科科长，乳山市科技局局长助理、副主任科员，乳山市科技局副局长。2007年12月任现职。

王月珍 政协乳山市委员会副主席、党组成员。乳山市南黄镇南黄北埠村人，1960年8月出生，1989年7月加入中国共产党，在职大专文化。1983年9月参加工作，先后任乳山县化肥厂工人、财务科科长，乳山县黄金公司供销站经理，乳山县(市)审计局工交科审计员、工交科科长、综合科科长，乳山市经贸委副主任、党组成员，乳山市经贸委副主任、党委委员，乳山市经贸委副主任、党委副书记，乳山市经贸局副局长、党委副书记，乳山市经贸局副局长、党委副书记、主任科员，乳山市经贸局副局长、党委副书记兼安监局局长，乳山市安监局局长、党组书记，乳山市经贸局局长、党委书记。2009年12月任威海机械工程高级技工学校副校长、党委委员，乳山市经贸局局长、党委书记。2010年4月任威海机械工程高级技工学校副校长、党委委员，乳山市经济和信息化局局长、党委副书记。2011年1月任威海机械工程高级技工学校副校长、党委委员，乳山市经济和信息化局局长、党委书记。2011年12月任乳山市政协党组成员，威海机械工程高级技工学校副校长、党委委员。2012年2月任乳山市政协副主席、党组成员，威海机械工程高级技工学校副校长、党委委员。2012年10月任现职。

宫洪霞 女，政协乳山市委员会副主席，发展和改革局副局长。乳山市诸往镇大龙口村人，1976年8月出生，无党派人士，大学文化。1998年9月参加工作，先后任乳山市马石店镇党委干部，乳山市崖子镇党委干部，乳山市审计局科员，乳山市监察局副局长。2012年2月任乳山市政协副主席，监察局副局长。2013年6月任现职。

王海波 政协乳山市委员会副主席、党组成员，教育局局长、党委书记。乳山市崖子镇申家村人，1963年2月出生，1985年7月加入中国共产党，省委党校研究生文化。1983年7月参加工作，先后任乳山县活塞环厂技术员，乳山县(市)环保局干部、法规科科长，乳山市环保局副局长、党组成员，乳山市海阳所镇党委副书记、镇长，乳山市海阳所镇党委书记、人大主席，乳山市夏村镇党委书记、人大主席，乳山市委办公室副主任、主任科员，乳山市卫生局局长、党委书记、红十字会常务副会长、办公室主任。2008年8月任威海机械工程高级技工学校副校长、党委委员，乳山市卫生局局长、党委书记，红十字会常务副会长、办公室主任。2008年9月任威海机械工程高级技工学校副校长、党委委员，乳山市劳动和社会保障局局长、党委书记。2010年4月任威海机械工程高级技工学校副校长、党委委员，乳山市人力资源和社会保障局局长、党委书记。2013年1月任威海机械工程高级技工学校副校长、党委委员，乳山市教育局局长、党委书记。2014年1月任乳山市政协党组成员，乳山市教育局局长、党委书记。2014年2月任现职。

高 波 政协乳山市委员会副主席、党组成员，财政局局长。乳山市南黄镇湾头村人，1963年6月出生，1992年8月加入中国共产党，省委党校大学文化。1978年12月参加工作，先后任烟台海洋渔业公司工人，乳山县乡镇企业局会计，乳山县财政局会计，乳山县(市)财政局预算科副科长、科长、局长助理，乳山市财政局副局长、党组成员，乳山市财政局党组书记、副局长，乳山市财政局局长、党组书记，乳山市政府市长助理、党组成员、财政局局长、党组书记。2009年9月任乳山幼儿师范学校党委副书记，财政局局长、党组书记。2013年12月任乳山幼儿师范学校党委副书记，财政局局长。2014年1月任乳山市政协党组成员，财政局局长(副县级)。2014年2月任现职。

乳山市纪律检查委员会

丛龙海 乳山市委常委、市纪律检查委员会书记。(详见《人物/市级领导人/乳山市委员会》)

(市委组织部干部科)

先进模范人物

【2014年获省部级表彰的先进个人】

(按姓氏笔画为序)

马 成 共青团乳山市委员会书记。乳山市夏村镇任沟村人，1982年12月出生，2006年8月参加工作，2007年9月加入中国共产党，大学文化。自2013年任共青团乳山市委员会书记以来，始终以中共十八大和十八届三中、四中全会精神为指导，以“服务青年、服务社会”为工作准则，围绕党政中心工作，实施青春导航行动、青春建功行动、青春创业行动、青春同行行动、青春绿色行动“五项行动”以及助力县域科学发展工程和服务青年项目创新工程“两项工程”，通过工作创新，打造青年就业创业、帮扶弱势青少年群体等方面的新格局，开创共青团工作新局面。先后争创“山东省五四红旗团委”、全省“创建五好基层关工委优秀组织奖”等集体荣誉。2014年8月，被中国关心下一代工作委员会、中华人民共和国司法部授予“全国青少年普法教育先进个人”称号。

许小丽 乳山市诸往镇中心小学语文教师兼教导主任。乳山市诸往镇铁山村人，1978年5月出生，1996年7月参加工作，2003年8月加入中国共产党，大学文化。参加工作以来，始终坚持“育人先育心”理念，把满腔的爱倾洒给农村孩子，以自己的爱心、关心、耐心培养学生健康成长。在教学中，致力于语文教学研究，勤学善思，灵活运用现代信息技术，为学生创设生动活泼的学习情境。开展课题研究，构建小学语文有效课堂教学模式，提高学生语文素养。利用假期，参加各级培训，提高专业素养和教学水平，以过硬的教学素质向学生奉献优质教育。先后获山东省“科研先进个人”，威海市“教科研先进个人”“小学语文教学能手”“优秀教师”等荣誉称号。2014年9月，被中华人民共和国人力资源和社会保障部、中华人民共和国教育部授予“全国模范教师”称号。

刘 杰 乳山市安全生产监督管理局办公室(法规科)主任(科长)。乳山市南黄镇归仁村人，1980年8月出生，1999年7月参加工作，2007年6月加入中国共产党，大学文化。自2005年到安监局工作以来，本着“服务到位、协调到位、把关到位、参谋到位、助手到位”的工作原则，协助处理各项重大事件，发挥办公室应有的组织、协调和服务职能。认真履行职责，积极协调相关安全生产委员会成员单位开展季节性和重大节假日安全生产大检查活动，加大各行业安全生产隐患排查和治理，确保无重大安全事故发生。将全市重点监管行业企业全部录入监管平台，实施网格化监管，为安全生产形势持续稳定做出贡献。2013年，获威海市安监局嘉奖。2015 年 1 月，被安监总局授予“全国安全生产监管先进个人”称号。

姜培荣 乳山市育黎镇南西屋小学语文教师，乳山市育黎镇北西屋村人，1945 年 4 月出生，1971 年 7 月参加工作，1973 年 6 月加入中国共党员，中专文化。姜培荣从 1988 年开始照顾岳母葛翠英。2001 年，96 岁的岳母不慎摔伤股骨，不能走路，生活起居完全靠姜培荣夫妇照料，大小便都在室内解决，但老人居住房间非常整洁，被褥干净松软，没有任何异味。岳母 100 多岁时，常对人竖起大拇指夸赞姜培荣：这样的女婿天下难找，老人晚年卧床不起，头脑也逐渐糊涂，姜培荣也身患重疾，但仍一如既往地伺候岳母，直到 2014 年岳母以 109 岁高龄辞世。被全国敬老爱老助老主题教育活动组委会授予“全国孝亲敬老之星”称号。

2014 年获地厅级表彰的先进个人

（按姓氏笔画为序）

表 39

姓 名	工作单位及职务	所获荣誉全称	授 奖 部 门
丁培坚	乳山市统计局社情民意调查中心副主任	山东省第三次经济普查先进个人	山东省统计局
于江泳	乳山市文广新局文化艺术科副科长	第二批齐鲁文化之星	中共山东省委宣传部
于 丹	乳山市信访局副局长	2014 年度优秀机关工作人员	威海市委 威海市政府
于 洋	乳山市编委办综合科副科长	2014 年度机构编制宣传工作先进个人并记嘉奖	山东省机构编制委员会办公室
于 洋	乳山市农村信用合作联社理事长	山东省农村信用社先进工作者 2014 年度建设“美丽中国”百佳经济人物	山东省农村信用社联合社 中国国际经济技术合作促进会
于金晓	乳山市徐家镇经济发展办公室副主任	全省优秀工资集体协商指导员	山东省总工会
于 海	乳山市城区街道办事处工委书记	2014 年度优秀机关工作人员 并记个人二等功	威海市委 威海市政府
于振华	乳山市农机局副局长	记个人三等功	山东省农机局
马明强	乳山市人民法院副院长	全市“人民满意政法干警” 并记个人二等功	威海市委 威海市政府
马忠瑜	乳山市人民法院经济开发区法庭庭长	全省法院先进个人	山东省高级人民法院
马德松	乳山市公安局海阳所边防派出所副教导员	2014 年度全省优秀人民警察	山东省公安厅
王小民	乳山市公安局信访科科长	2013 年度全省优秀信访室主任	山东省公安厅
王文翰	乳山市公安局交警大队三中队中队长	2013 年度全省优秀交通警察中队长	山东省公安厅
王欣林	乳山市公安局副局长	2013 年度优秀机关工作人员 并记个人二等功	威海市委 威海市政府
王自伟	乳山市经管站站长	全省农业宣传暨科学技术普及工作嘉奖	山东省农业厅
王 波	乳山市公安局治安大队户籍管理科副科长	全省优秀户籍员	山东省公安厅
王金禄	乳山市公安局法制大队大队长	2013 年度全省优秀法制大队长 2014 年度全省优秀法制大队长	山东省公安厅

续表 39

姓　名	工作单位及职务	所获荣誉全称	授　奖　部　门
王延臻	乳山市统计局社情民意调查中心主任	全省旅游统计基层考核先进个人	山东省旅游局
王昌军	乳山市林业局野保站站长	山东省重大林业有害生物防控工作先进个人	山东省林业厅
牛凤伟	乳山市公安局政工室副主任	全省政工信息工作优秀通讯员	山东省公安厅
付连菊	乳山市文广新局文化馆创作员	第二批齐鲁文化之星	中共山东省委宣传部
冯　罡	乳山市金融工作办公室主任	2014 年度优秀机关工作人员	威海市委 威海市政府
迟诚勇	乳山市文明办综合科科长	山东省未成年人思想道德建设工作先进个人	山东省文明委
李玉睿	乳山市公安局胜利街派出所副所长	2014 年度全省优秀人民警察	山东省公安厅
李淑波	乳山市妇联主席	山东省"三八"红旗手	山东省妇联
李　梁	乳山市行政执法局滨海新区分局局长	威海市机关作风建设年活动十佳行业标兵	威海市委 威海市政府
李　振	乳山市人民法院城区法庭副庭长	全省人民法庭优秀法官	山东省高级人民法院
刘　刚	乳山市公安局刑侦大队副大队长	全省打黑除恶工作成绩突出个人	山东省公安厅
刘　伟	乳山市乳山口镇党委书记	全市基层党管武装工作好书记	威海市委 威海军分区党委
刘浩杰	乳山市邮政局局长	山东省富民兴鲁劳动奖章	山东省总工会
刘　皓	乳山市第六中学教师	山东省优秀教师	山东省教育厅
许传杰	乳山市公安局特巡警二大队教导员	全省公安机关 2013 年缉枪治爆专项行动成绩突出个人	山东省公安厅
邢汝永	乳山市农村信用合作联社监事长	山东省农村信用社先进工作者	山东省农村信用社联合社
邢素英	乳山市残疾人康复服务中心主任	山东省残联系统先进个人	山东省残联
苏卫军	乳山市政府党组成员、公安局局长	全省优秀公安局长	山东省公安厅
张永成	乳山市劳动就业办公室政工科科长	省级就业宣传工作先进个人	中国就业促进会
张　军	乳山市公安局刑侦大队二中队中队长	2013 年度全省优秀刑事侦察中队长	山东省公安厅
张　军	乳山市科学技术局副局长	2013 年度优秀机关工作人员	威海市委 威海市政府
张尚延	乳山市公安局拘留所所长	2014 年度全省优秀公安拘留所所长	山东省公安厅

续表 39

姓　名	工作单位及职务	所获荣誉全称	授　奖　部　门
张爱华	乳山市人民医院科教科科长	山东省富民兴鲁劳动奖章	山东省总工会
张　耘	乳山市实验中学校长	威海市有突出贡献的中青年专家	威海市政府
张　辉	乳山市公安局刑侦大队技术中队副中队长	记个人二等功	山东省公安厅
张　群	乳山市公安局海阳所边防派出所教导员	全省公安系统优秀共产党员	山东省公安厅
陈爱华	乳山市海洋与渔业局海洋环境监测站工作人员	2014 年度全省海洋生态环境监测与评价先进个人	山东省海洋环境监测中心
宋天龙	乳山市公安局夏村派出所所长	2014 年度全省公安机关“齐鲁先锋警员”	山东省公安厅
宋文志	山东金洲矿业集团有限公司总工程师	山东省富民兴鲁劳动奖章	山东省总工会
宋英豪	乳山市公安局夏村派出所所长	2013 年度全省公安机关“齐鲁先锋警员”	山东省公安厅
宋旭峰	乳山市海洋与渔业局渔政监督管理站工作人员	2014 年度伏季休渔管理工作先进个人	山东省海洋与渔业厅
宋　斌	乳山市委宣传部理教科科长	山东省优秀理论教育工作者	中共山东省委宣传部
沈建军	乳山市公安局边防大队业务参谋	全省公安系统优秀共产党员	山东省公安厅
沙玉鑫	乳山市公安局胜利街派出所科员	2014 年度全省优秀人民警察	山东省公安厅
辛德军	乳山市公安边防大队大队长	2013 年度全省优秀边防大队长	山东省公安厅
杨少明	乳山市人民法院执行二庭庭长	记个人一等功	山东省高级人民法院
杨玉峰	乳山市安监局工商贸科科长	全省安全生产工作先进个人	山东省安监局
杨　林	乳山市公安局经侦大队侦察中队副中队长	全省公安机关 2014 年打击整治传销集中行动成绩突出个人	山东省公安厅
杨景山	乳山市环卫处副处长	山东省模范环卫工人	山东省住房和城乡建设厅
肖红丽	乳山市地税局银滩中心税务所所长	十佳最美税务人	山东省地方税务局
战　东	乳山市冯家镇庄子夼村党支部书记	全市农村环境整治先进个人	威海市委 威海市政府
赵松瑚	乳山市公安局刑侦大队副大队长	记个人二等功	山东省公安厅
赵松瑚	乳山市公安局刑侦大队大队长	2014 年度全省优秀刑事侦查大队长	山东省公安厅
宫　杰	乳山市公安局特巡警一大队三中队副中队长	全省公安机关“社区六进”工作成绩突出个人	山东省公安厅

续表 39

姓 名	工作单位及职务	所获荣誉全称	授 奖 部 门
姜文豪	乳山市财政局经济建设科科员	全省企业财务快报工作先进个人	山东省财政厅
姜占杰	乳山市粮食局市场监管办主任	全省粮食执法效能提升深化年活动先进个人	山东省粮食局
姜 华	乳山市审计局副局长	记个人二等功	山东省审计厅
姜培勤	乳山市第九中学教师	山东省优秀教师	山东省教育厅
段 军	乳山市公安局警务保障室主任	2014 年度全省优秀警务保障室主任	山东省公安厅
段鹏飞	乳山市公安局刑侦大队三中队副中队长	2014 年度全省优秀人民警察 全省公安机关“破案攻坚能手”	山东省公安厅
秦宪臻	乳山市粮食局局长	全省粮食系统先进个人并记三等功	山东省粮食局
栾 频	乳山市科学技术局副局长	2013 年度优秀机关工作人员	威海市委 威海市政府
夏 静	乳山市司法局城区街道司法所所长	记个人二等功	山东省司法厅
曹永刚	乳山市午极镇党委书记	全市基层党管武装工作好书记	威海市委 威海军分区党委
焉保祥	乳山市知识产权局局长	2014 年度全省知识产权管理系统先进个人	山东省知识产权局
焉振伟	乳山市林业局政工科科长	山东省林业信息宣传工作先进个人	山东省林业厅
隋海滨	乳山市委宣传部理教科副科长	山东省 2014 年度互联网舆情信息工作先进个人	山东省互联网信息办公室
崔 强	乳山市环保局副局长	全省环境保护系统先进个人 并记个人三等功	山东省环保厅
谭春明	乳山市公安局刑侦大队副大队长	2013 年度全省优秀人民警察	山东省公安厅
潘 艳	乳山市物价局价格认证中心主任	全国价格宣传工作先进个人	中国经济导报社

镇与街道

责任编辑：陈宗坚

城区街道

【概况】 城区街道办事处位于城区驻地商业街东段，2001年成立，面积28.6平方公里，耕地总资源面积680公顷。辖19个行政村、16个居委会及城市建制区。2014年，实现生产总值54.6亿元，其中，工业总产值52.2亿元，农业生产总值2.4亿元。农村经济总收入17.5亿元，农民人均纯收入17710元。有九年一贯制学校1所、中学1所，在校生2483人。年内，获山东省“全省科学、关爱、和谐示范街道”“省级文明社区”，乳山市“履行机关岗位目标责任制先进单位”等称号。

【区域经济发展】 2014年，引进内资项目3个，到位内资1.1亿元，到位外资3380万美元，完成财政收入2.7亿元。创新招商方式，通过产业孵化引资上项，完成城西科技孵化中心3栋标准厂房建设，加强与上海南翔智地孵化中心协作，主动承接高端地区科技研发项目。坚持新项目开工与老项目达产相结合，创树项目审批手续压茬进行新模式，翰升纸业、亚细亚机电等续建项目顺利投产，艾文生物科技、正华旅游用品等新建项目顺利开工，实现项目积极引进、及时开工投产。坚持增量带动和存量盘活相结合，释放资源潜力，成功盘活比希纤维公司，推动海润丝业公司与外合作，盘活存量土地10.67公顷。

【城市社区建设】 规划调整城市社区，提升社区服务功能。城市社区由13个调整为21个。多渠道筹措社区建设资金，确保每个城市社区办公经费20万元。推行服务设施联建、社区治安联防、文体活动联办、便民服务联抓“四联”活动，建立以社区为主导、辖区单位共同参与的紧密型社区共建体38处。投资200万元，搬迁建设社区4个、社区日间照料中心6个。创新社区服务模式，部分社会化服务项目走向市场。龙山社区采取竞标方式把餐饮服务项目交给社会经营，社区日间照料中心由居民自主管理。完善社区管理，将15个城市社区划分为190个网格，设网格长190人、协管员1510人，实现“网格全覆盖、管理无缝隙”。建立社区民意诉求室，推行“两收五办”(由社区工作人员和楼长广泛收集社情民意，对收集到的群众诉求，由街道、社区、楼长、在职党员、志愿者5方领办)工作制度，年内，化解民意诉求900起。设置便民利民公开栏260处，刊发信息1000条。加强业主委员会、楼区长、社会志愿者等8支队伍建设，有志愿者队伍50支，设业委会19个、楼区长1700人，建立起社区行政管理与居民自治管理相结合的社区管理体系。承接“在职党员进社区活动”，1386名机关干部到社区报到，认领公益性岗位1450个，开展活动2600人次。

【农村社会管理】 一是深化农村产权制度改革。完成黄依台、草埠村土地确权工作，成立南江村、仇家洼、石村、曹城、桥东庄村土地股份专业合作社和东耿家、黄埠崖村经济股份合作社，流

威海三智科技有限公司　　（城区街道办事处提供）

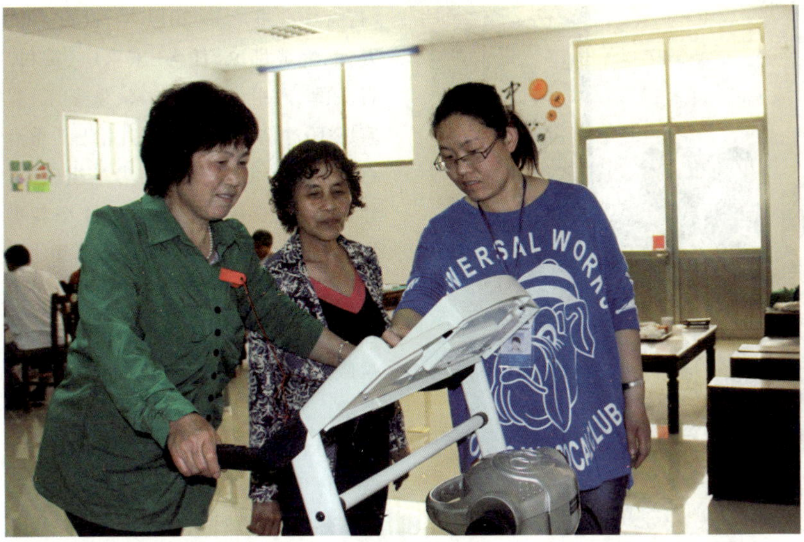

社区日间照料中心工作人员指导居民健身 （王欣摄）

2014年城区街道各村基本情况

表40

村　名	党支部书记	村委会主任	经济总收入（万元）	人均纯收入（元）
夏东	黄泽聪	黄泽聪	26011	17877
夏南	王炳乾	王林昭	10920	14985
夏西	宋好文	宋好文	3937	16317
夏北	李　波	李　波	5916	16700
黄埠崖	周海江	周海江	7391	19038
金硝岭	于开海	于开海	9893	16548
东耿家	宋吉波	宋吉波	30583	16501
腾甲庄	于希钧	于　琪	14624	16900
桥东庄	宋文江	宋文江	810	16000
草埠	孙守清	孙守清	5935	17800
官地	周炳勤	周江山	15235	16700
曹城	崔世田	崔世田	6580	16800
南江村	宋述波	宋述波	6200	17500
北江村	宋黎明	宋黎明	3623	17471
石村	徐永强	徐永强	14150	15567
仇家洼	仇　亮	仇　亮	2086	14655
洼九埠	徐廷发	徐　萍	999	14000
黄依台	徐国才	徐国才	2420	15400
东里村	刘乐广	刘乐广	7520	21500

（于晓杰　倪超）

转土地32.37公顷。二是强化农村“三资”管理。完成村级集体资产资源调查，公开村级债权债务及资产，加强村级资金托管、资金使用审批审核等环节监管，维护农村集体和群众合法权益。三是稳步推进旧村改造。拆除老旧房屋260户，新建商品楼10万平方米，回迁安置受灾村民1300户。

夏村镇

【概况】 全镇面积108.7平方公里，耕地总资源面积4133公顷。镇政府驻城区腾甲庄村，辖45个行政村。交通便利，距青威高速公路2公里，距G309国道2公里。乳山火车站位于境内，桃威铁路穿境而过。与青岛、烟台、威海三大机场均相距100公里，距乳山口港5公里。2014年，实现工农业总产值80.3亿元，其中，工业总产值52亿元，农业总产值28.3亿元。农村经济总收入52.06亿元，农民人均纯收入15038元。有中学1所，在校生1480人。镇域主要企业36家，主导产品有啤酒、液压缸、石材加工、皮革制品、造锁设备、内燃机配件、工艺绣品等，形成饮食业、建筑业和锻压铸造业3大支柱产业。全年完成技改投入7.25亿元，开发新产品13个，主营业务收入61亿元，利税4.3亿元。粮食总产量2.9万吨，果品总产量2.4万吨，蔬菜总产量6.03万吨，形成西部蔬菜、东部水果、北部养殖特色基地。

【重点项目建设】 2014年，新建2个产业园。葡萄酒产业园区位于台依村，园区建长900米、宽420米的主干道3条，基础设施完善，投资1200万元打造绿色观光景带。调整储备土地23.33公顷，形成集葡萄栽植、葡萄酒酿造、欧式风格酒庄、葡萄酒文化展示、水上娱乐、高端乡村休闲游、城镇化建设于一体的生态型产业园区。7号酒庄投入使用，9号酒庄完成装修，投资1.2亿元新开工建设酒庄6个，6号、11号、12号、14号酒庄和教堂主体建设竣工，8号酒庄进行基础施工。全年流转土地133.33公顷，共流转土地533.33公顷，投资2200万元栽植葡萄333.33公顷，项目被列为2015年威海市重点项目之一。节能环保产业园位于井子村，进园项目11个，总投资3亿元。该镇突出皮革材料、汽车配件加工、产业转移三大招商重点，到北京、大连、南

9 月 28 日，台依湖景区"私家葡园"全球首发式举行　（仝庆凤　辛戈摄）

京、无锡等地进行招商活动 24 次，成功引进由北京奥固万华科技有限公司与河南房地美有限公司共同投资 1.1 亿元的奥固环保科技项目，1 号车间设备已安装，2 号车间整体安装完成，办公楼封顶；引进由乳山市辉远新型建材有限公司投资 9100 万元的辉远新型建材项目；引进干燥剂包装、建筑材料、橡胶添加剂 3 个小微企业项目。制定优惠政策，扶持工业企业发展，成立工作小组，安排专人每月督导小微企业加快工作进度。南庄内燃机配件厂投资 2000 万元，新上粉末冶金技改项目已投产，年销售收入 5000 万元，税收 300 万元；姜峰硅胶加大企业技改投资，年可实现税收 750 万元。

【农村经济发展】 调整农业产业结构，实施"公司＋合作社＋基地＋农户"发展模式，突出一产基础优势，引导二产企业做深加工，促进三产企业发展文化、旅游、观光、养生等，推动农业与二、三产业深度融合，实现农业上档升级。全镇流转土地 366.67 公顷，发展培育蓝莓、草莓、葡萄、苹果、蔬菜、苗圃富民产业带，带动农民致富增收。推进农村土地改革，完成宋家庄、西北庄 2 个村集体经济组织股份制产权证工商注册工作，完成 14 个村土地实测工作，获"威海市土地改革先进单位"称号。

2014 年夏村镇各村基本情况

表 41

村　名	党支部书记	村委会主任	经济总收入（万元）	人均纯收入（元）
东秦家庄	宋修泰	宋修泰	1902	13855
赫家庄	史美翠	刘书江	535	14560
张八庄	宋协清	（缺）	674	13255
朱家庄	梁平义	梁平义	828	12608
晁家庄	崔　晓	张书典	341	5452
二甲	王国选	林　晓	1412	12193
黄村	张志芳	张志芳	4624	13676
邢家庄	于立祥	于　强	656	12049
石头圈	胡新军	胡新军	1034	6212
马家庄	马端东	马端东	1185	12306
林水	宋修浩	鞠德利	1067	12395
西北庄	张　明	张　青	1141	11929
大王口	刘　建	刘焕禄	910	10573
胡八庄	胡文山	胡华春	2499	12369
胡家沟	胡吉强	（缺）	2261	10503
六甲庄	胡京亭	胡新伟	594	12460
邵家	邵洪寿	邵宗文	1627	10908
三甲庄	刘清江	刘　强	412	14170
十甲庄	刘明臻	刘明臻	2522	12862
东家	张承志	胡京智	2263	12741
宋家庄	宋德忱	宋德忱	243	6186
任沟	马廷全	马廷全	819	13080

【社会事业发展】 2014 年，投资 1800 万元，完成邵家、任沟、宋家庄、黄村、石头圈、六甲、三甲、东家、朱家庄、晁家庄 10 个省级"乡村连片治理"重点村环境整治工作，通过省考核组验收。建设北海、思源、邵家、福夼 4 个新型社区。其中，北海社区采取村企共建方式，由葡萄酒产业园出资，以建设大龄青年安置楼为切入点，启动台依、羊角盘撤村并点工程，打破村和村界限，采取统一规划、集中安置方式，实现"居住在社区、就业到园区"，推动社企共融一体发展，在乳山市农村新型社区观摩评比中，夏村镇名列前茅。关注老年人生活需求，完成铁路社区幸福院、圣川社区幸福院、泗水头社区幸福院、思源社区幸福院、郑家村幸福院、北海

续表 41

村　名	党支部书记	村委会主任	经济总收入(万元)	人均纯收入(元)
东周格庄	李书德	宋文玲	1255	11987
西周格庄	王世松	（缺）	1127	10902
阜西庄	王　平	（缺）	354	11974
小疃	倪文信	（缺）	1127	13913
房屋	于明刚	于明刚	2681	13080
战家夼	孙同波	孙同波	2489	11900
羊角盘	姜洪海	姜锡良	305	10932
簸箕姜家	吴寿芳	吴寿芳	897	12149
郑家	郑宝忠	郑宝祥	992	12049
于家庄	于海云	于海云	3504	13614
台依	徐龙义	徐龙义	2631	13282
东泗水头	刘光涛	刘光涛	491	6040
西泗水头	高腾斌	高腾斌	1182	11990
肖家	肖　军	肖言明	2021	13016
冷家	冷令日	（缺）	877	12039
桑行埠	宋喜宝	宋喜宝	2045	11051
西圈	邢美杰	（缺）	961	11340
庄上	张乐发	仇祝明	5082	15263
北庄上	任永武	任永武	407	13163
炉上	刘树贤	刘树贤	2357	10109
官庄	于复永	刘永成	3610	13858
井子	马云述	马江锋	6140	13826
清口涧	赵新军	赵常文	1831	10313

（兰常利）

8 月 27 日，山东省委副书记王军民(中)到乳山市任沟村调研　（夏村镇提供）

社区老人日间照料中心的家室改造及组建工作。加快旧村改造，炉上村完成拆迁 95%，动工安置房 6 幢、商业房 4 栋，旧村改造总建筑面积 43 万平方米。推进东秦家庄村和南庄村旧村改造工作。完善农田水利设施，启动台依、姜家、邵家、胡家沟、任沟、井子、姜家、马家庄、胡八庄、大王口 10 个村 666.67 公顷土地整理项目，总投资 4000 万元。

【队伍作风建设】 开展党的群众路线教育实践活动，全体党员干部查摆“四风”问题，对照问题制定整改措施。完善干部行为规范、考勤请假制度、财务管理制度、值班制度、车辆管理制度等，加强干部廉政警示教育，筑牢廉洁勤政思想防线。提升农村基层组织建设水平，落实村级财务公开和民主理财制度，规范管理村级资金。加强镇村环卫一体化管理工作，改善农村卫生环境。加大考核力度，对重点工作实行定期调度、定期通报、定期考核，调动农村干部工作主动性。

乳山口镇

【概况】 全镇面积 87.2 平方公里，耕地总资源面积 3140 公顷，海岸线长 36 公里。镇政府驻祝家庄村，辖 41 个行政村。北接市区，南临乳山口港和大乳山风景区，海上景区东小青岛是理想的旅游胜地。渔业资源丰富，有对虾、鲅鱼、牡蛎、黄花鱼、梭子蟹等海产品百种。名优佳品“秦米”“寨虾”产自该镇。2014 年，实现工农业总产值 184 亿元，其中，工业总产值 176 亿元，农业总产值 8 亿元。农村经济总收入 46.7 亿元，完成固定资产投资 134 亿元，增长 26.4%；农民人均纯收入 1.65 万元。有中学 1 所，小学 1 所，在校生 1000 人。镇域工业主要有化工、机械、建材、水产品加工、水产育苗、新型材料等。年内，获“省级文明镇”、威海市“人口计生阳光统计示范单位”“小城镇建设

垃圾焚烧 BOT 项目外景　　　　(朱剑宇摄)

示范镇”等称号。

【园区项目建设】 2014 年，加强临港产业园、装备制造产业园、新能源产业园、精细化工园等园区建设，发展装备制造、新能源、新材料、生物科技、海洋工业、临港物流等新兴产业。定期召开专题办公会调度项目进度，分析问题，提出对策和办法，确保项目顺利推进。健全项目责任分包制，现场协调解决实际问题，推动项目落实。健全督导考核机制，对纳入责任制考核项目倒排工期，明确时间节点，确保所有在建、续建重点项目按期完工。抓好园区土地储备，保障重点工程和重点项目用地需求，为泰启新能源、海洋曲轴、孵化器、德润等项目调整土地 133.33 公顷，完成土地储备 466.67 公顷。

【农业产业结构调整】 做好农村土地确权、产权制度改革，推动农村土地流转，促进农业产业结构调整和规模化经营。完成毛家、打磨 2 个村农村集体产权改革，成立股份制合作社并进行工商注册。完成 20 个村土地确权工作，流转土地 230.13 公顷，其中规模经营 126.8 公顷。新发展现代苹果示范园 20 公顷、蓝莓基地 20 公顷、药材基地 13.33 公顷，带动农业增效和农民增收。

【城乡一体化建设】 投资 2650 万元，硬化创业二路、海城街、创业一路、金联南路、三亚路、滨河路等道路 7200 米。争取省特色园区专项资金扶持，投资 800 万元完成海洋食品产业园道路建设。投资 533 万元，完成湛江路绿化并安装路灯 159 盏。改造镇驻地临街商业设施，拆除老旧建筑 1.2 万平方米，新建设沿街商业设施 2.7 万平方米。保证市级重点工程建设，完成能源路工程、金牛山公园南路工程、城南滨河西路和湛江路建设工程8800 平方米，征地 53.33 公顷，拆迁 27 户。投资 150 万元，建设政通、西耿家、中心渔港、崔家 4 个农村新社区；新规划成立润泽、政通路、西里、金银 4 个城市社区；投资 120 万元，完善润泽和政通路 2 个社区居委会基础设施；投资 930 万元，实施寨前、旗杆石、西北岛、封增山等 7 个村环境综合整治，通过威海市验收。抓好城乡环卫一体化工作，加强 19 个环境整治村管护，建立保洁员队伍，有保洁员 125 人，建立“日检查、周通报、月总评”考核机制，确保环境卫生保持好，不反弹。

【社会事业发展】 加大民生投入力度，改善教育、养老、卫生、治安环境。实施院前村河道疏浚、毛家村排水渠

2014 年乳山口镇各村基本情况

表 42

村　名	党支部书记	村委会主任	经济总收入（万元）	人均纯收入（元）
南唐家	唐　勇	唐　勇	29900	15500
北唐家	唐　勇	唐光利	2112	15451
西王家庄	于进路	于进路	1158	15454
秦家庄	秦绍会	秦绍会	27230	15451
河口	唐　光	邵春淑	7945	15463
刁家堆	孙京志	于庆德	696	15288
兰家庄	许桂芹	谭志强	1402	15461
兰家	兰庆光	兰庆光	28155	17485
封增山	于富开	于富开	1140	12952
择村	宋吉义	宋吉义	1600	15500
前尹家	尹见发	马　浩	3050	15457
后尹家	于新波	于梓政	1204	14895
康家	唐崇环	唐崇环	520	15585
寨前	于　一	于　一	39610	17880
新庄	于振修	于振修	1785	15086
陈家	陈太欣	陈明伯	1485	15647
刘家庄	刘占利	刘占利	2740	14831

续表 42

村　名	党支部书记	村委会主任	经济总收入（万元）	人均纯收入（元）
旗杆石	于爱军	于喜刚	40175	18343
西北岛	于天献	高明波	720	16668
锅上	刘月清	李　春	2586	15360
院前	于振波	于振波	842	15437
张家庄	张连朋	张连朋	1999	15500
安家	安天全	安天全	1366	15590
西南赵家	陈　键	赵利强	2686	11259
江村洼	杨君诚	兰仁富	900	16556
新建	高树立	高　军	500	16984
改造夼	孙京志	邢　程	4523	15042
常疃	李华文	李国峰	1434	15151
毛家	郑山林	朱恒汉	2066	15042
野子	董　强	董　强	2125	15315
西耿家	耿德绪	耿竹玲	1745	15458
庄头	张书明	杜可兴	828	15527
蛃子嘴	杜振旭	杜可光	570	15309
祝家庄	李保山	祝旦臣	780	15451
西里村	姜振峰	崔建涛	23350	14332
高格庄	赵锡岳	赵志勇	2220	15517
岚子	史恒山	焉华杰	1342	15288
打磨	王衍荣	于吉年	47065	16981
崔家	杨忠儒	杨明华	2797	13902
宅口	张志典	张　磊	25082	15667
辛家庙	王　强	王　强	323	11466

（宋甜甜）

山东华邦精冲有限公司　（朱剑宇摄）

浆砌及南唐家村雨污排水工程改造等民生工程。实行社会资本参股和市场化运作机制，在镇驻地建成大龄青年安居生活小区，满足农村大龄青年住房需求，有 30 户大龄青年签订购房协议。打造群众服务平台，创新工作模式，构建诉求汇集机制、分办落实机制、督导考核机制、决策改进机制，群众满意度不断提升。发挥银行互联网优势，扩大新农合和新农保覆盖面，参保率均达 99%。各类惠农补贴发放及时到位，发放小麦良种 101.6 吨、小麦粮食补贴 194 万元、玉米良种补贴 20 万元，全镇 5200 台农机获购置补贴。在项目征地、道路拆迁占地补偿工作中，保障群众应得利益。

海阳所镇

【概况】　全镇面积 91.4 平方公里，耕地总资源面积 2513 公顷，海岸线长 87 公里。镇政府驻海阳所村，辖 39 个行政村。该镇毗邻银滩旅游度假区，大乳山滨海休闲旅游度假区位于境内。海产品主要有带鱼、鲅鱼、黄花鱼、对虾、海参、梭子蟹、牡蛎、扇贝、蚬子、蛏子、文蛤等。2014 年，全镇工农业总产值 41 亿元，其中，工业总产值 27 亿元，农业总产值 14 亿元。农村经济总收入 34.8 亿元，农民人均纯收入 18288 元。有九年一贯制学校 1 所，在校教师 156 人，学生 1031 人。镇域企业主要有玉龙车辆股份有限公司、黄海汽车配件、银海洋房地产开发有限公司、恒信房地产开发有限公司、银海达冷藏厂、吉利食品、吉润祥食品、东方海洋科技等，主要产品有内燃机连杆、汽车配件、玻璃钢产品、聚乙烯线、绠绳及渔网、大姜制品、海珍品等。年内，获“全国重点镇”“牵手中国最美村镇”“好客山东最美村镇”等称号。

【重点项目建设】　2014 年，引进银滩老来乐老年公寓项目，总投资 2 亿元；实施银海物流商贸城续建工程，完成

海阳所镇新貌　　（海阳所镇提供）

投资8500万元。引导企业扩规升级，玉龙公司、吉利食品、同和食品、新源食品等企业投入技改资金1337万元。年内开工实施陈家旧村改造、杭海盛都小区和商贸城开发工程。做好镇域总体规划，新修黄浦江路、中海路、嘉陵江路和佛山路并实施硬化。投资80万元，扩建、改建社区服务中心3个、村级活动场所6个，新增村级事务代办点11个。单独列支民生工程基金33.4万元，支持10个村启动民生公益工程，带动村级投入资金343万元。

【社会事务管理】 2014年，推进农村土地流转，完成17个村土地确权工作。开展城乡环卫一体化工作，完善农村环卫设施，组建专业管护队伍，有保洁员93人和垃圾车司机2人，累计投资477.4万元。开展镇区临街广告专项整治行动，投资40万元，统一改造镇区主干道两侧门牌，完成广告改造工程270户，拆除违规广告34户，镇区广告实行登记备案管理。做好防火工作，全镇39个行政村、26家企业签订安全生产责任书，开展安全生产主体责任、道路交通安全、禁燃“孔明灯”等多项检查与隐患排查。开展涉氨企业安全生产检查工作，排查出安全隐患561处，已整改490处，签订涉氨企业整改目标责任书15份、单冻机安全使用责任状6份。推进乡村文明行动建设工作，“善行义举四德榜”上墙率98%。建立村训示范村17个，家训示范户470户，彩绘文化墙4000平方米。威海市政训、厂训、店训、校训、村训、家训“六训”建设工作现场会在该镇召开。

【队伍作风建设】 对党员纯洁性教育活动中暂缓登记的235名党员进行帮扶教育，落实“三会一课”、民主评议等制度，推动作风建设常态化。开展党的群众路线教育实践活动，查摆“四风”问题86个，其中党建工作突出问题36个，整改到位28个，剩余8个问题已经过会议专题研究，明确责任人限期整改，党员干部作风得到转变，基层党组织凝聚力和服务力得到提升。

2014年海阳所镇各村基本情况

表43

村　名	党支部书记	村委会主任	经济总收入（万元）	人均纯收入（元）
所陈家	陈述敏	陈述敏	1504	15897
海阳所	王应虎	王应虎	6675	16959
吕家庄	吕在秋	吕在秋	683	12000
所后常家庄	常大乐	常大乐	512	15572
所后张家庄	于海洋	张树书	693	14600
所后王家庄	王义生	王义生	164	12344
赵家庄	王清成	王清成	1207	15657
海疃	李　山	刘春杰	667	15700
邹格	宋年宽	宋年宽	1532	13520
三甲疃	宋吉辉	宋吉辉	1097	12000
大庄	于福洲	宋　波	2627	10500
池源	宋钦高	宋钦高	459	17078
邢家	姜明生	姜明德	536	14120
水头	于会鹏	于会鹏	1438	16273
姜格	姜旭亮	姜成捍	2935	14900
赵东庄	赵守彬	赵守彬	350	12500
西泓辛家	辛自富	辛自富	660	10880
西泓于家	于培洪	于培洪	1730	16363
西泓赵家	赵永光	（缺）	990	15701
金港	姜　程	姜　程	597	12800
姜家庄	姜成竹	姜成竹	714	11500

续表 43

村　名	党支部书记	村委会主任	经济总收入（万元）	人均纯收入（元）
西山	赵　利	赵　利	1113	16008
后山于家	于　江	于　江	2022	16000
双峰庄	迟金友	迟金友	1715	16830
杜家岛	杜清茂	杜世平	1957	17000
西黄岛	迟明雪	姜　冰	663	13951
芦头	宋　涛	宋　涛	455	12180
李家	李云志	李云志	2445	17666
薛格	刘永宁	刘永宁	666	14513
半海山	任沛杰	任沛杰	423	14970
杜家	任夕国	任夕国	1591	15521
南泓北村	姜　涛	宋文德	1712	15500
南泓西村	宋合强	宋合强	1445	14364
南泓南村	宋合光	宋合光	3070	16200
小泓	于永刚	于永刚	2381	17000
小石口	宋书涛	宋书涛	2407	18500
南夼	宋钦连	宋夕刚	2247	18500
南黄岛	王乐强	王乐强	368	13000
小青岛	于政海	于政海	1141	10124

（刘小萌）

吉利食品公司党员岗　　（海阳所镇提供）

白沙滩镇

【概况】 白沙滩镇政府驻宫家庄村，辖47个行政村。全镇面积104.1平方公里，耕地总资源面积4413公顷，海岸线长19公里。2014年，实现国民生产总值41.7亿元。工农业总产值38.5亿元。其中，工业总产值34.8亿元，农业总产值3.7亿元。农村经济总收入40.3亿元，农民人均纯收入16805元。有九年一贯制学校1所，在校生1400人。盛产牡蛎、大姜、茶叶，是乳山“三宝”主产区，花岗石材、海参、鲍鱼、对虾、蓝莓等物产丰富。镇域经济以工业为主，建成温喜生物科技、鲁酱酒业等企业。实施农业产业结构调整，在白沙滩、桃村李家村新发展高效农业80公顷。年内，获“全国重点镇”“全国乡镇综合文化站一级文化站”、山东省“幸福进家活动先进乡镇”、乳山市“履行机关岗位目标责任制先进单位”“森林防火先进单位”等称号。

【产业结构优化】 推动工业转型、农业提质、服务业繁荣，年内，引进温喜生物科技、鲁酱酒业等税源型工业企业；完成2个村集体产权改革和23个村土地承包经营权确权登记，流转土地226.67公顷；实施中低产田及小农水改造工程，在白沙滩、桃村李家等村新发展高效苹果园21.33公顷、采摘园及开心农场18公顷、樱桃13.33公顷、蓝莓33.33公顷。发展旅游服务业，完善福如东海、多福山景区基础设施，为农村劳动力转移提供就业平台。

【园区项目建设】 抓好园区设施建设，建立项目领办服务制度，完成土地储备666.67公顷，打造新兴产业园主招商平台，为项目入驻、产业链延伸提供载体保障。全年开展外出招商活动12次，引进开工温喜生物科技项目，总投资1.2亿元。新建智创科技孵化器，与威海智仁公司签订委托招商协议。

【民生工程建设】 投资1.2亿元，实施昆仑山路、滨海南路、松花江路等12条道路建设，银金大道东段自来水主管道安装，小侯家、外翻市场扩建等重点工程。实施宫家、白沙滩2个村旧村改造，完成八甲、望海庄、小滩、常家庄4个村回迁安置，解决大龄青年住房问题。对桃村王家、吉林、王家庄、焉家庄、祉家庄5个村进行环境卫生综合整治，通过威海市验收，全镇47个村

福如东海文化园景区 （孙轶琰摄）

成立环卫一体化队伍。开展海岸带综合整治行动，完成养殖户拆迁安置任务。完成海湾、青龙观、银金、绿茗苑4个社区标准化建设，实施白沙滩、仙人湾、多福山3个社区城市化提标工程。开展乡村文明行动，威海市乡村文明建设现场会在该镇召开。

【队伍作风建设】 落实党风廉政建设责任制，严格执行工作日中午禁酒和公车编制管理规定。规范财务管理，简化工作流程，加强监督考核，出台土地补偿款、农村福利发放、农村大额资金审批、合同签订管理规范性文件。优化便民服务大厅办事流程，实行群众办事首问负责制和一站式办理制度，提高服务效率。完成农村"两委"换届工作，书记、主任"一人兼"比例67%，"两委"交叉任职比例45%，集中培训新一届"两委"干部。新建农村综合服务社区4处、社区党组织5处、非公党组织1处，改造、升级村级党员活动场所7处。开展党的群众路线教育实践活动，查摆出突出问题27个，其中15个整改，12个列出整改计划，年内全部整改。

2014年白沙滩镇各村基本情况

表44

村　名	党支部书记	村委会主任	经济总收入（万元）	人均纯收入（元）
小陶家	丁良东	丁良东	3120	16805
小侯家	侯风杰	潘拥胜	3188	16817
小单家	潘显春	单国峰	4793	16814
大陶家	陶贵和	陶纪明	11865	16805
韩家庄	韩　波	（缺）	531	13150
宫家	宫德明	宫德明	7272	16805
宫家庄	宫荣文	宫荣文	3185	16805
常家庄	张忠锡	张忠锡	3025	16813
小滩	孙书龙	（缺）	5885	16810
八甲	周连杰	周连杰	896	16062
桃村李家	李　梁	李　峰	2146	12000
白沙滩	许大林	许大林	6533	16510
堡上	董国龙	董国龙	521	15000
桃村王家	姜全丰	姜全丰	1229	15470
六村屯	王学金	王学金	10824	16800
翁家埠	单成炜	单成炜	3939	16800
焉家	焉　建	焉　建	3149	16805
邹家	邹礼夫	（缺）	1650	15019
蔡家	单　平	单　平	346	13600

续表 44

村　名	党支部书记	村委会主任	经济总收入（万元）	人均纯收入（元）
单家庄	单庆水	单庆水	1078	10980
稗子刘家	李勤锋	李忠兴	1226	14300
潘家	潘传珠	潘传珠	4521	16805
王家口	于伟峰	于伟峰	5726	16810
邵家庄	邵春万	邵春万	1283	11280
大单家	单庆模	单庆模	2777	16809
唐曲洼	唐　泉	单　建	669	16805
孔家庄	孔庆文	孔庆文	1112	13868
潘家庄	潘万信	潘正河	1627	16270
洼于家	于永万	于永万	1480	16805
焉家庄	焉德昇	焉德昇	141	15079
祉家庄	于国胜	于国胜	95	10526
念头	王家湘	王家湘	8044	14629
董格庄	刘　磊	刘　磊	1930	15000
沟李家	李文金	李文金	984	14826
南马家庄	宋　旗	马　骁	1217	15758
南西北庄	李　辉	李　辉	1080	15410
曹家庄	宋克江	姜显峰	3494	16810
丈八石	刘夕龙	刘云奎	2660	16812
港头	于晓军	于培富	1311	13930
刘家埠	刘崇增	于占海	473	16802
玉前庄	张合熙	张合熙	780	16291
徐家埠	林　辉	徐天洲	1175	16801
吉林	姜海涛	任洪强	772	11423
北王家庄	王德开	王德开	967	10970
林家埠	林田法	林田法	748	16228
贾家庄	贾永涛	贾祥明	859	16809
望海庄	王　利	王栋彬	202	16805

（姜胤）

大孤山镇

【概况】 全镇面积95.5平方公里，耕地总资源面积3093公顷。镇政府驻大孤山村，辖36个行政村。该镇紧临市区，青威高速路、S202省道横贯境内。物产资源丰富，是“水果之乡”、全国柞蚕生产基地、胶东大姜强镇、国家地理标志注册商标“乳山绿茶”主产区、清朝“贡品”册梨原产地，也是胶东半岛铸钢产业大镇。镇域内有元昭武大将军姜房遗址、千年银杏、清朝贞节牌坊等历史古迹。2014年，实现工农业总产值38.73亿元，其中，工业总产值36亿元，农业总产值2.73亿元。实现农村经济总收入19.88亿元，农民人均纯收入12560元。有九年一贯制学校1所、幼儿园1所，在校学生692人。镇域工业主要有铸钢制造、毛衫加工、新型建材、蔬菜加工、水果储藏加工等。全年完成技改投资6500万元，实现销售收入40亿元，利税4.7亿元。获山东省“一村一品示范村镇”称号。

【重点项目建设】 做好招商引资工作，引进注册资本300万美元的莱西尔工艺品有限公司，到位资金20万美元。针对汉泰大麻具有高产值、高税收特点，加强与投资方沟通，年内增加外资35万美元，外资总额185万美元。11月，注册资金1000万元的威海碧云天能源科技有限公司投产，项目总投资1.1亿元，年产生物质成型材料10万吨。引导企业扩规升级，全镇3家企业技改，累计投入技改资金2000万元。

【优化产业结构】 培育大姜种植专业村20个，成立富民大姜农民专业合作社、新农生姜专业合作社等，大姜种植面积1000公顷，姜窖2000个，年存储量3万吨，实现销售收入3亿元。成立乳山市梨业协会，注册“乳山巴梨”地理标志证明商标，推动“乳山巴梨”产业复苏，促进梨业增效、梨农增收。投

汉泰大麻纺织有限公司　　（王欣摄）

2014 年大孤山镇各村基本情况

表 45

村　名	党支部书记	村委会主任	经济总收入（万元）	人均纯收入（元）
北念头	王吉国	王吉国	609	10606
下刘家	刘富平	刘富平	1331	9065
上刘家	刘成新	刘成新	645	11260
万户	姜　琳	（缺）	862	11160
士子于家	于行千	于行千	1050	9796
八门邹家	柳　伟	任君琪	1151	10055
胡家	姜新竹	（缺）	988	12103
南口	王允加	王允加	1407	11600
入夼	姜文庆	姜文庆	70	9050
李家庄	李丕竹	李丕竹	250	9500
林家庄	林树壮	林基国	258	7800
上夼	于　杰	丁乐富	1340	10950
小孤山	于金芝	于金芝	1532	11727
八里甸	丁　波	丁　波	2585	12100
石硼杨家	于在兴	于在兴	906	12366
河东	丁新日	丁新日	2878	11500
大孤山	林合云	林合云	4064	11355
东林家	王峰山	王峰山	1524	11240
西林家	林清占	魏　光	1202	10800
俞介庄	宋文法	宋文法	846	10600
河南	丛龙秋	丛龙秋	1986	12658
店子头	王明高	王明高	1258	12500
山东头	李培桥	李培桥	584	11109
水井	崔德波	崔德生	2132	9880

资 1500 万元改善农田水利条件，完成八里甸、上夼、上刘家等 13 个村农田水利综合整治 400 公顷，新建平塘 7 个、大口井 8 眼，建设自流灌溉 3 处、滴灌 1 处。引导发展乡村旅游业，整合藏香谷户外拓展训练基地、6.67 公顷茶园、6.67 公顷珍珠杏采摘园及 30 处农家乐等旅游资源，建成城郊农家乐旅游线路 1 条，开通镇域旅游网站 1 个。上夼村获"山东省旅游特色村"称号。

【城乡一体化建设】 全镇完成小史家等 32 个村环境综合整治工作，新规划社区 10 个，建成 8 个，确定香山、山水苑、塔山 3 个重点社区。通过采取村级主办、能人支持、社会参与、政府支持方式，投资 100 万元，完成大孤山、八里甸、杨家、上夼 4 个村幸福院建设，改建面积 2000 平方米，配套建设娱乐设施，设置床位 90 张，达到省、市级标准。开展城乡环卫一体化工作，加强沿村、沿路、沿河生活垃圾清洁管理，镇村环境得到改善。

【社会事业保障】 把河东水库作为乳山城区东部预备水源地，投资 800 万元建设标准化水厂，主体工程已竣工，建设配套管网，解决山区农村饮用水不达标和供水量不足问题，惠及大孤山及周边镇村和工业园区。成立大孤山镇困难职工帮扶站，设职工之家和职工活动室，投资 5 万元，整修家室 110 平方米，配置办公设施，设立帮扶文化墙，开展形式多样的帮扶救助活动，为困难职工解决难题。按照"应保尽保，应退尽退"原则，做好农村低保工作，年内有 290 户、489 人纳入农村居民最低生活保障，较 2013 年核减 52 户、100 人。按要求申报 4 个贫困村，586 户、1066 人纳入贫困保障范围。开展党内即时关爱、党员干部联系困难群众工作，全镇机关干部与困难群众结成帮扶对子 200 个，做到凝聚党心、汇聚爱心、赢得民心。

续表 45

村　名	党支部书记	村委会主任	经济总收入（万元）	人均纯收入（元）
山西头	林成琳	林成琳	109	10606
赵家	林宁芳	林宁芳	109	10000
大木	于尚修	（缺）	1105	9400
吴家沟	姜仲臣	姜仲臣	1433	11423
小史家	（缺）	王书红	428	9090
宫家桃	刘亨显	刘亨显	732	11340
北姜家庄	姜保状	姜保状	651	12008
任家夼	任振夕	任振夕	540	9100
丛家	丛　国	丛　国	325	12069
大史家	史成龙	史成龙	1560	9400
上册	丁京峰	丁京峰	263	10800
果园	林永江	林永江	763	9000

（王琳琳　王蔚）

徐家镇

【概况】 全镇面积68平方公里，耕地总资源面积2253公顷，海岸线12公里。镇政府驻东王家庄村，辖23个行政村。2014年，全镇实现工农业总产值14.26亿元，其中，工业总产值12.05亿元，农业总产值2.21亿元。农村经济总收入11.53亿元，农民人均纯收入13186元。有九年一贯制学校1所，幼儿园1所，在校生528人。镇域企业主要有果蔬汁加工、花生加工、牡蛎加工、海产品冷冻加工、泡菜生产、服装加工、汽车电子线束生产、石材加工、建材生产、农产品深加工、海珍品加工、温泉养生等。全年粮食产量1.60万吨，果品产量2.5万吨，蔬菜产量1.96万吨，奶类产量235吨，禽蛋产量353.4吨。年内，获威海市"信访工作'三无'镇"、乳山市"计划生育先进镇""全市安全生产工作先进单位"称号。

【园区项目建设】 投资360万元，建设产业园配套设施，完成昌盛路路基工程1400米；投资80万元，铺设人和路、文圣路排污管道1200米；架设电网线路1万米，在洋村口建设银滩第二污水处理站，铺设集中供水管道1万米。推行以商招商、产业招商、代理招商方式，组织外出招商活动30次，引进的泉林农业项目完成投资2800万元；岳海水产项目完成投资1500万元，1号、2号车间主体竣工；福缇滴水湾温泉养生项目完成投资4000万元，空中温泉区、露天温泉区、休闲会所等设施竣工；格林生物项目完成投资3000万元，建生产车间2500平方米；华隆公司投资500万元，建实验办公楼1栋；东昌铸造公司投资200万元，新建车间1200平方米；国投中鲁乳山工业园一期工程竣工投产，总投资4.7亿元，完成鲁菱公司、饲料公司整体搬迁并达产，新建乳山中诚公司，新建冷风库1万平方米；同时，投资5000万元，建成具有国内同行业一流水平的研发中心，于8月投入使用。

【环境综合整治】 全镇投入资金295万元，完成4个村环境综合整治任务，拆除违规建筑125处，清理"三大堆"1205处，设置垃圾箱52个，砌筑排污沟650米，硬化主干道5210平方米，平整道路5360平方米，新栽绿化树木3150株。推进镇村环卫一体化工作，全镇配备23名管理员和52名保洁员，日转运垃圾2500吨。加强海岸带规范管理，保护海域生态环境，建安置点2个，搬迁、安置养殖户32户。根据S704省道拓宽改造工程需要，拆除养殖大棚3030.79平方米、看守房1284.09平方米，征收13户虾池6.98公顷，4个村调整土地17.23公顷。

【民生工程建设】 投资320万元，在东峒岭、徐家、杨家屯、辛家口等4个村建设农村互助幸福院，为鳏寡孤独老人提供生活保障及养老服务，入住72人。投资650万元，实施镇域北部10个村和梧桐夼、凤凰山、潘家口3处

国投中鲁乳山工业园　　（张敬滋摄）

游客采茶　（于晓莎摄）

探索建立换届选举全程记实制度，全程记录党支部换届选举 39 个环节和村委会换届 45 个环节。做到文件记实、影像记实、台账记实、责任记实"四记实"，确保换届选举工作稳步完成。

茶园小型农田水利重点县项目，铺设管道 58.67 公里，维修加固平塘 7 个，新建大口井 11 眼、泵房 20 座，配套 22 马力柴油机和水泵 20 台，可灌溉农田 533.33 公顷。

【产业结构调整】 推进农业产业结构调整，打造中韩食品与生物科技产业园原料基地，实现园区经济与农村经济同步发展。依托中鲁、华隆等龙头企业，引进大户流转土地发展果蔬种植业，其中东峒岭、大浩口村发展苹果 20 公顷，洋村、老庄、许家屯发展蔬菜 33.33 公顷，扩大园区企业原料生产基地，实现富民增收。扩大茶场种植规模，新增茶园 6.67 公顷，全镇茶叶种植面积 133.33 公顷。发挥"山东省苗木花卉百强镇"优势，优化苗木品种，2014 年流转土地新发展苗木 30.67 公顷。

【基层组织建设】 投资 40 万元建设徐家社区，建成集技能培训、文化娱乐和党员教育于一体的社区服务中心，为企业和社区居民提供优质服务。加强镇村精神文明建设，东峒岭、西峒岭、黄疃、东南堼村被评为省级"乡村文明家园"建设示范村。全镇 23 个村完成"两委"换届选举工作，党支部书记、村委会主任"一人兼"比例 80%，

2014 年徐家镇各村基本情况

表 46

村　名	党支部书记	村委会主任	经济总收入（万元）	人均纯收入（元）
东南堼	于同浩	于同浩	2097	12200
东南寨	于京湖	于效乐	843	13954
老庄	刘桂超	刘桂超	906	10951
洋村	于良文	于良文	2520	11400
杨家屯	李国强	李国强	2210	10513
邢家屯	李坤水	李坤水	570	11400
吴家屯	孙书国	孙书国	516	6951
许家屯	许凤强	许凤强	325	9973
马场	焉军旗	焉军旗	1340	6675
东刘家庄	于炳周	于炳周	1027	12468
徐家	徐文平	徐文平	2947	10800
东王家庄	于翠芝	于翠芝	1414	10106
四甲	姜云光	姜云光	555	8942
大浩口	（缺）	刘明兰	2253	10200
小浩口	刘书臣	刘书臣	221	9416
东峒岭	姜振明	姜振明	2370	9600
西峒岭	姜占国	（缺）	2354	12345
黄疃	杨爱莲	姜占波	1592	11126
辛家口	王维仁	王龙辉	454	7350
车门口	徐世财	徐世财	289	8355
圣石前	马文海	马文海	233	6462
桑行	姜守志	姜守志	116	8700
光明顶	夏锡海	夏锡海	78	8234

（于晓莎）

南黄镇西洋参喜获丰收　　（南黄镇提供）

南黄镇

【概况】 全镇面积88.9平方公里，耕地总资源面积3207公顷，海岸线长3公里。镇政府驻南黄村，辖33个行政村。2014年，实现工农业总产值29.24亿元，其中，工业总产值26亿元，农业总产值3.24亿元。农村经济总收入12.7亿元，农民人均纯收入13560元。有中学1所，九年一贯制学校1所，在校生1109人。盛产大鲅鲆、海参、对虾、梭子蟹等海产品和草莓、香菇、茶叶、韩国梨、苹果、西红柿等农产品。全镇粮食总产量23650吨，果品总产量21726吨，蔬菜总产量19350吨，水产品总产量8300吨。年内，获威海市“农村集体三资管理示范单位”“第三次经济普查先进集体”、乳山市“2014年度履行机关岗位责任制先进单位”等称号。

【重点项目建设】 盘活原南黄工业小区闲置土地14.67公顷，引进中国台湾客商建设台湾环保设备工业小区项目。引进民生银行乳山支行项目营业。引进钛合金深加工项目完成注册。盘活闲置资产，引进食品项目营业，从事花生制品加工。引进圣奥罗生物科技项目，总投资5000万元，一期工程投资2000万元，2套灌装设备生产线安装调试成功。

【产业结构调整】 深化农业产业结构调整，流转西浪暖村土地13.33公顷，融资1000万元建设蔬菜大棚基地。投资400万元，流转北斜山村土地20公顷，发展白茶等名优品种，栽植金银花4公顷、玫瑰花3.33公顷，为茶叶深加工做好配套。西浪暖村133.33公顷新高梨基地获加拿大市场准入，成为威海市首个打入欧美高端市场农产品品牌。推动农村“三项改革”，完成南黄庄和凤西庄村产权制度改革，注册成立经济股份合作社，完成10个村土地确权工作。兴建农业休闲观光园区，引进文登客商开发优质山峦133.33公顷，

2014年南黄镇各村基本情况

表47

村　名	党支部书记	村委会主任	经济总收入（万元）	人均纯收入（元）
汤南山	孙浩杰	孙浩杰	2060	11000
南台子	孙树竹	孙树竹	616	12000
庄子园	孙树芳	孙树芳	616	11518
仙人脚	高明忠	高明忠	594	12000
归仁	刘建奎	刘建奎	9738	13300
宫家疃	宫云智	宫云智	1790	13500
湾头	高振胜	高振胜	9570	13980
河崖	姜明连	姜明连	1747	14628
冷家庄	冷传波	冷传波	4605	13000
凤西庄	姜连湖	姜连湖	1282	12700
母鸡屯	陈宗卫	陈宗卫	1608	13890
南黄北埠	王树勤	王树勤	4935	13500
南黄	乔聚广	乔聚广	11305	13780
南黄庄	李洪亮	李洪亮	2980	14000
南斜山	姜良涛	姜良涛	1949	13500
北斜山	宋修广	宋修勇	7498	13526
靠山	宋国刚	孙鹏波	2410	13000
崮山寺	李财军	李财军	890	13000
上庄	姜林雨	姜林雨	7637	12794
西珠埠	姜明利	姜明利	3458	13070
东珠埠	孙顺斗	孙顺斗	5355	14500
东姜家庄	孙建刚	孙建刚	2200	13390
李家疃	于梓言	于梓言	1560	13500

续表 47

村　名	党支部书记	村委会主任	经济总收入（万元）	人均纯收入（元）
高家屯	李永清	李永清	5203	15017
朱家屯	李卫海	李卫海	2263	14125
西洋水	鞠　坤	鞠　坤	1976	12446
东洋水	迟永湖	迟永湖	3497	12430
院后	杨秀丽	杨秀丽	1922	10400
孙家埠	高建明	孙锅锁	4705	12755
柯家庄	柯本海	柯本海	420	14000
陈家屯	陈　悦	陈　悦	1308	14160
岭上	蔡东见	孙玉强	8049	13947
西浪暖	林吉江	林吉江	11410	14358

（董建波）

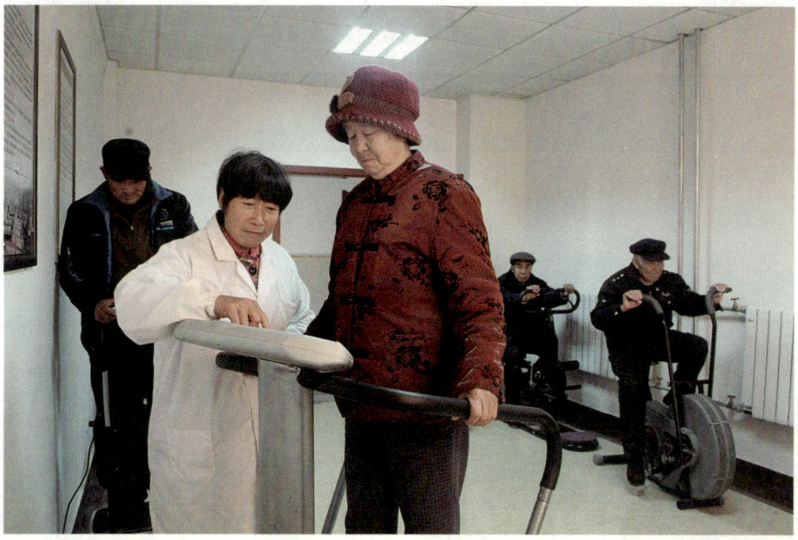

老人们在南黄老年公寓做康复锻炼　（南黄镇提供）

打造集观光、采摘、养生、休闲为一体的凿山寺理想家园旅游项目，该项目已开工建设。

【民生事业发展】 做好海岸带整治和环海路拓宽工作，清理乱搭乱建，拓宽S704省道4000米，新增绿化带6万平方米。投入资金158万元，完成凿山寺、仙人脚、南台子、庄子园4个村环境综合整治工作。投入资金30万元，在S202、S206省道交汇处新上红绿灯、减速带。完成东三屯、院后、李家疃、归仁4个社区建设，完成南黄、西浪暖、东珠堌、汤南山、湾头5个村幸福院建设。投资600万元的南黄老年公寓投入使用。完成千亿斤粮食产能项目建设，实现田成方、路相通、井配套、旱能浇、涝能排，增加节水灌溉面积783.33公顷。

【队伍作风建设】 开展党的群众路线教育实践活动，转变干部作风，规范党员干部行为，密切党群干群关系。完善《机关岗位目标责任制》《农村干部任期目标责任制》，配齐配强农村支部班子，完成33个村“两委”换届工作。

冯 家 镇

【概况】 全镇面积136平方公里，耕地总资源面积4393公顷。镇驻地位于冯家村，辖53个行政村。镇域主导产业是种植业，特色物产有苹果、葡萄、板栗、樱桃、大姜、芦笋等。镇域产业主要有食品加工、果品储藏、制造、采掘、建筑、畜牧养殖，形成罐头、花生制品、渔具、板材等支柱产业。2014年，该镇实现工农业总产值36.8亿元，其中，工业总产值29.3亿元，农业总产值7.5亿元。农村经济总收入21.54亿元，农民人均纯收入13580元。有中学2所，小学1所，在校生1270人。年内，获“全省无邪教示范镇”称号。

【重点项目建设】 鼓励全员招商，年

冯家镇小汤温泉　（宫兆兴摄）

圣水宫道教养生休闲度假区 （冯家镇提供）

内新开工项目2个，签约项目1个。引进小汤温泉养生养老公寓项目，总投资5000万元，占地面积1.7公顷，建筑面积1.5万平方米，可同时容纳300人入住。引进昆仑能源天然气应急储备库项目，总投资3000万元，占地面积2公顷，建筑面积5000平方米。引进圣水宫道教文化交流中心项目，总投资5000万元，占地面积0.67公顷，建筑面积3500平方米。

【农业产业化发展】 调整农业产业结构，完成产业结构调整面积256.67公顷。扶持苹果产业发展，发展唐家店子、南高村现代优质苹果矮砧集约栽培示范基地66.67公顷，完成老果园“畜沼果”种植技术改造40公顷。发展农业生态观光旅游产业，建设圣水宫社区和金顶社区果蔬观光采摘带，发展大樱桃、梨、大枣、葡萄、苹果、蔬菜大棚采摘园66.67公顷。推广特色种植业，总投资700万元，流转吕格庄村土地86.67公顷建新型农场。圣水宫社区种植中药材6.67公顷，泥沟社区种植金银花、元胡、贝母等中草药13.33公顷。推进农村土地确权、产权改革、土地流转工作，完成汤后疃和消水河村农村集体资产产权改革，完成

2014年冯家镇各村基本情况

表48

村　名	党支部书记	村委会主任	经济总收入（万元）	人均纯收入（元）
冯家	冯常永	冯常永	13851	15038
马山前	姜孟桥	姜孟桥	2326	13472
北汉村	姜　永	姜　川	3646	13773
北河崖	姜伟华	姜伟华	2505	13189
北泥沟	于同臣	于全洋	3488	13287
南泥沟	曹建岐	曹建岐	2360	12611
东泥沟	于克财	于克财	1533	12579
山北头	姜　贵	姜　贵	4323	15620
汤上	刘跃志	刘跃志	3042	13800
汤后疃	孙合然	孙合然	2042	13498
汤东疃	孙君堂	孙金山	1983	12420
汤南场	孙仁坤	孙仁坤	1528	11845
石城	姜先忠	姜先忠	6360	12486
葛口	姜云光	姜云光	2035	13449
南汉村	姜永刚	姜永刚	5736	13516
吕格庄	曲秀福	曲秀福	7499	13537
王疃	王　琳	王华勇	2013	13694
南刘伶庄	姜洪峰	姜洪峰	1901	13730
北刘伶庄	宋修国	宋修国	4294	13190
马山沟	孔凡周	孔凡周	1604	12321
消水河	李振福	李振福	2933	14564

续表 48

村　名	党支部书记	村委会主任	经济总收入（万元）	人均纯收入（元）
林家寨	林立华	林立华	1804	13435
中寨	姜洪秋	宋文海	4904	13582
张家寨	张君山	张君山	6285	14213
盘石	王庆明	李全军	7601	15914
北高格庄	周淑明	周淑明	4954	15288
南高格庄	袁凤霞	袁凤霞	3707	13893
徐家村	宫润洋	宫建明	9267	14083
合子	韩玉战	姜文军	5740	13550
合子庄	张本玉	张本船	1730	14107
吴格庄	宫云杭	宫云杭	1858	12480
鲁家	鲁金林	鲁林强	2796	12431
唐家店子	唐公奎	唐公奎	3856	13438
花家疃	姜洪阳	姜国军	7013	12263
上口	孙培县	孙培县	4308	15914
东吉子园	孙忠国	曹积敏	2664	12571
北吉子园	王夕明	王夕明	954	12711
西吉子园	高玉强	高玉强	2572	13543
南吉子园	高天云	高天云	1577	13431
砦里	刘春术	刘春术	6723	13550
庄子夼	战　东	战　东	855	13627
王家庵	王立志	王立志	1426	13086
观上冯家	冯曰明	冯曰明	1685	12684
孔家	孔志兴	孔志兴	2609	13764
万家	孔令传	孔令传	6196	13570
高家台	高玉留	高玉留	1979	13450
赵家庵	赵占国	赵占国	1038	13654
卧龙	孙吉龙	陈大福	5140	13513
东马家庄	马乐勋	于德生	5784	13654
马家泊子	马顺平	马顺平	8655	13717
沽水头	于志宁	牟曰亮	3132	14568
瑞木山	曹公敏	史连波	10521	14586
东官庄	史本智	姜春涛	9357	13927

（姜潇）

南泥沟、消水河、汤东疃等 17 个村土地承包经营权确权登记颁证工作，流转土地 279.73 公顷。加强农产品质量安全管理，全镇办理农资“一卡通”1.2 万户，确保农资来源可查。玉米良种补贴面积 166 公顷，订购小麦补贴良种 136.5 万吨；全镇小麦投保率 100%，玉米投保面积 1640 公顷，花生投保面积 1080 公顷。

【新农村建设】 投资 529 万元，完成 9 个村环境综合整治工作，通过威海市验收清理“三大堆”3833 处，清理违规建筑 186 处，硬化道路 44271 平方米，建设广场 5 处，安装路灯 326 盏，栽植绿化苗木 15890 株。争取到全国新增千百亿斤粮食产能规划田间工程项目，总投资 1080 万元，新建平塘 6 个，维修平塘 8 个，新建大口井 21 眼，硬化田间路 1500 米，铺砂砾石路面 13800 米，新建机房 35 座，配套 35 台抽水机，埋设 PVC 管材 38000 米，新建排水沟 800 米，圆管涵 240 个，板桥 12 座，惠及 18 个村。

【民生事业建设】 投资 40 万元，完成镇级文化站升级和镇文化活动广场建设，新建泥沟社区健身文化广场 1 处。投资 20 万元，补植镇驻地 G309 国道两侧绿化带。投资 20 万元，浆砌整修镇驻地污水管网。投资 100 万元，新建冯家、泥沟、万家 3 处社区幸福院，新增床位 80 张，配套建设娱乐室、图书室、餐厅、洗澡间等功能用房。成立镇行政执法队伍，清除乱搭乱建。排查企业、矿山、市场、学校、液化汽站安全隐患，保证人民生命财产安全。开展森林防火源头治理行动，新建吕格庄、吴格庄村防火通道 2 处，孔家、赵家庵隔离带 3 处，石城村防火瞭望台 1 处，石城、马家庄村防火检查站 2 处。完善社区综治网格化建设，成立镇级社会管理服务中心，开展干部常态化联系服务群众工作，帮助群众解决实际困难。

【农村“三资”监管】 规范农村干部办事程序，出台《关于进一步从严规范农村集体“三资”管理工作的意见》《关于加强农村工作程序规范化督导考核意见》等文件。

【队伍作风建设】 开展党的群众路线教育实践活动，查摆整改“四风”问题 2000 条。全镇公务接待费比 2013 年下

威海恒邦化工有限公司 （下初镇提供）

降40%,精简会议次数50%,公开办事程序19个，简化办事流程环节5个，纠正低保错保47人,查摆出以权谋私问题1个,查处农村干部1人,清退超标办公用房60平方米。做好农村“两委”换届工作,整治后进班子4个,调整软弱涣散村党支部班子35个。

下初镇

【概况】 全镇面积127.2平方公里,耕地总资源面积4067公顷。镇政府驻下初村，辖37个行政村。桃威铁路和G309国道横贯东西,牟乳公路纵贯南北,镇内拥有铁路货运站1处。矿产资源丰富,主要有金、银、铜、锡、硫、石灰石、钠长石、花岗岩等,黄金储量全国闻名,素有“黄金之乡”美称。主要农特产有苹果、大姜、花生、茶叶、高丽参、蓝莓、桑葚等。工业形成化工建材、金属冶炼、食品加工3个支柱产业。2014年,实现工农业总产值7.6亿元,其中,工业总产值3.5亿元,农业总产值4.1亿元。农村经济总收入17.6亿元,农民人均纯收入13617元。有中学1所，小学1所,在校生660人。年内,获“全国离退休干部先进集体”、威海市“军分区‘兴武建功’先进单位”“全市安全生产先进单位”“全市信访工作‘三无’镇”称号。

【园区项目建设】 争取上级资金,改造园区内河夏线公路3.4公里。投资120万元，实施园区基础设施配套工程，完成园区内恒邦化工和泰山纸面石膏板集中供暖改造和排水管网铺设。与中国建材集团对接,新引进投资1亿元金盾新材料项目,该项目完成车间主体建设、设备安装及设备调试工作。与中国慢性病研究院合作,打造以“慢性病康复”为主题的“医养结合”养老养生项目，改造金长城小区住宅264套。

【农业产业化发展】 建立段家村SOD苹果种植示范区,发展果园6.67公顷。

表49 2014年下初镇各村基本情况

村 名	党支部书记	村委会主任	经济总收入（万元）	人均纯收入（元）
里庄	段 海	段 海	470	9620
外庄	段连阳	段连阳	578	11497
山南头	(缺)	姜国强	710	10263
堆南头	段云朋	段云朋	875	10750
段家	段桂德	段桂德	2667	12458
古初	宋 周	宋 周	1076	13010
三甲	段德云	段德云	762	12841
下洼	刘宗峰	刘雄伟	762	11260
上草埠	王京涛	王京涛	6321	14926
下草埠	刘明勋	刘明勋	1518	13539
上初	张 浩	王永兴	774	9332
黄格庄	刘忠德	刘忠德	6321	14926
胡家口	刘 德	刘 德	61981	13861
辛庄	王 刚	王玉松	666	10300
西泊	宋广龙	宋广龙	1153	12940
英格庄	王树强	王树强	2076	13760
初家沟	初明钢	初明钢	21	11880
张家沟	张连顺	张连顺	818	12900
下初	谭先龙	谭先龙	5654	11928
史家疃	宋立波	宋立波	7369	14915
日照庄	徐永开	徐永开	1752	13439
辛家疃	宋卫卫	宋卫卫	771	12626
山前庄	宋玉波	宋玉波	1290	11622
簸箕掌	刘子海	刘子海	667	10800

续表 49

村　名	党支部书记	村委会主任	经济总收入（万元）	人均纯收入（元）
东马台石	徐宗光	徐宗光	2009	11500
西马台石	孙常言	王树泽	3070	12470
葛格庄	林乐虎	林乐虎	7655	13081
北芦头	王永平	王永平	443	10790
垒冢前	宋志勇	（缺）	1054	13013
南东庄	于文明	于文明	640	12590
巫山	张乐波	张乐波	4385	11586
西庄	张保信	张保信	3292	11980
北东庄	于旭明	高喜信	740	10399
皂地	周子奎	周卫丰	472	10320
车家夼	辛书凯	宋小波	765	11641
河南村	曹玉国	曹新文	2581	13151
单家疃	（缺）	刘喜军	85	9426

（徐春娇）

3月6日，山东省副省长邓向阳（左二）到泰山石膏（威海）有限公司调研

（报社提供）

建立辛庄村生态农业观光区，流转土地13.33公顷，新栽板栗、樱桃、石榴、杏、桃等苗木6000株，其中4公顷樱桃进入盛果期。建立三甲、古初、下洼村金银花、竹柳、大榛子混合种植示范区，流转土地6.67公顷。建立西马台石村蓝莓产业示范区，集蓝莓种植、加工、农业观光、休闲养生于一体，项目总投资1500万元，占地66.67公顷，栽植苗木13万株，一期工程完工，流转土地26.67公顷。建立黄格庄村高丽参科技示范区，注册成立高丽参专业合作社，种植高丽参26.67公顷，改良土地14.67公顷。

【社会事业发展】 投资300万元，建设镇北、河南、双山3个农村新型社区，3月，紫金社区老年人互助颐养中心投入使用。投资200万元，建设河南、金洲、朝阳3个社区老年人互助颐养中心和日照庄村幸福院，于年底竣工，进入试运营阶段。筹资60万元，实施镇初级中学房屋屋顶平改坡工程。投资5万元，对镇幼儿园屋顶进行防水处理。筹资20万元，为经济困难村发放环境整治补贴。投资450万元，实施山路整修、史家疃村“7·25”水毁桥坝加固和巫山桥重建、日照庄村进村路硬化、北芦头和下洼村饮水及灌溉设施建设、车道至下初110千伏线路改造等工程。投资30万元，实施废弃矿井和农村道路安全隐患治理工作。开展民情走访活动，化解信访积案2起，解决群众诉求61件，群众满意度97.9%。

午极镇

【概况】 全镇面积110平方公里，耕地总资源面积4067公顷。镇政府驻午极村，辖35个行政村。烟乳公路纵贯南北，G309国道横穿东西。黄金、雪花大理石等地下矿藏丰富。2014年，实现工农业总产值35.1亿元，其中，工业总产值30.2亿元，农业总产值4.9亿元。

苹果丰收　　（午极镇提供）

金牛谷农业生态观光园　　（午极镇提供）

2014 年午极镇各村基本情况

表 50

村　名	党支部书记	村委会主任	经济总收入（万元）	人均纯收入（元）
午极	杨兆福	杨在谭	13297	13145
小寨	段　强	段　强	5536	13000
樗树崖	王进波	王建辉	9150	12916
由家庄	由法青	姜志爱	2361	13028
小虎岚	王书岳	王书岳	3031	13034
鲁家夼	林永波	林永波	7521	12869
卢家	卢永民	卢永民	3968	12960
韩家沟	韩吉福	韩书臣	1259	13097
西柳家	张克阳	张克阳	1367	12983
于家屯	罗永超	罗永超	3242	12905
宋庄	宋永刚	宋永刚	4840	13097
车道	崔文进	崔文进	5836	13066
唐家沟	刘学海	刘学海	3085	12953
湘沟	柳尧清	翟　勇	3251	13097
土心头	李海波	李海波	8110	12920
东柳家	（缺）	刘艾红	3866	12903
马家夼	张秀军	张秀军	1668	12983
曲家屯	曲善刚	曲延刚	1896	12925
张家屯	（缺）	张永军	3873	12742
正甲夼	谭书富	谭富平	10497	13394
于庄	于开龙	于开龙	1286	13125
北庄	徐文山	徐文山	4918	13130
大虎岚	姜本俊	姜本俊	9627	13000

实现农村经济总收入 18.54 亿元，农民人均纯收入 12990 元。有九年一贯制学校 1 所，在校生 593 人。镇域产业主要有机械制造、食品加工、建材、针织服装等行业，主导产品有水泥、木工刨床、高硅活塞。全年粮食总产量 2.2 万吨，果品总产量 5.7 万吨，蔬菜总产量 3.3 万吨。

【重点项目建设】 2014 年，盘活原鲁通氟粉闲置厂房，引进总投资 5000 万元宏兴农业项目和总投资 3000 万元兴亮富硒缓释肥项目，协助企业办理项目开工手续，项目如期开工。引进乳山海通物流总部经济项目，年可增加地方税收 300 万元。引进乳山弘昇建材项目，年可增加地方税收 100 万元。开展干部走访企业活动，摸排企业亟需解决的问题，为企业排忧解难，推进镇域工业企业发展。

【农业产业化发展】 2014 年，流转土地 200 公顷。引进烟台鑫和装饰公司投资 6700 万元，建设宏兴农业发展有限公司，在唐家沟村建设核桃种植基地 93.33 公顷，年产量 350 吨；在北庄村建优质苹果示范园 73.33 公顷。壮大以福喜农牧为龙头的肉鸡产业，完善产业链条，形成产业优势。打造金牛谷农业生态观光园旅游品牌，园内建现代苹果矮砧集约高效栽培示范园 28 公顷，建"畜～沼～果"生态循环生产示范园 13.33 公顷，创新思路用林权证抵押贷款 2800 万元，解决资金难题。完成园区道路硬化、绿化工程等基础设施和民俗村、采摘园等娱乐设施建设，启动生态餐厅、莲花池等项目。

【民生工程建设】 投资 1211 万元建鑫源水厂，占地面积 0.63 公顷，建筑面积 3000 平方米，惠及 19 个村、1.3 万人。规划建设 8 个新型农村社区，理顺社区党组织。投资 10 万元，在 G309 国道设减速标志和减速带 10 个，在靠近主干道村庄入口设减速标志，在镇驻地斜坡路段设减速带，在镇驻地商铺

续表 50

村　名	党支部书记	村委会主任	经济总收入（万元）	人均纯收入（元）
下万口	王福强	王福强	7356	13066
南庄	张海波	张海波	7722	12710
孙家疃	孙忠吉	倪玉臣	2423	12983
杨家庄	（缺）	杨庆勇	7373	12869
辉湛	李振高	李振高	7144	12926
中庄	李　刚	李　刚	8640	13065
石字岘	孔祥林	孔祥林	10228	13096
房家	房林基	房林基	4169	12965
西埝	徐仁明	徐卫民	1608	12903
于家疃	于龙臣	于春光	2421	12965
上万口	宋修训	宋修训	4041	12768
泽上	（缺）	（缺）	8848	13062

（李秀英）

门前设隔离桩 20 条。完成 34 个村环境综合整治，新上路灯 414 基，完成绿化植树 7 万株，配备垃圾桶 700 个，修建健身场地 39 处，投资 20 万元新建污水处理厂 1 处。全镇养老保险参保率 90%，医疗保险参保率 100%。

【基层党建工作】 设立 8 个社区党总支，组织 4 个社区开展党员“面对面”谈心活动，征求基层党员和村民代表意见 20 条，协调解决制约党组织运行问题 12 个。设立社区办公经费和党建专项活动经费 10 万元，为经济薄弱村党组织提供经费支持。投资 20 万元，整修中庄、午极、大虎岚 3 个社区活动场所。开展党的群众路线教育实践活动和党员纯洁性教育活动，查摆整改“四风”问题 100 个。开展“第一书记帮扶、一本民情记录台账、一张服务群众联系卡、一份管理办法”等为民办实事活动。开展党员关爱活动，成立党员服务中心，设流动党员联络员，重点帮扶新中国成立前老党员、患重大疾病或发生意外、生活困难老党员 36 人。完成农村“两委”换届工作，113 名党员和群众当选为新一届村“两委”成员，调整村党支部班子 32 个，向张家屯、东柳家、杨家庄 3 个村派挂职干部。

崖子镇

【概况】 全镇面积 187.4 平方公里，耕地总资源面积 5173.33 公顷。镇政府驻崖子村，辖 58 个行政村。南临 G309 国道，桃威铁路、烟海高速横贯境内。马石山风景区、乳山市境内最高峰——垛山位于该镇境内。2014 年，实现地方财政收入 331 万元，固定资产投资 5.1 亿元。实现工农业总产值 20.57 亿元，其中，工业总产值 11.3 亿元，农业总产值 9.27 亿元。农村经济总收入 29.46 亿元，农民人均纯收入 14600 元。有九年一贯制学校 1 所、幼儿园 1 所，在校生 1093 人。特色物产包括苹果、樱桃等水果，板栗、银杏等干果，是全国有

2014 年崖子镇各村基本情况

表 51

村　名	党支部书记	村委会主任	经济总收入（万元）	人均纯收入（元）
磨山	钟建伟	钟国胜	807	14500
双石村	钟云民	孙忠义	298.8	14000
东夼	钟轩禄	钟　安	1555.1	14000
南地口	滕占德	滕格雨	1000	14000
泥渡夼	刘福龙	张永江	790	14006
哨里	王宗理	（缺）	2394.1	14200
河北	王仲振	（缺）	1375	14100
北地口	滕新国	滕新国	1200	14173
申家	（缺）	王好彬	1381	13500
北炉上	任培海	王少辉	800.9	14100
西崮头	王海军	王海军	1266.4	14024
大崮头	（缺）	李建伟	1600	14000
大王疃	（缺）	王永峰	502.1	14000
兴村	滕云峰	王世军	960	14100
张格庄	李振孟	李春波	685	14190
山东	滕长民	滕长民	504	14000
万格庄	李文龙	李文绍	1208	14000
阎家夼	李乃胜	（缺）	1320	14000
上肖家	肖春显	肖春显	1379.6	14000
东庄	高恩言	高恩言	508.4	14003

续表 51

村　名	党支部书记	村委会主任	经济总收入（万元）	人均纯收入（元）
下肖家	肖春锋	刘小伟	943	14000
井乔家	乔明珍	乔明珍	477	14020
枣林	宫家宾	宫开先	1392	14000
西井口	张志远	张志远	761.6	14100
东井口	张永义	张永义	1533.4	14600
下沙家	沙崇真	（缺）	494.9	14000
上沙家	（缺）	（缺）	598.1	14000
田家	田建东	田建东	1515	15000
史家	史本航	史泽江	1390	14200
蓬家夼	沙成良	矫习杰	1532.5	14200
矫家泊	矫田波	矫田波	403	14100
南寨	刘锡通	刘锡通	1840.7	14500
北寨	孙红新	孙红新	1310.4	14000
岛子	宋东亮	宋东亮	2775.1	14200
康家夼	戚永良	戚永良	850	13000
山下	宋金绣	宋晓军	1200	14000
崖子	于天成	孙世波	4796	14065
姜家	姜全义	姜全义	1155	14000
河西	王文良	徐仁刚	600	14000
山西	宋海波	宋海波	1196	14000
河南钟家	钟　青	钟　青	539	14000
泽科	钟方修	钟云强	1822.5	14100
石甲庄	李培旭	李培友	407	14000
泊乔家	宫家宾	乔洪荣	230	14200
青山	宫家宾	宫家宾	8207	14044
马石店	荀兆武	荀　杰	2904.4	14000
北果子	曲　芳	曲绵利	1060	14000
南果子	刘文荣	刘文荣	796	14000
姜家夼	姜秀良	姜秀良	350	14000
南马石	宫兆磊	宫兆磊	1528	14008
台上	杨日东	杨日东	1917	14000
沟东	唐言龙	唐言龙	1245.6	14000
转山头	刘建忠	刘建忠	1318.6	14400
草庵	矫训波	矫训波	499.8	14000
东凤凰崖	杨志涛	杨志涛	1632	14603
西凤凰崖	杨海涛	杨海涛	685.3	14000
西涝口	姜　山	姜　山	2002.9	14200
东涝口	沙曙东	沙曙东	1001.9	14000

（曲范晓）

名的“干杂果之乡”。乳山苹果获“国家地理标志”登记认证，垛山苹果和钟家沟大樱桃获“绿色食品”认证，该镇获“威海市特色产业镇”“全国一村一品示范镇”称号。

【重点项目建设】 引进乳山桦楠实业有限公司投资2.1亿元，占地面积2.67公顷，规划建筑面积20720平方米，在镇驻地打造集金融服务中心、商贸中心、商业网点、生产车间及住宅为一体的商业综合体。引进投资6000万元的宏福老年公寓项目，3号楼和7号楼主体建设及内部装修完成，建筑面积33087平方米，床位1200张。引进威海五洋投资公司，年可增加地方财政收入200万元。引进大连兴业源集团，在岛子村成立山东兴业源现代农业开发公司，投资6000万元，规划建设1万吨冷库、苹果文博馆、果品电子商务中心、果农科技培训基地、中国农业大学科研及大学生实习基地为一体的综合楼。

【农业产业化发展】 镇政府补贴5万元，更新岛子村老果园33.33公顷，栽种脱毒烟富三苹果树苗，在全镇推广。投资358万元，建设北寨村现代苹果示范园22.67公顷，推广采用矮化中间砧、宽行密植架设式栽培和滴灌、肥水一体化管理技术。改造上肖家、岛子、王疃村苹果郁闭园20公顷，延续果树盛果期，提高果品质量。拓宽果品销售渠道，在淘宝网开设崖子苹果专柜。协助市工商局争创“乳山苹果国家地理标志”，提升苹果品牌价值。与科研院所合作开发高端市场，种植富硒苹果、“零农残”苹果。举办樱桃采摘节，发展特色农业，创树樱桃品牌。至年末，仅镇农村信用社和邮政储蓄居民存款就达10.58亿元，比2013年同期增长23%。

【社会民生事业】 完成崖子、山下、兴村、王疃、双石、石甲庄、申家、史家、张格庄9个村环境综合整治任务，均通过威海市验收。投资10万元，配备保

鑫山冶金铁厂冶炼车间　　（诸往镇提供）

洁员112人，负责辖区内卫生清理、垃圾收集、垃圾桶拖放等工作，并实行保洁员工资浮动考核机制，调动保洁员工作积极性。新设立崖子、宏福、垛山和青山4个社区，投资50万元，建设崖子社区文化站和污水处理站，投资40万元，建设宏福社区互助幸福院。开展代办服务和农资技术服务，满足群众生产生活需要。

【基层党建工作】 开展党的群众路线教育实践活动，镇领导班子查摆“四风”问题30条，班子成员查摆“四风”问题192条，全部整改到位。完成56个村党支部换届和55个村村委会换届工作。成立青山社区、龙山社区2个党总支，由社区中心村党支部书记担任党总支书记。

诸往镇

【概况】 全镇面积160.1平方公里，耕地总资源面积4820公顷。镇政府驻东诸往村，辖49个行政村。埠乳公路、G309国道、桃威铁路和烟青高速在境内穿过。盛产苹果、大姜、葡萄、板栗等。矿产资源丰富，乳山市骨干企业——鑫山冶金公司铁厂、铁矿位于境内。镇域工业主要有铸造、建筑、制鞋等行业。2014年，全镇实现工农业总产值29.94亿元，其中，工业总产值26.25亿元，农业总产值3.69亿元。农村经济总收入33.78亿元，农民人均纯收入12873元。有九年一贯制学校1所，在校生1222人。

【重点项目建设】 全年完成技改投资3000万元，固定资产投资5.6亿元。新引进并开工过5000万元工业项目2个、签约投资过亿元项目1个，实际到位资金1.57亿元。引进青岛日吉商贸有限公司与鑫山冶金公司合作，投资1200万元，为日本协立精机工业株式会社生产重工配套铸件，项目一期工程竣工，设备安装并试产。引进银凯特光伏发电项目，打造集光伏发电、农业观光、生态农业、科普教育等绿色产业于一体的高效创新型项目，占地面积23.33公顷，总投资1.5亿元。储备在谈项目有北京中材国际尾矿资源综合开发利用项目等4个项目。

【产业结构调整】 支持发展优质、高

表52　　2014年诸往镇各村基本情况

村　名	党支部书记	村委会主任	经济总收入（万元）	人均纯收入（元）
东诸往	隋浩杰	隋明言	15842	12956
西诸往	刘德强	王洪湖	9303	13330
沟西	（缺）	隋玉刚	1683	13057
田家庄	王福强	王喜锋	8397	13404
光明	于同福	于同福	3680	12611
泊子	李佰江	刘大勇	10328	13636
后店	王桂月	王桂月	4641	13292
姚家埠	王洪范	丛书江	11320	12400
许家	许永光	许军芳	9947	12151
泊子庄	郑子波	郑子波	5990	13073
安夼	王维强	王维强	6459	13303
姜格庄	许云洪	许云洪	9377	11693
唐家	唐玉柱	唐言庆	6082	13507
沟留家	郑忠礼	郑忠礼	4750	12080
冷格庄	李　杰	李乃林	9504	13282
大院	彭学云	（缺）	10380	12987
流水头	于京师	（缺）	13615	12721
王家疃	于高福	杜仁强	5055	13200
凤凰台	姜树荣	姜树荣	2277	12211
李格庄	郑炳献	许建国	4246	12412

续表 52

村　名	党支部书记	村委会主任	经济总收入（万元）	人均纯收入（元）
九龙圈	刘　文	刘　文	6500	13300
崖后	宫云国	孙锡义	6675	12915
口子	宫建勇	（缺）	9823	13403
王家庄	宫云国	（缺）	2960	13210
岳家	岳洪伍	岳洪伍	3131	11000
东尚山	（缺）	刘　安	6252	13071
中尚山	乔春勇	乔春勇	2647	13053
西尚山	（缺）	王海杰	2934	13043
下石硼	王守起	王守起	4191	13011
上石硼	王永刚	（缺）	3001	13137
大龙口	宫润峰	宫润峰	4591	12997
二龙口	宫云周	刘建波	8235	13189
绕涧	刘银泉	刘银泉	7865	13047
青石楼	钟胜强	钟　林	937	12272
东辛庄头	李振辉	李振辉	4746	13063
西辛庄头	张成功	张成功	4006	12081
野房	隋庆平	隋保产	7000	12830
孙家夼	于　强	王桂欣	7110	12363
招民庄	隋春鹏	王克江	11438	13471
于家圈	于福德	于福德	4951	13086
扫帚涧	高　波	朱永军	6674	13538
铁山	王仕强	王仕强	9852	12245
垛疃	王玉春	王玉春	8221	12582
前进	李文见	李文见	12520	12913
前夼	李文见	李文见	2592	13653
马陵	姜云勇	姜云勇	10071	13013
后庄	王克玉	栾良春	7170	12917
神童庙	许全堂	张永远	11483	12902
燕山泊	王明涛	王明涛	7377	13197

（王琦）

效、特色种植业，对成片连方发展高效经济作物的村和农户给予资金奖励，推动农业产业结构调整。规划建设二龙口村现代矮砧集约栽培示范园 20 公顷，完成栽植苗木 2.2 万株，硬化道路 400 米。注册成立龙润葡萄种植专业合作社，种植葡萄 16 公顷，由合作社统一经营管理，促进农业增效、农民增收。

【基层组织建设】 做好农村“两委”换届选举，提前排查各类矛盾纠纷，把矛盾纠纷解决在萌芽状态，融洽干群关系。集中整治许家、西辛庄头、姚家埠、扫帚涧 4 个后进班子，配齐配强农村“两委”班子。加强村级资金、资产、资源管理，推行“即时公示、分期拨付、跟踪监管、重点审计”资金拨付管理制度，实现村级财务“阳光”操作。在换届选举期间，聘请专业审计机构对农村财务进行审计，并向社会公开，逐步化解干群矛盾。

【获评“国家级生态镇”】 2014 年，诸往镇加大资金投入力度，硬化、绿化镇驻地所有主干道，原有联通、移动、广电、电力等线网全部改造入地。开展环境卫生综合整治，规范管理乱设广告牌、乱设摊点、乱搭乱建等行为，美化镇区环境。对外宣传优质农副产品，扩大品牌影响力，在商标总局注册诸往镇农副产品统一品牌商标标识，实现生态水平和人居环境全面改善、镇村特色，被环保部授予“国家级生态镇”称号。

育黎镇

【概况】 全镇面积 110.2 平方公里，耕地总资源面积 3833 公顷。镇政府驻育黎村，辖 42 个行政村。北倚龙角山水库，乳山河从境内流过，水资源丰富。2014 年，实现工农业总产值 24.8 亿元，其中，工业总产值 18.7 亿元，农业总产值 6.1 亿元。实现农村经济总收入 21.5 亿元，农民人均收入 13080 元。有九年一贯制学校 1 所，在校生 730 人。特色物产有葡萄、日本萝卜、日本神马菊花等，发展成以出口蔬菜、食用葡萄、优质果品、花卉苗木、芋头、花生、茶叶、草莓、日本菊花、日本萝卜为主的农业产业区。

【重点项目建设】 引进总投资 3000 万元的食用油生产项目，占地面积 1.67 公顷，建筑面积 9500 平方米，完成花生油生产车间、储备油罐、包装车间、包装材料库、材料库、办公楼建设，榨油设备生产线完成安装。引进 500 千瓦屋面光伏发电项目，投产后，年可实现销售收入 1.52 亿元，解决就业 80

山东伟昌食品有限公司　（育黎镇提供）

2014 年育黎镇各村基本情况

表 53

村　名	党支部书记	村委会主任	经济总收入（万元）	人均纯收入（元）
北由古	郑希信	郑新福	712.4	13500
三泉庄	郑洪臣	（缺）	796.7	13500
东由古	郑炳水	郑炳水	148	13000
孙家沟	郑水国	（缺）	367	13000
于家	隋洪奎	林杰玉	667.3	6700
藏金夼	郑会良	（缺）	1485.2	12960
帽张家	郑仁辉	唐守香	961	13000
东横道口	郑忠波	郑文岗	396.9	6600
西横道口	郑永利	郑忠明	1220	13106
东纪村	郑　杰	郑　杰	742	13000
西纪村	王典庆	（缺）	2450	13197
龙角山	许同惠	许同惠	577	13200
南由古	郑新留	郑绍玉	710	14329
老由古	郑新晓	郑晓东	420	13500
城阴	于开虎	（缺）	1871.6	13100
汪水	宋云湖	（缺）	3594	14300
社庄	刘在林	刘汉玉	1545	12700
北勇家	勇　颖	勇治军	1207.8	13900
中勇家	勇维春	勇维春	193.7	13412
南勇家	勇绪芳	（缺）	1237	13000
王母夼	李振江	于　超	643	12900
南李家	李振同	李振同	692	13000
西屋南夼	李振东	李丙晨	796.5	6370

人，实现利润 897 万元。引进投资 1 亿元的威海海融投资管理有限公司项目，总公司在乳山市注册成立，在北京和上海设分公司，主要从事投资管理、投资信息咨询、企业管理咨询、商务管理咨询、市场信息咨询与调查、会议展览咨询，年内启动运营。

【农业产业结构调整】 2014 年，制订《育黎镇农业产业结构调整奖励办法》，规定新发展苹果每公顷奖励 900 元，矮化苹果每公顷奖励 1800 元，蔬菜水果大棚每个奖励 1000 元。年内，全镇新发展苹果 133.33 公顷，葡萄 133.33 公顷，各类蔬菜水果大棚 200 个，镇政府发放奖励资金 38 万元，奖励扶持 700 户。通过优化产业布局，形成北部以苹果为主的水果种植带，中部以草莓为主的高效农业带，南部以葡萄为主的农业种植带农业新格局。

【民生工程建设】 投资 60 万元，更换树种绿化镇驻地，硬化顺通路和幸福路 3400 平方米，修筑排水沟 640 米，新建综合性文化休闲广场 1 处，占地面积 0.4 公顷。投资 23 万元，新上 G309 国道红绿灯 1 处。投资 100 万元，完成龙角山、汪水、育黎、于家 4 个村幸福院建设。筹资 682 万元，完成南由古、老由古、孙家沟、东由古、汪水、三泉庄、北由古 7 个村环境整治工作。

乳山寨镇

【概况】 全镇面积 136.4 平方公里，耕地总资源面积 3933 公顷，海岸线 11 公里。镇政府驻寨东村，辖 44 个行政村。境内有国家级森林公园岠嵎山风景区。青威、埠乳公路穿境而过。2014 年，实现工农业总产值 41.26 亿元，其中，工业总产值 34 亿元，农业总产值 7.26 亿元。农村经济总收入 3.56 亿元，农民人均纯收入 12795 元。有九年一贯制学校 1 所，幼儿园 1 所，在校生 1016 人。实现固定资产投资 1.45 亿

续表 53

村　名	党支部书记	村委会主任	经济总收入（万元）	人均纯收入（元）
鲁济	李　永	李　永	1348	13700
鲁济山后	郭坤增	郭占春	548.44	13800
南西屋	陈景云	李浩	3226	13000
北西屋	孙吉礼	孙吉礼	1912	13230
宅子夼	任宗元	辛　勇	1320	14300
邓家	邓太福	邓京福	1913.6	13800
郭家	郭书高	郭书高	793.5	13188
南北山	王成珊	（缺）	3080	14515
大洼	曲善江	曲善江	310	13650
曲水	王　东	（缺）	2471	13025
曹家	宋　军	刘书龙	2250	13800
孙家	孙吉海	孙吉周	520	13000
塔庄	倪洪江	倪洪江	2413.3	13500
育黎	宋连海	宋连海	3650	13000
七甲	宋文亭	宋文亭	335.9	6372
马庄	孙常明	孙维法	994	12600
上宋格庄	宋文山	宋文山	576.8	13000
下宋格庄	丁文明	（缺）	576.9	14000
白石	宋建利	郭　见	1635.8	13700

（宋浩　李玉飞）

元。有民营企业 25 家，主导行业有农药、铸件、食品生产、服装加工等。主要农特产有花生、苹果、梨、桃、板栗、茶叶等，海产品有对虾、缢蛏、牡蛎、文蛤、泥蚶、带鱼、黄鱼等。

【重点项目建设】 2014 年，引进投资 5000 万元的浩瀚保温材料项目，占地面积 2 公顷，新上 EPS 自动泡沫和保温装饰一体板生产线 6 条。引进投资 3000 万元的韩孚生化与中农集团合作项目，新上草甘膦、双甘膦生产线。引进投资 2 亿元的烟台只楚化学新材料项目，规划占地面积 6.67 公顷。

【旅游业发展】 统筹规划以岠嵎山、正华石佛山景区为龙头，南部沿海旅游和北部乡村旅游联动的旅游业新格局，打造“山海胜景、美丽古寨”旅游品牌。引导正华石佛山景区新上滑草、漂流等娱乐项目，该景区被评为国家 AAA 级景区，获“中国美丽田园”称号。岠嵎山景区与湖北天堂寨、烟台塔山等国内大型旅游企业对接，达成合作协议，提升旅游品牌影响力，该景区被评为省级地质公园。依托小管村文化旅游、生态农业资源优势，协助济南军区总医院做好旧址揭牌仪式，发展红色旅游。发展壮大新自然农场，举办“乳山市首届草莓采摘节”，发展电子商务新模式，打响休闲旅游特色品牌。

【特色农业发展】 依托“乳山草莓”国

到跟见村避险搬迁工程　（段建国摄）

2014 年乳山寨镇各村基本情况

表 54

村 名	党支部书记	村委会主任	经济总收入（万元）	人均纯收入（元）
乳山屯	刘振超	刘新堂	360	9208
圈港	单福刚	单福刚	1140	9894
寨西	于福年	于福年	1300	10000
寨东	王同岭	王同岭	940	8890
寨中	王迪新	王迪新	980	10000
乔家庄	乔金光	乔占述	120	9000
崔家沟	（缺）	李延志	387	6800
芦根滩	邵永强	藏泽东	633	9024
盘古庄	徐华荣	高志庆	1625	10500
车村	郭峻山	郭峻山	1020	10360
小庵	于习武	于向武	908	10000
仇家兴	于俊复	于复广	347	8462
高家兴	刘吉东	于复岭	75	8500
李家兴	于占本	于占本	317	7983
石硼崔家	崔学军	崔美粉	311	9582
东驾马沟	于付友	张志台	873	11580
西驾马沟	董 迅	董在广	780	9910
东司马庄	于 龙	于忠仕	542	9272
南司马庄	于开平	于开平	1463	10117
北司马庄	于尧华	于尧华	664	8484
人石	高庆宝	高庆宝	3556	11934
到根见	高国基	高崇陵	1511	9600
滩甲庄	高学勤	孙付明	1072	9388
孤石河	王德生	高庆安	209	14250
风台顶	于开利	于开利	1009	11235
梅家	高明松	高明松	500	8636
横山后	隋培江	隋培江	1024	9500
杨家	杨奎春	杨绍梓	430	8684
贾家	王正法	王正法	990	9000
刁家	孙中仁	孙中仁	907	9000
夏家	戴本源	冷仔述	165	10303
滕河	高胜常	高胜常	407	9424
宋河	于建刚	于建刚	487	8800
小岚	于红开	于红开	171	6800
管村	于 刚	于开松	545	9100
玉皇台	宋奎武	宋奎武	2492	9680
楼村	张书涛	张书涛	752	8853
玉皇山后	于开胜	于开胜	458	9858
沙沟	张 伟	张 伟	270	9800
耳沟	刘占生	刘占生	320	10000
赤家口	于开岩	宋维洲	1009	9542
果枣夼	于京凯	于京凯	801	9542
宝口	刘京铁	刘京铁	969	8936
小管村	于礼年	邵明川	1138	9094

（宫维）

家地理标志，扶持小管村新自然农场流转土地 8 公顷，扩建钢结构大棚 10 个，建设露天草莓育苗基地 2 公顷，开挖池塘进行淡水养殖，发展休闲垂钓“农家乐”旅游项目。创建李家兴、楼村 2 个万亩粮油高产示范方。扶持建设圈港威绿茶茶叶基地、崔家沟茶叶基地、岠嵎山沿线 6.67 公顷茶园、到根见村西山 66.67 公顷核桃、正华农林 33.33 公顷核桃、东司马庄 6.67 公顷核桃、赤家口 33.33 公顷板栗、西驾马沟 20 公顷苹果等示范产业园 8 个。

【社会事业发展】 投资 200 万元，完成宝口、果枣夼、芦根滩、风台顶、孤石河、滩甲庄 6 个村环境综合整治工作，通过威海市检查验收。投资 128 万元，完善临海、司马庄等 5 个重点社区基础设施，建设临海、岠嵎东山、司马庄 3 处社区幸福院。投资 120 万元，完成梅家村土地整理项目 66.67 公顷，通过上级验收。投资 1000 万元，实施司马庄农业综合开发高标准农田项目 600 公顷。刁家、小安、崔家沟村土地整理项目获批。投资 210 万元，完成镇初中改造工程。投资 28 万元，完善镇中心幼儿园设施配套，通过省级示范性幼儿园检查验收。投资 2000 万元，完成到根见村新居工程，并完成房屋分配。

【基层组织建设】 开展党的群众路线教育实践活动，收集、梳理查摆出的问题，建立整改方案和落实机制，实现干部队伍作风好转。完成农村“两委”换届工作，19 个村实现党支部书记、村委会主任“一人兼”，“两委”成员交叉任职 45 人，精减干部职数 24 人。

先进集体名录

2014 年获省部级表彰的先进集体

表 55

荣 誉 称 号	获 得 单 位	授 予 部 门
全国生态文明先进县	乳山市人民政府	全国生态文明先进县推介委员会
全国文化先进县	乳山市	文化部
全国平安农机示范县	乳山市	农业部
全国义务教育发展基本均衡县	乳山市	国务院教育督导委员会
全国房地产交易与权属登记规范化管理先进单位	乳山市住房保障和房产管理局	住房城乡建设部
全国“六五”普法中期先进单位	乳山市司法局	全国普法办公室
全国敬老模范单位	乳山市老龄办	全国敬老爱老助老主题教育活动组委会
全国离退休干部先进集体	乳山市下初镇老干部党支部	中组部
国家级生态乡镇	乳山市诸往镇	环保部
全国综合减灾示范社区	乳山市城区街道东里社区	民政部
2014 年基层标杆社	乳山市南黄镇供销社	中华全国供销合作总社
2014 年农民合作社示范社	乳山市青山果品专业合作社	中华全国供销合作总社
全省人民满意政法单位	乳山市公安局胜利街派出所	山东省委、省政府
全国水产技术推广示范站	乳山市水产技术推广示范站	农业部
全国社区侨务工作示范单位	乳山市夏西社区	国务院侨办

2014 年获地厅级表彰的先进集体

表 56

荣 誉 称 号	获 得 单 位	授 予 部 门
全省维护妇女儿童权益先进集体	乳山市教育局	山东省妇联
山东省教育系统先进集体	乳山市第一中学	山东省教育厅
山东省关心下一代先进集体	乳山市畅园学校	山东省关工委
省级就业宣传工作先进集体	乳山市劳动就业办公室	中国就业促进协会

续表 56

荣誉称号	获得单位	授予部门
全省人力资源和社会保障系统宣传工作先进单位	乳山市人力资源和社会保障局	山东省人力资源和社会保障厅
2014 年山东省农民合作社示范社	乳山市爱母茶叶专业合作社	山东省农业厅
全省幸福进家活动先进乡镇	乳山市白沙滩镇	山东省妇联
省级示范性幼儿园	乳山市乳山寨镇中心幼儿园	山东省教育厅
全省"五好"离退休干部党支部	乳山市乳山寨镇离退休老干部党支部	中共山东省委组织部
山东省五四红旗团委	共青团乳山市委	共青团山东省委
山东省服务青年项目创新工程示范县团委	共青团乳山市委	共青团山东省委
省级文明社区	乳山市城区街道府苑社区	山东省文明委
全省综合减灾示范社区	乳山市城区街道富大社区	山东省民政厅
山东省基层科普行动计划先进集体	乳山市城区街道西馨苑社区	山东省科协
山东省科学、关爱、和谐示范社区	乳山市城区街道府前社区	山东省反邪教协会
山东省科学、关爱、和谐示范街道	乳山市城区街道	山东省反邪教协会
幸福进家活动红旗单位	乳山市妇联	山东省妇联
全省机构编制宣传工作先进单位	乳山市编办	山东省编办
全省机构编制信息工作先进单位	乳山市编办	山东省编办
山东省理论教育工作先进单位	乳山市委宣传部	中共山东省委宣传部
全省伏季休渔管理工作先进单位	乳山市渔政监督管理站	山东省海洋与渔业厅
全省侨务工作先进单位	乳山市侨办	山东省侨办
基层新闻宣传工作先进单位	乳山市人力资源和社会保障局	中国劳动保障报
全省计生助福项目示范单位	乳山市卫生和计划生育局	山东省卫生和计划生育委员会
山东省畜牧兽医工作先进集体	乳山市畜牧兽医局	山东省畜牧兽医局
2014 年度山东电视宣传先进集体"一等奖"	乳山市广播电视台	山东省广播电视台
山东省青年安全生产示范岗	乳山市乳山口港务管理局	共青团山东省委
全省第二次湿地资源调查先进单位	乳山市林业局	山东省林业厅
全省粮食系统产业指导先进单位	乳山市粮食局	山东省粮食局
全省安全生产工作先进单位	乳山市安监局	山东省安监局
省级巾帼文明岗	乳山市地税局银滩中心税务所	山东省妇联
省级文明服务单位	乳山市农村信用合作联社	山东省文明委
全省农业宣传暨科学普及工作先进集体	乳山市经营管理指导站	山东省农业厅
省级无邪教乡镇	乳山市冯家镇	山东省委防范和处理邪教问题领导小组办公室
全省基层残疾人组织先进集体	乳山市冯家镇残联	山东省残联
山东省富民兴鲁劳动奖状	乳山市总工会	山东省总工会
山东省富民兴鲁劳动奖状	乳山市邮政局	山东省总工会
全省农机安全示范镇	乳山市海阳所镇	山东省农机局

续表 56

荣誉称号	获得单位	授予部门
全省群众体育先进单位	乳山市滨海新区管理委员会	山东省体育局
山东省内审机构先进单位	乳山市滨海新区管理委员会	山东省内部审计师协会
山东省优秀残疾人之家	乳山市残联	山东省人民政府残疾人工作委员会
省集体二等功	乳山市法院	山东省法院
省级节约型公共机构示范单位	乳山市法院	山东省机关事务管理局
全省人民满意政法单位	乳山市政法委	山东省政法委
全省优秀公安局	乳山市公安局	山东省公安厅
全省人民满意政法单位	乳山市公安局	山东省公安厅
打击侵权假冒犯罪专项行动成绩突出集体	乳山市公安局经侦大队	山东省公安厅
2013 年度全省电力设施和电能保护工作先进单位	乳山市公安局刑侦大队	山东省公安厅
全省优秀县级车辆管理所	乳山市公安局交警大队车管所	山东省公安厅
记集体二等功	乳山市公安局	山东省公安厅
记集体二等功	乳山市公安局特巡警一大队	山东省公安厅
全省公安机关“社区六进”工作成绩突出集体	乳山市公安局交警大队车管所	山东省公安厅
全省“肃毒害、创平安”成绩突出派出所	乳山市公安局金岭派出所	山东省公安厅
2013 年度全省优秀公安基层单位	乳山市公安局崖子派出所	山东省公安厅
全省优秀公安基层单位	乳山市公安局胜利街派出所	山东省公安厅
全省优秀公安基层单位	乳山市公安局金岭派出所	山东省公安厅
爱民固边先进集体	乳山市公安边防大队	公安部边防局
全国价格宣传工作先进集体	乳山市物价局	中国经济导报社
基层新闻宣传工作先进单位	乳山市劳动就业办公室	中国就业促进会
先进基层党组织	乳山市公安边防大队	山东省公安厅

2014 年获威海市委、市政府级表彰的先进集体

表 57

荣誉称号	获得单位	授予部门
威海市信访工作“三无”镇	乳山市下初镇	中共威海市委
威海市安全生产先进单位	乳山市下初镇	威海市委、威海市政府
威海市农村环境综合整治先进村	乳山市下初镇下草埠村	威海市委、威海市政府
威海市机关作风建设年活动十佳示范单位	乳山市环保局	威海市委、威海市政府
威海市机关作风建设年活动十佳示范岗位	乳山市委群工部	威海市委、威海市政府
全市人民满意政法单位	乳山市公安局	威海市委、威海市政府

媒体关注报道

【乳山:产业结构三年大突破】

5月,乳山打响“产业结构大突破”首场战役:牡蛎粉加工、甲壳素等海洋提取物研发和生产的生物科技项目,固体土壤固化剂和新型建筑材料的节能环保项目,生产高端海产品的绿色食品项目……15个过亿元的高科技项目纷纷落户“两区十园”,总投资近60亿元。

这场项目集中开工的战役,是乳山落实市委、市政府“三年突破乳山产业结构”战略的具体举措。近几年,乳山大力推进“转调创”,全面实施“产业强市、工业带动”战略,产业结构进一步优化、产业层次进一步提升,后发优势逐渐显现。但是,与先进区市产业提升态势比,以工业经济为主的产业发展仍是乳山的短腿。着眼于全面提升乳山可持续发展能力,市委、市政府提出三年内重点突破乳山的产业结构,并配套出台系列扶持政策。

对于突破之路,乳山在一次次考察取经、一次次分析讨论中形成共识:工业是经济的核心、发展的龙头和财富积累的源泉,只有抓住工业这个“牛鼻子”,乳山产业发展才能实现全盘皆活。按照市委、市政府的战略部署,乳山迅速行动,制定出产业突破的32条目标任务,并逐条落实到各部门。

“‘产业结构大突破’这场战役需要找准突破口,乳山在园区特色化发展、产业集群化发展、区域融合性发展、项目高质化发展、企业内涵化发展、人才引领化发展、城市一体化发展等7个方面打出攻坚战‘组合拳’,力争到2016年,综合实力和公共财政预算收入均跻身全省县域30强之列。”乳山市委书记高书良信心坚定。

按照这一思路,乳山勾勒出“产业结构三年大突破”的路线图:突出园区特色化发展、打造两大千亿级产业聚集区;突出产业集群化发展、打造六大百亿级产业聚集区;突出区域融合化发展、打造中日韩经济合作先行区;突出项目高质化发展、打造特色产业项目承载区;突出企业内涵化发展、打造产业创新提升实验区;突出人才引领化发展、打造创新创业人才聚集区;突出城市一体化发展、打造城乡统筹发展示范区。实现产业结构大突破,乳山锁定主导产业,推进产业集聚发展。乳山综合考量工业基础、资源优势、产业优势、发展潜力和国家政策导向,主攻装备制造、绿色食品、生物科技、节能环保、新材料、新能源6大产业,横向加强产业协同、纵向拉长产业链条,力争2016年每个产业集群的产值都超过百亿元。

园区是产业突破的“主战场”。按照“产城融合、区镇联动、特色发展”的理念,乳山调整优化园区布局,重点打造滨海新区、经济开发区和临港产业园、装备制造产业园、食品和生物科技产业园等“两区十园”,根据功能定位和产业发展重点,确定园区定位,为产业发展搭建起专业的平台。

乳山牢固树立“产业升级、项目先行”的理念,强攻重大项目,创新招商引资方式,最大限度提高招商质量和成效。以项目投资规模、环保能耗、带动作用、税收贡献择商选资,着力引进一批产业层次高、带动作用强、税收贡献多、发展潜力好的大项目,吸引国内外大企业、大财团到乳山市整体融资、一体配套、集约开发,争取引进一个项目、发展一片园区、带起一个产业。到2016年争取累计新引进投资过亿元项目150个以上,到位资金300亿元以上。科技创新是产业突破的第一驱动力。乳山把创新贯穿产业大突破的全过程,围绕优势产业和优势领域,筛选100个重大技术改造和技术改进项目,投资100亿元,推动企业拓展新领域、培育新优势;发挥1000万元科技创新基金、1000万元科技创新合作扶持基金的“杠杆”作用,按照“企业预先申报、政府预先评估、资金预先拨付”的扶持新模式,鼓励企业与科研院所共建创新平台。孵化器是科技创新的“发动机”,乳山推进滨海新区科技企业孵化园、经济开发区青岛科大环保材料产业孵化中心、城西科技孵化中心等在建孵化器建设,扶持特色产业型、院校联建型、企业主体型等工业孵化器发展,到2016年建成孵化器面积15万平方米、入孵企业80家以上。

不仅如此,乳山在产业突破中还借力中韩(威海)经济合作示范区建设的东风,做足对韩合作文章,聚力打造中韩友好城市交流合作平台、中韩食品与生物科技产业园平台、中韩制造业工业团地平台、中韩海洋文化体验之旅服务平台和健康养生服务平台等特色平台,扩大对韩合作,努力把乳山打造成中韩扩大合作的先行区。

(5月27日《威海日报》 作者:刘国贤 任现辉)

【主力军战力足 生力军成长快——乳山工业经济发展亮点扫描】

产业强市,工业带动。2014年以来,乳山在“三年突破乳山产业结构”的决策部署下,工业经济运行数据可圈可点。

上半年地区生产总值增长10.2%,固定资产投资增长18.7%,社会消费品零售总额增长12.7%,外贸进出口总额增长12%,实际利用外资增长18.2%,各主要指标增幅均好于2013年同期,较好地实现时间任务“双过半”的工作目标。

面对经济下行压力加大的严峻形势,乳山传统优势产业集群得到巩固提升,战略性新兴产业集群实现膨胀发展,重点工业项目加速推进……工业经济亮点频现。

骨干企业唱响膨胀重头戏

骨干企业是区域工业的未来和脊梁,是加快“转调”的引擎和旗帜。2014年以来,乳山立足产业优势,唱响骨干企业膨胀这一“重头戏”,引导企业加大项目投入,拉长产业链条,强化创新体系建设,为全市经济发展注入新的活力。上半年,乳山33家重点企业实现销售收入23.1亿元;上交税金11548万元,工业经济保持平稳向上的发展态势。

“您好,我们对于贵公司生产的平衡轴产品十分感兴趣,不知道现在能否为我们提供2支平衡轴毛坯样品。”9月12日,乳山市黄海汽车配件有限公司销售部长辛秀起接到来自青岛一家新供销商的电话,不禁喜上眉梢。“虽说样品寄过去,最少也得路试3个月才能知道结果,但是我们对自己的产品有信心。”辛秀起告诉记者。自信的背后正是黄海汽配对于自己产品质量的绝对把握,更是对于企业自主创新能力的极大肯定。

在乳山,像黄海汽配这样得益于自主创新的企业有很多。乳山深入实施“工业立市”战略,加大对企业科技研发和自主创新的支持力度,通过搭建产学研对接和交流平台,积极建设专家大院、博士后工作站和院士工作站,帮助企业建立研发中心,开发出一批技术含量高、市场前景好的新产品,有效提升企业产品竞争力,为全市经济发展提供有力支撑。同时,乳山强化公共服务平台、研发平台和信用平台建设,着力组建企业综合服务中心,建设集金融创新、科技创新和中小企业服务于一体的服务平台,为企业提供“一站式”服务,打造良好的企业发展环境。

2014年,乳山重点指导澳华新能源和黄海汽配创建省级企业技术中心,指导鑫宝食品和日晟机械创建威海市级工程技术研究中心、中诚果汁和正洋食品创建威海市级工程实验室、佰德信和金果花生等创建威海市级技术开发中心,有效提高企业的自主研发水平。黄海汽配聘请国家“千人计划”刘正白博士兼任公司技术总监,开发出凸轮轴、平衡轴、曲轴等新产品,并成功打入安凯、江淮汽车等市场;日信工业新上CR-V发动机支架产品,项目于1月投产,每月可生产支架4万支,年增销售收入3000万元;宏远机床与河南润智数控机床合作,开发新产品单端面圆台磨床,6月底产品通过客户验收,8月正式投产;日晟机械与青岛科技大学合作,4月开始研发新产品多功能控制系统阻车器……强大的科技研发能力成为企业产品上档升级的不竭动力,也为企业赢得更多客户,订单源源不断地飞来。上半年,黄海汽配实现销售收入2959万元,同比增长7%;宏远机床上半年实现销售收入678万元,纳税51万元,同比分别增长36%和76%。

在此基础上,乳山着力引导工业企业抢抓经济回暖机遇,转变营销策略,实施内外市场并举,通过开展电子商务、参加展会促销等举措,不断扩大市场份额。内燃机配件在巩固重汽发动机、潍柴动力等老客户的同时,大力发展江铃重卡、江淮汽车等新客户,订单增加30%,上半年实现销售收入2694万元,纳税289万元,同比分别增长15%和3.6%;昊安金科在北京军工产品推介会上成功开发常州客户,为其配套生产电涡流缓速器转子、定子、支架等产品,首批订单400套,年可增加销售收入2000万元;富豪皮具大力开发国际市场,产品远销欧美等30多个国家和地区,在国内大中城市设立100多个专柜及专卖店,并入驻淘宝、天猫等网上销售平台,实现国际和国内、线上和线下的全方位营销;双连制动在巩固老客户的同时,开发美国新客户,可增加销售收入5000万元。

科技型企业加强合作谋发展

9月15日,位于乳山经济开发区的威海金牌生物科技有限公司迎来一批客人,他们是来自文登区的数十位水貂养殖户。“听说金牌公司生产的M蛋白粉既能满足水貂的营养需要,又能降低生产成本,我们专程来购买。”一位养殖户告诉记者。公司相关负责人表示:“因为我们始终坚持以科技研发为中心,不断加大与合作伙伴的合作力度,从而使生产的产品站在市场最前沿,赢得客户青睐。”

作为乳山生物科技产业集群的龙头企业,金牌生物凭借“自主加外援”的紧密结合,对内组建科技研发团队,对外先后与中国社会科学院海洋研究所、中国海洋大学和中国社会科学院沈阳应用生态研究所合作,实施海参用微生物发酵饲料的生产工艺等项目,大大提高企业产品的市场竞争力。

2014年,乳山科技型企业主动拿出优势资产,谋求点对点的合作,变贸易伙伴为投资伙伴、变配套商为新股东,切实解决资金、市场、人才、技术等瓶颈问题,使追求合作成功的愿望日渐转化为自身跨越发展的强大动力,企业的竞争优势和抗风险能力日益增强,开拓更为广阔的发展空间。

黄海汽配与烟台石钢公司实现股权合作,走集团经营模式,投资3亿元新上自动化汽车冲压件和高端密封件项目,当前投资8000万元的一期工程已开工建设;正洋集团与红塔创新投资股份有限公司探讨推进正洋集团上市,当前已初步确定合作方式,具体细节双方正在进一步探讨中,上市成功后预计全年实现销售额7亿元,纳税1500万元。此外,中机模具、韩孚生化等多家企业也积极开展与外合作,数个合作开发项目正在紧锣密鼓地进行。

在鼓励企业强化合作的同时,为帮助企业提高科研产品竞争力,乳山通过政策引领、知识产权扶持、项目资助等措施,引导企业加大研发投入、人才引进和研发队伍建设力度,鼓励企业增加科研设施,完善研发制度体系,发挥资金、人才、成果等各类创新资源的聚集效应,提升企业发展层次。

2013年,乳山高新技术企业新增6家,增幅达120%;威海市级科技型中小企业新增6家,增幅达50%;此外,还新增澳华、科合等工程技术研究中心2家,进一步搭建起科技研发平台。依托强有力的科研平台,企业加快产品的更新换代。山东省金聚粉末冶金有限公司与哈尔滨工业大学(威海)

开展产学研合作，共同研发“一种含钛黑色陶瓷制备工艺”，开发的钓鱼杆用导线环项目当月产量300万件，实现月销售收入30万元，公司还与长春工业大学签订《粉末冶金气门阀座的新产品开发》合同，联合研制开发高性能的汽车发动机用粉末冶金气门阀座，当前产品已经开始批量供应玉柴、江铃等主机市场，产品质量得到客户的一致认可；成景科技、上邦新材料、恒邦化工、金牌生物科技、大洋硅胶等企业也依靠科技研发，实现销售收入过亿元，在提高企业自身竞争力的同时，有力推动我市传统产业改造与新兴产业培育的步伐，带动上下游相关产业的发展。

成长型企业群峰竞秀筑高地

9月15日，位于乳山经济开发区的威海伯特利萨克迪汽车安全系统有限公司生产车间内一派繁忙景象，二十余名工人正有条不紊地从事着生产工作。从签约到投入生产，伯特利萨克迪公司只用9个月的时间，实现当年开工、当年投产，这在工业项目建设过程中已经达到“极速”。据公司负责人介绍，2015年伯特利公司还将新上一条铸造生产线和近百台加工中心，进一步拉长产业链条。

这是威海伯特利萨克迪汽车安全系统有限公司加快膨胀发展的战略之举，也成为全市成长型企业扩张发展的代表。随着伯特利萨克迪的加入，乳山汽车制动行业产业链全面拉长，从华邦蹄铁到双连制动到成套安全系统，关联产业迅速发展。在伯特利萨克迪公司周围，已经建成投产的黄海汽配、龙嘉机械、双连集团等汽配产业项目现场，正传来轰隆的生产强音。

2014年，乳山成长型企业积极实施技改项目，新上适销对路的产品生产线，提升产品内涵，加快企业转型升级的步伐。同时，进一步转变营销策略，实施内外市场并举，通过开展电子商务、参加展会促销等举措，使产品市场份额不断扩大。

作为乳山工业战线代表性的成长型企业，力久电机加快内涵提质、外延扩量步伐，研制出TYP系列永磁变频电动机系统，荣获2013年度中国机械工业科学技术奖三等奖。当前，它已在大庆油田、辽河油田等大型油田推广应用7.5万千瓦，实现销售收入1.6亿元，综合节能30%以上。在一年一度由机械协会组织的“电机行业最具影响力品牌”颁奖仪式上，力久电机成功入选。在此基础上，力久电机紧紧抓住北京地区制造企业外迁的有利时机，与北京毕捷电机股份有限公司进行股权合作，扩大市场占有率。

与此同时，一大批新签约落户乳山的成长型企业加快项目建设速度，新建、扩建生产厂房，迅速实现投产运营，开启大投入、大发展的新格局。总投资4亿元的泰山纸面石膏板项目，一期投资3亿元，今年3月份已正式投产，当前已生产石膏板900万平方米，实现销售收入2700万元，预计全年可实现销售收入1.5亿元；总投资6亿元的伯特利萨克迪汽车配件项目，全部达产后年可实现销售收入3亿元，当前，2万平方米的铝压车间、加工车间于6月正式投产，预计全年实现销售收入5000万元；瑞华达总投资1.6亿元的汽车冲压件项目，当前加工车间部分投产，预计全年实现销售收入5000万元……清一色“重量级”项目的上马，带动成长型企业迈开膨胀扩规的步伐，推动生产方式的转变、产业结构的调整，为乳山市跨越发展提供强劲动力。

成长型企业如雨后春笋般，显示出勃勃生机，乳山市工业战线建设呈现出百花齐放、群峰竞秀之势。

（9月24日《威海日报》 作者：勇庆威 任现辉 王嘉 仝庆凤）

【幸福在“最美海岸线”上延伸】

乳山银滩在基础设施配套建设上“大刀阔斧”：水、电、路、污水、绿化等工程全面铺开，累计投入达30多亿元；社区配套日益完善，办公场地变大，人员配置变强，服务事项增多，社区生活越来越便利；海岸带综合整治深入推进，城市环境“亲和效应”显著。

交通四通八达 业主出行更方便

5月26日，乳山银滩的环湖北路路边石铺设完毕。在这之前，环湖北路已经完成三层路基、排水和绿化带的工作，如果天气等各方面条件正常的话，这条路将在6月底前完成沥青路面铺设。

环湖北路起于环湖东路，终点在潮汐湖路，全长2972米。建成后，主车道宽16米，两侧人行道各宽5米，绿化带各宽15米。“下个月底这条路就完工，这路真不错，宽敞。”修了10多年路的刘元水说。今年，在乳山银滩类似的工程还有很多，包括多条路面的延伸、拓宽以及硬化等等。

乳山银滩一直致力于基础设施的配套和完善，总投资已经超过30亿元。在道路交通方面，银滩先后建成41条、总里程116公里的“五横二十纵”交通网络，实现出行道路畅通。来自青岛的王秀云说：“2010年刚买房子那会儿，这边还有一些路是土路，现在路都修得很好，变化挺大。”

随着滨海一体化的发展，银滩的定位由旅游度假区调整为新城区，银滩也按照城区标准逐步完善区域的基础设施配套，提升承载力。而道路交通作为银滩基础设施的重要组成部分，更是被摆在重要的位置。2013年，在城乡公交一体化中，银滩的公交线路重新进行优化、组合和延伸，原先仅有的2条公交线路、25辆公交车调整为6条线路、56辆公交车。

“以前公交车不准点，去趟银行少说也得2个小时，其中有1个多小时是用来等公交车的。现在可好了，我半个小时就能打个来回。”家住银滩颐和社区山水人家小区居民谷露平说。

公交一体化，不仅将公交车开到居民家门口，还连接起银滩和乳山火车站，外地居民来回银滩更加快捷。乳山银滩～乳山火车站的首班公交206路，全线14辆公交车，车次间隔15分钟。在非旅游旺季，206路每日客运量保持在平均3000人次左右。当前，各条公交线路正在陆续开通中。

“我们在充分征求民意的基础上，2014年又重点规划道路桥涵、园林绿化、供水供电、生活配套、环保升级、生态修复等6大类基础设施配套工程，年内总投资达11.7亿元，以解决当前最迫切需要解决的问题。对于其他问题，我们将继续整合资金，分阶段有序开展。”乳山滨海新区管委会主任王祥芹说。

据悉，2014年，乳山银滩洞庭路、环湖路、台湾路等2万余米长的路段还将开通路灯，届时，银滩海景房的业主们出行会更加方便。

社区规范管理　业主办事更便捷

“我们小区北面步行街附近有部分建筑垃圾，有些垃圾还被倾倒在排水沟里，雨水多了，就影响沿街店铺的排水，你们快来看看吧。”5月24日，银滩益天社区收到曲水绿荫小区居民反映。

接到反映情况之后，益天社区工作人员和物业工作人员第一时间赶到现场，发现业主所说的垃圾是开发商遗留下来的，并不在物业管辖范围之内。考虑到业主对雨季排水的担心，银滩物业曲水绿荫管理部主任陶霞立即组织人手对排水沟附近的垃圾进行清理，同时整修排水沟。“虽然这些垃圾在小区外面，不属于我们的工作范围，但是既然业主担心，我们就得马上着手处理。”陶霞告诉记者。

随后，该业主也了解到这一问题不属于社区工作范畴，又当即联系市政和环卫部门，请求他们前来帮忙清理垃圾。对社区认真负责的态度，业主表示赞赏。

随着前来银滩扎根的新移民越来越多，银滩有200多个生活小区纳入规范化社区管理。银滩居住人群复杂，如何做好社区管理工作，银滩一直在探索、实践。“由于很多购房者是因为投资或者度假的原因，他们并不是一年四季都来银滩居住，所以银滩小区入住率并不像城市一样高，这对我们做好社区管理工作提出更高的要求。”益天社区党支部书记宋修刚说。

银滩积极与上级有关业务部门对接，将涉及业主户口、计生、有线电视等基本服务纳入社区服务范围。同时，为提升银滩社区管理水平，2014年银滩计划投资100万元，优化社区办公场所，完善人员配备、经费保障，整合公安片警、物业服务企业和业主等有效资源，实现社区网格化管理，使得“新移民”在银滩获得更加高效便捷的服务。

海岸带综合整治　生活环境更优美

“一些乱搭乱建的违章建筑拆除，以前海边随意堆放的旧渔网等杂物也不见了，银滩周边的环境变得更美了，沙滩更洁白了。”5月25日，银滩海苑明珠小区居民周顺义说，“现在，我们小区的很多居民每天清晨或傍晚都喜欢到海边走走，锻炼一下身体，这都得益于海岸带整治工作的开展。”

海岸带是社会发展的活跃区域，也是海洋环境和生态系统退化严重的地区。如今，各沿海地区都在有条不紊地开展海岸带综合治理工作，恢复海岸带应有的原生态面貌。随着乳山市全面展开海岸带综合整治行动，银滩海岸带整治工作也取得阶段性成果，进一步加强海岸带规范管理，有效保护海域生态环境。

乳山银滩是国家AAAA级旅游度假区，每年前来旅游的人非常多，许多外地游客都喜欢散步沙滩、游泳，所以整治海岸带也是对旅游环境的维护。而以前，养殖户在浅海养殖牡蛎、海参等，在岸上乱搭乱建，设立露天简易加工厂，一些死亡的牡蛎等海产品随意堆放在海滩上，时间久了，产生的污水流入大海，对水体造成污染。此外，生产过程中产生的大量污水也排入大海，让海水污染“雪上加霜”。

在海岸带综合整治行动中，一大批养殖户、加工业主在城管行政执法工作人员劝说和政策宣传下，主动拆除板房等设备设施，搬迁到政府设置的安置点。现在，银滩海岸上违法经营的养殖户、加工点基本看不见了，在沙滩上贩卖鱼虾的也少了很多。排放到海水中的有机质随之大量减少，使得水质得到极大的净化，赢得游客好评。

以往乳山银滩海岸带乱搭乱建、管理混乱、脏乱差等现象的改善，不仅提升银滩整体形象，而且对银滩经济社会发展产生积极影响，进一步优化招商软环境。为此，乳山银滩围绕既定目标，切实解决违法占用海域、违章建设等突出问题，全力维护好海岸带环境质量和管理秩序。

前些日子，相关部门工作人员通过与业主沟通，对小侯家区域内一处养殖大户的违章建筑进行清理整治，共清理养殖看守房662.65平方米，养殖大棚4025.78平方米，其它地面附属设施1055.47平方米。

当前，乳山银滩的海岸带整治工作取得阶段性成果，也赢得本地和外来业主的一致好评。来自河北的业主南蓬把滨海新区的海岸线称为“中国最美海岸线”，他说，“海岸带综合整治工作进一步保护海域生态环境，银滩海岸线变得更加美丽。”

（5月27日《威海日报》 作者：勇庆威　王嘉　杨大杰　王爱婧）

【争做乳山产业发展的火车头——乳山经济开发区加快产业集群发展纪实】

一年间，引进新项目16个，总投资超过100亿元

规划“三大园一小园”，构建起“一区多园、一园一业”的园区产业布局，实现产业集群发展

加强孵化器建设，吸引科技含量高、发展前景好的高新技术产业入孵，构建充满生机和活力的区域创新体系

把工业技改、自主创新作为产业

培育的重点，加快传统企业转型升级、创新发展

一年间，引进新项目16个，总投资超过100亿元，乳山经济开发区以乳山1/80的土地面积创造1/14的财政收入。

解放思想，再发展。在“奋战三年，实现乳山产业结构大突破”的号角声中，乳山经济开发区立足“产业强区、项目强区”的发展战略，踏上争做乳山产业发展火车头的新征程。

一幅千亿级产业聚集区的蓝图正在绘就：以高端高效高质为方向，加大招商引资力度，加快项目建设进度，做好争资立项工作，着力培育壮大装备制造、新能源、新材料、生物科技等特色产业。

“我们将把解放思想、加快发展的突破点放在项目建设、产业培育和高点定位、比学赶超上，敢定高目标，敢争高位次，力争3年内跻身全省开发区第一方阵行列。”乳山经济开发区管委会副主任许鹏说。

搭建载体

力促产业集群发展

11月28日，在位于乳山经济开发区装备制造产业园内的伯特利萨克迪汽车安全系统有限公司生产车间里，经过压铸成型的铝制汽车转向节，正排队通过X射线探伤机接受无损检测。

伯特利萨克迪汽车安全系统是乳山经济开发区为延长园区装备制造园产业链条重点引进培育的项目，当年引进、当年投产。该项目总投资6亿元，主要从事汽车安全系统相关产品的研发、制造与销售，为美国通用、宝马、路虎等多家国内外汽车生产商提供配件，全部达产后，可实现年销售收入8亿元。

无独有偶，紧跟伯特利萨克迪汽车安全系统之后，从事汽车座椅骨架、仪表盘管梁、车身焊接总成与底盘类产品研发生产的瑞华达机械也进驻该园区。

“当前，装备制造产业园已拥有以生产汽车锻造件、连杆、冲压件为主的黄海汽配，以生产摩擦材料为主的双连制动，以生产汽车精冲零部件为主的华邦精冲，以及从事汽车安全系统相关产品研发、制造和销售的伯特利汽车安全系统等多家汽车配件生产企业，特别是在汽车安全系统装置上，基本实现产业链条化、集群化。”许鹏说。

园区产业集群膨胀化发展，得益于乳山经济开发区“三大园一小园”规划的出炉。以往，乳山经济开发区也与许多其他开发区一样，“挖到篮子里的都是菜”，在项目选择上缺少长远规划，工业企业分布相对分散。

为求改变，该区请到省规划设计院的专家，结合国家鼓励发展产业要求、乳山产业集群定位以及自身产业发展优势，围绕装备制造、海洋工业、新能源、新材料、节能环保、海洋生物科技等产业，规划装备制造园、新能源产业园、临港产业园、精细化工园“三大园一小园”，构建起“一区多园、一园一业”的园区产业布局，通过产业集聚发展，形成区域集聚效应、规模效应，增强区域竞争力。

摒弃原来“碎片式”项目布局，乳山经济开发区严格执行园区功能规划，在新项目引进安置上，按照产业集群发展，把同类型项目放在同一区域，让优势产业成为链条，共享公共设施、市场环境，降低信息交流和物流成本。

在精细化工产业园内，乳山经济开发区不断加大园内基础设施建设力度，配套污水处理厂、工业蒸汽、天然气等基础设施，并通过实施三亚路、海口路、滨河路等工程，加速新材料项目的集聚和发展。德润液晶材料、威能储能电池等7个新材料项目，先后落户乳山经济开发区，带动该区新材料产业的崛起。

当前，乳山市经济开发区已经形成以海润新材料、龙威不燃板、园城非金属矿等为主的精细化工产业园，以澳华新能源、大广农林等为主的新能源产业园，以金牌饲料、威福斯特、东方中和生物制药等为主的临港产业园，园区产业发展进一步提速。

择商选资

实现产业结构优化

“当前，已经有3D打印材料、弹性体材料等8家企业确定入孵。未来，我们计划用3～5年的时间，争创国家级科技企业孵化器、国家级新材料技术成果转移中心和橡塑材料省级专业检测中心。”11月28日，在乳山经济开发区的青岛科大孵化器项目现场，说起孵化器未来的前景，项目负责人冯希勇信心满满。

青岛科大孵化器是由青岛科技大学和青岛瑞林科技有限公司合作建设，总投资1亿元，规划建筑面积3.3万平方米，主要从事改性塑料材料、节能橡胶材料的研发、中试及孵化。当前，孵化器已经完成2个中试车间的钢架结构安装，下一步将继续建设孵化车间、服务中心、中试实验室和检测中心、环保材料研究院、“863”国家级实验室等，建成后可为乳山经济开发区新材料产业提供从项目孵化、产业培育到投产等一系列技术、人才支撑。

高新技术项目投资成本高、风险大、周期长，多数中小科技型企业起步艰难，面临资金、管理、基础设施等方面的难题。为此，2014年，乳山经济开发区将孵化器建设作为项目引进的重点，为区域集聚人才，吸引科技含量高、发展前景好的高新技术产业入孵，构建充满生机和活力的区域创新体系，打破传统资源型企业占比高，新技术企业相对匮乏的格局，实现产业结构突破转型。

在做足项目增量的同时，乳山经济开发区有效盘活闲置存量资源，鼓励引导闲置或低效资源参与资产重组、资本运作和市场合作，解决部分土地、厂房资源闲置或低效运作，与新引进项目受土地指标或地域限制落地难这一供需矛盾，实现资源盘活优化与

招商双赢。仅2014年，乳山经济开发区先后引进园城非金属矿、吉祥水产等项目，累计盘活闲置资产16处，盘活闲置厂房面积5万多平方米。

同时，乳山经济开发区还突出项目引进与产业链延伸相结合，围绕补链招商，先后引进海洋机械、德润液晶材料、海润新材料等项目，延伸壮大装备制造和新材料等产业链条，实现6大产业集群发展效应。

随着一大批新签约落户的重点工业项目加快建设，乳山经济开发区开启大投入、大发展的新格局：2014年，该区先后引进新项目16个，总投资107亿元，其中外资1250万美元。

与外合作
培育产业新增长极

“2014年8月，我们在新三板成功挂牌后，就再也没为企业扩张、技改的资金担忧过，这个冲压车间及南侧正在改造的车间就是融资后扩建的。”11月28日，在乳山经济开发区力久特种电机制造公司内，企业负责人张成向我们介绍。

向科技要效益，与外合作走出去，是力久电机能够在新三板成功挂牌的秘诀。该公司通过技术改造，2013年实现销售收入1.7亿元，2014年，该企业还收购国内著名老牌电机企业，实现对原企业电机专利技术、生产设备、市场资源、营销渠道的有效整合，为企业发展增加助力，产品订单较往年增长三成，预计销售收入将翻倍增长。

2014年，乳山经济开发区在引进新项目的同时，积极为老企业搭建创新平台，鼓励企业与外合作走出去，进行产学研合作，把工业技改、自主创新作为产业培育的重点，加快传统企业转型升级、创新发展。

10月份，黄海汽配通过技术提升研发的高铁方向盘，一举击败德国对手，成功拿下青岛高铁大单。与黄海汽配一样，乳山经济开发区众多传统优势企业通过加大项目投入、拉长产业链条、强化创新体系建设，实现了产业集群的巩固提升。

通过筛选优势企业，安排专家“会诊把脉”，2014年，乳山经济开发区共确定包括澳华新能源的PVD溅镀涂层平板集热器生产线项目、华邦精冲的变速箱项目、正泽集团的海洋贝藻类育苗育种及养殖项目、金联建材的干混砂浆生产线配套建设等总投资2.5亿元的重点技改项目。通过技改，澳华新能源、华邦精冲、山东双连、力久电机等4家企业获批高新技术企业，获批发明专利13件，实用新型专利29件。

在帮助企业破解技术瓶颈的同时，乳山经济开发区还积极为企业拓宽融资渠道，金牌饲料、力久电机2家企业在新三板成功挂牌。依托融资平台建设，乳山经济开发区委托威海市商业银行，为区内落户企业贷款3700万元，为15家企业提供转贷周转资金1.76亿元。

（12月3日《威海日报》 作者：勇庆威 姜俏俏 李毅 刘建）

【科技引擎驱动城市发展之轮】

乳山，一座科技之城、创新之城、智慧之城。2014年5月，乳山获评“山东省科学城市”，成为2014年全省唯一获此殊荣的城市。

乳山始终坚持“科技兴乳”战略，加强政策引导，健全机制保障，把科学城市创建纳入地方经济社会发展总体规划，把科技的触角延伸到工业、农业等重点领域，积极构建科技创新服务体系，加大引才引智力度，提升全民科学素质，带动全市科技进步，科技进步贡献率达56%。如今，科技软引擎正助推乳山经济社会发展强势发力。

科技支撑助力产业跨越发展

7月14日，走进位于乳山经济开发区的澳华新能源水箱和集热器生产车间，工人们正在分体太阳能生产线上紧张地忙碌着。“这是我们公司研发出的第六代产品，是当前国内最先进的分体式太阳能热水器，比传统的搪瓷外加层结构成本低、热效率高、防腐效果好。”澳华新能源董事长陈安祥介绍说。

澳华新能源是乳山自主创新企业的代表之一，该企业完成的PVD溅镀涂层的不锈钢板芯平板集热器、可拆卸式换热器联合高效三腔管集热器的分体式太阳能热水系统、高效纳米自洁集热器联合封头换热器的分体式太阳能热水系统等三项自主创新科技成果，获省专家认可。

科技创新是企业发展的灵魂，也是推动企业升级的“密码”。乳山把科技创新作为第一发展动力，设立1000万元科技奖励基金，1000万元的科技创新合作扶持基金，为产业转型、企业突破提供支持。

乳山每年召开产学研对接暨金融合作推进大会，2013年以来累计签订产学研合作项目40多个，创建省级工程技术研究中心5家，省级企业开发中心8家，威海市级研究中心13家，组建校企联合实验室等产学研基地10多个，全市80%以上企业拥有自主研发机构。依托产学研对接会、企业与高校“1+1联姻”等平台，确定120多个合作项目，涉及新材料、先进制造、生物技术、海洋科技、机械汽车等多个领域，为推进绿色食品产业、装备制造产业、生物科技产业、节能环保产业、新材料产业和新能源产业等6大产业集群集聚发展提供强有力的科技支撑。

产学研为企业转型升级添薪助燃，让企业创新之火越烧越旺。山东昊安金科有限公司与中国科学院金属研究所、哈尔滨工业大学等高等院校和科研院所合作，开展多项科技成果研发转化活动，成功争创乳山首个省级企业工程研究中心。华隆公司与中国农科院农产品加工研究所联手攻克花生中提炼蛋白肽、花生肽等技术，投产后可为企业每年增加利润1500万元。威海金牌生物科技有限公司与哈尔滨工业大学签订产学研合作协议，共同研发循环水海参健康养殖技术示范平台，通过研发微生物制剂，改良人工养殖环境，模拟海参生长的自然环境，提高养殖效益。

为更进一步地推动企业和高校的产学研合作，引进更多的科技项目落户，乳山也加大对科技企业孵化器的建设推进力度，引进具有一定创新能力的小微企业进行入驻培育。当前，乳山在建科技企业孵化器4家，建筑面积约8万平方米，其中华尚科技企业孵化器配套共性技术平台、中试车间等相关服务设施，已具备入驻条件，20余家企业先后入驻。

2013年，乳山新上技改扩规、高端制造、配套协作项目156项，完成高新技术产值463.7亿元，占规模以上工业总产值的比重达36.5%。

科技服务引领现代农业转型升级

7月15日，在乳山崖子镇北寨村社区的专家大院里，果农们正在通过网络视频学习苹果管理技术。“通过远程教育，我们能和省里的农科专家面对面进行农技知识交流。以前果树栽培管理主要靠摸索，苹果产量和品质都不稳定，自从有专家手把手地科学指导，俺们家苹果优质果率能增长20%多。”果农孙红新高兴地说。

让专家走进农民田间地头当“家教”，零距离帮助农民解难题、支实招，是乳山坚持科技兴农、服务为民的新举措。为让科技更好地服务农业，乳山借助外力打造一支农业高端专家队伍，协调山东省农科院和青岛农业大学，聘请相关农业专家以共建专家大院的形式，为农业发展提供外部技术支撑。2013年，乳山在崖子镇北寨村和青山、龙山、泽科、明山、红果5个社区分别建立专家大院，并配备电脑，方便周边农户通过网络视频与省农科院专家进行农技知识交流。同时，在大孤山镇上册村建成专家大院1处，青岛农业大学专家以现场授课形式，为周边农民进行技术指导和技能培训。

为让农业科技更好地普及推广，乳山积极打造技术过硬、服务高效的农业科技推广服务队伍，构建传统模式与现代科技相辅相成的农技推广体系，不断提高农业技术推广从业人员素质。乳山连续两年每年投资80万元，对全市遴选的800名科技示范户和80名技术指导员进行业务技能培训，提高市镇村三级农业推广从业人员整体素质，同时实施阳光工程培训项目，通过举办培训班、电视讲座和科技下乡等方式，共培训人员2万余人次，为农业生产提供必要的科技服务。

乳山还利用科技助推大姜、茶叶等特色农业发展升级，2013年，乳山建成大姜标准化生产示范基地86.67公顷，推广有机肥和滴灌水肥一体化技术，采用遮阳、防虫网等物理防控技术措施，大姜产业逐步走上标准化生产道路，大大提高大姜产品的市场竞争力。

2014年，乳山又投资100万元，为基础条件好、规范运作、示范带动能力强的4家专业化统防统治服务组织共配备大型施药机械设备160余套、小型施药机械设备80余台，全市形成日作业1333.3公顷的病虫害防治能力，打造专业化、社会化、现代化的农业重大病虫害防治服务队伍，为粮食稳产增产提供有力保障。

科普行动提升全民科学素质

7月12日，在乳山徐家镇闻涛社区的电子阅览室里，几名社区居民正在观看“钙与老年人身体健康”科普节目。“社区经常播放科普节目，从农业技术到健康养生，各方面知识都可以学到。”闻涛社区居民刘正义说道。

科普走进社区，科学走近百姓，这得益于乳山“数字科普通”工程。乳山先后投资65万元，在社区便民大厅、老年活动室、医疗室、农资中心等开放场所安装100台数字科普网络终端，通过先进的数字传输系统，每天为居民定时自动下载和播放科普节目。同时，乳山还通过安装数字科普电视、建设科普资源库、免费播放数字科普资源等方式，将优质科普资源源源不断地提供给公众，提高居民科学素质。

乳山牢固树立人才资源是第一资源理念，坚持以重点人群科学素质带动全民科学素质整体提高，重点实施提升青少年、农民、城镇劳动人口、领导干部和公务员、社区居民科学素质的“五项行动”，加大人才培养力度，在全市范围内形成以技工教育和企业培训为主体、社会各方面共同参与的培养技能人才机制，带动提升干部和企业经营者队伍素质。2013年，乳山共有7000多名专业技术人员参加创新能力培养和岗位技能培训，通过“金蓝领”高级职业鉴定达900多人。

通过开展各种科普活动，乳山不断提高全民科学素质，设立金牛谷生态农业观光园青少年绿化基地和乳山正华农林科技示范园2处青少年科普教育基地，开展4D流动科普影院、科普大篷车进校园等全市性大型青少年科普活动，举办科技文化节、科普论文大赛、科技小创作小发明竞赛等，对青少年进行科普培养；开展“科普惠民社区行”活动，每年组织开展文化、科技、卫生、法律“四下乡”活动，对基层群众进行实用技术培训，推广农业新技术和新经验等，积极组织开展形式多样的科普宣传和惠民活动。

乳山还进一步加大科普宣传阵地建设力度，在全市15个镇、601个村、70个农村社区全部安装科普宣传栏，在基层组织、行业协会中建立企业科协18家、各类学会协会62个，建成科普示范基地48个、科普惠农服务站29个、科普画廊8处、中小学生科技活动室47个，其中省级以上科普示范基地7个、科普教育基地3个、优秀科普画廊1个，保障科普服务工作“开展有组织、活动有阵地、服务有载体”。（7月16日《威海日报》 作者：勇庆威 姜俏俏　宋爱华　王爱婧）

【乳山十万农户的诚信建设】

打开仓库,农药味刺鼻。院子铁笼里,两只藏獒,扑叫不停。8月7日下午,山东半岛,西周村代办站,不时有农户买农药。

西周村代办站,全称乳山市农业生产资料总公司夏村镇西周村代办站,销售农药为主。这样的农资站,乳山市有733个,山东省乃至全国,数不胜数。

农药,能给庄稼治虫减病,也带来残留——尤其高毒农药。如何才能像铁笼关藏獒一样,管好农药?在食品安全问题严峻的当下,这是乳山市,乃至全国农业质量安全管理中,需要思考的难题。

食品安全问题,本质是诚信问题。乳山在食品安全管理方面的探索,也是十万农户诚信建设的一种尝试。

乳山的探索

一进西周村代办站,记者就见墙上贴着“乳山市农药准入通知书”。通知书显示,这儿只能卖“百草枯”等24种农药,每种药都有备案编号、登记证号、生产厂家。

如百草枯,备案:WRN0312002,登记证号:PD20095592,生产厂家:河北省邯郸市瑞田农药有限公司。货架的药瓶上,都贴着溯源标签。“准入通知书”为禁用假劣农药并杜绝私自进货打下基础。

记者还发现,农户买农药时,带着“一卡通”,一扫,就能读出个人信息。再扫一下农药瓶上的溯源码,打出小票,完成购买。老板王世松说,农资一卡通设备全市联网。这样,任何一家农资店卖了什么药,卖了多少;哪户农民买了什么药,家里种了多少地,种了什么,监管部门看得一清二楚,实现电子化监管。当前,这个后台已采集农户信息近20万条。

“一是农资备案准入,二是农资市场的电子化监管。”乳山市农业局局长谭先志说,这是乳山农产品质量安全管理中,摸索出的两大抓手。上升为管理模式,则是“前端抓备案、中端抓监管、末端抓检测、全程可追溯”,即“乳山模式”。

全程可追溯

以“全程可追溯”为例。当前,乳山已在苹果、大姜、茶叶、草莓和蓝莓等24家初级农产品生产单位实行可追溯管理试点。

记者拿起一盒乳山产的蓝莓,打开乳山市农产品质量监督网,输入盒上印的追溯码3516634405014,信息显示,它产自夏村镇黄村蓝莓基地。点开“农事操作”,发现:3月14日,翻地施肥草炭土;3月16日,翻地施肥果渣有机肥;3月19日,铺埋日本进口除草地膜;3月21日,定植蓝莓苗……

农资站的一卡通设备,是可溯源的重要节点。乳山市开发农资全程追溯系统,进入乳山的单件农资产品赋予“身份证”,即追溯码,实现一件一码;给每个合法的农资站配备一卡通设备,并为农户免费办理会员卡,农资一卡通可以实现集进货采集、销售采集、库存管理、经营分析和货源追溯等功能。

亿民鸿源(北京)科技有限公司,是可追溯系统平台的开发方,公司总经理程纬伟说,通过一卡通设备,农资进、销货电子台账实时上传至监管系统,监管部门能实时掌握全市农资动态流向和各农资经营单位的经营情况。另外,采集农户种植作物品种、规模、购买农资的品种、数量、用途等信息,可以统计出单一品种(如小麦)或单位面积的农资使用量,进而掌握全市农产品的质量安全整体状况,也可以针对单个农产品生产者,如标准化基地、规模合作社和种植大户进行分析,掌握具体的质量安全状况,为农产品质量安全风险预警提供可靠依据。

诚信的回报

食品安全问题,归根结蒂是诚信问题。掺假造假是不诚信,滥用农药残留超标同样是不诚信。食品安全与诚信建设辩证统一,相互促进。从此意义上讲,“乳山模式”也是“诚信模式”——备案诚信、监管诚信、监测诚信,加上全程可追溯,才能保障食品安全。

进行食品质量安全管理,并带动诚信建设,乳山人尝到甜头:一方面,用一卡通购物,价格便宜,农户还能积分,商户可以记账,很受欢迎;另一方面,安全管理、诚信建设也为乳山的地方形象、产品形象提供基础。

当前,乳山全市绿色、无公害、有机食品认证达到98个,拥有大姜、茶叶、苹果、花生、板栗、草莓、巴梨等8个国家地理商标,农业标准化基地达到3万公顷。

在国际标准认证方面,乳山14家出口企业申请包括欧洲的GAP认证、美国和日本的HACCP认证、国际的ISO 9001认证、美国的BRC认证、德国和法国的IFS认证等28种国际标准认证。

这些,无不受益于食品治理安全管理和诚信建设。

分析认为,小小一卡通背后,是733个农资站以及近20万农户,这些大数据,必将发挥更大作用,一方面利于保障农产品品质,另一方面也为乳山诚信建设找到抓手。

(8月23日《人民日报海外版》 陈振凯 张远晴)

【乳山创新文化惠民 形成10分钟公共文化服务圈】

不断加大文化投入,人均文化事业费支出高于省市平均水平,形成10分钟公共文化服务圈

开通运行文化惠民服务平台,百姓不出村就能上网预约舞蹈培训、书画指导等文化服务

建立公共图书统一分配制度,百姓在农家书屋就可以查阅并“点”自己需要的书,由市里统一调度配送

12月28日早上8点，虽然是周末休息时间，乳山文化馆的舞蹈老师王军仍然按照西馨苑社区的预约时间准时来到社区的排练大厅，手把手指导每个居民的舞蹈动作，帮助大家编排即将举办的元旦晚会。

为打造接地气的文化，2014年上半年，乳山创新文化惠民机制，把文化服务的“遥控器”交给群众，开通运行文化惠民服务平台，百姓不出村、动动鼠标就能根据自身需求上网预约舞蹈培训、书画指导等文化服务，文化部门会第一时间安排人员进行指导。

利用科技手段，乳山不断创新文化惠民举措，将文化“辐射”到百姓家门口。乳山建立公共图书统一分配制度，将全市所有的公共图书登记入网，百姓在家门口的农家书屋就可以查阅并“点”自己需要的书，由市里统一调度配送，第一时间满足基层群众读书需求。

一系列接地气的文化活动聚起大量人气。乳山每年都会举办正月秧歌汇演、消夏文化夜市、农民艺术节等群众文化活动，组织市文化馆、吕剧团、书画院等专业文艺团体和夕阳红艺术团、百花艺术团等社会文艺团体，深入农村、社区等开展送文艺下乡活动，各类群众文化活动达1000余场。

实打实的文化惠民工程，需要真金白银投入。近几年，乳山不断加大文化投入，人均文化事业费支出均高于省市平均水平，形成10分钟公共文化服务圈。乳山累计投资2亿多元，先后修建15处镇级综合文化站、502个农村文化大院、310个农家书屋，400多个村修标准篮球场、乒乓球场及健身路等，农村体育健身设施覆盖率达66%；投资3000多万元建设集体育训练、文艺演出、会议展览于一体的市文体中心，建成健身广场和消防公园、银滩滨海公园、城市中心绿廊等10余个群众主题休闲文化设施。

蓄足文化发展动力，让基层文化队伍“后继有人”。乳山重点培养农村基层舞蹈队、秧歌队、庄户剧团、艺术团等各类艺术团体600多个，农村舞蹈队、秧歌队、庄户剧团遍地开花，各类文艺驻村串村演出和进城巡演活动丰富多彩。

现代文化的发展离不开对传统历史文化的传承，乳山历时2年多，梳理、编制各时期可移动文物8大类1173件，建立起非遗资源数据库。其中，国家级三级以上文物100余件，申请省级非遗项目2个、威海市级项目12个。

乳山文化产业发展迅速。乳山先后投资超过100亿元，开发建设大乳山滨海旅游度假区、多福山养生文化区、福如东海文化园、台依湖国际酒庄生态文化区、老胶东古玩字画城、圣水宫等重点文化产业项目，打造文化升级版。如今，乳山文化企业数量500余家，占全市企业数量比重超过10%，文化产业成为全市经济发展中的新生力量。

随着文化影响力不断放大，文化软实力不断增强，乳山文化惠民名片越发亮丽。日前，乳山通过文化部大考，荣获“全国文化先进县”荣誉称号。

（12月30日《威海日报》 作者：勇庆威 姜俏俏 王爱婧）

【要“键对键”，更要“面对面”——山东乳山市委书记高书良】

做好群众工作，既要用好现代科技手段，又不能忽视那些直接和群众打交道的老办法、土办法。

把实事办到群众心坎上，首先需要能听到原汁原味的群众声音。

如何让群众意见“直通”？一方面，我们充分发挥网络作用，设计专门收集群众诉求信息网站——民情网，群众点点鼠标，敲敲键盘，就可以在上面发表建议、咨询问题、寻求帮助、进行投诉。我们还开发出群众工作智能化管理系统——“民情掌上通”，即时上传百姓诉求，尽快解决百姓需求。

利用好电脑和网络，只是第一步。互联网信息时代，既要充分发挥电脑作用加强“键对键”，又要搞好“面对面”。因为毕竟还有很多群众不会上网。近期，我们开展全覆盖式民情大走访活动，要求在机关“等事”的党员干部主动到群众中“找事”、办事，与群众面对面交流，“零距离”服务。

真实情况收集起来了，能否及时解决问题是取信于民的关键。为避免“南郭先生”糊弄应付，我们建立严格的跟踪督查制度，对承办单位在规定时间内未予回复、办结的诉求事项，电脑网络系统会自动进行跟踪提醒和警示。两次提醒仍未办结的，系统将向市委书记、市长以及纪委监察部门发送督办短信提醒，纪委监察部门同步启动问责机制跟踪督办，确保有问有答、有诉求有回复。

事实证明，做好群众工作，既要充分用好现代科技手段，增强工作的科学化、规范化、透明化，又不能忽视老办法、土办法，让面对面的交流沟通真正拉近干部群众的距离。

（7月23日《人民日报》 作者：刘成友 宋嵩）

【乳山三宝携手进入60个国家和地区】

凭借着绿色、生态、健康的品质，“乳山三宝”牡蛎、茶叶、大姜扬名国内外。“11月初，在第十九届中国国际渔业博览会上，乳山牡蛎吸引众多国内外客商慕名咨询，短短3天时间内，共迎接国内外客商3000多人次，有近百家国内外企业向我们表达合作意向。”乳山海洋与渔业局的工作人员告诉笔者。

优美的产地环境造就“乳山三宝”的优秀品质。为确保产地环境安全，早在2008年，以建设食品安全市为目标，乳山在全国率先实施农产品安全区域化管理，创建以“投入无违禁、管理无盲区、产品无公害、出口无隐患、百姓无担忧”为主要内容的“乳山安全模式”，发展大姜、茶叶等无公害基地3万公顷，完成牡蛎等8个无公害水产品产地认定。茶叶、大姜、牡蛎等特色产业链条迅速崛起。

优美的环境和严格的管理使乳山牡蛎个大、肉肥、质好、味美,含锌量极高;产出的大姜姜体宽厚、色泽金黄,含粗纤维少、口感细嫩;生产的绿茶叶片厚,含有大量适合人体健康的茶多酚、氨基酸等物质,具有味道醇厚、清香久长、耐冲耐泡等特点。

中国江北最大牡蛎生产区、纬度最高露天茶叶生产基地、胶东优质大姜生产基地、无公害认证、绿色认证、国家地理标志商标……一项项荣誉纷至沓来,这是对"乳山三宝"品质的肯定。但长期以来由于没有统一的品牌,"叫好不叫座、质优价不优"的现象一直存在。乳山人清楚地意识到,"握指成拳"抱团发展,才能打破"乳山三宝"发展的瓶颈。针对每种农产品数量不多,市场占有率缺乏优势的问题,乳山将有特色、有优势的牡蛎、茶叶、大姜进行整合,统一包装、统一标准、统一管理、统一宣传、统一销售,联合打造"乳山三宝"公共品牌。

为进一步扩大"乳山三宝"影响力,乳山积极开展网上推广,在主流电子商务平台设立销售专区,通过"捆绑销售、联合推介"等形式,积极促进以"乳山三宝"为主的农产品销售。乳山海洋渔业局正在计划与半岛海洋商城电子商务平台合作,推动乳山牡蛎生产加工企业进行线上销售,扩大乳山牡蛎品牌影响力和市场占有率。

乳山还延伸产业链条,深层次挖掘"三宝"价值,培育吉利食品、泉林食品、威茗茶业、正华农林等一批龙头企业,利用"乳山三宝"安全、健康、生态的特点,发展健康养生产业。当前,"乳山三宝"已远销日本、美国、欧盟等近60个国家和地区,受到各地消费者喜爱。
(11月25日《农村大众》　作者:任现辉　姜俏俏)

【乳山市委书记向社区书记报到】

5月18日正值星期天。一大早,头天刚出差回来的乳山市委书记高书良,带着《在职党员进社区报到介绍信》和身份证来到所在的府苑社区党支部书记马端燕那里报到。"今天我是你的兵!"高书良一边说,一边认领了"社情民意收集员"公益岗。在工作人员为其办理完"入职"手续后,便来到社区二楼办公区"上岗"。

高书良刚落座,府苑社区金苹果小区居民叶翠花就进了门,开门见山地亮出自己的问题,"我是一名下岗职工,今年44岁,因为没有技能很难找到工作,想贷款创业又没有符合条件的人担保。能不能出台些务实政策,方便我们这个年龄段的下岗职工创业?"

"市里近期正在研究鼓励和支持创业就业方面的新政策,尽可能放宽担保人条件,减化手续办理流程。新政策出台后,您可以到社区咨询。"高书良认真记录着叶翠花的每句话,并对她作出"公开承诺"。随后,在这条"社情民意"后写下"应该长期组织下岗职工免费技能培训"的"自我建议"。

"能不能帮我们小区找一个跳广场舞的场所?""刚修好的绿化带又被居民开上了菜园,怎么办?""到底什么样的小区能享受节能改造政策?"……14名社区居民提出的23个问题个个关乎切身利益,高书良一一记录在案,能当场解答的当场答复,不能当时解决的也当即承诺了解决时限。

为使党员干部当好政策宣传员和问题排解员、发挥好桥梁纽带作用,2014年5月初,乳山组织全市所有市直机关党员干部开展"工作在单位,活动在社区,奉献双岗位"活动,11名市委常委和1375名市直机关党员干部利用周末时间,分别到居住地所在的社区党支部报到,参与城市社区建设和社区组织的各种公益活动。每名机关党员干部分别在扶弱扶贫、政务咨询、代理服务、职业介绍、民事调解、职工维权、社情民意收集等服务社区居民、参与社区建设2个大类33项公益岗位中认领至少一个公益岗位,随时为民服务。

对到社区"上岗"的党员,乳山建立在职党员进社区工作台账,对干部活动参与情况、服务业绩进行登记备案,让干部党员参加活动、服务群众"看得见身影、查得到记录"。每次活动结束后,乳山对干部进社区服务内容、表现情况填写服务情况评价表,社区居民和服务对象进行现场"及时评价",并将评价结果纳入干部党员信息管理以及党员评先选优、干部选拔任用等工作中。(5月21日《大众日报》　作者:彭辉　刘国贤　王嘉)

【巧布项目种子 激活经济动力】

在"三年突破乳山产业结构"的战略背景下,乳山上下再次出发,以全新的创新创业姿态,去布局脚下的土地,期待收获更多的产业硕果。

招商引资不仅是借力发展、激活资本市场的助推器,更是引进新鲜血液、推动跨越发展的强大动力。2014年,乳山强化"产业转型、项目先行"的理念,继续把项目建设作为全市工作的重中之重,举全市之力抓招商。截至2014年9月份,全市共引进各类项目77个,可谓硕果累累。

全力招商立"规矩"

项目是发展的引擎,是崛起的支撑。

百丽生物科技、海润新材料、智创科技孵化器……细数落户乳山的企业不难发现,近几年,乳山在项目引进的数量和质量上均实现新突破。

为着力培育新项目,乳山新调整设立24个重点产业招商部门和43个非重点产业招商部门,对前三季度没有引进规模项目的镇区主要负责人实行离岗招商,年内仍没有新引进规模项目或新引进项目实际投资额达不到1000万元的镇区主要负责人,由组织部门考察其任职资格或进行岗位调整,真正用招商来评价工作。"用项目来衡量政绩,用责任落实来兑现奖惩,这是压力,更是动力。"乳山市经济开发区相关负责人表示。

扩大优势,以商招商。为调动企业

积极性，乳山出台鼓励经济发展的政策规定,研究提高企业家待遇举措,调动企业与外合作、扩规提质的积极性。在社会层面，乳山坚持大中小微企业并举、一二三次产业并举,出台鼓励创业促进就业规定，推动多种经济统筹发展。

优势产业成链条

引进新项目重要，围绕产业链延伸招商更重要。

“装备制造业是乳山的一大产业,原来主要是曲轴连杆等配件，以延伸产业链为出发点招商,如今,我们的项目已扩展到摩擦片、内饰件、充压件等,未来将触及整车。”乳山市相关负责人表示，延伸产业链条不仅能形成规模优势,更为企业发展节省成本,一举两得。

如今,除装备制造业,乳山立足地域特色产业优势实际，在食品行业也开始围绕产业链延伸做文章。

乳山牡蛎素有“百蛎挑一”的美名,然而,牡蛎壳原来都是废料,既不能产生经济效益，而且堆放也是个问题。2014 年 4 月底,乳山引进威海金海湾海大生物产业园，用牡蛎壳做土壤调理剂，通过生物酶解提取牡蛎肉内的营养做成高端产品。“原来养海参很容易腐烂，现在用牡蛎壳做的生物肥,基本不用清池,把饵用进去以后,通过微循环，可以起到很好的抗病作用,用到南方的甘桔栽植上,不仅可改变桔子的口味,而且桔子不易得病。”海大生物相关负责人表示,下一步,还将从粉碎的牡蛎壳中提取一种物质,做化妆品、保健品或植物的调节剂、动物的生长剂。

延伸产业链,提升附加值,成为乳山当下更好实现转调的最佳路径。

营商环境树品牌

引进项目固然重要，但如何让引进的项目扎下根、把项目做大做强,才是突破产业结构的关键。

“从开工建设到项目试生产,一直有政府的工作人员在我们企业上班,为我们解决问题。”提起项目落户乳山的情况，威海翰升日用纸项目对乳山市的服务赞不绝口。

从项目签约到开工建设一直到建成投产，乳山市为每一个项目提供保姆式服务，不仅落实从市级班子到相关职能部门、从市级领导到一般干部的项目包扶责任制度，而且为每个项目和重点工程配备 1 名帮办员，实现包扶人员定期走访与帮办员进驻现场办公的有机结合，保证项目建设的快速推进。

此外，乳山还实施建设项目审批流程模块化再造和审批权相对集中改革，开展行政审批事项清理工作,精简、取消、清理行政审批事项 45 项,为企业发展营造更加安心、顺心、专心的环境。

围绕解决企业融资难题，乳山设立 1 亿元的产业引导和风险补偿基金,新成立民间资本管理公司 5 家,引进注册资本 1 亿元的阿甘担保和民生银行、中信银行、信悦小贷等金融机构,组建泰中金融仓储公司,保证企业的资金需求。同时,设立 1000 万元的促进就业和人才项目奖励基金，出台中介机构和实施就业培训奖励政策,切实解决企业用工难题。

(10 月 21 日《威海日报》作者:聂宗玉)

规范性文件选编

关于支持社会主义新农村建设的若干政策意见

(3 月 7 日乳发〔2014〕4 号)

为深入贯彻落实中央、省及威海市农村工作会议精神，加快推进全市社会主义新农村建设，更好地发挥财政支持新农村建设的作用，按照逐步扩大公共财政覆盖农村范围、逐步提高财政支农支出占财政总支出的比重、逐步实现财政支农投入“三个高于”的要求，现就全市支持新农村建设提出如下政策意见：

一、深化农村改革,进一步增强发展活力

（一）深化农村土地经营制度改革。鼓励和支持土地流转,发展适度规模经营，促进土地承包经营权有序流转和规模经营。对农民专业合作社、家庭农场、专业大户、农业龙头企业等流转经营主体发展主导产业、特色农业,且当年新增集中流转土地 6.67 公顷(含)以上的,给予奖励或项目倾斜。对当年新增连片规模流转 6.67 公顷(含)以上的,给予所属村工作奖励。

（二）深化农村集体产权制度改革。以清产核资、资产量化、股权管理为主要内容,健全农村“三资”管理制度,加快建立归属清晰、权能完整、流转顺畅、保护严格的农村集体产权制度。推进农村集体资产股份合作制改造，将农村除承包土地以外的集体各类资源性、经营性资产作股量化,合理设置和分配股权。积极推进小型水利设施产权改革和小型水利工程改制,鼓励户办、联户办、股份制办各类水利工程。落实海域使用权招标、拍卖、挂牌出让和转让、出租制度,推行海域资源的市场化配置。依托镇“三资”管理平台,促进农村各类产权公开交易、有序流动。积极发展产权流转中介组织,提供资信评估、流转信息、法律咨询等服务。

(三)深化农业经营体制改革。积极培育新型经营主体，大力发展多元化服务组织，加快构建集约化、专业化、组织化、社会化相结合的新型农业经营体系。按照积极发展、逐步规范、强化扶持、提升素质的要求,鼓励和支持发展农民专业合作社，扩大单体规模,提高发展质量和农户入社率。落实龙头企业奖励和贷款贴息政策，支持龙头企业依托特色优势产业集群发展、组建大型企业集团，采取保底收购、股份分红、利润返还等方式密切与农户的利益联结,增强辐射带动作用。

完善农业社会化服务体系，加强农技推广、动植物疫病防控、农产品质量监管等基层公益性服务机构建设，鼓励供销、邮政、粮食系统和大型商贸集团等在农村设立服务网点，支持农业经营性服务组织承担公益性服务项目，对符合条件的农业经营性服务业务免征营业税。推进城市人才、科技下乡，发展壮大农村经纪人队伍。

（四）深化户籍制度改革。把推进农村居民市民化作为市域一体化的重要举措，进一步放宽本市农村居民到城镇落户条件。将“村改居”后的村民统一登记为城市居民，统一纳入城市社区公共服务管理。

二、加快现代农业发展，着力提高农业的质量效益

（五）继续落实上级扶持农业生产相关政策。对种植小麦的农民实行直接补贴，同时发放柴油、化肥增支补贴。继续抓好全省政策性农业保险试点工作，按要求落实保费补贴资金。开展渔业互保工作，对年保额10万元以上的渔民给予交纳保费数10%的补贴。继续实行农机具购置补贴政策，凡购买新农机符合补贴政策的，按上级政策予以补贴。实施渔业推广工程，普及海参、杂色蛤和牡蛎养殖技术，按国家政策兑付渔船燃油价格补贴。

（六）支持农业综合开发。实施小型农田水利重点县、高标准粮田改造、中低产田改造和小流域治理，完善农田水利基础设施，着力提高农业综合生产能力。

（七）扶持农业特色产业发展，突出茶叶、蓝莓、苹果、草莓规模种植和标准化示范基地建设。对连方成片新发展茶园3.33公顷以上的，按每公顷4500元的标准予以补贴。对集中新发展蓝莓基地26.67公顷以上的，优先安排农田水利建设项目，帮助改善基地基础生产条件。实施苹果扩量提质增效工程，推广矮化宽行密植栽培模式，对采用矮化中间砧苗木的新植果园，连片成方面积达0.67公顷以上的按每株2元的标准予以补贴。对新上连片0.33公顷以上新品种草莓苗木繁育场圃，按每公顷1.5万元的标准予以补贴。鼓励龙头企业、合作社、种植大户开展优质农产品生产，保障农产品质量安全，对达到威海市农业标准化生产示范基地考核验收标准的，按规定给予奖励。

（八）鼓励和支持农产品加工业发展，对依托乳山市优势农产品资源，新引进的设施投资达500万元以上的农产品精深加工企业，按一事一议的方式给予企业适当奖励。

（九）鼓励农民专业合作社做大做强，对围绕发展苹果、葡萄、大姜、茶叶、花生、蓝莓、草莓、牡蛎等富民产业而成立的运作规范、服务功能强、经审核认定达到三星级以上标准，实施企业化管理，产品供销链条完整，并在推进农超对接工作中发挥有效作用的紧密型农民专业合作社，每个给予5万元奖励。

（十）继续深入开展农产品质量安全管理工作，提高农产品质量安全水平，鼓励开展优质农产品认证。对新通过绿色食品、有机食品和地理标志产品认证的单位，分别给予2万元、3万元、5万元奖励。

（十一）鼓励规模养殖场实施畜禽粪污整治。对前10家率先实施粪污整治的年出栏500头以上生猪养殖场，经畜牧和环保部门联合验收通过，每个给予1万元奖励；对前10家率先实施粪污整治的存栏1万只以上的规模鸡场，经畜牧和环保部门联合验收通过，每个给予5000元奖励。

（十二）探索建立病死动物无害化处理长效机制。对规模化养殖场无害化处理病死畜禽，经财政和畜牧部门认定，市财政给予一定补贴。

（十三）建立健全农村动物疫病防疫体系。市财政对农村专职防疫员每人每年平均给予1200元补贴。

三、加快农村基础设施建设，改善农村生产生活条件

（十四）抓好70个威海市级环境整治重点村的整治工作，按“三清三化”要求加快推进，确保顺利通过威海市考核验收。把环境综合整治与社区建设相结合，加大社区中心村的投入力度。市财政将根据整治效果、实际投入以及“一事一议”筹资筹劳开展情况给予适当奖补。

（十五）抓好407个已整治村庄的长效管护工作，鼓励镇村立足各自实际，创新管护方式，切实巩固和维护环境整治工作成果。市财政将根据村庄管护效果，结合垃圾收集处理情况，采取以奖代补的方式，分类拨付专项经费补助。

（十六）加快农村公路改造，进一步改善农村交通条件。年内投资5000万元新建改造县乡村公路21公里。

（十七）抓好农村新型社区建设。重点抓好50个社区的配套建设，对建设标准高、工作推进快、使用效果好的社区服务中心给予一定奖励。鼓励职能部门将项目、政策、资金等优先投向社区中心村，年终根据部门投入情况进行奖罚分。

（十八）积极实施安居工程。年内对列入安居工程范围的村，按规定给予财政、土地、费用减免及信贷等政策支持。年终将对重视程度高、工作推进快的镇村予以补贴。

（十九）鼓励发展农村加工贸易。对新成立的、落户于农村（城区街道辖属村、园区村除外）投资30万元以上的，安置就业20人以上且经工商注册的加工贸易项目，建成投产并经验收通过后，给予1万元奖励。

（二十）鼓励发展农村新型能源。继续推广普及农村沼气，按有关政策要求给予一定补贴。

四、促进农村事业发展，提高公共服务水平

（二十一）促进城乡教育均衡优质发展。按政策要求落实农村初中、小学生均公用经费标准；继续落实农村学前教育阶段政府助学金、农村义务教育阶段学生免费提供教科书及家庭经济困难学生补助、农村高中阶段国家助学金、大学生生源地助学贷款等政策；优化农村教师队伍管理，完善城乡教师双向交流机制；规范校车安全管理，确保校车安全运营。

（二十二）完善新型农村合作医疗机制，进一步提高新型合作医疗参合率，并提高筹资标准，市财政按上级要求配套相关资金。

（二十三）完善农村居民最低生活保障制度。将符合条件的困难农民全部纳入保障范围，做到应保尽保，最低生活保障所需资金除上级财政补助外，由市、镇财政解决。对无法定扶养人或法定扶养人无扶养能力、无劳动能力、无生活来源的老年人、残疾人、未成年人全部纳入五保范围，所需资金由市财政给予补助。

（二十四）调整和落实农村干部报酬待遇和村级组织运转保障经费等激励保障，由市财政进行专项补助。

（二十五）加强农村干部实用技能和政治理论培训，造就一批懂经营、会管理、善发展的"三高三强"型农村带头人，培训经费由市财政支付。

（二十六）落实农村计划生育奖励扶助政策。按上级政策规定，保障本级资金配套。

（二十七）继续实施农村劳动力转移培训工程。按上级政策规定，保障本级资金配套。

五、其他

（二十八）加强管理和监督，提高资金使用效益。严格实行财政支农项目标准文本申报制度，积极推行法人责任制、招投标等制度，对重大支农项目实行专家论证制度。已完工并申请市财政奖励、补贴的农村公益项目、基础设施建设项目必须通过市新农村建设领导小组办公室组织的验收并提供中介机构审计意见书。加强对支农项目资金的审计监督，对弄虚作假、骗取、套取市财政资金的单位（个人），除追回原补贴资金外，3 年内取消其一切财政支农资金奖励、补贴资格。

（二十九）实行支农资金项目绩效考评制度。建立科学合理的绩效评价指标体系，加强对支农资金的绩效评价，提高财政资金的使用效益。

（三十）同一单位（个人）、同一项目在本市的各项评比考核中只能享受一项奖励政策；已获取上级补贴的项目不予补贴。

（三十一）本意见自 2014 年 1 月 1 日起执行，乳发〔2013〕14 号文件同时废止，如遇政策调整，按新规定执行。

本意见由市新农村建设领导小组办公室负责解释。

关于印发《乳山市鼓励经济发展的若干规定》的通知

（5 月 16 日乳发〔2014〕9 号）

为深入贯彻落实科学发展观，建立健全合理有效的激励机制，充分调动全市上下参与经济建设的积极性，促进经济社会平稳快速发展，根据上级规定，结合全市实际，制定本规定。

第一条　纳税贡献奖励

（一）对依法经营且税金、公有产权红利全额上交的企业根据纳税情况给予奖励。企业当年上交税金（不含清欠数和出口退税数）、公有产权红利 5000 万元（含 5000 万元，下同）以上的，按实际上交额的 1.5‰计奖；上交税金、公有产权红利 1000 万～5000 万元，以及 300 万～1000 万元且同比不下降的（房地产企业除外），按实际上交额的 1‰计奖。同时，实行增幅奖励和降幅扣减。企业上交税金、公有产权红利每增长 10 个百分点，在原计奖基础上，再按增量的 0.5‰加奖，最高上限为 5‰；企业上交税金、公有产权红利 1000 万元以上的，每下降 10 个百分点，在原计奖的基础上，再按减量的 0.5‰扣减，扣完为止。最高奖励金额不超过 10 万元。

（二）根据企业社会保险金额、安全生产、新闻媒体曝光、群体上访、职工工资发放以及精神文明建设等方面情况，对纳税 300 万元以上的工业企业、纳税 800 万元以上的房地产企业和纳税 500 万元以上的服务业企业，授予"纳税明星企业"荣誉称号。其中，纳税 1000 万元以下授予"一星级纳税明星企业"，1000 万～2000 万元授予"二星级纳税明星企业"，2000 万～3500 万元授予"三星级纳税明星企业"，3500 万～5000 万元授予"四星级纳税明星企业"，5000 万元以上授予"五星级纳税明星企业"称号。

第二条　品牌创树奖励

鼓励企业实施品牌战略，对实施品牌战略成绩突出的企业给予奖励。凡获得中国驰名商标的每件奖励 25 万元，获得山东省名牌或山东省著名商标的每件奖励 5 万元，其中 20%用于奖励企业主要负责人。企业获得其他类型省级以上名牌称号，可参照本标准奖励。

第三条　科技创新奖励

市财政每年安排 1000 万元作为科技奖励基金，用于平台建设、科技成果及获取专利等方面的奖励和扶持，具体按照《乳山市科技奖励基金使用暂行办法》执行。

第四条　金融增贷奖励

对银行业机构、小额贷款公司、民间融资机构、融资性担保公司、金融仓储公司、典当行等金融机构金融增贷工作进行百分制考核，按年内累计发放贷款、贷款余额、存贷比、创新抵质押贷款、票据业务指标计奖（融资性担保公司和金融仓储公司按担保实际发生额计算），分别赋分 40 分、30 分、10 分、10 分和 10 分，各金融机构按各自得分占全市机构总得分比例计奖（年内新设立的机构不纳入考核），主要负责人和班子成员按 6∶4 的比例分配。奖金总额按照全市全年新增贷款余额 0.5‰计算（以人民银行数据为准）。

（一）累计发放贷款（40 分，不含创新抵质押贷款、房地产开发贷款、续贷）。对累放额和增幅赋分，权重分别为 60%和 40%。①累放额：最高量得满分，其他机构每少 2000 万元减 0.25 分；②增幅：达到全市平均数得 10 分，每高 10 个百分点加 0.5 分，每低 10 个百分点减 0.25 分。最高得 16 分。

（二）贷款余额（30 分）。对贷款余

额增量和增幅赋分，权重分别为60%和40%。①增量：最高量得满分，其他机构每少2000万元减0.25分；②增幅：达到全市平均增幅得5分，每高1个百分点加0.1分，每低1个百分点减0.1分。最高得12分。

(三)存贷比(10分)。对存贷比和增幅赋分，权重分别为40%和60%。①存贷比：达到全市平均数得2分，每高1个百分点加0.1分，每低1个百分点减0.05分。最高得4分。②增幅：以50%得4分为基数，每高10个百分点加0.5分，每低10个百分点减0.25分。最高得6分。其中，由于农发行为政策性银行，不吸收个人存款；小贷公司、民间融资机构、融资性担保公司、金融仓储公司和典当行不吸收存款，不纳入此项考核，按各金融机构此项平均分赋分。

(四)创新抵质押贷款(10分)。对开展利用在建工程、设备、订单、海域使用权、金融仓储、知识产权等创新抵质押方式投放贷款赋分。最高量得满分，其他机构每少2000万元减0.5分。未开展业务不得分。

(五)票据业务(10分)。对为市内企业开办信用证、保函、汇票、票据贴现等表外融资业务赋分。最高量得满分，每少1000万元减0.5分。未开展业务不得分。其中，小贷公司、民间融资机构、融资性担保公司、金融仓储公司和典当行不纳入此项考核，按各金融机构此项平均分赋分。

第五条 金融机构增设奖励

(一)鼓励异地银行机构到乳设立分支机构。对到乳设立支行的一次性给予20万元的资金扶持，设立分行的一次性给予50万元的资金扶持。

(二)对新设立的注册资本过亿元的小额贷款公司、融资性担保公司、融资租赁公司，一次性给予10万元的资金扶持。

(三)对新设立的注册资本5000万(含)至1亿元的民间融资机构，一次性给予5万元的资金扶持；1亿元(含)以上的，一次性给予10万元的资金扶持。

(四)对新设立的注册资本5000万元(含)以上的金融仓储公司，一次性给予5万元的资金扶持。

(五)对新设立的注册资本3000万元(含)以上的典当行，一次性给予5万元资金扶持。

第六条 上市融资奖励

(一)市政府设立企业上市融资专项资金，用于推进企业上市融资的各项补助、奖励，对拟上市企业进行辅导、培训、宣传和推介，以及聘请专业辅导机构或人员等，具体参照《乳山市推进企业上市融资暂行办法》执行。

(二)对股权投资引荐者给予奖励。为拟上市企业引进股权投资的(以威海市考核确认为准)，按招商引资奖励比率的三分之二计奖。

第七条 内资招商奖励

根据引进项目实际完成的实物工作量，给予项目引荐人（党政干部除外）一定的奖励，按照引进内资项目合同总投资额设定实物工作量起奖标准，单体项目以投资3000万元为基数，当年应完成实物工作量按合同约定的投资总额分段累计，3000万～5000万元（含5000万元）的部分按35%、5000万～1亿元（含1亿元）的部分按20%、1亿～5亿元（含5亿元）的部分按15%、5亿元以上的部分按10%计算。

(一)对达到投资额度要求的开工项目按比例给予奖励。当年完成实物工作量1000万～3000万元（含1000万元）的按2‰予以奖励，3000万～5000万元(含3000万元)的按3‰予以奖励，5000万～1亿元（含5000万元)的按5‰予以奖励，1亿元以上(含1亿元)的按8‰予以奖励，单体项目年度奖励最高不超过100万元。

(二)对不同类型的开工项目按比例折算计奖。新征地建设的工业项目，按照完成实物工作量的100%计奖；与全市企业合作注册新公司、对全市正常经营企业进行整体收购、租赁厂房进行加工生产的工业项目，按新增实物工作量部分100%计奖；对乳山市停产企业或闲置资产进行买断盘活的工业项目，按整体买断投入部分(必须具备土地证和房产证过户手续，以纳税证明为准）和新增实物工作量部分100%计奖。旅游开发、商贸物流、健康养生和非工业类能源项目按完成实物工作量的25%折算计奖。种植业、养殖业、农业观光、房地产业、酒店式公寓、产权式酒店以及风电、各类加油加气站等项目不予奖励。

(三)对引进金融机构、总部经济、科研机构及孵化器、文化教育产业、健康养生和医疗机构、科技信息等项目给予奖励。引进金融机构，且在乳山市办理税收登记、具有独立法人资格、实行独立核算的一次性给予5万元奖励，属分支机构的一次性给予2万元奖励；引进总部经济项目，应当是国内外大型企业在乳山市设立的地区总部、研发中心、销售中心、采购中心、信息中心、结算中心等直属机构或区域性分支机构，当年实现税收地方级留成50万元以上的，奖励2万元，在此基础上税收每增加50万元，加奖1万元；引进考核认定的科研机构及孵化器、文化教育产业、健康养生和医疗机构、科技信息等项目，一次性给予1万元奖励。

(四)设定项目奖励计奖年限。合同总投资1亿元以下的项目计奖年限不超过2年，合同总投资1亿元以上(含）的项目计奖年限不超过3年，合同总投资额5亿元以上(含)的项目按合同约定的期限计奖。当年未达到奖励标准的，项目实物工作量可累计到下一年度计奖。

(五）建立项目奖励跟踪追溯制度。对列入年度考核的获奖续建项目，当年未完成实物工作量考核任务的，对上一年度所获奖金进行追缴。

(六)对享受土地扶持政策项目，土地投入按政策兑现后实际投入计算。

第八条 外资招商奖励

根据引进外资项目实际到位金

额，给予引荐者一定的奖励。引进项目以 50 万美元为获奖基数，到位资金 1000 万美元(不含，下同)以下的，按实际到位资金的 3‰予以奖励；到位资金 1000 万美元以上的，按实际到位资金的 5‰予以奖励，单体项目年度奖励最高不超过 100 万元。

第九条　对外经贸奖励

(一)外贸进出口奖励。1、进出口总额奖励。对当年进出口额 1000 万美元且纳税 200 万元以上的企业，给予经营者 2 万元奖励；3000 万美元以上的企业，给予经营者 3 万元奖励；5000 万美元以上的企业，给予经营者 5 万元奖励。2、进出口增幅奖励。对当年进出口额 1000 万美元且增幅达到 20%以上的企业，给予经营者 2 万元奖励。

(二)市场开拓奖励。对参加市政府组织的赴外参展活动的企业给予奖励，属上级政府或上级政府部门鼓励引导企业参加并列入年度参展计划的国内外展览会，凡由企业自主参展的，展位费按境外每个展位 1 万元，境内每个展位 5000 元予以奖励；凡由市政府安排相关部门、单位牵头组织参加的，根据实际展位费对牵头部门、单位予以补贴。

(三)对外经济合作奖励。鼓励企业积极“走出去”，开拓国际市场，扩大与外合作。对经政府批准在境外设立办事处并正式开展业务的企业，一次性奖励 1 万元；对在境外承包工程、且在乳年纳税额超过 100 万元的企业，一次性奖励 5 万元。

(四)出口信用保险奖励。凡在乳山辖区内依法注册登记，具有独立法人资格和进出口经营资格且投保短期出口信用保险的一般性出口企业，按其所缴保费的 15%予以补贴；对于投保短期出口信用保险的高新技术出口企业、小型微型出口企业、新兴市场出口企业，按其所缴保费的 20%予以补贴。每个企业的最高补贴金额不超过 10 万元人民币。

(五)荣誉称号奖励。对进出口数额较大的企业授予“进出口先进企业”称号。

第十条　跑上争资奖励

对跑上争资成绩突出的部门和单位，以及贡献较大的引进者予以奖励。

(一)项目界定。跑上争资项目是指市直部门到威海、省及国家有关部门争取到的用于乳山市项目建设或地方财政可支配的专项补助资金、国债及转贷资金、政策内的贴息、低息或无息贷款。

(二)确认办法。1、威海市及以上政府有关部门出具的正式文件；2、财政部门或项目单位提供的银行到位资金凭证。

(三)奖励标准。无偿资金按 5‰提取。属国道、省道的交通公路项目资金按 2‰提取。属政府部门争取的贷款项目按实际贷款额的 0.1‰提取。属政策(常规)性补助资金、返还资金、银行展期贷款及车辆、设备、器材等实物的不予奖励。既有部门争取又有政策性因素的项目，经核定后按无偿资金奖励标准的 1/3 提取。两个及以上部门联合争取的项目资金，按以上标准提取奖金后等额分配。项目受益单位不予奖励。

第十一条　旅游发展奖励

市财政每年安排 1000 万元作为旅游产业发展专项奖励基金，用于全市旅游品牌创建、产品更新、市场开拓等方面的奖励，具体按照《乳山市旅游业发展奖励办法》执行。

第十二条　创优服务奖励

对在推动企业创树品牌、创建企业创新平台等方面成绩突出的部门给予奖励。每获得一个中国驰名商标，奖励有关职能部门 8 万元；每获得一个山东省名牌或山东省著名商标，奖励有关职能部门 5 万元。每争创一个国家级、省级、威海市级企业创新平台，对应奖励有关职能部门 8 万元、5 万元和 3 万元；每争取一个国家级旅游品牌奖励牵头部门 8 万元；每争取一个省级旅游品牌奖励牵头部门 5 万元。

第十三条　其他

(一)本规定中各种奖项的奖金和扶持资金，均以人民币结算，按现行财政体制发给。

(二)本规定第一、二、十二条由市经信局负责组织审核和解释，第三条由市科技局、经信局、发改局负责组织审核和解释，第四、五、六条由市金融办、人民银行负责组织审核和解释，第七条由市经合局负责组织审核和解释，第八、九条由市商务局负责组织审核和解释，第十条由市发改局负责组织审核和解释，第十一条由市旅游局负责组织审核和解释。

(三)本规定自 2014 年 1 月 1 日起施行，乳发〔2013〕13 号文件相关内容同时废止。

关于参与中韩地方经济合作示范区建设的意见

(4 月 15 日乳政发〔2014〕5 号)

为加快提升对外开放水平，促进中韩经济交流合作，根据威海市人民政府《关于加快建设中韩(威海)经济合作示范区的实施意见》文件精神，结合乳山市实际，现就参与中韩地方经济合作示范区建设提出如下意见：

一、工作目标

以威海市加快建设中韩经济合作示范区为契机，力争通过 3 年努力，打造对韩亮点突出、特色鲜明的区域城市品牌、产业承接载体和贸易合作平台，建立对韩常态化沟通合作机制，联合开发推出优势互补旅游线路，建成各具特色的中韩食品、制造业园区，推动对韩交流、区域开放再上新水平。

二、工作重点

重点建设城市合作平台、产业载体平台、信息服务平台三大平台，在宣传、展会、资源、规划、政策、服务、贸易 7 个方面强化措施，切实提高对韩经贸合作的针对性和实效性。

(一)抓好三大平台建设

1.深化建设城市合作平台

在深化与河南市友好合作城市关系的同时，将重点加强同南洞区的交流合作，全面建立“经济合作伙伴关

系"日常工作机制,加强经济、贸易、投资等领域信息交流。具体工作:

(1)依托河南市建立"乳山形象"展示平台。充分发挥河南市打造"首都圈幸福城市"的平台作用,在河南市政厅展览馆增设乳山企业风采展示墙、工农业产品展览室;积极推动河南市新商业区公园"乳山主题"雕塑的规划建设工作。

(2)依托南洞区深化对韩合作交流。南洞区是仁川市工业集中的行政区之一,拥有各类企业4000多家,韩国最大的中小企业工团南洞工团即位于该区,已邀请南洞区政府代表团5月到乳考察,加强沟通交流,密切合作联系,力争尽快签署合作关系备忘录,建立经济发展战略合作伙伴关系。同时,在更大范围、更宽领域、更多产业谋求对韩合作,围绕重点产业、城市建设、文化旅游、医疗教育等方面进行务实交流,争取达成一批带动力强、影响力大的合作项目。

(3)依托仁川亚运加大宣传推介。仁川亚运会(2014年9月19日至10月4日)期间,在仁川市、河南市有关媒体发布乳山城市形象广告,对乳山投资环境、产业发展和投资贸易进行宣传推介,提升对外形象,扩大对外影响。

2.突出打造产业载体平台

依托乳山市自然资源、产业优势,分步打造4个与韩国对接产业载体平台。

(1)打造"中韩食品与生物科技产业园"。进一步完善位于徐家镇的食品和生物科技产业园,密切与韩国食药处、食品工业协会的关系,探讨以政策支持产业转移的方式,共同开发建设和合作管理运营,侧重吸引韩国食品深加工企业,重点抓好鲁菱果汁与乐天七星饮料等公司的合作项目。

(2)建设"中韩制造业工业团地"。以滨海新区新兴产业园、经济开发区为载体,密切联系韩国汽车行业协会、汽车配件行业协会,探索建设"乳山版"韩式工业团地,承接韩国高端制造技术转移,形成相互协作、前后配套、"链"接紧密的产业聚集区域。重点抓好全进重工株式会社汽车泵制造项目、阿莫泰克株式会社电池项目,加快规划产业链配套项目。

(3)打造"中韩海洋文化体验之旅"旅游文化服务平台。以塔岛湾国家级海洋生态特别保护区、大乳山国家级海洋公园、福如东海文化园为载体,突出打造塔岛湾海洋文化体验区,重点建设海洋博物馆、海珍品养殖体验基地,与济州岛联合推出"中韩海洋文化体验之旅"互动旅程。

(4)建设"美在韩国、养在乳山"健康养生服务平台。深度策划包装以"医疗养生主题"为特色的美容游线路,打造与韩国美容外科手术相对应的术后康复、中医护肤、食疗护肤等旅游套餐,延伸开发专项肺部功能康复等养生项目产品,以"美在韩国、养在乳山"为着力点,以多福山、银滩为载体带动医疗养生产业发展。

3.创新升级信息服务平台

(1)以贸易便利化,促出口快速增长。争取检验检疫和海关部门在乳山市设立办事处,争取"5+2"工作制、延时工作制和预约加班制,为进出口企业提供"全天候、无假日"通关服务。

(2)以交通快捷化,促开放水平提升。积极争取乳山市港口升级为一类开放口岸,开通与韩国港口的合作,共同发展航运物流业务。

(3)以商务电子化,促外贸转型升级。加快发展第三方对韩跨境电子商务平台建设,鼓励引导外贸企业建立电子商务平台,提升对韩贸易。

(二)深化实施七项举措

1.加强对韩宣传推介。加大城市形象宣传片、乳山美食展播等节目在韩国媒体的发布力度,加强媒体互动,提升知名度;开设韩语版乳山宣传网,并与韩国相关网站链接。

2.组织企业互参展会。以扩大农副产品贸易为主题,邀请韩国有关企业或组织参加乳山市举办的农超对接活动;同时,积极组织全市企业参加5月份的首尔食品展和釜山食品展、9月份的首尔国际纺织品展览会等,引导企业开拓市场,寻求合作伙伴。

3.整合利用在手资源。进一步整理中韩贸促会、京畿道工商协会、韩国染纺协会、食品协会等资源,尤其鼓励滨海新区、经济开发区、城区办等单位加强与省、威海市驻韩办事处的对接联络,吸引大型企业、高端项目落户乳山市。

4.规划建设特色园区。在已有园区的基础上,科学规划中韩食品与生物科技产业园、制造业工业团地和塔岛湾海洋文化体验区三个特色园区,完善基础配套,提升产业承载能力。

5.争取上级政策扶持。依托特色园区,积极向省、威海市商务部门争取园区认定,在项目引进、资金扶持方面争取支持;摸清全市对韩贸易产品基本情况,争取乳山市产品在第一批对韩零关税产品中的最有利占比,提高乳山市企业在韩市场竞争力。

6.优化韩商企业服务。密切与韩人商工会的联系,切实解决水、电、汽、暖、就医、子女上学等生产、生活实际问题。同时,加强政策宣传,引导企业合法生产、依法纳税,创造和谐的韩商发展环境。

7.扩大对韩产品贸易。当前,乳山市对韩进出口每年完成约7000万美元,主要产品种类为泡菜、服装、花生等。在继续提高主打产品贸易额的基础上,积极开拓汽车零部件、硅胶、建筑材料等新产品贸易领域。

三、工作措施

(一)加强领导。成立乳山市参与中韩经济合作示范区建设领导小组,市政府主要领导任组长,相关市领导任副组长,有关部门和单位主要负责人任成员。领导小组下设办公室,办公室主任由分管副市长担任,确保各项工作有序推进、取得实效。

(二)加强对接。各有关部门要及时与上衔接沟通,争取将乳山市优势产业纳入中韩自贸区谈判,以乳山市产业实践为中方谈判组提供支持,以中韩自贸协定谈判成果指导乳山市参与中韩地方经济合作。

(三)加强督导。各级各有关部门要充分认识参与示范区建设的重要意义,组织专门班子,研究制定具体工作方案,明确工作责任,明确时间进度,明确保障措施,有计划分步实施。领导小组办公室要加强督导,定期通报,并对推进工作实行专项考核,为进一步深化中韩经贸合作提供有力保障。

关于加快电子商务产业发展的意见

(5月18日乳政发〔2014〕9号)

为进一步优化电子商务发展环境,推动电子商务健康快速发展,结合实际,提出意见如下:

一、发展目标

以深化电子商务应用为重点,全面优化电子商务发展环境,推进电子商务与实体经济的深度融合,力争2014年建设1个电子商务聚集区,初步形成“网络销售、智能体验、总部经济、服务支撑”四位一体的电商格局,“线下体验、线上交易”的O2O和个性化定制C2B等新型电商模式;争取到2016年,培育形成产业规模,实现规模以上企业应用电子商务比率达90%以上,网络零售额占社会消费品零售总额15%以上。

二、加强电子商务主体建设

(一)发展本地电子商务平台。培育发展具有地域特色的本地综合性第三方电子商务平台,引导其立足产业优势,扩大网络销售和服务种类,积极推介销售海参、牡蛎、肉鸡、茶叶、苹果、花生、板栗、大姜、葡萄、草莓等特色农产品及喜饼、柳编、镂绣等民俗产品,大力推介“山、海、湾、滩、岛、泉”等特色旅游产品,推介宣传乳山最适合人类居住城市、“中国长寿之乡”“仁爱乳山”等城市品牌,扩大在海内外的影响力和知名度。

(二)加快电子商务集聚区建设。采取“政府引导、市场化运作”方式,按照“统筹规划布局、突出重点产业”原则,培育发展电子商务产业聚集区,合理布局园区智能体验区、商务办公区、物流区、仓储区及其他配套服务区。鼓励有条件传统产业园区和专业批发市场整合仓储、配送、采购、融资等功能,形成产业特色鲜明、服务体系完备的多业态现代电子商务集聚区。

(三)大力推动工业制造业企业电子商务发展。依托产业优势,在装备制造、绿色食品、新材料、新能源、生物科技和健康养生等行业领域,大力推动企业发展电子商务,鼓励企业成立专门的电子商务运营部门或将其从传统企业中剥离,成立独立法人企业,实行“主辅分离”,加快推动罐头、饮料、花生制品、调理食品、海鲜即食品、箱包、服装、宠物用品、工艺品等日用消费品生产企业集中进驻电子商务园区。

(四)融合建设“乳山特色产品体验区”。在电子商务产业园区内规划建设“乳山特色产品体验区”,按行业分类布局展示装备制造、食品与生物科技及养生产品等名优工业品和特色农副产品。利用声、光、电等现代技术和智能交互手段以及动漫、微电影等多种现代题材,突出打造集自然、人文、科普和典型胶东厨艺展示为一体的旅游、文化“特色产品体验馆”,做好与电子商务平台产品定制的业务串联。

三、完善电子商务发展支撑体系

(一)加大政策支持。出台促进电子商务发展扶持政策,通过加大地方投入力度,包装项目积极争取上级支持,引导社会资金参与发展等有效措施,优先支持电子商务园区与平台建设、品牌推广和人才培训等重点项目,提升电子商务发展水平。

(二)创优发展环境。加快提升仓储物流协同水平,推动电子商务企业与快递、仓储物流企业对接,增强电子商务物流服务协同能力,加强城市共同配送体系建设;加强人才队伍建设,协调技工学校、外事翻译学院等市内院校开设电子商务专业或在课程中安排电子商务内容,培养电子商务人才,鼓励其与电子商务企业开展合作,共建电子商务人才培训基地;强化舆论宣传引导,采用多种媒体渠道普及电子商务知识,加大对电子商务理念和政策的宣传报道,积极推介电子商务应用示范企业和优秀网络,营造良好的政策导向与创业氛围。

(三)规范市场监管。加强信用体系建设,强化电子商务信用信息与其他社会领域信息的对接和共享,打造线上线下信用互通的电子商务信用服务平台。完善电子商务纠纷处理、争议调解、法律咨询等综合服务体系。加强行业自律,组织电子商务企业加入威海市电子商务协会,做好行业自律、统计、监测、技术推广、交流合作等各方面工作,落实电子商务政策和规划,提升行业管理和服务水平。加强行业监管,建立网络商品交易“守合同重信用”企业公示制度,保护电子商务消费者合法权益。严厉打击依托网络的制售假冒伪劣商品、侵犯知识产权、传销、诈骗等行为,推进电子商务规范有序发展。

附件:

乳山市促进电子商务发展扶持办法

一、扶持范围

在乳山市注册、纳税并落户在电子商务产业园区的电子商务企业和电子商务平台企业。

二、扶持政策

1. 对租赁指定商务楼宇用房的电子商务企业和电子商务平台,自入驻之日起,其3年内按企业上缴税收的地方留成部分,市财政给予等额扶持,第4～5年按企业上缴税收的地方留成部分,市财政给予50%的补助。

2. 电子商务企业年销售收入首次达到500万元、5000万元、3亿元以上的,分别给予3万元、8万元、15万元的奖励。如一年内全部达到,则按最高一档奖励。

3.对经认定入驻的电子商务企业,由电子商务产业园区提供2年免费或优惠的电信IDC服务，单个企业年度的减免总额不超过10万元。

4.电子商务平台年交易首次达到5亿元、20亿元、50亿元以上的，分别给予5万元、10万元、20万元奖励。如一年内全部达到，按最高一档奖励。

5.对年会员会费收入超过100万元的第三方电子商务服务平台，注册销售收费会员首次突破1000户、2000户、5000户分别按10万元、20万元、50万元给予一次性奖励。

6.房屋及仓储场所租金扶持办法：对租用办公用房，按实际租用面积免交房屋租金，连续免交3年；对租用仓储场所，每年给予每平方米50元的减免，每个企业每年减免总额不超过2万元，连续减免3年。

7.鼓励知名电商企业入驻乳山市。对国内外知名的电子商务企业在乳山市设立总部，或建设对乳山市电子商务发展有重大影响的项目，实行“一事一议”的政策，给予相应奖励。

8.成功上市且上市公司注册地址及税务关系在乳山市的电子商务企业，按照上市当年缴纳税收地方留成部分的20%给予一次性奖励，奖励金额最高不超过100万元。

关于统筹推进智慧乳山建设的实施意见

（4月5日乳政发〔2014〕3号）

为统筹推进智慧乳山建设工程，促进各系统信息资源联网共享和综合应用，提高城市管理效率和水平，现就“智慧乳山”建设提出如下意见：

一、指导思想和基本原则

坚持“统筹规划、顶层设计、市域一体、整合资源、统一平台、信息共享”的原则，以智慧应用为导向，以智慧产业发展为基础，以市场需求和科技创新为动力，加快推进智慧应用体系和智慧基础设施建设，强化信息资源开发利用，促进信息化与工业化、城市化、农业现代化的良性互动和融合发展，加快建设文明和谐、宜居宜业幸福乳山。

二、重点工作

（一）科学规划设计

1.选定专营机构或企业。采取政府购买服务的方式选定“智慧乳山”建设专营机构，与城投集团成立合资企业，负责项目规划建设、运营维护，增强“智慧乳山”建设的科学性、专业性，项目竣工验收后，其投入列入城投集团资产。

2.科学编制规划和实施方案。参照国家智慧城市试点指标体系，根据智慧威海总体规划和统一要求，由选定的专营机构或企业编制“智慧乳山”建设总体规划、建设标准和考核体系，经“智慧乳山”建设工作领导小组评审、智慧威海工作领导小组办公室核准后，报市政府批准实施。各有关部门、单位要根据全市规划，编制本部门、单位专项规划和实施方案，报市“智慧乳山”建设工作领导小组批准后分头组织实施。

3. 加强顶层设计和标准化建设。市“智慧乳山”建设工作领导小组办公室负责组织对“智慧乳山”整体框架进行顶层设计，制定统一的技术标准和接口规范，在智慧威海建设总体框架下，会同各项目建设单位协调推进全市域智慧城市建设。

4.加快推进基础设施建设。围绕通信网络升级改造，加快推进4G网络建设，建成宽带城市、光网城市、无线城市、4G城市，积极开展IPV6试点应用，推进三网融合应用。将信息基础设施建设列入重点项目优先保障，在建设项目审批中预留通信站址资源，为相关工程建设提供便利。

（二）统筹推进资源整合和信息共享

5.有效应用威海市级云计算平台。整合全市网络设施资源，利用威海市级云计算平台，为“智慧乳山”建设提供云计算、云存储和容灾备份等服务。

6.统筹推进重大项目建设和应用。重点围绕经济发展和民生服务，建设智慧工业、智慧旅游、智慧农业和智慧健康养生等智慧产业，打造智慧卫生、智慧教育、社会管理、社会保障等智慧民生平台，推进市民卡、市民网工程建设和应用，建设“平安乳山”、智慧交通、智慧电网、地下管线信息共享、智慧环保、智慧照明等城市管理项目，争取2014年部分项目具备线上运行能力。

7.加强信息资源开发利用。制定全市信息资源开发利用计划，鼓励社会组织或企业通过提供资金、技术、运营和服务等多种形式，积极参与各领域信息化建设，市财政将对基础性、公益性数据库和重要公共服务平台及重点项目给予资金补助或奖励。

8.深化政务信息资源整合。利用威海市电子政务云平台资源，加快推进全市电子政务资源整合，规范电子政务资源利用。

9.加快推进信息共享。制定单位之间信息共享方案，推进多系统互联和信息共享。项目建设单位要与市“智慧乳山”建设工作领导小组办公室签订资源整合和信息共享协议，承诺免费向共享需求方提供本单位能够提供的信息资源后，方可纳入全市建设和投资计划。无正当理由拒绝共享本单位资源的，财政不予安排资金。

10.发展壮大智慧产业。建立智慧产业鼓励引导机制，对到乳投资规模较大、技术领先、产业链带动能力强的智慧城市产业项目，给予大力支持。

（三）严格项目管理

11.规范项目规划建设。建立“智慧乳山”建设项目规划设计方案、设施投入评审批复制度，建设项目经市“智慧乳山”建设工作领导小组把关审核、报市政府批准后组织实施，未经评审批复的项目一律不准规划建设，最大限度减少“盲目投资、重复投资、仓促投资”所造成的公共财政资金浪费。

12.严格项目资金管理。通过评审批复的项目，由市财政部门编制财政预算、报市政府批准后，方可申请项目资金。项目建设单位要根据年度建设计划和市级财政预算,办理立项手续,申请项目资金,组织项目建设。对个别特殊或时限紧急的项目,经市“智慧乳山”建设工作领导小组办公室和市财政局分别审查后,报市政府研究批准。

13.建立项目定期调度制度。项目建设单位要建立完整的项目档案,及时向市“智慧乳山”建设工作领导小组办公室报送项目建设进度。市“智慧乳山”建设工作领导小组办公室要定期督导项目建设,组织进行阶段性验收,协调解决项目建设过程中出现的问题,重大问题要及时通报“智慧乳山”建设工作领导小组,督导项目建设单位进行整改或暂停项目建设。

14.保障系统和信息安全。严格贯彻落实信息系统安全等级保护制度,重要计算中心的数据备份应做到实时备份,有条件的要同时进行异地备份。各类计算中心和终端用户应建立健全信息安全制度,保障系统和信息安全。

三、加强组织领导和监督考核

(一)健全组织领导机构。成立乳山市“智慧乳山”建设工作领导小组,决策“智慧乳山”建设重大事项,研究、审定“智慧乳山”建设发展规划,统筹领导和协调推进“智慧乳山”建设各项工作。领导小组下设办公室在市经信局,具体负责“智慧乳山”建设规划指导、综合调度、协调推进、资源整合等工作。

(二)建立协同推进机制。市经信局负责协调委托的专营机构做好“智慧乳山”建设相关政策研究、规划指导、专家论证、项目建设和规范发展等工作;市建设局负责做好建设领域重点工程、专项规划、住建部试点争创等工作;市财政局负责做好项目预算、资金管理、社会融资以及引入市场化建设、运营机制等工作;领导小组其他成员单位分头负责做好相关领域的项目建设应用,争取上级扶持政策和资金,合力推进“智慧乳山”建设工程。

(三)加强项目监督管理。市监察、财政、建设、审计等部门要依法对项目建设质量、资金使用等进行监督管理,监督落实项目建设招投标制度,对违法违规行为依法依规进行处理。项目建设单位及相关部门应当积极配合有关部门监督管理,如实提供有关资料和情况,不得隐匿瞒报。

关于进一步鼓励创业促进就业的意见

(5月18日乳政发〔2014〕7号)

为进一步鼓励创业促进就业,以创业带动就业,以就业推动发展,根据省、威海市相关精神,结合全市实际,提出如下意见:

一、加大综合扶持,鼓励自主创业

1.鼓励支持城乡劳动者创业。大力鼓励和支持具有创业意愿且具有本市户籍的城镇失业人员、大中专毕业生、新成长劳动力、农村劳动力以及就业困难人员等城乡劳动者自主创业,进一步放宽准入领域、经营范围、场所限制、登记条件,加快工商注册制度改革,开辟经营许可绿色通道。

2. 设立鼓励创业专项扶持基金。统筹运用好就业专项资金和失业保险金的扩大支出,从失业保险滚存结余基金中安排500万元设立“乳山市鼓励创业专项扶持基金”,用于扶持小微企业发展、创业补贴发放、创业活动组织、创业孵化基地建设、创业项目奖励以及政府购买创业服务等。

3.提高创业人员担保支持。继续深入开展“创业乳山·富民行动”,市级担保基金提高到1000万元,从2014年起各类创业人员小额担保贷款最高额度提高到10万元,并给予贴息扶持。对还款及时、无不良信贷记录的,允许再申请一次小额担保贷款,贷款期限不超过2年,原则上不再贴息。要降低担保门槛,积极探索采取信用社区、联户联保、信用联盟、房产或固定资产抵押、有价证券或动产质押等多种担保方式,扩大放贷规模。进一步简化程序,推行小额担保贷款人社、经办银行、担保公司“一站式”办理机制,即时受理,快速办结。

4.积极开展“创业贷”业务。发挥2000万元金融风险补偿基金作用,与2～3家金融机构合作推出“创业贷”业务,对不能纳入“创业乳山·富民行动”或贷款额不能满足需求的创新创业人才、入驻孵化器企业,提供不高于100万元的贷款支持。对按期还本付息的创业者,按照实际支付利息额的10%给予补贴;对发放贷款的合作机构,按照当年发放贷款额度的0.2%予以奖励;对提供担保的合作机构,按照贷款担保额的0.5%予以奖励。

5.提高创业企业补贴标准。支持各类初创期自主创业小微企业,提高创业成功率和存活率,创造更多就业岗位。自2014年起,对首次领取营业执照、自主创办小微企业并连续正常经营1年以上的,给予1万元的一次性创业补贴。企业吸纳就业人员并与其签订1年以上劳动合同,足额缴纳社会保险满12个月(含12个月)以上的,按补贴申请时创造就业岗位数量给予每个岗位2000元的一次性创业岗位开发补贴。参加市政府组织举办的各类展会,依照有关规定给予会展补贴。

6.加快创业孵化基地建设。结合工业孵化器、电商经济产业园等载体建设,争取创建威海市级大学生创业孵化基地,入驻孵化企业享受威海市及乳山市孵化器优惠政策。通过举办创业大赛等形式,吸引大中专毕业生、创业团队到孵化基地创业。对入驻大学生孵化基地的创业企业,3年内房租按照平均价格予以全额补贴。对经批准在外租用经营场所的,按年租金的20%给予一次性经营场地租赁补贴,最高不超过1万元。对于大学生孵化基地及其他工业孵化器内企业吸纳高校毕业生见习的,根据有关规定给予就业见习补贴,招用经认定的乳山市就业困难人员或特困家庭大学生的,按有关规定给予社会保险补贴。同时,对创业失败而处于失业状态大学生开展一对一就业援助,对符合条件的按照有关规定给予1000元的一次性求职补贴。

7.加强创业教育培训和指导服务。支持驻乳职业学校设立“大中专学生创业指导站”,为大中专毕业生提供各类创业指导、创业培训等服务,对达到标准的给予一次性补助。成立“威海市创业大学乳山分校”,建立“校园+基地”二位一体培训模式,实施“创业知识+模拟实践+实际操作+跟踪扶持”四级创业培训,对有创业意愿的大中专毕业生集中进行免费培训,完成四级创业培训的,给予一次性创业培训补贴。组建“乳山市创业指导专家委员会”,为有创业意愿且创业培训合格的城乡各类劳动者推荐创业项目、协助落实经营场地、帮助办理小额担保贷款,争取年扶持各类创业3000人。

8.开展创业型乡镇社区创建。大力推进创业型城市创建工作,启动创业型街道(乡镇)、社区创建工作。对获得省级创业型乡镇的给予一次性奖补20万元、对创业型社区给予一次性奖补5万元;对达到威海市级标准的创业型街道(镇)给予一次性奖补10万元、创业型社区给予一次性奖补3万元。

二、强化多方联动,实现更高质量就业

9. 设立促进就业专项扶持基金。市财政每年安排500万元设立“乳山市促进就业专项扶持基金”,主要用于就业促进网络建设、吸纳就业人员转移、就业困难群众帮扶和职工技能培训提升等方面的奖励和补贴。

10.建立完善就业促进网络。建立完善市、镇、村(社区)三级就业促进网络,加强人社局牵头,各镇区、相关部门参与的就业工作领导小组,在每个行政村和城市小区设立1名就业信息员(由村社保协理员兼任),由各镇区管理,负责就业资源调查、招工信息宣传和培训组织等工作,逐步实现劳动保障协理员持证上岗。

11.扶持劳务中介机构发展。积极引进市外劳务中介机构到乳设立分支机构,扶持本地劳务中介机构发展壮大,着力培养具备招收、培训、就业、缴保一条龙服务的劳务中介机构,争取到2016年培育3～5家年中介数量超过500人的劳务中介机构。引导劳务中介机构到市民服务中心及附近聚集。按每中介正式就业1人补助50元的标准,对其场地租赁费用进行补贴,每年最高补助不超过1万元,连续补贴3年。

12.开展市域人力资源调查。要组织人员对全市企业人力资源需求及储备进行摸底,建立涵盖岗位需求、工资待遇、人才储备、培训计划等信息的数据库,与主要网站、镇社保所及人力资源服务终端设备链接,便于随时登陆查询。要发动村就业信息员开展市域人力资源情况调查,重点查清城乡剩余劳动力、职校毕业生、在外务工人员、临时就业大学生等有就业意向人员情况,掌握全市人力资源储备情况,便于有重点、有目的地向用工企业推介。

13.加大就业中介补贴力度。鼓励就业信息员、劳务中介机构及社会群团组织为市内工业企业介绍就业人员,按照介绍就业人员情况分别给予补贴。就业信息员按照每介绍1名普通就业者100元、技术工人和技校毕业生200元、高校毕业生300元的标准给予补贴。劳务中介机构和群团组织按照普通就业者220元,技术工人和技校毕业生320元,高校毕业生420元的标准给予补贴。企业自行招录就业人员,按照劳务中介机构标准给予补贴。

14.鼓励企业吸纳高校毕业生和进城务工人员。引导企业大力吸收高校毕业生及乳山市户籍进城务工人员就业,促进农村人口转移,增强高素质就业人员承载能力。对与企业签订3年以上劳动合同并连续足额缴纳社会保险费的高校毕业生,3年内分别按社会保险费个人负担部分的50%、70%、100%进行补贴;对初次就业且与企业签订3年以上劳动合同并连续足额缴纳社会保险费的乳山市户籍进城务工人员,3年内对其社会保险费个人缴费部分分别按照500元、1000元、1500元标准补贴。

15.加强就业困难群体就业帮扶。落实就业援助措施,对就业困难人员做到全员登记认定、全员免费服务、全员岗位提供、全员特困安置。统筹公益性岗位开发管理,拓展岗位设置,发挥好托底安置作用。确保生活困难的灵活就业人员社会保险补贴等政策落实到位,城镇“零就业”家庭和农村“零转移就业”贫困家庭实现动态消零,就业困难群体基本实现就业。

三、加强职业培训,提高市民就业技能

16. 构建多层次就业技能培训体系。大力扶持驻乳职业学校开展就业培训、技能提升和资格认证,积极引进省内外专业就业培训机构,鼓励劳务中介、孵化基地、创业基地等机构开展就业培训,加快建立分行业、分领域、分产业的劳务培训专家数据库,构建多层次的就业培训和技能提升服务体系,争取到2016年全市各类劳务培训机构达到10家。

17. 突出解决工业企业就业导向。发挥就业促进网络的作用,根据重点拟投产工业项目的用工需求,由人社局联合培训机构推行“订单培养”,帮助招选有就业意向人员,配合企业开展岗前培训。经劳务培训机构培训后在工业企业正式就业的,除按培训标准拨付培训经费外,每人再额外支付培训费200元。

18.加大未就业人员和失业人员的培训。重点加大对失业人员、新成长劳动力和未就业人员的职业技能培训,建立职业培训补贴与社会需求程度、培训成本相挂钩的动态调整机制,逐步实现城乡各类劳动者初、中级技能免费培训。开展好“金蓝领”等品牌培训工程,切实提升充分就业水平,争取每年培训各类人员5000人,培训发证1万人以上。

19.鼓励企业提升员工技能。对企业自行招用的首次就业工人,有条件的企业可自行组织培训,其他企业可委托乳山市符合条件的培训机构进行培训，经培训后取得初级以上职业资格证书的，将企业定额职业培训补贴提高到80%。

20.推动校企深入开展合作。鼓励重点企业与市内职业学校及国内高等院校加强全面合作，开展定向招生，联合教学培养，设立实训基地，吸引和鼓励高校毕业生到乳就业，提高在乳职业学校毕业生本地就业率。对与职业学校和高校院所开展合作的企业，将视情况给予一定的补助。

本意见由市人力资源和社会保障局负责解释，自2014年1月1日起执行，有效期至2016年12月31日。

关于印发“食安乳山”品牌引领行动方案的通知

（6月8日乳政发〔2014〕11号）

《“食安乳山”品牌引领行动方案》已经市政府同意，现印发给你们，请认真贯彻执行。

附件：

“食安乳山”品牌引领行动方案

为在更大范围、更高层次、更宽领域打造全市食品安全品牌，促进食品产业提升发展，特制定“食安乳山”品牌引领行动方案。

一、行动目标

坚持“安全为先、正向引导、企业主体、监管创新、协同共建”的原则，以食品监管创新和农产品监管提升为着力点，创新工作机制，落实监管责任，加大推介力度，打造“食安乳山”公共品牌，引导公众消费，引领产业发展，保障公众“舌尖上的安全”。到2015年年底，打造一批具有地域特色和市场竞争力的食品放心品牌和示范单位，食品安全水平明显提升，“食安乳山”品牌整体形象初步确立。到2020年年底，深入开展系列提升行动，逐步构建布局合理、优势突出的现代产业体系，“食安乳山”品牌带动效应充分凸显，乳山成为国内知名的食品安全城市。

二、工作重点

按照食品生产流程和全市食品监管工作实际，“食安乳山”品牌引领行动的十大工作重点为“严把四个环节、健全六大体系”，即严把“种养、生产、流通、餐饮”四个环节，健全“食安监管、诚信经营、信息化监管、品牌创建、检验检测、无害化处理”六大体系。

（一）严把种养环节

1.深化农业投入品管理。理顺农资经营管理体系，新增1家挂靠主体，全市所有农资经营单位实行挂靠经营、合同管理；严查农民专业合作社违规超范围销售农资行为；引导农资配送中心开展“厂家直销、送货到田”的农资销售模式，以优质低价的农资“驱逐”伪劣农资；在全市所有农资店配备农资“一卡通”设备，做到农资刷卡购买、扫码记录、追溯管理，实现农资销售电子网络化管理。（市农业局、市联社、邮政局、工商局、经信局负责）

2.提高规模化生产水平。积极推广“龙头企业＋专业合作社＋标准化基地＋农户”的经营模式，加快推进土地流转，鼓励发展农业龙头企业、家庭农场、农民专业合作社、专业大户等经营主体，支持企业开展连锁经营、产销直挂、农超对接、农校对接，不断提升农业组织化、规模化生产水平。（农业局、海渔局、市联社、畜牧局负责）

3.推进标准化认证。积极推进现代农业、渔业、畜牧业示范园建设，2015年上半年“苹果绿色原料基地”通过验收，到2015年年底优势农产品标准化生产程度提高到75%以上，新增“三品一标”25个，认证面积比率提高到65%以上，水产品面积认证占比达到75%以上，规模养殖场无公害认证比率达到60%以上，无公害畜产品认证占比达到70%以上。（市农业局、畜牧局、海渔局、工商局、质监局、林业局、市联社负责）

4.推进农产品规范化种植。推进农产品生产基地整洁生态、生产有标可依、记录档案健全，产品达到“有准入、有包装、有标识、有追溯”要求。在可追溯基地试点建立产地准出和原产地追溯制度，到2015年年底新增16处可追溯农产品基地，使全市可追溯农产品基地达到30处，茶叶、蓝莓实现全产业可追溯。（农业局、畜牧局、海渔局、林业局负责）

5.提升标准化养殖水平。构建全市畜产品质量安全监管平台，对可纳入平台监管的5家规模养殖企业实时监控；加大生态养殖标准化改造力度，到2015年年底完成规模养殖场标准化改造134家、建设现代畜牧业示范基地75个，畜禽产品抽检合格率达到95%以上。（畜牧局负责）

（二）严把食品生产环节

6.创建放心食品生产示范基地。以食品与生物科技产业园、经济开发区海洋食品产业园、葡萄酒产业园等园区为重点，加大项目引进力度，完善基础设施配套，打造品牌形象突出、服务平台完备的加工园区，推动食品工业集约化、规模化发展。（滨海新区、经济开发区、夏村镇负责）

7.发展壮大食品生产企业。通过招商合作、技改扩规、产学研合作等方式，培育一批龙头骨干企业，力争2015年年底30%以上的规模以上食品生产加工企业创建为食品生产加工示范企业。（食药监局、农业局、商务局、经信局、科技局负责）

8.提高企业食品安全管理水平。推动食品生产加工企业实施良好生产规范，提升企业食品安全自管自控水平，到2015年年底食品生产加工企业中取得GB/T22000或HACCP认证企业占比达到20%以上，其中肉制品生产加工企业认证比例达到100%。（食药监局、质监局负责）

（三）严把食品流通环节

9.加强肉类流通监管。争创“放心肉”服务体系试点，推行索证索票、购销台账电子化，建立各流通节点信息互联互通、来源可追溯、去向可查证、责任可追究的质量安全追溯链条，提

升肉品质量安全保障能力。(食药监局、商务局负责)

10.创建食品经营示范单位。深入开展食品流通安全示范单位创建活动和食品经营示范店创建活动,到2015年年底全市5家大中型商场、连锁超市、食品及农产品批发市场创建为食品经营示范单位,每个镇(办事处)分别创建2户以上食品经营示范店。(食药监局、商务局负责)

11.加强流通环节食品安全质量监管。完善市场准入和退出机制,在农产品批发市场、超市、物流配送企业、餐饮服务单位、集体食堂及农产品加工企业实施产地证明准入制度,到2015年年底实施产地证明准入的批发市场达到1家以上。(食药监局负责)

(四)严把餐饮环节

12.实施餐饮服务规范化管理。制定餐饮食品安全地方标准和加工制作规范,完善量化分级分类管理标准,推进"阳光厨房"建设,到2015年年底全市"阳光厨房"突破100个,全市餐饮服务单位量化分级良好(B级)以上比例超过50%,其中学校食堂超过90%。(食品药品监督管理局、教育局、卫生和计划生育局负责)

13.参与示范创建活动。积极参与餐饮品牌示范街区、示范店和学校示范食堂创建活动,到2015年年底创建4个地域特色鲜明的示范街区和60家示范店。(食品药品监督管理局负责)

14.推动大众餐饮品牌建设。鼓励大众餐饮连锁和中央厨房发展,实现餐饮制作的标准化、系统化、规范化,重点培育多禾馅饼、顺心快餐等餐饮连锁企业,引导海天集团等餐饮企业"走出去"开设以乳山食材为卖点的连锁店,打造乳山安全餐饮品牌;与旅游产品打造相结合,挖掘、保护和发展一批餐饮地方风味名吃,打造乳山安全美食名牌。(食药监局、商务局、旅游局负责)

(五)健全食安监管体系

15.以工商、质监、药监和检测中心体制改革为抓手,理顺食品监管职能;发挥好镇级食品药品监管所作用,推动镇农安办由兼职向专职转变;整合村级食品协管员和农产品监管员,实现统一认定、统一管理、统一考核、统一补贴,构建覆盖"市、镇、村"三级的高效监管体系。(食安办负责)

(六)健全诚信经营体系

16.实现信用信息共享。建设食品及农产品经营主体安全信用数据库,及时向社会公布信用信息,与金融等部门实现信用数据资源共享,完善失信行为联合惩戒机制。(食药监局、农业局、金融办负责)

17.建立食品安全"黑名单"。制定食品及农产品安全"黑名单"管理办法,对因食品违法行为被追究刑事责任或受到责令停产停业、吊销许可证、撤销批准证明文件等处罚的食品生产经营者,列入食品安全"黑名单",在规定时间内不得从事食品生产经营业务。(食药监局负责)

18.设立食品"红黑榜"。定期将食品安全检查、检测结果汇总,将守法经营、产品安全的企业列入红榜,将检查出现问题、存在违规行为的企业列入黑榜,定期通过电视、报纸、网络等平台发布,为公众消费提供参考。(食安办负责)

(七)健全信息化监管体系

19.加强食品安全行政许可、监管执法、抽检监测、公共服务、食品追溯等方面的信息化建设,打造与"智慧乳山"建设相衔接的食品监管信息化体系,重点实施以数据库技术为支撑的"食品安全信息共享平台",以条码技术为支撑的"农资销售电子网络化管理""食品可追溯监管",以视频技术为重点的"食品信息化监管平台""养殖场网络监控平台""阳光厨房",以无线终端为支撑的"食品安全举报受理平台",引导企业使用电子防伪技术,打造产品身份标签。其中,到2015年年底食品信息化监管平台覆盖55家生产企业、4家流通企业、100家餐饮企业。(食安办、经信局负责)

(八)健全品牌创建体系

20.提高农产品知名度。按照统一包装、统一标准、统一管理、统一宣传、统一销售"五个统一"的要求,实施好优势大宗农产品的品牌推介工作,重点以"乳山三宝"为统领,对牡蛎、大姜、茶叶进行"捆绑营销、联合推介",进一步提升农产品公共品牌的知名度和影响力。同时,要紧盯"食安山东"品牌引领行动开展,将乳山市肉鸡、茶叶、蓝莓、大姜、苹果、牡蛎等优势农产品纳入全省行动计划,借助省级平台推介"食安乳山"品牌。(宣传部、农业局、海渔局、市联社负责)

21.加大品牌创建力度。争创一批全国、省级食品安全示范单位,发掘全市典型经验做法,力争在全国争荣誉、树典型;引导农产品企业争创中国驰名商标,省市级著名商标和名牌产品,到2015年年底新增省级以上食品商标1个以上、省级名牌产品2个以上。(食安办负责)

22.发展安全食品电子商务。在建设乳山农产品博览中心基础上,依托电子商务产业园,发展本地电子商务平台,加快电子商务集聚区建设,引导食品企业创办电子商务网店、开展电子商务业务,拓展安全食品销售渠道,提高安全食品知名度。(商务局、农业局、海渔局、畜牧局、市联社负责)

(九)健全检验检测体系

23.提升公共检测平台。加快市级检验中心建设,以食品、农产品、饮用水为重点,争取扩大认证检测范围,提高检验检测水平,逐步开展第三方检测服务,打造省内知名检验检测机构,2014年市检验检测中心通过省级实验室能力测试,2016年争取具备开展绿色食品、无公害农产品、有机产品检测资质,2017年力争通过国家实验室认可。(检验检测中心负责)

24.加大检验监测力度。加大对食品和农产品监督抽检和风险监测力度,增加对重点品种抽检监测频次,2014年完成定量检测948批次、定性检测1.5万批次,做好160个农村集中供水社区中心村的水质检测工作。(检

验检测中心、卫生局负责)

25.增强企业检测能力。以标准化农产品生产基地、规模化养殖场为重点,配套速测等设备,加强生产环节检验机构建设;引导食品企业配套高技术水平的检验仪器和设备,全面提升加工企业质量检验水平。(食药监局、农业局、畜牧局、海渔局负责)

26.创新市场准入检测机制。引导农贸市场、商场(超市、连锁店)等加大对农产品检验检测体系的投入,加强对部分日常性消耗食品、季节性和节日食品以及特色生产加工食品的评价性监测;探索对定性检测不合格、定量检测合格的农产品,因定量检测延搁正常交易而造成的损失,给予经营者适当补偿。(食安办负责)

(十)健全无害化处理体系

27.对病死动物进行无害化处理。建设"乳山市动物无害化处理中心"和15处病死畜禽收集点,确保病死畜禽回收率、无害化处理率达到100%。(畜牧局负责)

28.对农业废弃物进行回收处理。按照"定点回收、集中转运、统一销毁"的思路,理顺农药包装废弃物回收程序,确保农药包装废弃物应收尽收;建立废弃农用反光膜回收处理长效机制,保障秋收与农业废弃反光膜清理同步开展、同期结束。(农业局负责)

29.推进餐厨废弃物无害化处理。完善市区各餐饮单位餐厨废弃物的台账管理工作,出台餐厨废弃物无害化处理指导意见,开展餐厨废弃物小型分散式处理工作,防止餐厨废弃物流回餐桌。(建设局负责)

三、组织实施

一要明确职责分工。市食安办要完善工作机制,统筹建设规划,制定考核标准,强化督导落实。各相关部门要加强协作配合,围绕行动目标任务,结合工作实际,制定具体行动方案,开展多种形式的创建活动。充分发挥行业协会和社会组织桥梁纽带、标准制定、行业自律等作用,共同推动创建工作开展。

二要积极与上对接。要利用开展"食安山东"的有利机遇,积极跑上对接,争取将全市企业、生产基地、产品纳入上级扶持范围,争取农产品和食品产业规划、用地、投资、融资、财税、信贷等方面的政策支持,助推"食安乳山"品牌引领行动开展。

三要加强宣传推介。充分利用报刊、广播电视、互联网、手机等各类媒介,广泛宣传"食安乳山"品牌引领行动。科学谋划宣传策略,"打包"宣传推介乳山食品品牌,培育推广品牌文化,全力打造乳山食品品牌整体形象。加大对先进经验、诚信典型的宣传力度,发挥示范引领作用。搞好科普宣传,倡导健康消费,引导公众选择放心品牌。

关于加快推进乳山市公共文化服务体系建设的意见

(5月29日乳办发〔2014〕20号)

为加快推进"文化活市"战略实施,积极构建现代公共文化服务体系,更好地满足人民群众精神文化需求,根据威办发〔2014〕9号文《关于推进省级公共文化服务体系示范区建设的意见》要求,结合全市实际,现就推进公共文化服务体系建设提出如下意见:

一、总体要求

以争创全国文化先进县、省公共文化服务示范区(项目)为目标,深入贯彻落实中共十八大和十八届三中全会精神,坚持公益性、基本性、均等性、便利性原则,全面深化文化体制改革,推进城乡文化统筹,着力推动公共文化服务资源向社区集中,构建与文化资源相匹配、与经济社会发展相适应、与幸福乳山相衔接的现代公共文化服务体系,进一步繁荣文化事业,保障人民群众的基本文化权益,打造15~20分钟公共文化服务圈,人民群众对公共文化服务的满意度明显提高。

二、工作重点

(一)加强公共文化设施建设

1.建设四大重点文化项目。统一调度,统筹协调,加快推进市文博中心、文旗大厦(设有现代化影剧院)、华辰百线电影广场建设,实施马石山红色爱国主义教育基地改扩建工程,打造传承区域文化的主阵地和弘扬红色文化的新窗口,提升乳山市城市文化形象(责任单位:文广新局、民政局、城区街道)。

2.完善"三馆"服务功能。按照"全国文化先进县"评估标准,进一步完善市图书馆、市文化馆和冯德英文学馆。国家一级馆市图书馆配备流动服务车,每年下基层服务次数不低于50次,图书藏量逐步达到20万册以上,以市图书馆总馆为平台,进一步加强总分馆制建设,市图书馆、镇(街道)文化中心图书室及"农家书屋"人均占有藏书1册以上,人均年增新书0.04册以上,人均年到馆率0.5次以上。国家二级馆市文化馆进一步完善功能建设,丰富服务内容,提升服务质量,配备流动服务车,每年组织流动演出12场以上,流动展览10次以上。市冯德英文学馆充分发挥"国家国防教育示范基地"功能作用,创新服务方式,加大宣传力度,提高讲解水平,开展红色文化教育。2014年要确保通过省委、省政府对乳山市全省社会文化先进县的复查。(责任单位:文广新局、各镇及城区街道)

3. 提升镇村两级文化设施。按照《全国乡镇综合文化站评估定级参考标准》和《威海市文化大院标准》,进一步提升镇村两级文化设施档次,加强科学化、规范化、网络化、数字化管理,有效提升利用率。将镇(街道)综合文化站的提升工作纳入全市农村新型社区建设工作中,通盘考虑、一体规划,对没有建站条件的镇和不符合上级标准的站进行重新规划布局,与镇驻地村社区或其他中心社区有机结合、一体打造、融合发展,充分实现公共文化资源的有效整合和利用。以社区中心村为主,打造30个星级文化大院、10个社区图书室,升级60个农村文化大院。其中,文化站建筑面积不少于500

平方米，各类设施齐全，至少应设有多功能厅、辅导培训室、图书阅览室、电子阅览室和公共文化信息资源共享室，每个活动室不少于30平方米，积极创建一级镇文化站，形成一批特色文化镇。按照威海市文化大院一、二、三类标准要求，重点打造178个农村文化大院（社区文化中心），其建筑面积不少于200平方米，拥有文化小广场、图书室、电子阅览室、文艺排演室、游艺活动室、农民夜校等各类文化活动室。建立健全农家书屋长效管制机制，完善提升一批"数字书屋"和"特色书屋"建设，每个"农家书屋"每年循环更新图书不少于100册。（责任单位：文广新局、各镇及城区街道）

（二）丰富公共文化服务供给

1.开展群众性文化活动。将群众文化活动贯穿于全年，坚持举办好春节联欢晚会、正月秧歌汇演、消夏晚会等全市性活动，进一步提升品牌影响力，丰富群众文化生活。各镇（街道）依托文化站、农村文化大院、社区文化中心广泛开展"百场文艺演出进社区"等丰富多彩的群众文化活动，实现每个行政村每年看5场以上戏剧或文艺演出，每镇每年集中开展大型文化活动不少于8次，每个农村社区每年组织举办6次以上"道德讲堂"活动，农村小广场要确保天天有活动、周周有节目、月月有演出，群众参与率达到30%以上，人均参加文体活动时间每周不少于7小时。（责任单位：宣传部、文广新局、各镇及城区街道）

2.办好文化惠民实事。抓好《2014年威海文化民生实事实施方案》落实，组织实施好"文化惠民、服务群众"16件实事；坚持企业经营、市场运作、政府购买、农民受益的原则，推进公益电影放映工程，并按照《中央补助地方农村文化建设专项资金管理暂行办法》，对农村公益电影进行补贴，确保每个行政村平均每月免费放映一场公益电影，鼓励电影公司为社区、工厂、学校、军营等放映公益电影，由财政部门按照有关规定给予补贴；以"母爱文化齐鲁行""我们同欢乐"等品牌活动为载体，组织专业文艺团体全年免费送戏、送文艺、送书画下乡不少于130场；通过政府补贴的形式，以农村秧歌队、庄户剧团以及其他民间文艺团体为补充，利用农闲以及重大节日开展进村进城巡演活动，壮大基层文艺队伍，活跃城乡文化生活。进一步提升公共场馆免费开放质量和水平，市图书馆、冯德英文学馆每周开放时间不少于56小时，文化馆、文化站每周开放时间不少于42小时，公共文化活动场所的电子阅览室每周提供免费上网服务时间不少于56小时。（责任单位：文广新局、各镇及城区街道）

3. 推进文化信息资源共享工程。以市级文化信息资源共享工程为主导，以镇（街道）为平台，以村庄为载体、以企业为纽带、以农户为终端，推进全市文化信息资源共享工程建设。加强文化信息资源共享工程与数字电视、农村党员干部现代远程教育、农村中小学现代远程教育互联互通，方便群众通过多种方式使用。以政府投资为主，整合各类社会资源，建立网上图书馆、网上博物馆、群众活动远程指导网络。按标准配备的公共电子阅览室到2015年实现镇（街道）、村（社区）全覆盖。（责任单位：文广新局、各镇及城区街道）

4.提供菜单式服务。结合文化信息资源共享工程，探索实施文化惠民网络化管理、菜单式服务，在市文化中心、15个镇（街道）综合文化站分别建立文化惠民网络服务平台，每镇打造2个村级文化惠民网络服务示范点，对市级文化惠民服务项目和内容等进行网上公布，镇村两级可根据自身需求，直接上网预约服务项目，切实做到资源共享、服务均等、管理规范、效益突出。（责任单位：文广新局、各镇及城区街道）

5.组织文艺精品创作。出台文艺精品奖励办法，设立乳山文学艺术奖，开展文艺精品评选活动，加大文艺精品创作投入，完善文艺精品创作机制，突出文艺精品创作重点，推进文艺创作社会化、市场化、产业化，打造一批展示时代风貌和乳山文化特色的精品力作。（责任单位：宣传部、文广新局、文联）

6.提高宣传服务质量。坚持正确的舆论导向和"三贴近"原则，进一步加大新闻宣传事业扶持力度，完成广播电视制作设备升级改造任务，引进影视制作、新闻主持等方面专业人才，打造一批有影响力的优秀栏目（节目），进一步提高办报办台水平。加快推进有线电视数字化整体平移工程，推进广播电视"村村通"向"户户通"延伸，加快地面数字电视发展，逐步实现广播电视数字化和网络化。（责任单位：报社、广播电视台、广电网络公司）

7.保障弱势群体服务权益。各类公共文化设施要免费或优惠向农民工、老人、少年儿童、残疾人开放，设置方便的活动区域和服务项目。市图书馆要设立盲文阅读区，配备相关设施和盲文读物。市文化馆要经常性组织针对上述人群的文体活动以及面向农民工的文化培训等。（责任单位：文广新局、各镇及城区街道）

（三）加强文化遗产保护和利用

1.做好文物保护发掘工作。认真落实文物保护"五纳入"政策，即纳入经济和社会发展计划、纳入城乡建设规划、纳入财政预算、纳入体制改革、纳入各级领导责任制，建立文物保护与利用有效机制，重点做好第一次全国可移动文物普查工作、省级大遗址保护项目——南黄庄古墓群遗址的规划编制工作、文莱高速乳山沿途文物保护点的勘察挖掘工作和全国、全省重点文物保护单位申报工作。（责任单位：文广新局）

2.做好非遗保护传承工作。抓好市文博中心的规划建设和乳山民俗艺术馆的后期建设，打造非遗展示、交流新窗口；积极申报牛郎棍国家级非遗项目和乳山平绣、乳山勾织、葫芦烙画、民间音乐凤凰不断头、蒸面兔的习俗、乳山粉条的制作技艺等威海市级非遗

项目；组织开展乳山市十大民俗艺人和十大非遗文化传承人评选活动。(责任单位:文广新局、各镇及城区街道)

3.做好古籍保护与档案、史志工作。进一步加强古籍保护,全面开展古籍普查登记工作,不断改善古籍保管条件,加强对珍贵古籍的重点保护。做好档案、史志等工作,充分发挥其社会教育、文化服务等作用。(责任单位:文广新局)

(四)加强文化队伍人才建设

1.配齐配强基层文化队伍。按照《全国乡镇综合文化站评估定级参考标准》和省委宣传部等部门《关于加强全省县级和城乡基层宣传文化队伍建设的若干意见》要求,配齐配强基层文化队伍,镇(街道)综合文化站至少配备3名以上专职人员(1名正式在编,2名社区辅导员),并确保专人专用,确保镇(街道)综合文化站人员队伍的专业性、稳定性,切实解决人才短缺、队伍不稳、素质较低、一职多岗、无人管事等制约基层文化发展的突出问题。按照《威海市关于推进省级公共文化服务体系示范区建设的意见》和《威海市文化大院标准》要求,落实178个农村社区文化大院的人员配备,社区领导班子中应确定1人负责文化工作,每个社区文化大院配备2名基层文化辅导员,通过以奖代补的方式发放待遇补贴,激发其工作积极性,建立起文化大院管理利用的长效机制。加大专业人才引进力度,充实图书馆、文化馆、博物馆岗位,根据全市实际,采取选调、招考等形式,逐步配齐“三馆”人员,2014年将充实“三馆”专业人才8名。(责任单位:文广新局、财政局、编办、人社局、各镇及城区街道)

2.建立文化人才培训体系。镇(街道)综合文化站应制定文化艺术人才培养培训计划,建立文化艺术人才库,构建多层次、多渠道、多门类的公共文化服务人才培养培训体系,县级文化单位在职人员参加脱产培训时间每年不少于15天,乡镇街道、村、社区基层文化专兼职人员参加集中培训时间每年不少于5天。加强群众文艺辅导组织建设,推进文艺辅导进基层活动,全市每年免费培训基层文艺骨干600人次以上,到2015年全市80%的村要成立一支舞蹈队、秧歌队、腰鼓队等文艺队伍。强化业务技能培训,建立健全市图书馆、文化馆、冯德英文学馆等工作岗位规范,逐步实行职业资格管理制度。(责任单位:文广新局、各镇及城区街道)

(五)加强公共文化服务投入

1. 设立农村文化建设专项资金。按照国家和山东省关于财政支持农村公益事业有关政策,设立“农村文化建设专项资金”,重点向178个农村社区倾斜,每个农村社区每年补助1万元,除国家对东部地区每村每年补助20%外,其余部分由市财政承担,主要用于文化信息资源共享工程村级服务点运行维护和开展宣传培训、农家书屋出版物补充及更新、农村电影放映工程、行政村开展各类文化和体育活动。(责任单位:文广新局、财政局)

2、加大对公共文化服务资金补助。按照财政部、文化部关于《中央补助地方美术馆、公共图书馆、文化馆(站)免费开放专项资金管理暂行办法》要求,市财政对美术馆、图书馆、文化馆每馆每年补助10万元,由市镇两级财政对乡镇综合文化站每站每年补助5万元,分别承担50%。按照创建全国文化先进县的要求,加大对市图书馆、市文化馆的资金扶持力度,将市图书馆每年的购书经费和市文化馆的设备购置经费纳入财政预算。(责任单位:文广新局、财政局、各镇及城区街道)

3.制定扶持发展的优惠政策。制定完善支持公共文化服务发展的优惠政策,积极鼓励和支持非公有资本以多种形式进入政策许可文化领域,以兴办实体、赞助或冠名承办活动、免费提供设施等多种形式参与公共文化服务,形成以政府投入为主、社会力量积极参与的稳定投入机制(责任单位:宣传部、文广新局)。

(六)创新管理机制和服务模式

1.创新公共文化服务运行机制。深化文化体制改革,推动文化行政管理职能部门职能转变,进一步推进政企分开、政事分开、政资分开、政府与中介组织分开,鼓励和支持各级各类文化单位开展公共文化服务,建立适应社会主义市场经济要求、保障社会公平正义的公共文化服务运行机制(责任单位:宣传部、文广新局、报社、广播电视台、文化执法局)。

2.深化文化事业单位改革。按照增加投入、转换机制、增强活力、改善服务要求,深化公益性文化事业单位内部组织人事和收入分配制度改革,实行聘用制和岗位管理制度,加强财务管理和经济核算,建立健全竞争、激励、约束机制,提高公共文化服务能力和水平。(责任单位:宣传部、文广新局、报社、广播电视台、文化执法局)。

3.推动公共文化服务方式创新。创新公共文化服务提供方式,引入竞争机制,对重要公共文化产品、重大公共文化服务项目和公益性文化活动,实行政府采购、项目补贴、定向资助、贷款贴息等,扩大服务范围,提高服务质量,增强服务效益。(责任单位:宣传部、文广新局、财政局)。

三、组织领导

成立乳山市公共文化服务体系建设领导小组,市委副书记、市长隋建波任组长,市委常委、宣传部部长王建华,副市长陈卫萍任副组长,各镇(街道)和市直有关部门主要负责人为成员,领导小组办公室设在市文化广电新闻出版局,具体负责综合协调工作。各级各部门要把公共文化服务体系建设纳入重要议事日程以及国民经济和社会发展总体规划,建立公共文化服务绩效评估制度,实行目标责任管理,将服务农村、服务基层情况和群众满意度作为重要考核指标,切实做到主要领导亲自抓、分管领导带头抓、宣传文化部门牵头抓、责任部门配合抓,形成政府、社会、群众共同参与发展建设和监督管理大格局体系,确保全市公共文化服务体系建设全面快速推进。

关于公布乳山市进驻政务服务中心大厅的部门及事项目录的通知

（8月11日乳政办发〔2014〕49号）

为进一步推动行政审批集中化、规范化和高效化，近期市政府法制局牵头确定《乳山市进驻政务服务中心大厅的部门及事项目录》，已经市政府研究同意，现予以公布实施。市政府要求各相关部门、单位和企业，按照进驻部门和事项目录的要求，抓紧做好事项梳理、人员选派和集中授权工作，做到“两集中、两到位”，切实提高行政审批效能，营造良好政务服务环境。

一、纳入市政务服务中心大厅常设窗口的部门和相关办理事项（239项）

（一）发展和改革局（9项）

1.政府投资项目审批

2.固定资产投资（企业投资、外商投资）项目核准

①企业投资项目核准

②外商投资项目核准

3.企业投资项目备案

4.本市权限外的固定资产投资（企业投资、外商投资）项目核准

5.丙级及丙级以上工程咨询单位资格认定

6.国外贷款项目资金申请报告、可行性研究报告、利用外资方案

7.进口设备免征关税和进口环节增值税确认

8.境外投资申请报告

9.主要粮食作物和棉花进口关税配额

（二）工商行政管理局（9项）

1.非公司制企业法人营业单位开业、变更、注销登记

①非公司制企业法人开业登记

②非公司制企业法人变更登记

③非公司制企业法人注销登记

④非法人分支机构开业登记

⑤非法人分支机构变更登记

⑥非法人分支机构注销登记

⑦营业单位开业登记

⑧营业单位变更登记

⑨营业单位注销登记

2.股权出质设立、变更、注销登记

①股权出质设立登记

②股权出质变更登记

③股权出质注销登记

3.企业集团登记

①企业集团设立登记

②企业集团变更登记

③企业集团注销登记

4.企业名称预先核准登记

①冠乳山市行政区划企业名称预先核准登记

②冠威海市级以上行政区划企业名称预先核准登记

5.外商投资企业及分支机构设立、变更、注销登记

①外商投资企业设立登记

②外商投资企业变更登记

③外商投资企业注销登记

④外商投资企业分支机构设立登记

⑤外商投资企业分支机构变更登记

⑥外商投资企业分支机构注销登记

6.有限公司及分公司设立、变更、注销登记

①有限公司设立登记

②有限公司变更登记

③有限公司注销登记

④分公司设立登记

⑤分公司变更登记

⑥分公司注销登记

7.农民专业合作社、合作联合社、股份合作社设立、变更、注销登记

①农村经济（社区）股份合作社设立登记

②农民专业合作联合社设立登记

③农民专业合作联合社变更登记

④农民专业合作联合社注销登记

⑤农民专业合作社设立登记

⑥农民专业合作社变更登记

⑦农民专业合作社注销登记

⑧农民专业合作社分支机构设立登记

⑨农民专业合作社分支机构变更登记

⑩农民专业合作社分支机构注销登记

8.户外广告登记

9.企业备案

①有限公司备案登记

②企业集团章程备案登记

③企业法人主管部门改变备案

④公司清算组备案

⑤公司章程（修正案）备案

⑥董事、监事、经理变动备案

⑦公司设立分公司情况备案

⑧非公司企业法人主管部门改变备案

⑨外商投资企业董事会成员备案

（三）公安局（9项）

1.旅馆业特种行业许可证核发

2.门牌楼号编制

3.举办5000人以下大型文体活动审批

4.互联网上网服务场所安全审查

5.边境管理区通行证核发

6.印章刻制备案

7.国际联网业务资料备案

8.举办5000人以上大型文体活动审批

9.集会、游行、示威活动许可

（四）消防大队（3项）

1、公众聚集场所投入使用、营业前的消防安全检查

2. 建设工程消防设计备案及竣工验收消防备案

①建设工程消防设计备案

②建设工程竣工验收消防备案

3. 建设工程消防设计审核及竣工消防验收

①建设工程消防设计审核

②建设工程竣工消防验收

（五）城乡规划管理局（4项）

1.建设项目选址规划许可

2.建设项目用地规划许可

3.建设项目工程规划许可

4.建设工程竣工规划核实

（六）环境保护局（3项）

1. 建设项目环境影响评价文件审批、排污许可证核发及建设项目竣工

环保验收

①建设项目环境影响评价文件审批

②排污许可证核发

③建设项目竣工环保验收

2.建筑施工噪声许可

3.转移危险废物许可

(七)食品药品监督管理局(2项)

1.餐饮服务许可

①新办

②变更(许可类别、备注项目、加工场所、主要工艺流程、主要卫生设施)

③餐饮服务许可证变更单位名称

④餐饮服务许可证变更法定代表人(负责人)

⑤餐饮服务许可证变更地址门牌号(实际经营场所未改变)

⑥延续

⑦餐饮服务许可证补发

⑧餐饮服务许可证注销

2、开办药品零售企业初审转报

(八)城乡建设局(26项)

1.建设工程施工许可

2.城市建筑垃圾处置核准

3.新建、改建、扩建燃气、供热工程项目

①新建、改建、扩建燃气工程项目

②新建、改建、扩建供热工程项目

4.城市道路挖掘许可

5.砍伐城市树木、临时占用城市绿化用地或公共绿地审批

6.建设工程质量报监

7.城市排水许可

8.建筑工程安全报监

9.从事城市生活垃圾经营性清扫、收集、运输、处理服务审批

10.市政设施配套建设审查

11.园林绿化配套建设审查

12.建设工程项目招投标审查

13.燃气、供热工程竣工备案

①燃气工程竣工备案

②供热工程竣工备案

14.签订建设工程档案移交责任书

15.房屋建筑工程和市政基础设施工程竣工验收备案

16.建筑企业养老保障金缴纳

17.建筑企业农民工工资保证金缴纳

18.城市基础设施配套费

19.新型墙体材料专项基金征收

20.燃气、燃气供应站经营许可

①燃气经营许可

②燃气(供应站)经营许可

21.供热经营许可

22.建筑业企业资质许可

23.房地产开发企业资质许可

24.建设监理企业资质许可

25.勘察设计单位资质许可

26.市政施工企业资质许可

(九)人民防空办公室(5项)

1.结合民用建筑修建防空地下室审批

①设计通知

②核发许可证

2.防空地下室易地建设审批

①缴费通知

②核发许可证

3.开发利用人防工程及在距单建人防工程50米范围内采石、取土、爆破、挖洞审批

①开发利用人防工程审批

②距单建人防工程50米范围内采石、取土、爆破、挖洞审批

4.防空地下室竣工验收备案

5.拆除人防工程设施与人防通信设施审批

①拆除人防工程设施审批

②拆除人防通信警报设施审批

(十)民政局(8项)

1.收养登记

2.社会团体、民办非企业单位登记、核准、年检

①社会团体申请筹备

②社会团体成立登记

③社会团体变更登记及修改章程核准

④社会团体注销登记

⑤民办非企业单位成立登记

⑥民办非企业单位变更登记及修改章程核准

⑦民办非企业单位注销登记

⑧社会团体年检

⑨民办非企业单位年检

3.城市街道、居民地命名、更名

①城市街道命名、更名

②居民地命名、更名

4.设立社会福利机构

5.农村五保供养

6.行政区划调整

7.革命烈士称号评定

8.因战、因公人员伤残等级评定

(十一)气象局(3项)

1. 建筑物防雷装置设计审核和竣工验收

①防雷装置设计审核

②防雷装置竣工验收

2. 进行升放无人驾驶气球或者系留气球活动

3.施放气球资质证

(十二)商务局(7项)

1、外商投资企业审批

①设立审批

②变更审批

③注销审批

2、加工贸易业务审批

①加工贸易企业资格认定

②加工贸易企业合同的订立、变更、延期、撤销

③加工贸易内销核准

④加工贸易进口设备核准

⑤加工贸易业务核销备案

3. 二手车交易市场及二手车经营主体备案

4.再生资源回收经营者备案

5.酒类流通经营者备案

7.外商投资企业批准证书年检

8. 办理国家鼓励的外资项目确认转报

(十三)物价局(3项)

1.办理、变更、换发收费许可证

①办理收费许可证

②变更收费许可证

③换发收费许可证

2.行政事业性收费许可证年度审验

3.价格调节基金

(十四)城市管理行政执法局(2项)

1.临时占用城市道路、街道两侧和公共场地审批

2.设置大型户外广告审批

(十五)水利局(6项)

1. 开发建设项目水土保持方案审批

2.取水许可

3.河道采砂许可

4. 建设项目水资源论证报告书审批

5.河道管理范围内建设项目施工许可

6.向河道排污的排污口的设置和扩大许可

(十六)林业局(17项)

1.林木采伐许可

2.临时占用林地许可

3. 省内调运森林植物及其产品检疫

4.森林植物及其产品产地检疫

5.林木种子生产、经营许可

①林木种子生产许可

②林木种子经营许可

6、木材经营加工许可

7.木材运输许可

8.临时占用除防护林和特种用途林以外的其他林地(2公顷)许可

9.运输、邮寄、携带国家和省非重点陆生野生动物或其产品出县境或省境许可

10.森林高火险期内进入森林高火险区审核

11.森林防火期内在森林防火区野外用火审核

12.非国有森林经营单位修筑直接为林业生产服务工程设施占用林地审批

13.猎捕国家和省非重点保护陆生野生动物许可

14.林权登记

15.占用、征收、征用林地初审转报

16.国家和省重点保护野生动物驯养繁殖初审转报

17.驯养繁殖野生动物许可

(十七)卫生和计划生育局(7项)

1.设置医疗机构许可

①医疗机构设置审批

②医疗机构执业登记

③医疗机构校验

④医疗机构变更诊疗科目

⑤医疗机构变更床位(牙椅)

⑥医疗机构变更执业地点

⑦医疗机构变更(加挂)名称

⑧医疗机构变更所有制形式

⑨医疗机构变更注册资金

⑩医疗机构变更法定代表人或者主要负责人

医疗机构变更经营性质

医疗机构注销登记

2.放射诊疗许可

①新办

②变更

3.公共场所卫生许可

①新办

②变更

③延续

④注销

4.供水单位卫生许可

①新办

②变更

③延续

④注销

5.护士执业注册及变更

6.医师执业注册及执业项目变更

7.二孩生育证

(十八)交通运输局(9项)

1.道路运输经营许可

①普通货物运输经营许可

②道路客运经营许可

③客运班线经营许可

④客运出租经营许可

⑤城市公共汽(电)车客运经营许可

2.道路运输站(场)经营许可

①道路货运站(场)经营许可

②道路客运站(场)经营许可

3.机动车驾驶员培训业务许可

4.机动车维修经营许可

5.汽车租赁经营许可

6.涉路工程建设及设置非公路标志审批

①涉路工程建设审批

②设置非公路标志审批

7.道路运输证年度审验(备案)

8. 外国籍交通工具临时进出非开放口岸事宜

9.从事口岸仓储、熏蒸和外轮供应等项业务审批

(十九)国土资源局(8项)

1.采矿权许可登记

①划定矿区范围

②采矿权设立

③采矿权变更

④采矿权延续

⑤采矿权注销

⑥采矿权转让

2.新增建设项目用地预审

3.单独选址项目建设用地审查

4.临时用地许可

5.国有建设用地使用权出让、划拨审批

①国有建设用地使用权出让审批

②国有建设用地使用权划拨审批

6.农村集体建设项目用地审批

7.农村村民住宅用地审批

8.土地登记

①初始登记

②变更登记

③注销登记

④住宅楼土地分户登记

⑤更正登记

⑥异议登记

⑦预告登记

⑧查封登记

(二十)文化广电新闻出版局(16项)

1.娱乐场所经营单位审批

2.出版物零售经营单位审批

3. 互联网上网服务营业场所经营单位设立审批

4.音像制品经营许可

5.印刷经营许可

6.电影放映单位审批

7.营业性演出经营主体审批

8. 建设工程选址范围内的文物保护单位原址保护措施审批

9. 在文物保护单位保护范围内进行建设工程或爆破、钻探、挖掘等作业

审批

10.重点文物保护单位建设控制地带内建设工程设计方案审批

11.非国有不可移动文物的原址保护措施、修缮、转让、抵押或改变用途审批

12.营业性演出场所的设立、变更备案

13.美术品经营单位的设立备案

14.文物藏品的调拨、交换备案

15.因建设工程需要对文物保护单位迁移或拆除许可

16.国有文物保护单位中纪念建筑或古建筑改变用途审批

(二十一)质量技术监督局(3项)

1.组织机构代码证登记

2.计量类行政许可

①计量标准器具核准

②制造(修理)计量器具许可

③承担国家法定计量机构任务的授权

④计量检定人员资格核准

3.特种设备类非行政许可事项

①特种设备使用登记

②特种设备安装改造维修告知

(二十二)财政局(2项)

1.代理记账机构资格认定

2.会计从业资格认定

(二十三)安全生产监督管理局(12项)

1.危险化学品经营许可

①首次申请

②变更申请

③延期申请

2.烟花爆竹经营(零售)审批

3.危险化学品经营企业(除易制爆品、带储存设施、剧毒危险化学品经营)安全生产许可

4.非煤矿山建设项目安全设施设计、设立审查及竣工验收

①非煤矿山建设项目安全设施竣工验收

②非煤矿山建设项目安全设施设计审查

③非煤矿山建设项目安全设施设立审查

5.第三类非药品类易制毒化学品经营备案

6.危险品重大危险源备案

7.非煤矿山企业安全生产许可证转报

8.危险化学品建设项目安全许可设立审查、设计审查、竣工验收

9.危险化学品经营企业(易制爆品、带储存设施、剧毒危险化学品经营)安全生产许可转报

10.危险化学品生产企业安全生产许可转报

11.烟花爆竹批发经营许可转报

12.第二类和第三类非药品类易制毒化学品生产经营备案转报

(二十四)住房保障和房产管理局(5项)

1.商品房预售许可

2.公共租赁住房审批

3.廉租住房审批

4.商品房预售合同登记备案

5.房屋登记

①房屋所有权初始登记

②房屋所有权变更登记

③房屋所有权更正登记

④房屋所有权转移登记

⑤房屋所有权注销登记

⑥房屋抵押权登记

⑦地役权登记

⑧房屋异议登记

⑨房屋预告登记

(二十五)海洋与渔业局(11项)

1.渔业船舶船员考试发证许可

①渔业船舶职务船员考试发证

②渔业船员专业基础训练考试发证

2.渔业船舶法定检验许可

3.渔业船舶登记

①渔业船舶所有权国籍登记

②渔业船舶抵押权登记

③渔业船舶光船租赁登记

④渔业船舶变更登记

4.申请渔业船网工具指标变更、转移(县外)

5.专业远洋船网工具指标、国内捕捞渔船捕捞许可、渔业辅助船许可申请

6.水生野生动物驯养繁殖许可、经营利用许可申请

7.无公害农产品证书

8.水产苗种生产许可

(二十六)经济和信息化局(3项)

1.技术改造项目核准、备案

①技术改造项目核准

②技术改造项目备案

2.成品油经营资格证转报

3.散装水泥专项资金征收

(二十七)畜牧兽医局(13项)

1.兽药经营许可

2.动物防疫条件合格证

3.生鲜乳收购、运输许可

①生鲜乳收购许可

②生鲜乳运输许可

4.动物诊疗许可

5.家畜配种改良站点、单独孵化坊(场)经营点生产经营许可

6.兽医师执业注册

7.乡村兽医登记

8.养殖场备案

9.兽药生产许可

10. 饲料及饲料添加剂生产条件审查

11.无公害畜产品认证

12.种畜禽生产经营许可

13.设立生猪定点屠宰厂(场)或者小型生猪定点屠宰场许可

(二十八)地震局(2项)

1.抗震设防要求审核

①一般建设工程抗震设防要求审核

②重大建设工程抗震设防要求审核

2. 地震观测环境保护范围内建设项目审批

(二十九)科学技术局(3项)

1.科技发展计划

2.专利

3.技术合同登记

(三十)盐务局(6项)

1.食盐零售许可

2.盐产品调剂使用许可

3.开办制盐企业许可

4.开发利用盐资源许可

5.食盐及其他用盐运输许可

6.食盐批发许可

(三十一)农业局(3项)

1.调运植物、植物产品检疫和产地检疫

①农业植物调运检疫

②农业植物产地检疫

2.农作物种子生产、经营许可证核发

①农作物种子生产许可证核发

②农作物种子经营许可证核发

3.无公害农产品产地认定和产品认证

(三十二)国家税务局(5项)

1.增值税专用发票(增值税税控系统)最高开票限额审批

2.出口货物劳务退(免)税审批

3.对纳税人延期申报的核准

4.对增值税一般纳税人资格认定的审批

5.税务登记

(三十三)地方税务局(5项)

1.对纳税人延期申报的核准

2.印花税票代售许可

3.对纳税人变更纳税定额的核准

4.办理扣缴税款登记审批

5.税务登记

(三十四)国家安全局(1项)

涉及国家安全事项的建设项目审批

(三十五)中国人民银行乳山支行(2项)

1.贷款卡核准许可

2. 新设外商投资企业基本信息登记

(三十六)烟草专卖局(1项)

烟草专卖零售许可

(三十七)残疾人联合会(1项)

残疾人认定

(三十八)老龄工作委员会办公室(1项)

办理山东省老年人优待证

(三十九)公路管理局(2项)

1.设置非公路标志许可

利用跨越公路的设施悬挂非公路标志或者在公路用地(高速公路含建筑控制区)范围以内设置非公路标志;

2.涉路工程许可

①因修建铁路、机场、供电、水利等建设工程需要占用、挖掘公路、公路用地或使公路改线

②跨越、穿越公路修建桥梁、渡槽或者架设、埋设管道、电缆等设施

③在公路用地范围内架设、埋设管道、电缆等设施

④利用公路桥梁、公路隧道、涵洞铺设电缆等设施

⑤在公路上增设或者改造平面交叉道口

⑥在公路建筑控制区内埋设管道、电缆等设施

(四十)旅游局(2项)

1.旅行社营业许可

2.宾馆、星级饭店营业许可

二、纳入市政务服务中心大厅综合窗口的部门和相关办理事项(21项)

(一)侨务办公室(4项)

1.归侨侨眷身份认定

2.归侨退休人员生活困难补贴、退休待遇提高

3.归侨侨眷接受国外亲友赠送小型生产工具

4.接受海外华侨、华人及港澳同胞捐赠国家限制进口的机电产品

(二)司法局(1项)

基层法律服务工作者执业登记

(三)粮食局(1项)

粮食收购许可

(四)体育局(1项)

经营高危险性体育项目许可

(五)统计局(3项)

1.地方、部门统计调查项目审批

2.固定资产投资项目开工竣工统计登记

3.统计人员上岗资格认定审查

(六)民族宗教局(7项)

1.在宗教活动场所内改建或新建、扩建建筑物审批

2.宗教团体审查

3. 设立其他固定宗教活动处所许可

4. 宗教团体或宗教活动场所接受国(境)外捐款

5.设立寺院、宫观、清真寺、教堂

6.宗教教职人员备案

7. 宗教教职人员担任或离任宗教场所主要教职备案

(七)教育局(4项)

1.举办教育机构

2.民办学校招生简章和广告备案

3.电教示范学校

4.中小学重大事件上报备案

三、纳入市政务服务中心大厅的公共服务单位和相关服务事项(10项)

(一)乳山市供电公司(2项)

1.电力配套工程建设服务

2.电费收缴服务

(二)乳山市水务集团(2项)

1.城市供水配套服务

2.水费收缴服务

(三)北京燃气乳山分公司(2项)

1.城市燃气配套服务

2.燃气缴费充值服务

(四)乳山市广电宽带网络有限公司(2项)

1.有线电视接网服务

2.有线电视费收缴服务

(五)乳山市热力集团(2项)

1.城市供热配套服务

2.供热费收缴服务

(六)乳山华地热力有限公司(2项)

1.城市供热配套服务

2.供热费收缴服务

四、纳入市政务服务中心分大厅的部门和相关办理事项(28项)

(一)人力资源和社会保障局(10项)

1.职业中介机构资格认定

2. 城镇职工基本医疗保险定点医疗机构和定点零售药店资格认定

①定点零售药店资格认定

②定点医疗机构资格认定

3、民办职业培训学校审批

4、劳务派遣经营许可

5.公务员辞退

6.公务员辞职

7.社会保险登记

8.集体合同签订、变更备案

9.外国人入境就业许可

①新办

②变更

③延期

④迁移

⑤遗失补办

10.技师、高级技师职业资格申报

(二)公安局(11 项)

1.申领机动车驾驶证

①初次申领驾驶证

②增加准驾车型

③补发机动车驾驶证

④换发机动车驾驶证

2.机动车登记

①机动车注册登记

②机动车转移登记

③机动车变更登记

④机动车抵押登记

⑤机动车注销登记

⑥机动车检验合格标志核发

3.户口登记

4.二代证

5.居住证

6.公民因私事申请赴港澳

7.公民因私事申请出国护照

8.公民因私事往来中国台湾

9.爆炸物品购买、运输许可

①爆炸物品购买许可

②爆炸物品运输许可

10.船民证核发

11.船舶户口簿核发

(三)农业机械管理局(5 项)

1. 联合收割机跨区收获作业证核发

2.农业机械维修技术合格证发放

3.拖拉机、联合收割机号牌、行驶证核发

4.拖拉机、联合收割机驾驶证及增加准驾机型申领

5.拖拉机临时号牌申领

(四)民政局(1 项)

婚姻登记

(五)档案局(1 项)

利用档案馆保存的未开放的档案资料

乳山投资指南

【投资环境】 交通便利,区位优越。处于中、日、韩“大三角”和青岛、烟台、威海“小三角”中心腹地,距青岛、烟台、威海的距离分别为 150 公里、80 公里和 100 公里,与韩国、日本隔海相望。境内拥有高等级公路、铁路、海运等多位一体现代化交通网路,一个半小时路程内可抵达青岛、烟台、威海三大机场,青岛、烟台、威海、石岛、龙眼五大港口和青岛、烟台、威海三大铁路。

资源丰富,环境优美　素有“金岭银滩”之称。是有名的“水产之乡”“果品之乡”“黄金之乡”,年水产品产量 33 万吨、干杂水果 25 万吨,年产黄金 12 万两,居中国县级第 5 位。乳山市位于胶东半岛黄金旅游海岸线,依山傍海,山水相融,风景秀丽,是中国优秀旅游城市。境内拥有被誉为“天下第一滩”的国家 AAAA 级银滩旅游度假区、被誉为“天然石雕园”的国家级岠嵎山森林公园、金代三大道观之一的圣水宫以及仙人桥、汤上温泉等众多旅游景点。相继开工建设总投资 60 亿元的大乳山滨海旅游度假区、岠嵎山风景区、福如东海文化园、东方如意国际城等 5 个旅游大项目。依托这些旅游大项目,乳山市着力打造“寿比南山在海南、福如东海在乳山,南有美丽三亚、北有幸福乳山”旅游品牌,推动乳山旅游业由观光旅游向休闲、度假旅游转变,由国内市场向国内、国外两个市场转变。

设施完善,载体优良　已投入资金 20 亿元,对城市进行大规模改造和设施配套,城市设施日臻完善,成功跨入“中国县级投资环境 100 强”。与周边地区相比,乳山市水、电优势更为明显,境内拥有 4 座大中型水库,常年淡水储量 2 亿吨,城市日供水能力 10 万吨,是胶东半岛少有的富水区之一;当地电网与山东大电网互相衔接,双回路供电,可保证充足的电力供应,不会出现拉闸限电现象。境内设有经济开发区、滨海新区 2 个省级开发区和纺织染整、机械配件、医药化工等 6 大功能性分区,各园区实现“九通一平”,具有承载国内外产业转移优越条件。

政策灵活,服务优质　乳山市先后出台园区建设、鼓励经济发展等方面优惠政策,对项目建设用地、设施配套等方面实行特殊优惠,新建项目在立项、报批、建设过程中属市内收取的 22 项行政事业性费用全部免交,对到乳投资兴办的工业企业,根据企业固定资产规模、上缴税金额、技术改造投入、商标认证等情况,给予一定比例资金奖励和扶持,对投资额度大、科技含量高、附加值高的项目给予优惠政策。乳山市民风淳朴,视投资者为亲人,对前来投资的客商,坚持“以诚为基、以信为本”,从项目论证、审批到建设、生产、运营等环节实行“一条龙服务”。

【重点招商产业和项目】 乳山市投资软硬环境得到广泛认同,是中国投资环境百强城市之一,对外经贸各个方面得到长足发展。招商引资方面,截至年底已有韩国、日本、美国、中国香港、中国台湾等 20 个国家和地区的客商到乳山市兴办企业,投资领域涉及高新技术、机械、电子、化工、建材、纺织服装、新能源、海洋经济、港口物流、环保等多个行业。对外贸易方面,产品出口到世界 70 个国家和地区,主要出口产品有手工艺品、服装、皮包、玩具、浓缩果汁、花生制品、水产品、五金矿产、花岗石、生铁、挂锁及活塞环、刹车片、液压刹车装置、刹车盘等技术密集型汽车零配件等。

乳山市实施“工业立市、旅游兴市、文化活市”三大战略,转变发展方式,优化经济结构,经济社会保持又好又快发展态势,区域经济实力显著增强。在区域规划上,按照“突破北部,崛起中部,提升南部”总体规划,重点打造“三区八园八小区”发展格局,引导

优势产业集中培育、集约发展，构筑竞相赶超、协调发展的格局。

【乳山市主要出口商品目录】

粮油、食品　手扒花生、花生烤果、油炸花生、乳白花生、带种皮花生、花生碎。淀粉类有地瓜淀粉、土豆淀粉、玉米淀粉、机制粉条、手制粉条；板栗、苹果、阳梨、桃、樱桃、葡萄、生菜、生姜、日本风味萝卜、韩国泡菜、AD脱水制品、FD脱水制品；阳梨罐头、苹果罐头、鱼罐头、草莓罐头、樱桃罐头、白桃罐头、黄桃罐头、芦笋罐头；对虾、扇贝、牡蛎、赤贝、海参、大鲮鲆鱼、章鱼、黄花鱼、虾蛄、鳕鱼片、文蛤、海蜇皮、河蟹、河豚。其他有蚕蛹。

纺织、服装　真丝类有真丝绸、真丝服装。棉纺类有印花毛巾、提花毛巾布、毛巾布、小方巾，各种针织布，床上用品。蚕丝类有白厂丝。其他有羊毛衫、钩针衣、防寒服、滑雪衫、夹克衫。

箱包、手套　箱包类有高尔夫包以及高档皮包、帆布包、牛津皮包。手套类有生活手套、运动手套。其他有皮衣、皮鞋。

抽纱、工艺品　抽纱类有棉麻布扣眼绣花、勾针工艺装饰品、机绣制品、手绣品。工艺类有金银首饰、长毛绒玩具、动物玩具。

建筑材料　水泥、花岗石板材、路边石、木地板块、塑钢门窗。

化工产品　化工类有生物农药、海藻酸钠、干燥剂。纸制品类有办公用纸、生活用纸、工业用纸、纸箱。塑料类有编织袋、钓鱼竿、塑料管、塑料用品。稀土类有稀土制品。

机械、设备　机械类有工业缝纫机、各种电机、微型变压器。车辆、船配件类有汽车、摩托车连杆，金属刹车片，刹车盘，摩托车刹车装置，轮船。冶金类有生铁、铸件、铸钢。

（王晓鹏）

乳山风光　　（大乳山滨海旅游度假区提供）

索　引

说明：一、本索引各主题词按汉语拼音字母顺序排列。同音字按声调排列，首字相同者按第二字音序排列，依次类推。
二、索引名称后的数字表示内容所在的页码，数字后用拉丁字母 a、b、c 分别表示该页的左栏、中栏、右栏。
三、类目、分目用黑体标明；插图、表格、“综述”子目、“概况”条目及“特载”“大事记”“附录”的具体内容不做索引。

乳山 非物质文化遗产

姜家柳编

乳山镂绣

乳山剪纸

牛郎棍

乳山大秧歌-舞火龙　　宫兆兴摄影

台依湖"私家葡园"
全球首发式

9月28日，台依湖“私家葡园”全球首发式
台依湖葡萄酒产区白皮书发布现场
葡萄拣选、酿造　辛戈摄

台依湖国际酒庄生态文化区　高淑新摄

浦岛

南黄岛

乳山海岛

小青岛

竹岛

杜家岛

宫家岛

古村 东尚山村

古村 南司马庄村

2014年，东尚山村获评省级古村落

古村 东林家村

古村 东尚山村

兴学育
砺志修

大乳山、城区夜景　高淑新摄

岠嵎山瀑布

岠嵎山风光

岠嵎山石景：婆婆脸 双面人 将军石 天钟 古猿 天书

岠嵎山天然石雕园

岠嵎山石景：海豚 狮王 河马 饲马 秃鹰
河蟹 青蛙 海龟 企鹅 小象 骆驼

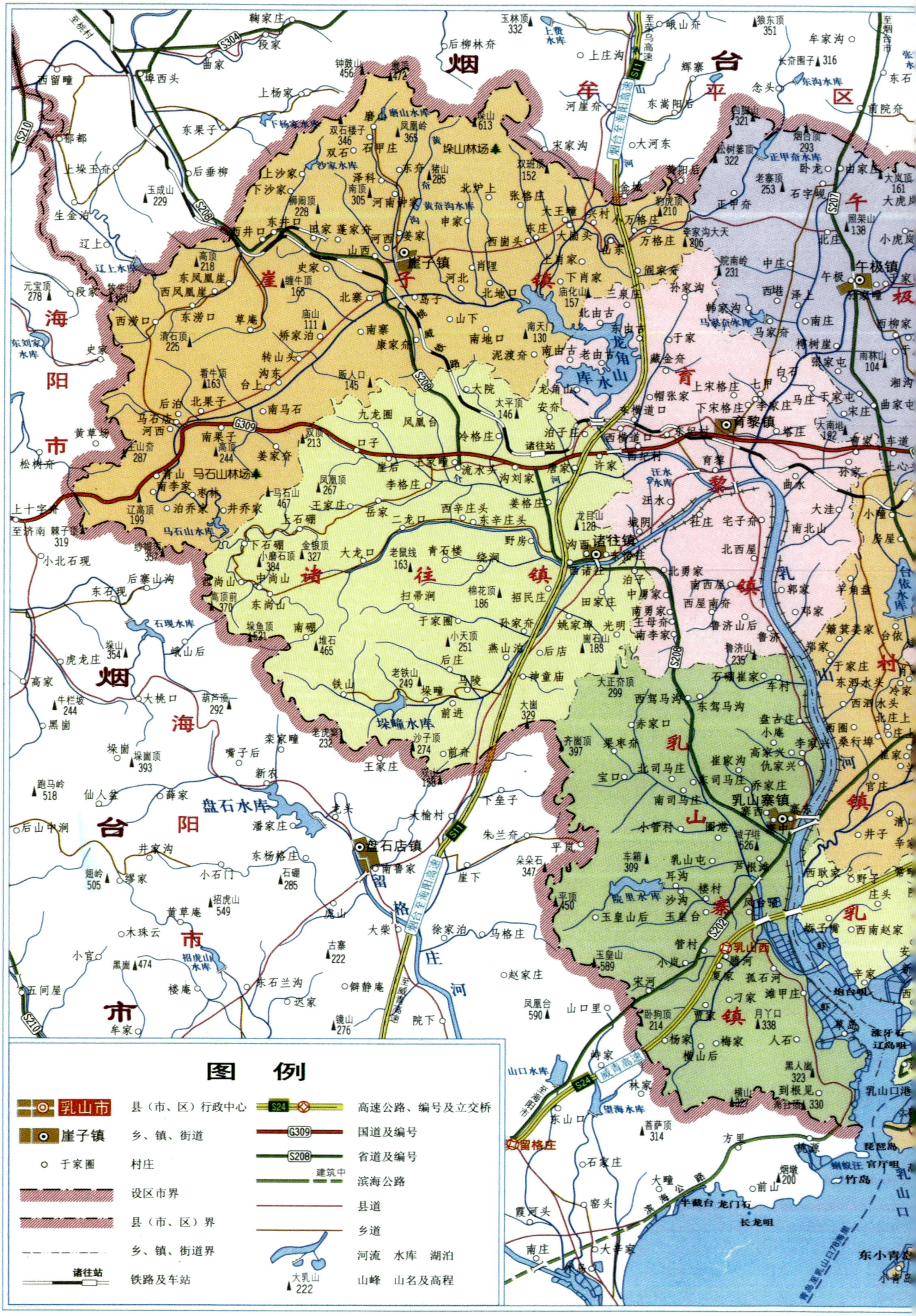
烟台市牟平区
海阳市
乳山市
崖子镇
诸往镇
育黎镇
午极镇
乳山寨镇
乳山镇
下初镇
盘石店镇
留格庄
乳山口港
东小青岛
竹岛
马石山林场
垛山林场
龙角山水库
垛疃水库
盘石水库
汪水水库
院里水库
望海水库
山口水库
乳山河
黄垒河
留格庄河
G309
S208
S202
S207
S210
S304
S11
S24
烟台至海阳高速
威青高速
滨海公路
图 例
乳山市 县（市、区）行政中心
崖子镇 乡、镇、街道
于家圈 村庄
设区市界
县（市、区）界
乡、镇、街道界
诸往站 铁路及车站
S24 高速公路、编号及立交桥
G309 国道及编号
S208 省道及编号
建筑中 滨海公路
县道
乡道
河流 水库 湖泊
大乳山 222 山峰 山名及高程

乳山市行政区划图

山东省地图出版社编制　二〇一一年五月

西北生态农业板块
东北生态旅游板块
高端产业海洋产业板块
东南现代产业板块
高端产业集聚区
休闲旅游产业集聚区
崖子镇
午极镇
金牛谷生态观光园
黄金主题公园
圣水宫
三花影视基地
天润温泉养生休闲度假区
马石山红色旅游区
育黎镇
诸往镇
夏村镇
徐家镇
安全食品园
纺织产业园
新兴产业园
海湾新区
钜蝎山国家森林公园
临港产业园
海阳所镇
潮汐湖
银滩
多福山
宫家岛
大乳山旅游度假区
塔岛湾海洋生态
国家级海洋特别保护区
图 例
2011年10月，乳山市城乡统筹规划

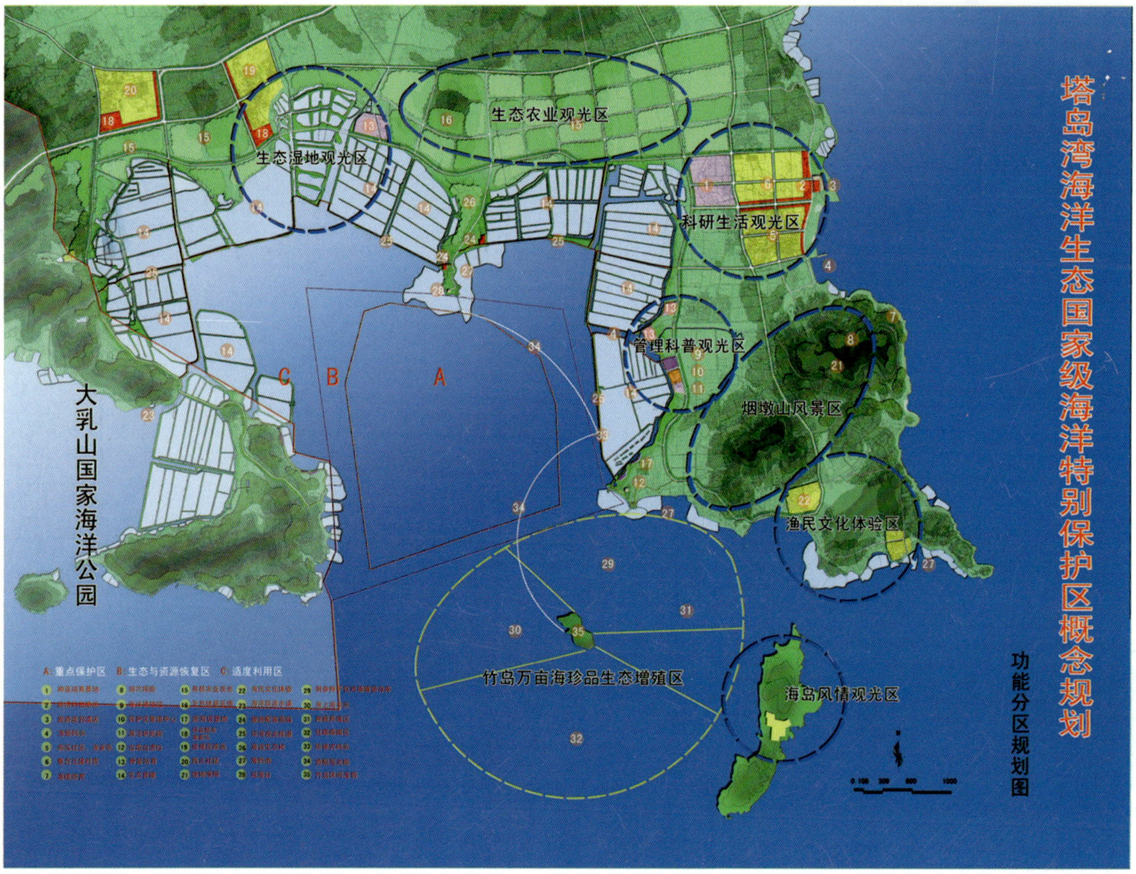
塔岛湾海洋生态国家级海洋特别保护区概念规划
功能分区规划图
生态农业观光区
生态湿地观光区
科研生活观光区
管理科普观光区
烟墩山风景区
渔民文化体验区
竹岛万亩海珍品生态增殖区
海岛风情观光区
大乳山国家海洋公园
A
B
C
A 重点保护区
B 生态与资源恢复区
C 适度利用区

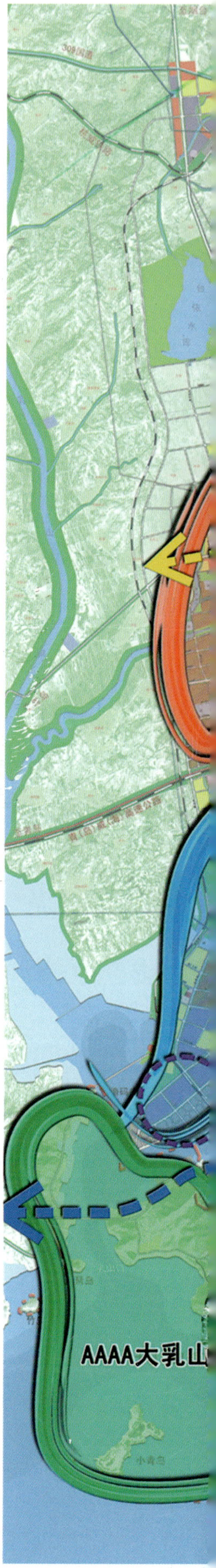
AAAA大乳山

乳山市城市远景发展规划
THE PROSPECT DEVELOPMENT PLAN OF RUSHAN CITY
安全食品产业园
AAAA银滩旅游度假区
新兴产业园
海湾新区
潮汐湖生态城
塔岛湾海洋生态国家级
海洋特别保护区
城区
黄
海
N
图例
滨海景观带
公共设施聚集区
主要发展轴线
功能组团
2011年12月